Martin Zeiller, Matthaeus Merian

Topographia Italiæ

Das ist. warhafte und kuriose Beschreibung von ganz Italien...

Martin Zeiller, Matthaeus Merian

Topographia Italiæ
Das ist. warhafte und kuriose Beschreibung von ganz Italien...

ISBN/EAN: 9783337202712

Hergestellt in Europa, USA, Kanada, Australien, Japan

Cover: Foto ©Andreas Hilbeck / pixelio.de

Weitere Bücher finden Sie auf **www.hansebooks.com**

TOPOGRAPHIA
ITALIÆ,

Das ist:

Warhaffte und Curiöse

Von gantz

Darinnen nach Historischer Warheit / die berühmtesten Städte / Vestungen / Marckflecken und andere Oerter / sampt ihren Antiquitäten; auch was sich sonsten merck- und denckwürdiges / sowol in Geistlichem als Politischem Stande / biß auff diese unsere Zeit zugetragen / oder durch die Natur und Kunst denenselben mitgetheilet worden: auff das fleissigste angemercket wird.

Deme beygefügt /

Eine kurtze und außführliche Beschreibung derer im Königreich Morea befindenden vornehmsten Städte und Plätze / darinn derer Alterthum / erlittene schwere Kriege / und was an ein und andern Orten merckwürdiges zubesehen / imgleichen was die Durchl. Republic Venedig / durch dero siegreiche Waffen zeithero darinn erobert und eingenommen.

Alles auß denen bewährtesten / Alten und Neuen Scribenten / mit netten Kupffer-Abbildungen aller hauptsächlichsten Städte / Fürstl. und anderer Palläste / wie auch accuraten und künstlichen Land-Karten außgefertiget / und zum ersten mal herauß gegeben.

Nebst einem vollständigen Register.

Franckfurt / 1688.

In Verlegung Matthæi Merians Seel. Erben /

Beschreibung der vornehmsten Städte und Plätze in Welschland.

S ist Italien / oder Welschland / bevoraus derjenige Landes-Bezirck / welcher sich um den Tyber-Fluß gelagert / Janicula von Jano, und weil dieser zugleich den Namen Oenetrii geführet / Oenetria genennet worden. Nachgehends aber hat es Gamesena, Saturnia von Saturno seinem Könige / Saleumbrona, Apina, Taurina, Hesperia von Hespero, geheissen. Den Namen Ausonia hat man diesem Reich vom Ausone, Italia aber von Italo dem Sicilianischen Könige beygeleget / welche letztere Benennung doch viele von der Menge der Rinder und Ochsen / so bey den alten Griechen durch das Wort Itali oder Italoe bedeutet worden / herholen / wie davon Gellius im 11. Buch am ersten Capitel Noct. Att. mag nachgelesen werden. Kan sich ein Land fast auff dem gantzen Erdboden einer Fruchtbarkeit rühmen / so ist es in Warheit Italien / das beste in gantz Europa / bey nahe ein gemeines Vatterland aller Völcker. Wer wil dieser Region angenehme Gegend / des Himmels heitere Lufft / die trächtigen Hügel / die fetten Wälder / die Fischereyen / Flüsse und Seen / die vielen Einkünffte des Oels und des Weins / der Städte Schönheit beschrieben? In Warheit / es ist nichts nach des Cluverii Meynung auff dem gantzen Erdkreiß / welches dieser könte vorgezogen werden. Die Alten haben selbige in Gestalt eines Eichen-Blats vorgebildet: Die heutigen Erd-Beschreiber thun es unter der Figur eines menschlichen Fusses / so von dem Jonischen Meer angefeuchtet wird: die Verse / sagen sie / ziehe sich nach Epirus: die Fußsole mache die Tarentische Krümme / die fleischichten Theile wären die Vorgebürge Zephyrium, Carcinum und Bruttium: die Hüffte reiche an die Alpen zwischen dem Adriatischen und Tuscischen Meer. Merula spricht / es müsse Italien in das Alte und Neue eingetheilet werden: die Gräntzen zwischen beyden sey Arnus und Rubicon, dieser gegen das Adriatische / jener gegen das Ligustische Meer. In längst verflossenen Zeiten wurd es von seinen Königen regieret / deren berühmteste Saturnus, Janus, Evander, Larinus, &c. gewesen. Etliche Jahr hernach ist es an die Römer gelanget / welche von dannen / als von einem hohen Käisers-Thron schier das gantze Welt-Rund beherrschet / und unter ihre Bottmässigkeit bezwungen / biß endlich deren Gewalt sich auch zum Ende geneiget / und die Gothen / Wenden und andere mehr Anfangs / hernach die Franci, Normanni, Saraceni, Germani, Hispani da ihren Sitz auffgeschlagen: wiewol die Galli lange zuvor über die Alpen gewandert / und denjenigen Theil Italiens / welcher zwischen gedachtem Gebürge und dem Apennino ligt / eingenommen. Und obgleich der Käiser Justinian durch den tapffern Belilarium und Narsetem die Barbaren meistens vertrieben / und den Exarchatum in Italien auffgerichtet / auch zu dem Exarchat Ravennam erwehlet / so haben doch bald hernach die Longobarder einen Einfall gethan / weiß nicht / ob sie von Narsete, welcher etwa von einer hohen Weibes-Person / der Sophia Augusta schimpfflich gehalten worden / darzu bewogen waren / die Stadt Ravennam weggenommen / und in diesem Gallia Cisalpina ein neues / das Longobardische Reich angefangen / welches 204. Jahr in gutem Flor gestanden / und von ihren Königen hoch gebracht / doch endlich im Jahr Christi 774. von Carolo Magno auffgehaben worden. So muste sodann der Longobardische Name schier mit dem Reich seine Endschafft erreichen / und das Land Regnum Italicum genen-

net werden/welches nunmehr den Francken-Königen heimgefallen. Von diesem Reich haben Pipinus und Carolus etliche Städte denen Päbsten geschencket/ die doch hernach allmählich an andere kommen/ so daß der Päbste Güter in grossen Abgang gerathen; biß Otto M. denenselben wieder aufgeholffen/ und ihnen einen Theil Italiens zugeworffen. Wiewol Otto nachgehends diß Land sehr verschnitten/ mit Vorgeben/ es wäre diese Verschänckung der Länder wider Recht und Billigkeit/ biß Henricus dem Ottoni succediret/ der denen Päbsten/ als eine angenehme Morgenröthe den Tag etwas erheltern wolte/ darzu noch überdiß der Mathildæ Gnadenblick und Geschenck kommen/ worbey sich aber folgender Zeit viel Schwierigkeiten ereignet/ welche alle hier zuerzehlen/ weder Zeit noch Papier zureichen.

Die Haupt-Stadt Italiens ist heutiges Tages das gepriesene Rom/ und der Bischöfflichen Städte/ so Welschland Mutter nennen/ werden auff die dreyhundert gezehlet: die vornehmsten Provintzen aber seynd 1. Liguria, itzt genannt *Riviera di Genua.* 2. Hetruria, itzt *Toscana.* 3. Umbria, itzt *Ducato di Spoleto.* 4. Latium, itzo *Campagna di Roma.* 5. Campania, nunmehr *Terra di Livaro.* 6. Lucania, nunmehr *Basilicata.* 7. Bruttia, nunmehr *Calabria inferior.* Magna Græcia, oder *Calabria superior.* 8. Salentinorum terra, oder *Terra d' Otranto.* 9. Apulia Peucetia, oder *Terra di Barri.* 10. Apulia Daunia, oder *Puglia Piana.* 11. Samnium oder *Abruzzo.* 12. Picenum, oder *Marca Anconitana.* 13. Flaminia, itzo *Romagna.* 14. Æmilia, itzo *Lombardia di qua dal Po.* 15. Gallia Transpadana, itzo *Lombardia di la dal Po.* 16. Venetorum Terra, itzo *Marca Trevigiana.* 17. Forum Julii, itzo *Friuli.* 18. Histria, itzo *Istria.*

Vor den Mittel-Punct des gantzen Italiens wird angegeben Ager Reatinus, wiewol Plinius von dem See Velino saget. Von dem Berg Apennino ward das Land in zwey Theil unterschieden/ durch die Alpen aber gegen Mitternacht von Teutschland/ gegen Abend aber von Franckreich abgesondert. An der Morgen-Seite hat es das Adriatische Meer/ gegen Mittag aber das Sicilische/ Tyrrhenische und Ligustische. Ist trächtig von vielen Weitzen/ und kan eine grosse Menge Vieh erziehen/ und dannenhero sich bey der gantzen Welt mit den köstlichen Parmesan-Käsen beliebt machen. Die Neapolitanische Berge und Gegend bringen den herrlichsten Wein/ wie auch selbst der Feur-speyer Vesuvius. Sonsten sagt man/ es sey Welschlands Erdreich und Boden voller unterirrdisches Feur. Wunderwürdig ist/ was die heutigen Naturkündiger von hiesigen Landen melden/ daß nemlich in der Erden ein Lignum fossile gefunden werde/ oder solche Adern in sich halte/ daraus das Holtz/ gleich andern Metallen/ gegraben wird/ nicht aber das Holtz alleine; sondern auch Gold und Steine edler Art. Zu diesem Wunder der Natur kommt noch/ was man von der Spinnen Tarantula, welche in Apulien gefunden/ und von der Stadt Taranto benahmet wird/ vorgibt/ daß wenn sie einen Menschen gestochen/ der Gifft dermassen durch alle Glieder dringt/ daß der Verletzte alsbald einen torporem oder Trägheit empfindet/ und wo nicht Mittel geschafft wird/ ins Graß beissen muß. Die Cur aber soll ein wohl-proportionirter Thon seyn/ wodurch/ wenn er nach dem Humeur des Patienten eingerichtet/ derselbe alsbald zu einer starcken Bewegung angetrieben/ und also durch hefftigen Schweiß des Giffts entlediget/ und dem Tod entrissen wird/ darüber der gelehrte Barthius in seinem Commentario über den Claudianum sich selbst fast nicht genung verwundern kan. Wer sonsten das Lob Italiæ lesen wil/ der findet es nicht allein bey Scribenten unsrer Zeit/ dem Cluverio, Barrio und andern/ sondern auch selbst bey dem Virgilio in seinem andern Buch Georgicorum, oder vom Ackerbau.

Es kan sonst das gantze Italien in drey Theil abgetheilet werden/ in Septentrionalem oder das Mitternächtige/ welches sonst Gallia Cisalpina hieß/ in Meridionalem oder das Mittägige/ und in seine unterschiedene Insulen. Im Mitternächtigen sind die Herrschafft Venedig/ *Stato di Venetia*, Pedemont, *il Piemont*, mit seinem Zugehör unter dem Fürsten von Sabaudien, die Republic Genua oder Liguria, *il Genouesato* oder *Reviera di Genova*, das Hertzogthum Meyland/ *Stato di Milano*, die Herrschafften der Longobardischen Herren/ nemlich das Mutinensische Fürstenthum/ *Stato del Duca di Modena*, das Parmensischen Hertzogthum *Stato del Duca di Parma*, das Hertzogthum Mantua und Montisferrati, *Stato del Duca di Mantoua*, mit denen Gräntzen der Fürsten Mirandulæ und Guastellæ &c. In Mittäglicher Gegend ist das Zubehör und Herrschafft Ihr. Päbstl. Heiligk. *Stato della Chiesa*, das Neapolitanische Reich/ *Regno di Neapoli*, die Länder des Groß-Hertzogs von Hetrurien/ *Stato del Gran Duca di Toscana*, die Herrschafft der Lucischen Republic, *il Luchese*, das Hertzogthum Massa, *Ducato di Massa*, das Fürstenthum Plumbini, *Principato di Piombino*, und das kleine Land der Republic S. Marini, *Territorio San Marin.*

Die

Die Insuln sind Sicilien, *la Sicilia*, Sardinien *la Sardegna*, Corsica, *la Corsica* und andere mehr

Gleichwie sich Italien gantz verbreitet / also sind auch viel hohe Häupter / deren jedwedes in seinem Gebiet das Regiment führet.

Deß Glorwürdigen Röm. Käisers Majestät beherrschet die herrliche Stadt Aquileja mit andern Städten und Grafschafften / als Comitatus Goritiæ, Tergéste, Pedena.

Den König von Franckreich erkennet Pinaroli, in Pedemont, mit den angräntzenden vor seinen Ober-Herrn.

Der König in Spanien herrschet über das Neopolitanische Reich / Sicilien, Sardinien, &c.

Der Röm. Pabst besitzt das Patrimonium Petri, Campana Romana, Sabina, Umbria, Marchia Anconitana, Ducatus Castrensis, Orivetanum, Perusinum, Ducatus Urbini, Romandiola, Bononien und das Hertzogthum von Ferrar.

Die Venetianer haben Istria, Foro-Julium, Marchia Tarvisina mit seinen Zugehörigen / das Hertzogthum Venedig / Territorium Paravinum, Rhodiginum, Vicentium, Brixianum, Bergomense und Cremense.

Der Hertzog von Sabaudien hat unter seinem Gebiet das Hertzogthum Pedemont, mit den angräntzenden / die Grafschafft Nicæa, die Herrschafft Vercell und andere Grafschafften und Hertzogthümer.

Dem Groß-Fürsten von Hetrurien, aus dem Geschlecht der Medicæer, gehorchet der gröste Theil Hetrurien, nemlich die Florentinische / Pisanische und Senensische Landschafft / Pe[illegible]ilianum, Apua, die Insuln Gorgona, Igilium, &c.

Der Republic von Genua stehet die Insul Corsica und Cupraria zu Gebote.

Der Hertzog von Mantua, auß der Gonzager Sippschafft hat unter seinem Regiment das Hertzogthum Mantua, und einen Theil des Hertzogthums Montis-Ferrati.

Der Hertzog von Mutina hat das Mutinensische und Rhegiensische Hertzogthum ꝛc. inne.

Der Hertzog von Parma, aus dem Hause der Farneser / besitzt das Hertzogthum Parma und Placenz, die Herrschafft Bussetana, un das Fürstenthum Vallis Tari grösten Theils.

Die Lucensische Republic erstreckt ihre Bottmässigkeit über die Lucensische Herrschafft in Hetrurien.

Der Hertzog von Massa regiert das Hertzogthum Massa und Carrana, in Hetrurien. Zu diesen kommen noch

Der Hertzog von Mirandula, mit seinem Fürstenthum Mirandula.
Der Hertzog von Guastella mit seinem Guastellischen Hertzogthum.
Der Hertzog von Sabulonera.
Der Fürst von Castilion.
Der Fürst von Sulphuria.
Der Fürst von Monaca.
Der Fürst von Masseran.
Der Fürst von Plumbin oder Piombino.
Der Graf von Novellar.
Die Republic S. Marini.
Der Marggraff von Fosoli novo.
Der Montensische Marggraff.
Der Graff von Spigni.

Und dieses ists / was wir zum Vorbericht in höchster Eil aus denen Autoribus hieher zusammen getragen. Wer einen weitläufftigern Bericht verlanget / der suche bey dem Cluverio in seinem Italia Antiqua, und bey dem Hoffmanno, in seinem Lexico Universali. Wir wenden uns zu Beschreibung der vornehmsten Städte.

Beschreibung der Halb-Insul Morea.

Es ist Morea die berühmteste unter denen Halb-Insuln / vor Zeiten Peloponnesus benennet worden: Sie ligt zwischen dem Jonischen und Egäischen Meer / oder dem Archipelago, und wird auf dreyen Seiten mit Wasser umgeben: gegen Mitternacht aber bindet sie ihr vestes Land / durch einen ausgestreckten Arm / an die Attische Provintz / oder das von Plinio absonderlich benahmte Griechenland. Ihre Grentzen sind gegen Morgen il Mare di Candia, und der Archipelagus: Gegen Abend / wie allbereit erwehnt / das Joni-

Jonische: gegen Mittag/ Mare di Sapienza, wie es heutiges Tags heisset/ oder Mare Mediterraneum. Von Mitternacht stösst sie eines Theils an den Lepantischen/ andern Theils an den Golfo di Eugenia. Ihr gantzer Bezirck soll/ wie etliche wollen/ 600. Meil Wegs in sich begreiffen; von itzigen Geographis aber wird sie gemeiniglich in 550. eingeschrenckt. Baudrant sagt/ ihre Länge sey 175. Meilen vom Auffgang biß zum Nidergang/ von dem Scyllæischen Vorgebürg biß an das Castell Tornese: die Breite aber 150. Meilen von Corinth biß zu dem Promontorio Tænario. Um die Benennung dieser Halb-Insul können sich die Scribenten nit vergleichen: der eine Theil gibt vor/ weil sie die Form eines Maulbeer-Blats habe/ dessen Baum die Griechen durch das Wort Morea (Μορέα) andeuten/ habe sie davon den Namen bekommen. Andere sagen/ ihr erster Titul sey Romea gewesen/ und hernach durch den Buchstaben-Wechsel in Morea verändert worden. Der dritte Theil hält davor/ es sey ihr Name von den Mohren/ welche hieher viel Einfälle gethan/ entstanden. Jedweder behält seine Gedancken/ die sich doch nur auf blosses Muthmassen gründen. Die übrigen Namen/ damit sie hin und wieder bekant ist/ sind viel: Appia soll sie heissen von Appio des Phoronei Sohn/ Pelargia von denen Pelargis, Argivia von den Argivis, Egialea von Egialeo, dem beschriebenen Könige der Sicyonier.

Sie wird sonsten in 6. Provintzen eingetheilt/ wie denn Mela lib. 2. c. 3. sagt: In Peloponneso Argolis, Laconice, Messenia, Achaia, Elis, Arcadia: Andere sagen von 8. Theilen/ nemlich/ Achaia, Arcadia, Argia, Corinthia, Elis, Laconia, Messenia und Sicyonia. Itzo aber hat man die Zahl auff vier eingezogen/ darunter der erste Theil Ducatus Clarentiæ, oder Fürstenthum Chiarenza, allwo Achaia propria, Sycion und Corinthus, dessen berühmteste Städte Patrasso, Chiarenza, Caminza und Castell Tornese. Die andere Provintz ist Belvedere, wo sonstē Elis und Messenia gewesen/ dero vornehmste Städte sind Modon, Coron, Calamata, &c. Die dritte Provintz heist Sacania oder Romania minor, die kleine Romaney/ sonst Argia. Napoli di Romania behält hierinnen unter den Städten die Oberstelle/ mit Corinth und Argos. Die vierdte Provintz Tzaconia, allwo Laconia und Arcadia ist/ Braccia di Maina, wo das behertzte Volck/ die Mainotten/ wohnen/ und übertrifft an der Grösse die drey übrigen: die Haupt-Plätze allhier sind Malvasia, Misitra, Zarnata, Chielefa, Vitulo, Passava. Gewißlich/ wo die Natur das Gewässer vollends um die Insul gantz herum geleitet/ wäre daher der Republic Venedig nicht ein kleines zugewachsen: denn so hätte sie wider die Gewalt der Feinde sich besser beschützen können. Emanuel der Griechische Käiser hat der Natur zu Hülffe kommen wollen/ und auff dem Erdbande/ Isthmus genannt/ Anno 1413. mit Genehmhaltung des Mahumet I. eine Maure Hexamilia genennet/ weil sie sich in die 6. Meilen erstrecket/ auffgeführet: wiewol andere behaupten wollen/ diese Mauer sey vor ältern Zeiten/ dazumal als Xerxes die Griechen so offt mit Kriege überzogen/ erbauet/ und innerhalb wenig Tagen verfertiget/ aber bald hernach von den Saracenen wieder nidergerissen worden.

Es wirfft im übrigen diese Peninsula sehr viel Oel/ Seiden/ Ertz/ Lein und Flachs ab/ und ist sonst sehr reich an schönen Pferden/ Wildpret/ zahmen Vieh/ Fischen und Vögeln/ daß sie wol wegen sothaner Lebens-Mittel eine Speiß-Kammer vieler Länder genennet werden kan. Gleichwie aber GOtt den Innwohnern den Reichthum zeitlicher und leiblicher Güter gegönnet; also wolte Er ihnen auch die Geistlichen nicht versagen/ sondern hat ihnen den H. Apostel Paulum zugesendet/ welcher in dieser Insul das Reich Christi geprediget/ auch an die Corinther seine zwey Episteln geschrieben; welches zwar der Satan übel leiden konte/ sintemal dieser unreine Geist bald darauff viel Zwispalt unter ihnen erwecket/ so hernach kümmerlich gestillet wurde.

Die Welt hat kaum an einigem Orte ihres breiten Schosses so viel Helden gezeuget/ als in Morea; die gegen ihren Feind sich tapffer gewehret/ und auch endlich auf der Blut-Bahn Martis ihr Leben einbüssen müssen. Wer alle die hier geführten Kriege und preißwürdige Helden-Thaten beschreiben wolte/ der müste auff mehr als ein Buch dencken. Unter der Regierung des Griechischen Käisers Emanuels hat sich das Griechische Reich allbereit zu neigen angefangen/ und dem Untergang nahe kommen/ dabey dann auch Morea nicht leer außgegangē. Er vertheilte das Reich unter seine sieben Söhne: und also ward es geschwächt/ und kam dem Verderben immerhin näher/ biß endlich die Despoten/ so wurden nachgehends die hieselbstigen Fürsten genennet/ vollends gar außgestossen/ und der Türckische Habicht dieses Kleinod unter seine Bottmässigkeit gerissen/ welches aber nunmehr der gütige Himmel aus der Nacht gerissen/ und denen siegreichen Waffen der Durchl. Republic von Venedig zugewendet. Die vornehmste Städte der Halb-Insul sind nachfolgende/ so viel als aus denen bewährtesten Scribenten kaum in etlichen Stunden angemercket werden können.

Mare Ligusticum.
Mare Gallicum
Mare
Thuscum,
Hetruscum, Tyrrhenu
item Tyrsenum, N
et Inf
Rhæti
Taurisci
Adria seu St
nus quod et M
Mare Sardoum

ITALIA ANTIQUA
PHILIPPO CLUVERO
Designatore,
ILLYRIS seu ILLYRICUM
Adriaticus vel Atria-
Adriaticum et
Superum
MARE JONIUM
MARE AUSONIUM.
Sinus Tarentinus
REGIO SECUNDA
SICILIÆ PARS
Siculu Fretum
Diomedeæ ins.
Epidaurus
Rhizæi
Rhizonicus sinus
Corcyra
Aulon
Panormus
Salentini
Crotona
Brutii
Messenii
Herculeum prom.
Salentiũ pro.

PARTE DI HELVETIÆ PARS
GERMANIA
PARTE DI FRANCIA
MARE LIGVSTICO
MARE DI SARDEGNA
MARE TIRR
GOLF
GRAN DUCATO DI TOSCANO
CORSICA
SARDEGNA
Genoua
Milano
Venetia
Elba
Gorgona
Capraia
Vstica

NOVA
ITALIÆ
DELINEATIO
Windisch
KRAIN
marck
CRO
TIA
PARTE DI DALMATIA
ALBANIA
VENETIA
Scopuli
Sebenico
Ragusa
Budoa
Mare di Puglia
Gimari
Valona
EPIRO
MARE
IONIO
Corfu Isl.
Golfo di Taranto
Golfo di Policastro
Squillace
Roccella
Messina
SICIL IÆ PARS
Stromboli
C. delle Arme
Capo della Colonna
Liparae overo di Volcano
gio Eolie
Golfo di Eufemia
SCALA MILIARIVM.

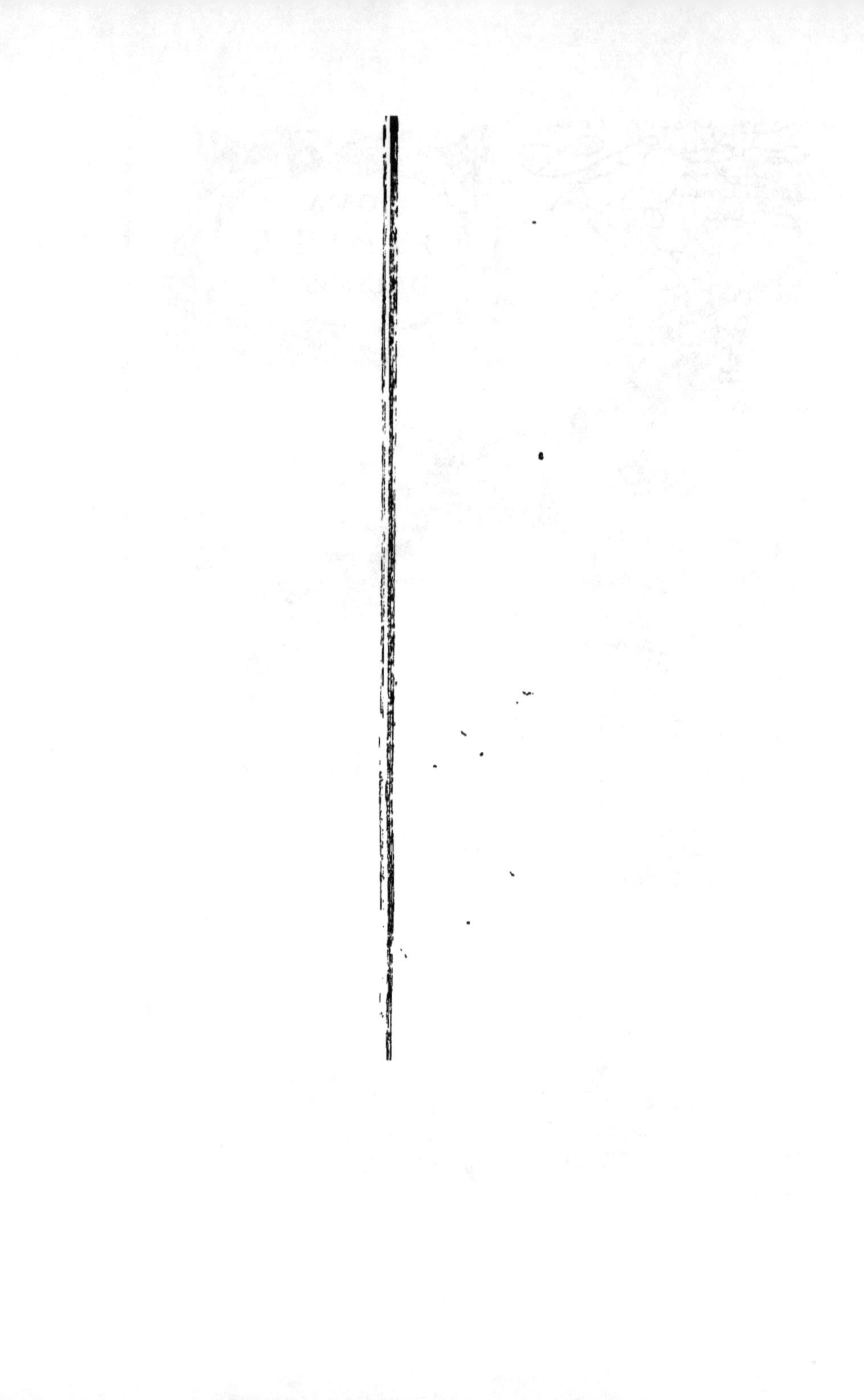

NOVA ET ACCVRATA
MEDIOLANI, GENVÆ, MAN
PRINCIPATVU
GERMAN
HELVETIÆ PARS
Bern
Thun
Chur
Engadin
Geneve
Sitten
Martinach
Como
Milano
Vercelli
Alessandria
Genova
Savona
Nizza
Albenga
PARTE DI FRANCE
SA BAV DIA
PROVINCIÆ
PARS.
MARE
LIGUSTICUM.
Gorgona

DVCATVS VENETIANI,
TVÆq; ET FINITIMORVM
DELINEATIO.
CARINTHIÆ
PARS
UNTER KRAIN
COM.
TIROLENSIS PARS
DOMINIO VENETO
DVCATO
MANTOVA
Venetia
Trieste
Capo d'Istria
GOLFO DI VENETIA
STATO DELLA CHIESA
Ferrara
Padova
Verona
Vicenza
Treviso
Aquileia
Bologna
Ravenna
Rimino
Urbino
Ancona
Parma
Modena
Monte Apennino
GRAND DUCATO DI TOSCANO
Fiorenza
Siena
Luca
Pisa
STATO DEL
CHIESA

TOPOGRAPHIA TOTIUS ITALIÆ,

Das ist:

Beschreibung der vornehmsten und bekandtesten Städte und Plätze Italien oder Welschlands.

Abano.

In schöner Flecken in dem Paduanischen Gebiet gelegen / sonst auch Ebano genannt / vier tausend Schritt / oder fünff welsche Meilen von Padua gegen Mittag. Videatur Cluverius lib. 1. antiq. Ital. cap. 18. fol. 148. seqq. Von dannen / nach Cluveri Rechnung / noch fünffhundert Schritt zu dem Gebürge seyn. Es hat das berühmte warme Bad / so man insgemein Bagni d' Abano heisset / und zu welchem von Padua aus gemeiniglich fünff welsche Meilen gezehlet werden / von besagtem Orth den Namen. Plinius lib. 2. cap. 103. nennets Patavinas aquas, und lib. 31. cap. 6. Patavinos fontes. Der gröste Brunn wird von Suetonio Aponi fons, in Tiberio cap. 14. p. m. 147. und vom Theodorico der Gothen König beym Cassiodoro lib. 2. variarum epistol. 39. Aponus fons genannt. Es gibt dort herumb auch andere warme Bäder / von welchen gemeldter Cluverius an besagtem Orth zulesen. Besiehe auch hievon Henznerum am 215. Blat seines Reißbuchs / allda er ingleichen des Gesund-Wassers gedencket / so nicht weit von den Bädern d' Abano, nahend der Kirchen S. Maria di Mont' Ortono genannt / quillet / und nach Padua getragen wird / welches man l' acqua della Madonna nennet / und für ein Artzney trincket. In den obgemelten sehr heissen Wassern siehet man grüne Kräuter / welches auch gedachtem Plinio wissend gewesen / d. lib. 4. cap. 103. Der Poet Claudianus sagt Epigramm. 3. v. 11. seq.

Et cùm sic rigido cautes fervore liquescunt,
Contentis audax ignibus herba viret.

Besiehe hievon auch Schotum und Pflaumerum in ihren Reißbüchern.

Abrone.

Ist ein altes Städtlein unter das Hertzogthum Meyland gehörig / liegt 12. Meilen oder 3. Stunden reitens von Voghera, wie Herr Furtenbach schreibet. Beym Leandro kan man solches in dieser Gegend herum nicht finden.

Aiguebelle.

Vier Meil Wegs von Montmelian, Ist ein Städtlein samt einem ziemlichen vesten Schloß / dem Hertzog von Savoyà gehörig / so an dem Fluß Isara oder Isere gelegen. Auff den Bergen herumgiebt es Wein / und ist sich zu verwundern / wie die Leute solchen pflantzen können / und was vor saure Arbeit sie verrichten. Es treibt sie aber die grosse Armuth dazu / indem sie auch von denen Vorüberreisenden das Allmosen hin und wider betteln / und wegen eines Hellers oder Pfennigs weit von den höchsten Bergen herab lauffen. Es haben auch da die Leute dicke Hälse / Kröpffe oder enfleure de gorge, so sie von dem Schneewasser herzukommen vermeinen / und ihnen gleichwol nicht wehe thut. Diesen Orth nennet Abraham Gœlnitzius in Ulysse Belgico-Gallico p. m. 660. Aquam bellam, allda die Lyoner- und Genffer-Strassen zusammen kommen. Denn man von Genff aus nach Turin in den Flecken Croisille in die Stadt Nicy, und durch die Flecken Servage und S. Catharine, allhier auff Aiguebelle kömt. Besiehe solche Räiß von Genff aus bey ihme an besagtem Orth / und in dem letzten Capitel des erwehnten Frantzösischen Raißbuchs. Gemeldter Gœlnitzius sagt / daß über diesem Aiguebelle der Thurn Charboniere, oder Carbonaria, oder Chasteau de l'esgueille, im Gebürg liget / so mit einer Maur / Wall und Graben verwahret / und den Paß in dieses Morienner-Thal beschütze; und sey dieser Orth berühmt wegen des Beraldi aus Sachsen / des ersten Grafens in Morienna, und Stiffters des Fürstl. Savoyschen Stammes / der allhie erstlich gewohnet / allda sich auch die Graffen von Savoya / als sie erstlich in das Land kommen seyn / auffgehalten haben. Vid. Thuan. lib. 125. hist. & Pet. Matthæus lib. 3. hist. Henrici IV. narr. 3. n. 13. Ist wegen des rauhen Gebürgs ein sehr vester Orth / da man den Paß aus Savoya zu den Voconniis und Tarantesern schliessen kan; und in welchem Gebürge kein Geträide wächst. Und dieses Städtlein ist Anno 1600. von Crequio und Abele Berengario Morgio, in des Königs Henrici IV. von Franckreich Namen / mit grosser Behendigkeit eingenommen / und darauff von Ronio auch das Schloß / auff welches er 637. Schüß gethan / erobert worden. Sihe Thuan. cit. lib. 125. hist. & histoire des derniers troubles arrivéz en France l. 2. p. 350. Von hinnen komt man zum Fluß Arch oder Arca, und durch die Dörffer Argentiere oder Argentine, Epierre, und la Chapelle, und hat man unterwegens nichts als einen rauhen steinigten Weg / und ungebaute Berg und Felsen/ und muß man dreymahl nicht ohne Gefahr durch den gemeldten Fluß setzen/ biß man nach la Chambre gelanget.

Albenga.

Ist eine alte Bischöffliche Stadt nahe an dem Meer gelegen / und den Genuesern zuständig / ligt schön eben an dem Fluß Merula, der Boden herum ist sehr fruchtbar/ sonderlich gibt es viel Hanff. Diese Stadt nennen theils Arbenga. Vorzeiten ward sie Albium Ingaunum und Albingaunum genannt / ligt 500. Schritt vom Meer/ der Fluß Merula oder Arocia kömt dabey ins Meer / und wird vom Leandro und andern Centa genannt; darwider aber Cluverius lib. 1. cap. 9. ist / der beweiset / daß das Wasser Centa in den Fluß Arociam falle. In des Stunicæ Itinerario stehet p. 134. daß diese Stadt vom Abend den Fluß Asentam habe/ wie solcher von dem gemeinen Mann genannt werde / den Plinius Merula heisse. Allhier ist die Haupt-Kirche zu St. Michael wohl zu sehen/ darinnen S. Verani des Bischoffs Cörper verehret wird. Uber gedachter Kirche ist noch eine andere in der Stadt / so S. Maria de fontibus genannt wird/ in welcher S. Benedicti, des Bischoffs/ Cörper ruhet.

Alessandria della paglia.

Alexandria, zugenannt Palea, ist eine grosse Stadt/ 15. Meil oder 5. Stund von Casale gelegen/ so zu dem Hertzogthum Meyland gehörig/ allda eine schöne Thum-Kirche gesehen wird/ darbey ein grosser Platz/ auff welchem die Spanischen Soldaten gemustert und täglich exercirt werden. Es hat ein alte Citadella dabey/ und ist die Stadt auch mit guten Pasteyen und Bollwercken versehen. Uber das schiffreiche Wasser Tanaro gehet ein schön wolerbaute Brücke / und hat es in der Gegend gar fruchtbar eben Land und herrlichen Weinwachs. Sie ist von den Meyländern und Placentinern erbauet/ und anfangs Cæsarea; hernach aber / als sie sich wider Käyser Friedrichen den Ersten gewehret / (darvon auch insonderheit Godefridus Monachus in Anno 1175. zu lesen:) Alexandria nach dem Pabst Alexandro III. genannt worden/ der dahin einen Bischoff gesetzt hat/ wie Blondus, Merula, Volaterranus, Platina, Corius, und von dem Ursprung des Zunamens Paleæ auch Abbas Urspergensis in Chron. fol. 310. schreiben. Anno 1522. ist sie von des Hertzogs Francisci Sfortiæ II. von Meyland Kriegs-Volck außgeplündert worden. Sie ligt zwischen zweyen Wassern Tanaro und Bormia. In ihrem Sigell führet sie diese Wort:

Deprimit elatos, levat Alexandria stratos,

wie Leander bezeuget. Von hier ist obgedachter Georgius Merula bürtig gewesen/ der die Antiquitates Vicecomitum, oder die Histori von den Fürsten zu Meyland geschrieben hat/ und Anno 1494. gestorben ist.

Amalfi.

Ligt an dem Meergestade / da auff 20. Meilen in die Länge ein herrlich und lustige Rivier / welche von dieser schönen und fürnehmen Stadt Amalfi, so mitten in dieser Rivier ligt / Costa d' Amalfi genannt wird. Gehöret zu dem Königreich Neapolis, wie davon Leandri Beschreibung zu lesen / Nel Prenciparo, seu Picentinis p. 159. a. In dieser Stadt ist zum ersten der Gebrauch des Schiff-Compaß oder pyxidis, umbs Jahr Christi 1300. von Flavio Gioia erfunden worden/ daß man nemlich durch Mittel des Magnets/ bey Tag und Nacht auff dem hohen und wilden Meer schiffen kan. Dissentit Pasquierius in Archontol. Cosmic. Gotfridi fol. 201. Daher Antonius Panormitanus, wie ihn Megiser anziehet / sagt:

Prima dedit nautis usum magnetis Amalphis.

Es ist allhie eine stattliche Kirch darinnen man den Leichnam des Apostels Andreæ zeiget / und davon kleine Gläßlein voll lauters Oels / so darauß fliessen soll/ mittheilen thut. Hat auch einen Ertz-Bischoff da. Nahe dabey ligen die Städte Majure, Minure, Scala, Capodorso, Cava (ein ziemlich grosse Stadt/) und Raviello oder Rivellum, so noch neu / und an Schönheit und stattlichen Gebäuen / unter die fürnehmste Städte dieses Königreichs zuzehlen ist.

Amatrice.

In Abbruzzo gelegen / an dem Fluß Tronto, und gehöret zu dem Königreich Neapoli, ist ein schön / groß und volckreiches Castell / und sonsten ein nahrhaffter lustiger Orth.

Ancon, Ancona, Anchona.

Ist eine alte und fürnehme Stadt am Adriatischen Meer/ oder Golfo di Venetia gelegen / wird Ancon, Griechisch ἀγκών genannt/ weil sie in gestalt eines Elenbogens oder gekrümmten Arms ligt. Es gedencken ihr Cæsar, Cicero, Silius, Lucanus, Juvenalis. Cato schreibt / es haben sie die Hetrurier und Aborigenes Picenam genannt/ aber Strabo (dem auch Plinius und Solinus zufallen/) sagt/ es sey eine Griechische Stadt/ und von den Syracusanern, welche vor dem Tyrannen Dionysio entflohen/ 400. Jahr vor Christi Geburt erbauet. Juvenalis scheinet auch der Meynung zu seyn/ daß ihr Ursprung aus Dorica herkommen / wenn er spricht:

Ante domum Veneris quam Dorica sustinet Ancon.

Leander aber meint / man könte die unterschiedliche Meynung der Scribenten auf solche Weiß vergleichen/ daß die Griechische aus Dorica das Fundament dieser Stadt geleget/ aber die Syracusaner oder Sillicier dieselbe außführlich gebauet haben; oder/ daß die Schifflände zu Anchon von den Dorischen/ wie der Poet Juvenalis andeutet/ die Stadt aber von den Siciliern erbaut sey: Papias und Catinus wollen / daß sie von den Völckern in Thessalia, so Dolopes genannt werden/ erbauet worden. Etliche wollen / Ancus Martius, ein Römischer König / solle sie angefangen haben. Besiehe Phil. Cluverium im andern Buch von alt Welschland im II. cap. und von ihrem Ursprung/ Namen und Vorgebürge Leandrum Albertum, in Beschreibung des gantzen Welschlandes/ Pighium in seinem Hercule prodicio, Henznerum, Pflaumerum und andere mehr. Von ihr wird das gantze Land Picenum, jetzt Marchia Anconitana genannt; wie sie denn in denselben / wegen ihres Alters/ Reichthum/ Schönheit/ grossen Gewerbs/ und des vortrefflichen Meerhafens halber am berühmtesten ist/ dahin Griechen / Illyrier/ Ungarn und viel andere Europäische Nationen zuhandeln kommen. Diese Stadt hat von Alters her Italien und Welschland von einander unterschieden/ denn/ wie Mela anzeigt/ endet sich allhier Italien, und fangen an die Welschen Senones, und das Welschland/ so Togata genannt wird. Der Meerhafen oder Port allhier ist so ansehnlich / weit/ und von Natur und Menschen-Händen so fest und sicher gemacht / daß er unter die schönsten und vornehmsten der gantzen Welt gezehlet wird/ daher man insgemein / wie beym Leandro Nella Marca, seu descript. Piceni pag. 284. b. stehet / zu sagen pflegt:

Unus Petrus in Roma,
Una turris in Cremona,
Unus portus in Ancona.

Allein

ANCO
PORT

NA.
VS
MARE HADRIATICUM
Templ. S. Pauli. 19. Palat. Gubernatoris. 22. S. Crispini. 25. S. Marci. 28. D. Annuntiata. 31. Porta S. Petri.
S. Annæ. 20. Forum. 23. S. Nicolai. 26. S. Claudij. 29. S. Francisco Zoroli. 32. Via Pia.
Palatium Ancianorum. 21. Templ. Incoronatæ. 24. S. Augustini. 27. S. Martini. 30. Porta Capitis montis. 33. Pitarella.

Allein S. Peter ist zu Rom/
Ein einiger Thurn zu Cremon/
Allein ein Schiffländ zu Ancon.

Diese Schifflände hat Käiser Trajanus mit Marmorstein und Staffeln/ damit man die Schiff bequemlich laden könte / aufgebauet / wie der herrliche Triumphbogen anzeiget / der auf dem Thamm zu mitten zu sehen / welchen der Rath und das Volck dem Käiser zu ehren haben auffrichten lassen / mit nachfolgender Schrifft: Imperat. Cæsar Divi Nervæ F. Nervo Trajano optumo August. Germanic. Dacico, Pont. Max. Tr. Pot. XIX. XI. Cos. VII. PP. Providentissimo Principi. S.P.Q.R. Quod accessum Italiæ, hoc etiam addito ex pecunia sua, portum tutiorem navigantibus reddiderit. Zur rechten stehen diese Wort: Plotinæ Aug. Conjugi Aug. An der lincken Seiten aber; Divæ Marianæ Aug. Sorori Aug. Es schreibt aber gemeldter Leander: Vero è, che per negligenza de gli Anconitani, egli è hora atterato in alcuni luoghi, con gran loro vergogna; daß solcher Port aus Nachlässigkeit der Anconitaner jezt an etlichen Orten verderbet sey / welches ihnen zu grossem Spott gereiche. Denn er jezt zu seicht ist/ daher die grossen Schiff ausserhalb stehen müssen/ so oftmals nicht ohne grosse Gefahr geschicht; aber die kleine Schiff haben hinter dem starcken Molo oder Thamm / der wol 150. Schritt lang/ und mit gewaltigen Mauren aufgeführet ist / guten Schirm. Ob aber wol die Bilder / Siegszeichen und andere Zierden an obgedachtem Triumphbogen nicht mehr vorhanden seyn / erscheinet doch noch aus den Reliquien, wie ansehnlich derselbige zu der Römer Zeit müsse gewesen seyn/ und ist diese Antiquität doch noch mit sonderm Lust zu sehen/ und sich über derselben Kunst / Schönheit und dergleichen zu verwundern / wie hievon nebst Henznero auch Pighius, Pflaumerus, und J. Füertenbach zu lesen. Es hat mitten des Ports ein stattlich Bollwerck / so sie Revellino nennen. Ligt also diese Stadt auf einer Seiten an dem Adriatischen Meer / auf der andern aber an einem hohen Vorgebürg / davon sie sich gegen dem besagten Meerhafen gemachsam/ und nach der Krümme desselben herab ziehet/ und mit selbem Port auch endet. Villamont schreibet/ daß die Gebäu auf dreyen Bergen stehen; andere auff 2. als die Vestung/ und S. Cyriaci Berg. Sonsten seynd wol in der Nähe Berge/ welche Oel und andere fruchtbare Bäum haben. Sie ist mit Mauren/ Bollwercken/ und besagtem starcken Schloß in der Höhe/ (so sie/ und gedachten Port beschützet) wohl bevestigt. Und stehet auf dem gemeldten hohen Vorgebürg/ so ins Meer gehet/ und von Plinio Cumerium, ins gemein aber Monte Guasco genannt wird/ S. Cyriaci Hauptkirchen/ in welcher dieser Heilige/ item / Marcellinus, Liberius, die Jungfrau und Martyrin Callaria, so wol Antonius Fatatus (dessen Cörper noch unverwesen seyn solle) und Hieronymus Thomasius, begraben ligen. Es ist bey dieser Kirch des Bischoffs Palast/ darbey/ wie Henznerus schreibet/ schöne Gärten zu finden. So hat man auch von dannen ein gewaltiges Aussehen auf der Stadt Lager/ das Meer/ und die benachbarte Städt und Castell. Es seyn auch sonsten viel herrliche Kirchen allhie / damit / wie auch mit andern stattlichen gemeinen und privat Gebäuen/ die Stadt gezieret ist; sonderlich S. Francisci Kirch/ zugenannt à Scala, dieweil man 60. Staffel zu derselben hinauff zu steigen hat: Bey der Thür daselbsten hat der berühmte Jurist Benev. Straccha sein Begräbnis. In S. Dominici Kirch ist des Manilli Marulli Constantinopolitani Grabschrifft zu lesen/ die Pflaumerus und Schraderus setzen; welcher lezte auch die Epitaphia, so hin und wieder allhie in den Kirchen zu lesen/ fleissig aufgezeichnet hat. In der wohlerbauten Kirch zu S. Augustino haben die Herren Cassoti auf ihren Kosten einen trefflich schönen von Holz gearbeiteten Altar machen lassen/ so bey 6000. Cronen werth / wie solcher vom Herren Josepho Füertenbach beschrieben wird/ Der auch von einem Altar alda meldet / so ganz mit seinen Säulen/ und allen Zugehörungen von rothem Marmorstein gehauen ist; der ingleichem sagt/ daß die Griechen allhie auch eine eigene Kirchen/ und öffentliches Exercitum haben / wiewol die Stadt dem Pabst gehörig ist. So haben auch die Juden ihren eigenen Getto, oder eingemaurten Ort / darin 1500. Seelen seyn; die werden aber alle Nacht da eingesperret/ und damit selbige unter den Christen erkannt werden/ so müssen sie ihre Hüt mit gelbem Zeug bedecken. Das Kauffhauß/ oder Loggia, welches einem schönen Saal zu vergleichen/ ist 40. Schritt lang/ 20. breit/ und bey 30. hoch/ das Gewölb ist auf jezige Manier sehr zierlich/ mit grossen Vertieffungen / und künstlichem Mahlwerck/ zugerichtet; und stehen in den 4. Ecken desselbigen vier mehr denn Lebensgrosse schöne Figuren. Diß Gebäu hat einen trefflichen Prospect aufs Meer / dergestalt/ daß man allda alle einlauffende Schiff/ und also den ganzen Meerhafen übersehen kan. Das Rathhauß/ oder il Palagio di Signoria, wie auch des Vice-Legaten / oder Päbstischen Vice-Statthalters Palast/ seyn auch zu sehen.

Der Stadt Anchon Geschicht findet man bey vielen Scribenten, als bey Sembronio, Procopio, Cæsare, Tacito, Antonino, Lucano, der also schreibt:

Illinc Dalmaticis obnoxia fluctibus Ancon,

Sylvius aber sagt:

Stat fucare colus, nec Sidone vilior Ancon.

Item / in der Einwohner Buch stehet: Ager Anconitanus, in limitibus Græcanicis, in centuriis est assignatus. So viel die Historien anzeigen / ist sie unter dem Römischen Reich/ biß daß die Gothen in Italien kommen sind/ in gutem und ruhigem Stand gewesen/ von denen sie belägert / und mit vielen Kriegen angefochten. Aber die Einwohner haben mit Hülff Cononis, und des Käisers Justiniani Obersten /ihnen so ritterlich Widerstand gethan/ daß sie die Stadt/ wiewol der Feind die Vorstätte allbereit hatte abgeworffen/ niemals haben können erobern / oder in ihre Gewalt bringen/ wie Procopius und Blondus schreiben/ die auch an einem andern Orth anzeigen/ daß bey Anchon des Narsetis Gesandten der Gothen Schiff-rüstung/ von 47. Schiffen überwunden haben/ davon sind allein 10. entflohen / die andern aber sind zum Theil gefangen zum Theil zu grund gangen/ da doch die Königischen nicht mehr als 30. Schiff gehabt. Nach den Gothen haben die Longobarder Anchon unter ihrem Gewalt gehabt / und eine Marggraffschafft daraus gemacht. Nachdem aber die Longobarder ganz ausgerott und vertilget worden/ ist auch Anchon mit andern Italiänischen Städten unter der Teutschen Käiser Gewalt kommen. Darnach ist sie zu Zeiten Lotharii von den Saracenen geplündert/ und in Brandt gesteckt worden/ wie Blondus schreibt: zulezt aber von ihren eigenen Bürgern/ so aus dem Elend noch übrig blieben waren/ mit der Zeit widrum aufgebauet und erneuert / hat auch alsbald an Volck und Reichthum zugenommen/ und mit besonderer Einträchtigkeit der Bürger angefangen ihres eigen Rechtens zu brauchen / und unter eigener freyer Gewalt zu seyn / biß an das Jahr Christi

1532. Seynd aber darnach solcher Freyheit durch List des Bischoffs von Casale, Bernardini Barbæ, und Ludovici Gonzogæ, des Pabsts Clementis VII. Feldherren beraubt worden / denn dieselbige haben zu Anchon ein Schloß oder Vestung gebauet / unter dem Schein / der Türcken oder Seeräuber Anlauff und feindlich Vornehmen damit abzuwenden / da aber das Werck vollzogen / und man nun Besatzung darinn führen solte / hat man die listiglich eingenommen: da solches der Rath gewahr worden / und doch keinen Widerstand thun können / haben sie das Rathhauß verlassen / und ist ein jeder in sein eigen Hauß gewichen. Aber der Barba hat alsbald das Rathhauß eingenommen / und mit Kriegs-Knechten und Büchsen versorget / der Obersten aber ein Theil in unterschiedliche Oerter / ein Theil aber alsbald nach Rom gesandt / auch all die starcke Jugend / so die Waffen führen konten / aus der Stadt geführt. Und ist also Anchona unter des Pabsts Gewalt gerahten / wie beym Leandro Alberti und andern Italiänischen Scribenten mit mehrerm zu lesen. Und von solcher Zeit an ist sie dem Päbstischen Stul verblieben / deme alles Land von Rom aus biß hieher gehörig ist. Es ist solcher Orth hernach von den folgenden Päbsten mehrers / sonderlich gegen dem Meer / fortificiert worden. Und saget Schraderus lib. 3. monument. Ital. fol. 276. daß es mit Bevestigung dieser Stadt eben die Gelegenheit / als mit Massilia in Franckreich und Ragusa in Dalmatien habe. Gegen jetzgemeldter Vestung über ist ein Berg / auff welchem ein Thurn oder Warte stehet / allda Wächter gehalten werden / welche so bald sie Räuber auff dem Meer spüren / durch Feuer ein Zeichen geben / welches so es die andern Wächter / so bey Tag und Nacht auf andern Warten seyn / sehen / auch dergleichen thun / also daß man in drey Stunden solches zu Venedig wissen kan / allda man sich stracks aufs Meer begibt / und solche Räuber verfolgt; dadurch denn das Hadriatische Meer sauber gehalten wird / wie Paulus Henznerus pag. m. 267. schreibet. Es gibt um diese Stadt sehr schöne fruchtbare Felder von Korn und Weinwachs / und dessen eine solche Menge / daß sie auch viel umligende Orth damit versehen mögen. So zehret man alhier gar wohlfeil / weil alles so wohl zu bekommen; und seyn die herrlichen Meer-Fisch / wie auch das Geflügel gegen andern Städten zu rechnen / umb halb Geld zu erkauffen.

St. Angelo.

Ligt in dem Königreich Neapoli / in der Provinz Abbruzzo, und auf dem Berg il monte di S. Angelo genannt / ist ein schönes und sehr vestes Castell / auf einem hohen Felsen / gegen dem Adriatischen Meer zu / so dem Herzog von Nuceria gehörig. Allhie ist die Kirchen zu S. Michael zu sehen / welche sehr wunderlich in einer Hölen und lautern Felsen erbauet.

Acquapendente.

Oder Aquapendente, ein kleines in dem Patrimonio S. Petri gelegenes / und dem Pabst gehöriges Städtlein / aber in seiner Grösse sehr volckreich und mit schönen Gebäuen gezieret / hängt an einem hohen Felsen / so voller Wasser ist / das über die rauhe Felsen herab fällt / daher der Nahme Aqua pendens der Stadt kommen. Es halten die meisten darfür / es sey diß deß Ptolomæi Aquila oder Aquula, daran doch Cluverius lib. 2. cap. 3. fol. 570. zweiffelt / und vermeint / daß Incisa oder Ancisa am Fluß Arno selbiges Aquila sey. Henznerus rechnet von Radicofani hieher 15. Meil / und C. Ens von S. Quirico 25. Meil. Schraderus setzet von S. Quirico nach Scala 5. Socorzo 3. Lorza oder dem Fluß Urcio 3. Paglia 2. Ponte-Centino 8. und Aquapendente 4. Summa / von S. Quirico hieher auch 25. Meilen. Allhie hat es einen ziemlichen Ackerbau und Weinwachs.

Aquila.

Fünf Meilen von Amiterno, ist die Hauptstadt der Provinz Abbruzzo oltra, und eine grosse / volckreiche schöne Stadt / in dem Königreich Neapoli, die sonderlich Käiser Fridericus II. erweitert / und Aquilam zu nennen befohlen. Ist mächtig und ansehnlich / hoch an einem Berg gelegen / und hat in ihrem Umfang 4. Meilen. Unten rinnet der Fluß Pescara, der durch das Thal bey der Stadt läufft / welches schöne Thal 24. Meilen lang und breit ist. Es hat in dieser Stadt / wie Megiserus und Grasserus schreiben / 110. Kirchen / alle mit reichen Pfründen und Einkommen versehen / und 4. Patronos, nemlich S. Bernhardinum von Siena, welcher des Mindern Ordens erster Stiffter gewesen / und allhie ruhet. 2. S. Petern von Murron, oder Cœlestinum V. den Pabst / dessen Gebein auch allhie. 3. Maximum, so in der Stadt Furcionio gemartert / und seine Gebein hieher geführet worden seyn; und 4. S. Equitium, wie abermals Megiserus erinnert. Nicht fern von dieser Stadt ist der Lacus Fucinus, oder der Celaner-See / von dem fürnehmen und volckreichen Castel Celano, so darbey gelegen / also genannt. Es hat dieser See 30. Meilen im Umfang / gibt trefflich gute Fisch / und haben die Römer von dannen das Wasser gar nach Rom geleitet / wie man noch hin und wider etwas von Aquæductibus zu sehen hat. Auf der andern Seiten / auch nicht weit von Aquila, ligt Monte reale, allda drey grosse Wasserflüß / Velino, Tronto, und Pescara, entspringen.

Arezzo.

Ist eine alte / noch vor dem Trojanischen Krieg erbaute Stadt / so hernach eine Römische Colonia worden / und ehemals eine aus den 12. Hauptstädten in Etruria gewesen. Es gedencken dieses Arezzo oder Arretii Polybius, Cæsar, Cicero und viel andere mehr; und wurden die Innwohner Arretini genannt. Ihre Macht und Reichthum erhellet daher / daß sie einsmahls den Römern unter Scipione, welcher mit 14. Galeern in Africam wider die Carthaginenser zu streiten gieng / grosse Hülffe thate / und zu solchem Zug 30000. Cronen / 120000. Viertel Früchte / neben vieler Wehr und Waffen und andern Kriegs-Rüstungen / beysteuerten. Hier ist S. Donatus Bischof gewesen und unter dem Käiser Valentiniano gemartert worden. Dieser Zeit gehört sie dem Groß-Herzog von Florenz / wie Schotus berichtet.

Ariano.

Diese Stadt / so einen Bischoff hat / gehörte vorzeiten denen Hirpinis, sie ligt auff einem hohen Hügel / und ward vor Alters Equus Turicus, das ist / wie es das Hierosolymitanische Raißbuch ausleget / Equus Magnus genannt. Ligt in dem Königreich Neapoli.

Arquado.

Oder Arquada, so die Lateiner Arquatum nennen / ein Fleck gegen dem Euganarischen Gebürge gelegen / und den Venedigern gehörig / allda Franciscus Petrarcha Anno 1374. den 18. Julii im 70. Jahr gestorben ist. Dessen Grab die Gelehrten gemeiniglich zu besuchen pflegen / so daselbst vor der Kirchthür auf vier Marmorsteinern Säulen steht / mit dieser Schrifft:

Frigida Francisci lapis hic tegit ossa Petrarcæ,
Suscipe Virgo parens animam, sate Virgine parce,
Fessaq; jam terris cœli requiescat in arce.

Viro insigni Francisco Petrarcæ Laureato, Franciscolus de Borsano, Mediolanensis, Gener, individua conversatione, amore, propinquitate, & successione, memoria. Moritur Anno Domini 1374. die 18. Julii.

Auf dem Grab ist sein Gesicht von Messing gegossen/ mit dieser Inscription: Fr. Petr. Paul. Valdezuccus, Pat. Poëmatum ejus admirator, æd. agrique Possessor, hanc eff. P. Anno 1547. Idib. Septemb. Manfredino Comite vicario. Ausserhalb der Kirchen wird dieses an der Mauer oder Wand gelesen: Danti Aldigerio, Francisco Petrarcæ, & Johanni Bocatio, Viris ingenio eloquentiaq; clarissimis, Italicæ linguæ parentibus, ut, quorum corpora mors & fortuna sejunxerat, nomina saltem simul collecta permanerent, Johannes Brevius Canonicus Cenetensis, hujus Basilicæ Rector, in sui erga eos amoris observantiæq; testimonium posuit 1524. Schraderus hat 1522. In dem obern Theil dieses Fleckens ist noch sein Hauß fein zugerichtet zusehen; so neulich dem Marco Antonio Gabrieli, einem Paduanischen Edelmann gehörig gewesen/ in welchem schöne Gemählde/ und noch allerhand Sachen dieses weitberühmten Petrarcæ, samt seiner Bibliothec, zu sehen/ und unterschiedliche schöne Vers von ihme/ so wol in Zimmern/ als bey seinem lautern Brunnen/ zu lesen/ die in des Abrahami Golnitzii Ulyssu Belgico-Gallico pag. m. 499. seqq. zu finden seyn. Vid. & Capugnanus lib. 1. Itiner. Ital.

Alcoli in Abbruzzo.

Ligt zwischen Troja und Canosa, im Königreich Neapolis, ist volckreich/ groß und schön/ mit starcken Mauren umbgeben/ und wider allen feindlichen Anlauf wohl verwahret; hat auch einen Bischöfflichen Sitz/ so reich und sehr gut Einkommen hat. Von hier ist Ventidius Bassus bürtig gewesen.

Ascoli Nella Marca.

Ist eine alte und dem Pabst zugehörig vornehme Stadt/ groß und volckreich/ welche vor diesem sehr berühmt und mächtig/ des Landes Haupt/ und eine Römische Colonia oder municipium gewesen/ deren Cæsar, Cicero, und viel andere gedencken. Wird zum Unterscheid des Asculi in Apulia, Picenum zugenannt/ in der Marca di Ancona gelegen.

Assisi.

Assisio, so auch Sisi, Asisium, und Asisi genannt wird. Ehe man von Perugia hieher kommt/ läst man das Städtlein la Baste auf der Seiten ligen/ und hat man die sehr schöne Kirchen/ la Madonna de gli Angeli genannt/ darvor ein sehr schöner Brunn stehet/ so durch viel Röhrlein eine grosse Menge klahres Wasser von sich giebet. Und hieher rechnet Henznerus von Perusia zwölff Meilen. Schraderus aber nur zehen. Und von hinnen zwo gen Asisi; und Pflaumerus allein neun/ der auch sagt/ daß man von hier noch ohngefehr 1000. Schritt einen gepflasterten weg nach Asisi habe.

Es ist dieses Asisium eine sehr schöne/ auf einem Hügel gelegene/ und dem Pabst gehörige Stadt/ alda S. Franciscus, der von hier bürtig gewesen/ in einer gewaltig ansehenlichen Kirchen/ die ein Teutscher erbauet hat/ begraben ligt. Es seynd zwo/ oder wie theils schreiben/ 3. Kirchen über einander. So weiset man nicht weit vom Marckt das Hauß/ in welchem er gebohren worden ist. Theils melden/ daß in S. Claræ Kirchen allhie auch selbige heilige Jungfrau begraben lige/ so allhier gelebt hat: Villamontius aber sagt/ daß solche Begräbniß in dem Städtlein oder Flecken/ Monte Falco genannt/ in S. Claræ Kirchen sey/ so nahend Trevi gelegen/ alda sie gebohren worden; Von daraus er/ nachdē er zuvor zu Asisi gewesen/ nach Loreto gereiset ist. Und meldet er/ daß daselbst ihr Cörper durch ein Glaß/ unter dem grossen Altar gesehen werde. Kan aber seyn/ daß sie zeithero auch hieher nach Asisi transferiert worden ist. Es ligt bey dieser Stadt der hohe Berg Asi, auf welchem man durch einen engen Fußsteig hart gelangen thut. Von hinnen reiset man nach Fuligno, dahin/ wie obgemeldt Schraderus 7. Meilen rechnet. Andere haben 10. nemlich 5. gen Spello, oder Hispello, welches Städtlein man gleichwol auf der Seiten ligen lassen kan/ und von dannen auch so viel nach Fuligno, wie Leander schreibt.

Aste.

Asti oder Asta, gehöret dem Hertzog von Savoja/ und ist die Haupt-Stadt der Grafschafft Aste, ligt 10. Meilen oder 5. Stund von Villa nova, und 14. von Alessandria della paglia. Dieses Asta ist eine Römische Colonia gewesen. Ligt an einem Berg so mit alten Mauren umgeben/ und oben am Berge noch eine alte Festung hat Schraderus schreibt/ sie lige am Fluß Moro: Ihr Patron sey S. Secundus, daher im Siegel diese wort stehen:

Asta nitet mundo sancto custode Secundo.

Es habe auch allhie eine schöne Bibliothec im Prediger-Kloster. Sie hat in den Kriegen viel ausstehen müssen/ weilen aber die Gegend herumb an Korn und köstlichem Wein gar fruchtbar/ so hat sie sich stets wieder erhohlet: wie es dann eine feine Handthierung da gibt/ und man gute Käß machet. Vid. Guicciard. lib. 4. Johannes Galeatius Hertzog zu Meyland hat diese Stadt und Grafschafft/ so Asteggiana, wie Maginus sagt/ genannt wird/ seiner Tochter Valentinæ, Hertzog Ludwigs von Orleans in Franckreich Gemahlin/ zum Heyrathgut geben; aber Anno 1529. gabe sie König Franciscus I. in Franckreich/ als ein Erbe und Nachkömmling dieses Hertzogen von Orleans dem Käyser Carolo dem V. der sie hernach dem Hertzogen von Savoja geschenckt hat/ wie Leander p. 381. b. schreibet/ daher sie noch Savojisch ist.

Atri.

So auch Atria, Adria, und Hadria genennt worden. Ist ein Bischöfflicher Sitz im Königreich Neapoli, in der Provintz Abbruzzo, nahe dem Adriatischen Meer/ oder Golfo di Venetia gelegen. War sonst der Venetorum/ wiewol sie der Zeit ziemlich schlecht/ und von Fischeren bewohnet wird.

Aversa.

Ist eine feine wolerbaute Stadt in dem Königreich Neapoli/ und ligt 8. Meilen von selbiger Hauptstatt/ und so weit von Capua, sie soll vorhin Adversa seyn genennt worden/ aus der Ursach/ weil allda vorzeiten die Normannen ihr Lager in den Ruinis der alten

Stadt Atellæ befestiget haben / damit sie der beyden Städten / Capuæ und Neapolis Macht hierdurch verhindern und zertrennen möchten / daher denn diese neue Stadt entstanden / welche / wie Pandulphus Collenucius lib. 3. Histor. Neap. schreibet / der Normannen Obrist Raimus erbauet hat / und die der Zeit mit etlichen schönen Palästen und Lusthäusern ausserhalb wol erbauet ist; neben welchen auch etlich altes Gemäuer / in der Stadt drinnen aber schwartze Stein gesehen werden / so noch von der Strassen / Via Consularis genannt / übrig / die von Puteolis, oder Puzzuolo, nach Capua gienge / wie Plinius libr. 18. c. 11. bezeuget. Das Land daherum ist eines der edelsten in der gantzen Welt / reich an allen Sachen / hat einen Uberfluß an Getraide / Wein / Oehl / und anderer Früchten / und wächst allhie insonderheit der herrliche und köstliche Wein / von den Welschen il Vino Asprino genannt / welcher in gantz Italien hochgehalten / und Sommerszeit zu Rom in der grösten Hitz getruncken wird. Schraderus sagt / daß daselbst auch ein altes Schloß und die Hauptkirche ein grosses Gebäu / und wol zu sehen sey.

Avillane.

Oder Avigliane, eine halbe Meile von Amproise. Cluverius nennets Avilianam, und sagt / daß es der Alten ad Fines sey / dahin Königs Cottii Reich vorzeiten gangen. Hat ein Schloß in der Höhe ligend. Alhie verlieren sich die Berge / und hat eine schöne Ebene / Weinwachs an den Bäumen / Acker voll Geträids / und Gärten voller Früchte.

Baccano.

Sechtzig tausend Schritt von Monte Rose, oder wie Schraderus setzet / 8. Meilen / dieser Orth hieß vorhin Bacanæ, oder Baccanæ; und ist ein Flecken auf der Strassen Cassia gelegen / darbey ein See. Es gibt hierum eine bergichte Strasse / und kommt man in einen Wald / so die Alten Mæsiam und Mosiam, die Innwohner jetzt Bosco di Baccano nennen. Zu Ende dieses Walds kan man von der Höhe allbereit Rom sehen / dahin noch mehr als 12. Meilen seyn. Man kommt von hinnen allgemach hinunter und über unfruchtbare Felder.

Bassano.

Eine feine wolerbaute Venedische Stadt / ziemlich groß / und wol erbauet / ligt in der Trevirser Marc, an dem Fluß Brenta, beym Fuß des engen Thals / la Valla di Sugana genañt / welches Thal 18. Meil lang / und nur 2. breit ist / und welches sich biß nach Trient ziehet. Zwischen der Stadt und dem Alpengebirg gibt es viel schöne / lustige und fruchtbare Hügel / welche alles / was der Mensch zum Leben vonnöthen / herfürbringen / und sonderlich herrlichen Wein uñ gutes Oel geben. Der besagte Fluß Brenta laufft durch der Stadt Gebiet nach Padua, und ergiest sich endlich ins Meer / ist fischreich / und schaffet dem Land guten Nutzen.

Es ist nicht bald ein Orth / darinnen es so sinnreiche Leute gibt / als allhier / so wol was die Kaufmañschaft und Handwercker / als auch die Studien anbelangt. Insonderheit wird hier ein groß Gewerb mit Seiden getrieben / und obwohlen die Seiden in China für die beste in der Welt gehalten wird / so ist nichts destoweniger die zu Bassano viel subtiler / dahero auch sehr berühmt.

Barleta.

Oder Bardulo, ist eine schöne / grosse und volckreiche Stadt des Königreichs Neapolis / ligt in der Provintz Apuglia, ins gemein Terra di Bari genannt / ligt an dem Gestad des Adriatischen Meers / wird sonsten / weil sie noch keinen Bischoff hat / nur für ein Castell oder Marckflecken gerechnet. Vorzeiten ist sie unter die 4. fürnehmste Flecken und Castell in Italia gerechnet worden. Mitten auf dem Marckt stehet Käiser Fridericus II. von Ertz gewapnet / 10. Schuh hoch / der diese Stadt gebauet / wiewol die Bürger vorgeben / daß es Käisers Heraclii Bildnus sey. Es hat keinen guten Meerport allhier. 3. Meilen von hinnen fällt der Fluß Ofanto oder Lofanto, oder Aufidus in das Meer / und daselbst hört das Land von Bari auf / und fangt das ebene Apulia an. Besser in dem Land drinnen seyn Ostuno, Conversano, Acqua viva, Pulignano, Andri, Bitetti, Ruvo, Gravina, so den Hertzogs-Titul hat / und Bitonto. Es ist sonst dieses Land / darinn von dem Megisero / 39597. Feuer-Städte gezehlet werden / gar dürr / und wird von den Mücken sehr geplaget; also daß ein Sprichwort ist: Wer der Höllenpein versuchen wolle / den Sommer in Apulia zu bringen solle. So wachsen auch allhier die kleine gifftige Thierlein Tarantole, so schier wie Spiñen sehen / deren Biß allein mit Tantzen / Singen und Saitenspiel curiert wird. Denn so bald der Patient die Music höret / so hebt er an zu tantzen / dadurch denn das Gifft zertheilet wird / uñ wañ er müde ist / wieder zu recht komt / davon Alexand. ab Alexandro, Majolus, Camerarius, Megiserus und andere mehr zu lesen.

Bari.

Eine berühmte Ertz-Bischöfliche und schöne Handelstadt des Königreichs Neapolis / in der Provinz Apuglia, ins gemein Terra di Bari genannt / welche auch das Haupt dieses Lands ist / und von ihr den Nahmen hat. Ligt am Adriatischen Meer oder Golfo di Venetia. Hat eine herrliche Kirch / darinnen S. Nicolaus, der Myrenser Bischof begraben ligt / aus welches Leichnam Oel fliessen soll / ein prächtig Gebäu und würdig zu sehen. Es warten stets 100. Priester da auf / und ist ein köstlicher Schatz und königliche Kleider da / weiln allhier die Könige eingesegnet und gekrönet worden. Es hat wegen der Steinklippen und gefährlichen Untieffen am Ufer des Meers keinen rechten Port bey dieser Stadt. Zwölf Meilen von hinnen ligt die Stadt Juvenazzo: dann wieder 3. Meilen weiter Molfetta, 4. Meilen von dañen Bisegli oder Vigilia. Fürbaß 5. Meilen die Stadt Trani, auch am Meer. 6. Meilen von hinnen ingleichen am Meerufer kommt man zu dem grossen und volckreichen Castell / Barletta oder Bardulo.

Benevento.

Sonst Beneventum in Apulia oder Campania, vorhin Maleventum genannt / vom Diomede Könige aus Etolia / Tydæi und Deiphilæ Sohn / nach der Schlacht Troja erbauet / die Hauptstatt in der Provintz oder Principato ultra / groß / wolerbaut und ziemlich hoch / gleich gegen Dalmatien übergelegen / gehöret der Zeit dem Pabst / von den Römern ist sie vermehret / von Totila aber zerstöret worden / hernach haben die Longobarden allhie einen Hertzoglichen Sitz angeordnet. Hat ein Ertzbischthum. Das Land herumb ist gut und fruchtbar. Von hier war Orbilius der Grammaticus bürtig / so zun Zeiten Ciceronis gelebt hat. Zwischen dieser / und der Stadt Calatia, war in via Appia die Stadt Caudium, 11. oder 12. Meilen von Benevento gelegen; daher die Furcæ oder Furculæ Caudinæ den Nahmen / welche Enge / wie aus dem Anfang des 9. Buchs Livii, und den alten Reiß-Verzeichnüssen erscheinet / nirgends anders seyn kan / als die der Fluß Iscleros bey der Stadt S. Agatha scheidet / da er zum Fluß Vulturno, gegen Calatia werts / lauffen thut; wie gemeldter Cluverius weitläufftig beweiset. Es

BONONIA VETVSTISSIMA MVSARVM SEDES, OMNIVM
1. S. Petronio.
2. S. Pietro Chiesa Archiepiscopale.
3. S. Francesco.
4. S. Dominico.
5. S. Proculo.
6. S. Giouan in monte.
7. S. Stephano.
8. Frati de Serui.
9. Suore di S. Pietro Martire.
10. Frati di S. Giacomo.
11. Torre de gli Asinelli d'altezza la maggiore d'Italia, et è d'Altezza Piedi. 376.
12. la Marauigliosa Torre Garij
13. Il Studio Publico.
14. Sala del Potest.
15. S. Martino.

QVE, ARTIVM AC SCIENTIARVM VERA MATER ET ALTRIX

...nda.

16. S. Saluatore.
17. S. Gio. Batt. de P. Celestini.
18. S. Barbatiano.
19. Suor di S. Matthio.

20. S. Benedetto.
21. Suore di S. Maria noua.
22. Suore di S. Gi. Batt.
23. Suore di S. Agneto.

24. Suore delli Angioli.
25. S. Maria della Liberta.
26. S. Maria delle Gratie.
27. S. Mamolo.

28. S.M. di Miramonte.
29. S. Bernardo.
30. la Madona del Baracano.
31. Porta di Steffano.

32. Porta di Strad. Castiglio
33. Porta S. Mamolo.
34. Port. di Saragozza.
35. Porta Pia.
36. Porta d S. Felice.

ist in diesem Lande der hohe Berg Monte della virgine, vorzeiten Mons Cibeles genannt/ welcher über alle Berg hinaus gehet/ darauf ein Münchs-Kloster/ dahin grosse Wallfahrt/ und daher daselbst ein grosser Schatz ist. Auf dem hohen Altar zeigen sich die Leichnam der drey Knaben/ so Nebucadnezar in den feurigen Ofen hat werffen lassen/ wie Megiserus cap. 9. bezeuget. Item/ so ist in diesem Land der Berg Casino, auf dem vorzeiten des Apollinis Tempel gestanden; an dessen statt S. Benedictus ein Kirch/ oder Kloster erbauet hat/ da er auch samt seiner Schwester Scholastica begraben ligt. Und haben die Münch jährlich in die 50. tausend Ducaten Einkommens.

Bergamo.

Dieses Bergamo wird von Plinio, Ptolomæo, der Tabula Itineraria und Antonio, Bergomum; von Justino aber und fast allen andern Scriptoribus der folgenden Zeit/ wie Cluverius lib. 1. Antiq. Ital. cap. 25. fol. 247. bezeuget/ Bergamum genannt; welcher auch sagt/ daß es ein rechtes Gallisch- oder Celtisches Wort sey/ und hiesse bey den Gallis Berghom und Bergham/ nichts anders/ als eine Wohnung bey einem Berg oder auf einem Berg; wie denn das Wörtlein Home den Engelländern/ so Teutschen Herkommens seyn/ und etlichen Friesen noch heutiges Tages eine Wohnung hiesse/ so die andere Teutschen Haim/ Heim/ Heem/ und die Dännenmärcker Hiem nennen. Denn es ligt diese Stadt auf einem Berge/ und das sehr veste Schloß noch etwas höher/ als sie: und haben die Orobii Galli vorzeiten allhier gewohnet. Sie ist vest/ aber nicht groß; hat gleichwol gar grosse Vorstädte/ also daß man den gantzen Umkreiß mit der Stadt Meyland vergleichen wil/ wie Schraderus schreibet/ lib. 4 monument. Ital. fol. 350. b. das Land herum/ so il Bergamasco, und die Innwohner Bergamaschi genannt werden/ ist gegen Morgen eben und fruchtbar; aber gegen Mitternacht und Abend rauh/ bergicht und unfruchtbar Es gibt guten Wein/ Oel und andere Früchte da/ die Lufft ist subtil/ und hat es unterschiedliche Thäler in diesem Gebiet/ als da seyn Seriana, (welches von dem Wasser Serio/ so von Jacobo Philippo Bergomensi der von hier bürtig/ in seinem Chronico fol. 69. b. Sergius genannt wird/ und nahend der Stadt laufft/ den Nahmen:) Brembana, S. Martini, Mancana und andere mehr/ darinnen etliche Städte/ Märckt und Dörffer ligen/ und darunter auch der Fleck Calepio ist/ aus welchem Ambrosius Calepinus bürtig gewesen/ der zu Bergamo in S. Augustini Kirch ligt. Es hat diese Stadt viel Herren gehabt biß sie sich Anno 1428. an die Venedier ergeben/ wie Simoneta Corius, Marius, Equicola, und Capriolus in ihren Historien schreiben. Hernach hatte sie wieder von Anno 1509. biß 1516. unterschiedliche Herren/ biß sie in solchem Jahre denen Venediern wieder zu theil ward/ die sie biß daher besessen haben.

Es waren von hier bürtig Albericus de Rosate, oder Rosato, und der berühmte Obrist Coleoneus oder Colonus, dessen Epitaphium Schraderus fol. 351. Nathan Chytræus pag. 333. und Fr. Swertius pag. 178. setzen. Er ist Anno 1475. gestorben/ und ligt allhier in der Bischöfflichen Kirchen zu unser Frauen prächtig/ mit einer ansehnlichen Statua gezieret/ begraben. Und ist solcher Dohm wohl zu sehen/ darinn ein sehr schöner Chor und Tauffstein zu finden/ in dem Prediger-Kloster ist ein schönes Kunststück von Holtz und die herrliche Bibliothec von Alexandro Martinengo Malpaga, wie Schraderus schreibet angerichtet/ zu sehen.

So ist auch das Palatium oder Rathhauß Besichtigens werth/ in welchem unter andern einer keuschen Jungfrauen Monument zu lesen/ welches gemeldter Schraderus fol. 352. also setzt: Antonia civis Bergomi Virgo, non minus animi, quam corporis pulchritudine pollens, cum à Friderico Imperatore violentum in se stuprum parari videret, mortem pro conservanda pudicitia vilipendens, gladioq; violatori erepto intrepidum sibi pectus transfodiens, singulari castitatis exemplo urbem hanc perpetuo illustravit 1168. Vid. etiam Chytræus &. Swertius.

Boccataggio.

Ist ein grosses Dorf/ unweit Genua, zu welcher Herrschaft es auch gehörig/ alda werden gute Krebse gefangen/ davon mancher auf 2. Pfund und mehr am Gewicht hält/ wie H. J. Fuertenbach schreibet.

Bologna.

Oder Bononia, ist eine grosse/ schöne/ lustige und herrlich erbauete volckreiche Stadt/ in Amilia Italiæ, am Berge Apennino, der Römer Colonia, und municipium, oder Freystadt/ deren Bürger vor alters eben der Freyheit fähig/ als die so in Rom gewohnt/ und gedencken ihrer Cicero, Livius, Strabo, Paterculus, und viel andere alte Scribenten mehr. Als die Etrurier noch Herren darüber waren/ ward sie Felsina genannt/ und für das Haupt in Etruria gehalten. Sie ligt auf dem Gallischen Boden/ mitten in via Amilia, welchen/ nach bemeldten Etruriern/ und noch vor den Römern/ die Boji besessen haben. Nach den Römern kam diese Stadt an die Griechische Käiser/ und unter das Exarchat zu Ravenna/ war auch eine Weile unter den Longobarden: Folgends machte sie sich frey/ muste aber von unterschiedlichen/ so sich zu Herren da auffwurffen/ viel ausstehen/ unter welchen denn die Bentivogli waren/ wie hiervon beym Leandro, Guicciardino, Carolo Sigonio, historia de rebus Bononiensibus, und andern Italiänischen Scribenten zu lesen. Endlich kam sie unter den Pabst der sie noch der Zeit beherrschet/ und allda einen Cardinal zum Legaten hat/ deme 15. von Adel (Schraderus sagt 40.) zugegeben seyn/ so alle Monat/ (Schraderus und Henznerus setzen alle zween Monat) erwehlet werden/ aus welchen man den fürnehmsten Confaloniere della giustitia nennet/ daß sie also noch einen Schein ihrer Freyheit behält. Sie hat/ wie Schraderus lib. 1. Monument. Italic. f. 54. sagt/ im Umkreiß 7. Meilen. Andere berichten von 5. Meilen/ so der innere Umfang habe. Hat 12 Thor/ ist formiert wie ein Schiff/ mehr lang als breit/ als die in der Länge schier zwey Meilen/ und in der Breite ein wenig mehr als eine Meile hat. Auff einer Seiten/ hat sie die Gestalt des Vordertheils/ und auf der andern des Hindertheils/ des Schiffes. Mitten ligt der hohe Thurn de gli Asinelli, von den Asinellis, so solchen erbauet/ also genandt/ auf welchem man 448. wie gemeldter Schraderus, oder 447. wie Pflaumerus, oder 500. höltzerne Staffel/ wie Villamontius schreibet/ zu steigen hat. In einem geschriebenen Reisebuch finde ich/ daß man solchen Thurn unter die höchste in Europa zehle/ auf welchen man 45. Leiter zu steigen/ deren jede über 8. oder 10. Staffeln habe/ und daß theils 460. Staffeln zehlen/ sey aber nicht ohne Gefahr allda auf- und abzusteigen wegen der höltzernen Staffeln/ deren theils gebrochen/ die andern aber gar gähe seyn. Man sagt/ daß der Erbauer dieses Thurns solle mit einem einigen

Eselein so viel Guchs zusammen gescharret haben. Das Gavlsindisch Geschlecht habe sich hernach unterstanden / einen solchen Thurn zu erbauen / dessen Höhe nicht allein / sondern auch herab hangend den Fall trohen solte. Dann wann man solchen Thurn / der bey dem Vorgedachten stehet / und Garisenda genannt wird / betrachtet / so hanget er auff die eine Seiten / als wann er jetzt fallen wolte ; aber der Erbauer sey darüber gestorben / und solcher Bau kaum halb auffgeführet worden. Gemeldter Herr von Pflaumern sagt / daß er dem vorigen de gli Asinelli gleich sey / und daß die Bürger sich seines Falls befürchtende / die Spitze darvon / wie man saget / abgetragen haben. Henznerus schreibet auch / daß etliche solches für ein Kunst-Stück des Baumeisters halten ; aber andere sagen / daß er durch ein klein Erdbidem also sich gesetzt habe. Daß also unterschiedliche Meynungen hiervon seyn. Johann Wilhelm Neumeyer von Ramsla schreibt in seiner Reise durch Welschland und Hispanien / daß besagter Thurn Asinella 440. Stuffen habe / an welchem ein viereckichter vergitterter Korb hange / darinn man einen Mönch / so aus der Beicht geschwätzt haben solle / gesetzt / und hungers habe sterben lassen. Es ist sonst keine Vestung in dieser Stadt / und hat sie nur eine alte Mauer herum / wie Schotus und Herr Furttenbach schreiben : aber gewaltig starcke hohe Thürn. Vid. Guicciardin. l. 10. p. m. 2786.

Der Bach Avesa oder Aposa laufft erstlich durch den äussern Theil der Stadt / hernach theilet er sich / daß er durch die Stadt / und da er vorhin einfach in dieselbe kommen / mit drey Armen oder Ströhmen daraus lauffen thut. Darneben so gehet auch ein Canal von dem obgedachten Fluß Rheno in die Stadt / so sie Reno nennen / auff welchem man nach Ferrara kommen kan. Und ist nicht weit davon der Fluß Savenna, den andere Sapinam nennen. Es ist allhie ein Uberfluß an allen Sachen / daher man sagt : Bologna grassa, oder / das fette Bononia. Es wachsen auff den schönen / weiten Feldern herum allerley Früchte / Getraide / ein herrlicher guter Wein / und Oliven / giebt auch Jagten / und hält sich da ein grosser Adel auff. So verarbeitet man auch allhie viel Seiden / und giebt es eine reiche Bürgerschafft / und werden / wie Schotus schreibt / auff die 80. tausend Seelen in der Stadt / sampt den Vorstädten aber / und dem Gebiet / so zu der Stadt gehörig / bey die 207796. gezehlet ; wiewol man auff einer Seiten / nemlich gegen Mittag / nichts als Hügel / Berg / Büsch / Wälder / Pfützen / und Thäler ; und in der Stadt / nahend der Kirchen zu S. Jacob / viel öde Orth siehet / wo vorzeiten die Bentivogli einen Königlichen Pallast gehabt haben / so hernach zerstöhret worden / und jetzt il Guasto genannt wird / da sich die von Adel mit reiten exerciren / wie man beym Schoto, und noch in einem Räise-Buch lieset / wiewohl Pflaumerus solchen Orth bey S. Cæciliæ Kirch setzet. Es gibt umb die Stadt auch Steinbrüche / Eisenbergwerck / und allerley gesund Wasser / wie hiervon / und was ausserhalb der Stadt zu sehen / und in ihrem Gebiet / Leander und Schotus mit mehrern zu lesen. Es hat nur einen Platz in der Stadt / der aber so groß ist / daß man sagen kan / daß ihrer drey beysammen seyn. In mitten desselben stehet ein künstlicher Brunn von Marmor / so mit schönen ehrinen Bildern gezieret ist / den Giovan Bologna, der berühmte Niederländische Bildhauer gemacht hat. Die Gassen seyn gerad / breit / und mit Schwibbögen / daß man darunter im Regen und Hitze füglich gehen kan. Es ist auch allhie die berühmteste **Hohe Schul** in gantz Italia / so der andern Mutter genennt wird / und die Theodosius junior, der Käiser / allda fundirt / und mit herrlichen Freyheiten begabet hat / die in dem Auditorio Inferiori, deß sehr ansehnlichen und schönen Collegii (so sie Palatium nennen / und darinn die gute Künste gelesen werden :) Item / beym Middendorpio lib. 3. Academ. und Schradero lib. 1. fol. 74. zu finden. Die Beschreibung des gemeldten Collegii hat er Schrader. und Ens in delic. apodem. per Ital. p. 65. Es sind öffters in 10000. Studenten allda gezehlet worden.

In der Medicorum Auditorio, oder Leß-Stube / ist ein Monumentum, welches dem vortrefflichen Medico, Gaspari Taliacotio zu Ehren / noch bey seinen Lebzeiten / ist gemacht worden / dessen Leffzen / Ohren / Nasen / den Leuten so künstlich angesetzt / daß man sich darob nicht genug verwundern könte. Suche solche Ehren-Gedächtnüß und andere Schrifften beym gedachten Schradero und Henzuero pag. 247. Es seynd auch andere Collegia allhier / als des Campegii, so von etlichen peccata Germanorum, oder der Teutschen Sünden genannt wird / und von Quater-Stücken prächtig erbauet ist. In dem Collegio Marchico, wie auch in Hispanico (welches Joan Genesius Sepulveda in einem besondern Büchlein beschrieben) können sich die Studenten auffhalten. Man findet in einer geschriebenen Reiß-Verzeichnüß / daß es allhie 103. und allein in Medicina und Artibus, 73. Professores habe. Die hochlöbliche Teutsche Nation hat 2. Consiliarios, welche / wann sie im Ampt seyn / Pfaltzgraffen genannt werden. Johan. Limnæus de Jure publ. lib. 4. cap. 4. n. 66. sagt / daß Käiser Carolus V. dem Procuratori der Teutschen Nation allhie / so lang er in diesem Amt ist / den Titul eines Pfaltzgraffen / und die Macht Notarios &c. zu creiren / und die Unehliche zu legitimiren / gegebẽ habe.

So hat auch diese Nation ein Guth ausser der Stadt / nemlich einen Garten und Lust-Hauß / da sie sich mit allerley Kurtzweil exerciren / und erfrischen mögen. Sonsten hat es 2. stattliche Bibliothecken / als zu S. Salvatore und S. Dominico, und herrlich schöne Gebäu in der Stadt / daß daher Guicciardinus libr. 7. p. m. 180. 2. nicht unrecht saget : La Città di Bologna numerata meritamente per la frequentia del popolo, per la fertilità del territorio, per la oportunità del sito, trà le più preclare cittè d' Italia : Daß nemlich die Stadt Bononia beydes wegen der Menge der Inwohner / und dann des fruchtbaren Bodens und des bequemen Lagers halber / billich unter die fürnehmste Städte in Italia gezehlet werde.

Es sind in dieser Stadt 179. Kirchen / darunter 33. für die Brüderschafften / 3. Abteyen / 2. Probsteyen / 5. Prioreyen / 26. Mönchs- und 23. Nonnen-Klöster / auch 10. Spitäl begriffen. Von denen Kirchen seynd allhier die vornehmsten zu sehen :

I. S. Petronii, so nit weit von den obgedachten zween Thürnen stehet / aber nicht gar außgebauet ; sonsten eine prächtige und von unterschiedlichen Marmor gezierte Kirche ist / in deren Chor Käiser Carolus V. von dem Pabst ist gekrönet worden. Nahend dieser Kirchen ist das obgedachte Haupt-Collegium.

II. Der Dominicaner Kirch / da des H. Dominici Gebein in einem köstlichen Grabe / zu welchem man etlich Staffeln hat / aufbehalten werden. Ist von weissen Marmorstein / mit gar vielen sehr künstlichen Figurẽ gezieret. Und hat man daben eine Capell sehr schön zugerichtet. In dem Chor seyn die Stül von Holtz also zierlich / und von man-

mancherley Zügen eingelegt/ daß man keine particular-Schlüssen vermercken kan/ und nicht anders / als ob alles gemahlet wäre / außsihet. Henznerus schreibet / daß hochgedachter Käiser Carolus V. nicht glauben wollen/ daß solches geschnitzet wäre; daher er mit einem Dolche solches probirt habe; wie dieses auch Pflaumerus bezeuget. Die Bilder seynd aus der Bibel genommen. Jetzt gemeldter von Pflaumern meldet/ daß allhie zwey Bücher Esdræ auffgehalten werden/ so zusammen gewickelt seyn/ und die er mit eigener Hand geschrieben haben solle; wiewol andere/ sagt er darbey/ wollen/ daß nit Esdra selber/ sondern der Schreiber Esora, bey Regierung Königs Cyri, dieses Werck abgeschrieben habe. Besiehe Schraderum fol. 54. daselbst er auch sagt / daß allda viel Juristische (geschriebene) Bücher / und darunter auch die jenige Exemplaria Pandectarum seyn/ deren sich Georgius Haloander Zuiccaviensis gebraucht habe : wie dann dieses eine weitberühmte Bibliothec, die wenig ihres gleichen hat. In obgedachtem geschriebenen Reißbüchlein finden wir/ daß besagtes Werck die 5. Bücher Mosis seyn/ wie solches die Uberschrifft bezeuge/ die gemeldter Esdra mit eigener Hand auff Leder geschrieben habe. Sonsten weiset man allhie einen Dorn von der Cron Christi/ und viel anders mehr. Es ligen da viel berühmte Leute/ darunter auch ist des Käisers Friderici II. Sohn/ Henricus, den man insgemein Henzium, Enzum und Henlium nennet / der König in Sardinia, und Corsica gewesen / und allhie in dem Gefängnüß gestorben ist / dessen Epitaphium Chytræus, Henznerus und Pflaumerus setzen; allein hat Pflaumerus Henricum II. für Fridericum II. welches in der Lyonischen Edition zu corrigiren. Besiehe auch hiervon den Cuspinianum in dem Leben des gemeldten Käisers Friderici. Das Monument ist von Ertz. Und weiset man in dem Rathhauß ein Zimmer mit eisernen Gittern verwahret / allda er 22. Jahr/ 9. Monat/ und 16. Tage gefangen gesessen/ und endlich/ wie glaublich / seine Tage vor Leid vollendet hat. Es ligen auch in dieser Kirchen und Kirchhoff/ vornehme gelehrte Leute/ als Bartholomæus Salicetus, Franciscus Philelphus, Petrus Ancharanus, Florianus, Dynus Mugellanus, Cynus Pistoriensis, Johannes Imolensis, Socinus junior, Hippolytus, Marsilius, Johannes Andreas und andere mehr / deren Epitaphia auch zum Theil bey oberwehnten Autoribus zu lesen. Besiehe auch Valentinum Forsterum in historia Jur. Civil. Rom. und setzet Henznerus die Vers / so unter des Thomæ Aquinatis Bildnüß zu finden.

Es ligt an dieser Kirchen der Dominicaner sehr schönes Kloster / darinn fast auff die 120. Mönch ihren Unterhalt haben / wie gemeldter Pflaumerus bezeuget. Und wird ein Cell gewiesen / allda S. Dominicus gelebt und gestorben. Es wird auch ein Cypressen-Baum gezeiget/ so sehr groß und alt ist / den gemeldter Dominicus soll gepflantzet haben. Es haben in dem Creutzgang die Außländische Nationes/ als die Teutsche/ Dänen/ Engelländer ꝛc. ihre Begräbnüssen. Was unter dem Reichs-Adler/ bey der Teutschen Begräbnüß geschrieben stehet/ das hat Henznerus am 244. Blat. Man sihet so wol in dem Kloster / als auch in der Kirchen schöne Gemälde und künstliche Statuas der Heiligen. Und wird insonderheit ein grosser Keller voll des besten Weins gewiesen / dergleichen in gantz Italia nicht soll gefunden werden/ wie Herr Fuertenbach schreibet.

III. S. Stephani, darinn viel Heiligthümer. Solle der ander Tempel seyn/ so nach Erbauung dieser Stadt/ Isidi und Serapidi zu Ehren auffgerichtet worden/ darzu Julius Cæsar eine Capell hat machen lassen/ wie solches eine alte Schrifft daselbst bezeuget / so also lautet : Cæsare inchoante. Es seyn darinn viel alte Gräber zu sehen. Henznerus schreibet/ daß bey dieser sechs andere Kirchen stehen / in deren einer man die rechte Läng und Breite des H. Creutzes sehe.

IV. S. Francisci, so ein herrliches Gebäu / darinn ein köstlicher Altar / und sehr prächtige Gräber und Capellen der Bentivolorum seyn. Es ligen auch da und davor vornehme gelehrte Leut / und unter denselben Alexander Quintus, der Pabst/ Alexander Butrigarius, Odofredus und Accursius, dessen letzten Grab vor der Kirchthür wie eine Capell mit etlichen Säulen auffgericht / und wie ein Pyramis gedeckt ist. Und auff solche Manier hat auch Rolandinus seine Begräbnüß.

V. Die Haupt-Kirche/ da auch des Ertz-Bischoffs Sitz / sagen gedachte Schraderus, Henznerus, und Pflaumerus, sey zu S. Petro, allda der Cardinal Paleottus (welcher / wie man in obbemeldter geschriebenen Reiß-Verzeichnüß / oder Beschreibung dieser Stadt findet/ der erste Ertz-Bischoff allhie Anno 1583. worden ist) eine sehr schöne Capell hat erbauen lassen. Und ist nahend dieser Kirch des Gabrielis Paleotti Palast/ und sehr lustiger Garte / in welchem in einem Saal aller Bischöffe dieses Orts Bildnüssen / wie auch der Stadt Bononia und der Kirchen/ so diesem Stifft unterworffen / Gemälder zu sehen seyn. Es ligen in gemeldter S. Peters Kirchen Tancrettus Archidiaconus, und wie Schraderus schreibt / Basianus, welcher Azonis Præceptor gewesen/ wie obgemeldter Forsterus, daß er zu S. Antonio lige/ p. m. 614. saget:

IV. Was in der Serviten oder de Servi, item Proculi, S. Johannis in Monte, und andern Kirchen zu sehen ist/ das haben obgedachte Autores.

VI. In dem Kloster Corporis Christi weiset man die H. Catharinam Bononiensem, darvon Capugnanus in seinem Reiß-Buch zu lesen / welcher sagt/ daß ihr die Nägel täglich wachsen; welches auch Schotus bezeuget/ und daß ihr nicht allein die Nägel an den Händen / sondern auch an den Füssen/ nicht anders als ob sie lebendig wäre/ wachsen; und daß sie eine Nonne in diesem Kloster gewesen sey / meldet. Henznerus schreibt / daß sie noch unverwesen; und Herr Fuertenbach sagt/ daß man eine Lade geöffnet / dadurch man sie von ferne/ ob sie schon damahl wol vor 150. Jahren gestorben gewesen / habe sehen lassen/ die auff einem Sessel unter einem gar köstlich-gezierten Thron gesessen; deren Angesicht und Hände noch gantz und vollkommen / aber gar schwartz gewesen seye.

VIII. Ausserhalb S. Servatii Kirche/ wie gemeldte Schraderus und Forsterus schreiben/ ist des obgedachten Juristen Azonis Grabschrifft zu lesen/ die sie / wie auch Henznerus setzen. Theils nennen diese Kirch S. Gervasii.

IX. S. Salvatoris, welche gantz von neuem gar zierund künstlich erbauet/ darbey auch ein ansehnliches Kloster/ so eines von den grösten/ reichesten und schönesten/ so in Italia zu finden / und darinne ein so grosser Keller/ daß wol 500. Fuder Weins in demselben ligen können. Hat eine herrliche Bibliothec, voll geschriebener Bücher/ die Angelus Rocha in lib. de Biblioth. exst. benennen solle.

X. In der Eremiten-Kirch ist eine Capell/ von Johanne Bentivolo II. mit Königlichem Pracht und Unkosten erbauet.

XI. Ausser der Stadt ist insonderheit das Closter S. Michaelis, so von den vielen Bäumen/ die herum stehen / in bosco genannt wird / zu sehen/ welches auf einem Berglein ligt / dessen Wunder der Natur und der Kunst / oder die schöne künstliche und herrliche Sachen / Schotus, Henznerus, Ens, und Pflaumerus nicht genugsam zu beschreiben wissen / also / daß man solches für der schönsten / grösten und Heroischen Clöster eines in gantz Italia halten thut : Zudem es auch ein solch schönes Aussehen da in die Ferne hat / daß man nicht allein die Stadt Bononiam samt ihren Gebiet / sondern fast gantz Romagna, den Berg Apennin, Ferrara, Mantova, Mirandola, und andere Städte samt der Marcha d'Ancona ; einen Theil der Lombardi / und die Schnee-gebürge / und biß an das Adriatische Meer sehen kan. Besihe was hiervon Fuertenbach schreibet / der auch nicht weniger dieses Gebäu hoch rühmet. Man hat ein Sprichwort von diesem Orth / so in Zeileri Reißbüchlein durch Franckreich cap. 5. n. 29. p. 352. zu finden. Sie haben auch einen grossen / wohlstaffierten Wein-Keller allhier. In der Kirchen liget Antonius Butrius, oder de Butrio, der vornehme Jurist begraben. Und haben gegen über die Capuciner ihr Closter.

XII. Was von der Kirche auf dem Berg Guardie, ausserhalb der Stadt und von dem Bildnis der H. Jungfrau Maria / so S. Lucas gemahlet / Pflaumerus aus Ascanio, Persio, p. m. 118. seqq. weitläuffig schreibet / das kan man bey ihm lesen ; der auch p. 123. von einem Ænigmate / so ingleichen ausser der Stadt zu finden / Meldung thut ; dessen auch Henznerus p. 251. gedencket / solches aber nicht gantz setzet / und sagt / daß es ausser dem Thor Maraschalla, in eines von Adel Antonii de la Volta Garten gelesen werde. Schraderus nennet das Thor Mascarella, und das Landgut eines della Volta, und in der obgedachten geschriebenen Beschreibung dieser Stadt / wird solches Thor Porta Malcharella genannt / und vermeldt / daß eine welsche Meil von der Stadt / in deren von Adel della Volta Landgut / in einer Wand der Kirchen / so an solches Gut stosset / diß Ænigma oder Rätzel gefunden werde / dessen Verstand neulichst neben andern / die besagter von Pflaumern am Rand anziehet / Richardus, Vitus, Rotus, Basnistochins, in einem kleinen Büchlein / so zu Padua gedruckt worden / ausgelegt haben. Besihe hievon auch Nathan Chrythæum in seinen deliciis am 229. Blat.

Von weltlichen Gebäuen ist über das / so allbereit oben gedacht worden / in dieser Stadt sonderlich zu sehen des Päbstischen Statthalters Palast / allda etliche Brustbilder der Päbste von Ertz ; Item / des Herculis von Stein ; und sonderlich unter dem Thor des Pabsts Gregorii XIII. statua von Ertz ; und setzen Schraderus fol. 74. b, und Henznerus p. 248. zwo sonderbahre Schrifften / deren eine der Zusammenkunfft Käisers Caroli V. und Clementis VII. und der Käiserlichen Krönung allhie gedencket ; die andere aber dem Pabst Clementi VIII. zu ehren ist gemacht worden. Des besagten Statthalters oder Legati Leib-quardi bestehet von 100. Schweitzern. Gemeldter Henznerus handelt an gedachtem Orth auch von den fürnehmsten Palatiis, so allhie zu sehen / sonderlich deß Camilli Bolagnini, und sagt / daß in solchen viel stattliche Antiquitäten / auch gülden und silberne Müntzen der Käiser und Päbste ; item / des Socratis Bildnüß in einem köstlichen edeln Stein geschnitten / und des Jani statua gar künstlich gegraben zu sehen / darunter diese Verslein geschrieben :

Respicit, aspicio, tu prospice, nam sapere hoc est,
Quæ fuerint, quæ sunt, quæq; futura fient.

Item / ein künstlich musicalisch Instrument, und eine Tafel vom unterschiedlichen Marmor. Ferner ist allhier zu unterst der Stadt der Poeten Garte zu sehen / da schöne Brunn und Gänge zum Studieren und Spatzieren seyn. Wer mehrers von dieser berühmten Stadt zu wissen begehrt / der lese neben den erwehnten Reißbüchern / als des Andreæ Schoti, dē Würtenbergischen des Reyinehers / Pflaumeri, Fuertenbachs / Henzneri, Villamontii, und dem Cöllnischen / auch des Grasseri Italiänische Schatzkammer ; sonderlich aber Leandrum Albertum, so von hier bürtig gewesen ; und von den monumentis und Epitaphiis den Laurentium Schraderum. Diß ist noch zu melden / so in den besagten Reißbüchern außgelassen worden / (dessen aber der von Pflaumern in Beschreibung der Stadt Siena p. 171. gedencket) daß / als Anno 1511. diese Stadt von den Frantzosen eingenommen / aber hernach von dem Pabst Julio II. belagert / und von den Frantzosen tapffer beschützet worden / eine Capell / so Sacellum Baracanum genannt wird / von des Feuers Macht in die Höhe getrieben worden / die sich aber gleich wieder an ihren alten Orth gesetzet hat / wie Franciscus Guicciardinus im 10. Buch seiner Historien p. m. 280. b. und Joan. de Serres Tom. 3. seines Inventarii Franciæ p. m. 354. in diesem 1511. Jahre mit mehrerm zu lesen seyn. Und dann so schreibt Nathan Chytræus in seinen deliciis p 247. daß allhie in einem Landgut ausser der Stadt von einem Hund gelesen werde :

Latrai à Ladri, & à gli Amanti tacqui;
Onde à Messeri, & à Madonna piacqui.

Welche Vers Sam. Fabricius also Teutsch gegeben hat:

Wann Dieb und Mörder brachen ein /
So thät ich weidlich bellen drein /
Wann aber Buhler kamen an
So schwieg ich still und ließ sie gahn.
Derwegen ich von grossen Herrn
Und auch von meiner Frauen gern
Gesehen und gelitten ward
Und ohne Schläg gehalten zart.

Vid. M. Frid. Herman. Flayder. in Epigram. p. 20. seqq. Diese Stadt ist jederzeit in grossem Ansehen und mächtig gewesen / sie hat ihr etlichmahl Forli, Imola, Faenza, Cesena, Cervia, und andere Städte unterthänig gemacht / mit den Venetianern 3. Jahrlang glückliche Kriege geführt / und gegen sie mit einem Heer von 40000. Mann zu Felde gelegen.

Bolsena.

Ligt in Patrimonio S. Petri, an einem grossen See / der davon den Nahmen / und 25. Meilen im Umbkreiß haben soll / so mit Bergen umgeben / und vorzeiten auch Tarquiniensis ist genennet worden ; auf dem ordinar-Weg von Florenz nach Rom. Vorzeiten hieß dieser Orth Vulsinii oder Volsinii, dessen Livius, Strabo, Valerius Maximus, Plinius, Tacitus und andere gedencken. Ist sehr alt / und noch vor dem Trojanischen Krieg erbauet worden. Wie aus Livii 10. Buch erscheinet / ist sie ehemals unter die 12. fürnehmste Städte in Etruria gezehlet worden / so aber nach der Zeit ruiniret und übel verwüstet worden / dahero anjetzo für schlecht und geringe geachtet wird. Von hier war Ælius Sejanus bürtig. Besiehe von den Antiquitäten / so noch allhier anzutreffen / und was sich sonst da denckwürdiges zugetragen / Pflaumerum : und von einer consecrirten Hostia, so blut schwitzet / Leandrum Alberti in descriptione totius Ital. p. 69. edit. Venet. de Anno 1588. Hier seyn zwey Insulen / und in jeder derselben eine Kirche / in welcher einer S. Christinæ Cörper ligt / wie Pflaumerus erinnert : und ist in der jenigen / so die Franciscaner innen haben / der Ost-Gothen König Amalesontha umbgebracht worden / darvon Jornandus de rebus Geticis p. 143. und Procopius lib. 1. de bello Gothorum zu lesen. Das Land umb diese Stadt ist gut und

herr-

Zerrlich fruchtbar/daß auch die Oelbäume/deren es sonderlich viel giebt/in dem Jahre/in welchem sie gepflantzet werden/gleich Frucht tragen.

Borgo di S. Sepolchro.

Ist eine ziemlich grosse und wolerbaute Stadt in Toscana/dabey eine Vestung auf einem Berge gelegen/dem Hertzog von Florentz gehörig/ist ein Bischhöflicher Sitz/ fast 1000. Schritt von der Tyber, in einer weiten sehr schönen und lustigen/ auch gar fruchtbaren Ebne/ein wenig in der Höhe gelegen/welche die Berge als ein grosses Amphitheatrum umbgeben. Cluverius und andere halten darfür/ daß des Plinii Junioris ansehnlich Landgut Tusci genannt/allhier gestanden.

Borgo.

Ein feines/schönes und lustiges Städtlein/dem Hertzog von Parma gehörig/ist wohl bewohnet/und hat 300. Feuer-Städte. Die Innwohner sind tüchtig so wohl zum Kriege/ als auch Handelschafft zu treiben. Das Land giebt alles was der Mensch von nöthen/ insonderheit grossen überfluß an Castanien/ und werden öffters 100000/und zum wenigsten 50000 Viertel von den Innwohnern eingesamlet. Sie ist mit schönen und lustigen Hügeln umgeben/ und hat 23 Dorffschafften unter ihrem Gebiet. Ligt 35 Meilen von Parma/bey dem Apenninischen Gebürge.

Borgo di San Donnino.

Dafür etliche S. Domincho setzen/8. Meilen von Fiorenzola/wie Schraderus sagt. Theils haben 10. aber Cluverius libr. 1. antiq. Ital. cap. 2. schreibt/ daß von Placentz hieher nur 20. Meilen/und dieser Orth eben Vellei Paterculi, Livii Epitomatoris, Phlegontis Tralliani, Ptolomæi, deß Itinerarii Hierosolymitani, der Tabulæ und des Antonini, Fidentia sey/ als von dannen noch heutiges Tages 15. Meilen nach Parma gerechnet werden/wie solches intervallum die besagte alte Itineraria setzen. Schotus meldet/ daß dieser Ort jetzt eine Stadt sey/ und eine Vestung habe. Er liget auf der Strassen so die Alten viam Æmiliam publicam, oder Consularem genannt haben/und die vorzeiten von Placentz biß nach Ariminum gangen ist: Gleichwie Flaminia von Arimino, oder Rimini, erstlich durch die Meer-Städte Pisaurum, oder Pesaro, und Fanum Fortunæ, oder Fano, bald durch die Mittelländische Orth in Umbria und Etruria, nach Rom: Via Aurelia aber von Pisa, bey dem Gestad des Etrurischen Meers: und Via Claudia ein wenig oberhalb durch die Städte Saturniam, Tuscaniam, Bleram, Forum Claudii, und Carejas gienge.

Brandizzo.

Ist eine alte Ertzbischöffliche Stadt/sonst auch Brindisi, vor alters Brundusiũ genañt/wie aus Strabone zu ersehen/ist sie das Haupt des gantzen Landes Messapiæ gewesen/besihe von ihr Juvenẽ de antiq. & varia Tarent. fortuna l. 3. c. 7. in dem Königreich Neapoli, in der Provintz Terra di Otranto gelegen/an dem Adriatischen Meer schier bey Außgang des Golfo di Venetia, hat einẽ Meerhaffen/ welcher vorzeiten der besten einer in gantz Europa gewesen/anjetzo aber/wie auch die Stadt/ziemlich in Abgang kommen und sehr gering gehalten wird/ das Schloß aber ist sehr fest/ und von gantzen Quater-Stücken erbauet. Von hier war M. Pacuvius der Mahler und Poet bürtig. Alhie ist die Ertzbischöffliche Kirche zu sehen/darinnen unter andern Sachen auch einer aus den 6. Wasser-Krügen zu Cana gewiesen wird/ wie auch deß H. Hieronymi Zunge.

Brescia.

Auch Bressa und Brixia, 14. Meil von Esclo, diese berühmte Venedische Stadt/ so in der Lombardey gelegen/ und vorzeiten von den Cenomannis Gallis erbauet worden ist/ hat einen Celtischen Nahmen/und heißt so viel als ad ponrem amnis, oder bey der Brücken des Flusses. Vid. d. Cluverius lib. 1. antiq. Ital. c. 26. & de Cenomañorum origine Joan. Chrysost. Zanchius. Folgender Zeit ist sie den Römern zutheil worden/bey welchen sie/sonderlich zu des Hannibalis gefährlichen Kriegszeiten/treulich gehalten. Ward hernach zu einer Römischen Colonia gemacht/ und mit dem Römischen Bürger-Recht begabet/ wie sie dañ unter den Römischen Käysern sonderlich floriert hat/ wie solches die Antiquitäten/ die in der Stadt und aussen herum hin und wider gefunden werden/ genugsam bezeugen. Den Christlichen Glaubẽ soll sie anno 119. von S. Apollinare angenommen haben/ und ist noch ein Bischoff allhie/so grosses Einkommen hat/und eines Hertzogen/Marggrafen Titul führet/ wie in des Andreæ Schoti Itinerario zu lesen/daselbsten auch ein mehrers von ihr: Item/was sie ausstehen müssen/ wie offt sie gewonnen und verlohren worden; Item/wie solche an die Venediger/und Anno 1509. von ihnen/Anno 1517. aber wieder an dieselbe kom̃en/und wie sonderlich diese Stadt Anno 1512. von den Frantzosen ausgeplündert und viel alda umgebracht worden/zeithero des 1517. Jahrs aber sie bey den Venedigern beständig verblieben; zu lesen. Besihe auch Leandrum Albertum, Guicciardinum und andere Italiänische Scribenten/aus welchen besagter Schotus seine Relation genom̃en/selbsten/ sonderlich aber Heliam Capreolum in seiner Histori/so er von dieser Stadt gemacht/folgends auch ins Italiänische vertirt/ und dem Buch der Titul gegeben worden: Delle Historie Bresciane di M. Helia Cauriolo libri dodeci. Item: Octavium Rossium in Antiquitatibus sive memoriis suis Brixianis. Sie ligt in der Ebne unten an einem Berg/ist mehrers in die länge und wohl erbauet/ und volckreich/ also daß sie mit vielen Städten in Italia streiten kan/wiewohl ihr Umkreiß/ wie in des besagten Schoti Reißbuch stehet/nur 3. oder wie Hieronymus Megiserus lib. 1. Paradysi deliciarum, cap. 26. p. 199. wil/5. welsche Meilen begreifft. Hat 5. Thor/ und ein kleines Wasser Garza (vom Schradero lib. 4. monum. Ital. fol. 347. b. Farcia und Mela) genannt/so durch die Stadt fleußt. Es seynd da schöne Gasse/sehr grosse Plätz und viel Brunn/reiche Leut/grosser Adel und Kauffleut/ und ein gelübtes sinnreiches Volck/ wie auch Uberfluß an allen Sachen/wie deñ herum Oel/Wein/Korn und allerley herrliche Früchte häuffig wachsen/hat auch ein reiches Bergwerck/insonderheit von Eisen und Ertz/ daher die Stadt einen guten Gewiñ von den Büchsen und Handröhren/ item/von den Harnischen/die da in grosser Menge und sehr gut gemacht werden/wie auch von den schönen Steinen/die man auf die Feurschloß schraubet/hat. Es ist sonderlich allhie die Bischöffliche Hauptkirch zu unser Frauen/oder Maria Gratiarum, so sie la Madonna della gratie nennen/zusehen/die iñwendig von Gips/und vergült/daß ihres gleichen wenig zu finden. Item/so ist zubesichtigen S. Juliæ Kirche/die Desiderius der Longobarder-König erbauet hat/ allda viel Königliche und Fürstliche Personen begraben ligen/ wie abermahls beym Schoto zu lesen. Des Bischoffs Hof ist mit Bildern und andern Sachẽ stattlich gezieret. Und hat der Podestà einen schönen Palast/so lassen sich das prächtige schöne Rahthauß und der schöne Platz mit den Schwibbögen / darunter allerhand statliche Kauffmansläden seyn / sonderlich aber das sehr veste / und wie man schreibt / unüberwindliche dreyfache Castell / wohl sehen / in welches von Frembden / insonderheit die Teutsche / doch mit sondern Unterscheid / gelassen / die Frantzosen aber und fast alle andere / so weniger bekannt / davon ausgeschlossen werden. Es ist auch der Obrist darinn bey seinem Eyd verbunden keinen Fuß für das Thor dieses Castels jemahls zu setzen / oder von hinnen sich zu begeben / biß er einen Successorem oder einen andern an seine statt bekommen hat. Hat zwey Bollwerck / deren eines höher als das andere / damit wenn etwann das untere eingenommen würde / sich die belägerten aus den oberen wehren könten / wie deñ solch Castell auch höher ligt als die Stadt / daher nicht allein dieselbe davon beschützt / sondern auch in dem Zaum gehalten werden kan. Hat auch ein hinderes Thor / damit man den Belägerten im Nohtfall von aussen Proviant zuführen möge. So seyn dafür Cisternen / deren jede durchs gantze Jahr Wasser hat. Von den Bollwercken gehet man ins Zeughauß / darinn allerley Geschütz und Rüstungen zu sehen. Man weiset auch einen grossen Marstall vor 300. Pferd / besihe vielgedachten Henznerum in seinem Reißbuch am 197. Blat. Das Gebiet dieser Stadt erstreckt sich in die Breite biß 100. uñ in die Länge 50. welsche Meilen / darinnen viel Städte / Märckt und Dörffer an der Zahl bey 450. seyn / und von 7. auf die 800000. Seelen / ohne was in der Stadt / darinn allein auf 50000. wohnen sollen / wie besagter Megiserus aus Hieronymo Capugnano schreibet. Es gehören darzu drey grosse Thäler / nemlich / Val di Sabbia, Val Troppia, und Val Camunica, oder Camonigen; unter denen das letzte das fürnehmste / so 15. Meilen lang / und über die 50. Dörffer und Flecken hat / in deren manchem über zwey oder drey tausend Seelen seyn. Es seyn auch in dem Brescianer Gebiet zween grosse See / Lago de Ider, und Lago de Isser genannt / und ist unter den Städtlein auch Salò am Garder-See / darvon nicht weit die Hunger-Wiesen / allda der Bischoff von Trient / der von Verona und der von Brescia / einander die hände können geben / und doch ein jeder in seinem Bischthum bleiben / wie abermahl Megiserus pag. 202. meldet. Item / so seyn da die Vestungen Asola nahend dem Mantuanischen / und Orzi nuovi, beym Meyländischen Gebiet. So ist auch auf diesem Boden die merckliche Vestung Anfo, zu der man 130. Staffeln / so sehr enge und böse seyn / und gäh-stracks über sich gehen / hinauf zu steigen. Es haben die Venediger von diesem Gebiet in der Stadt Brescia jährlich / ohne die extraordinair-Auflagen / gewöhnlich Einkommen 145. tausend Ducaten.

Brisigella.

Ist ein schönes volckreiches und wohlerbautes Städtlein / welches die Welschen unter die Marckflecken rechnen / ist ziemlich groß / und wird feines Gewerb / insonderheit mit Seiden allda getrieben. Ligt theils eben theils erhöhet. Hat 2. Vestungen / eine so la Torre genannt / alwo ein Zeichen gegeben wird / wann die Maulthier und andere Pferd aus Romagna da vorbey nach Florenz gehen. Ist sehr alt / aber der zeit nicht sonders vest. Die andere aber / welche (zur zeit / als dieser Ort noch unter den Venetianern war) als ein Paß und Gräntzhauß erbauet worden / ist mit starcken und gewaltigen Mauren versehen / und so wohl von Natur / als Kunst sehr vest / ligen beyde an einem hohen Berg. Es hat allhier 2. schöne Brunnen / welche wohl werth zu besichtigen. Das Gebiet dieser Stadt wird la Valle di Amone genannt / hat den Nahmen von dem Fluß / welcher aus dem Florentinischen Gebürg durch dieses Thal / und einen Büchsen-Schuß von der Stadt vorbey rinnet. Das Thal oder Gebiet dieses Orts hat 48. Dörfer / (so alle unter dem Namen Brisigella begriffen:) deren jedes seinen eigenen Pfarrer und Kirchen hat / so alle gutes Einkommen haben. Die Landleute sind mehrertheils reich und vermöglich / und leben sehr bürgerlich. Das Thal ist sehr fruchtbar / und wird jährlich so viel Getraid und Wein eingesamlet / daß sie für zwey Jahr lang zuleben hätten / wofern solches nicht ausser Lands / und an andere Oerther verführet würde. Es werden in der Stadt und ihrem Gebiet 18000. Seelen gezehlet. Vor der Stadt gegen Florentz hat es ein Franciscaner-Kloster / und darinn eine herrliche und schöne Kirche / so wohl würdig zu sehen. Nicht weit darvon einen schönen und köstlichen Pallast / und einen überaus schönen Lustgarten / darinn künstliches Wasserwerck und andere Raritäten zu finden. Bey 300. Schritt von diesem Pallast ist ein überaus grosser Eichbaum / von deme die reisende / (die gantz Italien / Franckreich / Spanien / Polen / Littauen / und darinnen alle grosse Wälder durchgereißt;) sagen / daß kein so grosser gefunden werde / dann der Stamm ist so dick / daß 5. der grösten Männer solchen nicht umfassen mögen.

Brittonoro.

Dieses ist eine feine / wohlbewohnte und dem Pabst gehörige Stadt / nicht weit von Forli, auf einem Hügel gelegen / hat einen bischöflichen Sitz / und ein vestes Schloß / auch gesunde und gute Luft. Das Land ist fruchtbar am Oel / Feigen / Wein / und andern Baumfrüchten / so mit schöner Lust anzusehen ist / hat vor andern Städten einen sehr lustigen und schönen prospect oder Aussehen / dann man kan von dar durch ein Perspectiv in das Adriatische Meer biß in Dalmatien, Croatien, Venedig und an andere Orth in Romagna sehen / die Innwohner sind gute Soldaten / und mehr zu den Waffen als etwas anders abgericht.

Buzola.

Ist ein grosser Marckflecken / in gar rauhem Gebürg / der Herrschafft Genua zuständig. Dieser Ort ist ein rechtes Banditen-Nest / allda die Reisende sich wohl fürzusehen haben / deßwegen in diesem Rivier immerdar 6. Soldaten ausstreiffen / und die vorbey reisende begleiten / daß sie den Banditen nicht in die Hände koñen.

Cajeta oder Gaeta.

Woher dieser Stadt der Name kommen / hat unter andern auch Pflaumerus ausgezeichnet. Ihrer gedencken Cicero, Virgilius, und viel andere. Sie ligt zuförderst des Vorgebürgs am Meer / und hat gar einen engen Zugang vom Lande / welcher mit Gräben / Thor und Bollwercken also verwahrt ist / daß man mit geringer Müh den Feind da abtreiben kan. Es seyn auch daselbst 2. Schlösser / so man vor unüberwindlich hält; Darinn Spanische Besatzung ligt / in welche man die frembde / auch die Bürger selbst nicht leichtlich läst / und in deren einem Carolus Hertzog von Bourbon aus Franckreich / so Anno 1527. bey Eroberung der Stadt Rom geblieben / begraben ligt / dessen Grabschrifft also lautet:

Aucto Imperio, superata Italia, devicto Gallo, Pontifice obsesso, Roma capta, Caroli Borbonii hoc marmor cineres continet.

Wie solches Franciscus Svveertius in seinen deliciis p. 114. setzet; und noch ferner diese beyde Epitaphia (so andere nicht haben /:) darzu thut / deren das eine Spanisch / nemlich:

Fran-

Francia me dio la leche, Espania la ventura, Roma me dio la muerte, Gajeta la sepultura.

Das ander Lateinisch/ also:

Consiliis Calchas, animo Hector, robore Achilles,
Eloquio Nestor, jacet hic Borbonius Heros.

Das andere Schloß/ so auff dem Berge gelegen / kan gar weit auffs Meer und das Gestad sehen. Ist zwar nur ein Thurn / und mehr eine Wart / als ein Schloß zu nennen ; so vom Lucio Munatio Planco zu einer Begräbnüß erbauet worden ist. Vid. J. J. Grasseri Schatz-Kammer. Wird von dem gemeinen Mann la torre Orlandino genannt / und seine Form und Gebäu vom Stephano Vinande Pighio, in Hercule prodicio, mit Fleiß beschrieben/ auß welchem C. Ens pag. 239. seine Beschreibung genommen / aber des Pighii mit keinem Wort gedacht hat; Daselbst auch von dem Felsen nahend dabey/ und beym Meer/ zu lesen/ so von oben biß zu unterst in zwey gespalten ist / und von den Innwohnern darfür gehalten wird/ daß solches / als Christus gecreutziget worden/ geschehen sey; welches auch Baronius tomo 1. Annal. ad Ann. 34. n. 128. fol. 206. nicht verwirfft. Vid. & Schradcrus f. 260. Es gibt dannenhero dahin/ und zu der dabey gelegenen Kirchen zur H. Dreyfaltigkeit viel Wallfarten. Die Haupt-Kirche in der Stadt ist wohl gezieret / und zu sehen / sonderlich wegen des sehr grossen weissen Marmorsteinern Gefäß / oder tazza, deß Bacchi, daran sein Ursprung und Herkommen künstlich gegraben / und eine sonderliche Antiquität ist / so man heutiges Tages an statt eines Tauffsteins gebraucht. Es hat allhie einen schönen / weiten und gantz sichern Meerhafen: und kan man von der Cajetaner geführten Thaten/ neben andern/ auch des J. J. Grasseri Itin. Histor. polit. lesen.

Camerino.

Oder Camerium, eine auf einem hohen Berg gelegene Bischöffliche und dem Pabst gehörige Stadt / in der Marca di Ancona, deren auch Plinius, Ptolomæus. Strabo, Cæsar gedencken/ und sonderlich meldet Livius lib. 9. & 28. daß sie den Römern sehr getreu gewesen. Ist sonst volckreich / groß und wohl erbaut; von Natur und Kunst ein sehr vester Orth/ reich an allen / was der Mensch vonnöthen. Hiervon kan auch gelesen werden Leander descript. Ital.

Canosa.

In dem Königreich Neapoli, der Provintz Lucania oder Basilicata, nahe dem Meer gelegene / sehr alte und feine Stadt / sonst auch Canusium genannt / ist zu unterscheiden von Cannis, die Polybius eine Stadt und Cannam nennet / allda die Römer von den Carthaginensern so heßlich seynd geklopfft worden / wie Appianus in Hannibalicis anmercket. Und ligt der Fleck Canne 25. stadia unterhalb Canosa, wovon heutiges Tages noch altes Gemäur stehet / und jetzt Canne genannt wird.

Caprarola.

Ligt auf einem Berge unter des Pabsts Gebiet/ auf der lincken Hand/ ein wenig aus der ordinar-Strassen/ von Viterbo auf Rom 3. Meilen. Dieser Fleck ist vom Cardinal Farnesio mit einem sehr ansehnlichen und stattlichen Palast gezieret worden ; darbey sehr schöne Gärten und Brunne/ und anders mehr/ zu finden; also/ daß auff dem gantzen Weg von Siena nach Rom nichts schöners/ als dieser Orth/ zu sehen ist.

Capua.

Diese ist vorzeiten die Haupt-Stadt in gantz Campania gewesen/ wie Strabo im 5. Buch schreibet / Florus zehlet sie lib. 1. cap. 16. unter die 3. gröste Städt / also daß er ihr nach Rom und Carthago den dritten Orth gibt. Besiehe von der Capuaner Thaten J. J. Grasserum, in seinem Itinerario hist. Sonder zweiffel haben ihr die Tuscier den Namen Alturnum gegeben / darauß hernach die Römer Volturnum gemacht haben. Die Innwohner hiessen nicht Capuani, wie solche von den folgenden Scribenten genannt worden/ sondern Campani. Daß dieses schon vor uhralten Zeiten eine grosse/ schöne/ reiche Stadt gewesen / erhellet aus Livio lib. 7. Weil aber das Land da herum herrlich gut/ fruchtbar / und an allem einen grossen Uberfluß gab / als waren die Innwohner dem wollüstigen Leben sehr ergeben/ und wurden dabey unerträglich stoltz und hochmüthig / daher Cicero in orat. de Lege Agrar. solches einen Sitz der Hoffarth / und ein Hauß aller Wollüste genennet. Es ist aber dieser Hochmuth bald an ihnen gestrafft worden. Und hat diese Wollust auch den Hannibal selbst/ der damahl mit Waffen nicht zu bezwingen/ überwunden. Conf. Livium lib. 23. & 25.

Weil nun diese Stadt in dem andern Carthaginensischen Kriege sich zum Hannibal begeben / und folgends durch eine sehr starcke Belägerung von den Römern wieder erobert ward / so wurden auch die Capuaner sehr hart gestrafft / wie davon wiederumb Cicero lib. 10. und Livius lib. 26. zu lesen. Es ward gleichwol hernach eine Colonia dahin geführet / so unter dem Käiser Nerone vermehret worden / wie Tacitus lib. 3. Annal. bezeuget / der sie auch lib. 3. hist. ein Municipium nennet. Was aber die jetzige Stadt belanget / die an dem lincken Gestade des Flusses Volturni liget / hat sie zwar den alten Namen noch : aber das alte Capua, von welchem wir jetzt gehöret haben / ist mehr als 2. Meilen von dieser neuen Stadt gegen Orient nahe dem Orth gelegen gewesen/ so jetzt insgemein Casa di Capua, item/ S. Maria di Capua, und S. Maria delle gratie genannt wird/ wie solches die rudera der Thor/ eines Theatri, der Kirchen / der Säulen und anderer grossen Gebäu daselbst noch klärlich bezeugen; welches auch aus den alten Itinerariis zu ersehen. Vid. Schrader. p. 358. b. Wo aber diß neue Capua ligt / da war vorzeiten Casilinum, auch eine Römische Colonia, so zu beyden Seiten des besagten Flusses gelegen. Als dieses Casilinum zerstöret / und gäntzlich vertilget worden / ist doch die Brücke über das Wasser / wegen der öffentlichen und sehr berühmten Strassen verblieben/ und wird von der Stadt der Fluß Casilinus vom Agathia lib. 2. im Chronico, Casiensi aber lib. 1. c. 33. Casulinus genannt / bey welchem dieses neue Capua Anno 856. nach Christi Geburt ist erbauet worden. Constantinus Porphyrogenitus de administ. Imper. c. 27. meldet/ daß Capua eine grosse Stadt gewesen sey / welche die Vandaler aus Africa eingenommen und zerstöret haben. Und als sie also wüste gelegen / haben die Longobarder sie bewohnet : als aber bald darauff die Africaner wieder eingefallen / habe der Bischoff Landolfus bey der Brücken deß Flusses ein Castel erbauet. Vid. Cluverius lib. 4. Antiq. Ital. cap. 5. Dieser sagt / daß das Gebirge / so bey dem Gemäuer der alten Stadt Capuæ, und bey Caserta gelegen / vorzeiten Tifata (oder Tiphata) in plurali sey genennet worden. Besiehe auch Pighium in Hercule prodicio, aus welchem Henznerus seine Beschreibung genommen hat.

Also nun ligt / wie gemeldt / die neue Stadt Capua über dem Fluß Volrorno, und ist von Bergen bedeckt / groß / und an Mauren und Bollwercken vest. Hier ist Anno 389. 1087. 1118. Concilium gehalten / in welchen Henricus V. in Bann gethan. Vid. Baronius in Annalibus. Das Land dieser Provinz Campania, und sonderlich umb Capua herum / wird für das edelste und glückseligste / nicht allein in Italia, sondern auch in der gantzen Welt gehalten / insonderheit hat es grossen Uberfluß am köstlichen Wein. Gehöret der Zeit dem König in Spanien.

Capranica.

Ist eine feine und schöne Stadt / dem Pabst zugehörig / ligt 3. Meilen von Ronciglion, ist sehr edel / volckreich / und von mehr denn 500. Familien bewohnet.

Caravaggio.

Ligt zwischen Brescia und Milano, an der ordinar-Strassen / ist ein schönes und wohlbewohntes Castel / sehr edel und reich / dessen Land einen grossen Uberfluß an allerhand Früchten gibt. Ist wegen seines vortheilhafftigen Lagers so wol von Natur als der Kunst ein sehr fester Orth.

Carpi.

Wird zwar von den Welschen nur für ein Castel gezehlet / welches aber mit vielen Städten kan verglichen und unter dieselbige gerechnet werden / so wol wegen ihres Gewerbs und Handels / als auch wegen Uberfluß an allen Sachen. Ist ein sehr schöner und lustiger Orth / volckreich und wolbewohnt / hat den Titul eines Fürstenthums / und gehöret der Zeit dem Hertzogen von Modena.

Casale.

Wird zum Unterscheid des grössern Casale (so nahend Cremano ligt / und vom Fluß Pò, wie Leander sagt / viel ausgestanden hat / die auch vom Venetianischen Obristen Francisco Carmaniola zu Zeiten Hertzogs Philippi zu Meyland mit Gewalt erobert und übel zugerichtet worden / wie beym Blondo, Corio, Simonera und Capreolo zu lesen) Casale D. Evasii, oder S. Vas, genannt. Es ist auch noch ein anders Casale in Lucania, in dem Königreich Neapolis. Dieses Casal im Hertzogthum Montferrat gelegen / ist mit herrlichen Freyheiten von den Käisern gezieret / und vom Käiser Friderico I. Anno 1186. mit der hohen und niedern Obrigkeit; auch vom Pabst Sixto IV. Anno 1474. mit einem eigenen Bischoff begabet worden: als aber die Innwohner wider Käiser Henricum conspirirten / haben sie die obgedachte Käiserliche Freyheiten verlohren; die sie zwar zu Zeiten Hertzogs Wilhelmi von Mantua und Montferrat wieder zu erlangen sich unterstanden / und deßwegen an Käiser Maximilianum II. ihre Gesandten geschicket; aber nichts ausgerichtet haben / wie Johan. de Laet, de Princip. Ital. p. 234. aus Thuano schreibet. Cluverius lib. 5. Antiq. Ital. cap. 10. muthmasset / daß dieses Casal, di S. Evasio, der alten Bodincomagum möge gewest seyn / wie solches vom Plinio lib. 3. c. 16. genannt wird. Es ist eine ziemlich grosse / in die Alt und Neue getheilte / mit ansehnlichen Häusern wolerbaute und befestigte Stadt; darinn auch ein festes Schloß und Fürstliche Wohnung; es hat auch die Gegend herumb Korn und köstlichen Wein / an der einen Seiten läufft der Pò fürüber / und ligt neben der Stadt die herrliche und gantz neuerbaute Haupt-Vestung von 6. Ecken / mit außgemauerten Ballovardi, so la Citadella genannt wird / und in welcher man viel schönes Geschütz / und eine grosse Rüst-Kammer von allerhand Waffen samt einer ansehnlichen Besatzung ersiehet: wie denn die vorigen Kriege und Belagerungen solches genugsam zu verstehen gegeben / durch welche sie auch nicht hat können gewonnen werden / obschon der Marggraff Spinola, der vorhin so grosse Thaten in Niederland gethan / allen möglichen Fleiß da angewendet hat. Ist also diese Stadt der Zeit viel vester als sie zu des Käisers Caroli V. Zeiten gewesen / von dessen Soldaten sie Anno 1530. außgeplündert / auch folgends Anno 1555. von den Frantzosen eingenommen worden ist.

S. Casciani.

Acht Meil von Florentz / wie Machiavellus lib. 6. hist. Flor. p. m. 347. (der es ein Castel oder Marckflecken nennet) erinnert. Ligt hoch / und siehet gegen Mittag hinunter in ein Thal. Besiehe was Pflaumerus allhie / und der Herr von Villamont. lib. 1. c. 8. p. m. 34. über der Italiänischen Wirthen Vermessenheit / Lügen / Betrügen und Unbilligkeit klagen: Item / D. Lansium, consult. p. m. 567. in 8. gehöret dem Groß-Hertzog von Florentz. Die Mauren umb diese Stadt sind nicht aller Orthen gantz.

Castel Durante.

Ein wolerbauet Städtlein / 8. Meil von Urbino, zur rechten Seiten des Flusses Metaro gelegen / allda die Hertzogen von Urbino sich mehrentheils auffgehalten haben. Wird von andern dem welschen Namen nach ein grosser Marckfleck geheissen / dabey ein grosser Palast ist / und sihet man auf der einen Seiten fast eine halbe Meile Wegs lang / eine schöne breite / und zu beyden Seiten mit Bäumen besetzte Strassen / und gegen dem Thier-Garten einen lustigen Spatziergang / welcher Thier-Gart oder Barco mit einer zehen Schuh hohen Mauer / und 3. Meil in seinem Umkreiß eingefangen ist / darinnen ein Wald / in welchem ein Kirchlein / samt einem Capuciner-Kloster / und ist in dieser Gegend ein gar fruchtbares Land.

Castel Franco.

In via Æmilia gelegen / 5. Meil von Modena, und 15. von Bologna, ein feines volckreiches Städtlein; theils / unter denen auch Cluverius lib. 1. Antiq. Ital. c. 18. vermeinen / daß es der Alten Forum Gallorum sey / so vorzeiten ein Fleck gewesen / und durch die innerliche Römische Krieg berühmt worden; allda die Bürgermeister Hirtius und Pansa einen lobwürdigen Sieg wider den Antonium davon getragen / aber wegen der empfangenen Wunden bald nacheinander gestorben seyn. Nahend darbey ist eine fürtreffliche und herrliche gantz neuerbaute Vestung / welche für unüberwindlich gehalten wird / ligt in einer schönen und sehr weiten Ebne / an der Strassen zwischen Bologna und Modena, so vom Pabst Urbano VIII. ist erbauet worden / und daunenhero il Forte Urbano.

Castello à mare di Stabio.

Vier Meilen vom Torre della Nunciata, bey den Alten Stabie genannt / so über den Fluß Sarnum, und den Berg Vesbium gelegen / allda jetzt ein Bisthumb ist. Es gedencken dieses Orths Ovidius, Colomella, Plinius und andere.

Castello Novo.

Dieses ist ein dem Groß-Hertzog von Florentz zugehöriges schönes Lust-Hauß / ligt 3. Meil von Florentz / hat einen herrlichen Palast / schönen Gärten / und darin einen gantzen Wald von Cypressen-Bäumen / auch ein Weyher / und in der mitten desselben eine Insul / so ein gar wilder Felsen ist / darauff ein Wasser-Gott sitzet. Es hat hier schöne Grotten / und viel kurtzweilige Wasser-spiel / wie hievon beym Herr Furtenbach zu lesen.

Castiglione dalle stivere.

Ist eine gute Vestung in dem Mantuanischen / dem Marggrafen von Castiglion, aus dem Hauß Gonzaga gehörig. Es gibt hierum viel Banditen / daher es gar gefährlich zu reisen.

Castro.

So der Alten Castrum Minervæ, Schloß Minervæ oder Minervium. Ist eine schöne und fürnehme Handelstadt des Königreichs Neapoli, in der Provintz Terra di Otranto, ligt am Adriatischen Meer / nicht weit von Otranto, welche die Türcken Anno 1537. wider Zusage / ausgeplündert / alle alte Leut und junge Kinder erwürget / die übrigen aber gefangen weggeführet haben.

Catanzaro.

Zwölff Meil von Schilaci, ist eine ansehnliche / schöne / volckreiche und Bischöffliche Stadt des Königreichs Neapoli, im untern Calabria gelegen.

Catolica.

Ein Flecken 3. Stund oder 10. Meilen von Pesaro. Ausser diesem Flecken hat es eine Brücke über das Wasser Foglia, allda sich die Marca Anconitana endet / und das Land Romagna, Romania oder Romandiola anfähet. Vor alters hieß man einen Theil davon Felsinam, von der Stadt Bononia, so auch Felsina genannt wurde / Item Galliam Togatam. Als aber die Stadt Ravenna vom Käiser Carolo M. eingenommen worden / soll er diß Land herum dem Pabst geschencket haben / daher es Romania genannt worden / wie solches ihr viel wollen / und auch Campanella p. 137. bestättiget. Leander will / daß bemeldter Carolus seines Vatters Pipini transaction mit dem Pabst bestättiget habe / und sey hierauff mit beyder Bewilligung diß Land / so vorhin unter die Käiserliche Regierung oder Exarchat gen Ravenna gehöret / Romagna, oder wie Machiavellus lib. 1. histor. Florent. sagt Romandiola genannt worden. Da weite Felder / fruchtbare Bäum / Getraid / Oel / Weinwachs / Wälder / Jagten / gesunde Wasser / Saltz / viel Flüsse / Fisch und Metall im Lande gefunden werden. Der Fleck ligt auff einem Berge / hat nur schlechte Häuser / und gehöret also auch unter des Pabsts Gebiet.

Cava.

Ist eine ziemblich grosse Stadt / in dem Königreich Neapoli, und der Provintz Campania; ligt 6. Meilen von Salerno.

Cavi.

Ein kleines der Herrschafft Genua zugehöriges Städtlein / ist ein vester Paß / und hat auff einem hohen Berg ein vestes Schloß / ligt 5. welsche Meilen von Buzolo, und 6. oder 7. von Arqua.

Celano.

Ist ein schönes / fürnehmes und volckreiches Castel des Königreichs Neapolis, in dem Land Abruzzo, nicht weit von der Hauptstadt Aquila, an dem See / so gleichen Namen mit dem Castel führet / Lacus Fucinus genannt. Es hat dieser See 30. Meil im Umfang / gibt gute Fisch / und haben die Römer von dannen das Wasser gar nach Rom geleitet / wie man noch hin und wieder etwas von Aquæductibus zu sehen hat.

Certaldo.

Gehöret dem Groß-Hertzog von Florentz / ligt auff einem Hügel / und des Boccatii Vatterland.

Certosa.

Ein schönes / grosses und berühmtes Carthäuser-Kloster / 10. Meil von Meyland / nahend dem Dorff Pinasco, und 8. Meilen von der Stadt Pavia. Diß hat der erste Hertzog von Meyland Galeatius Vice-Comes erbauen lassen / wie dann sein Begräbnuß samt dem Epitaphio, und der Statua allda zu sehen / wie auch ein recht Königlich Monument von Alabaster / mit eisernen Gittern umbgeben / darinn seine geführte Thaten schön vorgestellt seyn. Es ist sehr groß und reich / dann sein Einkommen auff 50000. Cronen geschätzt wird, allda die Kirch wohl zu sehen / und mit schönen Altären / Bildern und Gemählden gezieret; Das Dach ist mit Bley bedeckt. In dem Chor ist ein sehr künstlich und gantz helffenbeinerner Altar / mit Silber eingelassen / zu sehen / die Wände und das Pflaster von Marmor und sehr herrlich gezieret. Vid. Henznerus & Pflaumerus. In dem Cöllnischen Itinerario Ital. findet man / daß vor dem Chor ein Straussen-Ey hange / und in dem erwehnten Altar die Historien aus dem Alten und Neuen Testament mit grosser Kunst gegraben. Das Kloster ligt in dem Thier-Garten / so vorzeiten wohl zu sehen gewesen ist / und ins gevierte herumb zwantzig welscher Meil gehabt / wie Schotus, Henznerus und das Cöllnische Reißbüchlein setzen / davon noch etwas von der ziegelsteinern Maur zu finden / damit die lustige Wälder eingefast / und die Thiere verwahret gewesen. In diesem Barco ist König Franciscus I. aus Franckreich Anno 1525. in einer Schlacht überwunden / und neben dem König in Navarra gefangen / und dem Käiser Carolo V. zugeschickt worden.

Cervia.

Fünff Meil vom Porto Cesenatico. Auff eine halbe Meile davon / zu rechter Seiten / ist ein grosser Wald / der von lauter welschen Tannen-Bäumen besetzt ist. Ist ein gar ungesunder Orth / der mitten in den Saltzgruben / als wie in einem Morast ligt / und seyn die Einwohner bleich von Farben / als wenn sie schon gestorben wären. Und weil er übel bewohnt / nennen ihn etliche ein Städlein / etliche gar nur ein Flecken / wiewol er einen eigenen Bischoff hat / und an dem Orth gelegen ist / wo vorzeiten Phycoclæ gestanden / wie Leander bezeuget. Dieser Leander und Schraderus gedencken einer schönen Antiquität und Begräbnuß / so allda ausser der Haupt-Kirchen zu sehen. Es ist solche Bischoffliche Kirch wie ein Dorff-Kirch / wiewol sie grosses Einkommen hat: Und hat diese Stadt / so zwar nicht alt seyn soll / viel Herren / und unter denselben auch die Venediger gehabt / biß sie Anno 1509. an Pabst Julium II. und endlich An. 1530. völlig an Pabst Clementem VII. kommen / wie hievon gemelter Leander mit mehren zu lesen.

Cæsena.

Auch Cesena, 10. Meil von Arimino, oder wie Henznerus 25. Es gedencken dieser Stadt Strabo, Procopius und Agathias, wie auch Plinius; hat vorzeiten den Gallis Senonibus, und als diese vertrieben worden/ den Bojis, so auch Gallier gewesen/ gehöret/ und war unter dem Titul Galliæ Togatæ begriffen / wie Iuverius lib. 2. cap. 28. schreibet. Die Inwohner werden beym Sidonio Apollinari lib. 1. ep. 8. Cæsenates, und der köstliche Wein dieses Orts/ Cæsenatium vom Plinio lib. 14. c. 6. genannt. Sie ligt am Fuß des Berges Apennini, und der Strassen Æmiliæ, und wird heutiges Tages zu Flaminia oder Romagna gerechnet / ist dem Pabst gehörig. Ist eine zierlich grosse und fein erbaute Stadt / wohl bewohnt / und seynd die Bürger eines adelichen tapfferen Gemüths und reich / allda auch ein grosser Uberfluß an allen Sachen/ insonderheit am herrlichen Wein ist. Das sehr veste Schloß allda auff einem Hügel gegen Mittag gelegen/ hat Käiser Fridericus II. erbauet/ und ist alhier ein stattlicher Spital/ wie auch bey S. Francisco eine herrliche Bibliothek von sehr raren geschriebenen Büchern/ wie Leander, Schraderus und C. Ens schreiben.

Zwey tausend Schritt von hier an dem Flüßlein Rubicone oder Rugone soll eine Marmorsteinerne Tafel stehen/ auff welche das alte der Römer Gesetz geschrieben/ daß keiner über das Wasser Rubicone (dessen auch Cicero, Plutarchus, Lucanus und andere gedencken/ welches für die Gräntze zwischen Italia und Gallia gehalten worden /) ohne des Raths und des Römischen Volcks Befehl und Erlaubnüß gewaffnet ziehen / und sein Volck / wenn er von einer Schlacht zurücke kommen/ führen solte/ aber von C. Julio Cæsare nicht in acht genommen worden / wie Blondus in Ital. Illustr. Leander in Romandiola setzen. Diese Tafel-Worte hat auch Schraderus seinen Monimentis Italiæ, und Henznerus seinem Reißbuch einverleibet. Philippus Cluverius will sie gesehen haben/ und verwundert sich / daß Leander solchen nicht auch gesehen. Grasserus in seiner Italiänischen Schatz-Kammer lib. 7. fol. 317. schreibet/ daß solch Monument nicht mehr vorhanden. Aber Michael Heberer hat die Tafel und Schrifft Ao. 1589. im Januario auch zwischen Rimini und Bononia bey einer Brücken gefunden/ lib. 3. Servit. Ægypt. cap. 26. Vorgemeldter Cluverius beweiset fol. 297. daß diese Schrifft erdicht und falsch sey.

Chieri.

Oder Cherium, 7. oder 6. Meil von Turino, ist eine ziemlich grosse Stadt / dem Hertzog von Savoya gehörig / der allda einen schönen Palast hat. Vid. Joan. de Laet, pag. 163. Zun Zeiten Caroli V. muste dieser Ort viel außstehen. Schraderus lib. 4. Monum. Ital. fol. 378. saget / daß man allhie auff dem Marckt folgende Verß lese:

Pessima res mulier, poterit tamen utilis esse,
 Præproperè moriens, det tibi quicquid habet.
Uxorem vates nullus me judice ducat:
 Uxor obest studio, sit licet apta thoro.

Chioza.

Auch Chiozza, Chioggia, oder Clugie. Der Alten Fossa Clodia, und eine schöne Venedische Stadt in dem Venedischen Golfo, wie eine Insul nach der Länge/ und 75. Meilen von Venedig gelegen / dadurch eine breite Gasse gehet / die Villamont in seinem Reißbuch einen grossen Platz nennet / der auffs wenigste eine viertel Meil Wegs lang/ und ungefehr 100. Schritt breit/ auff beyden Seiten mit schönen Häusern gezieret sey/ auch seine Canäl und steinerne Brücken / wie Venedig/ habe. Es ist allhie ein Bischoff/ und wird herumb viel Saltz gemacht. Bey dieser Stadt sind die Genueser von den Venedigern/ (die sich des groben Geschützes dazumaln am ersten gebraucht haben/) überwunden worden. Besihe Polydorum Virgilium de rerum invent. lib. 2. cap. 11. Pancitoll. de nov. repert. tit. 28. und daselbst Salmuth. in notis p. 679. & 691.

Chivas.

Oder wie es sonst genennt wird / Giavasco, ist ein vestes Städlein/ 10. welsche Meil von Turin. Nahend darbey müssen die Reisenden über einen Fluß/ so Lorca genannt.

Chona.

Dieser Zeit Belcastro genannt/ des H. Thomæ von Aquino Vatterland / dessen Vatter Graff Landolff von Aquino, Herr zu Belcastro, aus dem Stamm Frangipan von Rom gewesen/ aus welchem auch Pabst Gregorius M. entsprungen/ wie Megiserus erinnert.

Ciculi.

Oder Xicli, ein Marckfleck 4. welscher Meilen vom Meer in Sicilia, soll bey 2000. Häuser haben / und allda S. Wilhelmus begraben ligen. Dahin pflegen die Malteser ihre Brieff zu schicken; denn allhie die kürtzeste Uberfarth von Maltha ist.

Cincelle.

So vorzeiten Centum cellæ geheissen/ und Käisers Trajani Vatterland gewesen. Der Name ist daher kommen / weil die Römer die jenige Häuser / unter welche man die Schiff geführet/ Cellas genannt haben. Deren auch Procopius, Agathias und Ptolomæus gedencken / welcher letztere sie Trajani portum nennet/ davon Rutilii Verß sehr wol zu lesen:

Ad Centum cellas forti deflexinius Austro,
 Tranquillâ puppes in statione sedent.
Motibus æquoreum concluditur Amphitheatrum,
 Angustosque aditus insula facta tegit.
Attollit geminas turres bifidoque meatu
 Faucibus arctatis pandit utrumque latus.
Nec posuisse satis laxo navalia portu,
 Ne vaga vel tutas ventilet aura rates.
Interior medias sinus invitatus in ædes
 Instabilem, fixis, aëra nescit, aquis.

Daß diese Stadt zun Zeiten des Käisers Justiniani in grossem Ansehen gewesen/ das bezeuget Procopius Gothicarum rerum lib. 2. Dieser Zeit heist sie Civita Vecchia, ligt an dem Thyrrhenischen Meer / dem Pabst gehörig/ hat einen guten und sichern Meer-Hafen/ welcher auch der Zeit der fürnehmste zwischen Livorno und Neapoli ist/ allwo ein Päbstlicher Commendant/ und in dem Port Galleern stehen / welche jederzeit gegen die See-Räuber außlauffen müssen. Dieser Ort ist sehr vest/ und mit einer Guardie und gutem Zeughauß/ auch grosser Anzahl groben Geschützes wol versehen.

Civitâ Castellana.

Ein vestes und wolerbautes Städtlein/ ligt auf einem hohen Berg und Felsen/ gehöret dem Pabst/ und ligt 30. Meilen von Rom an der ordinar Strassen nach Loretto. Das Land ist hierumb sehr unfruchtbar/ und gibt viel ungebaute Felder dabey.

Civitá de Chieti.

Ist eine schöne/ lustige / volckreiche und wohlangebaute Stadt des Königreichs Neapoli, in der Provintz Abbruzzo. Sie ligt auff einem Hügel / an einem sehr lustigen Orth / 7. Meilen vom Adriatischen Meer/oder Golfo di Venetia , ist das Haupt in der Provintz Abbruzzo. Es ist allda eine Königlich Audientz und Hoff-Gericht. In eben diesem Königreich / jetzgedachter Provintz / ligt auch nicht weit vom Adriatischen Meer Civitá de Penna, eine feine und zierlich grosse Bischöffliche Stadt.

Como.

So auch Comum genannt wird/ von welcher der Comer-See den Namen hat. Es gedencken ihrer Strabo, Ptolomæus, Ammianus und Plinius. Justinus l.20. will/daß sie von den Galliern sey erbauet worden; darwider aber Plinius und andere seyn. Leander vermeint/daß sie von den Thuscis erbauet / von den Gallis aber erneuert und vermehret worden sey/ vid. Cluverium lib.1. cap.15. Als folgends eine Römische Colonia hieher geführet worden / ist sie Novum Comum genennet worden. Von hier waren Paulus Jovius, Plinius II. und Cæcilius Poëta bürtig/ vid. Catullus carmine 36. Sie ist nicht groß/ hat aber eine grosse Niederlag; und nicht allein wegen des Sees/sondern auch wegen des schönen Feldes/ da allerley herrliche Früchte wachsen / und wegen der gesunden angenehmen Lufft/ gar eine bequeme Gelegenheit. Gehöret zum Hertzogthum Meyland. Es hat allhie unter andern Gebäuen/so hier merckwürdig und wol zu sehen / eine gar schöne von lauter weissen Marmor gebauete Dom-Kirche/ in welcher zur lincken Hand Benedictus Jovius gantz prächtig begraben ligt. An des Pauli Jovii (der nicht allhie sondern zu Florentz ruhet/ wie beym Joh. Henr. à Pflaumern in Mercurio Ital. zu lesen) Palast stehet in Stein gehauen:

Vividæ fœcundæque virtuti
Mæcenates nunquam desunt,
Fato prudentia minor.

Wie Heberer in der Aegyptischen Dienstbarkeit lib. 3. cap. 28. schreibet: wovon auch Schraderus mit mehrern zu lesen / lib. 4. Monument. Ital. der auch meldet/ daß an besagter Haupt-Kirchen zwo Marmorsteinerne Statuæ , eine des Caji Plinii, die andere des C. Plinii Cæcilii II. sey / auch des Brunnen ausser dem Thor gedencket / so insgemein Pliniano genennt wird / der täglich neunmal ab- und zunimmt / und bey welchen Cajus Plinius seine Historiam Naturalem geschrieben haben soll. Das Gebürge thut sich allhier gar auff / und siehet man ausserhalb der Stadt gar viel schöne Gärten. Das Cöllnische Reißbuch vergleicht sie in der Form einem Krebs. Besagter See ist 36. Meil lang und 3. breit / und werden umb denselben eine grosse Anzahl Oel- Maulbeer- und Castanien-Bäume / sampt einem herrlichen Weinwachs; auch in solcher Gegend viel Seidenwürme gefunden. Im See fängt man Forellen / Gangfisch und dergleichen/ wofern kein widerwärtiger Wind gehet / kan man von Riva nach Como in 20. Stunden kommen. Es gibt aber offt so grosse Ungestümm darauff / daß man in so grosser Gefahr als auff dem Meer ist. Besiehe Leandrum und besagten Jovium in Beschreibung des Comer-See.

Cleve.

Ist eine den Graubündtern gehörige Stadt/ so den Namen von Clave oder Schlüssel führet / wie sie denn auch ein gewaltiger Paß ist/ an dem Fluß Meyre / und beym hohen Gebürge gelegen/ denn sie ein festes Berg-Schloß hat/ und ein Gräntz-Orth / so Teutschland und Italien von einander scheidet. Hat herrlich schöne und künstlich erbaute Behausungen / sampt daran stossenden schönen Lust-Gärten ; auch ein feines Ampt- und stattliches Kauff-Hauß. Es seynd das 6. Kirchen / innerhalb der alten Ringmauer / und 3. ausserhalb / darunter die zu S. Lorentzen die fürnehmste ist. Es gibt auch allhie allerley Gewerb/ Factoreyen und Handwercke; ingleichen einen reichen Spital. Nahe bey der Stadt/ unten am Berge / ligen viel Weinkeller / darinne der Wein Sommers-Zeit sehr kühl ist. Die Lufft ist gut und rein/ nur daß der Wind was ungesundes von dem See in der Hitz herauff bringet / davor man sich zu hüten hat. Die Pest erzeigt sich da selten / wenn sie aber einmal anfängt / wird sie sehr wütend. Anno 1488. hat Frau Bona, Hertzogin zu Meyland/ und ihr Sohn Joh. Galeazius Sforza diese Stadt oder Flecken/ (den die 3. Bünd kurtz zuvor geplündert und in den Brand gesteckt hatte/) mit Mauren umbgeben / und mit Thürnen bewähren lassen; welches Werck die Bünd / als sie folgends Herren dieses Land worden/ im 1528. Jahr hin und her samt der Vestung und andern Schlössern im Veltlin wieder haben abbrechen lassen. Von dieser Stadt hat das Land herum/ so eine besondere Graffschafft ist/ den Namen. In dieser Gegend ist ein edler und von herrlichen Palästen köstlich erbauter Flecken Plurs im Jahr Christi 1618. den 25. Augusti alten Cal. Abends zwischen Tag und Nacht von einem Berge/ unversehener Weise/ überfallen/ und gantz untergelegt worden. Man siehet der Enden keine Anzeigungen mehr/ einiges allda zuvor gestandenen Flecken; ist alles von dem hereingerissenen Berg außgefüllet überfahren und bedeckt worden/ daß weder Leut noch Vieh sich haben salviren mögen / sondern allda beysammen ihr Leben elendiglich haben lassen müssen. Es träget besagte Graffschafft Cleve mehr Wein als im Lande gebraucht wird/ hat auch einen schönen Kästenwachs und allerley Obst; das Gebürge allerley fliegend und lauffend Wildpret; und die Meyra und Lyra herrliche Fisch. Auch findet man da eine grosse Anzahl grosses und kleines Viehes: hergegen aber hat sie nicht genugsam Korn: wie hievon Joh. Petr. Gulerus in seiner Histor. Beschreibung der Graffschafft Cleve mit mehrerm zu lesen.

Consentia.

Oder Cosenza, die Hauptstadt in Calabria, eine uhralte Stadt/ so vorhin auch der Primier Hauptstadt gewesen/ ligt fast mitten in Calabria, auff dem Berge Apennin, und hat umb ihren Umbfang 7. Hügel oder Berglein/ samt einem festen Schloß darüber/ bey welchen man Gold/ Silber und Bley gräbet. Neben der Stadt rinnen 2. Flüß Bussento und Crathis, deren dieser gelbes/ jener aber schwartzes Haar machet / wie Megiserus berichtet. Jornandes de rebus Geticis meldet / daß Alaricus der Gothen König allhie gestorben und begraben worden. Die Stadt hat einen Ertz-Bischoff und eine herrliche Jahrmesse / auch hat es umb die Stadt einen lustigen Wald/ der Siler-Wald genannt/ welcher 22. Meilen im Umbkreiß hat/ darauß man das beste Hartz und Terpentin bringet.

Costozza.

Custoza, Costogia, ein Flecken in dem Vicentinischen Gebiet / so berühmt wegen einer Hölen/ die Caverna la grotta Divicensa oder il Cubalo genant wird. Es seynd in dieser Höle viel Zimmer/ und sonderlich unter denselben ein gar weites; und begreifft solche Cava bey drey Welscher Meilen; theils rechnen die Länge auff die 4000. und die Breite 3000. Schuh; und hält man dafür / daß solcher Berg mit Fleiß in langer Zeit sey außgehöhlet worden / Stein zum bauen daraus zu nehmen; wie dann die alten Gebäue zu Padua und Vicenza von solchen Steinen geführet worden. Uber das siehet man grosse Pfeiler / so man von solchen Steinen / als Stützen des Berges / allda gelassen / deren / wie man dafür hält / auff die 1000. seyn sollen. Man spüret auch Werckzeug von Kamrädern. Am Ende dieser Höhlen soll ein gar lauteres Wasser seyn / durch welches man den Boden so klar sehen solle / als wann kein Wasser da wäre. Und solches Wasser soll theils Orthen 20. Schuh hoch seyn. Man gibt auch für / daß etliche kleine Schifflein darauff gebracht haben / wie denn viel Fabeln hier erzehlet werden. Keine Fisch / sagen sie / gibt es in solchem Wasser / außgenommen etlich kleine Schnecklein / die den Meer-Schnecken / so in Venedig gesehen werden / gleich seyn sollen. Man berichtet auch / daß in dieser Cava kein einziges Thier / außgenommen Fledermäuse gefunden werden / so ein gewisses Merckzeichen an der Stirn haben / und einer besondern Farb als andere seyn.

Und dieses schreibt Johan. Georgius Trissinus Vicentinus in einer Epistel an Leandrum Albertum, wie solche in seiner Beschreibung der Marchiæ Trevisianæ zu lesen ist. In des Schotti Lateinischen Reißbuch stehet / daß zun Zeiten grossen Krieges die Leut sich hierinne auffgehalten haben; Item / daß es viel Brunnquellen da gebe / seyen auch Fisch darinnen / und das Wasser gut zu trincken; Und daß diese Höhe 7. Welsche Meil biß zur Brendula haben solle: welches aber unser Führer / so sie uns gezeiget / widersprochen hat / der auch nur von 3. Meil wissen wollen. Es könte sonst ein mächtiger hauff Volcks sich darinnen auffhalten / und weil nur ein einiger Eingang darzu ist / scheinet daß solcher Orth nicht leichtlich zu gewinnen. Der Pfarrer dieses Orths / (so 6. Meil von Vicenza gelegen / allda vorzeiten ein vestes Castell soll gestanden haben / in welchem die Gefangene verwahret worden / dahero auch der Name Custodia kommen /) hat einen Keller in solchem Berg gemacht / allda er unterschiedliche Löcher hat / aus welchen **Kalt** und **Warm** gehet / sonderlich Winterszeit warm / und im Sommer kalt; daher er auch die Weinfäßlein nach seinem Gefallen setzen und haben kan.

Besser herab hat ein Vicentinischer Edelman ein Lust-Hauß / und Grotta sampt einen Keller / da uns ein herrlicher Wein / der daselbst gewachsen / zu versuchen gegeben worden ist. Soll Sommerszeit / wann der kühle Wind aus den Löchern herfür kömmt / eine grosse Lust da seyn. Weiter herab ist eines von Adel Hauß / in welchem die rechte berühmte Grotta oder die Æolia ist / so sie Cubalo nennen; allda die Winde aus obgedachter Höhlen und gewissen Löchern durch etliche Gänge in das Hauß geführet / und nach Belieben durch alle Säl und Zimmer getrieben werden. Und wie man berichtet / kan man von acht unterschiedlichen Orthen auch kalten und warmen Wind / wie mans begehret / kommen lassen / dergleichen in gantz Italia, und vielleicht auch in der gantzen Welt / nicht mag zu finden seyn. Es stehet allda im grossen Saal auff einer Seiten; In æstu temperies, auff der andern: Incognita priscis. Uber der fürnehmsten Thür / da die eingeschlossene Winde herausgelassen werden / stehet:

Æolus hic clauso ventorum carcere regnat.

Beym Eingang seynd folgende Wort in einen viereckichten Stein gehauen:

Franciscus Tridenteus Vicent. JC. Hierosolymitani equitis filius, gelidi venti flatum, in caverna, Cubala nuncupata, spirantem, in ædes proprias per hanc crypti porticum deduxit; ad temperandum ardentes & æstivos calores, tum cohibendo, tum relaxando, novo atque mirabili artificio per cubicula quæque ducendo, quæ pro libitu suo refrigerare & calefacere valet, ita ut ejus villa ingenio, diligentia, impensa ac æmulatione ornatior effecta, inter regia ornamenta connumerari posset. Anno 1560. ætatis suæ 22.

Cornetto.

Ist eine alte / doch feine und wohlerbaute Bischöffliche Stadt / drey Meil von dem Gestade des Toscanischen Meers / und fünff von der Päbstischen Vestung und Meerhafen Civita Vecchia. Allhier siehet man noch viel altes Gemäuer und Rudera von herrlichen Gebäuen / welche anzeigen / daß dieser Orth vor Alters eine fürnehme und gewaltige Stadt müsse gewesen seyn.

Crema.

Den Venetianern zugehörig. Capreolus, Leander und Cluverius halten diesen Orth für der alten Forum Justuntorum oder Dingontorum, und will Leander, daß ihrer am ersten zun Zeiten Käisers Friderici Barbarossæ gedacht werde / so sie / wie Bernardus Corius meldet / lange belägert und endlich erobert. Part. 1. dell Histor. Milanes. p. 42. seqq. Besiehe auch Guntherum lib. 10. Ligurini. Sie hat hernach unterschiedliche Herren gehabt / biß sie an die von Meyland / und von ihnen an die Venediger kommen / welche sie / nach dem Vertrag zwischen ihnen und Francisco Sforca gemacht / biß auffs Jahr 1509. behalten / da sie in der Frantzosen Gewalt / und doch hernach unter die Venediger gerathen / denen sie noch der Zeit gehörig ist. Man rechnete sie vorhin unter die 4. vornehmste Castell oder Flecken in Italia; aber jetzt ist es eine Stadt / hat einen Bischoff / und gehören 46. Oerter unter ihr Gebiet / so der Podestà zu regieren hat / wie Schotus schreibet. Ligt recht in dem Centro und zwischen fünff fürnehmen Städten / in der Mitten von allen in gleicher Weite / und von jeder 30. Meil abgelegen / und sind solche Meyland / Bergamo, Brescia, Cremona und Piacenza. Sie hat in ihren Umbkreiß anderthalb Meilen und veste Mauren / auch viel und starcke Rundell / darneben noch eine besondere Vestung: ingleichen auch trefflich schöne Häuser und saubere Gassen. Es gibt allda reiche Leut / und einen ziemlichen Handel; wie denn auch das Land herumb schön / eben und fruchtbar / dahero alles in wolfeilem Preis zubekommen. Gegen Morgen läufft der Fluß Serio daran her. Nicht weit von Crema ist das Castell Pontevigo auff dem Fluß Ollio, auch den Venedigern gehörig / so eine ansehnliche Vestung gegen Cremona.

Cremona.

Ist eine schöne / grosse und lustige Stadt / volckreich und wolbewohnt / in dem Hertzogthum Meyland. Es gedencken dieser Stadt Polybius, Virgilius, Livius, Paterculus und viel andere mehr. Die Bürger werden beym Livio lib. 33. cap. 8. und von Tacito lib. 2. & 3. Cremonenmonenses genañt. Die Gallier haben sie gebaut/ dahin hernach die Römer eine Coloniam geführet haben. In dem Anfang der Regierung des Käisers Vespasiani ist sie von desselben Kriegsleuten gantz ausgebrannt/ aber gleich wieder restauriret worden. Was sie hernach vielmahls ausgestanden/ und vor unterschiedliche Herren gehabt/ das kan man beym Leandro finden. Sie liget nahend dem Fluß Pò, auf einem ebnen und fruchtbaren Boden/ hat innwendig grosse und breite Gassen/ und herrliche Gebäu/ darunter der Dom und Dominicaner-Kloster sonderlich zu sehen seyn. Ist vest/ mit starcken Mauren/ Pasteyen/ und tieffen Gräben umbgeben/ hat in ihrem Umkreiß 5. Meilen. Das Schloß wird unter die fürnehmste und vesteste Castell in Italien gezehlet. Es ist allhier ein sehr hoher Thurn/ dergleichen nicht gefunden/ und deßwegen unter die Wunderwerck Europæ gerechnet wird/ ist Anno 1284. erbauet worden/ davon man in Italia ein Sprichwort gemacht/ so bey Ancona zu lesen. Auf diesem Thurn haben sich einsmahl beysammen befunden Johannes XXII. Pabst/ und Sigismundus Röm. Käiser/ mit Gabrino Fondulio, welcher Herr dieser Stadt war/ so hernach pflegete zu sagen/ es reuete ihn biß in den Tod nichts mehrers/ als daß er desselben Tages den Pabst und Käiser nicht von dem Thurn herunter gestürtzet habe/ denn auf solche weise hätte er ihme einen unsterblichen Nahmen (wie Herostratus) machen können. Diese Stadt ist ihren Fürsten jederzeit so getreu gewesen/ daß sie auch den Zunahmen Fedele bekommen. Der Zeit gehöret sie dem Könige in Spanien. Es ist allhie eine hohe Schul/ so aber schlecht floriert. Die Stadt besitzt 41. Städtlein/ Marckflecken und Dörffer/ und ist das gantze Land schön/ eben/ und sehr fruchtbar welches an allem einen grossen Uberfluß gibt. In obgedachtem Dom ligt der Cardinal Franciscus Sfondratus, dessen und andere Epitaphia Schraderus lib. 4. monument. Ital. fol. 344. Caspar Ens in deliciis apodem. per Ital. p. 70. rechnet von hier nach Busseto 9. Meil/ so ein vornehmes Städtlein/ den Palavicinis gehörig/ allda Anno 1543. Pabst Paulus III. und Carolus V. der Käiser zusammen kommen seyn.

Croton.

Von etlichen auch Crotone genannt/ ist eine alte Stadt an dem Meer/ einen kleinen Spatziergang vom Vorgebürg Lacinio gelegen/ in dem Königreich Neapoli/ in dem untern Calabria, darvon die Innwohner Crotoniatæ, und bey den Römern Crotonienses seyn genannt worden. Sie soll von den Achæis/ und zwar von Diomede oder Melisso erbauet worden seyn/ wie aus Dionysio Halicarnass. Joh. Jacob. Hoffmann. in Lexico univers. anführet. Ist von Orpheo, Democede, Polycratis & Darii Medico, Milone, einem berühmter Ringer beruffen/ hat sich sonderlich auf die Kriegs- und Ringer-Kunst beflissen/ daher in einem Olympischen Streit 7. Crotonienser den Preiß bekommen. Vid. Strabo libr. 6. hat alle andere Städte an Reichthum und Tapfferkeit übertroffen. Sie soll den Nahmen haben von einem/ so Croton geheissen/ der auch daselbst begraben/ davon Ovid. Metam. 15.

- Invenit Æsarii fatalia fluminis ora,
Nec procul hinc tumulum, sub quo sacrata
Crotonis
Ossa tegebat humus, jussâq; ibi mœnia terrâ
Condidit, & nomen tumulati traxit in urbem.

Ist sehr groß gewesen/ und hatten ihre Mauren 12. welscher Meilen in ihrem Umbkreiß/ wie aus Livii lib. 24. cap. 3. zu ersehen. Der Fluß Æsarus, jetzt Æsaro ranne mitten durch die Stadt; allhie hatte Pythagoras seine Schule/ dessen Discipul obgedachter Milo und Alcmæon gewesen. Besihe von ihr Gabr. Barrium lib. 4. antiq. & sit. Calabriæ, Reiner. Reinecc. in monarch. 2. Republ. 6. und Ubbonem Emmium Frisium tom. 1. vet. Græciæ lib. 8. p. 182. Von des besagten Milonis Stärcke vid. Ælianus var. histor. c. 24.

Cumæ.

Cume, und von den Griechen Cyme genannt. Ist vorzeiten ein gewaltiger Orth gewesen/ dessen Pindarus, Thucydides, Aristoteles, Lucretius, Marcianus, Heracl. Virgilius und viel andere mehr gedencken. Die Innwohner wurden von den Griechen Cumæi, von den Lateinern aber Cumani genannt. Sihe von ihren Erbauern und ihrem Glück und Unglück/ was Reiner. Reinecc. in hist. Jul. monarch. 2. tyrann. 2. fol. 443. geschrieben. Agathias hat den situm oder das Lager dieses sehr vesten Orths gar artlich histor. lib. 1. fol. 464. verzeichnet. Sie lag auf einem Hügel/ auf welchen hart zu kommen war/ und an welchen unten das Meer stossete; allda vorzeiten die Cimmerii gewohnet haben/ von welchen Strabo lib. 5. und Festus de verborum signif. zu lesen seyn. Als folgender Zeit die reichen Römer diese sehr lustige Gelegenheit um Cumas/ und Bajas, mit ihren Lust-Häusern/ Landgütern und Gärten einnahmen/ haben sich die Innwohner selbsten von dannen begeben/ also/ daß zu des Juvenalis Zeiten dieselbe leer gelegen ist; darnach sie denn also abgenommen hat/ daß sie bey des Käisers Justiniani Regierung/ als dieselbe/ wie vorgedachter Agathias bezeuget/ Narses bestritten/ ein sehr kleines Städtlein gewesen; daher sie auch folgends vom Diacono lib. 6. rerum Longobard. cap. 40. Cumanum castrum genannt worden ist. Vid. etiam Procopius Gothicarum lib. 3. & 4. heutiges Tages ligt sie gantz wüst/ und seyn allein da grosse rudera und altes Gemäuer/ zu sehen/ davon Sannazarius gantz denckwürdige Vers hinterlassen hat/ so bey ihme lib. 2. eleg. 9. p. 124. item/ dem besagten Henznero p. m. 337. und Scipione Mazzella, am Ende des 30. Capitels/ zu lesen seyn. Vellejus Paterculus berichtet/ daß bald nach dem 80. Jahr des Trojanischen Krieges/ welches Eusebius auf das 4113. von Erschaffung der Welt ziehen wil/ da eine Stadt von den Cumæis, welche mit denen Calcedensern in Italien überschiffet/ erbauet worden/ die sich anfänglich auf denen Insuln Ischia und Prochyta niedergelassen/ und nachgehends das veste Land zu bewohnen sich entschlossen haben/ weil sie diese Gegend von den Leuten verlassen befunden/ und vor ein gutes Anzeichen hielten/ daß ein schwanger Weib/ so sich schlafend niedergelegt hatte/ daselbst zugegen war. Daß es eine sehr veste Stadt gewesen/ ist auch daher zu ersehen/ daß der Kriegs-Obrister Hannibal diese so vortheilhaftige See-Stadt/ sich/ wiewol ernstlich doch vergeblich/ zu überwältigen bemühet hat. So ist sie auch auf einer Seiten von dem angrentzenden Meer/ welches sehr ungestümm ist und stetig schäumet/ nicht leicht zu gewinnen gewesen; zu Lande aber mit starcken Mauren und dicken Thürnen umgeben/ und von Hügeln als mit einem aufgeworffnen Walle rings rumb eingefasset worden/ deßwegen auch/ wie obangezogner Agathias angemerckt/ die König der Gothen Totila und Teja ihre Schätze in diese Stadt/ als in einen sehr wol verwahrten Orth in Sicherheit gebracht haben. Und obschon die Römer das äusserste versuchet/ die Stadt mit denen darein geflüchteten Schätzen in ihre re Botmässigkeit zu bringen / haben sie doch solches nicht ins Werck setzen mögen / biß endlich der Commendant, nachdem die Belägerung schon aufgehoben war / sich gutwillig ergeben und die Schlüssel der Vestung persönlich nach Ravenna überbracht hat. Daß diese Stadt mit vortrefflichen Häusern und herrlichen Palästen angebaut gewesen / erhellet daraus / daß im Jahr 1606. folgende Antiquitäten um diese Gegend auffgegraben worden / welche theils gantze / theils zerstückte Statuen / aus weissen Marmor bestehende Wände und Böden / nebst vielen kunstmässigen Colonnen / alles nach Corinthischer Architectur gewesen / nemlich: Ein Neptunus dessen Bart in blauer Farb erschien. Ein Saturnus oder Priapus, der in der Hand ein Instrument in Gestalt einer Sichel vorzeigete. Die Götin Vesta mit einem Spieß. Ein nackigter Castor mit aufhabendem Hut / der auch / unter dem Kinn / mit Haaren bewachsen war. Ein Apollo, dem ein Schwan zu denen Füssen saß. Ein Æsculapius, welchen andere vor den Romulum halten wollen. Ein Hercules mit seiner Keule / der auch eine Krone von Pappelbaum auf dem Haupte zeigte: diese alle sind mit offnem Munde / gleich als ob sie reden wolten / gebildet gewesen. Ein Colossus des Augusti, das schönste und vollkommenste Stück / so die Antiquität vorzeigen kan. Eine überaus schöne nackichte Venus. Zwey / nach Art der Römischen Burgermeister / ausgekleidete Statuen. Die Kriegs-Götin Bellona mit einem überaus possierlichen Federbusch. Der Drusus im Harnisch / so vornen an der Brust etliche Sphinges zu sehen gabe / mit der Obschrifft: DRUSI. CÆSARIS. Ferner war eine gestümmelte Statur / in Gestalt eines Jünglings / zur Hand / daran die Stirn mit einer Hauben bekleidet war; an dem Leibe zeigte sich ein überaus subtiles Hembd / woran die Ermel mangelten / der Gürtel aber war gantz übermahlet; woraus etliche schliessen wöllen / daß solches Kunststück den Mercurium / oder einen Ringer vorbilden soll. Nächst diesem kamen auch viel andere Statuen an den Tag / welche aber sehr verbrochen und dannenhero nicht wol zu erkennen waren / jedoch hat die Kunst daran treflich hervorgeleuchtet / und war kein Steinlein / daß nicht mit künstlicher Bildhauer-Arbeit beziert gewesen; sonderlich war ein Stücklein Marmor wol zu sehen / in welches ein Zweig gebildet gewesen / worauf eine zwar kleine / aber überaus künstliche Calliogen zugegen war: anderswo sahe man eine Heuschrecke / die eine Pfeiffe des Pans erklingen lassen wolte. Ein geschundener Satyrus von halb erhebter Arbeit / und noch tausend Schönheiten liessen sich benebenst in verwunderliche Betrachtungen ziehen. Besihe mit mehrerm hiervon D. Clementis Weigelii Entwurff des Italiänischen Paradeises.

Von dieser Stadt hat auch den Nahmen die Sibylla, so Cumana benahmet worden / und allhier ihre Höle sol gehabt haben / die einen Prophetischen Geist gehabt. Cluverius lib. 4. c. 2. beweiset aus den alten Scriptoribus und dem Virgilio selbst / daß er zwey Antra verstanden habe / eine so bey dieser Stadt gewesen / und aus welchem die Sibylla dem Æneæ von zukünfftigen Sachen geweissagt: die andere bey dem See / oder Lago de Averno, so man für die Thür / und den Eingang der Höllen gehalten. Hiervon schreibet oberwehnter D. Clemens Weigel. l. cit. p. 401. seq. nachfolgendes: Ohnfern dem See Averno ist der Eingang zu der in schnurgleicher Länge ausgegrabenen Felsen-Hölen zugegen / welche zu besuchen eine brennende Fackel erfordert wird / gestalt das Tages-Liecht diesen Orth nicht bescheinen kan. Das Ende solcher Grufft ist / weil das Ober-Dach eingefallen / nicht auffzusuchen. Der Weg in einen Felsenberg eingehauen / und hat sich die raumliche Strasse ehemals weiters gegen Baja erstrecket; man hat aber nach der Zeit den Weg dahin vermauren müssen / weil durch die auffsteigenden bösen Dünste viele das Leben verlohren. Nachdem man eine ziemliche Strecke auf sothanen Weg fortgewandelt / ist ein Eingang / so 6 Schuh weit / und drey Schuh breit / zur Hand / durch welchen man in einen andern eingegrabenen Weg geleitet wird / der die Weite des Eingangs unveränderlich behält / sich auch in die 80. Schuh in die Länge erstrecket. Mit dem Ende jetzt gedachter Strassen / gelanget man zu einer Zelle / welche in der Weite 8. in der Länge 14. in der Höhe aber 13. Schuh beträgt. Unfern bey dem Eingang in diese Zelle ist ein ausgehauener Stein zugegen / deme die Form eines kleinen Bettes gegeben worden ist. Diese Zelle ist / wie noch heutiges Tages die Spurzeichen ausweisen / durchaus reich bezieret gewesen / gestalten der Himmel noch etlicher massen hoch-blau und mit feinem Golde ausgeschmückt zu sehen; Die Neb.nwände sind mit vielfarbigen grossen / der Boden aber mit nett-geschnittenen kleinen Steinen / nach Mosaischer Kunst-Arbeit ausgekleidet und belegt gewesen. Welches alles nicht weniger kostbar / als kunstmässig zu nennen ist. Der gemeine Mann halt darfür / daß diß die warhafftige Sibyllen-Höle sey / worinnen aber weit geirret wird: gestalt dieselbe unter der Stadt Cuma zu suchen stehet / davon nachfolgends ein mehrers zu melden seyn wird. Die gedachte Höle des Sees Averni noch eigentlicher zu beschreiben / ist hiernebst anzumelden / daß gegen die lincke Hand des Einganges in diese künstliche Zelle / noch eine andere Oeffnung sich etwas höher und weiter / als die vorige / zu sehen gibt / durch welche man auf eine Strasse geleitet wird / die gleichfals in den Berg gehauen worden / diese hält nach der Höhe und Weite 4. Schuh / nach der Länge 24. und endet sich bey einer Zellen / die in die Länge 25. und in die Breite 6. Schuh begreifft. Von diesem Orth gelanget man / vermittels eines auf 4. Schuh erhöheten / im übrigen sehr engen und verkürtzten Weges / zu einer gleichmässig engen Strasse / welche 10. Schuh weit / 8. hoch / und 24. lang befunden wird; die auch den curiösen Liebhaber sothaner Seltenheiten / geraden Wegs in eine andere Zelle leitet / welche 6. Schuh in der Weite / 20. in der Höhe / und in der Länge 42. begreifft. Und bey diesem Eingang ist gegen über eine kleine gleichfals in dem Berg gehauene Capelle / die sich 10. Schuh breit / 6. lang und noch einmahl so hoch zeiget; zur Rechten aber jetzt besagten Eintritts / gelanget man zu einer andern auf gleiche Weise zubereiteten Zelle / in deren Mitten ein kleines stehendes und warmes Wasser vor Augen kömmt / woselbst auch eine so nachdenckliche Hitze gespüret wird / daß der Schweiß alsobalden auszubrechen beginnet / welcher Orth bloß zu dem Baden und Schwitzen bequem zu achten ist. Und ist auch jetzt beschriebener so verwunderlich ausgegrabener Berg mit gantz keinem Luftloch versehen. Vor wenig Jahren ist gegen Baja ein Stück des Berges eingefallen / wordurch sich eine raumliche Oefnung hervor gethan / durch welche man / obschon mit grosser Beschwerde / hervor gehen können / woraus auch erhellet / es sey gedachter Berg zu diesem Ende durchgraben worden / damit man von dem See Averno nach Baja bequemlich gelangen köne / gestalt auch Seneca ein solches bekräfftiget. Von jetztgemeldter unterirdischer / mit so vielen Cellen und Erdgängen angerichteten Untergrabung hat Pflaumerus seine Gedancken an den Tag gegeben / und muthmaßlich darfür gehalten / daß gewisse in solchen Künsten wolgeübte Leute sich in dieser Höle und der anligenden Gegend enthalten / auch alldorten die künfftige Begebenheiten zu verkündigen gewohnt gewesen / deren Nahmen aber mit der Zeit aus der acht gelassen / und bloß das Andencken erst besagter Sibyllen / als der in dieser Landschafft berüffensten Wahrsagerin / nachgeblieben ist; wie denn auch besagter Scribent seine Meinung mit beglaubten Zeugnissen bekräfftiget: und diese Wahrsager / welche obgedacht / und diese Hölen zu ihrer Wohnung außersehen / sind ehemal Cimmerii genennt worden. Vid. Hoffmanni Lex. univers. Voce Cimmerii p. 443. gestalt auch Ephorus bey dem Strabone ein solches bezeuget / und darbey Nachricht gibt / daß diese Nacht-Raben durch gewisse in der Erden angerichtete Gänge einander zu Hause gesucht / und durch sothane Wege die ankommenden Frembdlinge zu ihrem tieff in der Erden verborgenen Abgott geführet haben. Diese Leute haben sich theils mit Berggraben und Auffsuchung der Mineralien ernehret; andere aber von den Rathsfragenden ihren Unterhalt suchen müssen; und sollen diejenige / welche das Oraculum vor andern bedienet / nach Art ihrer Vorfahren / die Sonne niemals gesehen haben / auch nur zur Nachtzeit aus ihrem stockfinsteren Gefängnüsse geschlossen seyn. So sollen auch nachmals gedachte Völcker von einem Könige außgetilget worden seyn / nachdem die von dem Lügen-Geist eingeholte Prophezeyung einen widrigen Außgang gewonnen hatte. Und solle deren eine grosse Anzahl gewesen seyn / daß sie nicht alle in besagter Erdhölen haben wohnen können / sondern wie Plinius berichtet / eine gantze Stadt / besetzet haben.

Weil aber in Zweiffel gezogen wird / daß obgenannte Sibylla in vorgeschriebener Hölen gewohnet habe / setzet Autor p. 405. noch eine andere / so bey der Stadt Cumä Morgenwerts auffgesuchet werden könne. Diese ist bey der Belägerung Narsetis, wie Agathias meldet / zerstöret worden. Justinus Martyr meldet / daß er auff beschehene Ankunfft nach Cuma diese Höle in Augenschein genommen / und darneben ist einen aus einem einigen Felsen-Stein gearbeiteten Tempel mit grosser Verwunderung angetroffen / auch von denen Einwohnern verstanden habe / daß die Welsche Sibylla sich eigentlich an diesem Orth Raths erholet hat / welche Nachricht sie von ihren Vorfahren ererbet hatten. Gedachter Agathias hat auch ein erhabenes metallenes Grabmahl wahrgenommen / in welchem die Asche dieser berüffenen Wahrsagerin auffbehalten werden solle. Vid. etiam Procopius Gothic. rerum lib. 1. welcher sagt / daß die Einwohner zu Cumis der Sibyllæ Höle weisen / in welcher sie geweissaget / wie auch Joh. Willielm Neumeyr in seiner Italiänischen und Hispanischen Reißbeschreibung meldet / daß sie die Sibyllen-Höle allhie gefunden haben. Besagte Sibylla soll zun Zeiten Tarquinii Prisci geweissaget haben / im Jahr der Welt 3355. Von Erbauung der Stadt Rom 136. Vor Christi Geburt 624. oder wie andere wollen 578. Wird vom Suida und andern auch Amalthea genannt. Sie ist diejenige gewesen welche dem Tarquinio 9. Bücher angebothen / und vor selbige 3. hundert Goldstück gefodert hat / weil es aber der König abgeschlagen / 3. davon verbrannt / und ihm die übrigen 6. umb eben den Preiß angebothen / als es der König abermahl abgeschlagen / sie wieder 3. verbrannt / die drey übrigen aber der König um den begehrten Preiß behalten / worinn der Römer denckwürdige Thaten / und hohe Gewalt beschrieben gewesen seyn sollen. Daher sie auch ins Capitolium beygelegt worden / und im Fall der Noth sich daraus Raths erholet. Plinius wil nur von 3 Büchern wissen / davon die Sibylla 2. verbrannt. Dieses Buch aber soll zun Zeiten Syllæ zusamt dem Capitolio im Rauch auffgegangen seyn.

Bey obberührter Stadt Cumis ligt auch der schon genannte See Averno / heut zu Tage ins gemein il lago d'Averno, welchen die Poeten / weil er sich durch heimliche Gänge mit dem See Lucrino oder Acheron vermischet / vor einen gehalten. Der Nahme Averni soll herkommen vom Gestanck des Wassers / wie denn auch andere stinckende Pfützen also genannt worden / Vid. Virg. lib. 6. Æneid. v. 242. Lucretius lib. 6. p. 217. Antonius Sanfelicius in Campaniæ descriptione meldet / daß zu seiner Zeit dieser See Avernus einen Uberfluß an Fischen gehabt habe (die Joh. Boccatius in lib. de montibus, sylvis, lacubus &c. klein / schwartz / ungeschmack und nichts nutz nennet.) Das Wasser ist gleichwol lauter und pur / daher Aristoteles de mirabilibus auscultationibus vermeinet / daß es auch die Blätter von den Bäumen nicht ertragen / sondern alsobald auff den Boden hinunter lasse; welches aber Pflaumerus nicht wahr befunden / indem er ein Holtz von allen Kräfften darein geworffen / welches nicht zu Boden gangen / sondern oben her geschwummen ist. So hat er auch keinen gifftigen Dampff daselbst verspüret / von welchen sonsten geschrieben worden / daß er die fürüber fliegende Vögel tödten solle. Vid. Servius ad Virg. Æneid. 6. Non. Marcell. cap. 1. & Lucretius lib. 6. Es ist da nicht beschwerliches / nichts stinckendes; also daß man darbey gar wol ohne Schaden seyn kan / auch die Vögel fürüber fliegen / und wol gar in dem Wasser sich auffhalten können; welches auch Schotus in acht genommen hat. Heutiges Tages ist er nicht so tieff als wie besagter Aristoteles l. d. schreibet / auch der Umkreiß etwas weniger / als ihn Theodorus machet. Cluverius wil aus Strabone selbst beweisen / daß er es vor eine Fabel gehalten / was man von dem pestilentzischen Dampff dieses Sees geschrieben hat. Und wer wolte / sagt Cluverius weiter / so einfältig seyn / der da glauben solte / was die Alte allhier von dem Campo Elyseo und der Höllen erdichtet haben; deren erster Erfinder Homerus gewest / der dieses / und die höllische Flüß Pyri Phlegethontem, Stygem, Acherontem und Cocytum zu erdichten / die fürnehmste Ursach gehabt / daß so eine grosse Menge warmer Brunn herum seyn. Vid. Dio lib. 48 p. 389. Und diesem Homero haben folgends alle andere Poeten nachgefolget. Henznerus schreibt in Itin. Ital. p. m. 354. daß noch der gemeine Pöbel glaube / daß Christus unser Heiland allda von den Todten aufferstanden sey und der H. Vätter Seelē aus der Höllen erlöset / und sie durch den Berg / so dem Averno und dem nenen Berg nahend gelegen / und noch deßwegen Christi Berg genannt werde / geführet habe: Und ziehet er auch zween alte Poeten an / so in dieser Meinung gewesen seyn / daß nemlich Alcadinus, der berühmte Medicus, so Anno Christi 1191. florirt hat / schreibe:

Est locus, effregit quo portas Christus Averni,
Et Sanctos traxit lucidus inde Patres.

Eustagius de Matera aber / so Anno Christi 1285. gelebt also sagt:

Est locus Australis quo portam Christus Averni
Fregit, & eduxit mortuus inde suos.

Welche Wort zwar Scipio Mazzella anders referirt. Die diese Poëten haben / werden sich darein finden koñen.

Desca-

Desenzano, Diziza.

Ligt 18. Meil/ wie Henznerus, oder 20. wie es Schotus rechnet/ von Brescia, ist ein Venedisch Städtlein in Gallia Cisalpina und Transpadana, im Brescianischen Gebiet am Gard-See/ welchen die Italiäner Lago di Garda nennen. Ist ein nahrhaffter und gewerbsamer Orth/ allda es gute Wirths-Häuser / und andere bequeme Gelegenheiten / auch einen sehr grossen Traidmarckt hat ; daselbst Henznerus über Nacht blieben ist. Was den gemeldten Gard-See anbelanget/ der Lateinisch Lacus Penacus genannt wird / so hat es eine sehr lustige Gelegenheit herumb / von schönen Gärten/ Oelbäumen/ Citronen/ und andern Früchten ; daher auch dieser See für den lustigsten unter allen in Italien gehalten wird / wann er still ist ; aber auch hergegen am gefährlichsten zu schiffen / wenn sich ein Ungewitter erhebet. Das Wasser ist gar lauter und hat herrliche Fisch / sonderlich Forellen/ Aalen und Karpffen. Es ligen auch viel feine Oerter / und unter denselben Garda daran/ davon der See den Nahmen hat. In dem See selbsten liget Sirmio. Es haben viel Autores sein Lob und Nutzbarkeit beschrieben/ und sonderlich Sabellicus lib. 3. decad. rerum Venet. der gleichwol / was den Ursprung des Lateinischen Nahmens anbelanget / sich verstossen hat/ wie Leander in Beschreibung dieses Sees erinnert / nella Lombardiâ di lago dal Pò p. 396. welcher solchen von dem untergangenen Castel Penaco herrühret, so an dem Orth/ wo jetzt die Gegend Tusculano gesehen wird/ gelegen gewesen / Vid. Hoffmanni Lexic. univers. hac voce 172. Es gedencket dieses Sees Virgilius Georg. 2. mit diesen Wort:

> Anne lacus tantos, te Lari maxime, teq;
> Fluctibus & fremitu assurgens Penace marino.

Wie auch Claudianus:

> Proxima cui nigri Verona remotior Indis,
> Penacumq; putat litora rubra lacum.

Die Länge und Breite ist von vielen auch übel getroffen worden/ wie beym Leandro zu lesen. Cluverius lib. 1. Antiq. Ital. cap. ult. setzet seine Länge an etlichen Orthen 35. seinen Umkreiß hundert / und die Breite nur 12. welsche Meilen ; in welchem letzten er mit andern nicht übereinstimmet/ welche gemeiniglich 14. oder 15. Meilen machen.

Dubin, Dubino.

Im Trahoner-Gebiet / an der Reichstraß im flachen Felde/ nebst S. Juliani Berg/ zwischen Forzoniko und Monasterio gelegen. Ist ein ansehnlich Dorf/ so wegen des Feldstreits berühmt worden / der sich in beygelegnem Boden Anno 1525. zugetragen / in welchem etliche Gotteshaus-Fähnlein / und der Zehen Gerichts-Bund den Grafen von Arch schlugen / der im Nahmen des Käisers und Hertzogen zu Meiland das Veltlin übertrumpeln und einnehmen wolte.

Este, Ateste.

Ist eine offene Stadt / gehört den Venetianern/ und ist ein ziemlich volckreicher Orth Es gedencken ihrer Plinius, Tacitus, Ptolomæus, und Antoninus. Sie war vorzeiten eine Römische Colonia, wie Plinius lib. 3. cap. 18. bezeuget/ deren Einwohner Atestini seyn genannt worden. Enzus, Königin Corsica, Friderici II. des Käisers Sohn/ und der Tyrann Ezzelinus da Romano, haben sie runirt und den Marggrafen Azzonem daraus verjagt/ wie Corius parte 2. hist. Mediol. schreibet / und hat besagter Ezzelinus etlichen Saracenern solchen Orth zu bewohnen überlassen/ wie Blondus decad. 2. lib. 7. hist. ab inclinatione Rom. Imper. meldet. Mit der Zeit haben diese Stadt die Venediger bekommen / so jetzt einen Podestà allda halten. Man sagt/ daß auf die 10000. Seelen da wohnen / und daß das Einkommen auf 18000. Cronen sich belauffe.

Es ist auf S. Martins-Kirchen/ wie sie Henznerus nennet/ allhie ein gekrümter Thurn. Und von diesem Orth hat das vornehme Fürstliche Geschlecht von Este, daraus die Hertzogen von Ferrara/ Braunschweig und Lüneburg ihren Ursprung/ den Nahmen geführet/ davon in Italia noch übrig der Hertzog von Modena und Reggio. Besihe P. Jovium in vita Alphonsi Ferrariæ Ducis. Ein ziemlichen Weg von der Stadt ist ein Graben und Wachhauß und Logiament für diejenigen/ so von ungesunden Orthen herkommen / allda man die so nicht mit guten Feden versehen / nicht passieren läst. In der Nachbarschafft ligen die 7. Gemeinden/ oder 7. Dörffer im Vicentinischen Gebiet und Gebürge/ so von den Venedigern wegen geleisteter Treu befreyet worden. Sollen sehr volckreich und reich/ aber da ein wildes Volck seyn/ das sich einer besondern Sprach gebrauchet/ so der Außrede halber mit den Teutschen übereinkommt / wiewol solche von den Teutschen nicht verstanden wird. Es halten etliche davor / daß sie noch von den Gothen allda im Gebürg überblieben seyn/ wie Andreas Schotus in seinem Italiänischen Reißbuch meldet.

Santa Eufemia.

Ist eine lustige und wolbesetzte Stadt in dem Königreich Neapoli, und untern Calabria, ist berühmt wegen des grossen Meerbusen / so ins gemein Golfo di S. Eufemia genannt wird. Die gemeldte Provintz Calabria Citerior ist ringsum mit dem Meer umbgeben/ ausgenommen gegen Mitternacht. Es erstreckt sich gegen Mittag biß gar zum engen Meer bey Sicilia, also/ daß diese Provintz der äusserste Theil ist von gantz Italia. Die Brutii seyn schon vorzeiten allhie gesessen / die von den Lucanis herkommen seyn / Vid. de Republ. Brutia Reiner. Reinecc. part. 2. historiæ Juliæ fol. 598. seqq. Es wird darvor gehalten/ daß die Stadt S. Eufemia dem Lager nach der Brutiorum Lampetia, so auch Lametia und Lametus genannt worden sey/ davon der grosse Meerbusen/ so jetzt nach dem besagten neuen Nahmen ins gemein Golfo di S. Eufemia genannt wird/ vor alters Lametianus Sinus geheissen hat. Der Fluß Lametus wird heutiges Tages l'Amato fiume genannt. Vid. Hoffmanni Lexicon universale p. 887. & 888. vocibus Lampetia, Lametia. An diesem Orth ist Italia an der Breite am allerengesten und schmählesten. Denn von diesem jetzbesagten Golfo, biß zu dem Golfo Squillaci (so gegen über im Jonischen Meer liget) zu Lande nicht mehr/ als vier teutsche Meilen seyn ; so man aber zu Wasser nach dem Meergestad dahin fahren wolte/ so seyen es 280. welsche Meilen/ wie Megiserus und Grasserus schreiben. Nicht fern von dem gedachten Golfo di S. Eufemia ligt Nicastro, eine lustige/ wolgebaute Stadt/ so vorzeiten Numestrum, oder Numestro hiesse ; die aber Anno 1638. im Frühling durch Erdbidem/ wie man geschrieben/ gantz untergangen : wie dann auch noch andere acht Städte/ etliche Klöster/ und 200. Dörffer/ das Unglück / so sich auf 30. welsche Meil ausgebreitet/ betroffen/ darinn bey die 30. tausend Menschen sollen umkommen seyn.

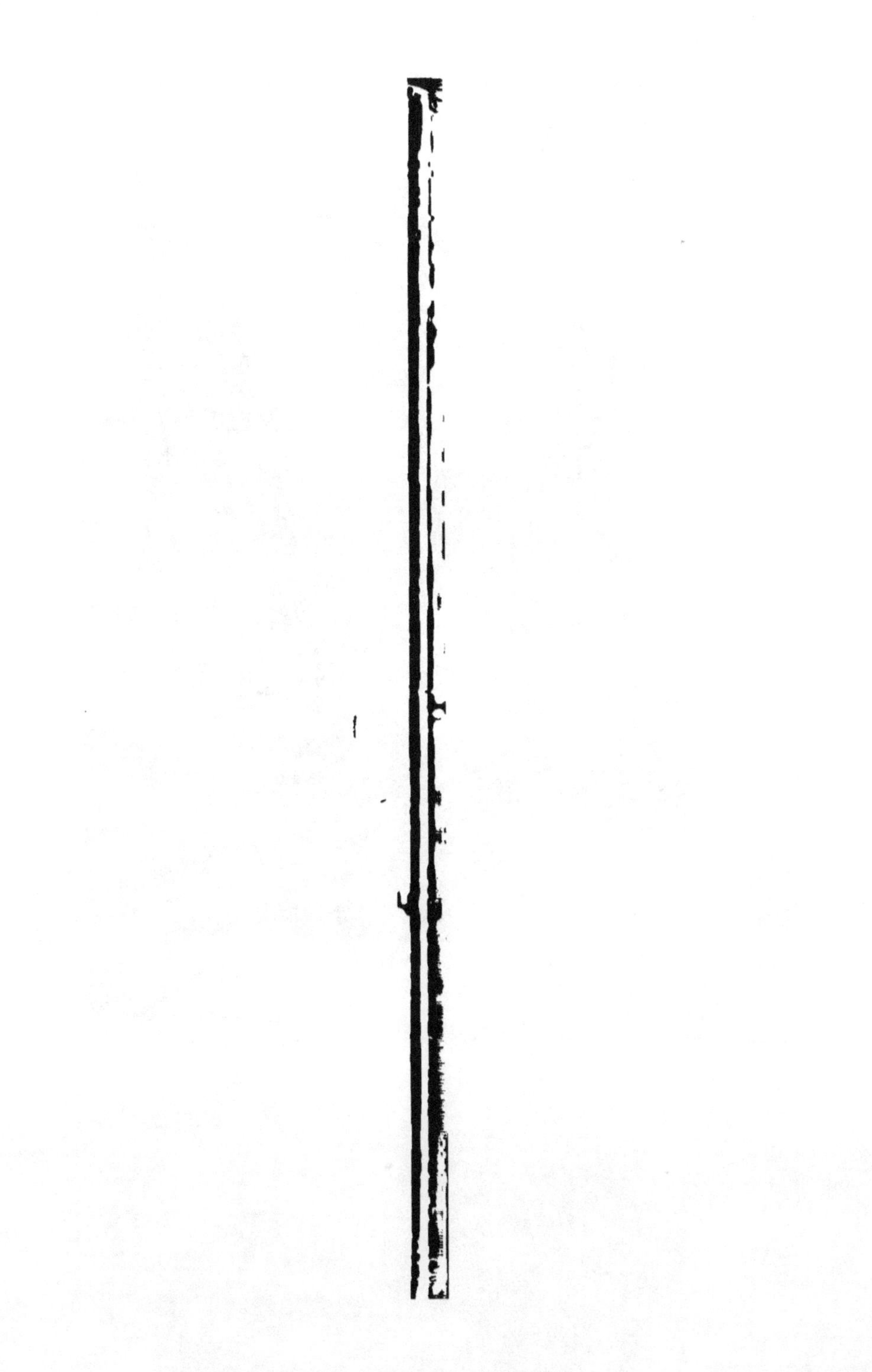

FERRARIA.
PO FIVME

1 Arx.
2 Palatium nobilium.
3. Germanorum castra.
5. Armamentarium.
6. Horti Vrbani.
7. Herculis II. Ducis statua.
8. Curia.
9. Basilica Cathedralis.
10. Porticus Sutorum.
13. S. Benedicti.
15. Macellum.
16. Templ. S. Pauli.
17. Porta S. Pauli.
18. Dogana.
19. S. Romani.
20. Porta S. Romani.
21. Palatium Bentiuolorum.
22. Equilia Ducis.
23. Palat. adamantinum.
24. Xenodoch. S. Annae.
25. Templ. S. Gabrielis.
26. S. Crucis.
29. S. Spiritus.
30. S. Barbarae.
31. S. Bernardini.
32. S. Rochi.
la montagnola
Porta S. Ioan. Bapt.
B. S. Roccho

Fabriano.

Ein feines Städtlein in der Marca di Ancona, dem Pabst gehörig / ligt nicht weit von Recanati und Camerino / ist sonderlich berühmt wegen des guten Papiers / so allhie gemacht / und dergleichen in Italia nicht gefunden wird.

Faenza.

Eine alte und ziemlich grosse wolerbaute Stadt / in Gallia Togata, jetzt Romagna gelegen / ist dem Pabst gehörig / und wird von Schradero mit Hall in Sachsen verglichen. Sie ist mit alten Mauren und einem Schloß umgeben / darinn ein grosser ansehnlicher Platz / und darbey eine Kirche mit zwo von Gips wolgearbeiteten schönen Capellen / und Altären / die wegen der künstlichen Mahlerey wol zu sehen. Ihrer gedencken Paterculus, Strabo, Plinius, Silius, Appianus, Ptolomæus, Spartianus, Cassiodorus und andere mehr: Die Innwohner seyn Farentini genannt worden. Jetzt wohnen sehr viel Hafner allhier / und werden die Geschirr / so sie machen / für die besten in Italien gehalten. Der Fluß Lamone, der bey den Alten Anemo genennt wird / theilet die Stadt in zwey Theil / über welchen von der Stadt in die Borgo eine schöne und starcke steinerne Brücken gehet / auf welcher zwey Thürne stehen. Es seyn auch allhie die Haupt-Kirch und das Rathhauß wol zu sehen. Die Epitaphia so in den Kirchen zu lesen / hat Schraderus lib. 4. fol. 404. seqq. der auch die Inscription, so an einem Garten gelesen wird / setzet: Satis dives, qui non indiget pane: satis potens, qui non cogitur servire: civiles curæ procul hinc abite. Sabbas. Cast. solitarius, se ipso contentus, hos securos incolit hortulos, pauper an dives, si cordatus es, cogita. Vale. Das Land herumb ist sehr gut und fruchtbar. Im Würtenbergischen Reißbuch stehet / daß man am Wasser Montone durch ein schön eben fruchtbar Land reise / da gemeiniglich auf allen Aeckern sehr lange Zeilen Maulbeerbäum / an welchen Weinräben gepflantzet / und von einem Baum zum andern gezogen werden / also daß diese Aecker gleichwie in der Lombardie / Korn / Wein und Holtz geben. Und obwohl dieses Geländ / so weit man auf alle Seiten sehen könne / gantz eben / so habe es doch weder Bauholtz noch Dörfer / allein an der Strassen her sey je über 8. oder 10. Acker lang ein Baurenhäußlein / und etwan ein Scheurlein darbey / deren viel mehrertheils nur von Rohren / Stroh / und Erden gemacht seyn.

Es hat diese Stadt viel Herren gehabt / ehe sie an die Venediger und von denselben an den Pabst kommen ist / davon Leander zu lesen.

Fæsula, Fæsulæ.

Ist vor diesem eine aus den vornehmsten und ältesten Städten in Etruria gewesen / deren Diodorus, Polybius, und viel andere gedencken. Besihe auch Hoffmannum p. 633. in Lexico univers. Wird jetzt Fiesole genannt / allwo der Florentiner adeliche Paläst und Meyerhöff / daselbst / des lustigen Orts / und gesunden Luffts halber / der Adel sich Sommers-Zeiten aufzuhalten pfleget. Ligt sonsten an dem Fuß des Berges Apennini, auf seinen Hügeln und etwas mehr als 3000. Schritt von Florentz / wie Cluverius lib. 2. Antiq. Ital. cap. 3. schreibet / wiewol andere nur von 2. Meilen sagen wollen. Es haben die Innwohner dieser Stadt viel Jahr lang mit den Florentinern zu kriegen gehabt / biß endlich dieselbe Anno Christi 1010. von den Florentinern ist runiret worden / wie Nicolaus Machiavellus in seinen Florentinischen Historien lib. 2. p. m. 58. schreibet. Besihe auch Blondum in Ital. illustr. fol. 305. und Sabellicum Enn. 9. lib. 2. cap. fin.

Es gibt noch etliche Klöster da / unter welchen das prächtige Kloster l'Abbatia di Fiesole genannt; Item / das Dominicaner-Kloster / so gar ein lustiges Wesen ist. Es hat auch einen Bischoff da.

Fano.

Cæsar lib. 1. belli civilis p. 221. nennet diese Stadt bloß Fanum, Tacitus aber Fanum Fortunæ, dieweil der Göttin des Glücks prächtiger Tempel allhier gestanden / dessen Anzeigungen noch heutiges Tages vorhanden. Vitruvius nennet sie lib. 5. cap. 1. pag. 203. Juliam Fanestrem, vom Käiser Augusto, der sie mit Mauren umfangen. Und werden die Einwohner beym Aggeno Urbico, in libro de Controversiis agrorum, Fanestres, und vom Mela lib. 2. cap. 4. Fanestris colonia genañt. Sie wird vom Cluverio zu Umbria, ins gemein aber zur Marchia Anconitana gerechnet / und ist dem Pabst gehörig. Ligt auf der Strassen Flaminia, nicht weit vom Fluß Metauro, so jetzt Metaro genannt wird / und wegen der grossen Niderlag bekant ist / so der Carthaginenser Obrist Asdrubal darbey erlitten / davon Livius lib. 27. und Orosius lib. 4. cap. 18. zu lesen. Eutropius lib. 3. p. 34. apud Senam Piceni civitatem accid. scribit. Henznerus sagt / daß darüber 2. Brücken gehen / deren jede 300. Schritt lang sey. Schraderus meldet / es habe die gantze Ebne von Sinigaglia hieher / so 10. Meilen lang / von des besagten Asdrubalis Niederlag den Nahmen Malarotta, und daß auch der bey gedachter Stadt Sena Gallica nahend gelegene Berg von ihme genannt werde; welcher ingleichem schreibt / daß diese Stadt Fano an dem Fluß Argilla lige und sehr wackere und schöne Weiber habe. Es ist dieselbe eine wolbefestigte Meer-Stadt / von mittelmässiger Grösse und schön gelegen / allda noch einen Triumphbogen von Marmor künstlich gearbeitet / aber übel der Zeit zugerichtet / zu sehen. Besiehe gemeldten Schraderum, item / Pflaumerum.

An einem Eck der Stadt / und gegen dem Meer hinaus / hat es auch eine alte Vestung / la Rocca genañt. Es mangelte ihr ein Meerhafen / daher man neulicher Zeit einen neuen gegraben / welche Arbeit / und wie es damit hergangen / vom Herren Josepho Furtenbach / in seinem Reißbuch / mit Fleiß beschrieben wird. Das Land umb die Stadt ist trefflich gut / allda wol geschmackes Oel / Korn / und köstlicher Wein wächst; und wollen theils / wie besagter von Pflaumern erinnert / das Lager dieser Stadt aller andern Städte in Italia vorziehen.

Ferrara, Ferraria.

Ist die Hauptstadt des Hertzogthums / so von ihr den Nahmen hat / welches sich 150. Meil in die Länge / und 50. in die Breite erstrecket. Soll jährlich 400000. Gold-Kronen Einkommen haben. Ligt innerhalb den Gräntzen des alten Venetiæ oder Venedischen Landes / wiewol Leander solche zu Romania Transpadana oder Romagna di la dal Pò referiret.

Jacobus Philippus Bergomensis schreibt in seinem Anno 1492. zu Venedig getruckten Chronico. lib. 6. fol. 73. b. daß sie zu der Gothen Zeit / gleichwie auch Venedig / ihren Anfang genommen habe. Und komme

der

der Name von Eisen her/ welches sie jährlich der Kirchen zu Ravenna, darunter sie gehörte/ gegeben. Besihe aber was besagter Leander Nella Romagna di la dal Pò pag. 345. schreibt / der den Nahmen anderswo her führet; theils allegiren deß Bartholomæi Fontane Reißbuch/ so Italiänisch beschrieben/ in welchem stehen solle/ daß diese Stadt bey den Ausländern vorzeiten la Piazza sey genannt worden. Leander Alberti descript. Ital. p. 345. seqq. schreibet/ daß sie biß zu Zeiten Vitaliani deß Pabsts noch nicht eine Stadt sey genannt worden. Aber von den Zeiten Käisers Caroli M. an/ hat sie diesen jetzigen Nahmen gehabt. Besihe Cluverium lib. 1. Antiq. Ital. cap. 18. Etliche meinen/ sie sey zu erst vom Smaragdo Patricio, und welschen Exarcho des Käisers von Constantinopel Statthalter/ umbs Jahr Christi 700. mit Mauren umbgeben worden. Sie ligt gar eben/ und ist ihr Umbkreiß von 6. oder 7. Meilen/ wie im Thesauro politico parte 1. nella Relat. di Ferrara zu finden. Im Würtenbergischen Reißbuch wird die schöne/ grosse/ und lange Gassen/ so von der Herberge zur Glocken / biß an der Stadt Ende schnurgerade hinunter gehet / auf die 1500. Schritt lang und 20. Schritt breit/ gesetzet/ mit welchem auch in der Länge/ Herr Josephus Furttenbach übereintrifft/ der aber in der Breite 22. Schritt hat. Und hat diese grosse Stadt auch andere schöne Gassen. Besagter Herr Furttenbach schreibet/ daß man kein frisch Brunnenwasser allhie haben könne/ welches der herumb ligende Morast verursache. In gedachtem Würtenbergischen Reißbuch wird gelesen/ es werde das Wasser von dem Fluß Pò in die Stadt geführet/ und verkaufft/ und befeuchte dieser Padus das gantze Land herum/ so sehr lustig und fruchtbar sey/ und voller Bäum stehe. Es lauffet dieser Fluß an der Stadt her/ welche er an der grösten Seiten derselben beschützet / welches ingleichem der auffgeworffene veste Damm über dem Fluß an dem Gestade thut. Die übrige Theil der Stadt seyn mit starcken Mauren/ Thürnen/ Bollwercken/ breiten tieffen Gräben/ so voll Wassers/ wol versehen / also daß diese Stadt für eine vornehme Vestung/ und wie im gemeldten Thesauro stehet/ für unüberwindlich gehalten wird. Es hat auch allhie ein Castell/ welches ein Schutz und Zierde der Stadt ist/ auf welches Pabst Clemens VIII. zwey Millionen aufgewendet haben soll/ und eine Statuam daselbst aufgerichtet mit dieser Uberschrifft: Ne recedente Pado Ferrariæ fortitudo recederet, Martem Neptuno substituit. Vid. Hoffmanni Lexicon univers. p. 641. Die Hertzogen von Este haben diese Stadt mit Gemäuer schöne gezieret/ sonderlich den mittleren Theil derselben/ allda das Castel/ welches nicht groß/ damit es desto leichter kan beschützet werden. Nicht weit davon ist das Zeughauß/ und gegen dem Schloß über seynd sehr lustige Gärten. Es ist diß Schloß vierecket / und hat an jedem Eck einen starcken Thurn/ und gehet darum ein Graben so stets Wasser hat. Der innere Hof ist auch ins gevierte gemacht/ und seynd an den Wänden die Fürsten von Este mit dem Wapen gemahlet. Die Schrifft darbey hat Henznerus p. 237. der auch sagt / daß man auf dem Thurn biß 5. oder 6. contignation, den Schnecken hinauf reiten könne. Dieser Henznerus schreibet auch von der Bibliothec, den geschriebenen Büchern/ und herrlichen Antiquitäten/ Bildern und dergleichen; Item von den sehr alten Müntzen und andern Raritäten/ Item von einem alten Kauffbrief mit Longobardischen Buchstaben/ daraus man der Alten Form und Art hierinn sehen kan. Der Päbstliche Legat wohnet darinn/ wiewol er wenig Zimmer innen hat/ daher dieses Schloß inwendig nicht sonderlich mehr gezieret ist: Aber das Gebäu ist wol zu sehen/ sonderlich deß Hertzogs zwo Cammern und Cabinet so von köstlichen und unterschiedlichen Farben Marmorsteinen/ und anderm Zierath prächtig erscheinen. Sein/ deß Legaten/ meiste Hofpursch wohnet ausserhalb/ und hat auch die Teutsche Guardia in der Nähe ihr Quartier. Nicht weit vom Schloß stehet deren vom Adel/ wie man ihn nennet/ Palast/ davor ein weiter Platz/ und eine deß Hertzogs Herculis von Ferrara Statua von Metall/ mit der Schrifft seiner Thaten/ so gedachter Henznerus p. 240. auch setzet / da herumb es auf allen Seiten auf 20. Schritt eine Freyung vor die Ubelthäter hat. Ferners stehet das Rathhauß/ darnach die Hauptkirch/ in welcher Pabst Urbanus III. liget; Darzwischen der Marckt / so gar groß ist/ auf welchem man die Ubelthäter gleich vor den Gefängnissen richtet / daß die Gefangene durch die eiserne Gitter zusehen können. Die Kirchen seynd nicht wol nach der Ordnung zu erzehlen/ weil sie hin und wider ligen. Bey S. Dominico ruhen Nicolaus Leonicenus, Fr. Cornæus/ und Cælius Calcagninus, drey vornehme Männer / deren Grabschrifften Schraderus, Nathan Chytræus, F. Swertius und Pflaumerus haben. Bey den Carmeliten/ wie besagte Schraderus und Swertius schreiben / oder/ wie andere den Ort nennen/ zu S. Benedict, ligt der berühmte Poet Ludovicus Ariostus, item Joan Manardus und Jacobus Alrottus, deren Epitaphia auch bey besagten Autoren zu lesen seyn. In der Kirchen S. Maria Vadi ist ein ænigma, welches zu erklären sich etliche unterstanden haben. Besuche aber davon deß besagten Pflaumeri Meinung/ der ihm des Cælii secundi Curionis Auslegung/ die er setzet/ am besten gefallen läst. Ludovicus Schraderus setzet fol. 50. folgendes Epitaphium, so in der Kirchen Beatæ Virginis della porta gelesen werde: Catharina Aurichalca, nec mulier, nec vir, sed Androgyna potius, quæ cum ter modo mater esset, hic, ò rem miseram, jacet, cujus quidem nominis memoriam cupiens ejus vir amplissimis monumentis consecrare, in sui nomine, suisq; hæredibus hoc commune statuit condi sepulchrum, XII. Calend. April. M.D.L. In der Kirchen S. MARIÆ Angelorum seynd etliche vornehme Kriegs-Obristen und deß Hertzogen Nicolai von Ferrara monumenta zu sehen. In S. Pauli haben die Teutschen ihr Begräbniß. Es hat allhie auch ein ein feine Carthauß; Item/ eine Hohe-Schul/ deren Fundation dem Käiser Friderico II. zugeschrieben wird / wiewol folgends die Fürsten von Este solche allererst recht in ein Aufnehmen gebracht haben/ daher sie auch für derselben Stiffter gehalten werden. Und wird solche Stifftung umbs Jahr Christi 1398. gesetzet / bey welcher Aufrichtung Bartholomæus di Saliceto/ der Anno 1412. gestorben / viel gethan haben solte. Vid. Valentinus Forsterus lib. 3. hist. J. Civ. Rom. cap. 30. Es haben bey derselben gelehrt Angelus Aretinus, Felinus Sandeus, Andreas Alciatus, Guarinus Veronensis, Theodorus Gaza, Cœlius Calcagninus, Nicolaus Leonicenus, Rudolphus Agricola, und die beyde Strozæ, vornehme Poeten. Der Zeit weiß man nicht viel von ihr. Ferner seynd da 3. Fürstliche Marställe / in deren einem 120. in dem andern 102. und in dem dritten 40. Pferde stehen können; Jetzt sollen wenig mehr darinnen zu finden seyn; wie denn auch viel anders / so bey Lebzeiten der Hertzogen allhie wol zu sehen und zu notiren gewesen/ heutiges Tages unter diese neuen Herren gantz gefallen seyn solle. Es wohnet gleichwol noch ein grosser Adel allhie/ die schöne Paläst haben/ und wird sonderlich hoch gerühmet/ den theils deß Don Cæsare d'Este; andere des Cardinals von

Este

Este nennen/ so von lauter Quaterstucken/ prächtig und gar groß erbauet/ darbey auch ein schöner Garte ist. So seynd innerhalb der Stadt annen gar schöne und mit vielen Bäumen gezierte Hügel/ daß also ein Lust-Wald in der Stadt/ oder eine Stadt in einem Lust-Walde ist. Es haben in dieser Stadt die von Este oder Aestini/ so gleiches Stammes mit den Herzogen von Braunschweig und Lüneburg gewesen/ etliche hundert Jahr biß auf Alphonsum II. regiret/ der Anno 1598. ohne Erben gestorben ist/ darauf der Pabst dieses Herzogthum/ als ein Lehn der Römischen Kirchen eingezogen; des verstorbenen Herzogs Neben-Vetter aber/ nemlich der Don Cæsare d'Este hat das Herzogthum Modena und Reggio bekommen. Von der Zeit an ist sie unter des Pabsts Herrschafft geblieben. Hier hat Sixtus V. Anno 1586. den 12. Junii die H. Liga wider die Evangelischen aufgericht. Hie hat man auch angefangen unter Pabst Eugenio IV. ein Concilium zu halten/ bey welchem auch Johannes Palæologus, und der Patriarch von Constantinopel mit gewesen/ welches hernach nach Florenz verleget worden ist. Von hier seyn gewesen Lud. Ariostus, Felinus, Sandeus, Hieronymus Savanarola Priscianus, Calcagninus, Lilius-Giraldus, Bentivolius der Cardinaler. Besihe Joh. Jac. Hoffmann. Lexic. univers. p. 641. Anno 1570. soll Ferrara in 4. Stunden 160. Erdbidem erlitten haben/ wie Joh. W. Neumeyer in seiner Hispanischen und Italiänischen Reise beschreibet. Ausserhalb der Stadt hat es das Belvedere, so eine Insul/ mit dem Fluß Pò oder Padi, und mit Mauren umbgeben/ vom Hercule II. erbauet/ darein man vor diesem allerley frembde Thier gethan hat; und ist auch solcher Orth mit einem wunderschönen Palast gezieret worden/ allda ein Fischweyer gewesen/ dessen Fisch so gewöhnet/ daß wenn man eine Glocke geleutet/ sie zur Speise herkommen seyn. 18. (andere setzen 12.) Meilen von hinnen ligt an besagtem Fluß Pado die schöne Stadt Argenta/ davon drey welsche Meilen der Herzogin von Ferrara anderes Lust-Hauß Cosandula genannt/ zu sehen ist/ davon man Joh. Jac. Grasserum in seinem Itinerario historico-polit. lesen mag. Das Land um Ferrara ist fruchtbar/ aber der Wein ziemlich gering/ und die Lufft wegen des Morasts ungesund. Es ist hierumb ein lauter vertruncken Land oder Morast und Letten/ und von Bologna und Ferrara sehr tieff zu reisen/ dahero sonderlich beym Regenwetter/ schwerlich fortzukommen.

Monte Fiascone, Mons Fiasco, oder Phisco.

7. wie es Cluverius und Pflaumerus rechnen/ Schraderus sagt sechs Meil von Bolsena. Es wird dis Städtlein von Cluverio Mons Flasco genannt/ und für des Plinii Trossulum, dessen er lib. 33. c. 2. gedencket/ gehalten/ so in Via Cassia gelegen/ theils und zwar die meisten nennen diesen Orth Faliscorum Montem, und machen ihn zu der Faliscorum Haupt-Stadt/ weilen selbigen Volcks/ das Camillus überwunden/ Stadt Phalisca oder Falerii oder Falerium, auch wie dieses Monte Fiascone auf einem hohen Berge gelesen gewesen: da doch solches Faliscum oder Æquum Faliscum, Falerii oder Falerium nicht in Via Cassia, sondern Flaminia/ zwischen Ocricoli und Rom war/ wie Strabo im 5. Buch bezeuget/ sie ist eine aus den 12. vornehmsten Städten des Landes Etruriæ gewesen/ und vermeint Antonius Massa, de orig. & rebus Faliscorum fol. 727. in Ital. illustr. daß sein Vatterland die Stadt Galesium an der Tyber von gemeldter alter Stadt bey 1300. Schritt abgelegen/ und wie glaublich/ an jener statt erbauet worden sey. Aber Cluverius lib. 2. Antiq. Ital. cap. 3. hält dafür/ daß sie gelegen gewesen/ wo jetzt die Stadt Castellana ist/ deren ansehnliche Reliquien noch heutiges Tages auf einem sehr hohen Felsen/ so hart zu steigen/ zu sehen. Sie ist hernach (wie wol man nicht lieset Wann?) zerstöret und eine andere in der Ebne erbauet worden/ wie Zonaras tom. 2. Annal. fol. 65. meldet. Es haben gleichwol die Falisci solche neue Stadt/ deren Rudera jetzt Falari genannt werden/ verlassen/ un ihren alten Sitz auf de Berge wieder aufgerichtet/ und ward hernach ein Thum-Stifft da angestellt/ in welcher Kirchen des Heiligen Graciliani und der Jungfrauen Felicissimæ Cörper seynd geleget worden. Es ist solcher Orth wegen des herrlichen Weins/ so da wächst/ sonderlich berühmt. Und ist bekannt/ daß ein guter Zech-Bruder/ wenn er hindurch gereißt/ allwege seinen Diener voran geschickt/ daß er in den Wirtshäusern den besten Wein hat kosten und an die Thür schreiben müssen: Est, est; daselbst denn der gute Herr eingekehret hat. Als er aber dieses lieblichen und köstlichen Muscatellers zu viel getruncken/ und darüber sein Leben gelassen/ hat ihm sein Diener diese Grabschrifft gemacht/ und in einen Stein hauen lassen:

Propter Est, Est, Dominus meus mortuus est. Vid. Schraderus, Henznerus & Pflaumerus.

Es ligt in diesem der Faliscorum Ländlein bey der Tyber ein grosser und gewaltiger Berg/ so vorzeiten Soractes und Soracte ist genennt worden; jetzt heißt man ihn Monte di San Silvestro. Vid. dictus Antonius Massa fol. 711.

Finale, Finario, Finarium.

Dahin Leander von Albenga vierzehen Meilen rechnet. Der Fleck/ oder wie ihn Stunica nennet/ das Städtlein/ ligt am Meer/ allda eine berühmte Kirch; die Stadt aber tausend/ oder wie gemeldter Stunica schreibet/ schier zwey tausend Schritt davon/ allda auf einem Felsen eine starcke Vestung/ oder Berg-Schloß ist. Das Thal herumb ist lustig/ fruchtbar und volckreich. Blondus in Liguria fol. 297. Ital. illustratæ, vermeint/ daß dieser Orth von der herrlichen guten Lufft den Nahmen. Hat vorhin eigne Herren aus der Carretorum Geschlecht/ gehabt/ von welchen besagter Leander in Liguria Transapennina pag. 12. a. zu lesen. Anno 1571. ist diese Stadt und Schloß von den Spaniern eingenommen/ und dem Marggrafen diß Orts gleichwol seine Gerechtigkeit/ Einkommen und Zoll gelassen worden: Aber Anno 1502. haben dieses Finalium die Hispani gänzlich an sich gezogen/ und die Carreros entweder davon ausgeschlossen; oder sie an den Käiserlichen Hof/ daselbsten ihre Sach auszutragen/ gewiesen/ wie Joh. de Laet de Principibus Italiæ pag. 121. schreibet.

Fiorenzula.

Ist ein kleines dem Groß-Herzog von Florenz zugehöriges Städtlein/ ligt in einem tieffen Thal des Apenninischen Gebürges/ ist reich an allerhand Früchten und vielen Oelbäumen.

Florenz, Fiorenza, Firenzo.

Diese Stadt wird vom Tacito, item von Frontino in libro de Coloniis, vom Ptolomæo und andern/ Florentia genannt/ und ist wol zu erachten/ daß Plinius lib. 3. c. 5. fol. 38. an statt Fluentini,

Florentini geschrieben / wie denn fast alle geschriebene exemplaria des Plinii, wie Cluverius lib.2. Antiq. Ital. c.3. bezeiget / Florentini haben. Sie ist schon zu des Sullæ und C. Marii Zeiten / das ist / umbs Jahr Christi Geburth 80. unter die ansehnlichste Städte in Italia gezehlet und den Tusciern zugeeignet worden: heutiges Tages ist sie das Haupt in Toscana und des Groß-Hertzogs ordinari Residentz-Stadt. Vid. de orig. Florentiæ Machiavellum lib.2. hist. Florent. p.57. Was sie nach dem Untergang der Römischen Macht außgestanden / und biß aufs Jahr 802. gleichsam verlassen gelegen / biß sie von dem Carolo M. restauriret und mit Mauren umgeben worden; und was sie hernach für Kriege geführet / und wegen unterschiedlichen Factionen, sonderlich der Gibelliner und Guelphen erlitten / bißweilen auch in die Dienstbarkeit gerathen / und sich doch wieder frey gemacht / und ihr viel andere unterworffen hat: Item von der grossen Brunst in Anno 1304. und dem grossen Sterben in Anno 1353. (in welchem allein in der Stadt über 96000. Menschen hingangen seynd / und von dem Joh. Bocaccius zu lesen) auch was sich mit Petro de Medicis, den Königen von Neapolis und Carolo VIII. dem König aus Franckreich / und folgender Zeit sonderlich auch mit denen vom Hauß Medicis da zugetragen / biß sie Anno 1530. von des Philiberti, Printzen von Uranien Volck im Nahmen des Käisers Caroli V. eingenommen / und ihr Alexander Medicæus / oder de Medicis, vorgesetzt worden / welchem der Käiser seine uneheliche Tochter Margaretham gegeben / und ihn zum Hertzogen gemacht; den aber Anno 1537. sein Vetter Laurentius de Medicis, unter dem Schein / die Stadt in ihre Freyheit zu setzen / umbgebracht; und wie an seiner statt Cosmus / ein Sohn Joh. Lud. de Medicis von 16. oder 18. Jahren alt zum Hertzog erwehlet worden / so hernach lange Zeit löblich regieret hat / davon kan man Christophorum Landinum über den Dantem, Leon. Aretinum, Nic. Machiavellum, Joh. Michaëlem Brutum und Joh. Villannæum alle 4. in ihren Florentinischen Geschichten; Item / Guicciardinum und Jovium in ihren Historien / und dann auch Leandrum in Beschreibung Italiæ lesen. Ihrer Schönheit halber hat sie bey den Italiänern den Zunahmen Bella / oder die Schöne / gleich wie Venedig Ricca oder Reiche / Meyland Grande, Groß / Genua, Superba, Stoltz oder Prächtig; Bononia Grassa, Fruchtbar / Ravenna Anticha, Alt; Neapoli Gentile, Edel / Roma Sancta, Heilig / und so fortan genennet wird. Es ligt diese Stadt bey einem gar hohen Berg von Mitternacht / dergleichen sie auch einen andern von Mittag hat: Von Morgen seyn sonnichte kleine Hügel / so fruchtbar / und auf welchen die Florentiner ihre Güter herumb in grosser Anzahl haben: vom Abend gehet ein schönes weites ebenes Feld biß nach Pisa, allda das Wasser Arnus bißweilen Schaden thut / so sonsten die Stadt Florentz in 2. Theil theilet / darüber 4. Brücken gehen / deren 2. nemlich die neue und die alte gar schön seyn / darauf viel Läden stehen / und ist fornen an der neuen Brücken vor dem Tempel der H. Dreyfaltigkeit / vom Cosmo Medicæo eine herrliche Säul von Porphier-Stein aufgerichtet worden / auf welchem eine Lebensgroß gehauene Figur die Gerechtigkeit bedeutende / stehet; davon nicht weit das berühmte Strotzische Palatium ist. Es rinnet auch an der Stadt der Fluß Muncho, oder Munio her.

Auff dem besagten Arno, der auch offt in der Stadt grossen Schaden thut / kan man nach Pisa, und biß ins Meer nahend Livorno schiffen. Es ist die Stadt mit alten Mauren und Thürnen umbgeben / dabey an unterschiedlichen Orten Vestungen / (deren von theils drey / vom Henznero und Pflaumero aber nur zwey / deren eine in der Ebne / die andere auf einem Hügel gelegen / gezehlet werden /) die mit grobem Geschütz und Soldaten wol besetzt seyn. Der Thor seynd neun / die Henznerus am 360. Blat nennet. Viel schöne / weite / lange / mit lauter Platten und gevierdten grossen Steinen gepflasterte Gassen seynd hier zu sehen / so gar sauber gehalten werden. Der Plätz zehlet Schraderus acht / die Häuser seynd schön und prächtig erbauet und mit Verdachungen also geordnet / daß man fast in der gantzen Stadt vor dem Regen im gehen befreyet ist. Der Umbkreiß wird von Schikardo, und Joh. de Laet sechs welscher Meilen / und die Anzahl der Innwohner Jung und alt über die neuntzig tausend; vom Schoto aber auf fünff Meil / mehr in langer / als runder Form / und von funff und achtzig tausend Seelen geschätzt / der auch sagt / daß die Lufft allhie gar subtil seye / daher es gute Ingenia, und so viel gelehrte Leut / auch Bildhauer / Baumeister / Mahler und dergleichen Künstler gibt; hat auch zwey berühmte Academien, wie sie es nennen / als la Crusca, darinn die Toscanische Sprach herrlich excolirt wird / und della pittura, da die Mahler ihre Kunst sehen lassen. Es seynd auch ins gemein die Manns-Personen gesprächig / und die Weiber schön / und von zierlicher Rede; so sich beyderseits erbahr kleiden / sonsten aber ansehnlich halten; wie dann grosser Reichthumb allhie ist / und grosse Kauffmanschafft getrieben wird. Sonderlich aber macht man viel Tuchs / darunter die Rasi / oder Rasciæ, grosses Lob haben. Und stehet in Thesauro politico, daß allein solcher Rascien in einem Jahr auf die drey Millionen Golds werth in dieser Stadt seyn gemacht worden. So werden auch die seidene Zeug gelobt.

Von Kirchen seynd allhie zu sehen:

Erstlich / die Haupt-Kirch de i Fiori, del Fiore, oder D. Mariæ Floridæ, ein verwunderlich Gebäu / so gantz von Marmor überzogen / und die Bürger allhie aufgeführet haben. Nicolaus Machiavellus libr.5. histor. Florentin. pag.756. primarium Templum S. Reparatæ appellat. Wann dis geschehen / und wer der Baumeister gewesen / darvon findet man unterschiedliche Meinungen / und wil / unter andern / Schraderus, daß Philippus Brunellescus, ein Florentiner (dessen Statua allhie zu sehen / und von ihme lib.4. hist. Florentin. pag.216. seqq. zu lesen ist) der Architectus gewest sey. Also ist man auch wegen der Maß nicht einig / in dem einer die Länge von zwey hundert und sechzig / und die Breite von siebentzig Elen; ein anderer / die Länge von dem Thor biß zum Chor mehr als drey hundert Schuh / und in der Breite fünff und sechzig oder siebentzig Schuh / setzet. Schraderus sagt / es sey dieser Tempel zwey hundert und dreyssig Schuh lang / drey und sechzig breit / sechs hundert achtzehen weit / und habe umb äussern Umfang acht hundert und zehen Schuh. Die Cupola, oder runde Thurn / ist von unglaublicher Höhe / als die / wie einer schreibt / hundert vier und fünffzig Elen hoch / ohne das Thürnlein / so darob / das auch in die 36. Elen erhoben ist / und da man vom Boden hinauff biß zu dem Knopff / oder Globo 520. Staffel zu steigen; wiewol ein anderer meldet / daß man zu diesem Thurnen Knopff / oder Kugel / über fünff hundert und viertzig Staffel habe / und daß solcher so groß / daß wol

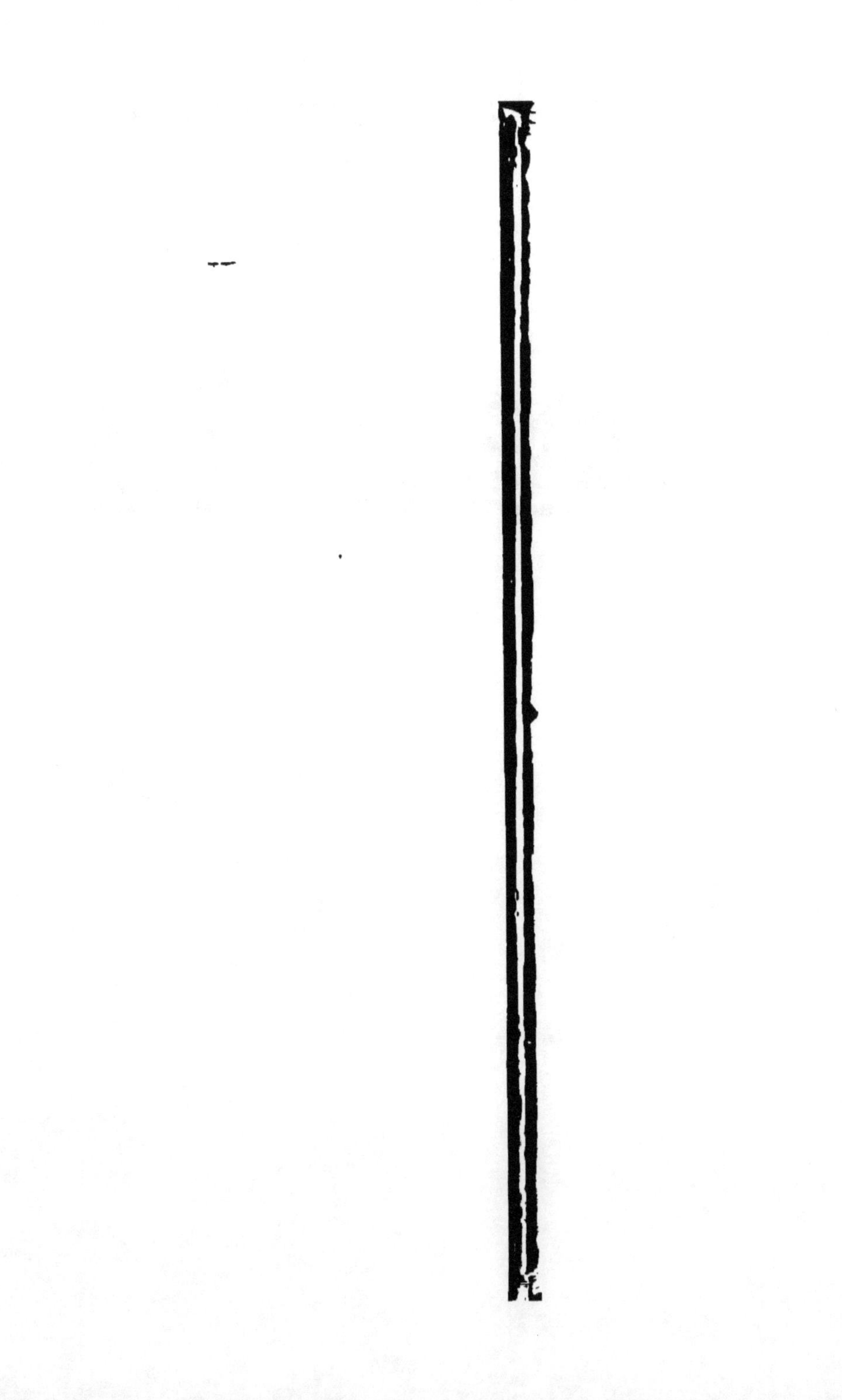

wol zehen Personen/ (Münsterus setzet/ fol. 326. achtzehen/ Schraderus sagt vielleicht sechszehen:) darein kriechen mögen/ und daß er gantz in Feuer vergüldet sey. Obgemeldter Schrader zehlet fünff hundert und zwo Staffeln biß zu oberst; und Villamont in seinem Reißbuch am 30. Blat fünff hundert acht und sechzig. Es ist diese starck-gewölbte Decken oder Cupola von 8. Ecken geordnet/ und hat jede fünff und siebentzig Schuh in die Länge/ und seynd drey Gänge ob einander/ inwendig der Cupola gemacht/ die durchaus übermahlet/ mit sehr grossen Figuren/ die aber wegen so grosser Höhe herunten allein Lebensgroß geachtet werden. Auf dem untern Gang kan man rings um die Kirchen kommen. Sonsten ist sie innwendig an ihr selbsten mit vielen Altären wol gezieret/ der Boden ist von weissen mit darinn gelegten schwartz und rothen Marmorsteinen Zügen gar schön gemacht. Die fördere Facciata oder Frons an dieser Kirch ist nicht gar fertig/ so vielleicht auch wol also verbleiben möchte. Pflaumerus beschreibt diese Kirch gar weitläufftig/ kömmt aber nicht mit andern in allem überein. Zu höchst wo die Fenster seyn/ siehet man ein rundes Loch/ durch welches den zwölfften Junii die Sonne scheinet/ und einen gewissen Circul/ so unten am Boden der Kirchen ist/ berühret/ so sonsten zu keiner andern Zeit im Jahr geschiehet/ wie Henznerus in seinem Reißbuch pag. 356. erinnert. Es hat hierinnen Marsilius Ficinus sein Monument, da gegen über des Poeten Dantis Aldigerii Bildnüß ist/ die Verß so bey beyden stehen haben Schraderus und Pflaumerus. Neben dieser Kirch stehet ein viereckichter sehr hoher von lauter weissen/ schwartzen und rothen Marmorsteinen gar künstlich außgeführter Thurn/ gantz besonders und frey/ darinnen die Glocken hangen. Seine Höhe ist 144. Elen von der Erden; und sagt Schraderus/ daß man 406. Staffel hinauffzusteigen habe. Es hat schöne Bilder daran.

Vor der Kirchen ist ein grosser Platz/ und auf solchem ein Kirchlein/ vorhin dem Abgott Marti, jetzt S. Johanni dem Täuffer geweihet/ so achteckicht/ und desselben Boden mehr als halb von allerhand Farben Steinlein besetzt/ die Wände aber von weiß- und schwartzen Marmorstein seyn. Die Cupola oder die gewölbte Decke ist von Mosaischer Arbeit oder opere musciario eingelegt. Es seynd da drey Thore und derselben Flügel von Ertz/ darinn schöne Biblische Historien von Laurentio, Cione, Chibertio, gegossen/ dergleichen an Kunst man kaum in der gantzen Welt finden soll/ wie Leander darfür hält. Bey dem Haupt-Thor stehen zwey Säulen von Porphyr/ die als ein Geschenck von Pisa hieher seynd geführet worden/ weil die Florentiner den Pisanern wider die von Luca beygestanden/ wie Platina in Paschali 2. fol. 162. bezeuget. In dem Kirchlein ist ein schöner Tauffstein von Alabaster/ allda alle Kinder der gantzen Stadt getaufft werden. Gegenüber ist ein ährne Truhen/ mit dieser Schrifft: Balthasaris Cossæ Johannis XXIII. quondam Papæ corpus hoc tumulo conditum. Schraderus lib. 1. monument. Italic. fol. 80. b. legit, hoc conditur sepulchro. Besihe von diesem Kirchlein oder Capell Schraderum und Pflaumerum.

Nach dem Dom wird an Grösse die Kirch zum Heiligen Creutz gesetzt/ so in der Länge/ wie es die Florentiner messen/ zwey hundert und viertzig/ und in der Breite siebentzig Elen hat; die Höhe aber ist unglaublich. Hat herrliche Altäre/ und eine über die massen schöne Cantzel/ daran des Heiligen Francisci Leben gar künstlich in Marmor von Benedicto Majanensi gegraben. Es liget in dieser Kirchen der weltberühmte Michael Angelus Bonarotta, der in der Architectur/ Mahlen und Bilderbereiten so herrliche Monumenta hinterlassen hat. Das Grab ist von weissem Marmorstein zierlich gehauen/ darauf drey sehr künstliche/ mehr denn Lebensgrosse Figuren von Marmorstein sitzen/ nemlich Sculptura, Architectura und Pictura. Das Epitaphium setzen Schraderus fol. 84. Henznerus pag. 356. und Nathan Chytræus in deliciis variorum in Europa itinerum pag. 150. Es hat auch allhie Leonardus Aretinus der Historicus sein Monument, dessen Grabschrifft bey besagtem Schradero in monumentis Ital. fol. 84. und Pflaumero pag. 160. zu finden.

Umb diese Kirche ist ein sehr grosser Platz/ darauf der Adel allerley Ritter-Spiele hält; wie gedachter Henznerus pag. 357. schreibet. Die Franciscaner haben an der Kirchen ein gar schönes Kloster.

Ferner ist die Kirch della Nonciata, oder D. Mariæ Annunciatæ, der Wunderwerck halber/ berühmt/ darinnen vieler Päbste/ Könige/ und anderer grosser Herren Gelübde zu sehen/ und zu lesen. Es ist auch da eine schöne Tafel von dem Englischen Gruß/ die Sanct Lucas solle gemahlet haben/ darwider aber Pflaumerus pag. 154. ist/ der sonsten ein sonderliches Wunderwerck aus Francisci Bocchi Beschreibung der Stadt Florentz setzet/ so mit dem Mahler dieses Gemähldes sich zugetragen. Es stehen bey dem Altar/ wo diese Bildnüß ist/ vier Alabasterne Säulen/ und seyn da 30. silberne Lampen/ auch zween sehr schwere silberne Leuchter. So seynd in dieser Kirchen sehr schön und herrliche gemahlte Capellen/ sonderlich die/ so Joh. Bologna, der berühmte Bildhauer gemacht hat. Es ist auch des Baccii Bandinelli eines vornehmen Bildhauers Grab allda zu sehen. Das Closter an dieser Kirchen haben Serviten inne/ welcher Orden erstlich 1233. allhie gestifftet worden.

Vor der Kirchen ist ein sehr weiter Platz/ der mit Schwibbögen gezieret ist. Und auf selbigen stehet das Findelhauß/ in welchem auf die 700. Kinder/ ohne die Säugende/ samt ihren Aufwärtern/ Säugammen und dergleichen Leuten versorget/ ernehrt und bekleidet werden; also daß täglich auf die 1400. Menschen allda ihre Unterhaltung; hergegen aber solches Findelhauß jährlich 7000. Gülden Einkommens haben solle/ wie besagter Pflaumerus pag. 116. meldet/ der auch pag. 156. wie ingleichem Schraderus fol. 84. b. von einem Bild einer Mißgeburth/ so alda zu sehen/ zu lesen.

Ferner ist die Kirch Santa Maria Novella, den Dominicanern/ die da schöne Gärten haben/ gehörig/ zu besichtigen/ in der gar viel künstlich gearbeitete Figuren/ und etliche vornehme Monumenta/ von welchen abermals Schraderus und Pflaumerus zu lesen seyn. Die Capell/ darinn B. Remigius ligt/ und die denen von Gaddi gehörig/ ist sonderlich zu sehē. Sonsten ligt in dieser Kirchen der berühmte Joannes Boccatius, mit einem doppelten Epitaphio/ welches auch gemeldter von Pflaumern p. 152. setzet. Ist Anno 1372. gestorben. Im Creutzgang sihet man unter den alten Gemälden der Wand/ wie Abel und Cain opffern/ da an dem Altar dieser Vers stehet:

Sacrum pingue dabo, nec macrum sacrificabo.

Henznerus schreibet in seinem Reißbuch pag 357. daß bey dieser Kirch ein Hospital/ allda die mit der Sodomiterey inficirte Knaben versorget werden.

Was man da auf dem grossen Platz vor aussen jährlich für Kurtzweil an Sanct Johannis Abend mit Gäußlein halten thut / das beschreibet Herr Josephus Furttenbach / der auch pag. 93. von andern Schawspielen / so an andern Orten mit jungen barbarischen Pferdten / und kleinen Müller-Eselein / item mit kleinen Schifflein / und zweyen Gäusen auf einer Stangen / oder Segelbaum / in einem Kefich / angestellt werden; Item von dem Hanentzug / und anderm mehr / pag. 91. zu lesen ist.

Weiters ist allhie zu sehen die Kirche zu Sanct Lorentz / so ein stattliches Gebäu / darinn die Groß-Hertzogen zu Florentz / deren Geschlechts Epitaphien zum theils Schraderus fol. 81. b. setzet / begraben werden / darvon Franciscus Bocchius in Beschreibung der Stadt fürnemlich zu lesen. Besihe auch / was Pflaumerus hiervon hat; sonderlich aber was besagter Herr Furttenbach von der gantz newen vom Hertzog Ferdinando Anno 1604. angefangenen Capel / so ihres gleichen vielleicht in gantz Europa nicht haben wird / schreibet / darinn man forthin die Groß-Hertzogen legen soll. Gedachter von Pflaumern sagt / daß man vorgebe / gemeldter Ferdinandus habe 2. Millionen Golds zu diesem Bau verordnet. Vid. Joh. Mich. Brutus in præf. ad histor. Florent. Es hat in besagter Kirchen der berühmte Historicus Paulus Jovius (so Anno 1552. gestorben / und von dieser Stadt nichts zum besten geschrieben /) sein Monument von Marmor / darbey diese Schrifft / wie Pflaumerus sie pag. 149. setzet: Paulo Jovio Novocomensi, Episcopo Nucerino, historiarum sui temporis Scriptori, sepu chrum, quod sibi testamento decreverat, posteri ejus integra fide posuerunt, Anno M. D. LXXIV. Schraderus und Chytræus haben ein älters / so mit diesem nicht in allem übereinstimmet / und darbey noch dieses:

Hic jacet heu Jovius Romanæ gloria linguæ,
Par cui non Crispus non Patavinus erat.

Chytræus legit p. 140. Heic latet heu Jovius &c. Sein Bruder Benedictus Jovius / den Andreas Schotus dignissimum Scriptorem nennet / liget zu Com / von welchem Leander in Beschreibung selbiger Stadt zu lesen. Es ist allhie bey S. Lorentz eine sehr herrliche Bibliothec, von Hebreischen / Griechischen und Lateinisch-geschriebenen Büchern in grosser Anzahl / und wie Henznerus schreibt / 4800. Exemplarien / zu sehen / welche / wie Neumeyer meldet / auf Pergament geschrieben / in roth Leder gebunden / und auff 88. Stellen ligen / dergleichen Liberey nicht zufinden seyn solle. Und ist der Orth / da die Bücher stehen / auch also gezieret / daß die Ungelehrte und so sonsten nach den Büchern nicht viel fragen / Ursach solchen zu besichtigen haben.

Nahend bey dieser Sanct Lorentzen haben die Jesuiter ihre Kirchen / darbey auch der Medicæorum Palast / allda sie vorzeiten gewohnet / und in welchem Alexander Medicæus umgebracht worden seyn solle.

Die Kirch zu Sanct Marx hat Cosmus, der Hertzog von Florentz / von Grund auferbauet. Im Prediger-Kloster daran ist eine herrliche Bibliothec, dergleichen zu des Blondi Zeiten keine in Italia gewesen. Es seynd ausser diesen beyden als zu Sanct Lorentz und Sanct Marx / sonst noch vier Bibliotheccn allhier / als zu Sanct Benedicto, heiligen Creutz / Maria Novella, und in des Bischofs-Hof / welche vielgedachter Schraderus d. lib. 1. fol. 77. b. ordentlich beschreibet. Die fürnemste Zierde obgedachter Sanct Marx-Kirchen ist die köstliche Capell / so von den Salviatis dem Heiligen Antonio Ertz-Bischoffen von Florentz / so allzie unter dem Altar begraben ligt / von theuren Steinen ist erbaut worden. Es seynd da von Marmor 6. sehr grosse Bilder der Heiligen / und über denselben ihr Leben von Ertz gemacht. Obgedachter Johann Bologna hat solche Capellen erbawet. Nicht ferne davon an der Wand der Kirchen ist ein Marmorsteinerne Tafel mit dieser Schrifft:

Joannes jacet hic Mirandula; cætera norunt
Et Tagus & Ganges forsan & Antipodes.
Obiit Anno salutis 1494. vix. Ann. 33.

Es ligt auch da Angelus Politianus mit diesem Epitaphio:

Politianus in hoc tumulo jacet Angelus, unum
Cui caput, & linguas, res nova, tres habuit.

In dem besagten Kloster daran hat Hieronymus Savonarola gelebt / so Anno 1498. verbrannt worden ist / von welchem Poggius fol. 70 b. seqq. und Guicciardinus am Ende des dritten Buchs / zu lesen.

Das Benedictiner-Kloster / so man ins gemein die Abtey nennet / ist auch wol zu sehen / so Hugo Marggraf von Brandeburg / zun Zeiten Käisers Ottonis III. erbauet hat. Vid. Schraderus, Henznerus, & inprimis Pflaumerus de hoc Hugone.

In der Kirchen Sanct Michael / so sonsten gar finster / ist das Leben der H. Jungfrauen Mariæ in einem Altar schön zu sehen.

In der Kirchen zum Heiligen Geist ist ein Altar so köstlich / daß ihn Pflaumerus nicht genug zu schätzen weiß; wie denn auch das Sacrament-Häußlein und der gantze Chor / also erbauet / daß man sich darob zu verwundern.

Nicht weit darvon ist der Carmeliten Kloster so ingleichem zu besichtigen / wie auch andere mehr: wie dann allhie vier und viertzig Pfarr-Kirchen / sieben und dreissig Spitäl / oder / wie Schraderus schreibet / sechs Haupt-Spitäl / und zwey und dreyssig andere Spitäl / und dergleichen Häuser / darinnen man den Armen gutes thut; Item / sechs und siebentzig Mönchs- und Nonnen-Klöster gezehlet werden; zu welchen Schraderus neben den zwölff Prioreyen / (die Schotus unter die Pfarren rechnet /) auch neun Knaben-Collegia setzet / und sagt / daß es ein sehr grosse Anzahl von Fraternitäten / oder Brüderschafften / allhie gebe. Und ist sonderlich / neben obgemeldtem sehr stattlichem Fündelhauß / bey Sancta Maria Nonciata, der sehr reiche Spital zu Sancta Maria Nova zu besichtigen / darbey / wie abermahls Henznerus erinnert / ein Gotts-Acker / in welchem innerhalb vier und zwantzig Stunden die Cörper verwesen sollen.

Nach den Kirchen ist zu Florentz zu sehen / Erstlich / das Palatium Pitti, oder Pittiorum, so man ins gemein il Palazzo de Pitti nennet / weilen es von Luca Pittio, wie Nicolaus Machiavellus lib. 7. histor. Florent. pag. 360. schreibet / zu erbauen angefangen / und entweder dem Groß-Hertzog Cosmo dem ersten / oder seiner Gemahlin / zu kauffen geben worden ist. Es wird solcher sehr köstliche Palast / samt dem Garten / Brunnen / Wasserwerck / Grotten etc. von Herrn Pflaumero und Fuertenbacchio beschrieben / welcher letzte / wie auch Schotus, sagen / daß

daß der Groß-Hertzog darinn sein Residentz habe / wie dann auch solcher / der Beschreibung nach / also beschaffen / daß ein grosser König darinn seine Hoffhaltung haben könne. Es ligen da zweene überauß grosse Magnetstein / darvon das Würtenbergische Reiß-Buch zu lesen.

Sonderlich ist sich über die steinern Schnecken zu verwundern / die biß zu höchst hinauff gehet / und da man von oben herab biß auff den Boden sehen kan: wie dergleichen auch einer zu Pavia ist. Besihe hiervon gemeldten Pflaumerum am 134. Blat. In besagtem Garten ist ein Brunn / mit einer runden Schalen / welche von einem einigen Stein gehauen / in ihrem Bezierck auf 60. oder wenigst 33. Eln (wie man solche Zahl unterschiedlich in zweyen Reißbüchern findet) begreiffen solle. Aus diesem Palast hat es einen in der Höhe durch alle antreffende Häuser / und wohl eine viertel Stund langen besonder eingemachten Gang / da der Groß-Hertzog ungesehen / auff einem Gütschlein / von etlichen Männern gezogen; oder aber in einem Sessel getragen / biß in den alten Palast / so auff dem grossen Platz / la piazza del gran Duca genannt / stehet / aber nicht bewohnet wird / sich begeben kan. Vid. Dn. Josephi Fuertenbachii Itinerarium. Es ist dieser Palast von aussen zwar nicht so schön / wie jener / aber inwendig trefflich erbauet / davon / und was darinn zu sehen / Schraderus; von andern Sachen aber Schikardus, Neumeyer / Fuertenbach / und Pflaumerus schreiben / welcher Pflaumern auch sagt / daß in der Capell daselbsten das Evangelium S. Johannis / so er mit eigener Hand geschrieben / auffbehalten werde. In einem andern Gemach seyn die Pandectæ, so man vom Orth Florentinas nennet / oder ein auff Pergament geschriebenes Buch / in rothem Sammet gebunden / mit künstlichen silbernen Schlössern / in einer rothsammeten Küsten / darinn die Käyserlichen Recht / wie sie vom Käiser Justiniano zusammen getragen worden / beschrieben / in zween Theil abgetheilet / und gebunden / zu sehen. Darnach seyn 12. wie Schikard und Pflaumern / oder 8. wie andere schreiben / unterschiedliche Kästen zu besichtigen / die voll güldener / silberner / und von Edelgesteinen gemachter Geschirr / und anders dergleichen / und eines unsäglichen Schatzes werth seyn. Es wird insgemein diese Schatz-Kamm la Guarda robba genannt; allda auch die 12. Apostel von Silber gegossen / jeder eines halben Centners schwer / ingleichen ein silberner Zuber bey 6. Spannen lang zu sehen. Im gemelten des Schikardi Würtenbergischen Reiß-Buch finde ich / daß das Hochzeit-Bett / sampt den Umhängen auf 60. tausend Cronen angeschlagen werde. Man weiset auch ein alt pergamenten Buch / darinn desselben Landes Recht und Gesetz geschrieben seyen. Vor dieser Guarda robba heraussen ist ein Saal / welches Dillen oder Himmel sehr schön gantz vergüldt / mit künstlicher eingeschnittener vertiefter Holtz-Arbeit ist. Man hält darinn eine grosse Ciber- oder Bisen-Katze / die etwas grösser / doch in Gestalt wie eine Katze / mit grossen Augen / ihre Speise ist Eyer und rohes Fleisch / von der alle 4. Tage hinten einer Haselnuß groß Bisam genommen wird / wie gemeldter Schikardus schreibet / wiewol man dieses bey andern nur monatlich findet. Von dannen gehet man eine Stiege hinunter in einen Saal / welcher 15. Elen breit / 19. Elen hoch / und 23. Elen lang ist. Zu beyden Seiten seyn von den besten Künstlern gar grosse und künstliche Historien gemahlet / die Dillen oder Decken aber von Holtz / mit Vertieffungen geschnitten / darinnen sehr künstliche Figuren von Oelfarben gemahlet / und an vielen vergülden nichts verspart worden ist. Der Thurn an diesem Palast / so oben her gleichsam gantz auff den Platz hanget / und unten her kein Fundament hat / und nur auff einer Seiten des Palasts der Mauren einverleibet / ist sonderlich sehends und verwunderns werth. Gleich an diesem Palatio ist ein anderer / darinn Rath gehalten wird / da auch die Kauffleute ihre Strittigkeiten vertragen / und viel schöne Sachen von Künstlern gesehen werden / wie vielgemeldter Herr Fuertenbach erzehlet.

Es ist auch da zu öberst des Groß-Hertzogs Kunst-Kammer / oder vielmehr der rechte Schatz von den allertheuersten / köstlichsten und seltzamsten Sachen / und ist diese Galeria acht Schritt breit / und zwey hundert Schritt lang / da sonderlich achtzig alte Statue, und darunter des Scipionis, so sonderlich denckwürdig / stehen. Vid. Pflaumerus pag. 138. So seynd auch daselbst über die dreyhundert Tafeln von allerhand Contrefäiten vornehmer Leute. Die runde Capell / herrliche Tisch / ein grosser Globus, grosse Sphæra, das Cabinet / Drechsler-Werck / Kunststücke / Uhrwerck / Edelgestein / Perlen und anders seynd da mit grosser Verwunderung zu sehen / davon etwas die gemeldte Autores / der Herr von Pflaumern / und Herr Fuertenbach / setzen: Herr Neumeyer aber in seinem Reiß-Buch hievon ziemblich weitläufftig schreibet; wiewol des Dinges so viel ist / daß keiner also im Durchgehen alles besichtigen / vielweniger beschreiben kan.

Unter andern weiset man da einen eisernen Nagel / dessen eines Ende feines und rechtes Gold / das ander aber Eisen ist / daran ein Zedelein dieses Inhalts hanget: Dominus Leonardus Turnhäuser / (der Anno 1596. in Cölln gestorben /.) ex clavo ferreo me præsente ac vidente, igne calefacto ac in oleum immisso, in aurum vertit, Romæ d. 20. Novembr. in mensa post prandium. Besiehe Münsterum lib. 4. cap. 48. und Joann. Limneum de Jure Publ. lib. 8. c. 4. n. 28.

Die vortreffliche Rüst-Kammer / so ingleichen in diesem Palast / und in drey Theil abgetheilet ist / bedürffte auch einer besonderen Beschreibung; allda eine grosse Anzahl schöner Waffen / viel Türckisch und Heidnische Sättel und Wehr / sampt Käisers Caroli Magni Schwerdt / darauff gesetzt; Domine da mihi virtutem contra hostes meos; Item / Käisers Caroli V. und der Könige in Franckreich Caroli VIII. Francisci I. schöne Rüstungen; wie auch ein Magnetstein / so wol eine halbe Elen lang / ½. Elen dick ist / der ein eiserne Ketten / so fünff und viertzig Pfund (Münsterus hat funffzig) wieget / an sich ziehet / und nicht fallen läst / wie abermahls Herr Fuertenbach schreibet. Man kan aus diesem Palatio hinab in das Theatrum sehen / darinne die Comœdien / so diß Orths / vor andern / das Lob haben / gehalten werden.

Unten in den nächsten Häusen hat die Hochteutsche Guarnison / (die doch auff Schweitzerisch bekleidet gehet / und hundert starck zu Fuß ist /) ihre Wohnung. Bey dem Platz ist ein niederer Schwibbogen mit Bildern gezieret / da sonderlich der Judith und des Persei gelobet werden / so beyde mit sonderbahrer Kunst von Ertz gegossen. Ist auch eine andere Marmorsteinerne dabey / so sehends werth. Vid. Pflaumerus p. 139.

Besagter Platz/ oder la piazza del gran Duca ist groß und nicht allein mit gemeldten des Groß-Hertzogs Palast/ sondern auch mit einem sehr schönen Brunnen gezieret/ um welchen herum vier weisse Marmorsteinerne Statuæ, und bey jeder zwey kleinere von Metall/ so des Neptuni gantze familia, darzwischen er mitten gar sehr groß von Marmor formieret ist/ und 4. Pferde bey sich hat. Bey diesem Brunnen/ (so seines gleichen in Italia kaum haben solle/ und den der von Villamont in seinem Reißbuch am 28. und seqq. weitläufftig beschreibet/) stehet auf einem hohen Postament von weissen Marmor der Groß-Hertzog Cosmus auf einem mehr denn Lebens-grossen Pferd/ so von obgedachtem Joh. de Bologna von Metall gegossen und Anno 1594. da aufgericht worden ist. Was daran zu lesen/ das haben Henznerus und Pflaumerus. Ferner so ist 4. des Groß-Hertzogs Marstall zu sehen/ darinn viel frembde und sehr theure Pferde in grosser Anzahl seyn. Nahe bey der untersten Brücke des Arni ist 5. eine schöne Behausung/ allda 2. grosse Zimmer voll von mancherley Musicalischen Instrumenten/ auf welche selbiger Herr etliche tausend Kronen solle spendieret haben. Bey obgesagtem Marstall ist nahend zum 6. das Löwenhauß/ allda Löwen/ Tygerthier/ Bären/ wilde Katzen/ Wölffe/ Füchse und andere wilde Thier gesehen werden/ von deren Wohnungen insonderheit obgedachter Neumeyer zu lesen; Ist auch davon etwas bey Herrn Fuertenbach zu finden/ der ingleichem von deren von Adel Gütern auf dem Lande/ ihrem Waidwerck und dergleichen/ sonderlich von allerhand Sorten Müntzen/ und dem Wechsel-Geld allhie und bey andern vornehmen Städten in Italien fleissige Erinnerung thut. Henznerus gedenckt p. 360. eines Orths in dieser Stadt/ à gli rovinati genannt/ allda keine Häuser vest stehen können/ und dabey diese Wort zu lesen: Hujus montis ædes soli vitio ter collapsas, ne quis denuò restitueret, Cosmus Med. Florentinorum, Senensium Dux II. vetuit, Octobri 1565. Er sagt auch/ daß den Bürgern allhie Wehren zu tragen nicht erlaubet sey; aber wol den Rittern/ Soldaten/ Studenten/ und andern frembden Personen. Und dann so ist allhie die Müntzmühle/ da die Bildnüssen und Schrifften mit einer besondern Manier gepreßt werden/ zu besuchen. Diese Stadt ist das Haupt der Italiänischen Sprache/ nur daß sie etwas hart von den Einwohnern ausgesprochen wird/ daher das Sprichwort kommen:

Lingua Toscana in bocca Romana.

In dieser Stadt sind viel gelehrte und berühmte Leute gezogen werden/ Vid. Hugolinum, Verrinum, Florent. illustr. und unter denen auch Leo X. Clemens VII. Pius V. Leo XI. &c. Anno 1313. haben die Florentiner/ welche Henricus VII. der Käiser belagert hatte/ ihm durch Bernardum, einen Dominicaner-Münch vergeben lassen/ welcher ihm unter dem Sacrament Gifft mit beygebracht/ wie aus Nauclero, Joh. Jac. Hoffmann. Lexic. univers. p. 648. anführet. Allhie ist auch Anno Christi Salvatoris ein tausend vier hundert neun und dreyssig vom Pabst Eugenio, der im Concilio Basileensi removiret, ein Concilium gehalten worden/ dem auch Johannes Palæologus der Orientalische Käiser mit beygewohnet/ welcher um Hülffe wider den Türcken anhielt/ da man sich mit den Griechen de processione Spiritus S. à Patre & Filio vertragen/ allda Bessarion 2. schöne orationes gehalten. Und haben dasselbe alle/ ausgenommen der zu Epheso, Bischöffe unterschrieben. Wegen der Transubstantiation hat man nicht können einig werden: dieser Vertrag hat aber nicht lange getauret. Vide Hoffmann. cit. loc. Besihe von dieser Stadt neben denen angezogenen Autoren, auch Grasserum in der Schatzkammer/ und das Cöllnische Reißbüchlein/ item Leonem Aretinum, Machiavell. histor. Florent. Volaterranum, Leandr. Alberti, descript. Ital. p. 42. seq. edit Venet. 1581. &c.

Von hier pflegen die frembde/ so nicht von Ferraria, und Bononia hieher kommen/ hinaus zu des Groß-Hertzogs über die massen schöne Lusthaus Pratolino genannt/ so 5. Welsche/ oder 1. Teutsche Meilen von Florentz gelegen/ zu spatzieren/ welches in besagtem Cöllnischen Itinerario, und von Francisco Vierio, in einem besondern Büchlein/ wie auch in Münsters Cosmographia libr. IV. cap. 48. fol. 530. seqq. der letzten edit. de Anno 1628. weitläufftig beschrieben wird. Ist in die Vierung erbauet/ und seyn in jedweder contignation jeder Seiten 4. Zimmer/ mit güldenen und silbernen Teppichen behängt/ und mit schönen Tafeln und andern Sachen gezieret/ und mit dem köstlichsten Haußrath/ Betten und schönen Tischen von Marmor und Alabaster versehen. Es giebt da unterschiedliche Grotten/ und Wasserkünste/ und sihet man viel Kurtzweil/ so das Wasser verursacht/ als wie nemlich Pan der Hirten Abgott sein Vieh vor ihm her treibet/ und pfeiffet/ dem die Vögelein auf den Bäumen zu stimmen/ und was dergleichen vom Hercule, einem Delphin, dem Vulcano, den Orgeln/ einem Weibesbilde/ so mit einem Kupfferkesselein Wasser holet/ den Gejagten und andern mehr da zu sehen; davon auch Herr Fuertenbach und Pflaumerus Meldung thun. Die Wände seyn von wunderbahrlichem Gewächse/ Muscheln/ Corallenzincken/ auch Perlen/ ehrinnen und marmorsteinern Zierathen/ Bilderen der Thier/ so sich selber bewegen. Der Boden aber ist von allerhand Farben Steinlein eingelegt. Der Wald am Lusthauß ist von Thannenbäumen besatzt. In dem Parnasso spielen die 9. Musen mit dem Apolline auf ihren Orgeln; darbey herumb die Vögel singen/ die in einem eisern Kefichte sitzen. Ferner ist da ein schöner Garten/ auf der andern Seiten das Palasts/ so 140. Schritt lang und 70. breit/ und zu beyden Seiten mit Cypressen-Bäumen besetzt ist/ darzwischen Pfeiler mit Figuren und Antiquitäten gezieret/ stehen: zur rechten seynd Weyher und des Cupidinis Höhle darneben/ von dannen man in die Cavel/ und ferner in den Irrgarten/ und folgends zu des Jovis Bildnus kommt/ so von Marmor ist/ und von der Höhe herunter siehet. Schotus sagt/ daß dieses Lusthauß der Groß-Hertzog Franciscus habe erbauen lassen; aber wie man findet/ so hat folgends sein Herr Bruder Ferdinandus sehr viel darbey gethan.

Theils reisen auch zu einem andern des Groß-Hertzogs Lust-Hause/ so Castello genannt wird/ darbey ein schöner Garten/ und darinnen ein gantzer Wald von lauter Cypressenbäumen/ auch ein Weyher/ und in der Mitten desselben ein Insul/ so einiger wilder Felse ist/ darob ein Wasser-Gott sitzt. Es hat vorüber eine Grotta, und seynd auch sonsten viel kurtzweilige Wasser-Spiel da zu sehen/ wie hievon beym oberwehnten Herren Fuertenbach zu lesen. Es ist von Pistoja biß Florentz zwantzig/ oder wie Schraderus setzet sechszehen Welsche Meilen/ alles schön eben Feld/ die Strassen seynd zu beyden Seiten mit Bäumen besetzt/ da dann ein Fleck/ Dorff und Schloß am andern/ in Summa/ ein fruchtbares und volckreiches Land.

Fog-

Foggia.

Ligt in der Provintz Apulia, des Königreichs Neapolis, in einem luſtigem / fruchtbarem und ebenen Lande / iſt eine ſchöne / wolerbaute und reiche Stadt / auch volckreich / dabey der Fluß Foggia, welcher mit der Stadt gleichen Namen hat / vorbey rinnet. Allhie hat es einen gewaltigen Schaff- und Vieh-Zoll des Landes Apulien, welcher dem König in Spanien jährlich eine groſſe Summa Geldes einträgt / welche ſich vorzeiten offters auff 5. in 6. Tonnen Goldes erſtreckt hat.

Foligno.

Iſt eine ſchöne groſſe und wohlerbaute Stadt in Umbria, oder dem Hertzogthum Spoleto gelegen / an dem Fluß Timia, iſt rund / und in einer ſchönen / luſtigen Ebene erbauet / ligt 18. Meilen von Spoleto, und 19. von Perugia, dieſer ſchöne Orth / wie auch alles andere hierum / gehöret dem Pabſt. Auff dem Marck ſtehen drey ſchöne Palatia, allwo in einem der Päbſtliche Stadthalter wohnet. Es hat ein trefflich ſchönes / eben / fruchtbares Land daherum / und wird ziemliches Gewerb allhie getrieben. Die Inwohner ſind reich / und treiben groſſes Gewerb / es wird jährlich allhie eine Meß gehalten / welche von vielen Handels-Leuten beſucht wird.

Fondi, Fundi.

Zehen Meilen von Terracina, in dem Königreich Neapolis, 22. Meilen von Piperno, auff der Straſſen Appia gelegen. Iſt zwar eine kleine / aber feine und wolerbaute Stadt / die eine luſtige Ebene herum hat / von welcher Georgius Fabricius, Chemnicenſ. geſchrieben:

Urbs parva in plano poſitu pulcherrima, campo,
Collibus hinc atque inde lacu, ſimul æquore cincta,
Citria cui florent hortis & littore myrti.

Es iſt dieſer Orth / deſſen Cicero, Livius, Mela und andere Alte gedencken / vorzeiten eine Römiſche Colonia geweſen. Der See / ſo darbey ligt / wird il Lago di Fondi genannt / der auch vorzeiten lacus Fundanus geheiſſen. Es ſagt Blondus, daß in der Nachbarſchafft der Berg Cæcubus ſey / der bey den Alten / ſonderlich des herrlichen Weins halber / berühmt iſt. Cluverius will / daß dieſe Stadt in Cæcubo agro gelegen ſey. Es iſt beſagter See / oder Sinus Fundanus auch Amyclanus geheiſſen worden / von der Stadt Amyclæ, deren Virgilius, Silius, und andere gedencken / ſo hierum gegen Terracina werts gelegen geweſen / von welcher Untergang Plinius lib. 3. cap. fol. 39. und andere / wie auch Volaterranus libr. 6. fol. 62. b. zuleſen ſeyn.

Amyclæ duplices fuerunt, alteræ Laconum, quæ ſilentio perierunt: alteræ Italorum, inter Cajetam & Terracinam, quas à ſerpentibus deletas crediderunt Solinus, Pliniusque. Lipſ. in Commentar. ad libr. 4. Annal. Taciti f. m. 95. vide tamen Carolum Stephan. in Dictionario.

Dieſe Stadt Fundi, ſo den Columneſern gehörig / iſt Anno 1534. von des Meer-Räubers Ariadeni Barbaroſſæ Kriegs-Leuten unverſehens überfallen / erbärmlich verwüſtet / und die Inwohner in die Türckiſche Dienſtbarkeit hinweg geführet worden. Henznerus ſchreibt / p. m. 308. man müſſe allhie die Degen mit Näſteln / oder Hoſenbändern an die Gürtel binden / damit man nicht Straffe geben müſſe. Obs noch ſo ſey / findet ſich nicht. Die Straſſe Appia iſt mit Lorbeer-Myrten- und andern Bäumen ſchön gezieret.

Forli.

Eine ſchöne in der ebene gelegene Stadt in Gallia Togata / jetzt Romagna genannt / auff halbem Weg zwiſchen Faenza und Ceſena, und von jedem Orth 10. welſcher Meilen. Die Alten heiſſen dieſen Orth Forum Livii, vorzeiten den Boj's, jetzo dem Pabſt gehörig. Sie iſt ſehr groß / daß ſie der Stadt Bologna nicht gar ungleich / mit wolerbauten Häuſern gezieret / darinn ein ſehr groſſer Platz / ſamt einem gar alten Thurn / dabey die Kirchen wohl zuſehen / als da ſind: die Haupt-Kirche zum H. Creutz / zu S. Dominico, und S. Franciſco, wie imgleichen das Rathhauß zu beſichtigen; davon Leander und Schraderus, und was aus ihnen C. Ens ſchreibet / zu leſen. Die Lufft allhie iſt gut / das Land ſehr fruchtbar / und wächſet da Färber-Röthe / Waid oder glaſtum, Aniß / Fœnum Græcum, Cumin, Coriander in groſſer Menge. Es ligt von dannen 4000. Schritt ungefehr (Schraderus hat lib. 4. fol. 323. b. zwo Meilen) und von Ceſena 6000. die Stadt Forlimpopoli, oder Forlipiccolo, gleichſam Forum Livii minus, ſo vorzeiten Forum Popilii iſt genannt worden / davon obgedachter Leander zu leſen.

Foſſombrone.

Dieſes iſt eine ſchöne / luſtige und wohlerbaute Stadt / zum Hertzogthum Urbino, und der Zeit dem Pabſt gehörig. Iſt von der alten Foro Sempronii auf die 500. Schritt hinweg gebauet / ligt theils erhöht / theils unten am Hügel beym Fluß Metro, allda man noch des C. Titi Sempronii Sigill weiſet. Auff einem hohen Felſen dabey iſt ein ſtarckes Berg-Hauß / ſo ziemlich veſt / und auff der andern Seiten ein gar luſtig und fruchtbares Thal. Von hier ſeynd 15. Meil nach Fano, und ſo viel nach Urbino, zwiſchen welchen beyden Orthen es in der Mitten ligt.

Fraſcatum, Fraſcatium, Fraſcati.

Zwölff Meilen von Rom und ſo weit von Veledri gelegen / ein kleines doch ſchönes und überauß luſtiges Städtlein / ſo am Fluß des Berges Apennini gelegen. Cluverius lib. 3. Antiq. Ital. c. 4. ſchreibt / daß die Stadt Tuſculum, deren Livius und andere gedencken / und welcher Inwohner Tuſculani ſeynd genennet worden / wie auch die Hügel / auff denen ſie geſtanden / und darauff der Zeit Fraſcati ligt / über ſolches Städtlein an dem Ort geweſt ſey / allda noch heutiges Tages groſſe Rudera und Gemäuer geſehen werden. Und iſt ſolch Tuſculum von den erſten Latinis, das iſt / von den Aborigines und Pelasgis faſt 500. Jahr vor dem Trojaniſchen Krieg / als die Siculi aus dieſen Orten von ihnen verjagt wurden / erbauet worden. War hernach ein Römiſch Municipium, und mit Landgütern / dahin ſich die groſſe Römiſche Herren begaben / herumb erbauet / unter welchen das fürnehmſte des Ciceronis geweſen / ſo insgemein Tuſculanum Ciceronis genannt wurde / deſſen Lager in dem Thal Albana, ſonder Zweiffel / an dem Orth / wo jetzt das Kloſter Sancta Maria di Grotta Ferrata, an dem Fluß Crabra oder la Murana, als an einem ſehr luſtigen / und Waſſer-reichen Orth / geweſen. Schraderus ſchreibt fol. 105. b. daß in dieſem Kloſter Mönche aus Calabria ſeyn / ſo nach der Regel des H. Baſilii leben / und nach Griechiſchem Gebrauch den

Gottesdienst verrichten. Es ist diß Städtlein wol zu besehen/ weil da viel schöne und herrliche Palatia, unter welchen einen Pabst Paulus III. mit grossen und unglaublichen Kosten erbauet/ so sehr ansehnlich und herrlich/ dahin er sich Sommerszeit begeben hat/ weil allda die Lufft frisch und gesund/ und ruhig zu leben ist; Item/ ein schöner Garten/ in welchem drey alte Gräber seyn/ davon erstgemeldter Schrader zu lesen. So ist auch allhier ein sehr künstliches Wasserwerck/ dem Cardinal Aldobrandino gehörig/ und dergleichen mehr zu sehen.

Fricento.

In Principato ultra, hat einen Bischoff und ist vor zeiten Æculanum genannt worden/ bey welcher der abschenliche See Ampsanctus ist/ dessen Cicero, Virgilius, Plinius und Claudianus gedencken. Wird heutiges Tages Musiti genannt. Ist nicht groß/ hat drey Eck/ und springet in der Mitte desselben ein schwartzes Wasser/ so hoch als ein Mann/ mit grossem Krachen über sich/ und fällt denn wieder schnur ebens zurück in sein Loch. Sein Gestanck wird auff 1000. Schritte davon vermerckt. Dahero wer ihn besichtigen will/ von ferne und zeitlich seine Naßlöcher wohl verwahren muß/ damit ihm der Gestanck nicht schädlich sey. Es wächst dieser See nicht/ laufft auch nicht auß.

Gallipoli, Callipolis.

Ist eine gewaltige Stadt und Vestung/ schön und volckreich/ in dem Königreich Neapoli, und der Provintz Apuglio, welche für unüberwindlich gehalten wird. Denn sie ligt auff einem Felsen/ oder kleinen Insul/ gar in dem Meer/ von welcher eine lange Brücken biß an das Land heraus gehet; Ihr Umbsang ist von anderthalb Meilen/ und seynd da in die 1800. Häuser in der Ringmauer. Hat ein gewaltiges und starckes Castell/ wird auch grosse Kauffmanschafft allda getrieben/ und ist die Lufft sehr gut und gesund/ wie auch das Land da herumb ziemlich fruchtbar.

Gavi.

Ligt 20. Meil von Alexandria della Paglia, und 25. von Genua. Ist ein kleines Städtlein/ der Herrschafft Genua gehörig; auff einem hohen Berg/ dabey ist ein starckes Berg-Hauß/ allda es einen Paß hat/ und sich das Land zusammen schliesset.

Genua.

Dieses ist eine grosse/ prächtige/ uhralte und gewaltige Stadt/ schön/ edel und reich/ so/ daß wenig ihres gleichen zu finden. Ligt an dem Mittelländischen Meer/ und ist das Haupt in Liguria, wie denn von ihr das Land Liguria Transapennina, mit einem gemeinen Namen/ le Rivire di Genova di Ponente, & di Levante genannt wird. Wovon sie den Namen/ und wenn oder wer sie erbauet/ sind nicht alle einerley Meinung. Sie hat aber noch den Namen/ den ihr alle alte Autores, als Livius, Valerius Maximus, Strabo, Mela, Plinius, und andere geben/ biß daher beständig erhalten. Etliche führens her von Genu oder Knie/ weil sie wie ein gebogenes Knie ligt/ oder vom Genuo, des Saturni Sohn; andere vom Jano, dem Könige in Italien/ die sie sollen erbauet haben/ oder auch von Genua, des Promethei Tochter; theils wollen ihr den Namen geben/ weil sie gleichsam Janua Italiæ, die Thür des Welschlandes sey. Es ist ausser allem Zweiffel/ daß es eine sehr alte Stadt/ das Jahr aber/ wenn sie erstlich erbauet/ hat kein Historien-Schreiber recht außfindlich gemacht. So viel man aus den Umständen der Historien schliessen kan/ dürffte sie fast auff 3000. Jahr reichen. Es kan aber dieser Janus, so Genuam soll erbauet haben/ nicht gewesen seyn Noa, denn derselbe nach Erschaffung der Welt 2. tausend und 5. gestorben/ Genua aber soll umbs Jahr der Welt 26.5. erbauet worden seyn. Das ist gewiß aus Livio decad. 3. lib. 8. daß Mago Amilcaris Sohn/ Hannibals Bruder/ aus der kleinen Insul Balearium, mit außgelesener junger Mannschafft/ 12000. zu Fuß und 2000. zu Roß in 30. Schiffen übergesegelt/ und weil der Meer-Port mit keinem Volck besetzt/ hat er die Stadt Genuam bey seiner eiligen Ankunfft eingenommen und zerstöret. Welches geschehen im Jahr von Erschaffung der Welt 3745. vor Christi Geburt 203. Auff solche Verstörung ist diese Stadt von den Römern/ als Cajus Servilius Consul, wieder erhaben/ auch mit einen schönen Hafen zu sicherer Schiffstellung verwahret worden. Besiche hievon mit mehrern Cluverii Itál. Antiq. tom. 2. lib. 3. p. 846. Item/ Leandrum, Schraderum, Henznerum und andere. Sie ligt an dem Meer/ so von dem Land Ligusticum genannt wird/ und an dem Apenninischen Gebürge/ nicht gantz bergicht/ auch nicht gantz eben/ und seynd von Mitternacht/ oder hinten her die höchste/ blosse und unfruchtbare Berge/ welche gleichwol die schädliche Winde verhüten. Das Land herum ist ingleichen unfruchtbar. Hergegen hat es jederzeit behende/ und des Gewinsts begierige Kauffleut/ und zu hohen Sachen so wohl zu Lande als zu Wasser/ tauglich und vortreffliche Leute allhie gegeben. Vid. de claris Genuensibus Jacob. Bracelinm. Daher dann diese Stadt an Reichthum/ Macht und Volck/ auch herrlichen und theils von Marmor auffgeführten Gebäuen also zugenommen/ daß sie den Titul des stoltzen Genua bekommen hat/ wie es denn noch sehr reiche/ vornehme Leut da gibt/ welche einen grossen Pracht in Gebäuen/ und allerhand seidenen/ güldenen un silbern Haußrath treiben/ also gar/ daß auch die unsaubern Geschirr von Silber seyn müssen. Ja es melden die Autores, daß allda auff einen Anblick alles höchst verwunderlich; es sey nichts als glänzend/ frölich/ ja fast zu sagen/ überirrdisch/ des Sehers Auge könne sich mit Anschauen nicht ersättigen/ sein Gemüthe nicht genugsam verwundern/ weil von solcher Schönheit/ wo er nur die Augen hinwende/ alles schimmere und glänze. Allhie werden die besten Sammet- und allerhand Seiden-Waaren gemacht/ und saget Henznerus pag. 374. man gebe beständig vor/ daß allda über 8000. Seidenweber/ und Sammetmacher seyn. Ingleichen wird allhie die rechte Meisterschafft der Corallieri oder Corallen-Arbeiter gefunden. So mangelt es den Kauffleuten auch nicht an guten Schulen/ in welchen ihre Kinder in Wechsel-Rechnungen und andern mit geringer Müh abgerichtet werden; Vid. Forsterus in not. polit. ad lib. 3. Taciti, & Boccalin. relat. 2 ex Parnass. cent. 3. Inmassen denn man sich allhie gar sehr auff den Wechsel begibt/ dadurch zwar die Privat-Personen sich über die massen bereichern; aber das gemeine Einkommen sehr geschwächt wird/ wie Thomas Campanella von der Spanischen Monarchi cap. 21. pag. 99. schreibt. Und daß von ihrem Reichthum ich nur ein exempel setze/ so hat Andreas d' Oria, der Anno 1606. im 93. Jahr seines Alters gestorben/ dem ersten Sohn 50. dem andern 42. dem dritten/ welcher ein Cardinal 22. und dem vierdten/ so ein Carme-

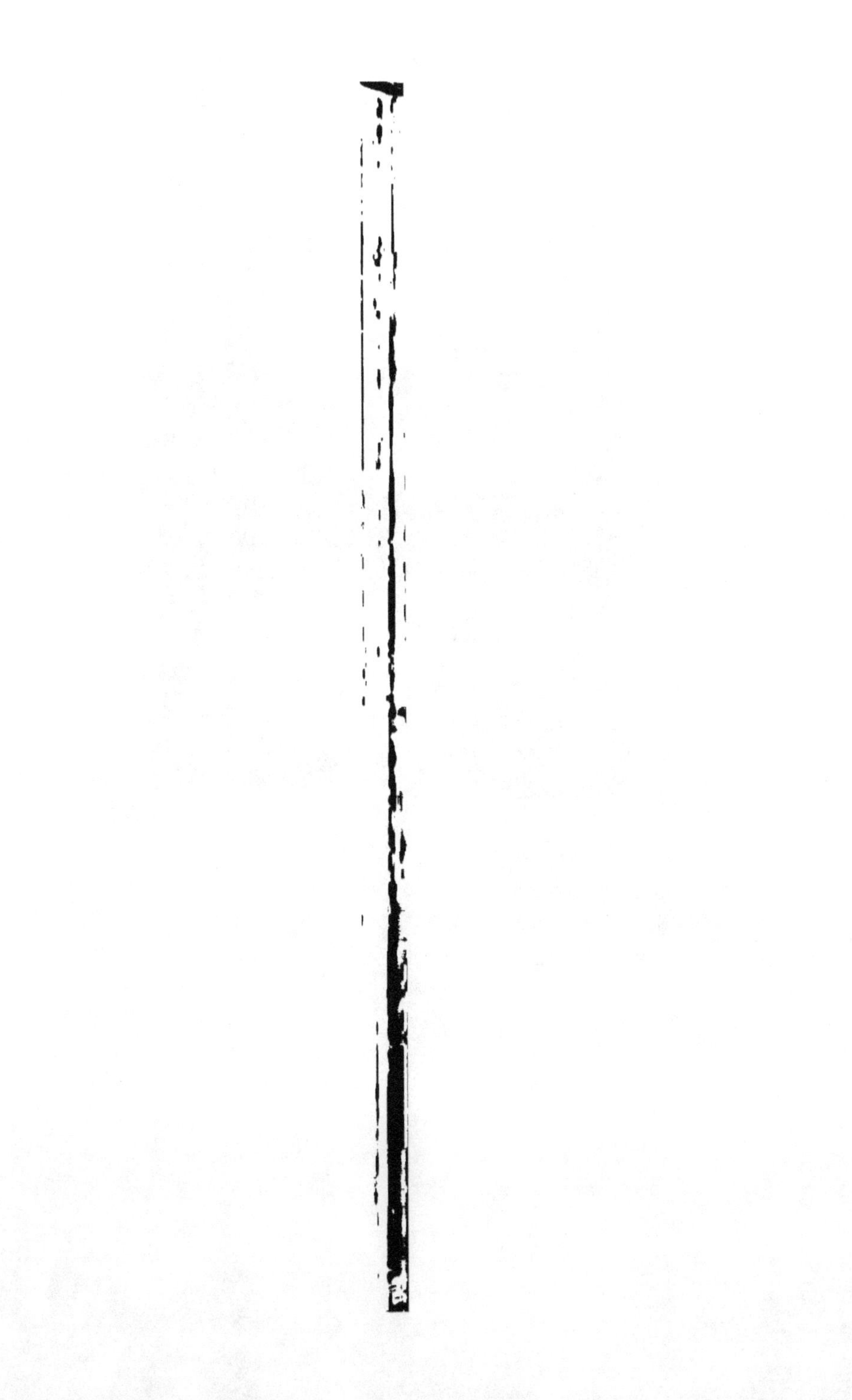

PARTE DEL MARE
Castello

LLIPOLI.
ERRANEO
GOLFO
DI
TARANTO.

1. S. Pietro de Arena.
2. La Lanterna.
3. La Bastia de

liter-Münch/6000. Ducaten allein jährliches Einkommens hinterlassen/wie Meteranus lib. 26. histor. melder: daher man/was er für Güter gehabt habe/weil allein der Zinß und jährliche Renten so viel außgetragen/ermessen kan. Vid. J. C. Scalileger exercit. 203. & 274. Et Poëtic. lib. 3. cap. 16. Im Gegentheil haben die Genueser insgemein ihrer Treu und Glauben halber bey etlichen ein böses Lob/und werden diese Reimen von ihnen gelesen:

Genuensis Osor pacis, ac boni moris,
Unus Britannis tetrior Ligur cunctis,
Saxicola, Pelagi cursor, invidus, spurcus,
Famelicosus, turpis, Archipirata.

Item/ I Genovesi hanno virtù cento miglia da lontano; daß nemlich die Tugend auff 100. Meil von dannen zu suchen. Item/ Huomini senza fede, donne senza vergogna, mare senza pesci, è aria senza uccelli. Daß nemblich es zu Genua Männer ohne Glauben/ Weiber ohne Schamhafftigkeit/ Meer ohne Fisch und eine Lufft ohne Vögel habe. Vid. Lansius in orat. contra Ital. pag. m. 123. Es mögen aber dieses die Autores verantworten. Obgedachter Paulus Henznerus schreibt d. l. pag 374. daß die Weiber allhie den Männern vorgehen/ und daß die Jungfrauen Federn und von mancherley Farben Kleider tragen/ so den Männern verbothen sey/ die allein schwartz/ohne Federn auffziehen dürffen/und ihren Weibern die rechte Hand frey lassen/ welches Carolus V. zur Straff den Männern aufferleget habe. Idem dicit Piccartus decad. 10. observat. histor. polit. cap. 9. pag. 257. Dieser Käiser soll auch die Bollwerck da nider zureissen/ und an dem Orth/ wo das Castel Castellaccio genant/ gestandē/ einen Galgen zu erbauen/befohlen haben. Der Umbkräiß dieser Stadt wird von theils über 6. von theils auff 6. tausend Schritt/ den Molo, und Port nicht darzu gerechnet/ vom Schradero aber auff 5. Italiänische Meilen geachtet. Die Thor werden mit Soldaten starck besetzt. Es hat rings herumb sehr dicke Mauren und Pasteyen/ und was das meiste/ so ist sie zu Meer mächtig/ und hat den König in Spanien zum Gehülffen; daher man ihr der Zeit nicht leichtlich was abgewinnen kan. Das Wasser wird nahend 7. Meilen vom Gebürg biß in die Stadt geführet. Man sihet Pfeiler von 50. und mehr Schuhen hoch/ mit gesprengten gewölbten Bogen/ von einem Berg zum andern geführt/ darauff ein gemauerte/etwan 2. Schuh breite/ und 3 Schuh tieffe Rinnen/ so mit Schieferstein bedeckt/ (dabey doch an etlichen Orthen seine Lufftlöcher gelassen werden/) gesetzt. Dieses Wasser treibt auff der Höhe etliche Mühlen/ hernach fällts in die hierzu gemachte Cisternen/ oder Brunnen/ purgirt sich darin/ und wird für Trinckwasser gebraucht/ wie abermahls Herr Furtenbach erinnert: Der süsse Fluß Bisagno, Bisamis, oder des Plinii, und Antonini Feritor aber/ ergiest sich zwischen der Stadt/ und dem Lazaretto, ins Meer. Der gröste Theil der Stadt ist mit trefflich schönen überauß hohen und grossen Häusern und herrlichen Palästen wol erbauet/ darunter etliche von gehauenen Wercksteinen/ etliche aber von gantz sauber gehauenen Marmor/ gar künstlich mit ihren Gesimsen/Säulen/ und andern Zierden/ auffgeführt. Und seynd alle Häuser mit Schiefersteinen bedeckt. Die Gassen werden zwar rein und sauber gehalten/ seynd aber gar schmal/ daß offt einer/ wegen des Volcks Gedränge/ schwerlich mit einem Pferd durchdringen kan/ weiln sie gemeiniglich nicht über 4. oder 5. Schritt breit seyn. Daher auch kein Wagen oder Karren in dieser Stadt gesehen wird/ sondern man führet alles auff Mauleseln/ und Pferden/ deren genug zubekommen; schwere Lasten aber werden von 6.8. und 10. Personen/ und vornehme Leut in Sesseln getragen/ so wie die Sänfften überzogen und bedeckt seyn/ Thürlein/ und schöne durchsichtige Gläser haben. Man läst sich auch in Sänfften von Mauleseln tragen; wie dieses nach einander im Würtenbergischen Reiß-Buch stehet. Gleichwol so hat es eine vornehme Gassen allda/ die Neue/ oder Strada nova, genannt/ deren Länge auff 420. und ihre Breite auff 12. Schritt sich erstreckt. Es stehen zu beyden Seiten von lauter weiß/ gelb/ roth/ und schwartzen Marmorstein künstlich und zierliche Paläst/ dergleichen Summa also beysammen in gantz Europa nicht sollen zu finden seyn. Es werden offt schöne Ritterspiel/ von dem Adel/ darinn gehalten. Und stehet unter andern in dieser Gassen des Don Carlo d' Oria Palast/ auff welchen Bau bey sieben Tonnen Goldes gangen seyn sollen. Besihe von solchem/ wie auch des Herrn Servago, der Herrn Grimaldi, der Pallavicini, des Philippi Spinola, des Marchese Spinola, der Herren Fieschi bey S. Lorentzen hinüber/ der Herren Balbi alla Nonciata, und andere Herren Palästen/ den offternamten Herrn Furtenbach.

Uber diß ist unter andern Haupt-Gebäuen der Stadt noch zubeobachten der Molo oder Damm/ gleich an der Stadt/ so 560. Schritt lang ist/ 13. breit/ und 15. Schritt ob dem Wasser ungefährlich hoch/ ein über die massen starckes/ und von lauter grossen Quaterstücken auffgemauertes Gebäu/ und ein Arm der in das Meer hinauß reichet/ damit hinter diesem Molo die Schiff ihren Meerhaven und Stellung zum Anbinden haben/ und vor den ungestümmen Wellen des Meers sicher stehen mögen. Auff diesem Damm hat es auch einen viereckichten starcken grossen Thurn/ mit teutscher Guardi/ und viel Stuck besetzt/ darauß der gantze Meerhaven flanquirt werden kan.

Es seynd noch andere Dämm/ allda die Barchen und kleinen Schiffe angebunden werden/ auff welchen man gleich die Güter einladen/ und die Personen einsetzen kan/ die grosse Schiffe mögen (weil da der Port zu seucht) so nahe nicht hinzu kommen/ nemlich: Tarzena, darinn ruhig 40. auch mehrere Galleeren sicherlich stehen können. Die Herrschafft Genova hält stätigs 8. Galleeren auff ihren Kosten/ die jährlich nach Sicilia und Messina absahren/ auch manchmal 6. biß 700. Ballen rohe Seiden mit ihnen zurück bringen: Werden auch ihr Kriegs-Volck in ihre Vestungen zu führen/ Item/ nach Corsica und Spanien zu fahren gebraucht/ baar Geld und Indianisch Gold und Silber abzuholen: von dar dann jährlich offtermain ein grosser Schatz nach Genova geführet wird: auch der Autor selbst zwey Galleeren einlauffen sehen/ so in zwey Millionen an Gold und Silber mit gebracht. Der König in Hispanien hat auch allda 17. Galleeren/ zu deren jeder jährlich 6000. Cronen zur Unterhaltung gereichet wird.

Der Weinhaven/ so 320. Palmi lang/ und 260. breit/ darinnen gemeiniglich die Frantzösische Schiff/ und andere/ so Wein zu verkauffen haben/ Porto nehmen.

Das Arsenale, darinn die Galleeren erbauet werden/ und ihren Stand haben.

Die Meer-Laterne ist zu äusserst des Meerhafens/ nach Savona zu/ auff einem Felsen/ so ein gar starcker hoher Thurn/ mit einer Teutschen Guardia und etlichen

Stücken

Stücken Geschütz wol besetzt. Man hat 386. Stäffeln hinauff in die Laterne zu steigen: allda zu oberst die gantze Grösse des Thurns in 32. Eck verwandelt/ an jedem derselben eine dicke eiserne Stange/ dazwischen alles mit Fingersdickem Glase/ wie eine Laterne verglast / die ist so weit und hoch / daß 32. Mann mit auffrechten Piquen oder langen Spiessen/ nur an den 32. Feldungen ruhig stehen mögen: vielmehr könten in der Mitte stehen/ biß sie gar ausgefüllet würde. Es hängen stetigs 35. grosse Oel-Lampen darinn/ die werden alle Nacht angezündet/ zu dem Ende / damit die frembden Schiffe zu Nacht/ den Meerhafen nach diesem Liecht treffen könten / und nicht etwa auf Secrosen auffführen. Wie die ankommende Schiff/ so man auf 40. Meil spüren kan/ angezeigt werden / ist in Zuertenbachs Itinerario Italiæ zu lesen.

Es schreibt ein gewisser Scribent, das Ao. 1613. in diesem Meerhaven ein trauriger Zustand sich begebē und zugetragen habe / welches zwar zuerzehlen wenig Kurtzweil/ so habe ich doch solches dem Leser auch hierbey fügen wollen / und hat derselbe zu wissen / daß/ der solches geschrieben/ selber persöhnlich / und nur gar zu nahe dabey gewesen. Dann in besagtem Jahr den II. Novemb. an St. Martini Tag / Morgens umb 8. Uhr/ nach Italiänischer Stund/ ehe der Tag anbrach/ entstunde vom Spitzen Libeccio ein grosser Wind/ der dann eben die Einfahrt des Meerhavens / oder la Bocca del Porto völlig incontrirte/ ja solcher Gestalt / daß die Meers-Wellen durch selbigen/ ohne einige Auffenthaltung des Molo oder Damms/ mit grosser Ungestümmigkeit hinein brachen/ und demnach die Piloti der Galleern allbereit am Abend zuvor diese Ungestümme in etwas vermerckt und gespürt/ haben sie sich zu mehrer Versicherung in ihren wolverwahrten Haven begeben/ imgleichen salvirten sich die frembde Galleern auch in den Mandrazo, nicht weniger thäten zum theil die vorsichtige Schiffleuthe mit ihren Barchen und Barcheten, die fuhren dem Weinhaven zu/ und stellten sich darein/ als aber selbiger und andere sichere Oerter dermassen erfüllt worden / daß keines mehr Platz hatte hinein zu stellen/ musten die andere / und sonderlich die grosse Schiff in dem rechten Porto verbleiben / die thäten sich zwar nach äusserstem Vermögen / mit Einwerffung vieler Aencker / und Anbindung der Schiffe wol versehen: Es nahmen aber die Wellen je mehr und mehr überhand / und entstunde ein solch schreckliches Ungewitter/ deßgleichen einiger Mann nie gesehen / noch viel weniger gelesen hat / dann die am Molo, oder Damm / angebundene grosse Niederländische / Englische und Italiänische Schiffe schwungen sich solcher massen / daß auch ihre grosse Strick und Seilen nicht anderst / als wie ein Faden abbrachen / da hörete man ein erschreckliches Brausen und Getümmel des Meers / und gaben die auff den Schiffen mit dem groben Geschütz Feuer/ umb ihnen neue Strick und Seiler herbey zu bringen/ und ihnen in ihrem vor Augen stehenden äussersten Verderben zu Hülff zu kommen / welches dann gantz eyfferig geschehen / so viel als den Menschen dabey zu thun möglich gewesen; Es war aber der Wind so starck/ und schlugen die erschreckliche Meer-Wellen solcher massen wie grosse Wasserbrüche über den gantzen Damm oder Malo hinüber/ also gar / daß kein Mensch so starck gewesen/ ihme zu trauen/ auff den Damm hinfür zu gehen/ ja man mochte sich mit Müh auf den hohen Thurn / und auf der starcken und wol 40. Schuh hoch hohen Porta oder Thor salviren / da fiengen an die grossen Schiff abzureissen/ und segelten/ als verlohrner Weiß/ den Meerhaven auf und nieder/ die grosse ungestümme Meer-Wellen warffen die Schiff also an die Stadtmauren/ daß sie in Stücken und Trümmern brachen/ zum Theil stiessen sie auch gar Löcher in die Mauren/ mit solchem Krachen und Gethöne/ daß mans viel Gassen hinein hören mochte. Was Schreyen und Jammern von Weib und Kindern/ die ihre Männer und Väter/ so auf den Schiffen waren / betaureten/ gesehen und gehöret worden / solte eines Türcken/ will geschweigen eines Christen Hertz zum Mitleiden beweget haben. Hier mag die Tapfferkeit eines Mannes recht probiret werden / da dann solche behertzte und tapffere Männer/ mit vielen nur gar kleinen Barchetlein/ mit unverzagtem Muth in die Mitten der Fortuna oder Ungestüme hinein gefahren / mancher seinen Vatter/ Bruder/ Schwager/ und Befreundten / ja auch die Frembdlinge / (welche auf den Schiffen mit auffgehabenen Händen gebethen / daß man die Barmhertzigkeit an ihnen thun / und sie abholen solle; der Verständige mag leichtlich schliessen / daß wann eine Person in das Wasser gefallen ist / einige Hoffnung/ wie meisterlich er auch immer schwimmen konte / sein Leben zu salviren/ nicht da gewesen /, dann sein Leib alsobald zerstossen und zertrümmert worden:) von den Schiffen abgeholet/ und mit diesen Schifflein an das Land gebracht. Ein Englisch-Mann sahe/ daß sein Schiff nur noch einen gantzen Strick hatte/ da begab er sich mit funffzehen seiner Leute in sein kleines Schiffo, und fuhr mit solcher Gefahr dem Mandrazo zu / daß die Zuseher Gott inbrünstiglich für ihn bathen / der ihn und all die Seinige auch verwunderlicher Weiß erlösete/ und an das Land brachte. Nahend an dem Wacht-Thurn der auf dem Damm oder Molo stehet/ scheiterten auch zwey grosse Schiff / es erzeigte sich aber die Teutsche Guardia darauff gar mannlich/ und zogen viel Männer an den Stricken auf den Thurn hinauff. In dem Winckel des Palatii della Sanità, fuhren zwey grosse Schiff mit schnellem Lauff an/ die Personen aber waren so behend/ lieffen auf die Segelbäum / und sprangen auf die Stademauren. Ein ander grosses Schiff ward gantz Herren loß / und regierte es die Fortuna nach ihrer Natur / das schwebete zum öfftern durch den Porto auff und ab / und was es von kleinen Schiffen erhaschte / truckte es alles darnider / welches dann einen überauß grossen Schaden verursachte/ und ob man es schon gern von den Pasteyen der Stadt mit dem Geschütz in Grund geschossen hätte/ war doch in solcher Vermischung andern Schiffen Schaden zuzufügen nicht zu trauen / von den versunckenen Schiffen sahe man hin und wieder einen Theil darvon aus dem Wasser heraus sich zeigend / eine grosse Barcha mit Pomerantzen und Limonien beladen/ gienge auch zu Grund/ mit welchen Früchten auch der gantze Porto überschwemmet worden. Ein ander Englisch Schiff segelte auch auf die Stadt-Mauren zu / und war allem Ansehen nach schon auch verlohren/ da lieffe ein behertzter und tapfferer Mann auf den Ponte della Marthania herauß / und brachte demselbigen ein kleines Stricklein zu / an welches aber ein grosser Strick gebunden / den es zu sich genommen/ den andern Theil aber an den Ponte gebunden / dardurch das gantze Schiff wunderbahrer Weise / durch Hülff dieses einigen Manns ist erhalten worden / und in währendem Tormento wurde die Aschen von S. Johan. Baptista, mit einer ansehnlichen Procession auff den Damm oder Molo hinauß getragen/ allein zwischen der Capellen und der Stadt Portal schlug gantz unversehener Weiß/ ein über die massen grosse Meer-Wellen über den gantzen Molo oder Damm hinüber/ nicht anders/ als wie ein grosser Wasserstrom/ die warff/ als ichs geschätzt/ und gar nahe darbey gewesen bin/ bey 12. oder 15. Männer von der Procession in das Meer/ und in Haven hinunter/ die guten Leute wehreten sich mit schwimmen lang/ aber es mochte nichts erspriessen/ einen von denselben warff die Gegen-Well wiederumb aus dem Haven zum Eusserste gantz wunderbahrer Weiß zurück herauff/ der besonne sich nicht lang/ an einen Pfeiler sich zu halten/ die andere aber sahe ich jämmerlich ertrincken. Der Wind gienge auch so starck/ daß er den tauffenden Himmel/ unter welchem die silberne Kisten getragen worden/ zerrisse/ und wütete das Meer biß in 24. Stund lang immer zu fort. Man sahe auch ein grosses Schiff/ so mit Zucker beladen/ und aus Spanien kame/ grosse Gefahr/ vor dem Porto draussen/ leiden/ dann es die Wellen/ welche nicht geringer/ dann die höchste Kirchen/ auf dem Meer daher lieffen/ mit Gewalt in den Porto herein zu fahren/ nöthigen wolten/ da es dann/ ohn einigen Zweiffel/ auch zu Grund und Trümmern gangen wäre/ aber durch GOttes Hülff und strenges Arbeiten schwunge es sich zur lincken Hand/ und fuhr in der Reviere di Ponente auf einen Sand-Boden/ersteckte sich daselbsten/ und salvierte die Personen wie auch das Gut. Was nun diß für ein erschrecklicher/ trauriger/ und über die massen schädlicher Zustand gewesen/ mag der Verständige aus bißher erzehlten gnugsam beherzigen/ so viel man Wissenschafft und Nachricht gehabt/ so sollen in allem 16. grosse Schiff/ und 54. Barche und Fregatine in diesem Meerhaven/samt vielen Personen zu Grund gangen seyn/ beneben viel Tonnen Gold werths Güter und Kauffmanns-Waaren ersäufft worden/ das Gewisse aber kan niemand wissen/ sintemahlen niemand weiß/ wieviel frembde Schiff und Personen allda gewesen/ man spürte auch daß diese Ungestümme nicht allein von dem grossen Wind entstunde/ sondern durch den Boden herauff gleichsam gesotten/ als wie ein Würbel in einem lauffenden Wasser/ und hat man diese Ungestüm an andern mehr Orthen eben damahlen auch gehabt. Gott woll ferner vor dergleichen Unfall jederman behüten. Es ist aber der Meerhaven/ wie leicht zu erachten/ voller Holtz und versunckener Schiff also verwüst und besteckt worden/ daß man gleichsam nicht hinein mehr hat fahren können/ man ist aber bald wieder auf Mittel bedacht gewest/ selbigen zu säubern.

Endlich ist unter denen weltlichen Gebäuen auch sonderlich des Hertzogs Palast wol zu besichtigen/ welchen insonderheit vielgedachter Herr Fuertenbach beschreibet. Ist ein ansehnlich Gebäu von 140. Schritten lang/ und 130. Schritten breit/ und hat an der Seiten einen Hoff von 75. Schritten lang/ und 65 Schritten breit/ in welchem 1000. Soldaten ruhig können gemustert werden. Auff der Seiten dieses Hoffs hat der Teutsche Obriste seine Residentz/ neben welchem fünffhundert biß in sechshundert Teutsche Soldaten stätigs allhier ihre Wohnung haben.

Es stehet in diesem Palast des Andreæ Auriæ Statua, sehr groß von Marmorstein gehauen/ und darbey/ wie Schraderus fol. 387. sagt: Andreæ Auriæ civi opt. felicissi. que vindici, atque Autori publicæ libertatis S. P. Q. G. pos. Item: Andreæ d' Oriæ, quòd Rempublicam diutiùs oppressam pristinam in libertatem vindicaverit, Patri Patriæ providè appellato, Senatus Genuensis, immortalis memor beneficii, viventi posuit. (Henznerus legit: Patri proinde Patriæ appellato.) Er setzet auch drey andere Statuas, nemblich des Ansaldi Grimaldi, Baptistæ Grimaldi, und Pauli Spinolæ. Der grosse Saal dieses Palasts ist 60. Schritt lang/ 24. breit/ und bey 20. hoch: sein Decken ist mit sehr schönen Vertieffungen/ künstlicher Schreiner-Arbeit/ und von lauter Cypressen-Holtz gemacht: und allhie kommt der grosse Rath von 400. Edelleuten zusammen. Sonsten ist ein anderer kleiner Saal/ in welchem der kleine Rath/ samt dem Hertzog täglich zu Rath gehet. Auff der einen Seiten wohnet der Hertzog/ und seynd seine Zimmer trefflich schön mit Sammeten Tapetzereyen behenckt/ sampt einem köstlichen Thron und Sessel. Auff der andern Seiten des Palasts ist ein sehr grosser Saal/ darinn ein über die massen grosse Summa Mußqueten und Rüstungen zu finden. Imgleichen hat es oben unter dem Dach noch eine andere Rüst-Kammer/ und unter dem Palast grosse Gewölber/ allda viel schöne grobe Geschütz/ samt ihrer Munition darzu/ verwahret werden.

Es stehet neben diesem Palast ein viereckichter starcker Thurn/ in welchem die Glock ist/ so man/ wann der Hertzog außgehet/ oder wann man den Rath zusammen beruffet/ anziehet. Es kan der Hertzog aus diesem Palast durch einen Gang/ ungesehen in die Kirchen zu St. Lorenzo kommen. Der Palast zu S. Georgen stehet an der Stadtmauer/ und am Meerhaven/ allda der Herrschafft Schatz-Kammer/ und darunter der Dogana, oder der Leinwat- und Seiden-Gewandt-Zoll ist/ welcher jährlich ein grosses der Herrschafft erträgt; anderer Zöll/ als vom Korn/ Saltz/ Wein/ Oel/ Fleisch/ und dergleichen/ hie zugeschweigen. Der Kauffmanns-Platz wird la loggia di Banchi genant/ und liget also nahend am Meer/ daß man von daran biß an den Meerhaven sehen kan. Und kommen daselbst die Kauffleut stündlich zusammen/ und beschliessen so wol in Wechsel/ als auch in Waaren/ viel ansehnliche Sachen. Ist ein bedeckter/ langer und breiter Spatziergang/ ohne einige darzwischen stehende Säul/ darunter viel hundert mit einander reden können.

Es ist in dieser Stadt auch des Marachese Spinola Palast wol zu sehen/ so für einen Fürstlichen Palast gehalten wird/ hat unter andern/ von den besten Meistern/ die Victorien/ so die Genueser wider die Türcken erhalten/ die fürnehmste Städte Italiæ, auffs künstlichste abgemahlet/ hat auch ein so groß und schönen Saal/ auff welchem prächtige Fuß-Thurnier/ wo selbst auch das Frauen-Zimmer Platz genug mit anzuschauen.

Principe d' Oria Palast. Der von dem Gestad biß zu den Spitzen der Berg hinauff gehet/ und unten am Meer ein gewaltig schönes Außsehen hat: An dessen Mauer/ so auf die Strassen sihet/ stehen Hispanisch- und Italiänische Verß/ des Inhalts/ daß nichts an diesem Schloß sey/ das der Herr desselben entlehnet habe. Es seynd darinn viel Fürstliche/ mit Tapetzerey gar köstlich behängte Zimmer/ eine schöne Galleria/ deren Gewölb gantz vergüldt/ und mit schönen Vertieffungen gezieret/ eben dergleichen ist auch an der Capellen allda zu sehen. Die Guarda Robba lässet sich wol sehen/ in welcher so viel Tapetzereyen/ daß man den gantzen Palast/ sieben mahl unterschiedlicher Weise behencken kan/ darinn auch zwey viereckichte gantz silberne Tische stehen/ in der Grösse/ daß acht Personen ruhig an einem zu sitzen Platz haben/ seynd auff das künstlichste von Printzen getriebener Arbeit/ darauff die Victorien/ so der Princ. Andrea d' Oria wider die Türcken erhalten/ zu sehen. So sind noch etliche Kästen mit allerhand Silber-Geschirr/

zum

zum auffdecken der Tafel allda zufinden. Ingleichem ein Tisch von Agat / mit andern guten Steinen eingelegt/ der auff zwantzig tausend Cronen werth geschätzet wird. Ein groß Crystallen Becken/ so von Gold eingefaßt / und mit Rubinen und Türckissen trefflich schön versetzt. Ein grosser silberner vergüldeter Becher / welchen Käiser Carolus V. dem Pr. d' Oria verehrt. Insonderheit / ein auff Sammet mit Gold/ Silber und Perlen gestickte Tapecerey / sampt einer von rothen Presillholtz / mit eingelegten silbern Zierathen/ Bettstatt und Sessel/ auch vielen trefflichen Conterfeyen vom Hauß d' Oria.

Es ist auch allda ein Hund / so Roldano genannt/ abgemahlet / den solle der König in Hispanien / samt 500. Cronen / zu des Hunds jährlicher Unterhaltung/ dem Princ. d' Oria verehrt haben. Auff den haben 2. Sclaven warten / und ihn aus silbern Schüsseln speisen müssen : der solle getreu und gehorsam gewest seyn / daß seines gleichen nie gefunden worden. Als er gestorben/ ist er in einem Garten / auff eine Höhe begraben / und ihm ein Epitaphium mit der Unterschrifft : Hier ligt der Gran Roldano begraben/ gemacht worden/ davon sonderlich Pflaumer zu lesen.

Ingleichem ist in diesem Palast eine schöne Rüst-Kammer / von mancherley Curiösen / Türckischen und andern Waffen und Rüstungen zu sehen. Daran ein grosser trefflich schöner Garten / in welches Mitte ein künstlicher Brunn von Marmorstein gehauen/ und mit vielen Figuren besetzt. Es ist hierinn ein gar grosse Aloe , aus welcher alle Jahr/ ein Stammen einer Spannen dick / und wol zwantzig Palmi hoch auffwächset. Zur rechten Seiten stehet ein Vogel-Hauß / von grossen eisernen Stangen/ wie ein Gewölb auffgericht/ in seiner Mitten ein runder Thurn / wie ein Cupola erbauet / und sauber mit messingen Drat überflochten/ ist lang 106. Schritt/ 10. breit und 20. hoch/ ohne die Cupola, welche über das noch wol 15. Schritt höher geführt : Darinn stehen viel starcke Bäum wie ein Wald/ und werden eine grosse Anzahl Fassanen/ samt andern Vögeln darinnen gehalten.

Unten am Garten hat es eine trefflich schöne Galleria, von weissen Marmorsteinen Säulen besetzt / wie eine grosse Altanen/ darob man den gantzen Meerhaven/ neben einem Theil der Stadt/ übersehen kan/ unter welcher ein kleiner Damm ins Meer hinein gehet / daß der Princ. d' Oria allda Gelegenheit / die Galleeren dahin kommen zu machen/ sein Volck zu imbarchiren.

Gegen dem Gebürg hat der Princ. d' Oria noch ein sehr grossen Garten / in welchem ein ander schöner Palast/ darinn die frembde Herren zu logiren / darneben eine schöne Grotta und Wasserwerck / samt einem grossen Weiher/ auf einem hohen Berg/ von welchem dann in alle Brunnen unterhalb das Wasser geleitet wird / darbey ein Wäldlein und lustiger Spatziergang.

Gio. Carlo d' Oria Palast (dessen bereit gedacht) hat eine überausschöne Kunst-Kammer/ von allerhand Mahlerey und Kunststücken / dergleichen in gantz Genova nicht zu sehen. Von Silber-Geschirr/ als Auffgüß/ Kessel/ gantze Staffierung von Schüsseln/ Tellern auff die Tisch / ja auch zwo gantz silberne Bänck / ꝛc. Was mehr von curiösen Sachen darinn / berichtet Furttenbach.

Balbi, hat Anno 1619. einen gantz neuen Fürstlichen Palast zu bauen angefangen/ der vermuthlich/ ehe er zu Ende kommt/ mehr dann eine Tonne-Gold-Cronen gestehen möchte.

Servago Palast/ in welchem vom Gyps gar künstlich gearbeitete / und trefflich schöne gemahlte Zimmer / samt einer ansehnlichen Rüst-Kammer und Garten viel schönes zu sehen.

S. Sri. Grimaldi wohlerbauter Palast und Garten/ in welchem eine köstliche Grotta / die auch eine von den Principal-Grotten / so in Italien mag gesehen werden / da gar mancherley Wasserspiel/ mit Umlauffung einer Sphæra, ingleichem vieler Art Vögel / so lieblich zusammen singen. Ferner ein Schifflein/ so von ihme selber herfür fähret / ein Handhebe an einem Geschirr/ wer selbes ergreiffet / netzet sich selbsten wol. Etliche Tritt/ wer darauff seinen Fuß setzet / tauffet sich selbsten. Am Hinaußgehen aber / und weme mans wol gönnet/ lässet man ein starckes Rohr auff desselben Kopff von Wasser also starck lauffen / daß mancher vor Schrecken zu Boden fällt : welches aber allein etwan Matarozzi oder Spöttern widerfähret. Sonsten ist diese Grotta von gar köstlichen Schnecken / Corallen und Meer-Muscheln gezieret.

Des Herrn Horatio di Negro Garten/ auch nahend am Meer gelegen / ist mit aller Lust versehen / daß dergleichen nicht bald bey anderm vom Adel zu finden. Dessen Eingang mit zwo Zeilen Säulen / ein schöne Perspectiva macht. Ist oben daran ein kleines / aber sehr zierliches Vogel-Hauß/ dessen halber Theil bedeckt mit kleinen Häußlein / wie ein Perspectiva , von einer Scena einer Comödien erbauet / darinn aller Sorten Vögel ihren Auß- und Eingang : das übrige ist alles mit eisern Stangen befestigt / und mit geflochtenen messingen Drat überzogen ; In der Mitten ein springender Brunnen/ welches sehr lieblich zu sehen. Der darneben stehende Palast hat wohl geordnete Zimmer / fürnemlich einen schönen / von den künstlichsten Meistern bemahlten Saal/ samt einer Kunst-Kammer von mancherley Curiositäten. Von dem Saal hinauß / sihet man eine Grotta von schönem Wasserspiel und curiosen Auffsätzen/ also bestellt / daß man eine geraume Zeit daran zu betrachten hat : und nahend an dem Palast zwey zierliche Gärtlein / auch aller Orten Wasserwerck/ von ansehnlichen Cypressen-Bäumen besetzt. Zu oberst auff dem Berg ist eine Fisch-Grube und Fisch darinnen/ welches in diesem Land etwas seltzames ist: darbey ein Sommerhauß und grosse Wildnüß von Schronen/ mit Fleiß also gemacht / darhinter abermahl ein Weyherlein / damit es Sommers-Zeit gar kühl allda zu ruhen/ darob mag die gantze Stadt Genua, mit samt dem Meerhaven/ und wol 30. Meil ins Meer hinauß übersehen werden. Ist eine solche Augen-Lust / die nicht wol kan beschrieben werden.

Paravicini Palast und Lust-Garten / so vor der Ponte di Santa Cattarina , ist ein auff Römisch wohl ordinirter Palast/ in welchem trefflich schöne Zimmer/ so von den besten Meistern also mit Mahlerey gezieret/ daß in solchem seines gleichen in gantz Genova nicht zu finden/ dabey es auch eine Grotta/ lustigen Garten/ und ein Wäldlein hat / darinnen man die gantze Stadt Genova, samt dem Meerhaven/ und gar ferne auff das Meer hinauß sehen kan/ welches eine solche Lust/ die nicht genugsam auszusprechen.

Saluzi Palast / ist von Ziegel- oder Mauersteinen / sehr zierlich auffgeführet und gelb gemahlt / darinn trefflich schöne/ gantz durchaus gemahlte Zimmer / so sauber und zierlich gehalten/ daß eine Fürstliche Person hie zu losiren alle Gelegenheit haben kan. Darneben ist auch ein schöner Garten / samt einem Wäldlein/ von Cypressen- und Lorbeer-Bäumen besetzt / in welchem ein über die massen köstliche Capellen / und auff der

rechten

rechten Seiten ein Vogel-Hauß/ darinnen mancherley Vögel zu sehen.

In dieser Gegend stehen noch eine grosse Anzahl Paläst und Häuser/ da man etliche Wochen Zeit solche zu besehen brauchte.

Bey S. Pietro di Arena, so in der Vorstadt/ seyn die vornehmste Lust-Gärten der Edelleuth/ und eine grosse Summa herrlicher/ ja Fürstlicher Paläst/ von deren nur noch dreyer zu gedencken:

Des Sig. Imperiale Palast / der ist also beschaffen/ daß eine Fürstliche Person genugsam mit gebührenden Zimern versehen/ jedoch allein von Ziegeln oder gebrennten Maursteinen auffgeführet: Aber also mit Säulen/ Gesimbsen/ Einfassungen der Fenster und des Portals gezieret / auch von roth und weiß Marmorstein-Farb gemahlet/ daß einiger Mensch nicht anders sehen noch glauben kan / dann es von lauter Marmor erbauet wäre.

Hinter diesem Palast hat es einen grossen trefflich-schönen Garten / welcher wol ein viertel Stund weit in das Gebürg hinauff reicht/ und werden 3. schöne Grotten nach einander gesehen / alle von schönem Wasserspiel/ in der untersten Grotta aber sihet man in eine gar tieffe Höle und Wildnüß hinein/ allda läufft ein grosses Wasser über ein Stiegen zerspreit/ mit starckem Rauschen und Brausen herab / und in dem/ als man zusihet / ergeust sich ein starckes Wasser-Rohr aus der Stiegen/ und springt wol 30. Schritt weit herfür. Am hinauffsteigen des Bergs stehen viel von weissen Marmorstein gehauene Meer-Monstra/ welche auch Wasser auswerffen/ zu oberst aber auf einem gar hohen Berg hat es zwey sehr grosse Weiher / welche durch ihre schwere Wasser-Last alles Wasserwerck/ unten in den Grotten starck spielen machen: allda in der Wildnüß ist ein zierlicher Spaziergang.

In Pavese Lust-Garten ist ein wohl erbauter Palast/ darneben ein grosser Platz / samt lauter kleinen/ allein Welscher-Nüß grossen / weiß und schwartzen Steinlein gepflastert/ mit solchem Fleiß/ daß man gantze Historien von Bildern und Gejägd / von Thieren in Pflaster eingelegt sihet/ und weil der Mertel/ darein sie gelegt/ von Meersand so kräfftig/ hält er diese eingedruckte Steinlein im Regen und Wind so vest / als obs in ein stück Stein zusammen gewachsen wär/ darbey ein lustiger Garten mit Pomerantzen / Limonen, und Cypressen-Bäumen besetzt/ und daran ein sehr heroische Grotta/ welche wegen ihrer Grösse und Köstligkeit / an wunderbarlichen schönen Schnecken und Meer-Muscheln/ beneben grosser Summa darinn stehenden Corallen-Zincken / und eingelegten Crystall-Spickeln/ fast die fürnehmste/ so in gantz Italia zu finden / wie solche Herr Fuertenbach folgender Gestalt beschreibet: Erstlich ist die Principal-Höle und grosse Wildnüß / aus welcher über eine Stiegen ein starckes zersprei̇tes Wasser herunter platzet / ob dieser Stiegen sitzet der Neptunus, auff jeder Seiten/ dann seynd drey andere Hölen und Vertieffungen/ in jeder stehet ein Meer-Wunder / welch alle gar grob bäurisch gemacht/ mit mancherley gefärbten Meer-Muscheln und Schnecken bekleidt/ die geben auch starcke Wasser von sich. Ferner seynd zwo im Wasser ligende Insulen/ aus denen gar lustige Wasserspiel kommen/ hat 2. Fenster / und bey dem Eingang ist die Faziata vom Rauch/ und groben Quaterstücken gehauen/ in der Grotte aber darinnen stehen 8. Pfeiler/ darob ein Cupola, durch welche auch das Tagliecht hinein fallen kan. Die Terra firma, oder truckne Boden/ ist mit gar kleinen Steinlein zierlich gepflastert/ die Pillastri samt der gantzen Cupola, und alle Wänd der gantzen Grotta inwendig / sind samentlich mit schönen Schröven/ und mancherley von lustigen zusammengesetzten Rosen/ (welche dann ungefehrlich von Schnecken und Muscheln gemodiliert) gezieret/ auch mit Corallen und Crystallen-Spickeln eingelegt / an manchen Orten sihet man ein Coralle-Mutter/ ingleichem der weissen Sort an den Felsen stehn/ ꝛc.

Was die geistlichen Gebäu dieser Stadt anbelangt/ so werden vom Henznero 30. vom Schradero, und Jo. de Laet 32. Pfarr-Kirchen gezehlet.

Die Haupt-Kirch St. Lorenzo genannt / ligt fast mitten in der Stadt/ etwas erhaben/ gehet allen andern an Zierde vor/ hat von aussen von weiß und schwartzen Marmor/ auch inwendig von vielen Marmorsteinen/ sonderlich etlich grossen roth Porphyrnen-Säulen/ ein prächtiges Ansehen/ sondern ist auch von den schönsten Altären / Bildern und Monumenten der besten Mahler/ Bildhauer und Künstler auffs herrlichste gezieret / bevorab die vom weissen Marmorstein künstlich-gebauete Capell / so neben dem Chor/ der Altar unter der Orgel/ auf der lincken Hand / wie auch das Kirchlein S. Johannis des Täuffers / in welchem die Balcken und Wände vergüldet / und von vier Säulen von Porphyr-Stein untersetzet ist: auff welches Altar ein groß silberne Kisten oder Sarg / in welchem die Asche und halb verbrandte Gebein Johannis des Täuffers/ (so aus der Stadt Myra in Lycien / im Jahr der Geburt Christi 1149. den Genuesern solle gebracht seyn/) so Münstero zuwider lauffen will. An diesem Sarg haben vier Mann in Processionen zu tragen / wie dann in Ungestümm des Meers dieser Sarg auff dem Molo oder Thom mit Procession getragen wird. Hat aber Anno 1613. bey dem grausamen Wüten des Meers / so in dem Haven 16. grosse/ 54. Barchen und kleinerne Schiff / mit viel Tonnen-Golds werth Gütern zertrümmert/ und daneben viel Menschen ersäufft/ (ob der gleich mit ansehnlicher Procession hinauß getragen worden/) nichts geholffen/ sondern den Tafferen-Himmel/ darunter er getragen / zerrissen / und eine grosse Meer-Welle über den gantzen Molo hinüber / in 15. Männer von der Procession hinab ins Meer geschmissen und ersäufft/ daß kaum einer errettet worden.

Von Reliquien und Heilthümern wird allda ferner gezeiget: der Cörper S. Syli, der Genueser dritten Bischoffs / das Haupt S. Laurentii, ein Arm und Schienbein von ihme/ und ein Stück von dem Rost darauff er gebraten worden. Das Haupt des Apostels Barnabæ; das Haupt S. Sebastiani des Märtyrers. Ein Arm S. Matthæi: Ein Arm S. Gregorii des Märtyrers. Ein Arm S. Triphons, die Arme S. Theodori des Märtyrers. Vier arme und zwey Köpff der unschuldigen Kindlein. Die rechte Hand S. Jacobi des Kleinern. Die Schienbein S. Blasii. Von dem Weyrauch/ Myrrhen und Gold/ so dem HErrn Christo von den Weysen geschenckt. Ein grosser Zahn S. Christophori. Spatula (ein Schwerdtlein oder Gewehr) des Propheten Daniels. Die Hand S. Patricii. Etwas von den Beinen S. Hilarions. Ein Gefäß von Chalcedonierstein/ so vom Pabst Innocentio Octavo dieser Kirchen verehrt. Ein mit grosser Kunst ausgearbeit silbern Creutz / welches kaum vier Männer tragen können / in welchem ein grosses Stuck Holtz von dem Creutz Christi. Es soll auch hier ein Teller seyn (andere eine Schüssel) von Chalcedonier-Stein/ auff welchem die Tochter Herodiadis das Haupt Johannis des Täuffers gebracht habe. Diese alle seynd in dieser Kirchen / in der Capelle zur rechten

Hand verwahret. In eben dieser Sacristey wird eine achteckichte / und einer grossen Spannen weite in diametro, von einem stück grünen Smeraldo geschnittene Schale / so eines zwerchen Fingers dick / gewiesen. Leander nennts il Catino di Smeraldo; Stunica in seinem Spanischen Reiß-Büchlein pag. 138. Catinum Smaragdinum, und Pflaumerus Smaragdinam paropsidem; welcher letzte gleichwol sagt / daß es etliche in zweiffel ziehen / obs vom Smaragd sey.

Wie es aber / samt besagter Aschen / (deren gleichwol der von Pflaumern nicht gedenckt) hieher kommen / davon kan gedachter Leander gelesen werden / der da sagt / daß in solcher das Oster-Lämlein / so Christus mit seinen Jüngern gessen / solle gelegen seyn / (davon abermals gemelter Pflaumerus schweiget) und daß solche Schale / samt obgedachter Aschen / der König Balduinus zu Jerusalem / den Genuesern verehret habe. Obernannter Stunica will / daß solche Schal / die er weitläufftig beschreibet / nit nach Eroberung der Stadt Cæsareæ, von gemeltem König Balduino, sondern vom König Alphonso VIII. der sich einen Spanischen Käiser genannt / nach Einnehmung der Stadt Almeria, so in Hispania gelegen / den Genuesern sey gegeben worden / als sie ihme solche zuerobern beyständig gewesen wären. Sagt aber weiter nichts / worzu diese Schlüssel oder Schalen gebraucht worden sey. Joannes Mariana Hispanus ist auch dieser Meynung / und meldet lib. 10. hist. de rebus Hisp. cap. 18. daß man nicht beweisen könne / daß Christus in solchem Napff das letzte Abendmal solte gehalten haben. Vid. C. Ens in delic. apodem. per. Hispan. p. 42. Unten an dieser Kirche / bey der Capell S. Johannis des Täuffers / ist an einer Säulen eine sehr alte Tafel von Ertz / von groß eingeschnittenen Buchstaben angeheftt / so eine Entscheidung etlicher Landschafft / Feld- und Land-Güter rc. betrifft / in dem Jahr nach Christi Geburt 1506. in einem Thal / nahe Genua gefunden worden. Welches sehr altes Latein / die Antiquität bezeuget / und von Georg. Fabricii Monumen. Antiquis, und Jod. Hordii Italia völlig beschrieben / deren Anfang ist:

Q. Mutius Q. F. Rufus de Controverseis inter Genuateis & Veiturios in re præsente cognoverunt; & coram inter eos controversios composciverunt: & qua lege agrum possiderent, & quæ fineis fierent, dixerunt eos fineis facere, terminosque statui jouserunt &c.

Ferner ist zu sehen der Franciscaner Kirch / auf einem hohen Berg / darinn herrliche Altär und Capellen / auch ehrine und marmorsteinerne Bilder / und fürtreffliche Gemählde. Und solle darinn allein eine Capell 40000. Cronen gekostet haben. Vid. D. Fuertenbach.

Die Kirch zu S. Maria in Caregano haben die Signori Sauli erbauen lassen / welche der zu S. Peter in Rom / der Stellung nach / gleich seyn solle. Ligt auf einem gar hohen Berg in der Stadt / und ist wegen ihres gravitätischen Gebäus die allerschönste / so alhie zu finden / von welcher H. Fuertenb. zu lesen. Man solle nit allein die gantze Stadt Genua, sondern / wie etliche sagen / auch durch ein weitsehendes Rohr / biß an die Insel Corsicam, so 120. welsche M. von Genua gelegen ist / von hinnen sehen können.

Die Kirch zu S. Ambrosio haben die Jesuiter innen / allda von allerhand Farben köstlich gearbeitete marmorsteinerne Altär seyn. Und hat es oben im Chor 4. Säulen / jede 14. Palmi in der Circumferenz, und 30. hoch / von einem gantzen stück schwartzen Marmorstein / welche mit gelben Striemen / als ob es Gold wäre / durchzogen.

Die Kirche zu S. Siro, so noch neu / hat 16. von einem gantzen Stück / weisse marmorsteinerne Säulen / jede 13. und ein halb Palmi dick / und 30. hoch / seynd zwey neben einander gestellt / so das mittlere Gewölb der Kirchen tragen. Ist auch mit so schönen Altären gezieret / daß dergleichen anderstwo wenig zu sehen. Man rühmet auch die Kirch zu S. Matthæo, oder / wie sie Schraderus lib. 4. Monument. Italiæ fol. 382. & fol. 386. nennet / S. Matthiä, so einen schönen Chor von marmorsteinern Bildern hat; und allda von aussen etliche Schrifften der erhaltenen Sieg des Geschlechts d' Oriæ zu lesen. In dieser Kirchen seynd an Reliquien der Heiligen der Leib der seligen Jungfrauen Anastasiæ, von Constantinopel dahin gebracht. Die Leiber der H. Märtyrer / Mauri und Eleutheri / die Asche der H. Märtyrer Maximi und Pelagii.

So seyn die Kirchen zu Rocho, Bartholomæo &c. von schönen Altären / Bildern rc. nicht weniger zu sehen. Bey dem Thor di Sanct Tomaso, hat der Princ. d'Oria auff seinen Kösten ein trefflich schönes Frauen-Kloster bauen lassen.

Das Hospital wird sauber / und nicht geringer / denn das zu Florentz gehalten / ist auch mit ansehnlichen Einkommen versehen / wird auch allda jeder armer Frembdling / wie zu Mäyland / auch die Fündel-Kinder auffgenommen.

Aus dieser Stadt sind die vornehmen und berühmten Kriegs-General und See-Ammiral / Christophorus Columbus, Dorias und Spinola bürtig gewesen.

Diese Stadt Genua hat vorzeiten viel erlitten und ausstehen müssen / dann sie ist etlichmal erobert und ausgeplündert worden.

Nach Christi Geburt im Jahr 660. ist sie von den Longobarden eingenommen / und von selben biß auf Käiser Carolum M. beherrschet worden / der sie an das Reich gebracht / und mit vielen Freyheiten begnadet / darauff sie dann einige Hauptleut erwehlet / und mit einer starcken Armada die Saracenen aus der Insel Corsica getrieben / und dieselbe mit grossem Raub erobert.

Hingegen haben An. 935. sich die Saracener mit den Carthaginensern verbunden / und die Stadt Genuam auch überfallen / und dero Einwohner jämmerlich erwürgt. Alle Weiber und junge Kinder aber / so männlich / so weiblichen Geschlechts / hinüber in Africam geführt. Welchen Jammer kurtz zuvor ein zu Genua mit Blut geflossener Brunn angedeutet. Funccius vid. Da aber sie sich hernach wieder erholet / haben sie nicht allein zu allen Zeiten behende Kauffleuth / sondern zu grossen Verrichtungen zu Wasser und Land vortreffliche Leut gehabt / die offtermalen die ungetreuen Christen-Feinde mit ihren Waffen abgetrieben / und ansehnliche Siege davon getragen / also / daß sie auf eine Zeit ihre Regierungs-Gräntze / biß an den Fluß Tanais, so durch Moscovien fleußt / Europam von Asia scheidet / und bey der Stadt Cabarda in die Paludes Mæotidis sich ergeust / erweitert.

Anno 1274. wurffen die Genueser gleich den Venedigern einen Hertzog auff / welcher aber nur zwey Jahr regieret.

Anno 1393. hat sich Genua freywillig Carolo VII. König in Franckreich ergeben / damit sie der Pisaner Verfolgung / und andere benachbarten / entgehen möchte. Der König Carolus schickte eine starcke Frantzösische Besatzung dahin / welche aber von den Genuesern / weil es die Herrschafft nimmer leiden können / hinaus gejagt / und weil sie sich befürchteten / deßwegen gezüchtiget zu werden / begaben sie sich unter den Gehorsam Philippi Galeatii, Hertzogs zu Meyland. Bald aber darnach / als sie auch den Philippum vor den Kopff gestossen / schickten sie

wieder

wieder in Franckreich zu König Ludwig dem XI. damit sie seine Protection haben möchten: Fregosius und Grimani waren ihre Deputirte; sie kamen nach Paris/ und erboten dem König im Namen der Republic allen Gehorsam und Unterthänigkeit/ und baten ihn/ sie für seine Unterthanen anzunehmen: Der König sagte/ hebt die Hände auf/ und schwöret die Warheit/ hat auch die Republic dieses befohlen? Sie sagten ja/ Ihr Maj. wofern deroselben beliebt/ uns wider den Hertzog von Meyland zu schützen: Der König antwortet ihnen/ so seyd ihr dann mein/ dem ihr euch ergeben habt/ und ich schencke euch dem Teuffel/ dann ihr seyd unbeständige Köpffe/ die ihr alle Augenblick eure Herren verändert. Nichts desto weniger nach dem Tod Ludwig des XI. ergaben sich die Genueser seinem Sohn Carolo, unter einigem Tribut/ welchen sie bezahlten/ damit sie von der Verfolgung des Hertzogs möchten befreyet seyn. Doch kehrten sie Franckreich wiederum den Rücken/ daher König Ludwig der XII. die Stadt Genua in Anno 1507. belägert und eingenommen. Er ritte in die Stadt ein mit dem blossen Degen in der Hand/ als wann er jederman durchs Schwerdt umbringen wolte/ als er aber bey dem grossen Platz der Stadt kam/ sahe er eine Procession von alten Männern/ der Adel und Bürger auf einer Seiten mit dem Strick am Halß und in Hembdern; auf der andern Seiten die Weiber und Kinder/ alle auf den Knien/ welche da sie ihre Majestät sahen/ mit erbärmlicher Stimm ruffien: Misericordia, misericordia; welches dem König sein Hertz also bewogen/ daß er seinen Degen aus der Hand fallen lassen/ und ihnen ihre Fehler verziehen/ mit Warnung/ daß sie ins künfftig solten getreu seyn; und also wurden sie wieder unter den Gehorsam des Königs gebracht/ biß zu der Zeit/ da Franciscus I. den Andream Doria nicht nach seiner Anforderung vergnügt hatte/ welcher tapffere Kriegs-Held Franckreich doch so lange gedienet/ derowegen er seine Parthey verlassen/ die Stadt ihm abwendig gemacht/ und sich samt derselben unter des Käisers Caroli V. Schirm begeben/ welcher diese Republic in eine Aristocratiam gesetzt.

Von ihrer Landschafft besihe Fr. Merulæ Cosmographiam. Anno 1060. haben sie/ als die Frantzosen/ sonderlich Hertzog von Bullion, das gelobte Land einbekommen/ und Balduinus König zu Hierusalem regiert/ Tripolim und Cæsaream eingenommen/ und König Balduino übergeben/ dagegen sie von ihme die Aschen von Johannis des Täuffers Cörper/ und die Platten/ darinn das Osterlam gelegen/ bekommen. Münsterus vid. Und weil sie stätig mächtiger worden/ haben sie viel Kriege (sonderlich zu Wasser) geführet/ Pisam ein Jahr belägert/ Liborno geängstiget/ die Inseln Cypern/ Lesbum, Chium, Stadt Caffa, Chersonesum, Peram in Thracia, und andere fern gelegne Ort bezwungen.

Wie offt nun bey so zunehmenden Glück sich ihr Regiment geändert/ rebellirt/ vom König in Franckreich gedemütigt/ sie sich abermals widersetzt/ nochmals bezwungen/ dann ihnen ihre Freyheit wieder geschencket/ findet sich in Münstero, Joh. Pflaumern, Hondio, und Zuertenbachs Reiß-Buch Italiæ.

Sie seynd aber nun in des Königs in Hispanien Protection, haben einen Rath von 400. Personen/ aus ihren Adelichen Geschlechten bestellt/ denen ein Hertzog/ 8. Gubernatores, 8. Procuratores, und 5. Syndici fürgesetzt.

Was für vortreffliche Leut aus dieser Stadt/ zu Päbsten/ Cardinäln/ tapffern Kriegs-Helden/ auch sonst hochgelehrten Männern kommen/ erzehlet Merula in seiner Cosmographia.

Es hat auch Genua in dem letzten Sterben gewaltig herhalten müssen/ dann 60. in 70000. Menschen durch die Pest weggeraffet worden seyn/ und ist täglich eine solche Menge gestorben/ daß man sie nicht mehr hat begraben können/ sondern hauffenweiß auff den Gassen ligen blieben seyn/ deßwegen weil sie schon anfiengen zu verwesen/ hat man in 600. Todte auf einen Hauffen geschleppt/ und solche mit Feuer angesteckt und verbrandt.

Das Gestade umb Genua ist sehr fruchtbar/ und von den Inwohnern mit grossem Fleiß gebauet/ hat so viel schöne Meyerhöfe/ sonderlich gegen Genuam, daß mans billich eine Stadt nennen möchte. Besihe von dieser Stadt Leandrum Albertum, descript. Ital. August. Barth. Fascium, Jacob. Bracellum, Jacob. Avoragine, Paulum Interianum, und andere so von Genua geschrieben/ die Johann. Jacob. Hoffmann. Lexic. univers. pag. 692. anziehet.

S. Germano.

Neun oder 10. Meil von Ciano gelegen/ dem Hertzog von Savoya gehörig; ist vorzeiten eine sehr volckreiche Stadt gewesen/ aber durch Krieg übel verderbt worden.

S. Giminiano.

Ein schönes und wohlerbautes Städtlein/ dem Groß-Hertzog von Florentz gehörig/ nicht weit von Valtera, ist berühmt wegen des herrlichen Weins/ so allda wächst/ welcher unter die beste in Italia gerechnet wird/ hat schöne Kirchen/ und prächtige Palatia, die Inwohner sind sehr freund- und bürgerlich. Dieser Ort ist von der Longobarder König Desiderio erbauet worden.

Girali, Gierazzo.

Ist eine alte/ ziemlich grosse und volckreiche Stadt/ in dem Königreich Neapoli, und unter Calabria, nicht weit vom Jonischen Meer/ und an dem Fluß Gierazze gelegen. Ist vorzeiten ein berühmter und vester Ort gewesen. Ligt auff einem hohen Berg/ zwischen 2. Wassern/ und ist ziemlich vest.

Goito.

Ein schönes und lustiges Städtlein/ 10. Meilen von Mantua, und selbigem Hertzog gehörig/ ist nicht groß/ aber wohl bevestiget/ hat ein schönes Schloß/ wie auch Lust- und Thier-Garten.

Grosseto.

Ist eine in dem Sienesischen Gebiet gelegene wohl bevestigte Stadt/ dem Groß-Hertzog von Florentz gehörig/ rc.

Imola.

Eine feine wohlerbaute Stadt in Romagna, sonst Gallia Togata, zwischen Faenza und Bologna; welche sonst auch Forum Cornelii ist genannt worden/ und den Bojis zugehöret/ wie aus der Weite der Oerter und den Reisen abzunehmen/ und Paulus Diaconus sagt/ libr. 2. cap. 18. Cornelii forum, cujus castrum Imolas appellatur. Es erscheinet aus den alten Martyrologiis, daß sie vom L. Cornelio Sylla ihren Ursprung und Namen umbs Jahr vor Christi Geburt 80. bekommen. Von dem jetzigen Namen/ auch ihren Zuständen und unterschiedlichen Herren/ biß sie an den Pabst Julium II. völlig kommen ist/ besihe vielgedachten Leandrum Nella Romagna pag. 321. Die Inwohner werden vom Plinio lib. 3. c. 16. Foro-Cornelienses, und das Wasser so darbey fliesset/ Vatrenus, jetzt Santerno, oder wie Schraderus d. lib. 4. fol. 403. will/ Sacernus genant. Sie ligt in einer lustigen Ebene / und ist mittelmässiger Grösse/ mit alten Mauren/ sampt einem Castel / eingefangen/ allda es einen grossen Platz / dabey ein ansehnlicher Palast / in welchem des Pabsts Stadthalter seine Wohnung hat. Gemeldter Schraderus sagt/ daß sie fast wie Wittenberg/ in Sachsen/ ligen solle / und mit Gräben/ Wasser und Mauren gnugsam befestiget sey. In S. Augustini Kirch ist eine trefflich schöne Capell. Der Boden herum ist fruchtbar an Getraid/ Wein/ Oel und anderm. Es seynd auch von hier vornehme Leut/ und sonderlich der berühmte Jurist Johannes, zugenannt/ ab Imola, herkommen.

Invado.

Dieses ist zwar nur ein Flecken / dabey aber ein berühmter Porto oder Meerhaven / der für den besten gehalten wird/ so gegen Ponente zu finden. Anno 1619. hat die Herrschafft Genua allhie ein gewaltiges Berg-Hauß und Vestung von neuem erbauet / die gantz in einen Felsen gehauen. In diesen Haven läst der König in Spanien (mit Bewilligung der Genueser) all sein Volck hinfahren/ so nach Italia und Teutschland dienet/ und ans Land setzen. Von hier sind 5. Meil nach Savona.

Ischia.

Ist eine dem König in Spanien / und zu dem Neapolitanischen Königreich gehörige Insel/ von 18. Meilen in ihrem Umkreiß/ und allenthalben mit Bergen und hohen Felsen umgeben/ also daß man nur auf einer Seiten in dieselbige kommen kan/ und wird das Schloß daselbst für unüberwindlich gehalten. Sie ligt 5. Meilen vom festen Lande / und 15. von Neapoli. Auff der Insel Ischia oder Isela sind 35. Gesund-Bäder/ welche Capaccius nach ihren Tugenden beschrieben. Ist vor diesem auch Anariæ und Inarimes genannt worden. Filostratus nennet sie eine güldene und holdselige Insel/ die nicht ohne Verwunderung zu sehen. Sie hat ohngefehr 20. Vorgebürge / und 14. Berge / unter welchen der mittelste und höchste S. Nicolai. An diesem geräth das Getraide wohl/ und hat auch guten Weinwachs da. Auff dem Berge della Guardia wird jederzeit scharffe Wache gehalten / damit man vor den Türckischen See-Räubern die Schiffe verthädigen könne. Der Berg S. Angelo ist wegen der Fischerey beruffen. Zwischen den Bergen Tezzana und Capitnonte, äussert sich ein erfreulich Thal in welchem unterschiedliche weisse Felsen zu sehen. Die Berge Marontio Cavallarizzo und S. Pancratio geben sich in einem anmuthigen Thal zu sehen / welches einen Uberfluß an Fasanen/ Hasen etc. begreifft / und durchgehends mit Castanien-Bäumen bewachsen ist. Die Stadt stehet auff einem hohen und abschirtzigen Felsen erbauet / welcher ehemahl von dem Meer umbgeben / jetzo aber ist er vermittelst eines gemauerten Dammes dem Lande vereiniget. An einer Seiten ligen Mittagwerts hohe Felsen-Klippen ; gegen Abend ist das Meer / und hinter jetzt erwehntem Damm ein Ansurth / so doch vor dem Ost- und Süd-Wind / nicht gesichert ist. Der Eingang ist sehr beschwerlich / als welcher durch einen außgehauenen Felsen vergönnet wird / und mag solcher enge und vortheilhaffte Paß von zwey Soldaten wohl verwahret werden. Uber diß kan man die in dem Haven creutzende Schiffe mit dem Geschütz erreichen. Die Wachten werden von lauter Italiänern / welche fast alle das Bürgerrecht geniessen/ bestellet/ so etwas ungewöhnliches bey den Königlichen Spanischen Besatzungen ist. König Alphonsus I. hat die Bevestigung mit Graben/ Mauren und allerhand Geschütz mercklich verstärcket. Die Bürger sind durchgehends von Herrschafftlichen Aufflagen befreyet / und haben acht Dörffer unter ihrer Bothmässigkeit ; unter denen Forio das grösseste ist / welches auch von der anmuthigen Gegend / reichen Uberfluß an Wein und allerhand Früchten / so auch von guter Lufft beruffen/ allda 800. Heerd-Stätte gezehlet werden / und guter Handel getrieben wird. Die gantze Insel ist mit annehmlichen Gärten / Lust-Wäldern und grünen Auen außgeschmückt. Gibt viel Artischocken/ mit welchen man gantze Schiffe belasten könte. Von hier bekommen auch die zu Neapels ihre Nelcken und Blumen. Fasanen und anderes Geflügel sind allhie nicht seltzam ; so fehlet es auch nicht an andern Waid-Werck und gutem Wildpret. Man wil auch sagen/ es seyen etliche Gold-Adern da zu finden. Eisen-Ertz gibt es vielfältig. Man hat allda 10. kalte Brunnen und 35. warme / so mit medicinalischen Wasser begabet seyn. Es wird auch allhier allerhand Sorten Wein gebauet / und in andere Oerther verführet. Fische gibts auch in Menge / nicht allein im Meer/ sondern auch in dem stehenden See / allda man auch in dem Winter-Monat eine grosse Anzahl einer Gattung Endten zu jedermans Nothdurfft haben kan. Und dieses Geflügel wird denen Fasanen gleich gehalten/ als welches von der Frucht des Myrtenstrauchs/ so ihre Nahrung ist / überaus schmackhafft ist. Es hat aber auch auf dieser Insel Erdbeben gegeben / und als sie von den Sicilianern beherrschet wurde / der Berg Epomeus oder S. Nicolai Feuer von sich gestossen/ so / daß sie sich auch dieses Eyland zu verlassen entschlossen. Und hat sich solches/ wie die Historien melden / hernach öffters wieder ereignet/ als unter der Regierung Käisers Augusti, Titi, Antonii IV. und Diocletiani. Sonderlich aber im dritten Jahr der Regierung Alberti I. zwey gantzer Monat angehalten/ daß jederman vermeinet/ es würde die Insel untergehen / da denn auch viel Menschen und Vieh auffgerieben/ und die übrigen zu entfliehen gezwungen worden. Davon findet man noch Merckzeichen auf einem Acker/ ohngefehr 3000. Schritt lang außgebrante Steine/ welcher daher locus crematus heisset. Und diese Umstände mögen des Pindari Meynung beglauben/ der auch Strabo nicht entgegen ist/ daß der Strich/ welchen das Meer von Pozzuolo, und Cuma in Sicilien machet/ gantz feurig sey/ und daß die unterirdische Gänge in einen zusammen kommen / wovon auch die darbey ligende Inseln nicht auszunehmen. Vid. D. Clementis Weigelii Italian. Paradieß.

Itri.

Ein schlechtes und kleines Städtlein in dem Königreich Napoli, auff dem ordinari Weg von Rom nach Napoli. Schraderus nennet es ein stinckendes Städtlein/ so die Lateiner Itrium heissen/ fol. 220. b. Ligt auf Hügeln/ so Wein/ Feygen/ Oliven und andere Früchte tragen.

Justinopel.

Die Hauptstadt in der Provintz Istria, so von den Italiänern heutigs Tags Capo de Istria genannt wird/ ligt im Meer auf einer kleinen Insel / die eine welsche Meile lang/ und ein lauter Felsen ist. Es gehet eine lange Brücken darzu vom Land / und stehet in der Mitte eine alte Vestung mit 4. Thürnen/ heist Castel Lion ; ist gar mit

dem

Castello.
Isola de Capraia
Lerice

dem Meer umringt. Nicht weit von Capo d' Istria ligt ein Castel und ein Berg/ so die Alten Pucinum genannt haben / so jetzt Proseck heist ; allda der edle Prosecker Reinfal wächst/ den Käisers Augusti Gemahlin die Livia, so über die 70. Jahr alt worden / zu trincken gepflegt hat.

Juvenazo.

Ist eine feine wohlerbaute Stadt/ des Königreichs Neapolis, ligt in der Provintz Terra di Bari, sonst auch Apuglia genannt/ an dem Adriatischen Meer/ oder Golfo di Venetia, 12. Meil von der Hauptstadt Bari.

Lanziano.

Eine grosse/ volckreiche und fürnehme Handelstadt/ allda in dem Majo und Augusto eine Jahrmesse gehalten wird / welche durch die gantze Christenheit berühmt ist/ und viel Waaren aus Dalmatien / Griechenland / und andern Orthen dahin gebracht werden. Ligt in dem Königreich Napoli, in der Provintz Abruzzo, und 4. Meilen von der Haupt-Stadt Chieti.

Lamporeggio, Eporedia.

Ligt in dem Ländlein Canavese, darinnen es die Haupt-Stadt/ und in der Salassier Landschafft/ zwischē zweyen Bergen/ auf einer Höhe / bey dem Eingang des Thals d' Hosta oder di Osta gelegen / welches ziemblich lang mit den höchsten Bergen umbgeben ist. Darinnen ein herrlicher Wein / und allerhand Früchten auff den Hügeln wachsen / durch welches Thal der Fluß Doria läufft/ und darinnen vorzeiten die Salassi gewohnet.

Laurentum.

War vor die vornehmste Stadt in Latio, so der Lateiner Könige Sitz / (von denen auch Reiner. Reineccius Monarch. primæ regno 46. fol. 395. seq. zulesen/) und nicht fern von der Tyber gelegen gewesen/ wie Strabo und Dionysius bezeugen ; welche hernach Lauro-Lavinium genannt worden / so auch etlichen Scribenten dem Land den Zunamen gegeben hat.

Lavinium.

Ist auch im Latio bey dem Urspring des Flusses Numici auf dem Hügel gelegen gewesen / wo jetzt S. Petronellæ Kirche stehet/ von dar man 3000. Schritt zum Außgang der Tyber und dem Meer rechnen thut. Von der die Alten gedichtet/ daß sie Æneas, nach dem er Fried unn Bündniß mit der Aboriginum Könige dem Latino, bey Laurento gemacht/ und desselben Tochter Laviniam zum Weib genommen / nicht fern von dannen eine neue Stadt / die nach seiner Gemahlin Namen/ Lavinium genannt/ erbauet habe. Und von diesem Lavinio wollen alle Autores, sey Alba, zugenannt Longa, entsprungen/ die von ihrem Anfang geschrieben/ die aber Cluverius refutiret lib. 3. c. 4. Antiq. Ital.

St. Leo.

Ist eine Bischöffliche alte Stadt/ dem Pabst zugehörig/ ligt auff einem hohen Berg/ in der Provintz Umbria, insgemein il Ducato di Spoleto genannt.

Lerize, Portus Ericus.

Dieses ist ein den Genuesern zuständiger Marckfleck/ an dem Gestade des Meers/ und 3. Meilen von S. Maria della Suorte, und 5. vom Porto Venere gelegen. Hat einen gewaltigen / grossen und sehr vesten Meerhaven/ darinn eine gantze Schiff-Armada, wie starck sie auch seyn mag/ überflüssigen Raum einzustellen hat. Auff einem hohen Felsen hat es allhie eine grosse Außfahrt nach Orient zu schiffen/ daher man nicht mehr durch die Enge des Portus Veneris zu segeln gezwungen ist. In dieser Gegend befinden sich 4. Vestungen nahe bey einander/ als Porto Venere, S. Maria della Suorte, das Castel zu Lerice, und dann der mit Soldaten besetzte/ und mitten im Meer gelegene starcke Wacht-Thurn / können mit dem Geschütz/ welches zusammen reichet/ beyde Einfahrten nicht allein sperren/ sondern auch den gantzen Meerhaven / oder vielmehr den Golfo oder Sinum (der 5000. Schritt in seiner Länge und Breite hält / wie Pflaumerus schreibet) beherrschen / daß sich einige Corsaren und Türcken hier einzufahren nit unterstehen/ daher die Schiff vor ihnen unn der Ungestüme des Meers gar sicher stehen können. Es beweiset vielgedachter Cluverius lib. 2. Antiq. Ital. c. 2. daß eben an diesem Orth / wo Lerice ligt / vorzeiten die berühmte Stadt Luna gestanden / so man dem Lande Hetruriæ zugeeignet / ob sie wol hiewarts des Flusses Macræ gelegen gewesen. Sie war sehr alt/ als die von den Griechen/ noch vor dem Trojanischen Krieg ist erbauet und Selene genannt worden. Plinius rühmet lib. 14. cap. 6. den Wein so hierumb gewachsen ; So seyn auch die Käse/ die da gemacht worden/ und Marmorstein / so biß nach Rom geführet worden / in grossen Ruhm gewesen/ wie beym Strabone lib. 5. und besagten Plinio lib. 36. f. 634. c. 5. zu lesen. Wie aber diese Stadt Anno Christi 857. von der Normanner Hertzog Haddingo mit List eingenommen / und solche hernach außgeplündert/ und verbrennt worden/ das ist beym Cranzio lib. 1. Norvagiæ cap. 4. zu finden / aus welchem Pflaumerus diese Historiam gesetzet hat.

Lezze, Lecce, Aletium.

Zwischen Brindisi und Otranto, und 30. Meilen von Capo S. Maria, oder dem Promontorio Salentino gelegen. Ist die grösseste/ reichste und wohlbewohnteste Stadt im gantzen Lande Napoli, dahin sie gehörig. Allda der Königliche Stadthalter über gantz Apuliam: wie auch der Königliche Rath / und die fürnehmste Herren dieses Landes ihre Residentz haben. Es hat ein höfflich Volck und zierliche Häuser da. Grasserus sagt/ daß wie die Stadt Rhegium gleichsam am grossen Zehen / Crotona und Tarentum an der Solen erbauet ; also stehe Hydrunt / oder Otranto, zu hinderst am Fersen dieses grossen Schenckels / welchem Italia verglichen werde. Wann man nun eine Tagreise wieder zurück ziehe / und zum Knoden komme / finde sich das schöne Aletium.

Lignano, Lenjago.

Lateinisch Liniacum, eine sehr berühmte Vestung in dem Veronesischen Gebieth gelegen / und den Venetianern zuständig / ligt 15. Meilen von der Stadt Verona, an der Etsch / in einer schönen Ebene / und wird für unüberwindlich gehalten. Den Fluß Etsch / so durch die Vestung rinnt / nennen die Innwohner Adige und Adese.

Limone.

Ist ein den Venetianern gehörig Städtlein / ligt in dem Vincentinischen Gebiet/ und 7. Meilen von Padua.

Livorno.

Eine neue / schöne / wohl erbaute Stadt / allein nicht sonders groß / allwo täglich grosser Kauff- Handel getrieben wird / welch von unterschiedlichen Orthen der Welt allerley Schiff und Nationen allda ankommen / und wird versichert allhie nicht weniger handthiert als zu Amsterdam/dann wenn die Engelländer/Holl- und Niederländer in gutem Frieden stehen/ sihet man des Jahrs 2. schöne Flotten vor dieser Stadt ligen/ welchen Vortheil dieser Orth vor andern hat / und welches dem Groß-Hertzog von Florentz zu grossen Ruhm gereichet / deme auch diese Stadt und gewaltige Vestung gehöret. Der gemeine Mann nennet diesen Port Ligorno. Und schreibet Guicciardinus, daß die Florentiner ihn vom Thomaso Fregoso, dem Hertzoge zu Genua, erkaufft haben. Er wurde aber so sonders hoch nicht gehalten / biß Ferdinandus der Groß-Hertzog von Florentz die Schiff vor dem Feind und den Winden zu verwahren ihn hat befestigen lassen. Es hat solcher ein enge Einfahrt / also daß ein Schiff nach dem andern anlenden muß / und stehet gleich bey solcher Einfarth ein altes Schloß oder Vestung / so vor diesem neben einem Flecken da gestanden / weil wegen der bösen Lufft und der Pfützen darbey gar ungesund da zu wohnen war ; biß besagter Ferdinandus diesem Ubel mit außdrücknen/ und in andere Wege / sonderlich mit Leitung des Wassers in obbesagtem Canal/ gesteuret/ und ein neues/ und schönes Städtlein da gebauet hat/ welches von Tag zu Tag zunimmt. Es hat auch ein sehr schöne neue Kirchen/ auff einem grossen Platz gelegen / darumb schöne und gemahlte Häuser stehen. Die Gassen sind wohl disponirt und schön. Ist eine rechte Gräntz- und Meer-Stadt / an welcher gegen dem Lande es noch eine gar neue Vestung hat. Und fahren von hinnen die Ritter von St. Stephano wider den Türcken auß. In dem Seraglio ist eine grosse Summa gefangener Türcken / von Manns- und Weibs-Personen zu sehen ; wie es dann an allerhand Sclaven allhie eine grosse Menge hat/ deren Leben Pflaumerus beschreibet. P. Cluverius lib. 2. Antiq. Ital. hält darfür / daß des Antonini Ort/ ad Herculem genannt / eben das Livorno sey / und daß aus Zosimo libr. 5. histor. erscheine / daß dieser Portus schon zu seiner Zeit Liburnus sey genannt worden/ und zweiffelt er nicht/ daß dieser Meerhafen es sey/ welcher beym Cicerone libr. 2. epist. 4. ad Q. Fratrem p. m. 609. Labro genannt werde / und vielleicht anfangs Portus Herculis Labronis möge genannt worden seyn. Man hat von Pisa hieher/ auf 14. oder 15. Meilen/ einen gar schönen ebenen Weg / durch einen gar anmuthigen Wald/ darinn mehrentheils Pantoffel-Holtz wächst / welche Rinden dann jährlich abgenommen werden. Es gibt allerley Wild da/ fürnehmlich aber Büffel oder wilde Ochsen / die man allgemach zahm machet/ und hernach zum Ackerbau gebrauchet/ wie Herr Furtenbach schreibet.

Lizafusina, Lizzafusina, Lisafusina.

Ein Flecken zwischen Venedig und Padua 4. oder 5. welsche Meilen. Von etlichen wird dieser Orth/ allda etliche Häuser stehen / la Zaffusina ; von theils Officina Lenca genannt ; allda der Meduacus Major, oder die Brenta , sich von dem ordentlichen Lauff nach Mittag wendet ; weil sich die Venedier befürchtet haben/ daß solcher Fluß die Meer-Pfützen/ so daselbst sich angeben/ mit Erden anfüllen / und nach und nach verursachen möchte/ daß man zu Land nach Venedig kommen könte/ daher der Lauff daselbst vermacht und beyseits gewendet worden ist; wie Leander in Marca Trivigna schreibet. Es hat von hinnen biß nach Padua 20. Meilen / und der Schiffahrt halber 4. Schleussen / deren die erste allhie ist / da man dann sonderlich zu beobachten/ mit was für Kunst die Schiff aus den Meerlacken / in den Fluß Brenta ; und aus demselben in gedachte Meer-Pfützen gebracht werden. Es gehen Tag und Nacht die Schiff / und gebraucht man sich der Pferde zum ziehen / und wird ein gantzer Tag von Venedig aus damit zubracht. Obgedachte Schleussen beschreibt Joh. Ja. Grasserus in seiner Italiänischen Schatz-Kammer folgender massen: Weil das Wasser nit hoch oder tieff/ so ist zu unterst von Holtz ein Damm gemacht/ darüber die Schiff mit einer Winden über das Meer gezogen werden. In dem Fluß aber seynd etliche Schleussen mit grossen Thoren gemacht/ die das Wasser auffhalten/ damit die Schiffarthen immerdar auff und abgehen mögen. Wenn ein Schiff von Padua komt/ thut man die unter Thüren der Schleussen zu/ und läst die gantze Schleussen voll Wasser lauffen/ damit dasselbe Wasser dem Fluß Brenta an der Höhe gleich sey; alsdann fahren die Schiff eben hinein; nach diesem thut man die obere Thür zu und läst das Wasser in die Schleussen wieder ablauffen/ so setzen sich die Schiff allgemach in der Schleussen nider dem Canal gleich/ und fahren also fort. Wañ aber die Schiff von Venedig nach Padua gehen / so läst man (weil das Wasser in der Schleussen nider/ und dem Canal gleich ist) die Schiff hinein fahren/ macht die Thür zu / und läst die Schleussen voll Wasser lauffen/ so hebt das Wasser die Schiff in die Höhe/ daß man eben auf die Brenta fahren kan.

Literno.

Unfern von Cuma an dem Fluß / so gleiches Namens/ so vor Alters Glanis, jetzo Lagno genannt wird. Dieser alte Name ist bey den meisten Scribenten im Außschreiben corrumpiret / und Linternum darfür gesetzt worden. Es lag aber diese Stadt bey besagten Flusses Literni oder di Lago, Außgang oder Ostio , nemlich an dem Orth/ wo die Wart oder der Thurn la Torre di Patria genannt/ gesehen wird. Diese Stadt ist sonderlich berühmt / weil Scipio Africanus der großmüthige und sieghaffte Feld-Herr / sein Vatterland Rom freywillig verlassen/ und mit Literno verwechselt hat / davon Livius, und sein Epitomator lib. 38. Valer. Maxim. lib. 2. c. 10. & lib. 5. c. 3. und Senec. epist. 86. zulesen. Denn als derselbe von seinen Lands-Leuten/ denen er überaus grosse Dienste gethan hatte/ übel berathen ja gar verfolgt wurde/ hat er sich diesen Undanck dermassen zu Gemüte gezogen/ daß er schlüssig worden / sich auf sein Land-Guth zu begeben / um sowol seine Person/ als auch seinen treuen Beystand den undanckbaren Römern zu entziehen. Ja er hat auch seine unerkante / obschon weltkündige/ dem Vatterland erwiesene Wolthaten dermassen zu Hertzen gefasset/ daß er auch seine Aschen nicht zu Rom / sondern zu gedachtem Literno beygesetzt wissen wollen ; massen er außdrücklich befohlen / daß seine Gebeine nicht nach Rom gebracht werden solten/ wie solches bey vielen Scribenten/ nahmentlich bey Livio, Strabone &c. beglaubet wird. In dieser Gegend hat sich ehemahl ein Sauer-Brunnen gefunden/ dessen Wasser/ wenn es getruncken worden/ die Leute truncken soll gemacht haben. Heutiges Tages ist weder eines noch das andere an diesem Wasser wahrzunehmen; als welches nicht nur süß schmecket/ sondern auch in den Kopffschmertzen gerühmet wird. Plinius bezeugt / daß zu seiner Zeit noch etliche Oelbäume/ welche Scipio gepflantzt / zu Literno befindlich gewesen seyn : unter andern hat sich auch ein Myrtenbaum von denckwürdiger Grösse daselbst gezeiget / nebst welchem eine von einem Drachen bewohnte Höle zur Hand gewesen ist / der die Seele des Scipionis bewachen sollen ; welches Mährlein ohne Zweiffel eine Belohnung verdienet. Doch hat sothane Fabel eine andere außgebreitet;

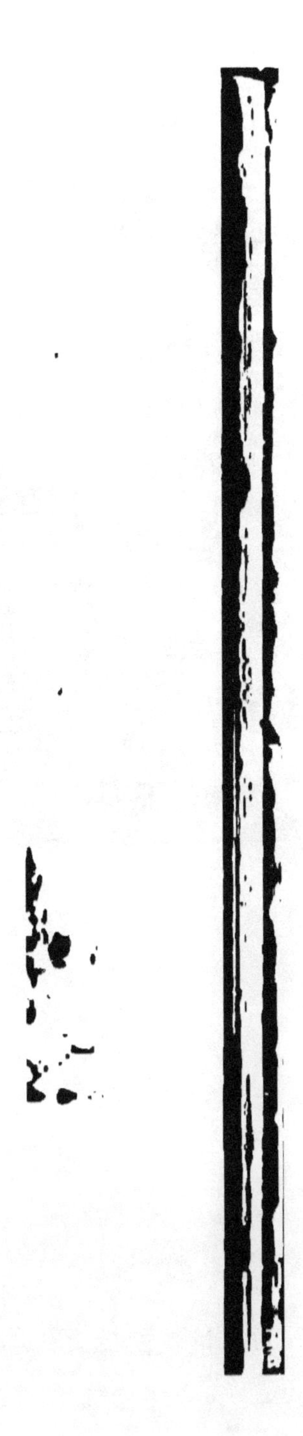

LAVR

tet; gestalten die Innwohner des Berges Massici die närrische Einbildung hegen/ daß in einer gewissen Höle des gedachten Berges ein Drach hause/ der alles das jenige/ welches seiner Hölen zu nahe kommt / erwürgen solle. Dahero wird dieser Berg der Drachen-Berg / und das obstehende Castell die Drachen-Vestung genennet. Cluverius vermeinet/ des Scipionis Africani Landguth möchte vielleicht eben die vorgedachte Wart oder Torre di Patria gewesen seyn / so nicht weit von Literno ligt. Zwischen den Ostiis oder Ausgängen der beyden obgedachten Flüsse / Vulturni und Literni, neben dem Gestade ist der Wald/ so die Alten Sylvam Gallinariam genannt haben/ dessen Cicero famil. epist. libr. 9. epist. 23. und Strabo libr. V. gedencken. Daß solcher von den Räubern stetig unsicher gemacht worden / : das ist aus des Juvenalis Satyr. 3. vers. 307. zu schliessen. Besihe von Literno auch D. Clementis Weigelii Ital. Paradeiß/ p. 461. seqq.

Loano.

Ligt 2. Meilen von Finale und 4. von Albenga in dem Genuesischen Gebiet / und gehöret dem Printzen d'Oria. Ist ein schön / lustig und festes Städtlein/ auch mit Graben wol versehen / darinnen ein ansehnlicher Pallast/ so auf die neue Manier nach Genuesischer Art zierlich erbauet/ darbey ein trefflicher schöner / mit gar grossen Pomerantzen- und Limonen-Bäumen besetzter Garten/ in dessen Mitte ein Fischgruben/ über welche man in einem Creutzgang passieren kan. Vor dem Städtlein heraussen / und am Gebürge stund ein altes Schloß / so abgebrochen und ein Fürstlicher Pallast gar prächtig dahin erbauet werden / darinnen solche wolgeordnete gantz gewölbte Zimmer / daß seines gleichen wenig zu finden ist. Gleich vor hinüber hat es ein gantz neu gebautes Closter/ so gemeldter Genuesische Fürst/ d'Oria mit mercklichen grossen Unkosten dahin gestifftet/ ist nicht allein wegen seiner Grösse/ sondern auch wegen zierlichen Gebäues/ samt der darbey stehenden adelichen Kirchen / darinnen gedachte Herren ihre Begräbnissen haben/ höchlich zu rühmen/ und für ein Kleinod zu halten. Von diesem Kloster hats biß in das Städtlein Loano einen schönen / 500. Schritt langen Spatziergang / dessen beede Seiten dem mit Cypreß- und andern Bäumen besetzt und 3. herrliche Röhr-Brunnen darzwischen eingetheilet/ welche starcke Wasser führen / so ein sehr schöne Prospectiva machet. Das darbey gelegene Gebürg ist so wasserreich/ daß es auch etliche Korn- Papier- und Pulver-Mühlen treibet. Und mag dieses Loano wol für einen Fürstlichen Sitz und Hofhaltung gehalten werden.

Locri.

Eine sehr berühmte Stadt/ so vorzeiten auf dem Vorgebürg Zephyrio oder Capo Bursano gelegen gewesen / hernach aber an den Orth versetzet worden zu seyn geglaubet wird? wo jetzt die Stadt Gierazzo; an dem Fluß Girazze gesehen wird / an welches Flusses Ausgang der Locrorum portus gewest ist. Ligt an einem hohen Orth / zwischen zwey Wassern. Besihe hiervon mit mehrerm Joh. Jac. Hoffmanni Lexicon universale voce Locri, p. 927. Item von besagter Locrorum Regiment/ Gesätzen und geführten Thaten Reiner. Reineccium Monarch. 2. Rep. 7. fol. 558. seqq. und Ubbonem Emium Frisium de Græcia vet. tom. 1. libr. 8. p. 185. seq. & tom. 3. tit. de Republ. Locrensium p. 350. seq. und von ihrem Gesätzgeber Zalenco Ælianum lib. 2. c. 37. & libr. 13. c. 24.

Lodi.

Dieß ist eine ziemlich grosse Meyländische Stadt welche in ihrem Umkreiß 2. welscher Meilen hat/ sie ligt an dem Fluß Addua, ist in die runde gebauet/ in einer schönen und lustigen Ebene/ und 20. welscher Meilen von Meyland/ 26. von Cremona, und so weit von Piacenza. Ist sehr volckreich/ und werden darinnen 12000. Seelen gezehlet/ darunter viel adeliche Familien sind. Hat eine feine alte Vestung. Leander nella Lombardia di la dal Pò p. 414. beschreibet diesen Orth weitläuffig / der gar viel Ungemachs in den stätigen Kriegen hierum hat ausstehen müssen. Die Kirch zu S. Bassano ist reich am Einkommen/ und hat einen grossen Schatz von Priesterlichem Habit/ Kelchen/ Creutzen und andern Sachen / so ein grosses werth ist. Das Land daherum ist trefflich fruchtbar und gut/ also daß man das Graß im Jahr 4. oder 5. mahl abmehen kan/ dahero wegen der guten Waide die Innwohner grosse Viehezucht haben / und werden da viel gute und grosse Käß gemacht; wie denn gemeldter Leander p. 415. b. schreibet/ daß man Anno 1531. auf Angeben des Joan. Francisci Grafens von Somaglia, viere allda gemacht/ von welchen jeder 500. kleine Pfund (verstehe ein Pfund zu 24. Loth) gewogen habe.

Leander und andere halten diese Stadt für Laus Pompeja, so von den Bojis Gallis erbauet/ und folgends von den Insubribus, als die Boji ihre Sitze daselbst verlassen/ welche an dem Orth gelegen wo heutigs Tages Lodeve, das ist/ L[illegible]s vetus ligt. Aber Lodi ist erst hernach aufkommen: Denn man lieset/ daß Käiser Fridericus I. als er sich in Italia aufgehalten/ die Stadt Laudem, welche die Meyländer zerstöret hatten / auf einen solchen Orth versetzet und wieder aufgebauet habe. Vid. Abbas Urspergensis in Chron. fol. 298. Consent. Carol. Sigonius libr. 12. de regno Italiæ fol. 553. & Andr. Schotus in Itinerar. Ital.

Lonigo.

Ist eine feine Stadt in dem Venetianischen Gebiet/ und 10. welsche Meilen von Padua, und so weit von Vicenza gelegen.

S. Lorenzo.

Ein kleines im Patrimonio S. Petri gelegenes Städtlein / so dem Pabst zugehörig / ist wol bewohnt/ und 2. Meilen von Bolsena auf dem ordinari-Weg von Siena nach Viterbo.

S. Loreto, S. Maria di Loreto.

Ein zwar kleines/ doch schön und wolerbautes Städtlein / welches wegen der grossen Wallfarth / so dahin gehet/ (allwo öffters biß in 12. tausend Personen zusammen kommen) nicht nur in Europa, sondern auch fast in der gantzen Welt berühmt. Ligt in der Marca di Ancona, 5000. Schritt vom Adriatischen Meer/ auf einem hohen Hügel. Schotus meldet/ daß vorzeiten auf diesem Berg / welcher nahe beym Fluß Musone zwischen Recanati und dem Meer gelegen/ ein Wald von Lorbeer-Bäumen gewest sey / daher dieser Orth den Nahmen bekommen/ welches auch Henznerus saget. An dem Ende des jetztgedachten Berges gegen dem Meer zu stehet der gewaltige und weitberühmte Tempel / welcher vor einen der allerschönsten / so in gantz Italien zu finden/ gehalten wird. Es ist dieser Orth von Natur etwas veste. Von Mittag reichet herein ein höherer Berg / der dis Lauretum gleichsam bedecket: Von Morgen und gegen dem Adriatischen Meer hat es eine weite Ebene/ so zwischen denen sehr lustigen Hügeln und den vielen Castellen / so darauf erbauet seyn/ sich weit gegen Abend erstrecket. Man schreibt von solchen Städleins Fortification ungleich. Theils sagen/ daß es mit gemeinen Mauren und 2. grossen Rundelen umbgeben sey; und meldet Schikardus der Würtenbergische Baumeister / daß es allein 2. starcke alte Thürne habe/ und also nicht vest sey. Hergegen schreibt Pflaumerus, weil die Türckischen Meer-Räuber den Schatz/ so allda gewesen / schon einmal hinweggeholet/ habe Pabst Leo X. und zu unser Väter Zeit Sixtus V. diesen Orth mit starcken Mauren / Thürnen/ Bollwercken/ Gräben und Wällen umbgeben/ auch grosse Stück und andere Kriegs-Instrumenta zu Beschützung der Kirchen dahin verordnet. Den schönen Tempel / so allhier fürnemlich zu betrachten/ hat Leo X. zu bauen angefangen/ Clemens VII. fortgeführet/ und Paulus III. vollendet. Nach welcher Zeit dieser Tempel durch die stätige Wallfahrten und mancherley Verehrungen und Gelübde hoher Potentaten an Herrlichkeit und Reichthum dermassen zugenommen daß es fast nicht zu beschreiben. Die Ursach nun/ warumb dieser Orth als ein so grosses Heiligthum besucht wird/ ist ein Häußlein/ worinnen die Heilige Jungfrau Maria soll seyn gebohren worden/ und hernach den Gruß von dem H. Engel Gabriel empfangen haben / wie solches in der Kirchen auf absonderlichen Täfflein in unterschiedlichen Sprachen/ damit alle Nationen/ so dahin kommen/ wissen mögen/ wie wunderlich dieser Orth zu solchem Heiligthum kommen sey/ beschrieben; unter welchen die Tafel/ so in Teutscher Sprach geschrieben/ bey Herren Furtenbach in seinem Reißbuch am 241. Blat also lautet: Christlicher Pilgram / du siehest allhie das H. Hauß zu Laureto , welches aller Ehren würdig/ so wol der göttlichen Geheimnüß / so Gott darinnen gewürcket hat / als auch der glorwürdigsten Wunderzeichen halber. Denn darinnen ist gebohren die allerheiligste Jungfrau Maria/ eben in diesem Hauß ist sie durch den Ertz-Engel Gabriel gegrüsset worden / und alsdann das ewige Wort Gottes Fleisch worden/ hernach aber im Jahr 1291. zur Zeit des Pabsts Nicolai IV. haben dis heilige Hauß die H. Engel Gottes von Nazareth in Dalmatien in die Stadt Sero genannt/ getragen/ uñ dann 3. Jahr hernach als Pabst Bonifacius VIII. die Christliche Kirche zu regieren angefangen/ ist das H. Hauß durch die H. Engel Gottes wiederum aus dem Windischen Lande nicht weit von der Stadt Regenaten, allda es sich dreymal in einem Jahr beweget/ und an drey unterschiedliche Orthe begeben/ aber letzlich durch wunderbahre Schickung Gottes an diesem Orth / da es jetzt hie stehe / über 300. Jahr beständig verblieben / und von derselben Zeit biß auf den heutigen Tag ist dis Hauß von allen Völckern der vielfaltigen und täglichen grossen Wunderzeichen halber/ welche darinnen geschehen / in höchsten Ehren gehalten werden. Daß aber die Mauer des H. Hauses nunmehr so viel hundert Jahr lang ohn einiges Fundament und Grundfeste gantz unversehrt geblieben/ hat man sich desselben billich und zum allerhöchsten zu verwundern; und im Jahr 1525. hat es Pabst Clemens VII. mit weissen Marmorsteinen / in welchen gar schöne ausgehauene unterschiedliche grosse Figuren/ umb und umb einfangen/ und zieren lassen; gleichfals hat auch Pabst Clemens VIII. hernach im Jahr 1595. den Innhalt dieser Kirchen-Geschicht allhie in diese Marmorsteinerne Tafel hauen und zieren lassen/ rc. So weit gemeldter Autor.

Wer die gantze Historie/ und wie solches Hauß aus dem gelobten Land anfangs in Dalmatien/ und von dannen hieher getragen worden seyn solle / zu wissen begehrt/ der lese Franc. Turrianum, Hieronymum Angelitam in sonderbahrem Büchlein/ Joh. Bonif. in hist. Virgin. lib. 2. cap. 4. Lud. Richeom. in peregr. Lauret. des Herren J. W. Neumeyers Reißbuch / und den offt angezognen Herren von Villamont im ersten Buch am 27. und folgenden Capiteln seines Reißbuchs / allda auch von den Wunderwercken so sich daselbst zu getragen/ zu finden; insonderheit aber obgedachten Horatium Tursellinum in den 5. Büchern die er davon gemacht/ und deren Summ Andreas Schotus kurtz zusammen gebracht/ und seinem Reißbuch einverleibet hat. Was nunmehr gedachtes H. Häußlein anlanget/ stehet solches zwar besonders und mitten in der Kirchen/ mag aber doch äusserlich/ wegen erstgemeldten über die massen zierlichen und künstlichen Uberzugs/ so Pabst Clemens VII. von lauter weissem Marmor bauen lassen/ nicht gesehen werden / gleichwol wird es innwendig nicht allein besichtiget / sondern auch gantz frey/ weil viel Fackeln zugegen/ welche es hell machen/ begriffen. Und ist wunderlich zu sehen und zu hören/ daß solches Häußlein ohne einige menschliche Hülff und Fundament habe auf einem ebenen und weichen Boden so viel 100. Jahr unverletzt stehen können. Die Mauren des dickgenannten Häußleins sind bey einer Elen dicke / von Ziegeln und andern Steinen gar unförmlich durch einander erbauet/ sehen auch wegen des hohen Alters etwas schwartzlicht aus/ sind aber gleichwol noch gantz/ und so vest / als wann sie nimmermehr vergehen/ sondern ewiglich bleiben solten. An statt des Dachs so vor diesem gantz höltzern gewesen/ ist es jetzt oben gantz zugewölbt / damit nicht dermaleins von denen darbey stehenden brennenden Lampen etwan ein Brand möchte verursacht werden. Innwendig ist es gar schlecht und ungestalt / wie etwan armer Leute Häußlein zu seyn pflegen; ist nicht in sonderbare Kammern abgetheilet/ sondern hat nur einen kleinen Camin / und ein einig Gem[illegible] oder Cell/ derer Länge sich biß auf die 40. die Breit. auf die 20. und die Höhe etwas mehr als 20. Schuh erstrecket; und siehet man obenher noch ein altes Gemählde. An der Maur des heiligen Häußleins gegen der Kirchthür zu/ ist ein Fenster zu sehen/ durch welches der H. Engel Gabriel die Bottschafft soll gebracht haben. Pflaumer / so hievon geschrieben/ setzt noch diß hinzu / daß auch darinnen der H. Jungfrauen Maria Bildnuß samt dem Kindlein Jesu von Cedern-Holtz/ gantz einer fremden Gestalt/ so auch die Engel samt dem Häußlein sollen hieher gebracht haben/ aufbehalten werde/ und daß sie der heilige Evangelist Lucas / von welchem die Historien melden/ daß er ein vortreflicher Artzt und Mahler gewesen/ also geschnitzet und mit Farben angestrichen habe. Ist mit Seyden / silberner und güldener Arbeit und Edelsteinen dermassen gezieret/ daß man wenig Holtz daran erkennen kan; gleichwie auch die aufgehenckte Täfelein der Gelübde / so mit Silber und Gold ausgegraben/ die Mauer gäntzlich bedecken. Es hangen darinn unzehlbar viel silberne Lampen; aber der ander Kirchenschatz / dessen sehr viel ist / wird an einem andern Orth aufbehalten; da dann sehr reiche der König und Fürsten Geschenck zu sehen / deren theils von klarem Gold/ theils von edlen Steinen/ Silber / seyn. Man sihet auch Abbildungen von menschlichen Cörpern und

Glied-

LVCA
Porta S. Donato
Porta S. Petro

Porta S.
Borgo.
Maria.
Serchio Fu

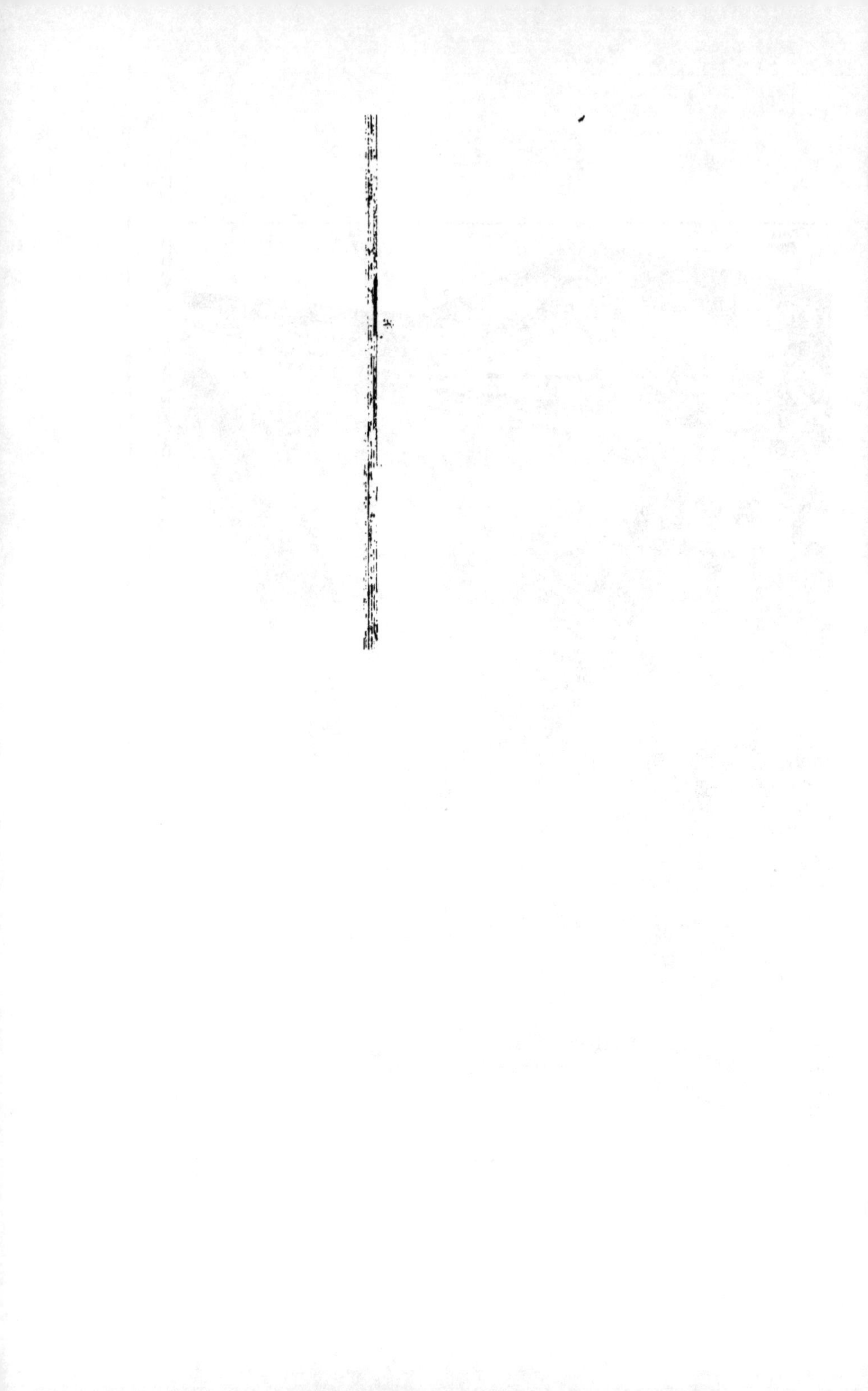

Gliedmassen/deren theils von Gold/theils von Silber/ so man aus Gelübd dahin verehret hat: Item/ Bildnüssen der Heil. von gemeldter Materi/ so sehr schwer un theur/darunter der 12. Apostel von Silber/derē jeder/wie Pflaumerus schreibet/ bey die 60. Pfund wäget: zugeschweigen der Kelch/Patenen/ Becken/ Schaalen/ Rauch-Fässer und dergleichen/ Item/ der köstlichen Priesterlichen Kleidungen und Ornats/ so von güldenen/ silbern und andern Stücken mit schönem Gewirck/ Edelsteinen und Perlen gezieret seyn/ so wol auch der Teppich/ Vorhänge/ Altar-Tücher/ und Kisten/ Item/ der unterschiedlichen sehr theuren Mänteln/ damit das Marien-Bild bekleidet wird. Besihe hiervon in Teutscher Sprach den besagten Neumeyer/ und in Frantzösischer des Herren von Villamont Reißbuch lib. 1. cap. 28. allda/ neben allerley herrlichen Schatz/ und verehrten Sachen/ auch des Königes Henrici III. in Franckreich Königlich Präsent/ so er Anno 1584. dahin gesandt/ bey welchem diese Wort stehen:

Ut quæ prole tua mundum Regina beasti,
Et regnum & Regem prole beare velis

Henricum III. Franciæ & Pol. Reg. Christianissimum: Item/ des Cardinals von Oesterreich/ der Hertzogin aus Lothringen/ und des Hertzogen in Bäyern weitläufftig beschrieben werden. Der Infantin aus Niderland in Anno 1609. gethane Verehrung/ deren Pflaumerus gedencket/ wird von Setho Calvisio in Opere Chron. fol. 872. auf 400. tausend Cronen werth geschätzet/ dieweil dabey 3000. Diamant/ und 20000. Perlen seyn sollen. So hat auch Käiser Ferdinandus I. etwas dahin gegeben wie die Wort allda so Fr. Svvertius in seinen delic. p. 123. setzet/ bezeugen/ die also lauten: Ferdinandus Rom. Ung. & Bohem. Rex, Archid. Austr. ex voto, pro salute, & in memoriam dulciss. conjugis Annæ, hanc ejus argenteam effigiem D. Mariæ Virgini dedit consecravitq; Anno Salut. 1547. D. 27. Jan. ætat. 43. M. 7. D. 5. Inngleichem hat die Herrschafft Venedig ihr Gelübd bezahlet/ als sie von der grossen Pest erlediget worden/ in dem sie Anno 1634. eine güldene Lampe von 35. Pfunden hieher verehret hat/ wie den 28. Junii selbigen Jahrs von Venedig geschrieben worden ist. In Summa es seynd so viel kostbare Sachen allhie/ daß solche nicht gnugsam zu beschreiben/ und in dem man die letzte betrachtet/ der ersten drüber vergisset. In gedachter Kirchen/ darinn das heilige Häußlein stehet/ und die in der Mitten mit Bley bedeckt ist/ seyn hohe Gewölber/ und 12. viereckigte Pfeiler oder Säulen/ daran die oberwehnten Täflein von unterschiedlichen Sprachen geschrieben/ gehängt seyn. Wie auch wunderschöne Capellen/ und ein gewaltiger metallener Tauffstein/ der so schön gestochen und gearbeitet/ daß man solchen mit höchster Lust anschauen muß. Deßgleichen seyn allda viel schön und köstliche Altär. Item/ stehet vor der Kirchen eine künstliche Statua von Ertz/ so die Innwohner dem Pabst Sixto V. zu Ehren haben aufrichten lassen. Was daselbsten an der Kirchen zu beyden Seiten mit güldenen Buchstaben gelesen wird/ das hat der von Pflaumern in Mercur. Ital. pag. 249. deren Wort Inhalt in einer Summa dahin gehet/ daß gemeldter Pabst Sixtus Anno 1586. diesen Ort mit einem Bischöfflichen Sitz begabt hat. Darzwischen stehet der H. Jungfrau Maria Bildnüß auch von Ertz; dabunter das grosse herrliche Kirchen-Thor ist/ darvor ein weiter Platz/ den man mit schönen Schwibbögen oder Lauben und einem prächtigen Rathhauß zu umgeben und zu zieren angefangen/ und nunmehr vielleicht vollendet hat. Uber oberwehnte Raritäten wird allda noch ein altes Kleid gewiesen/ welches die Mutter Gottes solle getragen und ein Schüßlein/ daraus sie dem Kind Jesu soll zu essen gegeben haben. Ingleichem stehen vor dem Altar 2. Leuchter/ so vom klaren Gold seyn sollen. Sonsten ist wenig von Gebäuen da zusehen/ weil der Orth nur klein/ und darinn mehrentheils nur Wirthe/ Pater noster-Krämer und dergleichen Leute zu finden seyn. Der Reisenden wegen ist diß zu mercken/ daß sie die Sporen und Wehr in dem Wirthshause lassen müssen/ ehe sie in diese Kirch gehen/ und daß sie sich der Post- und Lehen-Pferde wegen wol vorsehen/ damit sie nicht die Rosse von der Post nehmen/ denn sie sanst mit den Post-Rossen continuiren müssen ꝛc. Wie Herr Zuertenbach wolmeinend erinnert. Es hat allhier einen stattlichen Weinkeller/ der so groß/ als einer in Italien seyn mag/ darinn sehr grosse Weinfässer/ und allda man einen guten Trunck bekommen kan. Die Stadt ligt 5. Meilen von Recanati, und 15. von Ancona.

Luca, Lucca.

Eine volckreiche ziemlich grosse und freye Stadt in Hetrurien/ 8. oder 10. Meilen von Pisa, ligt beym Fluß Ausare, oder Serchio, und wird ihrer beym Cicerone, Livio, Vellejo, Strabone, Plinio, Svetonio, Frontino und andern gedacht; sie ist eine Römische Colonia gewesen/ und dazumahl auch/ wie Plinius lib. 3. c. 5. bezeuget/ zu Hetruria gezehlet worden. Der Stadt Umbkreiß wird ohngefehr 2. oder 3. welsche Meilen gerechnet/ ist wolerbaut und volckreich/ also daß auf die 30000. Seelen allda gezehlet werden/ und wird ihre Herrschafft/ ob sie schon klein/ doch für die volckreichste in Italien gehalten. Die Stadt hat starcke Mauren/ einen guten Wall/ mit Bäumen besetzt/ stattliche Bollwerck und einen guten Graben/ auch gewaltiges Geschütz/ daher sie vor veste gehalten wird; ihre Zeughäuser sind wol versehen/ daraus sie leichtlich 30000. bewehren und ins Feld stellen können. Auch findet sich dar ein grosser Vorrath auf eine 7. jährige Belägerung ausgerechnet. Ligt auf einem ebnen fruchtbaren Boden/ und ist schier umb und umb mit hohen Bergen umbgeben/ ausser daß sie gegen Mitternacht das Thal Carfagnana hat. Es seyn da nur 3. Thor/ als di S. Petro, S. Donato, und del Borgo; und müssen durch das S. Peters-Thor alle Frembde aus und ein reisen. Neben der Stadt-Mauer ist ein grosses Gebäu/ so sie Citadella nennen/ darinn man das Brodt backet/ damit kein Feuer/ welches leichtlich bey den Becken/ so hin und her in den Städten wohnen/ auskommen kan/ Schaden thun möge. Und an diesem Orth backen die Becken in 9. Oefen ihr Brodt/ so sie hernach in ihren Häusern zum Gebrauch der gantzen Stadt verkauffen/ wie im Cöllnischen Anno 1602. getruckten Itinerario p. 106. stehet. Den Christlichen Glauben hat sie unter allen Städten in Hetruria am ersten angenommen; und gibt es da alte Kirchen/ darunter die Haupt-Kirch von Schradero und Neumeyer zu S. Martino genannt wird; wiewol Pflaumerus sagt/ daß solcher Dom dem H. Ertz-Engel Michael geweyhet sey. Ist mit Marmorsteinern Säulen umbgeben und nach der alten Baukunst aufgeführet/ da vornenher zu oberst die Statua S. Michaelis zu sehen. In S. Fridiani Kirch ligt König Richardus aus Engeland/ dessen Epitaphium Pflaumerus pag. 563. setzet/ in welchem er S. Willibaldi des ersten Bischoffs zu Eichstadt und seines Bruders Wunibaldi und S. Walburgis ihrer Schwester Vatter genannt wird. Und dieses Epitaphium hat

auch

auch G. Bruschius cap. 10. de Episc. German. pag. 178. aber mit ziemlichem Unterscheid der Wort; welcher auch sagt / daß der 41. Bischof von Eichstadt Gebhardus, so Anno 1327. gestorben/ allhie zu Lucca in dieser Kirch/ so Bruschius S. Frigidiani nennet/ begraben lige.

Die Kirch zum H. Creutz ist sehr prächtig erbauet/ sonderlich mit einẽ güldenen Creutz gezieret/ welches sehr schwer und auf 15000. Cronen geschätzet wird. Schraderus und andere sagen / daß die von Pisa solches denen von Luca versetzt haben. Es ist auch allhie/ und nicht im Dom/ wie Pflaumerus schreibet / ein Crucifix/ so S. Nicodemus von Cedern-Holtz soll geschnitzet haben/ inmassen solches neben andern Cornelius Curtius Eremita in seinem Büchlein von den Nägeln Christi bestätiget/ welcher von der Form solches Crucifix und was sich damit denckwürdiges zu getragen / daselbst zu lesen ist. Was für Monumenta und andere Epitaphia in den ernannten Kirchen allhie zu befinden / die hat vielgedachter Schraderus lib. 1. monument. Ital. Von weltlichen Gebäuen ist insonderheit das Palatium oder Rathhauß/ so groß und prächtig zu besichtigen. Wie vielerley unterschiedliche Herren (darunter auch Castruccius Castracanus, dessen Leben Nicolaus Machiavellus Nei Luoghi di Toscana fra terra pag. 39. b. seq. beschrieben/ gewesen) diese Stadt gehabt haben/ biß sie wieder ihre alte Freyheit bekommen/ davon kan mit mehrerm Leander Albertus in Beschreibung Welschlandes gelesen werden. Umb die Zeit da Ludovicus der Bayr Käiser war/ hat diese Stadt in kurtzer Zeit viel Herren gehabt; eine zeitlang war sie unter den Genuesern/ darnach kam sie unter König Hansen von Böhmen/ nach diesem ward sie von den Florentinern gekaufft/ und als sie 9. Monat über sie geherrschet hatten / kamen die Pisaner und meineten / sie hätten mehr Recht dazu/ und das vom Käiser Heinrichen / der sie ihnen ihrer Widerspenstigkeit halben verliehen hatte / belägerten sie und thäten grossen Schaden/ biß zu letzt ein Vertrag gemacht war. Unlängst hernach kam Käiser Carl/ König zu Böhmen / des gemeldten Königs Hansen Sohn / und nahm sie wieder zu seinen Händen/ setzet einen Cardinal zum Statthalter darein / der nahm 25. tausend Gülden von Bürgern und machte sie frey. Nachdem ist sie wieder umb ihre Freyheit kommen/ und hat sie Anno Christi 1390. Galeatius Hertzog zu Meyland eingenommen. Anno Christi 1430. hat sie ihre Freyheit wieder erlangt. Vid. Joh. Jac. Hoffman. Lexic. univers. pag 933. Der Zeit erkennet sie den Käiser für ihren Herren: weil er ihr aber zu weit entlegen/ so lebet sie auch unter des Königs in Spanien Schutz. Die Signoria, oder der höchste Magistrat bestehet von 10. Personen / deren 9. Antiani, der 10. oder fürnehmste aber Gonfalonerius, oder Vexilliferr genannt/ und alle Jahr erwehlt wird / die 9. aber werden alle 3. Jahr erwehlet und müssen in dem Rathhause wohnen/ daselbst sie auch aus gemeiner Stadt Rent-Kammer versorget werden / und von solchem Orth ohne Verlierung des Lebens sich nicht begeben dörffen. Die Civil- und Criminal-Sachen werden von drey ausländischen Doctorn erörtert/ so auffs wenigste 50000. Schritt von der Stadt dahin seynd/ damit sie keiner Parthey aus Freundschaft und Zuneigung etwas zusprechen. Und also wird es auch mit ihrer Guarnison / so von 100. Personen bestehet / gehalten / daß ihr Vatterland auff 50. Meilen von dannen seyn muß / deren sie monatlich einem 3. Cronen zu Besoldung geben; die aber des Nachts nicht auf die Mauren dörffen; als welche nur allein den Bürgern zu verwahren befohlen seyn. Der Stadt und Herrschafft Gebiet ist sehr rauh und mehrentheils bergicht/ daher sie das Proviant von andern Orten holen muß. Ihr jährlich einkommen soll sich nicht über 150. tausend Cronen belauffen. Sie kan über 12. tausend Mann zu Fuß in ihrem Gebiet aufbringen; sie lieben die Freyheit über die massen / und leben sehr einig dieselbe zu erhalten/ weil sie mit des Groß-Hertzogs von Florentz Land gäntzlich umbgeben seynd/ der allezeit die Augen auf sie richtet / und sie gern unter seine Gewalt bringen möchte/ gleichwie die alte Republicen Pisa und Siena, aber die Lucenser haben eine feste Resolution ihre Freyheit männlich zu erhalten und sich biß auf den letztẽ Blutstropffen zu wehren. Auch gibt die Obrigkeit so gute Achtung / und wacht so wol / daß sie nicht leicht kan überfallen werden / wie hievon Franciscus Sansovinus, der Thesaurus politicus und Joan. de Laet weitläufftig zu lesen.

Luceria.

Ligt in dem Königreich Neapoli, und in der Provintz Apuglia, auf einem Hügel/ an dem Fluß Foggia, welcher da vorbey rinnet/ und drey Stund von der schönen und reichen Stadt Troja. Es ist dieser ein schöner/ lustiger/ volckreicher Orth / hat einen Bischoff und gute fruchtbare Felder / welche allerley herfürbringen.

Lucullanum.

Ist ein Städtlein gewesen / so bey dem Landgut des Luculli erbauet worden / und daher Lucullanum genannt / dessen gedencken Jornandes de regnorum ac temporum successione, & de origine & gestis Gothorum; das Martyrologium Romanum, und Cassiodorus variarum lib. 8. ep. 25. Ist gelegen in dem Misenischen Gebiet des Königreichs Neapoli. Es hat aber das Landgut Luculli erstlich Marius erbauet / und ist so ansehnlich gewesen / daß mans ihm als einem Kriegs-Helden auch übel ausgelegt. Solches hat die Cornelia erkaufft / und von ihr ist es auf Lucullum kommen. Dieses hat der Lucullus noch prächtiger lassen anrichten/ und über die schöne Gebäue / welche Cornelia und Marius anordnen lassen / noch ein überaus ansehnlich und kostbares Hauß hinzu gethan; und liget dieses schöne Landgut in der lustigsten Gegend des gesamten Welschlands/ zwischen Baja und dẽ todten Meer. Er hat daneben auch einen herrlichen Garten angerichtet/ und eine Maur darumb geführet / deren Spurzeichen noch heutiges Tages ohnschwer abzunehmen seyn. Vid. Joh. Jac. Hoffmann. Lex. univers. p. 940. Luculli horti. Diese Lustgärten hat hernach Valerius Asiaticus, so zweymal zu Rom Consul gewesen / erkaufft / und in eigener Person mit Verwunderung herrlich auffgebauet/ und in demselben solch Vergnügen gehabt / daß als er vom Claudio gezwungen worden/ sich zu erklären/ welches Tods er sterben wolte/ hat er diesen Orth/ als weßwegen er von der Messalina, (die diesen Garten gern gehabt hätte) geneidet wurde / zu seiner Ruhestätte außersehen. Vid. Tacitus lib. 2. c. 1. und Clemens Weigelius in Ital. Paradeiß p. 425. seq. Dieser Tacitus berichtet auch / daß als Tiberius hefftig erkrancket/ er sich in das Landguth Luculli bey Miseno tragen lassen/ und Svetonius schreibt / daß der Tiberius in diesem des Luculli Landguth umbgebracht worden sey. Ist biß zu Zeiten Trajani sehr berühmt gewesen / heut zu Tage heißt es Cento Camerelle. Hierbey ligt auch das Hund-Loch oder Höle la grotta del Cane genannt/ davon auch Plinius lib. 2. c. 93. zu lesen. Ist eine kleine

Höle

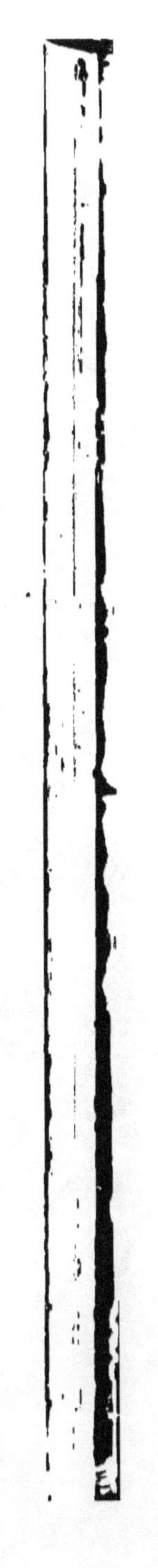

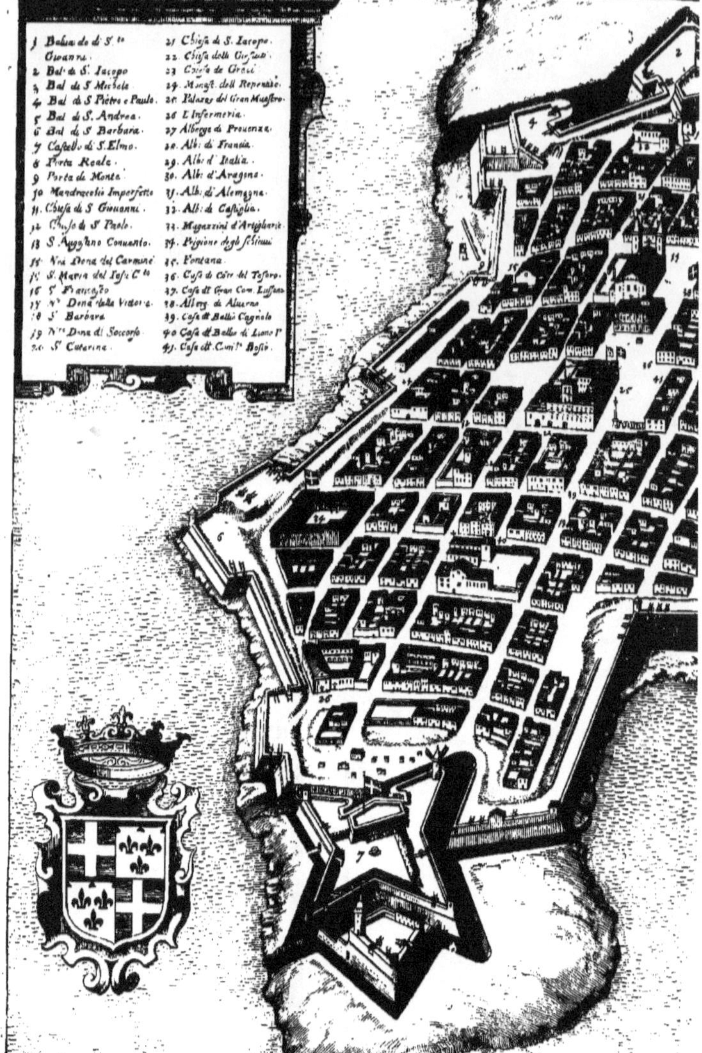
2 Bal. di S. Iacopo
3 Bal di S Michele
4 Bal di S Pietro e Paulo.
5 Bal di S. Andrea.
6 Bal di S Barbara.
7 Castello di S. Elmo.
8 Porta Reale.
9 Porta di Monte
10 Mandracchio Imperfetto
11. Chiesa di S Giouanni.
13 S. Agostino Conuento.
14 N.ra Dona del Carmine
16 S. Francesco
17 N.a Dona della Vittoria.
18 S. Barbara
19 N.ra Dona di Soccorso
20 S. Caterina.
21 Chiesa di S. Iacopo.
25. Palazzo del Gran Maestro.
26 L'Infermeria.
27 Albergo di Prouenza.
28. Alb: di Francia.
29. Alb: d'Italia.
30. Alb: d'Aragona.
31. Alb: di Alemagna.
32. Alb: di Castiglia.
33. Magazzini d'Artiglierie.
35. Fontana.
38. Alberg. di Auuerna

VALLETTA
CITA NOVA
DI
MALTA.
Scale di miglia dieci.
Malta
Gozzo
Valletta
MARE MEDITRANEUM.
M. Merian fecit

Höle unter dem Berge / in welche eine Manns-Person von mittelmässiger Statur nicht anders als gebogen gehen kan. Die Länge ist ohngefehr von 3. Schritten. Simon Majolus Tom. 1. dier. canicular. colloq. 15. fol. 276. schreibet hievon weitläufftig / und sagt / daß solche Höle von dem See Aniani 15. Schritt abgelegen sey / und daß die Menschen so gar zu innerst hinein gehen / sterben müssen / und daß sie besagter See / wann sie schon darein gethan werden / nichts helffe. Hergegen sagt Schraderus in descript. agri Neapol. fol. 256. a. daß viel glaubwürdige Leuth zu Neapels / und die Leuthe hierumb bezeugt / daß wann die Menschen in solchen See gethan werden / sie wieder zu sich selbst kommen seyn. Ja man findet / daß etliche dahinein gegangen / die eine gute Zeit darinn geblieben / und ihnen gleichwol nichts widerfahren; wie denn Corona Pighius solches selbst probiert und eine gute Weile ohne Schaden darinn gewesen ist. Daher denn erscheinet / daß bißweilen dieser Spiritus etwas gelinder / bißweilen aber gar tödlich und hefftig ist. Vid. Cluverius lib. 4. antiq. Ital. c. 3. Inmassen solches mit gefangenen Türcken probiert worden / die alsobald gestorben seyn; welches auch dem von Tournon, einem reichen Frantzösischen Herren begegnet ist / der wie Villamont in seinem Reißbuch lib. 1. c. 20. p. 75. schreibt / allda sein Leben hat lassen müssen. Es pflegen gemeiniglich die Leuthe dieses Orths auf Begehren der Reisenden Hunde hinein zu thun / dieselben eine zeitlang darinnen zu lassen / und dann todt wieder heraus zu ziehen. Wann sie aber solche wieder zeitlich heraus thun / so sehen sie zwar aus / als ob ob sie todt wären / wann aber solche alsobald in den nächsten See geworffen werden / so erholen sie sich bald wieder. Vid. Henznerus pag. 328. Es ist die Erde zu innerst darinn gleichsam ausgehöhlt und schwefficht / daraus dieser tödtliche Spiritus gehet. Besihe hievon auch Schotum und Pflaumerum in ihren Reißbüchern / und Franciscum Lombardum de Balneis Puteolan. c. 3. Der Herr von Pflaumern setzet die Ursachen dieser unterschiedlichen Würckung; und meldet auch von andern unterschiedlichen Sachen / so in solcher Grotta zu mercken: wie denn gemeldter Spiritus eine brennende Fackel / wenn man solche auf die Erde hält / auslöschen kan.

Macerata.

10. Meil von Tolentino gelegen. Cluverius referirt lib. 2. c. 6. diese grosse Stadt noch zu dem alten Umbria, (wiewol sie heutiges Tages darzu nicht mehr gerechnet wird) und hälts für des Ptolomæi Pirinum, davon nicht weit die Stadt Ricina in der Ebne gelegen gewesen / deren die Tabula Itineraria gedencket / und welcher Innwohner vom Plinio libr. 3. c. 13. Ricinenses genannt werden. Als die Gothen solche von dannen auf die Berge vertrieben haben / so sollen dieselbe allda die Städte Recinetum, oder Recanati, und Maceratam erbauet haben / welche mit der Zeit so gewaltig zugenommen / daß diese Stadt Macerata jetzt für das Haupt des Landes Piceni / oder der Marchiæ Anconitæ, gehalten wird / allda der Lands-Verweser seine Residentz hat / die Land-Täge gehalten werden / und das Land-Gericht; daselbsten es auch eine gute Hohe-Schul hat. Sie ligt vast wie die Stadt Siena, auf einem hohen / schönen und fruchtbaren Berge / und zu oberst wol ausgebreitet / und auf allen Seiten mit fruchtbaren Hügeln umbgeben. Unten her seyn lustige Felder / die hin und her mit grünen Bühelen / so sich biß nach obbeschriebenem Thal Chimara oder Cimmara erstrecken / bedeckt seyn. Es gibt hierum viel Oelbäum. Das Rathhauß allhie wird hochgehalten. Von hinnen hat man ein gar gutes ebenes Land biß in die Stadt Recanati.

Malta, Melita.

Eine Insul im Libyschen Meer / nach Cluverii Meinung erst Iperia, hernach Ogygia, von dē Griechen Melita und hernach Malta genandt. Es gedencken ihrer Theodorus Siculus, Cicero, Ovidius, Virgilius, Strabo, Plinius, und andere mehr. Sie ligt 60. Meil von Sicilien; und dem Capo di Passaro, und von Africa 190. Meilen; In der Mitte des Mittelländischen Meers / und ist im selbigen gantzen Meere keine Insul / die so weit vom vesten Lande abligt / als Malta. Hat in ihrem Umkreiß 60. welsche Meilen / ist meistentheils eben / aber sehr steinigt / uñ hat einige gute uñ sichere Meer-häven. Die gröste Breite ist zwantzig / und die Länge siebentzig Meilen. Es ist sehr unsicher dahin zu schiffen / so wol wegen des ungestümmen Meers / als auch wegen der Türckischen See-Räuber / welche oft die überfahrenden anfallen / daher man gemeiniglich zu Nacht dahin zu schiffen pflegt / damit man von den Türcken nicht gemercket werde / und kan man denn mit dem Morgen an der Insul anländen. Es ist diese Insul gleichsam der Schlüssel zu Europa / und den Türcken entgegen gesetzt / auf welcher die Malteser-Ritter oder der berühmte Orden S. Johannis seinen Sitz genommen / und auf welche Paulus durch einen Sturm geworffen und daselbst geprediget / welches Vincentius Littara in diese Verß kurtz zusammen gefaßt:

Insula parva situ, sed rebus maxima gestis,
Africæ & Europæ ac Asiæ contermina, Pauli
Hospes, & Alborum procerum gratissima Mater.

Besihe hiervon Burchardi Niderstedt Beschreibung dieser Insul / zu Helmstädt getruckt / Anno 1660. p. m. 9. Von Pauli Schiffbruch ist zu lesen / Apostel-Geschicht am 27. und 28. Cap. Daß aber dieses eben die Insul sey / bezeuget so wol die Lage / und so viel Denckmahl / die noch allhie zu finden / als der Anfurth / so von Paulo genannt / an welchem zuvor ein Hauß / das Paulo geweyhet war / nun aber verfallen und an dessen statt eine herrliche Kirche aufferbaut / in welcher Pauli Schiffbruch weitläufftig abgemahlet ist. Daselbst ist auch ein Brunn süsses Wasser / welches / wie man gewiß darvor hält / zu Pauli Zeiten entsprungen / welches auch die bey demselben angeschriebene Verse bezeugen:

Hac sub rupe, cava quam cernis ad æquoris undas,
Est hic exiguus fons salientis aquæ.
Religione sacra fontem hunc venerare viator,
Naufragus has dederit cum Tibi Paulus aquas.

So wird auch noch eine Höle daselbst gewiesen / in welcher sich Paulus soll auffgehalten / daselbst geprediget / und die Innwohner zum Christlichen Glauben bekehrt haben / welches aber Cluverius für ungereimt hält / lib. 2. cap. 16. f. 441. So gräbt man auch auf dieser Insul bey obbenennter Höle Steinlein / (welche sie Schlangen-Zungen oder Schlangen-Augen nennen /) die vor der Schlangen Gifft gebraucht werden / und wird auch keine Schlange / Viper / oder sonst gifftig Thier auf dieser Insul gefunden / und wenn solche von andern Orten dahin gebracht werden / mögen sie nicht lebendig bleiben / welches Wunderwerck S. Paulo zugeschrieben wird. In dieser Insul sind folgende Städte fürnemlich berühmt I. Valetta, oder Città nova / die Hauptstadt / welche Anno 1566. nach der Türckischen Belägerung zu bauen angefangen worden / unter dem

Groß-

Großmeister Johann de Valetta, und haben darzu gegeben der Pabst zu Rom Pius IV. 15000. Scudi, Philippus II. König in Spanien 50000. Carolus IX. König in Franckreich 40000. und seyn alle Tage 2000. Schudi auf den Bau gewendet worden. Die Stadt wird heut zu Tage vor unüberwindlich gehalten / und seyn die Mauren mit gantz grossen viereckichten Steinen / und an etlichen Orten fast mit gantzen Felsen zusammen gesetzt. Auf den Mauren stehn 300. Stück von Ertz/darunter eins sehr groß il Basilisco genannt / welches die Türcken haben hinterlassen müssen. Die Stadt hat 3. veste Castell/deren eins S. Elmo genannt/ überaus starck uñ wol befestiget / auch mit aller Nothdurfft versehen / daß es für unüberwindlich geschätzt wird. Die andern 2. sind ebenfals sehr vest und wol versehen/ zwischen welchen beyden Vestungen die Galeern und andere Schiff stehen / und ist dieser Canal oder Port gegen dem Meer mit einer grossen eisernen Ketten geschlossen und verwahrt. Die Stadt hat 2. Thor / und 8. Gassen / unter den Häusern ist sonderlich zu sehen des Großmeisters Palast/ welcher sehr prächtig aus viereckeren Steinen erbauet/ innwendig aber mit Marmor und schönen Gemählden ausgezieret. Vor diesem ist ein grosser Platz / der zum Spatzieren und Ritterspielen bequem / auf welchem ein schöner Spring-Brunn und eine Marmorsteinerne Säule stehen. In dieser Stadt ist die vornehmste Kirche S. Johannis Baptistæ, welcher der Insul Patron / darinnen viel Zierrath und Reliquien der Heiligen zu sehen. Uber diß das Jesuiter-Collegium und andere Klöster: insonderheit ist der Spital zu S. Johann. zu sehen / deßgleichen in gantz Europa nicht ist / darinnen jährlich 30000. Scudi auf arme und gebrechliche gewendet werden. Es hat hier auch einen Marckt/ auf welchen täglich aus den umligenden Dörffern viel Leute zusammen kommen. Uber diß ist noch das Zuchthauß / worinn viel gefangene Türcken und Barbaren. In dieser Stadt sind auch schöne Brunnen/ und werden auf 1744. Seelen gezehlet/wird Humilissima genandt. II. heist il Borgo und wird Victoriosa zu benahmet/ weil sie starcke Mauren und ein vestes Schloß hat/so auf einem hohen Berge von den Saracenen ist erbauet worden/auch den Feind mit Schande abgetrieben/ ja gar verjagt / dessen man noch genug Zeugen hat / denn sie fast gantz durchschossen ist. In dieser Stadt sind auch viel schöne Gebäu/unter den Kirchen ist die vornehmste S. Laurentii. Uber diß noch 2. Münch- und ein Nonnen-Kloster. Ausser den Soldaten und Schif-Knechten werden über 3063. Bürger gezehlet/und war/ehe Valetta gebauet/hier des Großmeisters Residentz. Die Stadt führet zum Zeichen ihrer Tapfferkeit einen Arm mit blossem Schwerdt/ zwischen einem Palm- und einem Oel-Zweige in rothem Felde.

III. Die Stadt Senglea, ins gemein Lisola di St. Michaële genannt / auf dieser halb-Insul ist erstlich das Castell S. Michaëlis erbaut worden / hernach als sie zur Stadt worden/ist sie von dem Großmeister Claudio de la Sengle genannt / und nach ausgestandener Belägerung ihr der Titul Invictæ zugelegt / auch die Stadt von dem Schoß/ welchen sie dem Großmeister jährlich geben musten / frey gemacht. Die Stadt begreifft heut zu Tage 994. Häuser/ und 4050. Bürger. Unter den Kirchen ist die vornehmste S. Mariæ de Victoria / so zu dieser Zeit noch immer köstlicher und prächtiger erbauet wird. Die Stadt hat gute Mauren und Bollwerck/ auch einen bequemen Anfurth.

IV. Malta. Ligt im Mittel dieser Insul/ und ist die älteste Stadt / deren auch Cicero, V. in Verrem gedencket/so lange vor Rom floriret/ wie Quintinus meldet / mag auch sonst viel grösser gewesen seyn / wie die alten Mauren gnugsam bezeugen / als heut zu Tage/ da sie auf 565. Häuser und 2621. Bürger geschätzet wird. Ligt von Valetta 2. Stunden/auf einem hohen Berge/ von Natur und starcken Mauren veste. Sonst hat es auch ein Castell gehabt/welches Anno 1455. auf Befehl Königs Alphonsi demoliert/ hat gut Wasser und schöne Häuser/ so von Alabaster herrlich gezieret. Unter den Kirchen ist der Dom das Haupt und älteste in der gantzen Insul/ in welcher ein Marien-Bild/ so S. Lucas/der mit Paulo allhie gewesen / gemahlet haben soll/ hat 20. Canonicos, zu welchen nur die eingebohrne genommen werden. Mitten in der Kirchen stehet ein Altar, so sehr groß/welchen Balthasar Cochleares, Bischof zu Malta / eingeweyhet Anno 1626. dessen Grabstein auch da zu sehen mit dieser Inscription:

D. O. M.
Æternæ Melivitani Antistitis
memoriæ,
Fratris Don Balthasaris Cagliaresii,
Lactariæ pauperum columnæ;
In cujus amorem omnes omnium animi
Faustissimè conspirarunt.
Quem Probitas nascentem excepit,
Prudentia natum excoluit,
Sapientia supra æquales extulit,
Æmula sororis Pietas
L. M. P.
consecravit.
Obiit Prid. Non. Augusti, Anno Domini
M. DC. XXXIII.
Episcopatus XVIII.
Ætatis LVIII.

In der Stadt sind noch andere Kirchen / als S. Salvatoris, seu Crucifixi, B. Virginis, S. Petri Apostoli, S. Nicolai Episc. S. Rochi, und S. Agathæ. Ferner ist auch ein Nonnen-Kloster Benedictiner-Ordens / so sehr reich und herlich. Die Stadt wird ins gemein Notabilis genannt/ wegen ihrer Aelte und Beständigkeit im Christlichen Glauben. Die Rechts-Sachen werden durch Capitàin de la Verga abgehandelt/ den die Innwohner in ihrer Sprache Hakem nennen / welcher jährlich von dem Großmeister erwehlet wird/und die hohe Jurisdiction, so wol in Civil- als Criminal-Sachen über alle Flecken und Dörffer der gantzen Insul hat / auch ist ihm anbefohlen das Kriegs-Commando über die Stadt Malta, Rabatto, Dingli, Tartarini und umbligende Oerter. Dieser hat einen Doctorem Juris zum Beysitzer. Der Stadt-Rath bestehet aus vier Geschwornen / (wie man sie nennet)/ die auch jährlich von dem Großmeister benennet werden/ an welche man von dem Untern-Rath/) welches sind 3. Richter/ein gelehreter/ und 2. gemeine/der nur geringe Sachen richtet) appelliren kan / und hat dieses Privilegium Alphonsus in Arragonien auf vorhergegangene Bitte ihnen gegeben/damit sie nicht nöthig hätten / ihre Streit-Sachen mit Schaden und Unkosten in geringen Dingen ausser dem Lande auszuführen. Sonst appelliert man in Criminal-Sachen an das hohe Gerichte/ welches vom Großmeister und heiligen Collegio erwehlet wird. Wenn etwa ein Einfall zu besorgen/ oder plötzlich geschiche/befihle der Großmeister das Commando einem edlen Ritter des H. Ordens / und kan man in der Noth eiligst aus den nächstgelegenen Oerten auf 7000. zu-

sammen

sammen bringen. In der Vorstadt ist eine alte Kirche dem H. Apostel Paulo gewidmet. Einen Büchsenschuß davon ligt der Orth/ allda Paulus soll geprediget haben/ zu dessen Gedächtniß ein weiß steinern Creutz allda aufgerichtet ist / und hält P. Masuccius S. J. darvor/ es haben Pauli Predigt nicht nur alle Innwohner dieser Insul/ sondern auch in der Stadt Gaulo, so 5000. Schritt davon ligt/ vernehmlich gehört / herbey kommen und sich tauffen lassen.

Ausser dieser Vorstadt Rabbatto sind noch 4. schöne und alte Clöster: das erste ein Carmeliter-Kloster/ S. Mariæ del Annunciatæ, in welchem das Hertz des Großmeisters Claudii de la Sengle mit dieser Beyschrifft begraben:

> Excelsum pietate viri cor clauditur urna
> Claudi, qui Rhodio præfuit imperio.
> Grata fuêre viro geniti cunabula Verbi,
> Huic sacro moriens cor dedit inde suum.

Dessen Eingeweid ligt in dem Franciscaner-Kloster B. Mariæ de Jesu: die Grabschrifft dabey lautet also:

D. O. M.

> Militiæ quondam Rhodiæ intestina Magistri
> Magnanimi Claudi marmore tecta vides.
> Intima mentis erant, venerando nomine Jesu
> Plena viro; his aris mortuus exta dedit.

Zwey Meilen von der Stadt ligt der Berg Verdale (ins gemein Boschetto genannt) dahin sich die Großmeister zur Sommers-Zeit begeben/ ligt sehr anmüthig/ und ist sehr prächtig und künstlich erbauet/ also daß es keinē Italiänischen Gebäu an ingemässer Tectur weichet/ von dem Großmeister Hugone de Loubens Verdale S. R. E. Card. erbauet. Ligt viereckigt mit 4. Thürnē gezieret. Auf dem Dache/ welches nach Landes-Gebrauch eben/ gibt es einen lustigen Prospect/ so wol zu Wasser als Lande/ darauf vier kleine Stücke zur Lust und auch zum Schutz/ ist rings rumb mit einem Graben umgeben/ welcher mit grosser Mühe und Kosten in den Fels gehauen; zur lincken des Eingangs stehet des Großmeisters Behausung/ welche mit allerhand und zwar Königlichem Pracht angefüllet. Ist inwendig schön ausgemahlet/ und zwar der gantze Lebens-Lauf und Thaten des Großmeisters de Valetta gantz lebhaft abgebildet. Uber dem vornehmsten Thore stehen diese Wort: Cedant curæ loco. Wer hievon weitern Bericht begehrt/ lese des Herrn Niedersteds obangezogenen Tractat von der Insul Malta.

Es haben diese Insul Melitam oder Maltam erstlich die Phæaci, noch vor dem Trojanischen Kriege/ besessen/ wie Homerus und die meisten alten Scribenten bezeugen: hernach haben sie die Phænices eingenommen/ nach Thucydidis Bericht lib. 6. und Theodori Sic. lib. 7. biblioth. welcher hinzu setzt/ daß die Phænices allda ihr Gewerb getrieben/ und wegen des bequemen Anfurthes dahin ihre Zuflucht genommen. Nach diesem haben sie die Griechen 500. Jahr vor Christi Geburt überkommen / welches Cluverius lib. 2. antiq. Siciliæ cap. 16. fol. 437. und alte marmorsteinerne und ährene Müntzen bezeugen. Quintinus bekräfftiget/ daß er eine alte ährene Müntze habe/ auf welcher einer Seiten der Göttin Juno Bild/ an der andern des Remi mit dieser Umbschrifft: ΜΕΛΙΤΑΙΩΝ. Darnach als die Carthaginenser von den Römern überwunden worden/ ist mit der Insul Sicilia zugleich auch Malta unter ihre Herrschafft kommen/ davon Dionysius Petavius in Chronol. P. Onufrius lib. 4. cap. 11. Livius decad. 3. lib. 2. Hernach hat sie auch die Gothen, Saracenen, Normannos, Svevos, Gallos und Arragonenses zu Herren gehabt/ von welchen sie auf die Hertzogen von Oesterreich kommen.

Man sihet auf dieser Insul noch viel Monumenta der heydnischen Götzen / und rühmet auch Cicero IV. in Verrem der Göttin Juno Tempel / welcher so heilig gehalten worden/ daß auch die See-Räuber und andere Feinde nichts aus demselben genommen. Nachdem aber diese Insul den Christlichen Glauben / wie oben gemelt/ von Paulo angenommen / haben sie denselben standhafftig behalten / obwol die Mauri diese Insul gleich darnach eingenommen/ und über 100. Jahr dieselbe besessen/ wie Jacobus Tirinus è Soc. Jesu in Acti Apost: von ihnen rühmet/ und spricht daher der Poet wol:

> Ex quo fidem accepisti,
> Recidiva non fuisti
> Insula Notabilis.

Uber diß seyn die Einwohner verschmitzte tapffere Kriegs-Leute/ ihrem König getreu/ gegen andere danckbar/ gastfrey und milde/ braun von Farbe. Das Weibes-Volck ist schön von Gesichte/ gehet auf der Gassen mit verdecktem Angesicht/ selten alleine/ fliehet die Gesellschafft/ und weil es da hitzige Lufft/ nehmen sie die Männer wol in acht/ und kommen nicht viel unter das Volck. Das Land ist fruchtbar an Honig/ daher etliche davor halten / es sey diese Insul vom Lateinischen Mel oder Griechischen ΜΕΛ/ genant worden; und Baumwolle/ daher auch Lucretius der schönen Kleider gedencket / welche von solcher Baumwolle gemacht worden / wenn er spricht:

> Interdum in pallam & Melitensia, Ceaq; vertant
> Eximia veste.

Daher auch Diodorus Siculus schreibet von dieser Insul: Ejus incolæ fortunati existimantur, quoniam & varii generis exercent artes, & optime faciunt lineas, telas, cùm tenuitate tùm mollitie spectatas. Uber diß träget es auch viel Korn/ Flachs/ Kümmel/ Quitten/ Waid und dergleichen. Das Erdreich wird ohne schwere Arbeit gebauet/ und trägt des Jahrs 2. mahl Frucht. Ovidius rühmet sie schon zu seiner Zeit lib. 3. Fastor.

> Fertilis est Melite sterili vicina Cosyræ
> Insula, quam Libyci verberat unda freti.

Sie hat gesunde Lufft/ gutes und frisches Wasser/ also daß wol keine Springbrunnen seyn / daß Wasser aus dem Meer durch verborgene Erdgänge sich gleichsam reinigen muß/ in dem es die saltzigte Natur allmählig ableget/ und hernach zum Nutz der Menschen kan gebraucht werden. Es gibt auch allhie lustige Gärten voller Palmen/ auch gräbt man da Eisen und Marmor und die obbenannte Erde/ so sehr gut wider den Schlangen- und anderer giftigen Thier-Biß/ die auch gut seyn soll vor hitzige Fieber und andere Schwachheiten menschliches Leibes/ wie Cornelius à Lapide bezeuget. Auch gibt es allerhand Wildpret/ Fische und Muscheln. Uber diß gibt es allda eine Arth Corallen/ welche unter dem Wasser wächst/ wenn es aber heraus gezogen wird/ so wird es hart und zu einem purpurfarben Stein. In Summa/ es ist diese Insul sehr volckreich/ und werden in die 60000. Seelen gezehlet/ darunter 12000. so zum Kriege können gebraucht werden/ und soll die Insul auf 76. tausend Scudos jährlich austragen.

Von den Malteser-Rittern oder S. Johannis Orden/ welcher diese Insul sonderlich berühmt machet/ ist dieses noch zu mercken/ daß er herstamme von denen jenigen/ welche im Jahr 1099. unter Gottfried de Bouillon Hertzogen zu Lothringen in das H. Land gezogen/ Jerusalem und andere Oerther eingenommen/ und biß ins Jahr 1187. besessen/ da Saladinus, König in Aegypten/ Jerusalem eingenommen und die Christē daraus weichen müssen/ welche An. 1308. die Insul Rhodus nach vielen blutigen Stürmen erobert/ dieselbe angebauet und bevestiget/

biß Anno 1528. Solymannus mit 300000. Mann diese Insul belagert; als aber die Johanniter-Ritter diese harte Belägerung 6. Monat lang tapffer ausgestanden/ und über die 100000. Mann niedergemacht/ doch aber weil sie keinen Succurs bekommen/ die Insul verlassen müsten; hat Käiser Carolus V. diesem Orden die Insul Malta geschencket/ daß sie nemlich allezeit ein wachsames Auge auf die Türcken haben solten/ und den Christlichen Potentaten wider den Erb-Feind zu Hülffe kämen; welcher sich auch allda niedergelassen und gemeldte Vestungen erbauet haben/ welche der Zeit allein die Schlüssel der Christenheit seyn. Es hat aber der Groß-Türck Solymann nochmals sich unterstanden Anno 1565. auch diese Insul zu belägern/ und die Ritter von dannen zu verjagen/ deßwegen mit einer mächtigen Schif-Armada von zweyhundert Segel starck sie angegriffen/ hart geängstiget/ und nachdem er den 18. Maji das Volck ans Land gesetzt/ haben sie der Vestung S. Elmo so hart zugesetzt/ daß sie solche den 23. Junii mit Gewalt erobert/ und alle Mannschafft niedergehauen haben.

Darauf sich auch gegen die 2. andern Vestungen/ nemlich S. Angelo und S. Michaële gewendet/ und sich so eingeschantzet/ daß die feindliche und Türckische Batteryen an der Höhe denen in der Vestung gleich waren; nichts desto weniger thaten die Belägerten tapfern Widerstand/ schlugen ihnen alle Stürme ritterlich ab/ und wehreten sich so lange biß ihnen von den Christlichen und sonderlich Italiänischen Potentaten (dabey Philippus König in Spanien das beste that) 70. Galleren zu Hülffe geschickt worden/ darauf 9600. Mann waren. Als nun die Türcken von dem ankommenden Succurs Nachricht erhielten/ liessen sie das meiste Geschütz zu Schiff bringen/ und giengen mit der grösten Macht den ankom̃enden Galleren 8. Meil entgegen: so bald aber die Christliche die Türcken ersahen/ giengen sie auf sie loß und attaquirten die Türckische Schiff/ da es denn zu einem blutigen Gesecht kam/ in welchem die Christen die Victorie erhielten/ viel der Türckischen Galleern in Grund schossen/ und viel gefangen nahmen/ so daß der wenigste Theil entrunnen. Dieser Verlust machte die andern Türcken/ welche die Vestung belagert hielten/ so sehr bestürtzt/ daß sie eilends die Belägerung aufhuben/ alles zu Schiff brachten und die Insul verliessen.

In währender Belägerung sind bey 9000. Christen/ nemlich 327. Ritter/ 3000. erfahrne Kriegs-Leuthe/ und 5673. Einwohner und Landvolck umbkommen. Der Türcken sind hergegen auch 14. biß 15. tausend dahinden blieben/ welche sie in 6. General-Sturmen und Scharmützeln verlohren. Hernach aber ist dieser Orth noch mehr bevestiget worden/ wie solches noch heutiges Tages zu sehen/ deßwegen er auch bißher jederzeit von den Türcken unangefochten blieben ist. Dieses gemeldten Ritter-Ordens Haupt/ so Großmeister genennt/ wird von allen Nationen ohn Unterscheid erwehlet/ ist Fürstlich/ und dessen Ambassadoren werden aufgenommen als der Königlichen/ und können sich vor dem König bedecken. Seither sie Malta beschützet/ haben sie der Christenheit grosse Dienst gethan. Sie ruinirten im Jahr 1308. Die Türckische Flotta/ von mehr dann 70. Segel starck/ und nahmen Smyrna und die Insul Chio ein/ sie schlugen die Corsaren im Angesicht Tripoli/ sie stiegen aus in Morea mit Andrea Doria, der Gennesischen Galleren Generalen/ und nahmen daselbst einen vesten Orth ein/ sie rasierten im Jahr 1694. Lepante, und 16. Jahr hernach eine berühmte Vestung in Arcadien. Sie nahmen im Jahr 1625. die Insul S. Mauritii ein/ und plünderten auf den Küsten Epiri alles/ was sie antraffen; Im Jahr Christi 1638. haben sie die Ottomannische Flotten zerstreuet/ und ihnen 30. Galleren und 7. Galleazen ruiniert/ und sind deren wenig entrunnen/ die die Zeitung bracht haben. Dieser Orden besitzt grosse Güter in der Christenhenheit hin und wieder.

Manthia.

Ist eine Stadt in dem Königreich Neapolis, in dem obern Calabria gelegẽ/ welche ein gewaltige Vestung hat.

Mantua.

Ist eine grosse und schön gebaute Stadt der Hertzogen von Mantua Residentz/ deren Virgilius, Livius, Plinius und andere mehr gedencken. Etliche halten davor/ sie sey vom Ocno Bianore, einem Sohn Tyberini der Tuscorum Königes/ und Mantus, der Tochter Tiresiæ erbauet/ und nach seiner Mutter Nahmen Mantua genannt worden/ wie Virgilius lib. 10. Æneid. anzeiget v. 198. seqq.

Ille etiam patriis agmen ciet Ocnus ab oris
Fatidicæ Mantûs, & Tusci filius amnis,
Qui muros matrisq; dedit tibi Mantua nomen.

Welches aber Cluverius vor ein Poetisches Gedicht hält. Er schreibt/ daß die erste Erbauer der Stadt mehr als 600. Jahr vor Christi Geburt die Tusci gewesen: als aber hernach die Galli Transalpini in Welschland kom̃en/ und diese Tuscos aus den Orthen umb den Pò herumb vertrieben/ so seyen zwar der Tuscier etliche zu Mantua verblieben; aber es seyen auch hernach der Cenomanõrũ Gallorum eines theils in dieser Stadt aufgenommen worden/ zu welchen bald auch etliche von den benachbarten Venetis kom̃en sind. Daher ists/ daß etliche Autores diese Stadt den Cenomannis zuschreiben: Plinius aber sie in der Venediger Landschafft setzet; wiewol der gröste Theil der Einwohner Tuscier waren. Es muß sonsten Mantua vor Alters keine grosse Stadt gewesen seyn/ wie aus der Martialis Worten lib. 14. epigr. 195. erhellet:

Tantum magna suo debet Verona Catullo,
Quantum parva suo Mantua Virgilio.

Und Strabo im 5. Buch bezeuget. Als Käiser Augustus der Cremonenser Aecker seinem Kriegs-Volck gegeben/ weil sie es mit Antonio gehalten/ diese aber nicht genug waren/ hat er auch die Mantuanischen darzu geschlagen/ uñ hat also diese Stadt der Nachbarschaft entgelten müssen/ wie der Poet sagt Ecclog. 9. v. 28.

Mantua væ miseræ nimium vicina Cremonæ.

Heutiges Tages ist eine ziemlich grosse und schön gebaute Stadt/ hat in ihrem Umbkreiß 4. welsche Meilen/ 8. Thör und der Einwohner auf die 50000. sonst gezehlet worden. Sie ist mit einem gewaltigen grossen See/ der über 10. oder wie Schotus schreibt/ 20. Meil Wegs lang/ und 2. breit/ umbgeben. Von der Stadt gehen über diesen See 2. starcke Brücken/ unter welchen eine so von des Hertzogen Pallast biß zu S. Georgen Capell/ auf die 130. Schritt lang/ und den mehrern Theil bedeckt ist: die andere ist/ wenn man von Verona reiset/ darauf 13. Mahlmühlen stehen/ aus welchen der Hertzog des Jahrs 40000. Cronen Einkommens haben soll. Das Würtembergische Reißbuch berichtet/ daß man auf diesem See mit Schiffen durch 2. Canäl/ auf dem einen von Mantua biß gen Goito 10. Meil/ und auf dem andern biß zu dem Fluß Pò und dann gar biß ins Meer kommen könne. Es hat bey der Brücken eine Vorstadt/ welche mit starcken Pasteyen und Wällen umbgeben/ damit die Brück möge bewahret bleiben.

PARTE
Campagna
di Monte chiaro
DEL
BRESCI
ANO.
Campagna
Parte del
Cremonese.
PARTE DEL
DVCATO
DI PARMA.
del Regiano
Parte
Lonato
Monte Chiaro
Castiglione delle Stiuere
Medoli
Goito
Rodigo
Carpenedolo
Asola
Mariana
Redoldesco
Bozolo
Sabioneta
Viadana
Gualtero
Brisello
Colorno
Parma
Canneto
Marcaria
Ostiano
Volongo
Remedello di sopra
Remedello di sotto
Gambara
Calvisano
Castel Goffredo
Guidizolo
Castellucchio
Casalmaggiore
Martignana
Pomponesco
Torricella
Sorbolo
S. Secondo
Fontanelle
Soragna
Castellina
Corte Maggiore

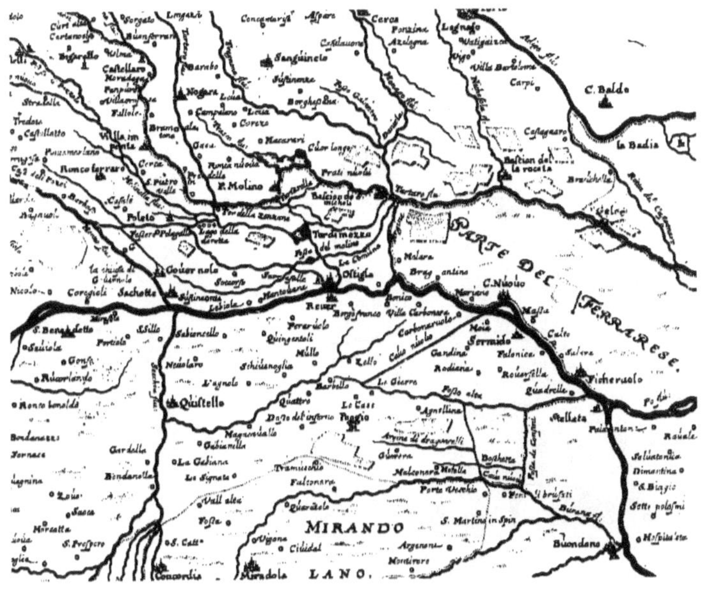

C. Baldo
la Badia
Legnago
Cerea
Sanguineto
Nogara
Castellaro
Castagnaro
Carpi
Villa Bartolomea
Poleto
Gouernolo
Sachette
Ostiglia
Reuer
Borgofranco
Villa Carbonara
Sermide
Ficheruolo
Stellata
Quistello
Buondeno
Concordia
Miradola
PARTE DEL FERRARESE.
MIRANDO
LANO.

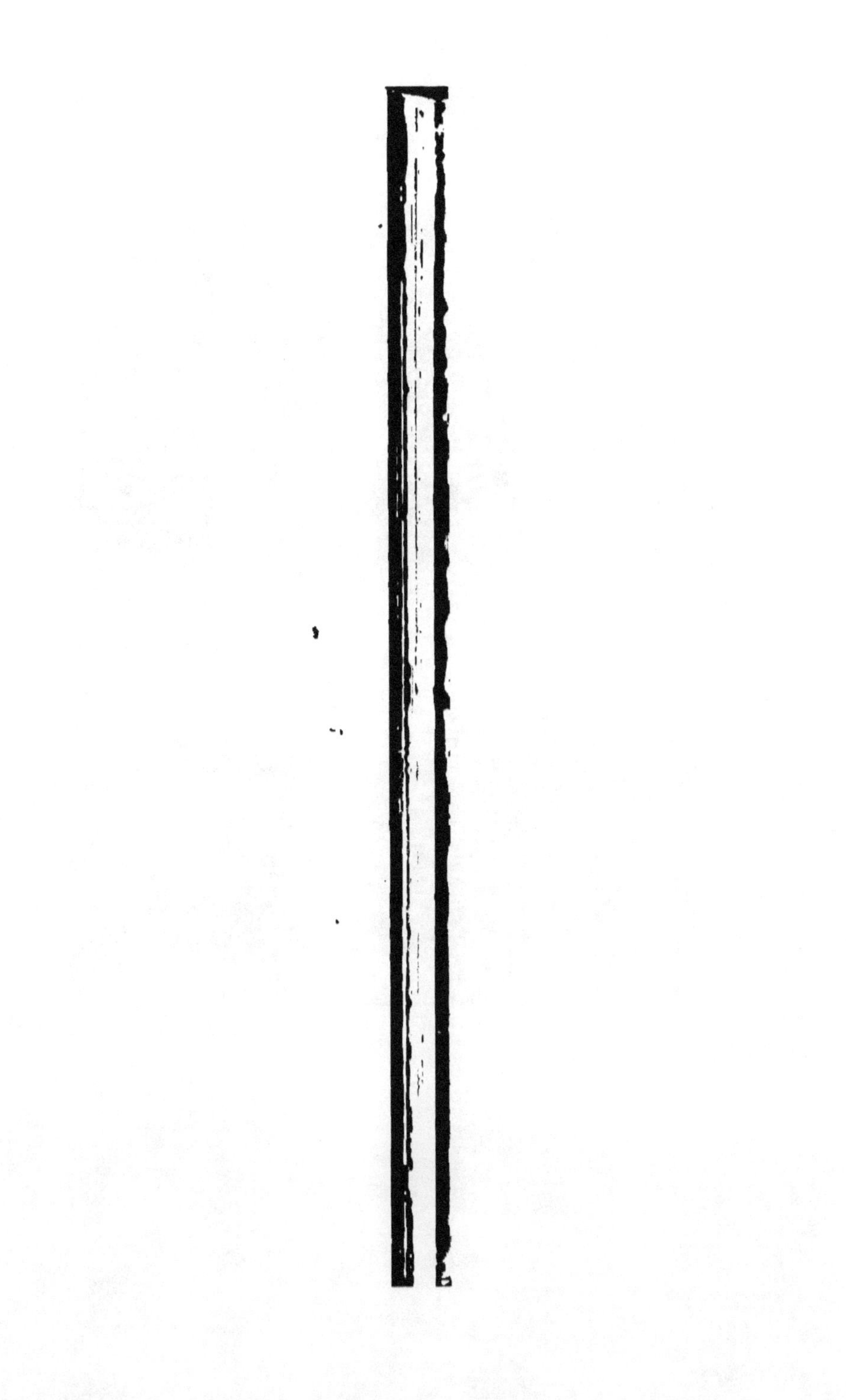

Lago di Paiuolo
MA
Passo
Casa Virgiliana
Lago di sotto
Darsena
Corna
Cipata
Borgo

T OVA
P.te della Predella
Lago di sopra
Porto fortezza
Molini
Ponte di Porto
Porta dell Ancona
Lago di Mezzo
Poggio Reale
Ponte di S. Georgio
S. Georgio
Gr. Collalto Quartier

Es macht diesen See / in welchem die Stadt mitten inne ligt / der Fluß Mincius, da man vorzeiten allenthalbē über die Brücke vom vesten Land in diese Stadt hat kommen können. Ist also diese Stadt des Lagers halber sehr vest / hat auch neben den sehr anschnlichen Gebäuen und Häusern schöne gerade und weite Gassen: und ist vor diesem grosses Gewerb sonderlich mit Seidenwaaren allhie gewesen / da auch des Flusses und der Wasser halber alles wol zubekommen war. Es waren auch allda Juden in grosser Menge / die sehr reich und grossen Handel trieben. Aber die Pest und Käiserliche Belägerung und den 18. Julii Anno 1630. erfolgte Eroberung / hat die Stadt in einen gantz kläglichen Zustand gesetzet und erbärmlich zugerichtet. Es hat Hertzog Ferdinandus 1625. allda eine Universität eingeführet / und der löblichen Teutschen Nation sonderbahre Freyheiten / und ihrem Consiliario vollkommene Jurisdiction ertheilet / welche auch ihre eigene matriculam hat / und ist der erste Consiliarius Henricus Alers / von Münster aus Westphalen gewesen. Von weltlichen Gebäuen ist allhie zu sehen das Rathhauß / auf welchem in einem Saal des Virgilii Bildnuß stehet / welcher allhie geboren / wie er selbst lib.3. Georg. und Martialis lib. 1. epigr. 62. anzeigt in diesen Worten:

Marone felix Mantua est.

Confer Statium sylvar. lib.2. carm. 9. & lib. 4. carm. 2. & 7. Aber Donatus Grammaticus saget / daß er in dem Dorf Andes, nicht weit von Mantua / gebohren sey / in vita Virgil. welchem auch beystimmet der H. Hieronymus in Eusebii Chronico lib.2. welcher sagt / daß Virgilius in dem Dorff Andes gebohren / als Pompejus und Crassus zu Rom Bürgermeister waren / das ist 70. Jahr vor Christi Geburt. Und Silius lib. 8. v. 84. spricht:

Mantua Musarum domus, atque ad sidera cantu
Evecta Andino, & Smyrnæis æmula plectris.

Wo aber dieses Andes gelegen gewesen / ist gantz ungewiß. Besihe hievon Cluverium lib. 1. Antiq. Ital. c. 26. Sonst lieset man auch ein distichon / welches Virgilius ihme selbst gemacht haben soll:

Mantua me genuit, Calabri rapuêre, tenet nunc
Parthenope, cecini pascua, rura, Duces.

Er hatte vorzeiten eine andere statuam auf dem Marckt von Marmor / welche die Käiser Otto I. & II. mit Fleiß besichtiget; bey deren auch die Bürger zu Mantua Täntz / und Mahlzeiten Virgilio zu Ehren an den Feyertagen angestellt haben; die aber Carolus Malatesta, als er Johannis Francisci des ersten Marggrafen von Mantua Vormund gewesen / umb das Jahr Christi 1407. oder 8. bey der Nacht hat hinweg nehmen und versencken lassen / daher ein grosser Aufruhr entstanden / so kaum hat mögen gestillet werdē; Mansitq; Carolo æterna sævitiæ stoliditatisq; memoria; wie Antonius Possevinus in seinem Gonzaga oder der Mantuanischen Historie schreibet. 2. Der Marstall / darinnen vor diesem viel schöne uñ ausländische Roß gestanden. 3. Vor der Stadt ist zu sehen das Palatium del T. oder Te, welches Fridericus der erste Hertzog von Mantua erbauen lassen / darinn viel schöne Zimmer zu sehen / sonderlich ein vom Juliano Romano übermahlter Saal / so 38. Schuh ohngefährlich in die Vierung hat / groß / oben gewölbt und sonst wie ein Backofen formiret / doch unten seine ordentliche vier Eck / und bey 30. Schuh hoch ist / aber nur 2. Fenster hat; Wird der Riesen-Saal genannt. Wañ man redet / so gibt es ein sehr herrlich Echo; ingleichen / da eine Person in dē einen Eck stehet und gar still redet / so mag man sie in dem andern Eck gar wol vernehmē; aber der jenige so in der Mitte zwischen den beyden stehet / höret nichts. Henricus Schikardus Fürstl. Würtembergischer Baumeister / der diesen Saal auch gesehen / schreibet die Ursach dem Grad zu / der im Creutz-Gewölb von einem Eck zu dem andern oben hinüber gehet / darinn die Stimme / welche in ein Eck geredet wird / hinüber in das andere Eck lauten muß.

4. Das Theatrum oder la Scena, welches ein trefliches Werck / in deme alles in Zügen und Rädern gieng / und hierdurch alle Sachen gar artig haben repræsentiret werden können. Meteranus lib. 20. schreibet / daß eine Comœdia pastoralis / die des Königs Philippi III. in Spanien Braut und dem Ertz-Hertzog Alberto von Oesterreich Anno 1599. allhie zu Ehren gehalten worden / über 25000. Cronen gekostet habe. Es sind aber die besten zu den Comödien gehörige Sachen zun Zeiten des Hertzogen Vincentii der Römischen Käiserin Eleonoræ Herren Vatters / durch eine grosse entstandene Feuers-Brunst daranf gangen / so seine Vorfahren lange zusammen gebracht hatten. 5. Das Antiquarium, in welchem unterschiedliche 4. Zim̃er schön gewölbet / gemahlet und zugerichtet / darinnen die Sachen nach den 4. Elementen ausgetheilet / vor etlichen Jahren folgende Raritäten sind gewiesen worden. Im ersten Zimmer allerley Sachen / so zu Stein worden / alß: Hund / Bäum / Muscaten-Nüß / Haselnüß-Hülsen / Pfifferlinge / Brodt / Taig / eines Menschen Hertz / daran man noch die Adern und die Feiste gesehen: ein Holtz so erstlich zu Stein / hernach zu Edelstein worden; Ameisen in Crystall; Elephanten-Kiffer / so zu Edelstein worden; ein schönes Fäßlein von Perlen / Bezoar und Bolo Armeno gemacht; Silber-Blühe / allerley Saltz / ein Stein / darinn ein Engel gesehen ward / Ochsen-Auge / so zu Stein worden / ein höltzern Teller so sich an der einen Seite in Stein verwandelt / Stralschnüßtein. Im andern Zimmer waren allerley schöne rothe Corallen-Zincken / ein gantz Stück schwartze Corallen-Zincken wie ein Bäumlein / drey Spannen hoch: Item / ein gantz schneeweisser Corallen-Zincken / wie ein Bäumlein / mehrers dann einer Spannen hoch / und einer Spannen breit / Corallen aus America und viel andere Sachen mehr: Item Austern an einem Degen. Im dritten Zimmer zeigte man einen Bart von einer Trauben; grünen und blauen Diamant / Stecken von Zimmet-Rinden / zwey Tücher von Rinden gemacht / einen Indianischen Degen / Pater noster von Biesem und Ambra / ein Eydechs in einem Stein / ein Buch / so S. Augustinus mit eigener Hand auf Papier von Rinden geschrieben / ein Baum / davon solch Papier herkommt / ein Buch von Seiden gemacht / allerley Edelstein / Ringe / in welchem eine Wespen / lapis lazzulo, darinn die Heilige Jungfrau Maria / Ring / so in einem Straussen gefunden worden / und viel anders mehr. Im vierten ein Thier so Biesem trägt / Straussen-Eyer / Becher von Rhinocerote, Schüsselein von einer Schildkrott / ein Drach / Riesen-Bein und Zähn / ein Mißgeburt / so einen grossen Kopff mit vier Augen / und 2. Mäulern / dessen gantzer Leib anderthalb Spannen lang / so lebendig auf die Welt kommen / aber alsbald gestorben; ausgebalgte fünff Crocodill / ein balsamierter Kopff von einem Menschen / eine Hydra mit sieben Köpffen / deren Länge von drey Schuhen / ein Meer-Pferd aus Egypten / dessen Grösse wie ein Ochs / doch nicht so hoch von Füssen / so ein plumpich Thier / mit einem grossem Kopff

und weitem Rachen/in welchē 4. grosse/krumme Schlag-Zähne jeder 2. und ein halben Spannen lang/seine Haut war eines Zolls dick. Item etliche Salamandræ, ein Paradeiß-Vogel mit dem Kopf/ ein Hasen mit 6. Füssen/ ein grosser Becher von Wallfischbein rc. In der Kunst- und Schatzkammer sind sonst zu sehen gewesen Crystalline Geschirr/Item/Wehr/Dolchen/Gürtel rc. so mit Rubinen und Diamanten besetzet/ ein gantz silbernen Tisch/ wie auch die 12. Apostel von klarem Silber gegossen 1. und ein halben Spañen hoch/an deren einem ein Mañ zu heben gehabt/so aber nach Venedig sollē geführt wordē seyn

Ferner ist da zusehen gewesen eine gantze Rüstung auf ein Pferd zu legen/so von Gold uñ Perlen überstickt/ darauf eine grosse Anzahl Perlen/die einer Erbis groß/ eine Rüstung auf ein Pferd/mit Gold und Rubinen gestickt/etliche Tisch mit kostbaren Steinen eingelegt/etliche von Ebenholtz gemachte Schreib-Tischlein mit köstlichen Steinen eingelegt uñ mit Gold beschlagen/Tisch/ da die Stadt und dergleichen eingelegt/ allerley Bilder und Antiquitäten von Alabaster/Crucifix von Corallen/ ein künstliches Uhrwerk/da auch Trometen/ Orgeln uñ Posaunen. Endlich ist auch noch ein Saal so schön gezieret/dariñ 18. Kasten mit unterschiedlichen Fachen/in welchē sehr viel künst- und köstliche Sachen/ allerley Statuæ von Glocken-Speiß/ Gemählde/ köstliche Stein/ allerley Geschirr von Stein/die 12. Monat mit der Nadel gestickt/4. schöne Altär von Silber und Edelgestein/ item/ein gantzer Kasten voll Bilder von Agath und andern köstlichen Steinen geschnitten/ darunter ein Angesicht eines Tellers groß/ welches auf viel 1000. Cronen geschätzt worden/ein Trinckgeschirr in der Grösse wie ein halbes Straussen-Ey von Bezoar geschnitten/ein schöner Spiegel in Gold eingefast und reichlich mit Diamanten versetzt/Crucifix/Leuchter/ uñ anders von Crystall und gelben Agtstein geschnitten/ die 12. Apostel von gelbem Ambra/ etliche Türckische Sebel/ Bogen und dergleichen/mit Türckis und Rubinen versetzet/ein gantzer Kasten voll Uhrwerck und Mathematischen Sachen/heydnische Götzen und dergleichen. Besihe hievon Pighium in Hercule prodicio, und Herren Fürtenbachs Italiänisches Reißbuch.

Von Kirchen sind allhier zu sehen 1. Der Dom/ oder die S. Peters Kirche/darinn S. Anselmus der Bischöff von Luca ruhen solle. 2. S. Barbaræ, gleich am Schloß/ auf dessen Thurn/ so fast wie der zu Venedig erbauet/und gar hinauf zu gehē ist/ man die Stadt übersehen kan. Und in dieser Kirchen höret gemeiniglich der Hertzog die Meß. 3. S. Andreæ/ die sehr groß/und vorzeiten schön gezieret war/allda eine Glocke für die unfruchtbare Weiber/und sonderlich das Blut Christi gezeiget wird/welches B. Longinus/ der Kriegs-Mann und Märtyrer beym Creutz aufgefangen/und dahin gebracht haben solle/dessen Gebein auch alda ruhē, wiewol sonsten sein Grab auch ausser Lyon in Franckreich/in der Insul Barbara gewiesen wird. Und solches H. Blut ist erstlich Añ0 804. wie man sagt/in Beyseyn des Käisers Caroli M. und des Pabsts Leonis III. offenbar worden. Es ist auch in dieser Kirch des berühmten Mahlers Andreæ Mantiniæ Bildnüß zu sehen/darunter stehet:

Esse parem hunc noris, si non præponis Apelli,
Ænea Mantiniæ qui simulacra vides.

Die Jesuiter welche Hertzog Wilhelm allhie eingeführet/haben auch ein Collegium alda.

Die Regierung dieser Stadt/ von welcher das Hertzogthum den Nahmen/ belangende/ so ist sie von den Galliern auf die Römer kommen; und als derselben Macht abgenommen/ haben sie die Gothen in ihre Gewalt gebracht/ biß sie endlich den Longobarden zu theil worden. Ob nun wol König Desiderius von dem Käiser Carolo M. Anno 766. überwunden/und dem Longobardischen Reich/so bey 208. Jahr in Italia gestanden/ der Ausguß geben worden: gleichwol so sind viel Longobardische Herren überblieben/so den Königen der Longobarder verwandt; unter welchen dann auch die Gonzagæ, von denen die Hertzogen von Mantua herkomen/ sollen gewest seyn/wie Antonius Possevinus hievon mit mehrerm schreibet. Es ist dieses Hertzogthum Mantua/ so Käiserlicher Lehn/mehrentheils mit dem Venediger Gebieth umbgeben/ welches in seiner Länge 70. und in der Breite 35. welsche Meilen hat. Es sind dariñen 76. herrliche Flecken/ deren theils den Städten wol zu vergleichen. Dieses Fürsten Einkommen belaufft sich jährlich auf 300. und 50000. Cronē/ohne die extraordinar/ uñ was aus dem Hertzogthum Montferrat gezogē wird/ aus welchem dieser Fürst 300. tausend Cronen Einkommens hat. Der Innwohner Reichthumb bestehet im Getreid/ Hülsen-Früchten und dergleichen Sachen/ die nach Venedig geschickt werden; deñ auch in Tüchern und Seidenwaaren die zu Mantua gemacht werden.

Das Land umb die Stadt Mantua ist eben/fruchtbar an Wein und Korn/und hat mehr Holtz/denn sonst gemeiniglich in Italia gefunden wird. Von der Fruchtbarkeit der Stadt Mantuæ hat schon Virgilius Georg. 2. geschrieben/wie davon zu sehen Hoffmann. Lex. univers. p. 981. Das Hertzogthum Montferrat/ welches auch dem Hertzog von Mantua zustehet/ist auch ein gar schönes und fruchtbares Land/darinn es viel warme gesund-Bäder gibt/und ligt zwischen den Flüssen Tanaro und dem Pò. Die vornehmste Städte darinnen sind Casal, Alba, und Acqua. Es sollen 2. in 300. kleine Städtlein darinnen seyn. Dieser Hertzog hat in seinem Zeughauß zu Mantua eine grosse Anzahl grobes Geschütz und Rüstung vor 10000. Mann. In der Citadell zu Casal stehen allein 100. grosse Stück/ mit anderer Kriegs Rüstung/ so viel zu 15000. zu Fuß/ 1000. zu Pferd gnug seyn mag. Zu seiner Leibquardi hat er 50. Italiäner. In der Stadt Mantua ligt eine gewisse Anzahl Soldaten/aber zur Zeit der Noth stellen sich 800. Reuter von dem Land ein. Die leichte Pferd sind immer in Bereitschafft/und stätigs 200. Reuter zu seinem Gebot. In dem Hertzogthum Montferrat kan eine gute Anzahl Reuter aufgebracht werden; und wird bey der Militz solche Ordnung gehalten/daß/ so bald in Casal die Losung mit einem groben Stück gegeben wird/15000. Mañ in Bereitschafft kommen/welche alle des Kriegs sich befleissen. Und wird davor gehalten/ dieser Fürst/ wann nur sein Staat bey einander wäre / solte keinem in Italien an Macht und Vermögen weichen/ auch keiner frembden Hülff bedürffig seyn.

Manfredonia

Ligt an dem Gestad des Adriatischen Meers oder Golfo di Venetia in der provinz Apulia, zu dē Königreich Neapoli gehörig. Ist eine grosse/fürtreffliche/ uñ volkreiche Ertzbischöffliche Stadt/schön und wol erbaut/hat eine gar sichern und guten Meerhaven/und wird das Schloß allda für eine unüberwindliche Vestung gehalten.

S. Maria della Sourte.

Dieses ist eine gewaltige Vestung/ so 2. Meil von Porto Venere, und 3. von Lerice, am Gestad des Meers ligt. Diese ansehnliche Vestung gehört dē Genuesern/ darinnen sie eine teutsche Guardi/und einen Obristen so ein Genuesischer Edelmann ist / unterhalten / der Ort ist auch mit vielem grobem Geschütz wol versehen.

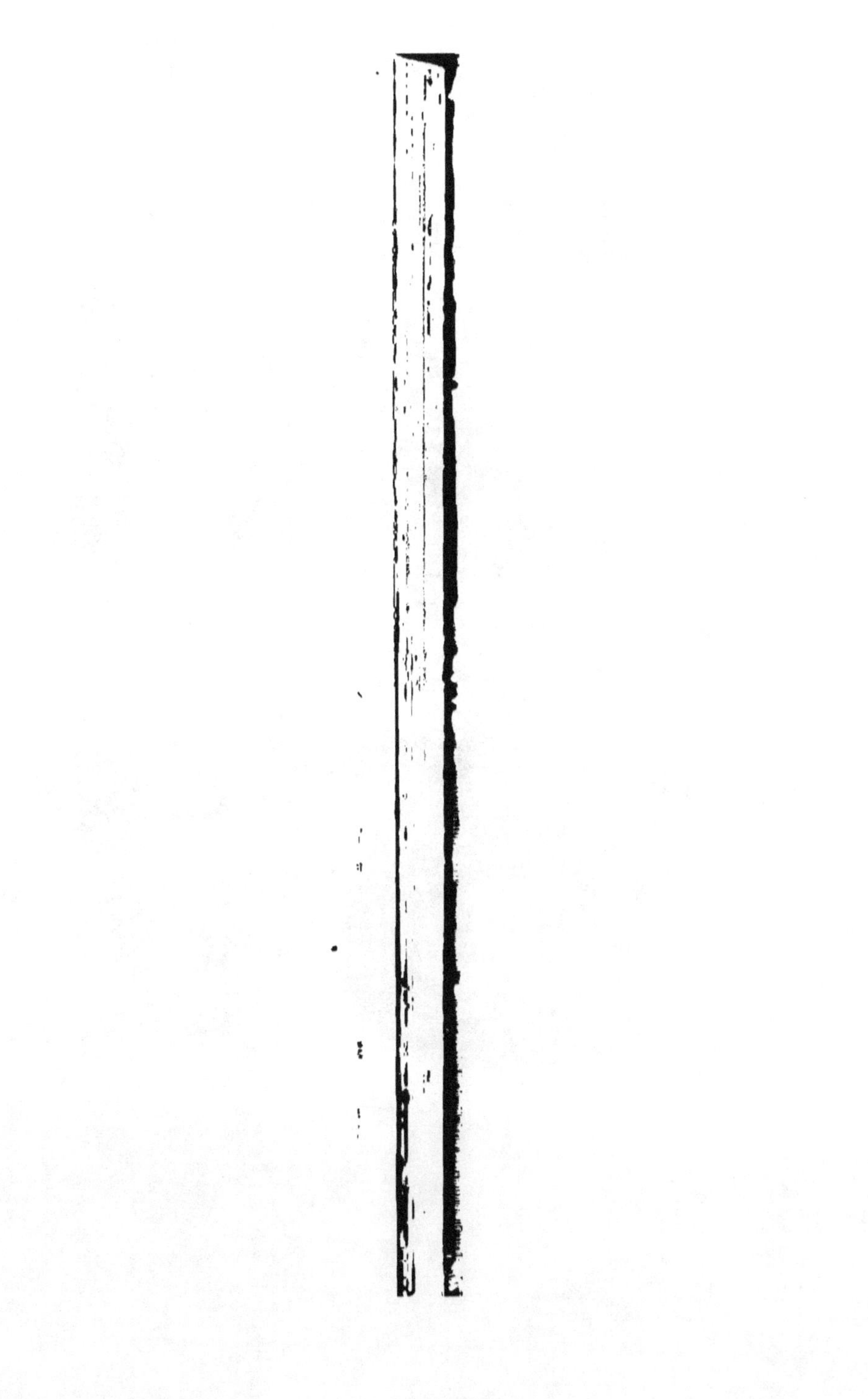

MAIESTY
MARIS ME
DITERRA
NEI
PARS
VAL DE MAZARA
Palermo
SICILIA
REGNVM.
Mittell
Meer
MARE A

Milazo
Casale
S. Gregorius
S. Martino
S. Peder
S. Lucia
Messina
Furnari
Abbat de Gala
Rocca matoris
Monti de
Nanari
Gala
Le Castro
La Scaletta
Aedes regie
S. Maria abbe
La forza
Savoia
Roscalla
DE MO NA
Taormina
Motta
C. Schiso
Francavilla
Castiglion
Randasso
Etna mons
Giarrè
Catana
C. de la Molera
Aci
Paterno
Golfo di
MARE
Faro de Messina

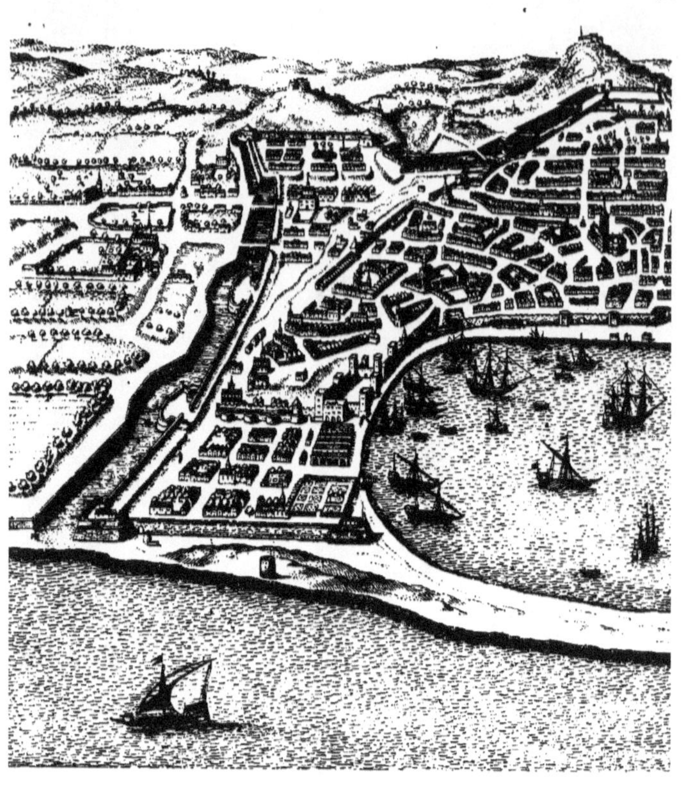
MESSI

Marignano.

Ein schönes reiches und wolerbautes Städtlein/ so vor diesem ein Flecken gewesen/ Anno 1243. von den Meyländern mit Mauren umbgeben/ 19. Meil von Lodi, und so weit von Meyland/unter welches Hertzogthum es auch gehöret/ dadurch der Fluß Lambro fliesset. Dieser Ort ist sehr lustig und nahrhafft / das Land gut und fruchtbar/welches einen grossen Uberfluß gibt von allem/was der Mensch zum Leben nöthig. Hat den Titul einer Marggraffschafft/ so das adeliche Geschlecht de Medici Milanesi besitzet. Zwischen hier und Meyland seynd im Jahr 1515. die Schweitzer vom König Francisco I. aus Franckreich geschlagen worden.

Marino.

Ist ein kleines Städtlein / ligt auf einem Hügel 12. Meilen von Rom / auf der Straß nach Neapoli, und ist dem Geschlecht der Columna zuständig. Es ist hierum ein sehr lustige und gesunde Gelegenheit.

Marmirolanum.

7. Meilen von S. Zenone, und 5. von Mantua, dahin es auch gehöret. Marggraf Friederich I. von Mantua hat allhie ein schönes Lusthauß mit grosser Kunst und vielen Unkosten erbauet/ allda es schöne Königliche und Fürstliche Zimmer / auch schöne Gärten und Wasserwerck gehabt/ von welchem Pighius in seinem Hercule prodicio pag. 209. zu lesen; ist aber Anno 1630. in dem Kriege/ da Mantua eingenommen/übel verderbet worden.

Marostica.

Ist eine schöne/ wolerbaute Venedische Stadt/ drey Meilen gegen Niedergang von Bassano, und in der Trevischer Marck gelegen. Ist mit guten Mauren ziemlich bevestiget / und hat zwey starcke und veste Schlösser. Die Lufft ist sehr gut / und das Land lieblich/so überflüssig allerhand gute Früchte gibt/ und sind insonderheit die Kirschen sehr geschmack / dergleichen nirgend gefunden werden. Hat viel und gute Brunnen mit klarem Wasser. Zwey Meilen davon ligt ein See genannt Piola, dessen Wasser ab und zunimmt/ gleichwie zu Venedig.

Es sind allhier unterschiedliche Kirchen / und ist insonderheit die zu S. Bastiano zu sehen/ allwo der Leichnam eines jungen Knaben / Nahmens Lorentz genannt/gewiesen wird/welcher auf die weiß/wie Christus der HErr / von den Juden gemartert worden/ welche vor Alters hier gewohnet haben.

S. Martino.

Wenn man von Rimini an dem Adriatischen Meer wil nach Pesaro gehen / so sihet man auf der rechten Hand auf einem hohen Berg und Felsen bey dem Ursprung des Flusses Armino, dieses Städtlein oder Castell ligen / welches volckreich wolerbaut/ und sehr reich ist/ und wird nicht gefunden/ daß jemahls einer so mächtig gewesen/ der diesen Ort hätte bezwingen/ und unter sein Joch bringen können/ deßwegen er jederzeit in der Freyheit geblieben.

Von fernen scheinet es/ daß es unmöglich seye/ daß jemand droben wohnen könte / weil man von keinem Ort einigen Zugang sehen kan/ wo man den Berg besteigen könte/ dahero dieses Castell für unüberwindlich gehalten wird.

S. Martin.

Ist ein schönes / wolbevestigtes und lustiges Berg-Haus/dem Groß-Hertzog von Florentz gehörig/ ligt 3. Meilen von dem Städtlein Scarparia, und ist mit neuen Pasteyen und Brustwehren umbgeben.

Massa.

Eine schöne/wolerbaute/ Bischöffliche/ und deß Fürsten von Massa Residentz-Stadt / nicht weit vom Meer und 15. Meilen von Pisa, und so weit von Luca gelegen/ dabey auf einem hohen Felsen eine starcke Vestung zusehen. Dieser Fürst besitzt 15. Flecken/und wird sein Einkommen auf 30000. Cronen gerechnet; Er solle auch 3000. zu Fuß/ und 300. zu Pferd auffbringen und ausrüsten können. Es ist auch noch ein ander Massa, in dem Königreich Neapoli, unweit selbiger Haupt-Stadt gelegene/ und übel erbaute Stadt/allda ein sehr edler Wein wächst.

Matera.

Ist eine alte Ertz-Bischöffliche Stadt/in dem Königreich Neapoli, in der Provintz Apuglia oder Terra di Otranto genannt. Ist sehr groß und sehr volckreich/ ligt sehr verwunderlich / nemlich die 2. Theil der Stadt in den 2. tieffen Thälern/der 3.te aber in der Höhe/ zwischen beyden Thälern.

Messina, Messana.

Dieses ist eine schöne/grosse und gewaltige Stadt in dem Königreich Sicilien / welche samt der gantzen Insul dem König in Spanien gehörig / der allhie einen Vice-Re, und gleichwie auch zu Palermo seine gewöhnliche Residentz zu gewissen Zeiten des Jahrs hat. Thucydides, Strabo und andere haben sie Zanclam genennet/ weil sie einer krummen Sichel Form hat/ denn die Sicilier pflegen alle gekrümte Dinge Zanclam zu heissen/ wie Thucydides und Polybius schreiben. Theodorus Siculus aber wil/es habe ein König in Sicilien Zancletus diese Stadt nach seinem Nahmen Zancle genannt / davon auch Thucydides lib. 6. zu lesen. Andere dichten/ der Nahme Zancle soll entstanden seyn von der verborgenen Sichel des Saturni, so allhie erfunden / oder von dem grossen Riesen Zanclo. Gleichermassen haben die Historici von dem Nahmen der Stadt Messanæ mancherley Meinung; Strabo schreibt ihren ersten Anfang den Messeniis zu/ welche Völcker in Achaja, daher die Einwohner erstlich Messanenses sollē genennt seyn/ nachdem aber die Mamertini aus Campania ihre Besatzung hieher gesandt haben/ sind sie billiger Mamertini als Messanenses genennet. Macrobius aber wil/ der Rheginorum Tyrann Anaxilas sol am ersten die Stadt Messanam erbauet haben/ aber Marius Aretius in der Sicilier Chronick schreibt auf nachfolgende weiß: Anaxillas hat die Stadt verheeret/ und darnach eine neue aufgebauet/ welche er nach seines Vatterlands Nahmen mit Dorischer und Jonischer vermischter Sprach Messanam genennt. Heut zu Tage wird sie Messina genannt/ und ist eine reiche/ lustige/ herrlich erbaute/ wolbewohnte Stadt/ und ein sonderlicher Schatz und Zierde des gantzen Lands/ wird durch das enge Meer/ und von einem Schifhaven/ so nicht von Menschen/ sondern von Natur also gemacht/ von Italien abgescheiden. Am Gestad des Meers gegen Orient ligt sie auf einer flachen und lustigen Ebne/ gegen Occident aber etwas bergicht. Am Gestad/ welcher eines Bogen Form hat/ ist das Meer zwischen Messana und Rhegium gar ungestümm/ und den Schiff-Leuten überaus gefährlich. Sie hat in ihrem Umbfang 5. welscher Meilen/ und wird der überaus grosse See-Haven vor den allervestesten unter allen gehalten.

Es köndten darinne in 400. der grösten Schiff sicher stehn und an das Ufer einlauffen. Die Mauren sind mit schweren irdenen Wällen angefüllet / mit tieffen Gräben/14. Bollwerck/und 4. Vestungen versehen/darunter das Castell S. Salvator daß stärckste und vesteste ist/welche neben dem Meer die Stadt unüberwindlich machen. Es hat 4. grosse Vorstädte / sehr viel und schöne Springbrunnen/auch schöne Kirchen/darunter die Haupt-Kirche wol zusehen. Item am grossen Bollwerck die Wohnungen der Soldaten/das vortreffliche Zeughauß/das Königliche Palatium, dessen man noch gute Wahrzeichen findet/ wird Castagnitum genannt/ allda ist auch eine Fontein, die Müntz und anders mehr.

In dieser Stadt siehet man viel alte Monumenta, als vor S. Francisci Kirch in der Stadt ein Stück einer überaus alten Wasser-Leite/auch bey der Pforten ein immerwährenden Brunnen / welcher gar gesund Wasser gibt/wird von ihnen Leonis Pfütz geheissen/ auch ein herrlichen steinernen Sarck / daraus sie die Pferde träncken/ ist nicht lang vor unsern Zeiten gemacht/ deßgleichen in der gantzen Welt Schöne halben kaum gefunden wird. An der grossen Pforten der Kirchen sihet man zwey steinerne Bilder / Scipionis und Hannibalis, sind Alters halben bey nahe zerfallen. S. Broxhoniæ Kirch soll vorzeiten / wie man sagt/ Castoris und Pollucis Tempel gewesen seyn. Ausserhalb der Stadt ist ein alter Tempel Veneris, jetzt aber von den Christen zu Ehren der heiligen Veneræ eingeweyhet ; auch sagt man/ daß St. Nicolaus-Kirch vorzeiten Neptuni Tempel solle gewesen seyn.

Es ist auch zu Messana ein gar edel und reicher Bürger gewesen/ dem Geitz nicht zugethan / dessen Hauß war zu seiner Zeit zu Messana das allervortrefflichste/ ist aber jetzt gar veraltet/ stehet bey nahe gegen dem Bischöfflichen Schloß über / in diesem Hauß ist ein besonder Gemach/darinn stehen überaus viel schöne Bilder. Das Bild Cupidinis ist von Praxitele aus Marmorstein gehauen / an der andern Seiten Hercules gar artlich aus Kupffer gemacht/ soll/ wie man sagt/des kunstreichen Myronis Arbeit seyn. Neben diesen waren noch zwey andere ährne Bilder nicht gar groß / aber gar schön / und Jungfräulicher Gestalt/ welche etwas mit ausgestreckten Händen auf dem Haupt hielten / wurden Canephone genannt/ diß Gemach ist jetzt ein altes Kirchlein / dem Engel Sanct Michael zugeeignet.

S. Mariæ Kirch ist allhier gar schön mit Säulen und besondern Aestreich vor kurtzen Jahren erbauet / ist ein herrlicher Ertz-Bischöfflicher Sitz. Es hat auch Messana eine Hohe-Schul / als eine besondere Zierde / dieselbe wird vom Raphaële Volaterano eine Hohe-Schul des gantzen Sicilien genannt/ aus deren viel vortreffliche Männer herkommen. Dieser Orth hat zwar wenig Weitzen-Gewächs/ denn er rings umher mit Bergen und dem Meer umgeben ist ; doch ist das Land fruchtbar an allerhand Früchten/ und gibt das Meer daherumb grossen Uberfluß an guten / wolgeschmackten Fischen / insonderheit befindet sich umb diese Revier eine gewisse Art Fische/ Xifi, ins gemein Pesci Spada genannt/ von welchen mit Verwunderung geschrieben wird/ daß man solche nicht fangen könne / man rede dann Griechisch. Uber diß hat es viel Büsche und Maulbeerbäume/ davon die Seiden-Würme ernehret werden/ denn man macht in dieser Stadt die beste Seiden/ so in Europa gefunden wird/ welches auch ihre beste Nahrung / also daß dieses ein gewaltige und weitberühmte Handels-Stadt ; denn es wird allhier / alle Jahr ein Seiden-Marckt gehalten / dahin nicht allein aus allen Enden Europæ, sondern auch aus Türckey Kauffleute kommen/ und von solchen öffters für eine Millionen Cronen Waren aus dem Lande geführet wird. Anno 1675. und 76. ist diese gewaltige Stadt durch grosse Auffruhr von dem König in Spanien abgefallen / hat grausam wider die Spanisch-Gesinnte gewütet / und sich freywillig an Franckreich ergeben/ welcher ihr grosse Hülff zugeschickt. Weil aber der Frantzösische Succurs etlichmal von den Spaniern auf dieser Insul geschlagen worden/ haben sie endlich/ weil sie doch sahen / daß den Messinesern in die Länge nicht zu trauen / als leuthen die des neuen Frantzösischen Jochs schon begunten überdrüssig zu werden/ diesen Orth samt der gantzen Insul in Anno 1678. wieder verlassen/ da sie dann bey ihrem Abzug auf der See einen gewaltigen Sturm erlitten / und also schlechten Genüß von diesem Orth gehabt haben. Worauff dann die Stadt Messina, weil sie sich aller Hülff verlassen sahe/ sich widerum an Spanien ergeben hat.

Milano, Mediolanum.
Meyland.

Eine grosse und weltberühmte Stadt in der Lombardey / das Haupt des Hertzogthumbs Meyland/ welche eine rechte Königliche Stadt / und eine Zierde Italiens kan genennet werden ; soll von den Senonibus Gallis unter ihrem Hertzogen Brenno gebauet/ oder ja erweitert seyn / andere wollen/ sie sey lange zuvor gestanden und habe Olanum geheissen.

Etliche sagen / die Teutschen haben sie angefangen/und sey vorhin eine Dorff gewesen/Anno 1162. zerstöret und geschleifft/ von Käiser Fridrichen dem ersten/ und nach 3. Jahren/ als Anno 1165. von denen von Parma und den Florentinern wieder aufgericht. Es gedencken derselben Polybius, Plinius, Tacitus, Plutarchus, Svetonius und viel andere mehr ; von deren Ursprung kan Gaudentius Merula lib. 3. Antiq. Gallor. Cisalpin. c. 12. gelesen werden. Der Nahme dieser Stadt soll entweder so viel seyn/ als Mittelland/ weil sie zwischen den 2. Flüssen Tesino und Adda gelegen ; oder wegen des schönen Landes herumb gleichsam Meyenland/ oder so viel als Mägdeland / das ist / Jungfrauen oder der Minervæ Land heissen. Besihe Güntherum in Ligurino lib. 8. Leandrum, Schotum, Alciatũ, Pflaumerum und andere. Es ist das Land herumb der Lufft und grosser Fruchtbarkeit halber sehr gut/ daher auch diese Stadt so volckreich und mit Handwercksleuten trefflich versehen/ also/ daß ein Sprichwort ist : Chi volesse rassetare Italia, rouinarebbe Milano ; Daß wer Italien restauriren oder mit Handwercksleuten besetzen wolte/ derselbe Meiland zerstören müste. Vid. Latherus de cens. lib. 1. cap. 19. n. 101. seqq. Sie soll 2. teutsche oder 10. welsche Meilen in ihrem Umbkreiß haben : Es entsetzen sich die Frembde über die Schönheit des Lagers und ihrer Grösse/ also daß sie ein Land und nicht eine Stadt zu sehen vermeinen. Und ob sie schon sehr viel hat ausstehen müssen/ und man schreibt/ daß sie 40 mal belagert/ 22. mal erobert und verwüstet / Vid Leander & Pflaumerus ; Insonderheit aber vom Käiser Friderico Barbarossa grösten Theils zerstöret und ausgerottet worden ; also daß in Chronico Abbatis Urspergens. fol. 305. diese Wort von ihr stehen: Sicque factum est, ut in urbe bestiæ & feræ, & sicut in Prophetis scriptum est, diversa dæmonum genera inhabitarent & ferarum ;

so

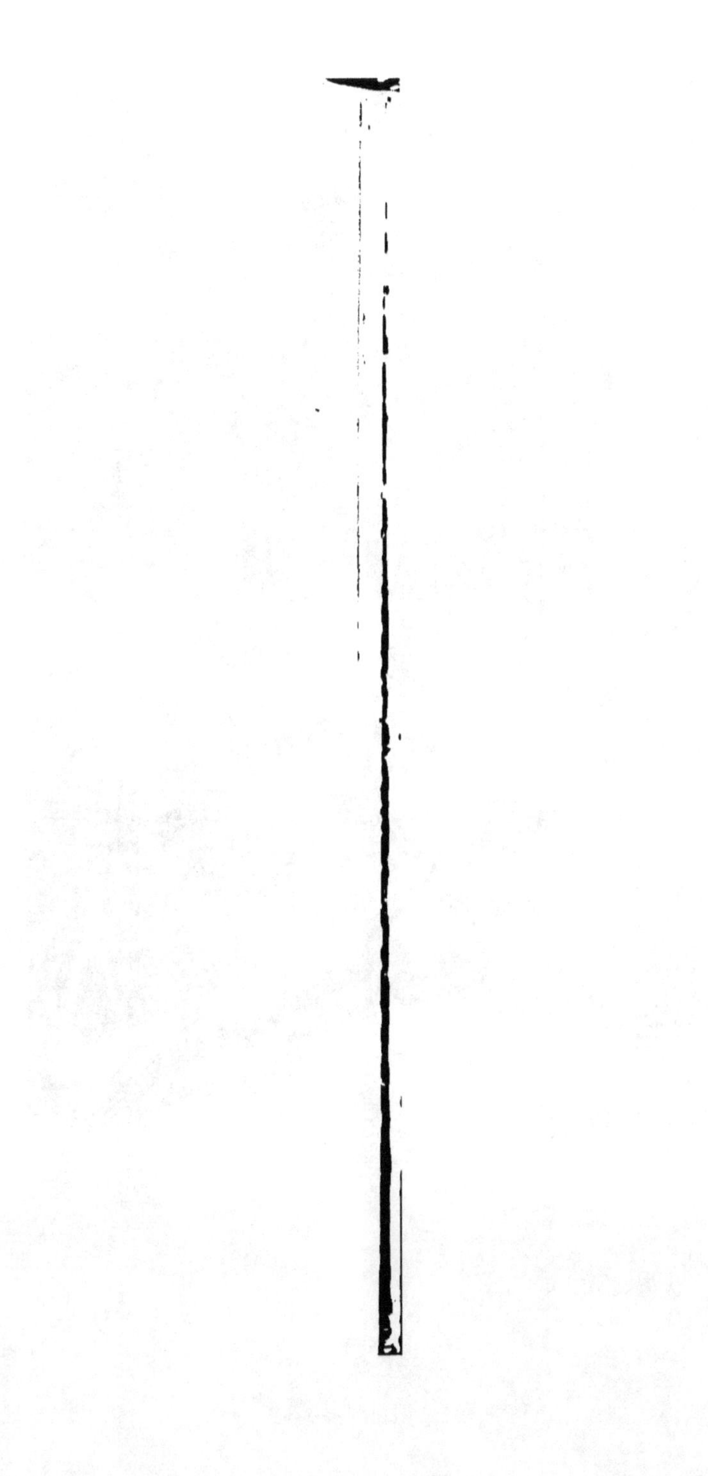

MEDIOLA NVM
Porta Vercellina
Porta Ticinesa
Porta Ludouica
Porta Romana
1 Basilica Cathedralis
2 Ædes Archiepiscopi.
3. Gubernatoris.
4. Palatium Marini.
5. S. Maria Scala.
6. S Stephano
7. S Babila Episcopi.
8. S. Andreas.
9. M. della Nuncio.
10 S. Anthonio.
11 S. Iohann.
12 Xenodochium Magnū
13 S. Nazary.
14 S. Madalena.
15 S. Paulo.
16 S Euphemia.
17 S
18 S
19. Palatio
20 S
21 S
22 S. Ambro
23 S Fran

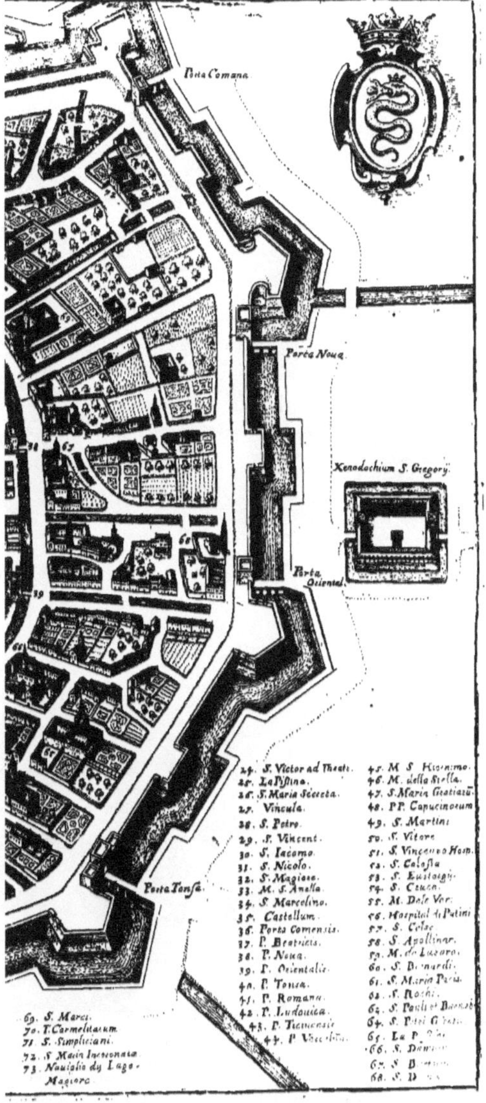
Porta Comana
Porta Noua
Xenodochium S. Gregory
Porta Oriental
Porta Tonsa
24. S. Victor ad Theatr.
25. La Pissina.
26. S. Maria Secreta.
27. Vincula.
28. S. Petro.
29. S. Vincent.
30. S. Iacomo.
31. S. Nicolo.
32. S. Magiore.
33. M. S. Anella.
34. S. Marcelino.
35. Castellum.
36. Porta Comensis.
37. P. Beatricis.
38. P. Noua.
39. P. Orientalis.
40. P. Tonsa.
41. P. Romana.
42. P. Ludouica.
43. P. Ticinensis
45. M. S. Hieronimo.
46. M. della Stella.
47. S. Maria Gratiarū.
48. PP. Capucinorum
49. S. Martini
50. S. Vitore
51. S. Vincenzo Hosp.
53. S. Eustorgij.
55. M. Dele Vor.
56. Hospital di Patini
58. S. Apollinar.
59. M. de Lazaro.
61. S. Maria Paris.
62. S. Rochi.
69. S. Marci.
70. T. Carmelitarum.
71. S. Simpliciani.
72. S. Maria Incoronata
73. Nauiglio dy Lago Magiore

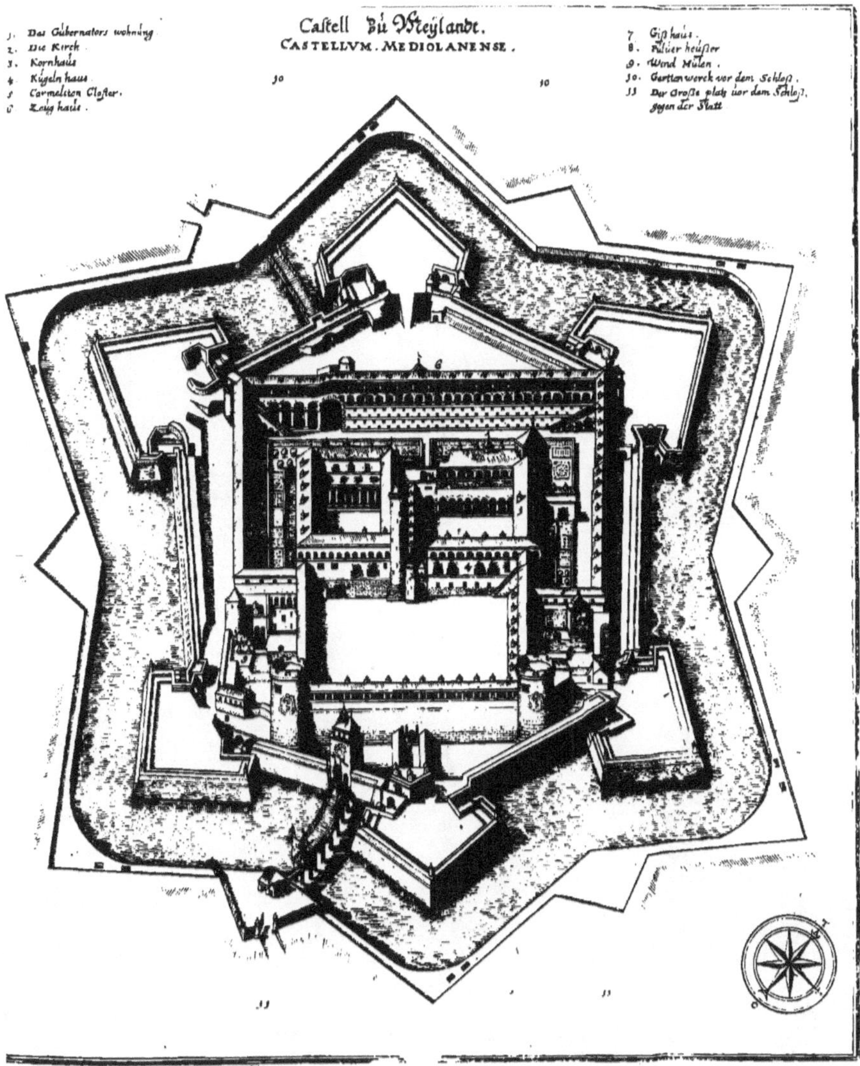
Castell zu Meylandt.
CASTELLVM . MEDIOLANENSE .
1. Das Gubernators wohnung
2. Die Kirch
3. Kornhaus
4. Kugeln haus
5 Carmeliten Closter.
6 Zeug haus.
7 Giß haus.
8. Pulüer heüßer
9. Wind Mülen.
10. Gerttenwerck vor dem Schloß.
11 Der Große platz uor dem Schloß, gegen der Statt

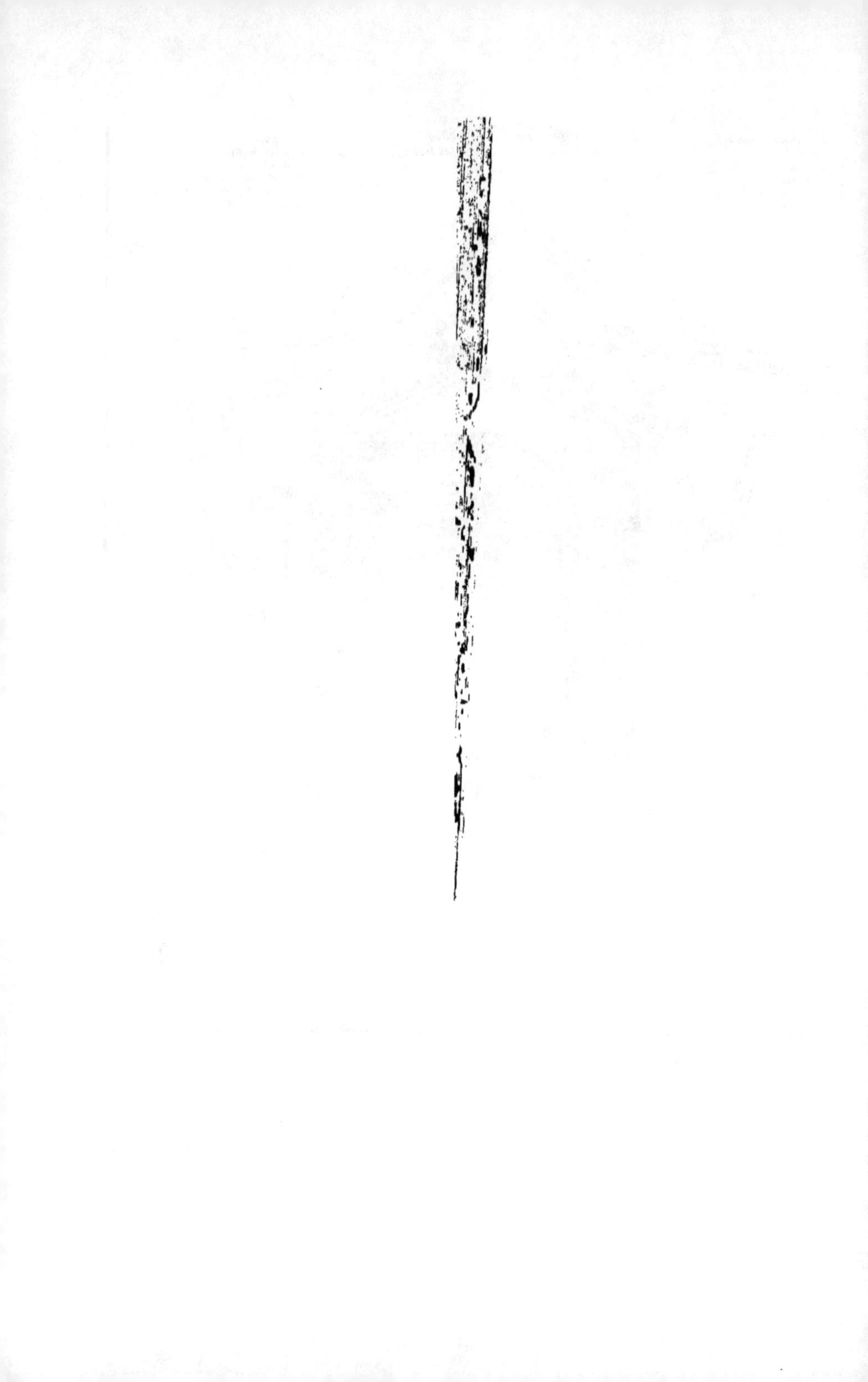

so hat sie sich doch jederzeit wieder/ und zwar/ welches zu verwundern / bald erholet / und folgends an Macht und Herrlichkeit also zugenommen/ daß man sie unter die mächtigste Städte in Italia, und unter die gröste in Europa zehlet / und für das Haupt nicht allein des Landes Insubriæ , sondern des gantzen Galliæ Cisalpinæ hält / Vid. Burchard. in epist. de victor. Frid. Imper. & excid. Mediolan. Crusii lib. II. part. 1. annal. cap. 2. in Anno 1162. & Jac. Spigelius in scholiis ad libr. 10. Ligurini fol. 445. Und sagt Andreas Alciatus de formula Rom. Imper. Instituit Pipinus, ut Italiæ Regia Mediolanum esset , quod ea urbs Galliæ Transpadanæ Princeps, & ut Græci dicunt, metropolis semper fuit ; quodque velut specula & arx totius Italiæ , Galliæ, & Germaniæ haberetur , mirum in modum sibi horum regnorum propinquitate accommoda. Die Vorstädte seynd auch in der Ringmauer eingeschlossen. Schotus sagt von 10. Thoren / Henznerus von 22. / deren jedes/ wann es von nöthen / von eilff tausend Bürgern / ohne die Frembde/ könte beschützt werden. Und meldet Pflaumerus, daß man offt der Bürger und Inwohner über die dreymal hundert tausend befunden / die alle innerhalb der Ringmauren gewohnt / welche Mauren Ferdin. Gonzaga, zun Zeiten Käisers Caroli V. also verwahret hat / daß fast auff gleiche Weite die Thor / und grosse Bollwerck von einander stehen ; und seynd der Pasteyen umb die Stadt 17. und darzwischen noch die Vestung / die auch mit 6. Pasteyen versehen ; und gehen so wohl umb die Stadt / als Vorstädte / breite Wassergraben und Canäl / durch welche von unterschiedenen Orten / mit den Schiffen / ein grosser Uberfluß von allerhand Sorten Sachen zugeführet werden kan.

Das Castell ist von Natur und der Kunst also beschaffen / daß dieser Sachen erfahrne dafür halten / daß es die fürnembste Vestung unter allen / so in der Ebne ligen / in gantz Europa sey / so wohl wegen des Lagers / als auch der Schöne und Grösse / welche niemahls durch Gewalt hat können bezwungen werden. J. H. von Pflaumern und andere haben solche mit Fleiß beschrieben / worunter auch Henricus Schikard ist.

Es seynd drey Vestungen hinter und in einander verschlossen / und ist vor jeder noch ein besonder Wassergraben / welches Wasser auch darinnen entspringet / und so starck ist / daß es schön Mühlwerck treiben kan. Auff dem innern Platz stehen zwey sehr grosse Stück Geschütz / sonsten aber hat es des schönen Geschützes eine grosse Menge. Man sihet auch zween über die massen grosse / dicke / von Quaderstücken zugespitzte gehauene hohe Thürn / über deren Stärcke sich höchlich zu verwundern.

Es hat ingleichen ein Hospital und schöne Kirch darinnen ; ligt etwas höher als die Stadt / und seynd darinne nicht allein die Soldaten / sondern auch die Büchsengiesser / und andere dergleichen Handwercker / so da wohnen / und ihre Häuser und Werckstätte haben. Die Scheuren und Keller seynd wol versehen / und die Zeughäuser mit allerley Nothdurfft angefüllt / so einen grossen Raum begreiffen. Der Obriste darin hat 24. teutsche Trabanten zu seiner Leibguardi / wie obgedachter Schikardus schreibet ; wiewohl Henznerus 40. setzet / der auch sagt / daß sonst 800. Spanische Soldaten da unterhalten werden / und daß man der Mühlen das Wasser nicht nehmen könne. Die gantze Vestung hat 1600. Schritt in dem Umbkreiß / ohne die Trinciere, wie Schotus erinnert.

In dieser Stadt ist auch zu sehen das Rathhauß oder Palatium, darinn eine Rüst-Kammer / so Henznerus Armamentarium Palatii nennet / voll der schönsten Waffen.

Uber diß sind an weltlichen Gebäuen zu sehen des Ertz-Bischoffs Palast / welcher von lauter Quaderstücken / samt einem grossen Hofe erbauet ist / in welchem man von der Dom-Kirchen / durch einen schönen gewölbten Gang / kommen kan / allda sihet man fürnemlich an einem Eck eine gar schöne / kunstreiche Schnecken oder Stiege von Quaderstücken gehauen / welche also weit / daß deren jede Stuffe 15. Schuh in die zwerch hat ; und in der mitten ein Loch / dessen diameter 6. Schuh / durch welches man von unten an biß unters Dach hinauff sehen kan. In diesem Palast so zween Höfe / wohnen / wie Henznerus schreibet / der Ertz-Bischoff und die Dom-Herren beysammen. Gleich daran hats einen grossen Platz / darauff allerhand essende Sachen in grosser Menge zu bekommen. Nahe dabey hats wieder ein ansehnliches Hauß / darinn eine grosse Anzahl Gefangene ligen / von welchen alle Quartal 70. biß 80. und mehr / so Gnade erlangen / nach Genua auff die Spanische Galleern geführet werden / also daß Meyland 3. biß in 400. Galleotten zur Meer-Armada liefferr.

Ferner befindet sich des Gubernatoris Palast / so ein gar grosses / aber vom Alter übel bestelltes Gebäu ist ; welche alte Gestalt auch viel andere Bürger-Häuser / (ausser des Thomæ Marini prächtigen / aber noch nicht gar ausgebauten Palast) verderbet. Es ist gleichwol in diesem des Stadthalters Palast ein ansehnlicher gevierdter Hoff ; Item / eine sehr grosse von Ziegelstein gebaute Schneck / also seich zu steigen / daß man gar geruhig hinauff reiten mag.

Es hat auch einen andern Hoff / Item / viel Säle und Zimmer / welche von allerley schönen Gemählden gezieret / und mit Tapezereyen behänget seyn. Vor diesem Palast ist der grosse Dom-Platz / so mit lauter Ziegelstein gepflastert / von deme Schotus zu lesen. Wenn dieser Gubernator ausserhalb der Stadt spatziren fährt / so haben hundert in rothen Röcken / gleich bekleidete Speer-Reiter samt vier Trompetern den Vorzug ; darauff ein ansehnlicher Adel zu Pferde folgt ; alsdenn fährt der Stadthalter in einer schönen Gutschen / und gehen 80. in rothen Mänteln bekleidete Teutsche Trabanten / samt des Stadthalters Dienern neben her: denn folget wieder der Adel / und zuletzt 100. auch gleich in rothen Röcken bekleidete Carbiner-Reuter / wie Herr Furtenbach meldet.

Von Kirchen sind erstlich die Ertz-Bischöffliche oder der Dom / so / wie Pflaumerus schreibet / mitten in der Stadt stehet / 800. Elen hoch / 250. lang / und 130. breit ist / worinne auch Schotus beystimmet : Herr Joseph Furtenbach aber setzt an statt der Elen 100. Schritt in in die Länge / und 70. in die Breite. Außwendig ist diese Kirch gar zierlich von weissen Marmor ; der gantze Bau aber vom Boden wohl erhoben / also daß man über etliche marmorsteinerne Staffeln hinauff zu steigen / so ein gravitätisch Ansehen hat. An den Seiten und aussen herum / stehet eine grosse Anzahl von Marmorstein gar künstlich gehauener Bilder. Das Dach der Kirchen ist ingleichen mit lauter weissen marmorsteinern Platten bedeckt / darzwischen aber seynd gar viel schöne durchgebrochene Schnecken / und Pyramides / samt andern Zierden / über welchen abermals sehr grosse marmorsteinerne Figuren gestellt / und solcher massen geordnet / daß man fast einiges Dach nicht warnehmen kan. Anlangend das innere Gebäu/ so ist das Pflaster auch von weissen Marmor / in welchen von roth und schwartzen Marmor schöne Figuren/ künstlich eingelegt / zu sehen. Es seynd da 2. Reyhen ansehnlich grosse/ und über die massen hohe marmorsteinerne Säulen / und an jeder acht mehr denn lebens-grosse Bilder. Es seynd auch da viel köstliche Altäre/ und oben in der Kirchen hat es ein hohes Chor / viertzig Schritt lang / in welchem zu oberst am Gewölb ein sehr zierlich Crystallines Gefäß/ so unten hinauff wie ein Stern schimmert / darinn ein Nagel vom Creutz Christi / den Käiser Theodosius M. dahin verehret hat; oder wie andere schreiben/ so durch Gottes Offenbahrung vom H. Ambrosio gefunden worden ist. Zwischen den Pfeilern unter gedachtem Chor hats 2. sehr grosse gantze Orgeln/ deren Blaßbälge nicht wahrgenommen werden / sondern unter dem Kirchen-Boden also zugerichtet seynd / daß der Wind durch sonderbahre Schläuch hinauffsteiget. An besagtem Chor hats zwey küpfferne / gar künstlich von Figuren getriebene/ und gantz vergüldete Cantzeln / und vor selbigen unter der Cupola einen schönen eingefasten Oval, in welchem des Cardinals und Ertz-Bischoffs S. Caroli Borromæi Begräbnüß zu sehen ist. De S. Carolo Borromæo, qui Anno 1584. obiit, vid. Lundorpium & Autores, quos citat libr. 24. contin. Sleidani. Alle Fenster der Kirchen seynd von lauter geschmeltztem/ gefärbtem Glaß / Historien-weiß gar schön gezieret. Viel marmorsteinerne Figuren von Heiligen stehen an den Säulen / und in beyden Sacristeyen werden köstliche Meß-Gewändte gesehen. Wie denn die Ertz-Bischöffe/ Vißconten/ und Hertzoge von Meyland viel herrliche Gewandt und Geschirr von Gold und Silber/ mit Perlen und Edelgesteinen gezieret; auch etliche Heiligthümer in sehr schönen und theuren Capseln und Kästlein verwahret / hierein geschencket haben; welcher Hertzogen Begräbnüß im Chor; der andern hohen Personen aber / sonderlich des Marini Caraccioli Neapolitani; wie auch des Jacobi Medices, Marggrafen von Marignano oder Melignano sehr prächtige monumenta in der Kirchen zu sehen. Man kan durch eine Schnecke / so bey 400. Staffeln hoch/ auff die Kirche gehen / und die Stadt davon besichtigen. Es hat noch einen Thurn / darinn eine gar grosse Glocke hängt / daran nur geschlagen wird / weil man sie im Schwange zu läuten nicht getrauet. Besihe hievon den Herrn Furtenbach. Auf diesem Thurn kan man die gantze Stadt Meyland übersehen / welche denn so groß / daß es in den Augen scheinet / als wenn der Himmel auff den äussersten Häusern ruhe / und ist ein solches schönes Außsehen/ daß sich hoch darüber zu verwundern. In Summa/ es ist diß ein solcher Tempel / den theils für das achte Wunderwerck der Welt halten / wie der von Pflaumern schreibet / welcher auch sagt/ daß er Anno 1386. zu bauen angefangen worden/ und man noch jetzt daran baue.

Es haben auch die Jesuiter eine gar prächtige Kirche / die S. Fidelis oder Sant Fidele genannt wird/ und von Quaterstücken erbauet ist. Hat ein trefflich schönes Frontispicum. In dieser Kirchen sind viel köstliche / von mancherley Farben gehauene marmorsteinerne Säulen und Altär/ fürnemlich aber stehen im Chor sechs weisse marmorsteinerne gar grosse Säulen/ in dergleichen Grösse / und von einem Stück / sonsten in gantz Meyland nicht zu finden.

Nahe dabey ist obgedachtes/ unausgebautes stattliches Palatium des Thomæ Marini. 3. S. Mariæ ad S. Celsum, so eine von den schönsten Kirchen in Italia seyn solle / die Herr Pflaumer und Herr Furtenbach weitläufftig beschrieben. 4. Die schöne Kirch zu S. Petro Giessaro genannt. 5. Nazarii, darinnen dieses Heiligen Cörper ruhet. 6. S. Eustorgii, so groß und schön ist. Dieser Eustorgius war Käiser Constantini M. Stadthalter allhier / und hernach auf Absterben des heiligen Materni zum Bischoff dieses Orts erwehlet / welcher von Constantinopel die Cörper der Weisen aus Morgenlande / so man die H. drey Könige nennet / hieher gebracht / und in die Kirch / so er ihnen zu Ehren erbauet / geleget hat. Als hernach Käiser Fridericus I. diese Stadt zerstöret / hat der Bischoff von Cölln / Reinoldus (den theils Rudolphum, theils Remoldum nennen) diese heilige Cörper ausgebeten/ und mit sich nach Cölln geführt / daher folgender Zeit diese Kirch nicht mehr zu den heiligen drey Königen/ sondern zu S. Eustorgio, der allhie ruhen solle/ ist genannt worden. Man weiset gleichwol noch die Truhen darinn die Cörper gelegen/ und einen güldenen Pfennig oder Müntz / so sie Christo dem HErrn verehret haben sollen. Besihe die Annales Godefridi Monachi S. Pantaleonis apud Colon. in Anno 1164. Et Siffridum epit. lib. 1. in Anno 1162. Es ligt hierinne auch Petrus Martyr, so nahe bey Meyland umgebracht worden/ dessen Grab von Alabaster ist. Es seynd auch sonst viel Heiligthümer in dieser Kirchen / und viel vornehmer Leute Begräbnüssen / unter welchen auch ist Georgii Merulæ Historici mit diesem Epitaphio;

Vixi aliis inter spinas mundique procellas,
Nunc sospes cœlo Merula vivo mihi.

7. S. Laurentii, so des Alters halber/ und weil sie / wie Schraderus schreibt / keine Säul hat / sonderlich zu sehen. Ist vorhin des Herculis Tempel hie gestanden. 8. S. Ambrosii, in welcher die heilige Gervasius und Prothasius, des H. Vitalis, und S. Valeriæ Söhne/ und zwischen ihnen S. Ambrosius ruhen. Es wird mitten in der Kirch allhie auf einer Säul eine ährine Schlange gesehen / von welcher Paulus Morigius in dem Tractat, den er vor den Heiligthümern dieser Stadt gemacht hat/ schreibet/ daß es eben die sey / so Moses auffgerichtet/ und der König Ezechias zerbrochen / wie denn solcher Stücke Merckzeichen daran zu sehen. Und sey solche umbs Jahr Christi 973. nach Meyland kommen / als Arnolphus Arsagus der Ertz-Bischoff von hier/ vom Käiser Ottone III. zum Käiser Nicephoro umb seine Tochter zu werben/ geschickt worden / und besagter Nicephorus ihm die Wahl gegeben / etwas aus seinem Schatz zu begehren/ da habe er diese Schlange erwehlet/ auch bekommen. Schraderus, Schotus und andere sagen / daß solche Schlang / oder rechte Abbildung der ährinem vom Mose aufgerichteten Schlange vom Käiser Theodosio hieher kommen sey. Gedachter Schraderus meldet auch / daß gegen über ein rothes Creutz und dabey diese Wort stehen:

Flecte genu, submitte caput, sed corda levato,
Contemplare humilem, quem teris ore, Deum.

Besihe was er daselbst fol. 360. von der Schalen/ daraus S. Hieronymus getruncken / und seinem Altar und dergleichen mehr schreibet / dafür aber / wie zu erachten/ allewege S. Ambrosius stehen solte. Es haben die Könige und Käiser vor diesem in dieser Kirch die eiserne Kron empfangen. Besihe Joh. Limnæum de Jure publico Imp. Rom. lib. 2. cap. 4. n. 21. seqq. So seynd

auch

auch die Concilia darinn gehalten worden. Und ruhet allhie S. Sigismundus der König; wird auch ein stattlicher Kirchen-Schatz/ und etliche des Josephi Jüdische Historien-Bücher/ mit Longobardischen Buchstaben/ auff Rinden geschrieben/ gewiesen/ wie abermal Schraderus meldet. Der grosse besagte Altar ist sonderlich sehens werth/ zu welchen umb das Jahr Christi 960. der Ertz-Bischoff Angibertus Pusterla, wie Pflaumerus meldet/ 28000. Gülden gegeben hat. Der wird insonderheit von Schoto beschrieben. Es ist auch bey dieser Kirchen ein gar schönes/ neues Cistercienser-Closter/ so sehens werth. In der Capellen nahend dieser Kirchen ist S. Augustinus getaufft worden. Aus den Epitaphiis dieser Kirchen setzet Franciscus Sweertius in selectis Christ. orbis deliciis pag. 189. auch zwey Spanische/ deren erstes also lautet: A qui jaze el Soldado Vilgria (Schraderus lieset Villoria) el qual mando el cuerpo ala Yglesia, y el coracon ala amiga. Das ist: Hie ligt der Soldat Vilgria, welcher seinen Leib der Kirchen/ und das Hertz seiner Freundin/ oder Bulschafft vermacht hat. Das ander aber: A qui jaze la Sennora Donna Maria (Schraderus hat Duenna Marina) que murio treynta dias antes que fuesse Condessa. Das ist: Hie ligt die Frau/ Frau Maria/ welche 30. Tag zuvor gestorben/ ehe sie eine Gräfin worden. 9. S. Hieronymi Kirch/ darinn viel Zierden/ und das Grab Christi/ nach dem zu Jerusalem gemacht/ zu sehen. 10. S. Victoris, so/ samt der Mönch vom Oelberg Kirch daran/ wegen des schönen Gebäus/ und vieler Zierlichkeit halber/ keiner in der Stadt weichen solle. 11. S. Maria della gratie, so ein ansehnlich Gebäu/ darinn des Hertzogen Ludovici Sfortiæ Gemahlin/ Beatrix Alrestina, begraben ligt/ die er inniglich geliebt/ und nach ihrem Tod ein gantzes Jahr sich nicht zu Tisch gesetzt/ auch am Dienstag/ oder Erichtag/ als an welchem Tag er sie verlohren/ das gantze Jahr über nichts gessen hat. Besagter Schotus gedencket einer Grabschrifft/ so über einem Thor allda zu lesen/ die also lautet:

Infelix partus, amissa ante vita, quam in lucem ederer, infelicior quod matri moriens vitam ademi, & parentem consorte sua orbavi. In tam adverso fato hoc solum mihi potest jucundum esse, quod Divi parentes me Ludovicus & Beatrix Mediolanens. Duces genuere, 1497. tert. Non. Januar.

Es seynd schöne Gemählde hierinnen zu sehen. Und ligt auch da Johannes Simoneda, so die Histori von den Sfortiis geschrieben. Es haben die Prediger-Münch allda ein ansehnliches Convent, so unter die fürnehmste ihres Ordens; die Bibliothek aber unter die berühmteste in gantz Italia gezehlet wird. In ihrem Refectorio oder Tafel-Stuben wird ein Gemähl von des HErrn Abendmahl gewiesen/ so unter die gröste Kunststück der Welt soll zu rechnen seyn. 12. SS. Mauritii und Sigismundi, da vorhin des Jovis Tempel gestanden. 13. S. Sebastiani, so noch neu ist. 14. Di Santa Rosa, so auch eine gantz neue Kirche/ 75. Schritt lang/ und 50. breit/ allein von einem Bogen gewölbt/ schön übermahlt/ und mit einer schönen Orgel und Capell gezieret ist. 15. S. Gothardi, auch eine ansehnliche Kirche/ mit einem hohen Thurn. Es ware auch vorhin allda S. Teclæ Kirch/ wo vorzeiten der Göttin Minervæ Tempel gestanden/ dessen viel Scribenten gedencken; weil er aber forn am Marckt/ und also nicht bequem stunde/ so hat man ihn hinweg gethan/ nach dem zuvor die heilige Sachen/ und darunter auch der Nagel vom Creutz Christi darauß/ und in den Dom gebracht worden. Von den übrigen Kirchen können Schotus und Pflaumerus gelesen werden. Denn allhie/ wie es Capugnanus in seinem Reiß-Buch rechnet/ 82. Kirchen gezehlet werden/ unter welchen 11. Collegiat- und 71. Pfarr-Kirchen seynd; ohne die 36. Nonnen- 30. Münchs- und 8. der Canonicorum regularium, und also in Summa 74. Klöster. So gibt es auch da viel/ und wie Schotus und Herr Fuertenbach schreiben/ 120. Schulen/ und viel Brüderschafften/ darunter sonderlich S. Johannis Decollati berühmt ist/ in welcher die fürnehmste Bürger seynd/ so die verurtheilte aus der Gefängnüß zur Gerichts-Statt begleiten/ und ihnen alles gutes thun/ auch sie hernach zu ihren Gräbern/ wiewol verhüllet/ daß man sie nicht kennen kan/ tragen und ehrlich bestatten. Es soll sich der gewesene Gubernator zu Meyland Carolus Aragonius, Hertzog von Terra Nova, und andere vornehme Herren nicht geschämt haben/ in diese Gesellschafft zu tretten/ wie abermals Pflaumerus erinnert. Es hat vorzeiten auch eine hohe Schul allhie gehabt.

Endlich so hat es da viel unterschiedliche Spitäl/ und wie gedachter Herr von Pflaumern schreibet/ so hat man observirt/ daß aus dem gemeinen Seckel täglich auff die 9000. Arme und Krancke/ und unter denselben allein 4000. im grossen Hospital unterhalten werden/ welches jährlich auffs wenigste 50. und gar 90000. Cronen Einkommens haben solle. Henricus Schikard beschreibet solchen Spital in dem Würtenbergischen Reiß-Buch also/ daß er aussen herumb in die vier Eck/ und mitten mit einem Creutz dadurch gebauet/ also/ daß er vier unterschiedliche Höfe hat. In dem mittelsten durchgehenden Creutz-Bau/ der wie eine schöne Kirche zugerichtet/ stehet eine grosse Anzahl wolbereitete Bett/ deren jedes mit einem Umbhang/ wie ein Gezelt/ bedeckt. Allwege über zwey Bett seynd kleine Kämmerlein/ darein die Krancken zu Gemach gehen können. Es seynd auff sie bestellt vier Doctores, und vier Barbierer/ haben auch eine Apotheck/ Kirch und Keller gleich eines Fürsten Hoff. Dieser Spital erhält noch sechs andere/ als der Fündel-Kinder/ und dergleichen. Pflaumerus sagt/ daß er 600. Elen in der Weite habe. Herr Fuertenbach meldet/ es sey ein sehr grosses viereckichtes Gebäu vorn her/ und zu beyden Seiten habe es zween mit eisern Gittern eingefaste Spatzier-Gänge; inwendig aber sey diß Gebäu wie ein Creutz gebauet; zu allen und jeden Seiten stehe eine Anzahl eiserner Bettstättlein/ darinn die Krancken ligen/ und in der Mitte des Creutzes stehe ein Altar/ dahin abgesehen/ daß wenn der Priester seinen Gottesdienst verrichte/ ihn alle Krancken sehen mögen: die eine Seite des Creutzes zur Rechten sey vergittert/ darinne die krancke Frauen ihre besondere Gelegenheit haben: In den Höfen seyn die Apothecken und Küchen gar bequemlich geordnet; und nehme man allerhand Nationen umbsonst darein.

Er schreibet auch weiter/ daß das Lazareto oder Brech-Hauß/ welches zu S. Gregorio genannt werde/ vor der Stadt stehe/ viereckicht/ und jede derselben Seiten 500. Schritt lang/ mit Wassergräben hierumb gebauet sey/ darinnen es ungefährlich 300. Kammern/ in der Mitten aber einen gar grossen Hoff/ und ein Capell samt einem Feld-Bau habe/ dahin die Krancke zur Pest-Zeit geordnet werden.

Dieser Ort hat vielerley Herren gehabt/ erstlich haben ihn die Insubres, ein Gallisches Volck/ bewohnet; besihe

besihe von dieser Völcker Ursprung/ sehr alten Geschlechten und Sitten Gaudentium Merulam lib. 1. Antiquit. Gall. Cisalpin. Item Chronic. Mediolan. Bernardi Arluni.

Mit der Zeit ist dieses Land von den Galliern auff die Römer kommen; als aber das Römische Reich in ein Abnehmen gerathen/ so ist dieß Land samt der Stadt Meyland von den Hunnen/ Gothen/ Longobarden und durch innerliche Auffruhr/ sonderlich als der Gibelliner und Guelphen Factiones (welche die Vice-Comites oder Visconten/ und Turrianer/ zwey adeliche Geschlecht zu Meyland/ unterhielten:) entstanden/ jämmerlich verwüstet/ und fast gantz zu boden gerichtet worden. De Turrianorum familia vid. Jac. Palæolog. & alii Ital. rerum Scriptores. Es behielten gleichwol die Visconten die Oberhand wider die Turrianer/ und wurden von den Teutschen Käisern erstlich zu Capitänen; hernach Anno 1294. zu Verwesern des Reichs/ und endlich Anno 1394. oder 95. Johannes Galeatius vom Käiser Wenceslao zum Hertzogen zu Meyland gemacht. Diese Capitäne und Obriste erwehlete das Volck/ daher führte diese wie auch andere Reichs-Städte in der Lombardi und Italia, eine Carozza oder Wagen mit sich in den Krieg/ so die Freyheit bedeutete; von welchem/ und wie er gestalt gewesen/ und gezogen worden/ obgedachter Burchardus, Käisers Friderici I. Notarius in seiner Epistel/ so in Tomo German. rerum scripr. Marquart. Freheri zu finden/ Leander in Beschreibung Meylands/ Sigonius de Regno Ital. und andere zu lesen. Wann ein solch Carocium oder Carocia verlohren/ so war es aus mit dem Krieges-Heer. Unter diesem Vice-Comitibus des Johann. Galeatii Vorfahren/ war auch Actius, dem in seinen hingelegten Helm eine Schlange gekrochen/ die er unwissend auff sein blosses Haupt gesetzt/ so ihm aber nichts geschadet hat/ daher das Meyländische Wappen eine Schlange führet. Besihe Pauli Jovii vitas 12. Vice-Comitum Mediol. Principum Tomo 1. vitarum illustrium Virorum. Wiewohl Münsterus in seiner Cosmographia lib. 2. auch eine andere Meynung aus dem Merula beybringet.

Obgemeldter Johann. Galeatius hatte zwey Söhne/ nemlich Johann. Mariam, und Philippum Mariam, und eine Tochter/ Namens Valentinam, so den Hertzogen Ludwigen von Orleans geheyrathet/ verlassen. Der erste Sohn starb ohne Kinder; Philippus Maria aber verließ eine unehliche Tochter/ so Francisco Sfortiæ von Condignuola, (von welcher Herkunfft Leander in Beschreibung der Landschafft Romagna zu lesen/) verheyrathet worden. Als nun gemeldter Hertzog Philippus Anno 1447. gestorben/ hat sein gedachter Tochter-Mann Franciscus Ffortia, der selbiger Zeit ein berühmter Capitäin war/ beydes mit guten Willen der Stadt Meyland/ und auch mit Gewalt dieses Land eingenommen/ wiewol solches durch seines Schwähers Testament dem König Alphonso von Arragonien und Neapels vermacht worden seyn solle. Vid. Paulus Jovius Tom. 1. vit. illustr. Vir. fol. 98. & 105. seqq. der Hertzog aber von Orleans in Franckreich/ als der nechste Erbe dazu; sowol auch der Käiser/ als ein Reichs-Lehn dasselbe auch ansprachen; dadurch denn das Land übel zugerichtet wurde/ und die Venediger davon Crema, Piacenza und Lodi; der von Orleans Asti; und der Hertzog von Savoya auch einen Theil bekommen. Die von Novara, Como, Alessandria und Terdona hielten es mit Meyland und Francisco Sfortia, bey welchem und seinen Nachkommen auch der meiste Theil des Landes geblieben ist. Ihm succedirte sein Sohn Galeatius, welcher Anno 1477. wegen seiner Geilheit umgebracht worden/ hat verlassen einen Sohn/ Johann. Galeatium, und zwey Töchter/ deren die eine den Käiser Maximilianum I. geheyrathet/ und ihm auff die 440. tausend Ducaten Heyrath-Guth zugebracht haben soll. Dieser Johann. Galeatius ist zur Regierung vor untüchtig gehalten worden/ und hat seines Vatters Bruder Ludovicus dem Lande vorgestanden/ welcher auch/ als Joh. Galeatius Anno 1494. nicht ohne Argwohn beygebrachten Giffts gestorben/ sich zum Hertzogen gemacht/ nachdem er zuvor das Lehn vom Käiser Maximiliano erlangen hat. Man hat dieses Ludovici Schatz/ von bahrem Gelde/ güldenen und silbernen Gefässen/ ohne die grosse Menge Kleinodien/ auff anderthalb Millionen Ducaten geschätzet: aber er ist hernach/ als Anno 99. die Frantzosen die Stadt und Hertzogthum Meyland eingenommen/ gewaltig geschwächt worden/ und ist er mit dem übrigen kaum nach Teutschland entrunnen. Gleichwol hat er sein Land fast alles erobert; ward aber hernach von den Schweitzern bey Novara verlassen und verrathen/ von den Frantzosen gefangen/ und nach Lyon geführet/ und muste daselbst in der Gefängnüß sterben.

Die Frantzosen haben hierauff die Stadt und das Hertzogthum Meyland wieder erobert/ und biß auffs Jahr 1512. ruhig besessen/ da ihnen solches von den Schweitzern/ Venedigern und Hispaniern entzogen worden. Und wurde auff Belieben des Käisers/ des Pabsts/ Königs in Spanien/ und der Schweitzer/ Maximilianus, des obgedachten Ludovici Sohn/ so sich biß daher in Teutschland auffgehalten/ zum Hertzog zu Meyland gemacht.

Anno 1515. eroberte diß Hertzogthum König Franciscus I. aus Franckreich wiederum; wiewol Anno 1522. die Frantzosen von den Käiserlichen auffs neue fast gantz daraus vertrieben wurden/ welche Franciscum Sfortiam des Maximiliani Bruder und Ludovici Sohn zum Hertzog zu Meyland eingeführet haben. Und obwol König Franciscus sich unterstanden dieses Hertzogthum wieder zu erobern/ so ward er doch Anno 1525. bey Pavia von den Käiserlichen gefangen/ und nach Hispanien geführet; behielt also besagter Franciscus Sfortia das Land/ welchem/ als er Anno 1535. zu Meyland ohne Kinder gestorben/ Käiser Carl. V. succedirt/ und also dieses Hertzogthum/ wiewol als ein Lehn des Reichs/ so apert worden/ an die Cron Spanien gebracht hat. Wie hievon Guicciardinus in seinen Historien/ Galeatius Capella de rebus nuper in Italia gestis, Thuánus, und Jean de Serres weitläufftig zu lesen. Besihe Joh. Jac. Hoffmann. Lexic. univers. p. 1018.

Unter dieser Cron ist das Hertzogthum Meyland auch noch heutiges Tages/ und hält der König/ zu Beschützung dieses Landes/ ordinari auch in Friedens-Zeiten allhie 3000. Spanische Soldaten zu Fuß/ 1000. leichte Pferde/ und 600. Curassierer/ zu deren Verpflegung ein gewisser Zintz auffgesetzt ist.

Obschon das jährliche Einkommen dieses Hertzogthums sehr groß ist/ also daß es ohne die extraordinar-Aufflagen bey die 800. tausend Ducaten ertragen solle; so hat doch der König schlechten Nutzen davon/ indem er unsägliche Spesen allhie hat; zudem sind die Königliche Bediente so gar grausam und geitzig/ und beschweren das arme Volck so sehr/ daß hievon das Sprichwort entstanden: Des Königs-Bediente beschneiden zwar

die

die Unterthanen in Sicilien/ aber verzehren sie im Königreich Neapoli, und fressen sie gar im Hertzogthum Meyland.

Die Civil- und Criminal-Sachen werden von dem hohen Rath zu Meyland erörtert / darinnen 16. Doctores, etliche Prælaten und Meyländische Patricii sitzen. Was der Meyländische Rath der Zeit für Macht und Gewalt habe/ das ist in dem Thesauro Politico parte 1. relat. del Stato di Milano pag. 321. zu lesen.

Dieses Hertzogthum ist eines von den besten Ländern Italiæ, sehr fruchtbar / also daß Andreas Schotus für gewiß dafür hält / es werde an keinem Ort in Europa so viel zu essen gefunden / und so wolfeil / als hie verkaufft ; daher man im Sprichwort sagt / daß man allein zu Meyland esse : sintemahl obschon in andern Städten man zwey oder drey Plätze finde/ da man solche Sachen feil habe ; so seynd doch derselben allhie wohl hundert / deren zwölff die fürnehmste alle vier Täge voll dergleichen essenden Waaren seynd. Und weil diese Stadt mitten in der Lombardi ligt/ so bringt man auch hieher allerley Kauffmanns-Güther von allen Orten / sonderlich aber aus Teutschland / Franckreich und Spanien.

Es hat eine grosse Ebene herumb / da sonnreiche Hügel/ lustige Berge/ Schiffreiche Wasser und Fischreiche See seynd / in welchen gute und wolgeschmackte Fisch gefangen werden. Der Fluß Navilio wird gar in die mittlere Stadt / und rings umb dieselbe geleitet / damit Materialien zum Gebäu / auch sonsten die Victualien / wie gemeldt / mit gar geringen Kosten hinein können geführet werden.

Es gibt auch viel mit Fleiß gemachte Wassergräblein herum / an welchen zu beyden Seiten herab Felber-Bäume gesetzt seyn / die dann jährlich abgestümpelt / und zum brennen gebraucht werden. So kan man auch in solchen Wassergräben Fisch und Krebse haben.

Umb die Stadt wächst herrlicher Weitzen/ Wein/ Reiß/ Feigen / Granat-Äpffel / Maulbeer-Quitten / Pfersich und andere Früchte / davon Ausonii Verß de claris Urbibus schön lauten:

> Et Mediolani mira omnia, copia rerum,
> Innumeræ cultæque domus, fœcunda Virorum
> Ingenia, antiqui mores &c.

Den Christlichen Glauben soll allda entweder S. Barnabas selbst / oder sein Discipul der Cajus geprediget haben : Wie es dann allhie jederzeit fürnehme Bischöff und Ertz-Bischöffe / unter welchen auch S. Ambrosius gewesen / gegeben hat.

Allhie seynd etliche Concilia gehalten worden / als Anno 344. wider die Arrianer. Von Ambrosio ist Anno 390. eines wider Jovinianum gehalten worden. Anno 451. unter dem Bischoff Eusebio. Vid. Hoffmann. l. c.

Von hier seynd gewesen Alexander II. Urbanus III. Cælestinus IV. & Pius IV. Römische Päbste: Item Andreas Alciatus, Hieronymus Carduanus &c. Von der eisern Cron / mit welcher die Könige in Italia von dem Ertz-Bischoff seynd gekrönet worden / kan man lesen Leandrum, in Beschreibung des Welschlandes / nella Lombardia di là dal Pò pag. 476. b. der auch von den ersten und folgenden Regenten allhie : Item von den Königen in Italia handelt.

Von dem Jammer so diese Stadt zun Zeiten Caroli V. ausstehen müssen / ließ Guicciardinum lib. 17. & 18. welcher auch lib. 15. schreibet / daß Anno 1524. allhie mehr als 50000. an der Pest gestorben seyn.

Anno 1630. seynd allda zwey Personen hingerichtet worden / welche sonderlich vergifftete Materien an die Thüren / Thür-Ring / Stül in den Kirchen / und anderswo angeschmieret / auch gifftig Pulver / dadurch die Pest befördert ward / ausgestreuet haben.

Wer eine weitläufftige Beschreibung des jetzigen Hertzogthums Meyland zu haben begehret / der suche solche beym Leandro Alberto, welcher auch / was sonst umb Meyland herum zu sehen / außführlich beschreibet.

Zwölff tausend Schritt von hinnen ligt Moderacia, oder Modicia , allda die Lombardische Königin Theodolinda , an einem lustigen und gesunden Ort / beym Gebürge / einen Königlichen Palast und Kirche erbauet / dieselbe S. Johann. Baptistæ zu Ehren weyhen / reichlich begaben und zieren lassen. Besihe Paulum Diaconum lib. 4. cap. 21. Marcum Velserum lib. 3. rerum Boicarum in Anno 601. pag. 203.

Des Meyländischen Volcks natürliches Wesen ist sehr wol angeordnet. Die Leute sind von kleiner Statur, sinnreich und gantz gesprächlich / mögen an der Arbeit länger harren / dann die Florentiner / sehen aber darneben nur allein auff ihren eigenen Nutzen / und achten des gemeinen Besten gar nicht. In ihrem Thun sind sie treu / können andern guten Rath mittheilen/ aber ihnen selbst nicht rathen ; und scheinet / daß sich der Adel zu Meyland über das Vermögen kleide / halten viel Gastmahl / sie eiffern nicht so hefftig über die Weiber / wie die andern Italiäner. Das Weibs-Volck ist nicht allerdings wohl gestalt / doch gesundes Leibes / arbeitsam / haußhältig / freudig und bey Leuten gesprächig. Die Männer sind von Natur fleissig / und eines subtilen Geistes.

Minturnæ.

Eine alte Stadt in Campania gelegen / am Außfluß des Wassers Gariglianо, ist berühmt / weil daselbst Marius, der Römische Feldherr / als er vor Sylla flohe/ sich auffgehalten. Es gedencken derselben / Lucanus, Plutarchus, Dionysius, Strabo und andere: daß es ein sumpffigter Ort gewesen / zeigt Juvenalis in Satyra 10. in diesen Worten:

> Exilium & carcer, Minturnarumque paludes.

Vid. Joh. Jac. Hoffmann. Lexic. Univers. pag. 1042. Mann sihet davon noch grosse Rudera, unter welchen fürnemlich Wasserleitungen und ein Amphitheatrum, samt den Steinhauffen von den Mauren und Thürnen / und anders mehr / so Andreas Schotus in seinem Reiß-Buch fast am Ende weitläufftig beschreibet.

Mirandula.

Eine Stadt in der Lombardy / jenseit des Flusses Pò, ist schön / lustig / groß / vest / herrlich erbauet / und wohl bewohnt. Sie ligt an einem lustigen Ort / hat einen fruchtbaren Boden / an Wein und Korn gantz trefflich / und an andern Früchten mehr / die zu des Menschen Nahrung gehören / sehr fruchtbar.

Es wird allda gefunden ein liebliches / freundliches / schönes / freygebiges / wol erfahrnes und streitbahres Volck / ist umgeben mit zweyen tieffen und weiten Gräben / und wird mit einer zweyfachen und starcken Mauer umbgriffen. Sie ist das Haupt dieses Fürstenthums / so

mit

mit der Stadt gleichen Namen hat / dessen Fürst vor wenig Zeiten den Titul eines Hertzogs bekommen hat. Erkant den Käiser für seinen Lehen-Herrn / wiewol er unter Spanischem Schutz lebet / von welchem König er auch jährlich etlich 1000. Cronen Provision haben solle. Sein Einkommen allhie zu Mirandula und im Neapolitanischen / Genuesischen und Toscanischen Gebiet soll jährlich von 60. in 80. tausend Cronen seyn. Sein Geschlecht kömt von den Picis her / welche vorzeiten zu Modena in grossem Ansehen gewesen.

Von diesen Grafen ist auch gewesen Johannes Picus, der zu seiner Zeit für den Gelehrtesten ist gehalten worden. Vid. Thuanus lib. 8. hist. fol. 255.

Modena, Mutina.

Ist eine ziemlich grosse / volckreiche und lustige Stadt / ziemlich vest und in die Runde erbauet. Ist vorzeiten Mutina genannt worden / und eine sehr berühmte Colonia des Römischen Volcks gewesen / deren Polybius, Cicero und viel andere gedencken. Vid. Johan. Jacob. Hoffmann. Lexic. Univers. p. 1061.

Hierum haben vorzeiten die Boji, ein Gallisches Volck / gewohnet / und seynd noch viel Antiquitäten allhie zu sehen: Sie hat viel ausgestanden / und unterschiedliche Herren gehabt / biß sie an das Hauß von Este kommen / bey welchem sie noch der Zeit ist; wie denn allhie der von Este, Hertzog zu Modena und Reggio Hoff hält.

Hier ist die Dom-Kirch wohl zu sehen / darinne die Gebeine S. Geminiani, der allhie Bischoff gewesen / behalten werden; die Kirchthüren seynd sehr künstlich und wunderlich gemacht / wie Schraderus schreibt / daselbst auch des Adams und Evä schöne statuæ von Marmor zu sehen.

Es ist sonst diese Stadt volckreich / und gibt allda einen ziemlichen Adel / darunter fürnemlich die Rangoni und Boscheti seynd; man macht hie schöne Larven und Schilde / so in Italia hoch gehalten werden.

Von hinnen waren die Cardinäl Jacobus Sadoletus, Hercules Rangonus, und Georgius Cortesius. Wie Schraderus schreibt / hat sie schöne Gebäu / und fliest dadurch der Bach Formigo. Sie ligt in einer schönen Ebne / 15. Meilen von Bologna, worinnen herrlicher Wein und allerley Früchte wachsen / und ist das Brodt allhie so schön / als man es an einem Ort in Italia finden mag.

Villamontius meldet / daß es gar kothigt allhie sey / und Schwibbögen habe / die Gelegenheit aber zu Wasser sey gar gut / in dem man wegen des Canals zum Fluß Panaro, und folgend in den Pò, und ins Meer kommen könne.

Der Hertzog hält eine Teutsche Leib-Guardi / aber nicht grossen Hoff / gräntzet mit des Pabsts Gebiet / mit dem Hertzog von Parma / dem von Mantua / und mit dem Groß-Hertzog von Florentz / und der Stadt Luca. Und soll er in seinem Gebiet / oder / wie die Italiäner reden / Stato, auff die 12000. Soldaten auffbringen können. Er ist des Käisers Lehenmann / wiewol er zugleich auch unterm Schutz des Königs in Spanien lebet / von dem er jährlich / wie T. Segethus de Princip. Ital. schreibet / 12000. Cronen Provision haben solle. Sein jährlich Einkommen aus diesem Lande / soll sich auff hundert tausend Cronen / und extraordinari, sonderlich der Jüden halber / auff ein ziemliches belauffen / also daß sein gantzes Einkommen in einem besondern Discursu Politico beym Joh. de Laet de Princip. Ital. auff dreyhundert tausend Cronen geschätzet wird.

Mola.

Ein feines und lustiges Städtlein / in dem Königreich Neapoli, ligt am Ufer des Tyrrhenischen Meers / und zwischen dem Gebürge und dem Meer an einem engen Ort. Dieser Name soll herkommen von der Menge der Mühlen / welche die Wasser / so aus den nechstgelegenen Hügeln mit lieblichen Rauschen herunter fallen / umtreiben. Cluverius lib. 3. cap. ultim. beweiset / daß eben dieses Mola die sehr alte sey / so Formia genannt / deren Cicero, Livius, Horatius und andere gedencken / und deren Inwohner Formiani seynd genannt worden / wie denn solches auch die Antiquitäten zu erkennen geben / die sonderlich gegen dem Theil der Stadt / so nach Fondi gelegen / zu sehen seynd. War ein Römisch Municipium, und lag zwischen Mola und Cajetta, des Ciceronis Land-Guth / so man bald Cajettam, bald Formianum genannt hat / bey welchem er umgebracht worden ist.

Man sihet noch heutiges Tags an selbigem Ort Rudera von einem alten Gebäu / zur rechten der Strassen Appiæ, die man jetzt insgemein la Villa di Cicerone zu nennen pflegt. Besihe Hoffmann. Lexic. Univers. pag. 650.

Der Boden da herum ist fruchtbar / und gibt allerley Früchte. Die Gärten seynd voll Pomerantzen / und gleichsam gantze Wälder mit Oelbäumen besetzt / auch findet man an etlichen Orten Zucker-Röhren. Wie Horatius lib. 1. Od. 20. meldet / so hat es sonst auch guten Wein dar gegeben. Von hier sind 4. Meilen nach Cajetta und 10. nach Fondi.

Monaco.

Ligt an dem Genuesischem Meer / in einem Winckel am Gebürge / in Liguria, hat einen guten / doch nicht gar grossen Meerhaven / und dabey auff einen Felsen ein Städtlein und starcke Vestung / deren drey Viertel mit dem Meer umbgeben seynd. Es ist dieses Monacum der Alten Herculis Monœci Portus, dessen Virgilius, Strabo, Plinius, Ptolomæus, Tacitus und andere gedencken.

Diese Stadt ist dem Herrn Grimaldi gehörig / dessen Vor-Eltern solche Herrschafft von der Stadt Genua an sich gebracht haben. Theils wollen / er habe Käiserliche Lehen / andere aber / daß er von niemand Lehen empfahe / sondern für sich / doch unter dem Schutz des Königs in Hispania lebe. Er hat in der Vestung drey hundert Spanier / und hundert Italiäner / welche so wohl Tages als auch Nachts starcke und fleissige Wacht halten müssen / wie sie dann auch bey Nachtzeit ausserhalb der Vestung den gantzen Felsen mit Schildwachen bestellen / denn er / (der Herr Grimaldi,) lebt wegen seiner Nachbarn / als Franckreich / Savoya / und Genua in steter Furcht / und ist von niemand / auch von seinen Bürgern nicht (deren bey 250. seyn mögen) und Unterthanen geliebt.

Es ist dieser Ort mit vielen und schönen Geschütz wohl versehen / und stehen insonderheit zwey überaus grosse Stück vor dem Palast / so gantz herrlich und zierlich erbauet ist. Er zwinget die Schiff / und sonderlich die kleinen allhier anzulenden / und die Waaren / so sie führen / zu verzollen; wann man aber vorbey fähret / eilet gleich eine gute Anzahl Soldaten

Tu quoque littoribus nostris Æneia nutrix
Æternam moriens famam Gaieta dedisti.
Gaeta.
Via Apia

MOLA.

nach/ und wann sie das Schiff erhaschen / ist es mit Leib und Leben samt allem Guth verfallen.

Monselice, Monteselice.

Lateinisch wird es Mons Silicis genannt / dessen Paulus Diaconus lib. 2. cap. 14. gedencket / ligt ziemlich hoch auff einem Berge / und ziehet sich an dem Berg abwarts gegen dem Wasser. Man hälts für eine Vestung / und haben die Venediger / denen es der Zeit gehörig / allda eine Besatzung. Dieser Orth ist samt Padua von den Longobarden ruinirt worden.

Anno 1256. hat ihn Azzo von Este aus der Hand des Tyrannen Ezzelini erlediget / den hernach Anno 1318. Canis Magnus Scaliger bekommen; aber Anno 1338. kam er unter die Venediger / nachdem sie diese Stadt ein gantz Jahr belagert hatten. Anno 1509. bekam sie Maximilianus I. der Römische Käiser. Anno 1517. aber eroberten sie die Venediger wiederum/ wie davon beym Leandro Alberto zu lesen. Von hier seynd 5. Meilen nach Este, und 10. nach Padua.

Montagnano, Montignano.

Ein ziemlich grosser Ort/ so Stadt-Recht hat/ ligt 5. Meilen von Este, und gehöret denen Venedigern. Cluverius lib. 1. Antiq. Italiæ cap. 18. fol. 155. hält ihn für des Antonini Anuejano. Von hier ist der berühmte Philosophus und Medicus Bartholomæus de Montignano, und Seccus di Montagnana, ein vortrefflicher Kriegs-Obrister bürtig gewesen.

Mont' Alcino.

Ist eine volckreiche/ auff einem hohen Berg gelegene/ und sehr veste Stadt / ist sonderlich berühmt wegen des köstlichen Muscateller-Weins / der da herum wächst/ gehört dem Groß-Hertzog von Florentz/ von welcher Stadt sie 18. Meilen gelegen.

Monte Pulciano.

Ist eine Bischöffliche und volckreiche Stadt / ligt auff einem lustigen Hügel / der köstlichen Wein und herrliche Früchte trägt / gehöret dem Groß-Hertzog von Florentz / allda ist der Cardinal Bellarminus, so Anno 1621. den 17. September zu Rom gestorben/ gebohren/ wie Schotus erinnert.

Mortara.

Ist ein feines und wolerbautes / auch nahrhafftes Städtlein/ in dem Hertzogthum Meyland / ist vorzeiten Selva bella genannt worden; nachdem aber allda zwischen Carolo Magno, und Desiderio der Longobarden König eine grosse Schlacht und blutiges Treffen gehalten worden / darinnen eine grosse Anzahl der Longobarden umbkommen / ist ihme dieser Name Mortara gegeben worden.

Mucia.

Ist ein schlechtes Dorff / worbey es aber einen gewaltigen Paß hat / da dann von einem Berg zum andern eine starcke Mauer geführt ist / welche das gantze Land beschleust. Gehört dem Pabst / und ligt zwischen Tolentino und Foligno, ist vorzeiten ein rechte Mördergruben und Raubnest gewesen / allda es noch ziemlich schlecht hergehet.

Muran.

Ligt / wie Johan. Jacob. Grasserus in seiner Italiänischen Schatz-Kammer schreibet / eine gemeine Italiänische Meil von Venedig / begreifft im Bezirck 3. Meilen / und wird durch einen grossen Canal in zwey Theil unterschieden: hat 24. Glaß-Hütten / und 14. schöne Kirchen / darunter S. Peter die vornehmste / mit einer Bibliotheck gezieret. Es hat da einen Bischoff und Podestà. In gemeldter S. Peters-Kirche ist ein trefflich künstlich Stück zu sehen / wie Christus vom Creutz genommen wird / Item / ein schön gemahltes Rosarium.

Es ligt Muran gar schön / hat seine Häuser und lustige Gärten / daher sich die Venetianer allhie zu erlustigen pflegen. Sonderlich aber machen diesen Ort die Crystalline Gläser berühmt/ von welchen Henznerus und Pighius mit mehrerem zu lesen. Zu unserer Zeit haben die Holländer / in Roterdam / und anderwerts / solche nachzumachen angefangen / es auch so weit gebracht / daß / allem Ansehen nach / anfänglich unter beyden kein Unterschied zu verspüren. Wenn sie aber etliche Jahr stehen / so schlagen die cruditäten dermassen heraus / daß die Gläser gar unscheinbar werden / und nicht so hell und klar / wie sie im Anfang geschienen / verbleiben. Dieses ist auch bey denen Böhmischen Gläsern wol zu observiren. Die Optici und Glaß-Schleiffer / haben sich bey Verfertigung der Microscopiorum und Tuborum wohl in acht zu nehmen / weil diese Gläser / weder in der Daurung / noch in der Politur, wegen ihrer Weiche / keinen Stich halten; bleibt also dem Venetianischem Glaß wegen seiner Härte und Daurung billich der Preiß.

Narni.

Eine ziemlich grosse / wohlerbaute und volckreiche Stadt / dem Pabst gehörig / acht Meilen von Otricoli, und so weit von Terni, in der Landschafft Umbria, sonst il Ducato di Spoleto genannt; ligt auff einem rauhen und mehrentheils gähem Berge / so gegen einem fruchtbaren Thal herab hänget / allda in der Höhe ein vereckicht Schloß / und ligen gegen über hohe Berge / die von dem Berg / darauff die die Stadt ligt / durch ein sehr tieffes und enges Thal unterschieden seyn / welches der Fluß Nar oder Negra, so gleichwol der grösten Wasser keines ist / gantz einnimmt / darüber Käiser Augustus eine gewölbte Brück von einem Berge zum andern hat führen lassen / deren Procopius lib. 1. rerum Gothicarum gedencket / und noch Anzeigungen darvon vorhanden seynd. Es hieß diese Stadt vorzeiten Nequinum; wie beym Plinio lib. 3. cap. 14. zu lesen / entweder / weil böse Leute da wohneten; oder wegen der Rauhe und des schlimmen Lagers / wie Volaterranus lib. 7. fol. 65. a. schreibet; und auch Martialis lib. 7. Epigram. 92 saget:

> Narnia, sulphureo quam gurgite candidus amnis;
> Circuit, ancipiti vix adeunda jugo.

Als hernach eine Römische Colonia hieher geführet worden / wurde sie nach dem Fluß Narnia genannt. Allhie ist wohl zu leben / der Ort ist nach der Länge / und schön erbauet / allda viel schöne Röhrbrunnen gefunden werden.

Neapolis, Neapoli.

Diese Stadt ist nicht allein das Haupt des Landes Campaniæ, oder Terra di Lavoro, sondern auch des gantzen Königreichs / so von ihr den Namen hat; von welcher sehr viel alte und neue Autores geschrieben haben. Sie ist vorhin Parthenope; und wann den Poeten zu glauben / Phalerum genannt worden / wie Cluverius lib. 4. Antiquit. Ital. cap. 3. schreibet. Josephus Mormile, von hier bürtig / meldet in ihrer Beschreibung / daß sie obgedachten Namen von des Königs Eumelii in Thessalia Tochter Parthenope, so am ersten ihr Volck hieher geführet / bekommen habe / und sey sie hernach von den Cumanern aus Chalcide wieder erbauet worden / die sie Neapolin, das ist / eine neue Stadt genannt haben / wiewol andere melden / daß man hievon / nemlich wenn diese neue an der alten zerstöhrten Stelle erbauet worden / nichts gewisses habe. Das findet man wohl / daß folgends etliche Campaner in die Stadt seynd genommen worden / wie Strabo im fünfften Buch schreibet: Sonst aber haben stets Griechen allhie gewohnet / wie Silius libr. 13. Cicero in oratione pro L. Cornelio Balbo, Livius libr. 8. Dio libr. 60. Tacitus libr. 15. annal. und Philostratus libr. 1. Iconum, bezeugen. Von der Innwohner Müssiggang haben insonderheit die Poeten Ovidius lib. 15. Metam. Silius lib. 12. Statius lib. 3. sylvarum carm. 5. geschrieben / und Horatius epod. Od. 5. schreibt:

Et otiosa credidit Neapolis.

Daß aber auch die guten Künste allhier fürnemlich floriret / das bezeugen Martialis lib. 5. Epigramm. 79. al. 80. und Virgilius in fine lib. 4. Georg. Sie ligt gantz lustig / gegen Morgen und Mitternacht hat sie sehr liebliche / anmuthige und lustige Hügelein / gegen Mittag und Abend aber ist sie mit den Mittelländischen Meer umbgeben; daher zu jederzeit viel vornehme Leute allhier sich auffgehalten haben. Es gehöret nicht nur diese Stadt / sondern auch das gantze Land dem König in Spanien / welcher allezeit einen Stadthalter oder Vice-Re allhie hält / welche zwar gemeiniglich nicht länger als drey Jahr regieren / in welcher Zeit sie sich doch so sehr bereichern / daß ihrer wenig aus diesem Königreich kommen / die nicht auf die fünff mal hundert tausend Thaler mit sich nehmen. Sonst aber ist die Stadt samt 53. Gemeinden / und etlich gewissen Personen von allen Contributionen durchaus befreyet.

Die Stadt ist groß und mächtig / hat 16. Thor / 8. gegen dem Lande / und so viel gegen dem Meergestad / und ist der Mauren Umbkreiß / wie etliche schreiben / 7. tausend Schritt / oder 7. welsche Meilen; aber besagter Mormile meldet / daß solcher nicht mehr als 5½. welsche Meil sey / habe aber 7. Vorstädte / so wie grosse Städte zu achten / und mit Häusern dick besetzt seynd; wie denn von dem Berg Pausilypo (mit welchem die Stadt verwahret / und gleichsam mit einem Wall umbgeben ist /) biß zur Stadt / auff 2000. Schritt es so viel Häuser hat / daß ein Frembder / so dadurch reiset / mitten in der Stadt zu seyn vermeinet. Vid. Ubert. Folietta de laud. Neap. Boterus in Relat. Univers. Daher man schreibt / daß über zweymal hundert tausend Bürger allda seyn sollen / und über 80000. Feuerstädte gezehlet werden. Megiserus in seinen Deliciis Neapol. sagt cap. 4. pag. 46. daß man Anno 1585. den Uberschlag gemacht und befunden habe / daß 500. tausend Seelen in dieser Stadt gewesen seyn. Eben dieser Megiserus schreibet / man wisse gewiß / daß allhie über 700. Bürger seynd / die Dörffer und Märckte / Schlösser und Herrschafften / ja gar Städte unter ihrer Gewalt haben: noch ist bey solcher Menge Volcks ein so grosser Uberfluß allda von allerley Victualien / und was sonst man zu menschlicher Unterhaltung bedarff / daß sich zu verwundern.

Die Stadt ist auch wohl verwahrt / nicht allein wegen des guten natürlichen Lagers / der starcken Mauren / Basteyen und der 80. Werckschuh tieffen Gräben / sondern auch fast unüberwindlichen Vestungen halber / deren allhie drey seynd: als 1. das Schloß S. Hermi, welches den Namen hat von einer alten Kirchen / so daselbst S. Herasimo zu Ehren ist erbauet worden / wird auch di S. Ermo, und insgemein S. Elmo genannt.

Es ligt solches auff dem Berge dieses Namens / so bißweilen auch di San Martino genannt wird / und auff einem hohen Felsen gleichsam eingegraben / gerade über der Stadt / in welchem 250. Spanier unterhalten werden / die leichtlich des Feindes Anfall zu Land abtreiben können / dieweil solch Schloß so füglich über und ausserhalb oder hinter der Stadt liget.

Allhie wird ein Maurbrecher gefunden / so des Hertzogen von Sachsen gewesen / daran das Sächsische Wappen und teutsche Reimen seynd / die Nathan Chytræus in deliciis variorum in Europa itinerum pag. 117. und Michael Heberer, in seiner Egyptischen Dienstbarkeit lib. 3. cap. 23. setzen. Megiserus sagt l. c. p. 30. es sey ein grosses gegen der Stadt gerichtetes Stück allda / darauff ein Pfaff gegossen / unter welchem Noten und der Text:

Ich weiß mir ein feines braunes Mägdelein etc.

Schraderus aber hat fol. 122. b. eine andere Meynung / und andere teutsche Reimen: Pighius und Joh. de Laet wollen / daß dieses Schloß von dem Könige Roberto erbauet worden sey / welches hernach Käiser Corolus V. und sein Sohn Philippus noch mehr bevestiget / da auch die Stadt mit Gräben und Mauren besser versehen worden.

Das andere Castel wird das Neue oder Nuovo und Molo genannt / so hart am Meer ligt / und vom König Carolo I. erbauet / folgends aber von dem König Alphonso und erstgemeldten Carolo V. mehr verwahret worden ist. Diese Vestung beschützet das Meergestad / und ist mit Königlichem Schmuck und Haußrath versehen / und schreibet Schraderus, daß in einem Thurn daselbst des Käisers Jocalia, wie sie es nennen / als ein güldener Scepter / ein Schwerdt mit einem güldenen Hefft und Scheiden / mit Edelgesteinen außgearbeitet: Item / eine köstliche Cron / Reichs-Apffel / gülden Creutz und andere sehr theure Sachen mehr auffbehalten werden: Besihe dieses Schlosses Beschreibung bey ihm / Item Pighio in Hercule prodicio p. 334. Casparo Ens in seinen Deliciis und Pflaumero. Es seynd darinne 21. Metallene Stücken / die gemeldter Käiser Carolus V. dem Chur-Fürsten von Sachsen abgenommen / und hieher hat führen lassen: Item die eiserne Kugel / mit welcher / aus eines Frantzösischen Connestabels Unvorsichtigkeit die Thor geöffnet / und den Spaniern Platz ins Castel zu kommen / gemacht worden ist; wie auch die Statua eines tapffern Frantzosen / welcher / wie Schraderus sagt / 100. oder / wie andere / auffs wenigste 40. Spanier erleget hat / ehe sie dieses Castels Meister worden seyn: daher sie sich über seine Tapfferkeit verwundert / und deßwegen ihrem Feinde diese Statuam zu Ehren auffgerichtet haben.

Megi-

GOLFO
MARE TIRRENO.
PARTE DI SICILIA
Golfo di Napoli
Golfo di Salerno
Golfo di S. Eufemia
Golfo di Gaeta
Roma
Policastro
Stromboli
Messina
TERRA DI BARI.
TERRA DI OTRANTO.
CALABRIA VLTRA.
CALABRIA CITRA.

Golfo de Lodrin
PARTE DI ALBANIA
Bocca del Golfo di Venetia
Valona
PARTE DI EPIRO
Corfu
MARE IONIO
REGNO DI NAPOLI.

1. Arx S. Hermi.
2. Castellum Nouum.
3. Castellum Oui.
4. Turris S. Vincentij.
5. Naualia.
6. Palatium Proregis.
7. Horti Palatini.
8. Mons Pizzafalconis.
9. Portus.
10. Basilica Cathedralis.
11. S. Maria Annuntiata.
12. S. Petri ad Aram.

LIS.
13. Forum.
14. S. Marie Carmeli.
15. Montis Oliveti.
16. S. Claræ
17. Seuerinus
18. S. Maria Noua.
19. S. Paulo.
20. S. Marcia.
25 Porta Nolana.
26. P.ta Capuana.
27. P. S. Ianuari.
28. P. S. Mar. Const.
30 P.ta Romana.

Megiserus schreibt cap. 4. es sey dieses Castel von lauter Quaterstücken erbauet / hat dicke Mauren / fünff starcke Thürn und Basteyen / gedoppelt sehr tieff und weite Wasser-Gräben / so daß es dieser Zeit eines der vestesten in Italien ist: Mitten in diesem Schloß stehet ein überaus schön / grosses und weites Gebäu / mit Königlichen Zimmern / ausbündigem Mahlwerck / Tapecereyen und fürtrefflichen Statuis gezieret / in welchen jährlich der Landtag des Königs gehalten wird. Es ist dermassen mit groben Geschütz und anderer Kriegs-Zugehör versehen / daß die Frembden sich billich darob verwundern. Unter den Stücken ist auch eines / Chur-Fürst Johann Friedrichen zu Sachsen gewesen / dessen Bildnüß darauff gegossen mit diesen Worten: Verbum Domini manet in æternum; Item: halt maß in allen Dingen. Hierinnen hat der Commendant seine Wohnung / und ist so schön angerichtet / daß man nicht nur einen König / sondern auch einen Käiser mit aller seiner Hoffstatt accommodiren und bewirthen kan. Uber diß ist in diesem Castel eine überaus grosse Menge eiserner Kugeln zu sehen; Item / Harnische mit Silber und Gold gezieret / auch viel andere unzehlbahre Wehr und Waffen.

Gegen diesem Castel ligt S. Vincentii Thurn im Meer / welchen die Frantzosen / als sie aus der Stadt gejagt / und mit aller Macht bestritten worden / noch etliche Monat inne gehabt / und dadurch ein unsterbliches Lob erlanget haben. Jetzt werden die jenige / so ihrer Eltern Güther durchbringen / und ihnen ungehorsam seyn / darinnen gefangen gehalten / wie Henznerus schreibt.

Neben dieser neuen Vestung / wo die Schiffstellung ist / ligt am hohen Gestade des Königlichen Stadthalters / den sie Vice-Ré nennen / Palast; daran der alte / in welchem er / biß der neue fertig / gewohnt / so mit schönen Zimmern und Kunststücken außgezieret / in welchem auch eine von Marmor schön gezierte Capell / allda der Vice-Ré an den Feyertägen die Meß gehöret hat: die andere Gemach waren auch wol geputzt / und stund in der Tasel-Stuben ein silberner grosser Tisch / und war die Galeria der Kunststücke und anderer theurer Sachen halber sonderlich zu sehen: wie hievon und des besagten Vice-Re ansehnlichen Garten / der von Pflaumern zu lesen. Dieser Stadthalter hält / wie Megiserus schreibet / hundert Teutsche zu seiner Guardi: Sonst unterhält die Stadt stets in die 37. Galleren / nur dem Feinde auffzuwarten.

Allernächst bey diesem Palast stehet das Arsenal, darinnen bey zweyhundert Galleern und Galeatzen wohl Platz zu stehen haben.

Des Königes Marstall / ausserhalb der Stadt ist auch wol zu sehen / und schreibet jetzgedachter Megiserus pag. 45. daß in solchem stets in die hundert außerlesenste Pferde seyn / darvon dem König jährlich 12. zugeschickt und verehret werden.

Das dritte Schloß oder Castel ligt im Meer / auff einem hohen Felsen / und wird / weil es die Form eines Ey hat / Castellum Ovi, oder del Ovo genannt / dahin eine steinerne Brücke von dem Lande gehet. Lucullus hat erstlich da einen Palast erbauet; wo vorzeiten die Stadt Megaris soll gestanden seyn / deren Plinius lib. 3. cap. 6. gedencket: daher dieser Orth bey den Alten Castrum Lucullanum genannt wird. Die Normannen haben eine Vestung daraus gemacht / und als solche hernach etwas verderbt worden / hat sie Don Johannes di Zunica oder Zunica Vice-Ré allhie wieder fortificiret. Uber obgedachter Brücken / die vom Lande biß zur Vestung Thor gehet / werden diese Wort gelesen: Philippus II. Rex Hispaniarum pontem à continenti ad Lucullianas arces olim Austri fluctibus conquassatum, nunc Saxis obicibus restauravit, firmumq; reddidit, D. Johann: Zunica pro-Rege, Anno 1595. Gegenüber ligt der Berg Pizzofalcone, so ein erhöhter Ort / auf welchen Andreas Carafa della spina einen herrlichen Palast hat erbauen lassen / so il Palazzo di Pizzofalcone genannt wird.

Neben diesen 3. Vestungen oder Castellen / so man vor unüberwindlich hält / ist auch da ein gewaltiger Meerhaven / welchen / samt dem Tham / so sie Molo nennen / dem herrlichen Brunnen daselbst / und den Antiquitäten daran / der Herr von Pflaumern in seinem Mercurio Italico weitläufftig beschreibet. Gemeldter Heberer loc. cit. saget / daß dieser schöne Port in die 500. Schritt lang / und etwas gebogen / mit lauter grossen Quaterstücken in das Meer hinaus erbauet sey / auf welchem ein Brunn biß zu Ende des Ports in irdinen Kacheln geleitet / der daselbst in schönem Marmor eingefast / entspringt / aus welchen die Schiff ihr Trinck-Wasser holen können. Man kan aus diesem Port bey heiterm Wetter die Vorgebürge / oder Promontoria, Misenum, und Minervæ und die vorzeiberühmte Insuln / als da seynd Capreæ, Ischia, und Prochytæ sehen. Der Herr von Villamont schreibt / daß nahe bey besagtem Brunn ein Thurn oder Pharus sey / und darauf eine Latern / darinn man bey der Nacht Liechter stecke / damit die Schiff sich darnach richten können. Er meldet auch / daß allhie 16. Thor / nemlich 8. zum Lande und 8. zum Meer seyn; welche wie Henznerus sagt / nicht gesperret werden. Megiserus aber schreibt von 19. Thoren / unter welchen 12 gegen dem Meer / 7. aber gegen dem Lande stehen. Die Stadt hat unterschiedliche Plätz und Märckte / darunter der fürnemste / wie Heberer erinnert / la Piazza del Olmo genannt wird / so ins gevierdte und sehr groß / aber nicht gepflastert ist. Die Gassen sind sehr eng / ausser drey / welche nicht allein breit / sondern auch sehr lang seynd; deren die eine la Vicaria, die andere Capuana genannt wird; die dritte gehet biß zum besagten Platz / und wird vom Megisero Strada Toleto genannt.

Es war die Stadt vorhin mit Kieselsteinen / jetzt aber ist sie mit Ziegeln gepflastert.

Die Schmid / Schlösser / und dergleichen Handwercker; wie auch die Gerber / Schuster und ihres gleichen / wohnen zu äusserst der Stadt in besondern Gassen / wie Schraderus fol. 222. erinnert.

An der Capuanischen Strassen Thor werden viel Monumenta gesehen. Sonderlich aber ist dis hoch zu halten / daß fast alle Häuser der Stadt Brunnen haben / so in grosser Menge ein gar gesundes Wasser von sich geben / und soll sie ihres gleichen / so viel das Wasser betrifft / in Italia nicht haben.

Von weltlichen Gebäuen ist über diß noch zu sehen das Rathhauß / so sie Vicariam nennen / und gegen der Capuaner-Porten stehet / welches der Grösse und Form nach einem Schloß zu vergleichen ist.

Unten seynd die Gefängnisse / darinnen offt über zwey tausend arme Sünder sitzen / Vid. Megiserus p. 32. Schraderus schreibt fol. 223. daß 5. Gerichts-Stüle oder Tribunalia darinnen seyn. Andere sagen von zeh.

Das erste Gericht werde genannt del Sacro Consilio, zu welchem aus dem gantzen Königreich die Appellationes gehen: Das andere sey der Königliche Kammer-Rath/ so mit des Königes Einkommen umgehe; und das dritte die Königliche Müntz / da allein von Maaß und Gewicht gehandelt werde.

Nach dieser Vicaria ist das Collegium der hohen Schul zu besichtigen/ die aber nichts sonders floriren soll/ obschon die Professores wohl besoldet werden.

Ferner ist des Hertzogs von Gravina prächtiger Palast/ wie auch des Caravæ, wegen der alten marmorsteinernen Statuen; sonderlich des Scipionis Africani, wie Henznerus schreibt/ zusehen: Item / der Ursiner / des Fürsten von Bisignano und anderer / von denen/ und sonderlich des Adriani de Guilielmo Hauß/ Schraderus fol. 223. zu lesen.

In des Gewürtz-Händlers/ wie Pflaumerus ihn nennet / Ferdinandi Imperati, oder wie ihn Neumeyer nennet/ Alexandri Imperatoris Hauß / seynd sehr wunderliche Sachen der Natur zu sehen/ als seltzame Meer-Gewächs / Thier/ Vögel / Magnet / Erd-Gewächs / Schrifften / Faden dem das Feuer nichts thut / und dergleichen/ so in unsern Landen und Kunst-Kammern nicht leicht zu finden / deren etliche Pflaumerus erzehlet / und die Erklärung dabey hat.

Die Kirchen belangende / so ist von solchen und ihrer Stifftung/ von den heiligen Cörpern und Reliquien; den Gräbern / Grabschrifften und dergleichen/ insonderheit Cæsar d' Engenio, in seinem Tractat, Napoli sacra intituliret; Item Petrus Stephanus in seiner Description de i luochi sacri della città di Napoli, zu lesen. Pflaumerus zehlet 64. Mönchs- und Nonnen-Klöster / und darneben noch 180. Kirchen (eingetheilet in 40. Pfarren / wie Megiserus sagt.)

Die fürnehmste oder Ertz-Bischöffliche Haupt-Kirchen zu S. Januario, so sie Episcopium nennen/ ist sonderlich zu sehen; allda in S. Januarii Capell vieler König und Fürsten sehr köstliche Geschenck / vieler Heiligen Aschen und Gebein (dabey viel Golds/ Silbers / Edelgestein und andere Zierden seyn;) Item des gedachten Martyrers und Bischoffs Januarii Haupt / und sein Blut in einem Crystallinen Gefäß gewiesen / und jährlich mit grossem Pomp durch die Stadt getragen werden/ von welches wunderlichen Natur Baronius in martyrologio ad 19. Septemb. Pighius in Hercule prodicio, und Thomas Bozius de Ecclesiæ signis lib. 9. cap. 8. zu lesen seyn. Auff den Staffeln/ da man zu solcher Capell und Heiligthum hinauff gehet/ sihet man zur lincken Hand/ neben andern Sachen/ so in Marmorstein eingehauen seynd / auch ein Bildnüß eines nackenden/ unzüchtigen Mannes und Weibes / dignum templo spectaculum, wie Henznerus schreibt; welcher auch anders mehr / so allhier zu betrachten/ sonderlich das Gemählde des jenigen setzet/ welcher den guten Wein Vino greco genannt / allhie erbauet/ und etlichen zu Gast gebethenen Gästen solchen vorgesetzt hat; die aber / als sie voll und närrisch davon worden / ihn umbgebracht haben / vermeinende/ daß er ihnen Gifft geben hätt. Es hat diese Kirch Carolus I. erbauet / welcher / wie auch Pabst Innocentius IV. so Anno 1253. gestorben / darinnen begraben ligt. Es wird in dieser S. Januarii Kirch auch diß Epitaphium gelesen:

Andreæ Caroli Uberti Pannoniæ Regis F. Neapolit. Regi, Joanne uxoris dolo & laqueo necato, Ursi. Minutuli pietate hic recondito, ne Regis corpus insepultum, sepultumve facinus posteris remaneret, Franciscus Berardi F. Capiicius sepulcrum, titulum, nomenque P. mortuo Annorum XIX. M. CCCXLV. XIV. KL. Octobr.

Besihe von andern Grabschrifften Schraderum in seinen monumentis Italiæ lib. 2. fol. 224.

Hernach ist die Kirch S. Mariæ Annunciatæ sehr stattlich begabt / und werden daselbst zwey unschuldige Bethlehemitische Kindlein / jedes anderthalb Schuh lang/ noch unverwesen gezeiget / da man die Wunden/ so sie empfangen/ sehen kan/ eine in der Brust/ die andere im Haupt. Vid. Megiserus & Pflaumerus. Es ist darinn ein Predigstul von schönen Marmor/ mit 4. Säulen unterstützt / den Schraderus auff 3000. Ducaten schätzt.

An der Kirch ist ein Spital / darinn offt über die 800. krancke alte Leute/ und junge Kinder sich befinden, so kläglich zu sehen. Pighius, Henznerus und Ens schreiben von einer viel grössern Summa / allerhand armen Leute und Wäisen-Kinder. Und weil man sie wohl/ sauber und fleissig tractiret; hernach die Knaben was lernen läst; die Mägdlein aber/ wann sie zum verheyrathen tüchtig/ ehrlich außsteuret/ so schreiben theils/ daß jährlich über die 150. tausend Cronen da auffgehen/ wiewol das ordinari-Einkommen nur von 80. tausend Cronen ist. Besihe Megiserum pag. 58. der auch von einem andern Spital allhier / in welchem über 1000. Säugammen gehalten werden / für unehliche Kinder und Fündlinge / zu lesen; daselbst man auch jährlich etliche Jungfrauen außsteuret.

Es ist noch ein ander Hospital/ de gli incurabili genannt/ da man allerhand böse/ und gleichsam unheilbare Schäden umb Gottes willen pflegt zu heilen.

Von hinnen kommt man auff S. Peters Platz/ so vor der Kirchen dieses Namens stehet. Wie man von dannen zum Meer will / so kommt man über den Marckt/ oder il Mercato, da allerley verkaufft wird/ auf welchem ein enges/ schlechtes/ altes Capellein zu sehen/ so zur Gedächtnüß des letzten Hertzogs in Schwaben und rechten Erben dieses Königreichs Conradini, den Carolus I. hat hinrichten lassen/ erbauet worden/ als an welchem Orth man ihn und Hertzog Friedrichen aus Oestreich Anno 1268. hingerichtet hat / wie hievon Gerardus de Roo libr. 1. Austr. Martinus Crusius in seiner Schwäbischen Chronick / und andere mehr/ sonderlich aber Pandulphus Collenutius am Ende seines 4. Buchs der Neapolitanischen Histori / und Megiserus cap. 6. der Beschreibung Neapels zulesen. Die gantze Historie ist allhie gemahlt zu finden. Und schreibet Henznerus, daß man da noch Anzeigungen von Blutstropffen sehe / und der Orth gar feucht sey. Die Gebeine zwar ligen nicht allhie/ sondern in der nechsten Kirchen / so S. Maria de Carmini genannt wird/ und gar schön / sonderlich aber wegen eines Crucifixes und eines Marien-Bildes berühmt ist.

Die Dominicaner-Kirch ist auch wohl zu sehen/ allda imgleichen ein Crucifix geehret wird / so zu S. Thoma, als er davor gebethet / gesagt haben solle: Benè scripsisti de me Thoma, quam mercedem postulas? Das ist: Du hast wol von mir geschrieben Thoma, was für einen Lohn begehrest du? Darauff S. Thomas de Aquino geantwortet habe; Nullam aliam præter te Domine. Das ist: Keinen andern / als dich HERR. Vid. Bapt. Fulgos. lib. 1. cap. 6. f. 109. Edit. Antverp. in 8. & Villamont. in Itinerario.

Es

Es werden allhie zu S. Dominico, in der Krufft der Capellen/ vieler König und Fürsten Cörper/ in höltzernen Särchen/ oder Somatothecis, gewiesen/ die mit Sammet bedeckt seyn/ daran die Namen und Wappen als des Alphonsi Arragonii I. seines Sohns Ferrandi I. Item/ Ferrandi II. der Königin Joannæ, der Hertzogin Isabellæ von Meyland/ und andere mehr/ die Henznerus und Pflaumerus in ihren Reiß-Büchern setzen. Und sagt vielgedachter Megiserus, d. cap. 4. p. 34. daß allhie 23. Königliche Begräbnüssen mit gülden und sammeten Decken gezieret/ samt beygelegten Cronen/ Sceptern und Schwerdtern seyn. Bey der Thür der Sacristey stehen zur rechten Hand diese Verß:

In cinerem cuncti redeunt, primæque parenti
Quod tulit assignat mortua facta caro.
Tunc aurum, stultos, tunc quisq; relinquit honores,
Et quas in toto tempore junxit opes,
Ergo animis mansura piis cœloque petamus,
Mentibus ex nostris sit procul omne fugax.

Es ist allhie auch eine stattliche Bibliotheck/ auff 65. Pulten gestellt; welche des Joviani Pontani gewesen/ und von seiner Tochter hieher gestifftet worden ist. Bey den Olivetanern seyn obgedachter Könige Alphonsi und Ferrandi I. eigentliche Bildnüssen von Marmor zu sehen/ in welcher Kirch auch Alexander ab Alexandro hat begraben werden wollen. Besihe ein schönes Epitaphium, so einem getreuen Kriegs-Helden/ der Esel und Hunde gessen/ und die gemeine Wolfarth dem Heyl seiner beyder Brüder vorgesetzt hat/ zu Ehren gemacht worden/ beym Chytræo p. 75. und Pflaumero p. m. 454. allda auch/ und beym Paulo Jovio, des Marggraffen Ferdinandi Davali, zugenannt Piscarii, oder von Pescara, des berühmten Kriegs-Obristen Grabschrifft/ so ihme Ludovicus Ariostus, der vornehme Poet gemacht/ gefunden wird/ die besagter Jovius in des von Pescara Leben/ und Pflaumerus also setzen:

Quis jacet hoc gelido sub marmore? Maximus ille
Piscator, belli gloria, pacis honos.
Nunquid & hic pisces cæpit? non. Ergo quid? Urbes,
Magnanimos Reges, oppida, regna, Duces.
Dic, quibus hæc cœpit piscator retibus? alto
Consilio, intrepido corde, alacrique manu.
Qui tantum rapuere Ducem? duo numina, Mars, Mors.
Ut raperent quidnam compulit? Invidia.
Nil nocuere sibi: vivit nam fama superstes,
Quæ Martem & Mortem vincit, & Invidiam.

Ferner seynd zu sehen S. Claræ, und S. Joannis in Carbonaria, oder/ wie theils schreiben/ S. Mariæ de Carbona, der Eremitaner Kirchen; in jener ligt König Robertus mit diesem Epitaphio:

Cernite Robertum Regem virtute refertum;

In dieser aber zu S. Joan de Carbonaria König Ladislaus, dem Sannazarius ein Epitaphium gemacht hat. S. Mariæ novæ Kirch ist auch zu besichtigen/ in welcher Odertus Fuxius Lautreccus, und Petrus Navarrus, die vortreffliche Kriegs-Obriste/ auf der Frantzosen-Seite/ begraben ligen; welchen/ wiewol Feinden/ wegen ihrer Tapfferkeit/ der Spanische Fürst von Sessa, Consalvus Ferdinandus schöne Monumenta hat auffrichten lassen; und stehen bey des letzten unter andern diese Wort: Cum hoc in se habeat præclara virtus, ut vel in hoste sit admirabilis; daß nemlich eine herrliche Tugend auch an dem Feinde zu verwundern und zu loben sey. Vid. Chytræus pag. 86. & Swertius pag. 90.

Es hat das Geschlechte de Afflictis, so vom H. Märtyrer Eustachio seinen Ursprung haben solle/ in dieser Kirchen bey dem hohen Altar seine Begräbnüsse; Matthæus de Afflicto, der Jurist aber ligt in der Kirchen Montis Virginis, dessen Epitaphium Chytræus und andere setzen. In einer Capell dieser S. Mariæ Novæ Kirchen/ nahend der Thür/ ligt des B. Jacobi de Marchia Cörper/ welcher Anno 1427. gestorben/ und noch nicht verwesen ist/ und dem täglich die Nägel und Haar wachsen/ daß man sie ihm abschneiden muß/ wie vielgedachter Henznerus bezeiget. Es ist im übrigen diese Kirch gar schön gezieret und gemahlet.

Uber diß ist S. Mariæ Majoris Kirch/ und in solcher des Joannis Joviani Pontani, der Anno 1503. im 77. Jahr seines Alters gestorben/ Capellen zu sehen/ in welcher die Epitaphia, so er ihme/ seiner Gemahlin/ Kinder und einem guten Freunde gemacht hat/ wohl zu lesen seyn/ die viel erwehnte Schraderus, Chytræus, Sweertius und Pflaumerus neben den schönen Sprüchen des gelehrten Pontani, setzen. Und seynd unter andern Versen/ in seiner Gemahlin Epitaphio auch diese:

Illa thori benè fida comes custosque pudici,
Cuique & acus placuit, cui placuere coli.
Quæque focum, castosque lares servavit, & aræ
Et thura & lacrymas, & pia vota dedit.
In prolem studiosa parens & amabilis, uni
Quæ studuit caro casta placere viro. &c.

Auff dem Altar dieser Kirchen ist des Titi Livii Arm/ den die Paduaner dem König Alphonso auf seine Bitt verehret/ und dabey diese Schrifft:

Titi Livii brachium, quod Antonius Panormita à Patavinis impetravit, Jo. Jovianus Pontanus, multos post annos hoc in loco ponendum curavit.

In S. Severini Kirch ist der Hippolytæ Sanseverinæ, Item/ dreyer Brüder von Sanseverino, welche zugleich mit Gifft hingerichtet worden sind/ klägliche Grabschrifften/ die Schraderus, Chytræus und Pflaumerus setzen. Es hat sich dieses vornehme Geschlecht wider Käiser Friedrichen durch den Pabst Innocentium IV. auffwigeln lassen/ daher dasselbe gäntzlich biß auff den Stamm außgerottet/ und allein ein kleines Kind/ Namens Rogerius, durch die Polysenam Sanseverinam salvirt worden ist. Scipio Ammirat. in vit. Sansev. Arnis. de jure majest. lib. 2. c. 6. p. 380. Es hat auch folgends König Ladislaus, und König Ferdinandus I. zu Neapels (so Anno 1494. gestorben) die Sanseverinates verfolgt und hingerichtet. Von den Heiligthümern so allhie in der Sacristey zu sehen/ ist neben andern auch Henznerus zu lesen. In der Kirch zu S. Joan des Grössern wird/ wie Megiserus schreibt/ dieses gelesen:

Cùm fex, cùm limus, cùm res vilissima simus,
Unde superbimus, si ad terram terra redimus?

Cùm speculū hoc cernis, cur non mortalia temnis?
Tali namque domo clauditur omnis homo.

Item zu S. Joan am Meer/ an einem marmorsteinern Bilde:

Quid me miraris duro de marmore factam?
Respice te potius, vermibus esca manes.

In S. Laurentii, oder der Minoriten Kirch/ seynd alte Gräber des Roberti Artesii und seiner Gemahlin Joannæ. Sihe was Henznerus allda vor ein Geschichte von einem GemähLde/ so ein Soldat verletzet hat/ setzet.

S. Martini Kirch ist schön gezieret/ gemahlet/ und reichlich/ sonderlich mit einem silbern Creutz begabet.

Es ligt dabey und unter der Vestung oder S. Hermi Schloß das Carthäuser-Kloster / welche beyde man weit sehen kan ; und ist davon ein sehr lustiger und freyer Prospect in die darunter gelegene Stadt / auffs Meer und Ufer / die Schiff / die Insulen / und nahe gelegene Berg / Hügel / Wälder / Gärten / und dergleichen ; wie solches Außsehen und die Gelegenheit der Stadt und des Meer-Geländes herumb Pflaumerus mit mehrerm beschreibet.

Es soll in Italia nichts lustigers als dieses Kloster / ja dasselbe für ein Wunderwerck der Natur oder der Kunst zuhalten seyn / und sollen sich die Frembde die Müh nicht tauren lassen / dieses Carthäuser-Kloster und den schönen Prospect von dar zu sehen / indem sie jederzeit mit aller Höffligkeit von dem darzu bestellten Mönch empfangen werden / der ihnen auch alles im Kloster weiset. Der Jesuiter Kirch ist die prächtigste / und allen andern in Neapoli vorzuziehen / als welches der im Vaticano zu Rom nachthut.

Die Inwohner dieser Stadt leben in grossen Wollüsten / und treiben einen grossen Pracht und Uberfluß an Essen und Kleidern / und ist niemand so arm allhie / der nicht ausser dem Hause in der Kleidung / Gang und Gespräch / als ob er gar viel vermöchte / sich solte sehen lassen. Auch findet man nirgends in Italia so viel edle Pferde als allhier / deren sie sich sonderlich an Fest-Tägen zum Pracht gebrauchen / und soll man zu Neapoli über 1000. Gutschen finden ; Es wird daher die Stadt edel oder Napoli gentile genannt. Wie denn die Innwohner sonst in allen Stücken wollen gesehen seyn / und schreibet der vortreffliche Historicus Franciscus Guicciardinus lib. 2. Histor. Ital. daß die Innwohner des Königreichs Neapolis unter allen Völckern des Welschlandes der Unbeständigkeit und Begierde neuer Sachen halber sehr beschrien seynd. Aber nachdem das Land an Spanien kommen / so ist es in ziemlicher Ruhe. Daher Trajanus Boccalinus auch ein Italiäner in seinen Ragguali di Parnasso, Cent. 3. Rag. 1. saget: Es bekenne jederman / daß die schädliche und heßliche Krebs-Kranckheit der auffrührischen Neapolitanischen Gemüther mit keiner tauglichern Artzeney / als mit der scharffen Salben der grossen Spanischen Ernsthafftigkeit habe können geheilet werden.

Uber diß seynd sie grosse Liebhaber des Gezäncks / ruhmräthig / beschwätzt und plauderisch / stoltz / rachgierig / herrisch / mißtrauisch / den Wollüsten und Buhlschafften so sehr ergeben / daß man in der Stadt Neapoli mehr unzüchtige Weiber findet / als nirgend in einiger Stadt in Italien. Und ist von ihnen ein gemeines Sprichwort : Il Regno di Napoli è un Paradiso, mà habitato da Diavoli, das ist: das Königreich Neapolis ist ein anmüthiges Paradiß / aber von Teuffeln bewohnt. Vid. Camerarius meditat. histor. cent. 1. cap. 85.

Das gemeine Volck legt sich auff Betrug und das Spielen ; aber der Adel ist sehr höfflich erzogen / und erzeigt sich gar edel und mannhafft / sein fürnehmstes Thun ist / daß einer wohl zu Pferde sitze / und sich in einer zierlichen / gar nicht gemeinen Liberey sehen lasse. Sie kleiden sich prächtig und herrlich / schier auff Spanische Manier ; Das Weibs-Volck tritt herein im stoltzen Habit ; Sind eiffrig in ihrem Gottesdienst.

Die Edlen halten sich zu hoch Kauffmanschafft zu treiben / die übrigen Inwohner befleissigen sich des Ackerbaus. Von Statur sind sie starck / mehr braun als weiß / auch verständig / klug / subtil / und gibt das Land an herrlichen Ingeniis keinem andern leichtlich was nach ; auch seynd sie leicht erkundschafft / erzeigen sich freundlich gegen die Frembden / und lieben sie. Besihe was Henznerus pag. m. 322. von der Neapolitaner Sitten und Eigenschafften / wie auch Pflaumerus im Beschluß seines Mercurii Italici, und Joh. de Laet de Princip. Ital. p. 82. schreiben.

Es ist kein Ort in Italia, so eine so angenehme und gute Lufft als Neapoli hätte : Es ist gleichsam zweymahl Frühling / denn man allerhand Blumen zweymahl im Jahr haben kan. Der Winter wird allhie kaum zwey Monat empfunden / nemlich im Januario und Februario. Viel Regen gibt es wol / aber nicht Schnee ; und ist die Hitz im Sommer sehr groß / daher die Häuser allda wenig Dächer haben / damit man bey der Nacht auff denselben spatzieren / und sich erfrischen könne. Benebenst ist sie vom Mittage frey / und hat das Meer um sich / so allda gar stille ist / von welchem sie nicht allein viel Fisch / sondern auch im Sommer eine angenehme Lufft haben kan.

Das Feld herum ist wegen des sehr fetten Bodens über die massen fruchtbar. Josephus Mormile schreibet / daß sie wie ein schönes Theatrum oder Schau-Bühne lige / die vom Mitternacht herrliche und lustige Hügel / von Mittag das stille Meer / vom Abend der Berg San Ermo, und vom Morgen die schöne grüne Felder / so sich weit in der Länge und in der Breite erstrecken / umgeben : gegen dem Meer lige sie gar eben / und sehe man klärlich / daß das Meer einen grossen Theil davon hinweg genommen habe.

Was sonst noch anlanget die stattliche Brunnen ausser der Stadt: Item / die Wasser-Künste / welche der Fluß Sebethus, so neben der Stadt mitten durch den Königlichen Lust-Garten / Poggio real genannt / rinnet / verursachet ; wie auch die Gärten umb die Stadt / davon kan man Schraderum, Pighium, Henznerum, Megiserum und C. Ens lesen / daselbst auch von dem ansehnlichen Palast und Ort / il bel vedere, und selbiger herrlichen Gelegenheit / und beym Schradero vom Palast Pietra biancha genannt / so vier Meilen von Neapoli gelegen / etwas zu finden.

Von den fürnehmen Leuten / so diese Stadt gehabt / und ihrer Regierung / kan Leander Albertus; und von den unterschiedlichen Geschichten so sich allhie zugetragen / Grasserus in seinem Itinerario histor. gelesen werden.

Hieronymus Megiserus schreibet / daß gantz Neapolis in sechs Versamlungen ausgetheilet werde / deren 5. des Adels seyn / so Seggii oder Sessiones genannt werden / und an unterschiedlichen Orten der Stadt 5. sonderbahre Häuser und Paläst haben / in welchen der Adel von jeder Session zusammen kömmt / mit einander von dem gemeinen Nutzen zu berathschlagen / deren Namen seynd Capuana, Nido, Montagna, di Porto, und Porta nova. Die 6. Versammlung ist der gantzen Gemeind und Burgerschafft / welche jederzeit im Augustiner-Kloster gehalten wird.

Aus diesen 6. Versamlungen erwehlet der Vice-Ré alle halbe Jahr 6. vom Außschusse / die werden Eletti genannt / welche das Stadt-Regiment versorgen / und ihren Rath bey S. Lorentzen halten. Sie erwehlen auch einen Syndicum, welcher die gantze Stadt repræsentirt / und derselben das Wort führt. Besihe hievon auch Mazzellam, Merulam, Münsterum lib. 4. cap. 31. in der weitläufftigen Beschreibung dieser Stadt / fol. 467. und Schotum.

Was

Was das gantze Königreich Neapolis betrifft/ so saget Maginus, daß solches fast den halben Theil von gantz Italia begreiffe / und das Ost-Welschland könte genannt werden. Bey den Historicis wird es bald das Königreich Neapolis/ bald das Königreich Apuliæ/ bald das Königreich Siciliæ disseits des Phari genannt. Seine Grentzen sind vom Abend die Flüsse Axufenus, ins gemein Ufente, und Tronto; von Mitternacht das Adriatische Meer; vom Mittag das Tyrrhenische und Sicilische; und vom Morgen das Jonische Meer.

Ist also dieses Königreich mit 3. Meeren umbgeben/ nur zu Lande grentzet es mit dem Pabst. Sein Umkreiß ist 1468. und die Länge 450. Meilen/ nach Magini Ausmessung. Die Breite ist ungleich; wo es am breitesten/ mögens 140. oder 150. welsche Meilen seyn. Das Königreich wird in 13. Provincien eingetheilet/ welche zum theil bergicht/ zum theil feldicht/ mit Wasserquellen überflüssig erfüllet/ gute temperirte Lufft/ Getreide/ Wein/ Saltz/ Oel/ Zucker/ Saffran/ Manna/ Rhabarbara/ Datteln/ Mandeln und andere köstliche Früchte; Item Seide/ Woll/ allerley Vieh/ und ansehnliche Pferde/ wie auch etliche Meerhäfen/ berühmte Berge/ verwunderliche Brunnen / lustige und sehr heilsame Bäder / warme Wasser / unzehlbare Flüsse/ viel Vorgebürge/ gewaltige Städte und vornehme Oerter habẽ. Megiserus sagt / es seyen da 2700. gemaurte Städte/ 137. Bischthüme/ 20. Ertz-Bischthüme/ und halte man dafür/ daß 2. Millionen Seelen darinn gefunden werden; darunter 20. Printzen/ 33. Hertzogen/ 50. Marggrafen/ 60. Graffen/ und etliche 100. Freyherren seyn/ wiewol Joh. de Laet und Mazzella es anders referiren/ welcher Laet auch wil / das 4011454. Feuerstädte/ oder Fuochi da seynd/ deren 100. allwege 5. Soldaten erhalten müssen. Bozius de statu Italiæ lib. 3. cap. 1. meldet / daß in diesem Königreich 500. tausend Männer zum Kriege tauglich / ins gemein aber beynahe 30. mahl hundert tausend Menschen / 500. tausend Häuser und 1463. Städte seyn. Vid. etiam Cæsar d'Engenio in der Beschreibung der obgedachten Provincien. Alle diese Fürsten/ Grafen und Freyherren sind zu Beschützung des Königreichs verbunden. Aus diesem Adel werden gemeiniglich die 7. hohe Aemter des Königreichs besetzt / als da ist/ 1. der grosse Contestabile, Comes Stabuli oder Feld-Marschall/ 2. der grosse Justitiarius/ in Burgerlichen und malefitz-Händeln. 3. Der grosse Admiral. 4. Der Groß-Cämmerer/ Schatzmeister/ oder Hof-Cammer-Präsident. 5. Der Groß-Protonotarius, welcher Notarios und Richter creirt/ und die Banckart ehrlich macht. 6. Der Groß-Cantzler. 7. Der grosse Senescalcus/ oder Groß-Hoffmeister; von welchen Mazzella und Megiserus zu lesen. Es gehen Nach Neapolis als der Hauptstadt alle Appellationes. Des Königes ordinari Einkommen bestehen auf der Landsteur/ Zinß/ Zöll/ und andern Anlagen/ und verehren ihm die Stänð alle 2. Jahr 12. hundert tausend Ducatonni/ oder 12. Tonnen Goldes; Es erlegen aber die Titulati oder grosse Herren gemeiniglich den dritten Theil an der Contribution; Und die übrige 2. Drittheil die Unterthanen nach der Anzahl der Feuerstädte/ deren jede jährlich 15. Carlin / und 2. Gran gibt. Vielgedachter Megiserus hat zu seiner Zeit das ordinari des Königes Einkommen auf 775441. Ducaten; und das extraordinari von Vieh-Zoll/ oder la Dogana/ Seiden/ Saffran/ Eisen/ Wein/ Oel/ Seiffen/ Cartenspiel und andern; samt dem Marckt- und andern Zöllen/ Summa aller Intraden/ ohne das jährliche Donativ, auf drey Million Goldes weniger 3063. Ducaten gerechnet. Und so viel hat auch Scipio Mazzella. Sihe eine weitläuffige Verzeichniß der Königlichen Einkommen beym Münstero lib. 4. c. 30. Auch hat der König 5. Ertz-Bischthüm/ und 19. Bischthümer / so man Königliche nennet/ und deß Königes Eigenthum seynd/ also daß er davon jährlich über die 50. tausend Ducaten an Geld Einkommens/ und das Jus præsentandi hat / so Clemens VII. Anno 1529. dem Käiser Carolo V. übergeben und geschenckt/ wie abermals Megiserus schreibet. Andere rechnen des Königs Einkommen/ zusamt dem obgedachten Donativo, nur auf 2. Millionen und 500. tausend Ducaten: so aber alles fast über aufgehen / und die Unkosten kaum ertragen soll / dann er von solchem Einkommen auf die 50. Kriegs-Schiff oder Galeren hält/ weil dieses Königreich jedem Feind zur See offen stehet; es läufft ihm auch viel auf die Officier/ Guarnison/ Munition/ Fortification und dergleichen: so gibt auch der König viel Fürsten und Herren jährlich Pension, sie in seiner Devotion zu erhalten/ wie hievon beym Camerario cent. 1. oper. subcisiv. cap. 85. Lathero de censu, lib. 3. c. 17. C. Ens part. 3. Thes. polit. apotelesm. 62. zu lesen. Unter denen Provincien ist 1. Campania oder Terra di Lavoro, darinnen Neapolis die Hauptstadt/ und ausser derselben 56451. Feuerstädte seyn/ wie Megiserus schreibet; und da man die besten Wein/ als den herrlichen Sorrentiner/ den köstlichen Mazzaquam, den lieblichen Falerno, den Mangiaguerra, Vernaccia, Lagrime Christi, und Vin Greco haben kan; und da es heisset:

Hic ver assiduum, hic alternis mensibus æstas,
Bis gravidæ legetes, bis pomis utilis arbor.

II. Die andere Provintz ist Principato citra, deren Innwohner vorzeiten die Picentini seyn genennt worden/ hat 12. Städte und 18. Castell.

III. Principato ultra, oder dilà / darinn vorzeiten die Samnites und Hirpini gesessen/ welche Samnites das streitbareste Volck in Italia war/ welches den Römern viel zu thun gemacht / wie davon Livius hin und wieder/ und Tacitus zu lesen. Ihre Ort/ so sie besessen/ hat Cluverius cap. 7. seines 4. Buchs von Alt Welschland. Es ist in diesem Lande der hohe Berg Monte della Virgine, vorzeiten Mons Cibeles genannt / welcher über alle Berg heraus gehet / darauf ein Münchs-Kloster/ dahin grosse Wallfahrt/ und daher daselbst ein grosser Schatz ist. Auf dem hohen Altar zeigen sie die Leichnam der 3. Knaben/ so Nebucadnezar in den feurigen Ofen hat werffen lassen/ wie Megiserus c. 9. bezeuget. Item / so ist in diesem Land der Berg Casino, auf dem vorzeiten des Apollinis Tempel gestanden; an dessen statt S. Benedictus eine Kirch / oder Closter/ erbauet hat / da er auch / samt seiner Schwester Scholastica, begraben ligt. Und haben die Münch jährlich in die 50. tausend Ducaten Einkommens.

IV. Basilicata oder Lucania, so mitten im Königreich gelegen. De Republica Lucan. vid. Reiner. Reinecc. part. 2. Syntag. heroic. Ist eine sehr gebürgige Provintz/ die viel Wälder hat. Darinnen ist die Stadt Venosa oder Venusium, des Poeten Horatii Vaterland. In diesem Lande ligt der Berg Vultur, den die Innwohner Apenninum nennen/ von welchem die Apulier den Wind Vulturnum geheissen haben.

V. Calabria citra. Es ist Calabria das äusserste Land Italiæ gegen Mittag/ zwischen den Tyrrhenischen und Jonischen Meeren/ allda wird die Manna gesamlet. Es soll in diesem Lande auch die berühmte und schöne Stadt Metapontum gelegen seyn/ davon aber heutiges

Tages nichts / denn etliche zerschlagene Stein im schwartzen Erdreich zu sehen.

VI. Calabria ulterior. Ist rings rumb mit dem Meer umbgeben/ ausgenommen gegen Mitternacht/ allda vorzeiten die Brutii gesessen / von denen Reiner. Reinecc. zu lesen. Es lag allhie die Stadt Scyllæum die von dem Felsen Scylla, jetzt Sciglio den Nahmen gehabt / von welchem Stein und gefährlichen Orte die Alten viel geschrieben haben/ wiewol Seneca epist. 79. solchen für gering halten will; davon aber Cluverius de Antiq Ital. fol. 1294. schreibet / daß es vielleicht also sey/ wann die Schiffe eines Bogenschusses weit nicht dazu kommen; sonsten wenn ein Sturm entstehe / solches ohn Gefahr nicht seyn könne. Dann gegen diesem Felsen Scylla über ligt in Sicilia der gefährliche Ort Charybdis; und stossen daselbst die 2. Vorgebürg Sciglio disseits in Calabria, und Peloro jenseits in Sicilia fast nahe zusammen; also daß daher die Alten geschrieben haben/ daß Sicilia mit Calabria anhängig gewest sey. Es ligt in diesem Lande das Vorgebürge Lacinium, oder Capo della Colonne, bey welchem/ wie Grasserus erinnert / der überaus köstliche Tempel Junonis Laciniæ gestanden/ davon noch heutiges Tages etliche mächtige Anzeigungen / und darunter groß und hohe Säulen mit sonderer Verwunderung gesehen werden.

Uber diß ligt in dieser Provintz Belcastro, vor alters Chona, des H. Thomæ von Aquino Vaterland/ dessen Vater Graf Landolph von Aquino / Herr zu Belcastro, aus dem Stamm Frangipan von Rom/ gewesen/ aus welchem auch Pabst Gregorius M. entsprungen/ wie Megiserus erinnert.

VII. Terra de Otranto, oder das Heydrunter Land/ vorzeiten Japygia und Messapia, und die Innwohner Salentini, allda das Vorgebürge Salentinum, jetzt von der darbey gelegenen Stadt Capo di S. Maria genannt. Der Umkreiß dieses Landes ist/ wie Megiserus schreibt/ von 240. Meilen.

VIII. Terra di Bari oder Apulia Peucetia, hat 14. Städte und 50. Castell.

IX. & X. Abruzzo citra und Abruzzo ultra. Diese 2. Landschafften haben vorzeiten auch die Samnites bewohnet. In diesem Lande ligt Caramanico, eine feine Stadt / und nicht weit davon ein Castell Cantalupo genannt/ bey welchem Petreolum oder Stein-Oel aus der Erden rinnet/ so wegen seiner vielfaltigen Tugend und Gebrauchs zu der Artzney da aufgesamlet wird. Item/ die schöne volck- und wasserreiche Stadt Solmona oder Sulmo. Das Gebiet dieser Stadt heist man das Valvaner Land/ daher auch der Bischoff von Sulmo zu Rom Episcopus Valvensis genannt wird. In der Provintz Abruzzo ultra war vorzeiten Amiternum, des Historici Crispi Salustii Vaterland/ davon noch altes Gemäuer vorhanden. Item/ 2. Meilen von Monte reale ligt der Flecken Capistrano, daher Johannes Capistranus, der berühmte Franciscaner-Münch/ bürtig gewesen/ so Anno 1454. in Ungarn gestorben/ und zu Villeck begraben ligt.

Die XI. und kleineste/ aber sehr fruchtbare Provintz dieses Königreichs wird Contado di Molise genannt/ von der Stadt Melise, so Cluverius der alten Tifernum zu seyn vermeinet/ ligt innen im Königreich/ und erstreckt sich nirgends biß zum Meer. Die fürnemste Stadt ist Isernia, so des berühmten Juristen Andreæ de Rampino zugenannt de Isernia Vaterland ist.

Die XII. und letzte Provintz ist Capitanata, oder Apulia Daunia, so an vielen Orten grossen Mangel an Wasser leidet / und ist die Lufft im Sommer gar ungesund. Es ist in diesem Lande der Berg Garganus, jetzt Monte di S. Angelo genannt; welcher sich weit hinaus in das Adriatische Meer erstrecket / sehr hoch und gäh ist/ und viel Landes in sich begreift. Dann er in seinem Umfang unten auf der Ebne herumb zu rechnen 200. Meilen hat. So strecket er gegen Aufgang einen Arm des Gebürgs nach dem Meer zu 40. Meilen lang. Es seyn auf diesem Berge viel schöne und lustige ebne Wißmatten/ Gärten und Wälder; Denn er fast allenthalben sehr fruchtbar ist. Man findet auch darauf allerley herrliche Simplicia. So hat er auch viel Fischreiche Teiche und See / unter welchem der Lacus Varanus der fürnehmste / welcher in die 30. Meilen in seinem Umfang hat/ und ligen an demselben herum viel Castell. Es ist kein Mangel auf diesem Berge an frischen gesunden Wasser; wie denn derselbe sonst schier rings mit Wassern umbgeben/ ausser 2. Meilen so an einem Ort mangeln. Vorzeiten seynd auf diesem Berg bey den Heyden des Calchantis, und Podalirii Kirchen oder Capellen in grossen Ehren gehalten worden; dafür jetzt S. Michaëlis Kirch ist / dahin eine grosse Wallfahrt / daraus ein Wasser rinnet/ welches die Einwohner vor alle Kranckheiten gebrauchen; und wird daher der gantze Berg/ wie gemeldt/ jetzt di S. Angelo genannt; wie auch das / auf einem hohen Felsen/ gegen dem Meer zu gelegene Castell/ so sehr vest ist/ diesen Nahmen hat. Allhie ist eine Höle/ und die besagte S. Michaëlis Kirch in einem lautern Stein-Felsen/ deren Beschreibung und wunderlich Lager beym offtgedachten Megisero zu finden. Mitten auf diesem Berge Gargano ist eine schöne Ebne/ darauf ein Castell/ S. Johannes Rotundus genannt/ liget/ daselbst sich jährlich an S. Onofrii Tage den 11. Junii das Landvolck aus der gantzen Revier herumb versamlet / so das Getreide/ wie man es dasselbige Jahr geben solle/ taxiert/ darwider niemand thun darff / wie abermal Megiserus anmercket. Es ligt auf diesem Berge gegen Mittag S. Veit/ eine ziemlich wolgebaute Stadt/ die man aber wegen Menge der Schlangen/ so da herumb seyn/ nicht bewohnen kan. An dem Varaner-See ligt das Castell Precina, darinn ein gar herrlich Schloß ist / so Käiser Fridericus der II. hat bauen lassen. Gegen dieser Provintz über ligen in dem Adriatischen Meer die 4. oder 5. Insulen von den alten Diomedeæ, jetzt aber von der grösten derselben l'Isole di Tremiti genannt / darinn die Vögel Diomedeæ seyn/ so man der Zeit Artene heisset/ die Megiserus beschreibt/ und dergleichen sonst nirgend gefunden werden. Wer eine weitläufftigere Beschreibung dieser 12. Provincien verlanget/ der kan solche beym Alberto Leandro in Beschreibung Italien/ Magino in seiner Geographia, Münstero, Paulo Merula, parte 2. Cosmogr. finden; Item/ beym Joh. de Laët, Thoma Bozio de Statu Ital. c. 3. lib. 1. Philippo Cluverio und Hieron. Megisero in deliciis Neapol. welche beyde letzte dieses Königreich selbst durchreiset/ und den Augenschein eingenommen haben.

Von der Regierung dieser Stadt ist schon oben gedacht worden / was vor Völcker dieselbe bewohnet/ ehe sie an die Römer kommen. Es ist aber diese Stadt beständig in der Römer Freundschaft geblieben/ obwol Capua und andere benachbarte Städte in dem andern Carthaginensischen Kriege von den Römern abfielen/ und sich den Carthaginensern ergaben / weßwegen sie auch nicht nur zun Zeiten der Römischen Burgermeister/ sondern auch der Römischen Käiser je-

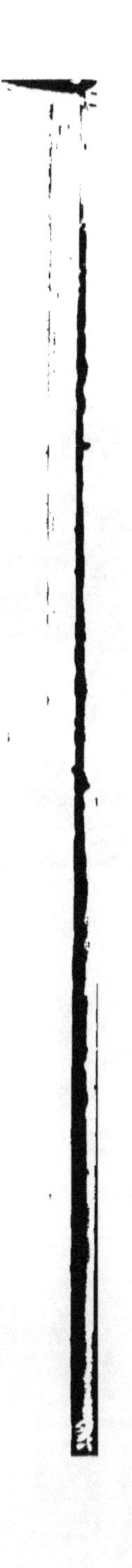

Wahre Bildtnüß des Felsens Scyllæ, vnd des gefährlichen ohrt

Scylla et Chary

Charybdis

A. Diß seind Krüfft vnd Hölinē in dem felsen, welche, wan die Wände geh̄ vnd hiee anstossen ein

B. Der Meerschlund Charybdis, da sich das Mee versencket vnd gleich darbey wider herfür 1

Charybdis in Calabria, wie er disee zeit anzúsehen. per Ioach: Sandrart dd

itis

la

n

OLFO
DI
APOLI
Viuaria.
Procbyta.
Castellum
Misenum promontorium.
Baiæ
SINUS PVTEOLANUS
Pozzuolo. Putcoli.
Pilæ.
Nesis.
Euploea iam Gaiola.
Lymon
Promontorium Pausilypi.
Sulfatara
Agnanus

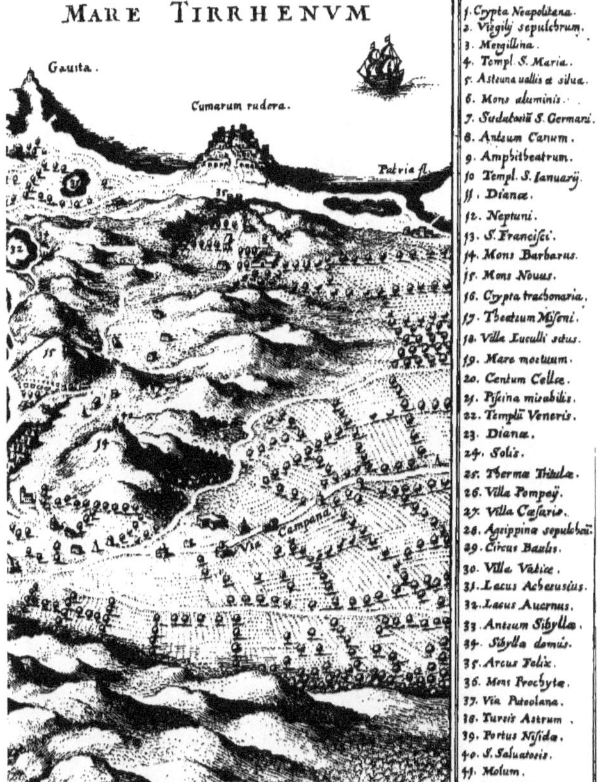
MARE TIRRHENVM
Gauta.
Cumarum rudera.
Patria fl.
Via Campana
1. Crypta Neapolitana.
2. Virgilij sepulcbrum.
3. Mergillina.
4. Templ. S. Maria.
5. Asteuna uallis et silua.
6. Mons aluminis.
7. Sudatoriū S. Germani.
8. Antrum Canum.
9. Amphitheatrum.
10. Templ. S. Ianuarij.
11. Dianæ.
12. Neptuni.
13. S. Francisci.
14. Mons Barbarus.
15. Mons Nouus.
16. Crypta trachonaria.
17. Theatrum Miseni.
18. Villa Luculli situs.
19. Mare mortuum.
20. Centum Cellæ.
21. Piscina mirabilis.
22. Templū Veneris.
23. Dianæ.
24. Solis.
25. Thermæ Tritulæ.
26. Villa Pompeij.
27. Villa Cæsaris.
28. Agrippinæ sepulchrū.
29. Circus Baulis.
30. Villa Vatiæ.
31. Lacus Acherusius.
32. Lacus Auernus.
33. Antrum Sibyllæ.
34. Sibyllæ domus.
35. Arcus Felix.
36. Mons Prochytæ.
37. Via Puteolana.
38. Turris Astrum.
39. Portus Nisidæ.
40. S. Saluatoris.
41. Molum.
42. Mons Pausilipus.

derzeit sehr hoch gehalten/ geehret und zugleich von andern Völckern und Städten geförchtet worden. Nach dem aber folgends das Römische Reich abgenommen/ so eroberten die Gothen Neapolis / und behielten es biß Belisarius Anno Christi 537. solches wieder unter das Reich brachte / da er nemlich mit sonderbarer List durch die Aquæductus oder Wasserleitung die Soldaten in die Stadt brachte. Anno 543. hat diese Stadt Totila eingenommen ; hernach haben dieses Land die Longobarden inne gehabt biß auf Caroli Magni Zeiten / dessen Söhne dieses Reich mit den Griechen getheilet. Im 9. und 10. seculo haben die Saracener die Stadt Neaples samt dem gantzen Lande von Cajeta an biß gen Reggio in Calabria eingenommen/ und solches besessen/ biß sie Pabst Johannes X. mit Hülff Alberici des Marggrafen in Toscana wieder von den Römischen Gräntzen verjagt/ mit ihnen eine grosse Schlacht gehalten / sie überwunden / und biß an den Fluß Garigliana verfolgt hat/ also daß sie/ die Saracener/ alles verlassen/ sich zum Berge Gargano retiriret und daselbst fortificiret haben/ wie Sabellicus Enn. 9. lib. 1. fol. 637. seqq. Blondus lib. 2. decad. 2. und Pand. Collenucius lib. 2. pag 48. schreiben. Vid. Joh. Jac. Hoffmann. Lexic. univers. p. 9. tom. 2. Es hat zwar folgends dis Land von den besagten Saracenern und den Griechen immerzu was ausstehen müssen / biß die Normanner dieselben vertrieben/ und sich des Landes bemächtiget haben. Denn als diese Normanner in Franckreich sich gehäufft/ hat Käiser Henricus II. derselben einen guten Theil wider die Griechen in Calabriam und Apuliam gesetzt/ wie Aventinus lib. 5. schreibet/ und ist ihr Hertzog Robertus Guiscardus vom Pabst Nicolao II. zum Hertzogen in Calabria und Apulia gemacht worden/ welches wie Collenuvius schreibet lib. 3. seiner Neapol. Histor. im Jahr 1060 geschehen/ und ist er Anno 1082. gestorben. Sein Sohn Nahmens Rogerius ist gestorben Anno 1110. dessen Sohn Wilhelm der dritte Hertzog war ; und hat ihm Rogerius Graf in Sicilien sein Vatter succediert / so der vierdte Hertzog in Apulia und Calabria worden / und die Stadt Neapels samt Campania vom Pabst zu Lehen empfangen hat. Dieser war an Land sehr mächtig/ darumb er auch auf seinem Schwerdt diese Vers führte :

Appulus & Calaber, Siculus mihi servit, & Afer.

Er war Anno 1130. von Anacleto II. zu einem König beyder Sicilien/ ultra & citra Pharum gekrönet / und solche Krönung Anno 1144. vom Pabst Lucio II. bestätiget/ welcher ihn auch befreyete/ daß er dem Römischen Reich nicht mehr solte unterworffen seyn. Anno 1265. hat Carolus Hertzog von Anjou/ (welchen Pabst Urbanus IV. beyde Königreich/ Sicilien und Jerusalem/ geschencket und mit dem Beding gekrönet/ daß er dem Pabst jährlich 48. tausend Cronen erlegen solte/) Manfredum, Käiser Conradi IV. Bastart Bruder/ nahend Benevent überwunden / und sich des gantzen Königreichs/ wie auch der Insul Sicilien bemächtiget. Jetzgedachtem Manfredo ist hernach als einem in den Ban erklärten/ dis Epithaphium gemacht worden :

Hic jaceo Caroli Manfredus Marte subactus:
Cæsaris hæredi non fuit urbe locus.
Sum Patris ex odiis ausus confligere Petro;
Mars dedit hic mortem, mors mihi cuncta tulit.

Anno 1282. aber haben die Sicilianer die Frantzosen wegen ihres Hochmuths / Unzucht und Tyranney fast alle umbgebracht / und sich dem König Petro in Arragonien ergeben ; und ist von solcher Zeit an selbiges Königreich bey Spanien geblieben.

Anno 1268. hat dieser Carolus auch Conradinum, Käisers Conradi IV. Sohn / der sich als der rechte Erbe umb das Königreich Neapolis angenommen / überwunden / gefangen und enthäupten lassen/ wie oben gedacht worden. Er ist Anno 1284. gestorben / und hat seinen Sohn Carolum II. hinterlassen. Anno 1309. ist Robertus Caroli II. Sohn König zu Neapolis worden. Anno 1381. hat Pabst Urbanus VI. Carolum III. zum 13. König gekrönet / welcher Anno 1386. sein Leben im Ofen elendiglich lassen muste. Anno 1442. hat Alphonsus König aus Arragonien/ so ein weiser/ gelehrter König gewesen/ die Stadt Neapels mit Gewalt eingenommen. Anno 1495. hat Carolus VIII. König in Franckreich dieses Königreich erobert. Anno 1501. ward Ludovicus XII. König aus Franckreich zum 23. König vom Pabst Alexandro VI. investiret. Anno 1503. schlug Ferrandus Consalvus die Frantzosen mit Gewalt aus diesem Königreich und ward sein Herr Ferdinandus Catholicus/ König in Spanien/ der 24. König zu Neaples/ und erlangte von Pabst Julio II. die investitur dieses gantzen Königreichs / welcher Pabst ihme auch die 48. tausend Ducaten / welche die Könige von Neaples biß daher jährlich ihren Lehen-Herren den Päbsten zu einem Tribut liefferten/ erließ / und behielt ihm allein den weissen Zelter bevor / den man jährlich zum Zeichen des Lehens lieffern solte. Der Zeit bekömmt der Pabst zu dem Zelter auch jährlich 7000. Cronen/ am Tage S. Petri Stuhlfeyer/ welche Carolus V. bewilliget/ wegen der Dispensation Leonis X. Denn sonsten die Neapolitanischen Könige/ wann sie das Lehen empfiengen / angeloben musten / daß sie das Käiserthum / ob es ihnen gleich angetragen würde/ nicht annehmen solten. Obgemeldter Ferdinandus starb Anno 1516. und verließ von seiner Tochter Johanna seinen Enckel Carolum V. welcher Anno 1555. nach der Johannæ Tod der 26. König worden.

Von der Zeit an ist dieses Land beym Hause Oesterreich und Spanien beständig blieben / und die Prætension, so die Frantzosen zu Neaples gehabt/ Anno 1559. gäntzlich aufgehoben worden. Besihe hievon Megiserum, Grasserum und Joh. de Laet l. cit.

In Neaples seyn auch noch andere notable Sachen / welche die Reisende pflegen zu besehen/ als 1. Wenn man für Neapels bey dem Castell del Ovo hinaus gehet/ und auf der schönen Straß Chiaja / neben dem Meer her fortreiset / so ist die Crypta Neapolitana in dem sehr lustigen Berg gegen dem Meer gelegen/ der bey den Alten Pausilypus, heutiges Tages Pasilypo oder Wend-Unmuth genannt wird / weil er lustig und frölich macht/ und die Traurigkeit vertreibet: Es ist dieser Berg mit allerhand Reben besetzt / trägt auch Aepffel und Citronen; und ist so wol gepflantzet und so lustig / daß man solche Lust nicht wol grösser finden kan / wie Josephus Mormile redet. Weil dieser Berg den Reisenden von Neapoli nach Pozzuolo, dahin 8. Meilen gerechnet werden/ im Wege stund/ ist er durchgraben worden. Zu des Senecæ Zeiten waren da keine Lufft-Löcher/ dardurch das Liecht hinein gehen/ und der Staub ausgelassen werden könte/ wie er selbsten in seiner 57. Epistel bezeuget/ aber zu des Strabonis Zeiten waren derselben etliche / daher er lib. 5. sagt : Lumen à superficie montis, excisis passim fenestris, ad justam satis altitudinem dimittitur. Daraus

dann

denn erscheinet/daß zu des Senecæ Zeit die Fenster müssen verstopft gewesen seyn. Gemeldter Josephus Mormile, in gedachter Descrittione della città di Napoli, & del suo amenissimo distretto, allegiert des Francisci Lombardi Buch/delli miracoli di Puzzuolo, Item/Leandrum Albertum, Paulum Jovium im Leben des Cardinals Pompeji Colonnæ tom. 2. vitarum illustrium virorum fol. 175. und Laurentium Schraderum lib. 2. fol. 252. welche schreiben/ daß M. Coccejus am ersten diesen Berg also durchgraben habe. Und halten theils dafür/ daß solches auf des Luculli Unkosten geschehen seyn möchte; die aber Sanfelicius in Campaniæ descriptione widerlegt/ und auch der obern Meinung ist; wiewol Pighius in Hercule prodicio solche Arbeit den Cimmeriis, von welchen Sanfelicius zu lesen/ zuschreibet. Als aber nach viel hundert Jahren solcher Gang verderbt worden / so hat ihn König Alphonsus I. aus Aragonien wieder ausbessern / erweitern/ und 2. Fenster machen lassen / dardurch das Liecht überzwerg in diese Hölen fallen kunte/ welche folgends zun zeiten Käisers Caroli V. von seinem Vice-Ré, Don Piedro di Toleto, sind erweitert/ und der Boden gepflastert worden/ also daß man da wol sehen/ und wie Herr Mormile schreibt / der Breite halber 2. Karren einander weichen können. Die Länge sagt er/ sey von einer welschen Meil; Cluverius aber/ der sie gemessen/ meldet nur bey die 700. Schritt; wiewol die Innwohner ins gemein 1000. zehlen. Wird täglich gebraucht/ obschon wie Pflaumerus bezeugt/ die Fenster wieder verstopft seyn / und man allein von ferne ein wenig einen Schein/ wie einen weissen Sternen sihet/ darnach die reisende in der Finstere und im Staub/ ihren Weg richten. Villamont sagt lib. 1. cap. 20. daß sie habe 13. Schuh in der Breite/ und 25. in der Höhe/ ausserhalb an einem Ort/ allda nicht mehr als 12. seyn/ und gehe das Liecht oben an zweyen Orten herab / der gestalt / daß man bey hellem Tag wol ohne Fackel dadurch gehen könne; aber zu Abend und Morgens habe man drey vonnöthen/ damit man nicht unter die Pferd und Karren komme. Besihe was hievon P. Henznerus/ und C. Ens weitläuffig schreiben. Dieses findet man allein beym Heberer in seiner Aegyptischen Dienstbarkeit lib. 3. c. 23. daß zum Eingang der Hölen eine Schrifft sey/ die er setzt/ aus welcher zu sehen/ daß Anno 1568. der Herzog von Alcala, Vice-Ré, diesen holen Weg/ der zuvor gantz eng/ zerfallen/ und gefährlich war / wieder zugerichtet habe. Es ist gleichwol allhie allezeit sicher vor den Räubern/ wiewol sie gute Gelegenheit zu ihrem Handel hätten / welches auch Petrarca in Itiner. Syriaco fol 560. bezeuget. Und ist die gemeine Sag/ wie gedachter Henznerus erinnert / daß wer einen allda umbbringe / daß er daraus nicht kommen könne. Mitten darinn ist eine kleine Capell/ oder ein kleines eingehauen H. Häußlein / auf der Seiten / darinn stäts ein brennende Lampen/ und in einer Taffel ein gemahltes Marien-Bild. Es nennen theils solchen Ort des Virgilii Hölen / oder Cryptam, und lügen darzu/ daß er ein Schwartz-Künstler gewesen/ und mit des Teufels Hülff dieses Werck verrichtet habe; den aber Pflaumerus an diesem Ort verthädigt/ und aus gedachtem Petrarca meldet/ daß König Robertus mit Fleiß diesem Ding nachgeforschet / und aus den Merckzeichen von Eysen befunden habe / daß dieser Berg durchgraben worden. Daß man aber dieses von ihme/ dem Poeten Virgilio, vorgeben/ ist vielleicht die Ursach/ weil theils sein Grab bey dieser Grotta setzen; solches auch von gemeldtem Petrarca an besagtem Ort / und Scipione Mazzella gewiesen/ und von den Leuthen heutigs Tags über dem Eingang dieser Höle gezeiget wird/ wann man von Neapoli dahin kommt; allda etliche Canonici Regulares ein Kloster/ di S. Maria de pie di grotta genannt/ haben/ durch welches man hinauf zu solchem Grab / oder einer kleinen Capellen/ füglich kommen kan/ allda man noch vor wenig Jahren ein Fußgestell mit 4. kleinen Säulen/ alles von weissem Marmor gesehen / auf welchem ein Todten-Geschirr gestanden/ in dem die Vers eingraben gewesen/ die der Poet Virgilius ihme selber / wie der H. Hieronymus in Eusebii Chron. lib. 2. Item/ Donatus und Servius, bezeugen/ als er sterben wollen/ gemacht hat/ so also gelautet:

> Mantua me genuit, Calabri rapuere, tenet nunc
> Parthenope: Cecini pascua, rura, Duces.

Gegenüber / ausser dem besagten Capellein/ stehen auf einem weissen Marmorstein heutigs Tags diese folgende Vers/ so nachgehender Zeit gemacht worden / und neu seyn:

> Qui cineres tumuli hæc vestigia? conditur olim
> Ille hoc, qui cecinit pascua, rura, Duces.

Cluverius will aus Statio und Hieronymo beweisen/ daß sein Grab gar nicht allhie/ sondern auf der andern Seiten der Stadt Neapolis über dem Fluß Sebetho gewesen/ wo vorzeiten die alte Stadt Palæopolis gelegen/ darwider aber Scipio Mazzella in seinen Antiquitatibus Puteolanis ist; der auch meldet / daß ein grosser Lorbeerbaum zu höchst auf obgedachtem Capell- oder Häußlein von sich selber gewachsen sey. Und obwol solcher Anno 1615. von einem Papeln- oder Alberbaum/ so der Wind auf solchen geworffen/ zerschmettert worden / so sey doch von seinen alten Wurtzeln/ wie gemeldter Josephus Mormileus, in Beschreibung dieses Orts / bezeuget/ ein ander herfürkommen; daher es das Ansehen/ daß die Natur solchen so wol zuvor / als anjetzo/ habe wachsen lassen/ damit zu verstehen zu geben/ daß daselbst die Aschen dieses grossen Poeten begraben worden. So sey über das dieses Capellein mit Myrten und Epheu bedecket/ so ein schönes Ansehen mache/ und gleichsam zu erkennen gebe/ weil er der schönen Marmorstein/ so bey solchem seinem Grab gewesen / beraubt worden/ die Natur anderwerts ihme ein Gedächtnis habe machen wollen. Dis seynd also die unterschiedliche Meinungen von dieses Virgilii Begräbniß: Gleichwie man auch nicht einig/ wo er gestorben ist; indeme theils und darunter auch S. Antoninus part. 1. Chron. tit. 4. cap. 6. §. 7. schreiben/ daß er zu Brundus; Servius aber in proœmio lib. 1. Æneid. fol. 78. a. edit. Noricæ de Anno 1492. zu Taranto, oder Taranti in Apulia; und zwar wie Sethus Calvisius in Chronolog. f. m. 286. rechnet/ 17. Jahr vor Christi Geburth gestorben sey.

Ferner so ist neben besagtem Berg Pausilypo, gegen Neaples / unter andern schönen Gebäuen / des Actii Sinceri Sannazarii, des vortreflichen Poeten/ Landgut Mergillina / oder Mergolino genannt/ zu besichtigen/ so an einem sehr lustigen Ort gelegen. Und ist nirgends herumb eine so schöne Schiffstellung/ als allhier/ daher auch die Neapolitanische Bürger/ wenn sie den Tag über von der Hitz müde worden/ gegen dem Abend hauffenweiß mit ihren Schiffen hieher kommen/ und da auf dem Meer ihre Mahlzeiten anstellen/ mit einander essen / sich mit gutem Gespräch und sanffter Luft erquicken. Sonsten haben besagtes Hauß und Gut die Serviten innen/ als welchen Sannazarius sol-

ches

FORVM VULCANI VOCAVIT ANTIQUITAS, LOCVM IN AGRO PVTEOLA

A. Eingang, alda die pferde
stehen bleiben.
B. Die stetigs Brennenden Hölen
so fewr und Schwefel außstoßen.
C Außgebrante hole erden darauff
man niht stehn und walthen kan.
D. Wohnunge etlicher Armer leidhe
so den fremden die sicheren wege
weisen und Schwefel beraiten.

O, QVEM HODIE VULGO LA SOLFATARA APPELLANT. per Ioach. San

ches vermacht; darbey eine Kirchen S. Maria del parto genannt/ allda/ wie Chyträus und Heberer erinnern/ bey dem Crucifix stehet:

Virginis intactæ partus, celsiq; tonantis
Unicus, ut vivas, pertulit ipse mori.

In dieser Kirchen ligt er in einem schönen Grab/ von weissem Marmor; darbey schöne Bilder/ wie solches vom Schradero fol. 252. beschrieben wird. Und hat ihme Petrus Bembus dieses zu Ehren gestellet:

Da sacro cineri flores, hic ille Maroni
Sincerus Musa proximus, ut tumulo.

Folgends Epitaphium aber/ oder Grabschrifft/ hat er ihme selber gemacht:

Actius hic situs est, cineres gaudete sepulti,
Nam vaga post obitus umbra dolore caret.
Vixit Anno LXXII. M. I. D. XXIX.
Obiit Anno. M. D. XXX.

Wann man nun dieses alles besehen/ und wieder zu der besagten Grotta gehen wil/ so hat man unterwegs des Johannis Bernhardini Longi Garten/ und selbiges Wasserwerck zu besichtigen. Alsdann reiset man durch die finstere Grotta/ oder Höle/ und wann man durch dieselbe kommt/ so ist man auf dem Puteolanisch- oder Puzzuolischen Boden; allda erstlich ein Thal/ vom Cluverio Astrona, vom Pflaumero Astrone genannt/ so mit Bergen umbgeben/ allda der Boden nach Schwefel riechet/ und es laulechtes Wasser gibet. Nicht weit davon ist ein Lustwald/ Bosco d'Astrone von den Leuten hierum genannt/ darinn sich vorzeiten die Könige von Neaples mit Jagen erlustigt haben; Wie dann diß ein sehr bequemer und lustiger Ort darzu ist; allda gleichsam wie in einem Amphitheatro, so die Natur also bereitet hat/ das Volck hat zu sehen können. Und ist allhie dem Käiser Friderico IV. ein solches Lust-Jagen angestellt worden/ dabey sich auf die 30. tausend Zuseher/ und drüber/ befunden/ welche man nach der Jagt zu Gast geladen/ und sollen die Brunne mit Wein geflossen haben. Besiehe die Beschreibung dieses Orts beym Pflaumero p. m. 482. seqq.

Ferner kommet man zum See Agnano, so bey Lucullano beschrieben worden/ und von hinnen zu etlich gewölbten Cellen/ in welchen man verspüret/ daß aus dem Boden ein starckriechender und gar heisser Dampf herfürgehe/ so eine bewährte Artzney wider viel Kranckheiten/ sonderlich das Podagra und den Krampff ist/ und starcke wackere Leute macht. Vid. Henznerus p. 327. Und das thut nicht allein dieser Dampff/ sondern auch ein jedes Wasser/ so davon warm gemacht wird/ wie davon beym Lombardo de aquis s. Balneis Puteolanis zu lesen. Besiehe auch Scipion. Mazzellam de Balneis Puteol. Man nennet diesen Orth des H. Germani, Bischoffs von Capua, Sudatorium, oder Schwitzbad/ von welches Namens Ursprung ein Geschicht beym H. Gregorio lib. 4. dial. c. 40. zu lesen ist.

Nach diesem kommt man übers Gebürge/ und siehet den Rauch aus den Bergen/ so stets brennend/ aufgehen/ davon die Poeten ihr Gedicht gemacht haben. Man siehet auch darauf Puzzuolo und kommt hinunter durch die Enge in die zwischen den Bergen gelegene Ebne/ und welche umb und umb auf rechten Felsen stehen/ welche weil sie gleichsam mit Aschen besprenget seynd/ und weiß aussehen/ Leucogæi colles genannt worden. Vid. de his Collib. Plin. lib. 31. c. 2. & lib. 35. c. 15. Den Platz selbsten/ so einer Ovalform ist/ und mehr als 1000. Schuh in der Breit/ in der Länge aber 1250. oder/ wie Megiserus schreibt/ bey 1500. Schuh begreifft/ hagen theils der Alten Campum Phlægreum; andere Forum Vulcani genannt: Vid. Strabo lib. 5. & Diodorus Siculus lib. 4. Wie denn solcher Orth noch der Zeit Campagna Flegra geheissen wird. Theils nennen ihn auch Solfatara; oder Sulphuranam; wegen der ungläublichen Menge des Schwefels/ welchen die Gewalt des Feuers aus unzehlbaren Gruben herver stosset. Es ist der Boden alles gelb von Schwefel/ und gehet ein schwartzer Rauch über sich/ der schier den Himmel überzeucht. Da höret man gleichsam der Feuerflammen Rauschen und Krachen/ und wie ein sied-heisses Wasser brodeln/ und gibt der Boden ein Gethön von sich/ wenn man mit dem Fuß daran stosset/ als ob alles hohl wäre; derowegen nicht gut allda zu reiten. Es beduncket etliche Leute/ als stunden sie auf der Hölen Dach; und finden sich auch die da glauben/ daß allhier das Fegfeur sey; wie sie denn sagen/ daß man offt Wehklagen da gehöret/ und unbekandte Gesichter von Menschen und Vögeln/ sonderlich am Sontage/ gesehen habe. Besiehe was obgedachter Majolus von dem ewigwährenden Feuer/ und dessen Ursachen schreibet/ insonderheit aber Pflaumerum/ welcher sagt/ daß einsten ein Teutscher in eine solche Grube/ so voll dieses heissen Wassers gewesen/ gefallen/ dessen Fleisch alsobald verzehret worden/ und er gestorben sey. Villamont hat auch eine Histori von einem Teutschen/ der samt seinem Pferde da blieben ist. Der Poet Silius beschreibt diesen Ort gar schön lib. 12. Besihe auch Pighium in Hercule prod. Cluverium lib. 4. c. 2. Schotum und Henznerum in ihren Reißbüchern.

Gemeldtes heisse Wasser soll wider die kalte und feuchte Kranckheiten dienen/ die Nerven erweichen/ ein klares Gesicht machen/ das weinen vertreiben/ das Hauptweh benehmen/ und dem Magen gut seyn; auch die Weiber fruchtbar machen/ das Fieber und die Krätze curieren. So man silberne Müntz in dasselbe legt/ wird es wie Kupfer/ da man aber Gold hineinwirfft/ bekömmt es einen schönen Glantz/ wie Megiserus schreibt. Unten im Thal haben die Leute ihre Hütten darinn sie den Schwefel säubern und zurichten/ davon C. Ens in del. apodem. pag. 233. zu lesen. Nicht weit von diesem Schefelberg-Werck machet man auch den Alaun/ wie abermals Megiserus meldet. Obwol das Meer und der Sand allerdings kalt seyn/ so ist doch/ wenn man in dem Sand unter dem Wasser etwan eines Schuhs tieff gräbet/ der Sand so heiß/ daß ihn kein Mensch in den Händen halten kan/ wie M. Heberer in seinem Reißbuch erinnert. Und sagt jetzt gedachter Megiserus, daß er zu vielen Kranckheiten/ als lahmen und kalten Gliedern/ und contracten nervis nützlich sey/ der auch hinzuthut/ daß zu Ende dieses Platzes ein grosses Loch im Berg hinein sey/ voll kohlschwartzes und siedheisses Wassers/ das sehr rausche/ und einen grossen Gestanck und Rauch über sich gebe.

Wenn man nun also die Hitze des schweflichten Bodens eine Weile erduldet hat/ so kan man wider den Berg oder Hügel hinauf steigen/ und nach Puzzuolo, so ungefehr eine welsche Meile davon gelegen/ sich begeben.

Etwas abwerts von diesem Berge ligt ein Amphitheatrum, so noch gantz genug in einer Oval-Form von Quaderstücken erbauet ist/ von welchem und dem Labyrinth Leander, Capaccius und besagter Pflaumerus zu lesen/ welcher letzte auch von S. Januarii Tempel/

dem

dem Gemäuer eines alten Tempels / und S. Francisci Kirch hierumb; Item von einem Brunnen süssen Wassers im Meer / (den auch Henznerus pag. 339. hat) aus Pighio schreibet. Gemeldter Megiserus sagt / daß die Einwohner obgedacht alt Amphitheatrum des Virgilii Schul nennen / welches im innern Hoff 182. Werck-Schuh lang sey / in der Weite aber 92. habe.

Von dannen kan man den Berg Barbarum oder Monte Barbaro sehen / den die alten Gaurum genannt haben / ligt ein wenig vom Meer / und auf halbem Weg zwischen Puzzuolo und dem See Lucrino / wie Cluverius schreibet / welcher vorzeiten herrlichen Wein getragen / jezt aber gantz unfruchtbar ist. Etwas weiter davon ligt der neue Berg / den man auch den Aschen-Berg nennet; weil er allererst Anno 1538. am Ende des Septembris entstanden / als durch schrecklich Beben die Erde sich weit aufgethan / und Anfangs Feuerflammen / bald darauf sehr grosse Stein aus der Tieffe herfürkommen / mit welchen sich die Aschen vermischet / daß also eine grosse Menge Aschen und Bimsenstein bey dem Loch zusammen kommen / dadurch ein Berg mehr als 2000. Schritt hoch / Megiserus sagt wol 3. Meilen hoch / erwachsen ist. Und ist zwar solche Gruben oder Loch hierdurch verstopffet; gleichwol so seynd Anzeigungen dessen / und eine Klufft zu oberst gelassen; sonsten aber hierumb alles verändert worden; also daß wo vorhin Felder gewesen / sich die Berg in die Thäler gesezt / die berühmte heilsame Bäder / und das Städtlein Tripergolæ genannt / bedeckt / die zween See Avernus und Lucrinus mit Steinen und Aschen erfüllet / und das Meer selbst von seinem Orth versetzet worden ist; welches bey 200. Schritt sich zurück gewendt und am ersten das Land eröffnet hat / so vorhin zu allen Zeiten von denselben bedeckt gewesen ist; welches Landes grösten Theil Petrus Toletanus, der Vice-Ré, schön zieren / zu einem Garten einfassen / und mit frembden Bäumen hat besetzen lassen / welcher sonderlich der Pomerantzen-Bäume halber / die da in grosser Menge zu finden / gar lustig anzuschauen ist. Henznerus schreibt / daß gemeldter Berg bey 4000. Schritt in seinem Umkreiß habe / und ziehet hiervon an des Simonis Portii, eines Neapolitanischen Philosophi Worte. Bey obgedachtem Garten ist noch ein altes Gemäuer / so ihr viel für des Ciceronis Academiam / so auch Puteolanum genannt ward / halten / davon Clemens Weigelius in seinem Italiänischen Paradeiß pag. 389. zu lesen. Plinius schreibt lib. 31. cap. 2. daß es an dem Gestad / wenn man von dem See Averno nach Puzzuolo wil / gelegen gewesen / und sagt / daß nach des Ciceronis Tod daselbst Brunn-Quellen von warmen Wasser herfürkommen / so den Augen gar heilsamlich gewesen seyn: welches Wasser noch der Zeit zu den Augen und Grimmen der innerlichen Glieder und anderen Kranckheiten nützlich seyn soll / wie Lombardus de Balneis Puteol. cap. 22. bezeuget. Die Innwohner zeigen von besagter Academia noch heutigs Tages etliche Reliquien, so aber etwas vom Meer abgelegen; dieweil das Gestade wegen gedachten neuen Berges grossen Theils zugefüllt / oder bedecket: Andere sagen / daß des Ciceronis Landgut entweder von dem Aschenberge überfallen / oder vom Erdbeben verschluckt worden sey; und daß man die Bäder Gli bagni di Prato genannt für des Ciceronis gehalten habe. Besiehe hievon Laurentium Schraderum fol. 154. b. und Phil. Cluverium d. l. Man siehet allhie grosse Beine / so der gemeine Mañ für Riesen-Gebein hält / die aber von einem Wallfische herkommen sollen; wiewol Bozius lib. 1. de statu Ital. c. 3. p. 64. sagt. daß man sie für der Læstrygonum Gebein halte / welche Leute beyde an Grösse deß Leibes / und an Thaten greulich gewesen / und vor alten Zeiten in dieser Landschafft gewohnet haben sollen. Der See Lucrinus ist vom obgedachten neuen Berg also hinweggenommen worden / daß ausser einer kleinen Pfützen / darumb ein geringes Gesträuch / desselben keine Anzeigung mehr vorhanden / der doch vorzeiten so groß gewesen / und in der Länge 8. Stadia, das ist / 1000. Schritt neben dem Meer her und eine grosse Breite gehabt hat / wie Strabo lib. 5. fol. 169. bezeuget. Er ist durch einen Dam vom Meer abgesondert gewesen / und hat es da einen Weg neben dem Meer gehabt / so Herculea oder Herculanea ist genannt worden: welche Schiedwand aber M. Agrippa zun Zeiten Käisers Augusti, wie Dio lib. 48. p. 389. meldet / durchgraben / und also einen gantz bequemen Haven / so Julius Portus genannt worden ist / angerichtet hat / dessen Rudera noch unter obgedachtem neuen Berge / da er aufs Meer reichet / unter dem Wasser zu sehen seynd.

Es pflegen etliche auch das Promontorium Misenum zu besehen / dessen weitläuffige Beschreibung beym Schoto und C. Ens p. m. 222. zu finden ist. Wird jezt Monte Miseno und Cabo Miseno genannt. Es gedencken dieses Vorgebürgs viel alte Scribenten.

Der Meerhafen allda war sehr schön und tieff / daher Käiser Augustus seine Schiff-Armada, zu Beschützung des Unter-Meers dahin gelegt hat. Es war bey diesem Meerhaven eine berühmte Stadt auch Misenum genannt / welche von den Saracenern zerstöret worden / wie im Martyrologio der H. Sosii und Januarii cap. 15. gelesen wird. Heutiges Tags siehet man noch derselben Anzeigungen und etliches altes Gemäuer von einem Theatro. Besiehe offtgedachten Scipionem Mazellam in seinem Buch del sito & antichità della città di Puzzuolo, gegen dem Ende des sechs und zwantzigsten Capitels. Auf gemeldtem Promontorio Miseno, allda jezt ein Wachthurn gesehen wird / hält man darfür / sey des L. Luculli anderes Landgut gelegen gewesen. Und ist solcher Berg ausgehölt / also daß er gleichsam da hanget. Besiehe was sonsten zu Miseno, unter den Ruinis, von einer Klufft / so sie Cryptam Traconariam nennen / zu sehen / beym Leandro, Pighio, und Pflaumero. Und hält man darfür / daß allda in den gewölbten Kellern das Regen-Wasser zu den Schiffen sey aufgehalten worden. Wann man von hinnen weiter / und am Meer herreiset / so kommt man zu einem See / darein durch enge Gäng das Meerwasser kommt / daher dann solcher stets still stehet / und deßwegen das todte Meer genannt wird. Von dannen seynd nicht weit die Keller unter der Erden / so Centum cellæ, oder Camerellæ genannt werden / so mehrertheils versallen / von welchen die besagten Leander, Schraderus, Pighius, Henznerus, und C. Ens, können gelesen werden.

Von hinnen ist nicht weit / und zwar 6. Meilen von Napoli / die piscina mirabilis gelegen / welche ihres wunderbarlichen Gebäus halber sonderlich zusehen / und von den besagten Autorn / sonderlich aber Pflaumero in vielerwehntem seinem Mercurio Italico, aus Capaccio, p. m. 307. beschrieben wird. Megiserus sagt / es habe dis Gebäu an der Länge 500. Werckschuh / und an der Breite 220.

Von dannen kommt man zum Meer / so man allhie Bajanum sinum, und Martialis lib. 11. Epigr. 81.

Warhaffte Contrafactur des Bergs Vesuuij, vnd desselbigen Brandt. sambt der vr

A. Die Klüfft darauß das fewer entstanden.
B. Heiße Wasserstrom, so auß dem Berg herunder geflossen.
C. Torre del Greco, so gantz mit Asch bedeckt worden.
D. La Nunciata welches auch fast gantz bedeckt worden.
E. 2. Galleren damit das überblibne Volck Salviet worden.
F. Die Brucken la Nunciata.
G.
H.
I.

bligenden gelegenheit nach dem leben gezeichnet durch Ioachimo Sandrart 1631.
NEAPOLEOS

Veneris litus nennet; an welchem Ort vorzeiten die Stadt Bajæ gestanden / die wegen ihrer Wollust sehr berühmt gewesen/ und daher Horatius gesagt:

Nullus in orbe locus Bajis prælucet amœnis.

Man sichet davon noch alte Rudera, und die breite Straß / so von hier nach Miseno geführet hat/ unter dem Wasser.

Diese Stadt ist berühmt gewesen wegen der warmen Bäder/ die allda in grosser Anzahl gefunden worden / und von denen noch der Zeit viel übrig bleiben. Es ist keine Gegend in Italia mit mehrern Lusthäusern der Römischen Käiser/ und grossen Herren / als diese erbauet gewesen. Besiehe Josephum lib. 19. antiq. Judaic. cap. 14. Confer Cassiodorum lib. 9. variar. epistol. 6. Aber auf diese grosse Lustbarkeit und Uberfluß dieses Orts hat gefolgt eine übermachte Wollust und endlich aller guten Sitten Verderben. Vid. Seneca epist. 51. Man sichet noch überhalb des Ports den Tempel Veneris und darneben der Dianæ Kirch. Das runde Gebäu / so man il Truglio nennet / halten theils für des Mercurii, die meisten aber für der Sonnen Tempel. Jetzo ist da nichts lustiges mehr / auch das Land nicht erbauet/ sondern lauter Einöde/ Dornsträuche/ und Hecken. Man sichet auch da wenig Leute ausserhalb im Frühling/ da viele ihrer Gesundheit halber hieher kommen/ wie denn selbige Bäder für mancherley Kranckheiten gut seyn. Besiehe von ihren und andern Bädern um Puzzuolo, ihren Kräfften und Würckungen / was Plinius lib. 31. cap. 2. Georgius Fabricius in 2. Itiner. Rom. Lud. Schraderus lib. 2. monument. Ital. fol. 253. seq. Scipio Mazzella, de Balneis Puteolorum, Bajarum & Pithecusarum; Joan. Franciscus Lombardus de Balneis Puteolanis, Capaccius in descript. Puteol. Josephus Mormileus, und Pflaumerus an angezogenen Orten schreiben. Es seynd aber gar heilsam und berühmt die Bäder/ welche vorzeiten Tritulæ, heutigs Tags aber/ Bagni di Tritole, oder Tritolo, und di Cicerone, oder/ des Ciceronis Bäder genannt werden/ über welchen man 43. Staffeln hinauf gehet/ da ein herrlich Sudatorium oder Schweißkrutten/ im Felsen hinein gehauen/ in der Höhe 6. Werckschuh/ in der Breite 5. allda/ weil es wol 3. Meilen lang ist/ man weit hinein gehen kan. Besiehe Megiserum an besagtem Ort. Hat einen lieblichen Geruch/ und ist/ wie auch das Bad darunter / zu vielen Kranckheiten gut. Auswendig ist es kühl und frisch / aber innwendig empfindet man bald die Hitz / also daß der Schweiß von allen Orten des Leibs geschwind zusammen kommt/ und ist die Wärme so starck/ und kommt so hefftig aus der Erden herfür / daß sie einem schier den Athem nimmt. Besiehe hievon besagte / Lombardum, Henznerum, Megiserum, Pighium und Schotum.

Aus Tacito und Dione Cassio erscheinet / daß die Domitia, des Käisers Neronis Vaters Schwester in dieser Gegend ein Landgut gehabt habe / so Villa Domitiana genannt worden: man weiset auch noch Anzeigungen von des Pompeji / und Cæsaris Lusthäusern. Besiehe Schotum in seinem Reißbuch. In der Nähe herum lag am Gestad das berühmte Landgut / oder Villa, Bauli genannt / welches wegen des kläglichen Zustandes der Agrippinæ / Käisers Neronis Mutter/ bekandt/ von deren Haus noch ein Gewölb da übrig ist. Zwischen Baulis und Bajis war ein See / den Tacitus lib. 14. annal. Lacum Bajanum nennet / von welchem heutiges Tages keine einige Anzeigung mehr vorhanden ist; so sichet man auch nicht wo die Teiche/ so Alexander Severus umb Bajas herum hat machen lassen/ gewesen seyn. Sonst sichet man noch alt Gemäuer/ so von einem Circo oder Thurnier-Platz seyn solle/ und insgemein il Mercato di Sabbatho genannt wird; davon Henznerus p. 339. weitläuffig schreibet. Der Hortensius hat auch hierumb sein Landgut und Fischweyer gehabt / darvon aber keine rechte Anzeigungen zu finden seyn: aber wol von des P. Servilii Variæ, von welchem Seneca ad Lucill. ep. 55. zu lesen.

Umb Neapolis ist noch übrig zu besehen der Berg Vesuvius, so von den Poeten Vesbius und Vesvius oder Vesevus; von etlichen Autorn auch Bebius genannt wird; heutiges Tags heist er von dem an seinem Fuß gelegenen Städtlein Somma, Monte di Somma; dessen Natur Strabo lib. 5. Procopius lib. 2. & 4. rerum Gothicarum und Ambrosius Leo lib. 1. cap. 1. & 11. de Nola beschrieben. Und gedencken desselben Diodorus Siculus, und andere alte Scribenten mehr. Vid. Hoffmann. Lexic. univers. p. 536. hat zwey Spitzen und ist sehr hoch / auch sehr fruchtbar/ und mit Bäumen und Reben wol besetzt/ so herrlichen Wein tragen / den man Vino Greco und Lagrime Christi nennet/ Vid. Joh. Mormile in descript. Neapol. cap. 14. zu oberst aber ist nichts/ als verbrannte Stein-Klippen / Aschen und Hölen / auch der Berg daselbst unfruchtbar. Auf der obersten Spitzen ist ein erschrecklich grosses offenes Loch / und in die runde ein sehr tieffer Abgrund in den Berg hinab / fast in der Form wie ein Amphitheatrum; inmassen die Beschreibung beym Pighio und Megisero zu finden ist/ welche beyde selbst hinauf gestiegen seynd. Es ist dieser Berg wegen seiner Brünste sonderlich berühmt. Und hat sich Anno Christi 81. den 1. Novemb. wie Baronius tom. 1. annal. num. 3. fol. 780. edit. Colon. schreibet/ (Sethus Calvisius ad Ann. 79. alii 80. refer.) die sehr grosse und erschreckliche Brunst zu getragen/ darinnen der Naturkündiger Plinius umbkommen ist. Besiehe Dion. Cassium lib. 66. Plinium juniorem lib. 6. ep. 16. Leand. Albertum in descript. Ital. Lansium in Consultat. pag. 383. edit. 3. in 8vo. Anno 471. hat er abermals gebrannt / da denn die Asche vom Winde gar in Africam und gen Constantinopel getragen worden; Ingleichem er auch Anno 685. gebrunnen hat / Vid. Paul. Regius in Martyr. S. Januarii, & Platina in vita Benedicti II. Anno 1036. bey Käisers Conradi II. Zeiten warff dieser Berg wieder so viel Feuer aus / daß es scheinte / als wann gantze Feuer-Flüß heraus walleten. Bey Menschen Gedencken fiel wieder umb diesen Berg/ mit innerlichem Krachen/ Sieden und Dämpfen ein gar scheußlich Wetter ein/ darauf es röthliche Asche in der gantzen Gegend regnete; wie von diesen beyden letzten Megiserus in seinen delic. Neapol. zu lesen; der auch sagt / daß offtmals hin und wider oben auff dem Berge Löcher aufgehen / daraus ein Dampff und Rauch komme/ allda man / nachgrabe / und Schweiß-Bäder für die krancken Leute mache. Anno 1630. im Decembr. brannte er wiederumb / da der Schaden über zwantzig mal hundert tausend Cronen ist geschätzet worden/ ohne was an Menschen und Vieh umbkommen/ weil sich der Jammer auff 6. teutsche Meilen ausgebreitet hatte. Besiehe die Franckfurter Frühlings Relation in Anno 1631. und M. Joan. Philipp. Abelini historischer Chronicken Continuat. fol. 486. seqq. Der gantze und eigentliche Verlauff verhält sich / wie folget: Anno 1630. den 5. und 15. December hat sich ungefehr anderthalb Stund nach Mitternacht ein wenig vor zwey Uhren in der gantzen Gegend um Neapolis / wie auch in der Stadt und insonderheit umb den Berg Soma oder Vesuvius herumb ein hefftiges erschröckliches Erdbeben erhoben / dadurch viel Städte / Märckt / Flecken und Dörffer eingerissen / und zu Grund gefallen. Man sahe Feuer und Rauch aus gemeldtem Berg aufgehen / welches als es Tag worden / einer dicken Wolcken gleich war. Darauff eine grosse Menge Volcks aus Neapoli sich aus fürwitziger Begierde nach dem Berg zu begab / welche aber bald gezwungen worden / mit grossem Schrecken und Furcht sich wiederum zurück zu begeben. Denn nachdem gemeldter Berg mit greulichem Brausen / Knallen und Krachen geborsten und aufgerissen / hat er einen so schrecklichen Rauch und Dampf / einem dicken finsteren Gewölcke nicht unähnlich / von sich gegeben / und angefangen mit einem grausamen und erschrecklichen Feuer zu brennen / welcher Brand dann mit solchem grausamen Krachen gegen 9. Uhr dermassen zugenommen / daß man in der gantzen Gegend daherum / wie auch in der Stadt Neapolis selbsten / nichts anders vermeinet / die gantze Welt würde über einen Hauffen fallen. Man sahe überall das Volck sich mit grossem Schrecken aus denselben Oertern mit der Flucht salvieren.

Ein Cardinal begab sich alsobald nach Neapolis, und thät die Anordnung / daß der Ertz-Bischoff eine Procession nach unser lieben Frauen del Carmine anstellete / deren der Cardinal neben dem Vice-Rè in Person beywohnete / samt einer grossen Menge Volcks / welche Litanien und Psalmen sungen / und wurde das Blut und Haupt des H. Märtyrers Januarii / der Stadt Neapolis Patron und Schutz-Herrns / mit in der Procession vorgetragen. Unterdessen nahm das Donnern und Krachen neben dem Brand je länger und mehr zu / so daß jederman anfienge der weltlichen Gedancken sich zu enthalten und an Gott zugedencken.

Man hielte die gantze Nacht Processiones, und jederman machte sich fertig / weil man nichts anders meinte / als die Welt würde vor dißmahl ihr Ende nehmen. Das Erdbeben währete den gantzen Tag / und noch mehr die Nacht über / so daß des andern Tages des Morgens / alle Häuser und Strassen mit Asche bedeckt waren. Der Wind aber kehrte sich von Süd-Osten nach dem Nord-Westen zu / und trieb die Aschen auf die andere Seiten des Berges / darauf sich das Erdbeben je länger je mehr vermehrete / und darneben ein schrecklicher Sturm und grosse Platzregen erhube / auch endlich die Erde einen solchen schröcklichen Stoß gab / daß die See etliche hundert Schritt zurücke gestossen wurde / und hernach mit solcher Ungestümme wiederumb anlieffe / daß es sich ansehen ließ / als wann die Stadt Neapoli für dißmahl würde untergehen. Der Berg wurff mit diesem Stoß so viel schweflicht Feuer / Asche / und glüende Stein aus / welche über das Land und die Felder gleich einem Wasserstrom lieffen / und das gantze Land verheereten. Es wurden auch viel Steine und Stein-Felsen / so mit dickem Rauch und Feur umgeben waren / in die Höhe ausgeworffen / welche das Land und die umligende Oerter gantz verderbet / und in Grund geschlagen / auch eine unzehliche Menge Menschen und Vieh erdödet haben. Uber diß wurde das gantz umligende Land mit glüender Aschen / so das brennende Feuer gleicher massen ausgeworffen / gantz und gar bedeckt / also daß selbige an etlichen Orten in fünffzehen / sechszehen und mehr Schuh tieff gefallen war / dadurch dann etlich tausend Menschen / neben einer unzehlichen Anzahl / so wol groß als klein Vieh jämmerlich ist verdorben und umbkommen. Nach dem Mittag fieng der grosse Platzregen an sich zu verliehren / und das Erdbeben ein wenig nachzulassen / welches aber nichts desto weniger des Nachts wiederum sehr hefftig anfieng / und neben dem Regen wiederum die gantze Nacht durch ohne Aufhören währete. Dannenhero man noch unaufhörlich mit Processionen occupiert war / und alle Kirchen Tag und Nacht offen stunden / und so voll Menschen waren / welche Beicht höreten / und Absolution nahmen / daß sie nicht alle in die Kirchen kunten kommen / sondern eine grosse Menge auf der Strassen ihren Gottesdienst musten verrichten / und sahe man in der gantzen Stadt nichts / als eitel Processionen.

Den 7. Decemb. hat die Feuer-Flamm / welche den Berg allbereit durchbrochen / und ein grosses Stück von der Abhänge desselben verzehret gehabt / in Gestalt eines Wasserstroms / biß zu unterst des Bergs ihren Lauff genommen / und ist etwan zwey welsche Meilen von Neapolis mit grosser Brunst in das Meer gelauffen.

Dieser Berg hat im Umfang etlich 30. welsche Meilen / und ist ohngefehr von der Stadt Neapoli acht / und vom Meer sechs welscher Meilen abgelegen. Das gantze herum ligende Land war mit schönen Städlein / Flecken / Dörffern / Lusthäusern / Palästen / Meyerhöffen und Schlössern erfüllt / weil das Land über die massen gut und fruchtbar / und gleichsam vor ein irdisches Paradeiß geachtet gewesen. Ist aber durch dieses schreckliche Erdbeben und greuliche Entzündung des Bergs gantz und gar verderbet / und in Grund gerichtet worden. In denen durchs Feuer und Erdbeben verdorbenen Städten / Flecken / Schlössern / etc. ist ein stattlicher Vorrath an Wein / Getreid / vielerley Gütern und andern Sachen gewesen / so daß man solchen Schaden / auf der Seiten gegen Neapoli auf die zwantzig mal hundert tausend Cronen hat geschätzet. Auf der andern Seiten des Bergs gegen Mitternacht ist ohne die Flecken auch eine Stadt Vivano genant / so in 5. Meilen vom Berg gelegen / von den glüenden Aschen und Steinen gantz bedeckt / und in Grund geschlagen worden / daß sich wenig Menschen daraus salvieren kunten / auch nicht mehr dann fünff Häuser in Salvo in der Stadt geblieben. Man hielt dafür / wann der Wind so wol gegen der Stadt Neapoli zu / sich gekehret hätte / als er von derselben sich hinweg gedrehet / daß ohn allen Zweiffel die gantze Stadt ebener massen / von der glüenden Asche und herausfahrenden Stein-Felsen jämmerlich solte verderbet / elendiglich verbrannt / und erbärmlich zu grund gangen seyn / wiewol in der gantzen Stadt von der Aschen nichts unbedeckt geblieben ist / so daß nachgehends von Steinen / Aschen / und dergleichen so grosse Hauffen zusammen getrieben / daß man in langer Zeit keine Strassen hat öffnen können. Die Asche war schwer / leimicht / zeh / und vergleichte sich einer Abfeylung von Bley.

Nachdem nun dieses elende Wesen fast acht Tag lang gewähret / hat endlich das Erdbeben nachgelassen / und ist das brennende Feuer etwas kleiner worden / darauff man angefangen die verbrannte / erschlagene Leiche herfür zu suchen / und zu begraben / derer eine grosse Menge gefunden worden.

Das Feur hat unter andern einen so grossen Stein aus dem Berg geworffen / daß ihn wegen seiner Grösse und Schwere / acht paar Ochsen nicht konten von seinem Platz bewegen. Anno 1649. war abermals grosse Bestürtzung in Napoli, in dem dieser Berg abermal eine zeitlang gerauchet / und Feuer ausgespien / auch den Flecken Ottaviano gantz mit Aschen und Stein bedeckt hatte / worbey es aber geblieben / und hat dieses Ubel nicht weiter um sich gefressen. Vor etlich wenig Jahren hat er abermal Feuer ausgeworffen / dardurch auch einiger Schaden geschehen.

Die Pest hat etlich mal in der Stadt Napoli gewütet / und sind von derselben viel tausend Menschen hingerissen worden / sonderlich aber in dem letzten Sterben / darinnen allein in sechzig tausend Personen verbrannt / und bey zwantzig tausend ins Meer geworffen worden / weilen täglich eine solche Menge gestorben / daß mans nicht mehr zu begraben vermocht. Was über das die Stadt Napoli in Anno 1647. zehen Monat lang vor eine gefährliche Revolte oder Empörung ausgestanden / und wie grausam es damals in der Stadt hergangen / ist weltkündig / und in andern Büchern zu finden.

Nerve.

Ist ein kleines Städtlein / welches von etlichen nur für ein Marcktflecken gerechnet wird / ligt an dem Meer / vier / oder wie andere wollen / sechs Meilen von Genua / welcher Stadt es auch gehörig. Hierum ist das allerfruchtbarste Land / so die Republic Genua gegen Morgen hat / und weilen die schönste Rosen / samt den Nägelblumen / Pomerantzen / und andere Früchten um Weynachten zu bekommen seyn / als wird solches nicht unbillich von einigen das immerwährende Sommer-Land genennet.

Nicastro.

Eine lustige / und wol erbaute Stadt in dem Königreich Neapoli, nicht weit von dem Golfo und der Stadt di S. Eufemia im untern Calabria. Dieser Ort hat Anno 1638. durch Erdbeben viel ausgestanden / in dem der meiste Theil dardurch übern Hauffen geworffen worden / welches Unglück noch acht andere Städt / etliche Klöster / und 200. Dörffer getroffen / und dardurch in die dreyssig tausend Menschen sollen umbkommen seyn.

Niza, Nizza, Nizæa.

Eine an dem Meer und an den Grentzen Italiæ gelegene Stadt / dem Hertzog von Savoja zuständig / ist mit hohen Häusern / breiten Gassen wol erbauet und fest / auch volckreich / darinnen man zugleich Italiänisch und Frantzösisch redet / Besiehe dessen Beschreibung beym Joan de Laët in Comment. de Princip. Ital. p. 170. welcher sagt / daß dieser Ort von Massilia 130. Italiänische Meilen lige. Es ist diese Ligurische Stadt der Massilier Colonia / deren Strabo, Plinius, Ptolemæus, und andere gedencken. Allhie hat der Hertzog von Savoja eine gewaltige / herrliche Vestung / die dreyfach in ein ander verbunden / ligt auff einem harten / weissen / abgesonderten hohen Berge / gegen dem brausenden Meer. Man hat viertzehen Thor biß in die dritte Vestung / und findet man allda ein schönes Zeughauß samt einer grossen Anzahl der schönsten und grösten metallinen Geschütz; auch ist darinn ein gar tieffer in einem Felsen eingehauener Schöpff-Brunn / da zween Männer in einem Rad zu gehen / dadurch ein grosser Eymer mit gar kühlem und gutem Wasser heraus gezogen wird / wie Herr Fuertenbach in seinem Italiänischen Reißbuch schreibet.

Anno 1543. hat diese Vestung der Türcken und Frantzosen Belägerung tapffer ausgestanden / daß sie unverrichter Sache wieder abziehen müssen; zeithero ist sie noch vielmehr bevestiget worden.

Es ligt auch ein Niza in dem Fürstenthum Montferrat, so Nizza della paglia genannt wird / und dem Hertzog von Mantua gehörig.

Nocera.

Ist eine in dem Königreich Neapolis und in der Provintz Campania, oder Terra di Lavorro gelegene Stadt / so vorzeiten Nuceria genannt / deren Livius, Strabo, Silius und andere gedencken. Sie ligt in einem Thal jenseit des Berges Vesuvii / welches der Fluß Sarnus zwischen dem besagten Berg und dem Berg Lactario machet. Die Innwohner wurden / wie Polybius lib. 3. bezeuget / Nucerini, Item Nucerini Alfaterni genannt / weil die Stadt den Zunahmen Alfaternæ, zum Unterscheid der Stadt Nuceriæ Camellariæ, so in Umbria ligt / hatte. Käiser Augustus hat am ersten hieher eine Coloniam geführt / und sie Nuceriam Constantiam genannt.

Nola.

Ist eine alte Bischöffliche Stadt an dem Fluß Sarno in dem Königreich Neapoli, war ein Römisch Municipium und Colonia, dessen Livius, Polybius, Ptolomæus, Silius, Vellejus und Solinus gedencken / allda Käiser Augustus gestorben. Von ihrem Lager schreibet Silius gar schön lib. 12.

Campo Nola sedet crebris circumdata in orbem
Turribus, & celso facilem tutatur adiri
Planitiem vallo.

Wer sie erbauet ist ungewiß. Besiehe Hoffmann. Lex. univers. p. 32. tom. 2. Heutiges Tages behält sie zwar den Nahmen / ligt aber fast gantz öde / ohne Mauren / und begreifft in ihrem Umbkreiß nicht über neun hundert und vier und zwantzig Schritt. Diese Stadt ist berühmt von dem Bischoff Paulino, welcher allda um das Jahr Christi 420. gelebet / und zu erst das Läuten zu der Kirchen mit den Glocken erfunden und angestellet / da man zuvor in der gantzen Christenheit keine Glocken-Thürne gehabt.

Wie Megiserus schreibt / wird allhie trefflich gut Brot gebacken / als sonst irgends in Italia. Wer ein mehrers von dieser Stadt zu wissen begehret / der lese P. Merulam part. 2. Cosmogr. lib. 4. c. 25. und insonderheit Ambrosium Leonem in seinen dreyen Büchern / so er von ihr geschrieben.

Sie ligt zehen Meilen von Neapolis und acht vom Meer. Antonius Guevara erzehlet eine schöne Geschicht in horologio Principum lib. 1. cap. 2. die sich allhie mit einem Römischen Censore zugetragen haben soll / welcher mit den frommen Leuten dieser Stadt zu reden begehrt hat; sein Wirth aber / den er ausgesandt / habe die Todten in den Gräbern angeredt / daß weil sonst kein frommer Mann mehr bey Leben / sie zu dem besagten Censore kommen solten.

Noli, Naulum.

So der Alten Navalia seyn mag. Ist ein Bischöfflisches Städtlein / nicht weit vom Meer / von den Genuesern und Sabatiern erbauet. Hat einen guten Meerhafen und hohe Thürne und gehört nach Genua. Allhie hat es sonderliche Privilegia, also daß auch die Falliten / so von Genua weichen / sich allhie aufhalten mögen.

Novara, Novaria.

Dieses ist eine grosse / schöne / wolbevestigte Stadt / an dem Fluß Gogna / 12. Meilen von Vercelli und 22. von Meyland gelegen / ligt etwas erhöhet / und gehört unter das Hertzogthum Meyland / darbey eine gewaltige Bestung ist. Hierumb haben vorzeiten die Levi gewohnet / von welchen Cluverius zu lesen. Das Land herum ist theils Orten gut / theils bergicht und unfruchtbar. Von hier war Petrus Lombardus, der berühmte Theologus, den man Magistrum sententiarum nennet / bürtig / welcher Bischoff zu Paris worden / da er Anno 1060. gestorben. Anno 1500. ist bey dieser Stadt Ludovicus Sfortia, Hertzog von Meyland / von den Schweitzern verrathen und den Frantzosen zutheil worden; aber Anno 1513. haben sich die Schweitzer bey dem Hertzog Maximiliano dieses Ludovici Sohn so tapfer gehalten / und mit den Frantzosen / welche eine mächtig ausgerüstete / starcke Armee führten / ein solches Treffen gethan / daß dergleichen bald nicht zu lesen. Besiehe Bucholceri ind. Chronol.

Oneglia.

Ist ein lustiges Städtlein / nahend dem Meer gelegen / so mit Basteyen und Rundellen ziemlich bevestigt ist; auf der Seite gegen dem Meer hat es ein Schloß mit 4. starcken / runden Thürnen; Das Land herum ist schön und fruchtbar. Sonsten ist das Thal Oneglia, so mit vielen schönen Flecken besetzt ist / sonderlich berühmt.

Ortona.

Eine grosse / wolbewohnte / Ertz-Bischöffliche Stadt des Königreichs Neapolis / in der Provintz Abruzzo citra, ligt an dem Adriatischen Meer / oder Golfo di Venetia, 7. Meilen von der Hauptstadt Chieti: Hat einen guten Meerhaven / allda die Anfarth aller Schiff und grosse Niederlage der Güter ist / so aus Dalmatien / Griechenland / und andern Orten zu der Lanzianer-Meß gebracht werden. Es ist da eine gantz herrliche Kirch / sowol zu besehen / und darinnen S. Thomæ des Apostels Leichnam gezeiget wird. Auf dem Thurn dieser Kirchen siehet man allemal S. Elmus Feuer / so offt ein Schiff im Meer wil untergehen / oder sonst des Schiffbruchs Gefahr vorhanden / wie Megiserus cap. 15. schreibet.

Orvieto, Oropytum.

So theils auch Urbiventum und Urbanum nennen / ligt in des Pabsts Gebiet / bey dem Fluß Pelia, mitten im Land Hetrurien zwischen Viterbo und Perusia, auf einem hohen Felsen / dem Lager nach sehr veste / ist das Haupt des umbligenden Landes / so ins gemein Territorio d'Orvieto genannt wird / ist umb und umb mit dem Fluß und Bächlein umbgeben. Die Haupt-Kirch / so von herrlichem Marmor erbauet / und mit schönen Gemählden / Fenstern und Capellen gezieret / ist insonderheit zu sehen. Man sagt / daß der Brunn allda / den Clemens VII. graben lassen / 252. Klaffter tief sey.

Orzi Nouvo.

Ligt 20. Meilen von Brescia, an den Gräntzen des Venetianischen Gebiets / darbey man über den Fluß Oglio muß. Ist eine ziemlich grosse und wol bevestigte Stadt / so den Venetianern gehörig. 2. Meilen davon ligt Orzi Vecchio, so ebenmässig den Venetianern gehörig / ein feines Städtlein. Das Land daherum ist sehr lustig und fruchtbar / und die Strassen zu beyden Seiten mit Bäumen besetzt.

Osimo, Osmo.

Ist eine alte / doch wol erbaute und dem Pabst gehörige Stadt / sonst Auximum genannt / deren Cæsar, Livius, Strabo und Paterculus gedencken / zwischen Recanati und Ancona gelegen / welche Procopius lib. 2. rerum Gothicarum eine Haupt-Stadt in Piceno nennet / die auf einem erhöheten Hügel ligt / und in der Ebne keinen Zugang habe / und deßwegen sehr vest / weil der Feind nicht darzu kommen kan.

Ostia.

Ligt nahe dem Meer / allda sich die Tyber in das Tyrrhenische Meer ergeust; daher die Stadt den Nahmen bekommen. Ist eine feine / dem Pabst gehörige Stadt / ziemlich vest / und wol erbaut / von dannen noch dreyzehen oder fünffzehen Meilen nach Rom. Ludovicus Schraderus sagt am Ende des ersten Buchs / daß die Lufft allda nicht zum besten.

Man findet daselbst noch einige Anzeigungen von dem vorzeiten berühmten und sehr gewaltigen Meer-hafen / damit die alten Römer sonderlich ihre Magnificenz haben sehen lassen / und dergleichen nicht mehr zu finden / auch nicht leicht einer wird erbauet werden.

Otranto.

Ist eine alte Ertz-Bischöffliche Stadt / in dem Königreich Napoli / und der Landschaft Terra di Otranto, sonsten auch Apuglia genannt. Ligt auf einem hohen Felsen am Meer / bey dem lustigen Vorgebürg Capo di Leuca, und am Ausgang des Golfo di Venetia / allwo er über 50. Meilen nicht breit / und man von dar in einer halben Nacht in Albaniam hinüber fahren kan / allwo sich auch das Adriatische und Jonische Meer scheidet / sie hat einen fürtreflichen und berühmten Port / samt einer Bestung / welche ebenmässig auf dem hohen Felsen ligt. Anno 1480. nahmen sie die Türcken ein / und verwüsteten solche greulich / ward aber wieder in etwas erbauet / deßwegen sie noch heutigs Tags ziemlich schlecht ist.

Padua, Padova, Padavium.

Eine Stadt in der Marck Tarvisina, oder Marchia Trevisana, ligt zwantzig welsche Meilen von Venedig / an dem Fluß Brenta in einer schönen und fruchtbaren Gegend / jetzo den Venedigern gehörig. Von dem Ursprunge dieses Nahmens kan man lesen Leandrum in descript. Ital. Cluverius lib. 1. cap. 18. wil derjenigen Meinungen billigen / die den Nahmen vom Fluß Pò oder Pado herrühren / und gleichsam Padau daraus machen. Denn die Illyrische Veneti / so Celten gewesen / haben anfangs allhier gewohnet / von welchen vielleicht der Stadt der Nahmen ist gegeben worden / in

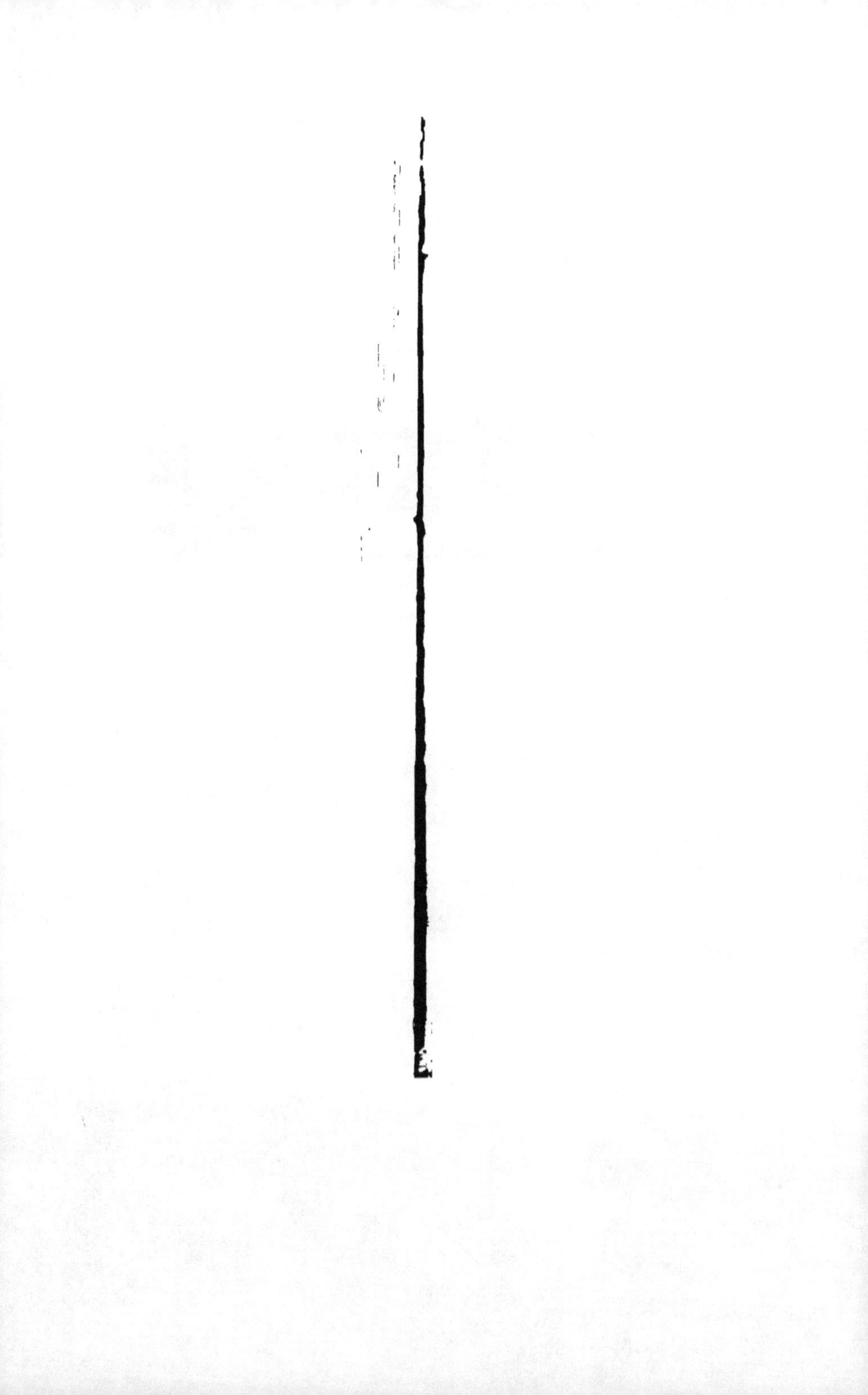

STIA
Tiberis flu.

1 Pallazzo del Podestà.
2 Corte del Capitanio.
3. la Chiesa del Domo.
4. S. Agatha.
5. S. Luca
6. S. Maria de i Serui.
7. S. Viana.
8. S. Martino
9. le Scuole de Bo
10. S. Marco.
11. S. Mattheo.
12. S. Sermo.
13. il Vescouado.
14. il Castello vecchio.
15. Citadella Vecchia.
16. il Castel nouo.
17. Citadell noua.
18. S. Augustino.
19. S. Benedetto.
20. S. Maria mater Dom.
21. S. Antonio et Scola.
22. S. Maria Magdalena.
23. li Anzoli frati.
24. S. Gierolimo.
25. li Crocieri frati.
26. S. Giovani di Verdara.
27. S. Giacomo.
28. li Carmani frati.
29. il Beato Pelegrin.
30. l'Annunciata scola.
31. S. Nicolo Scola.
32. li Eremitani frati.
33. la Rena Palazzo.
34. S. Bartolomeo.
35. S. Bernbardin.
36. Becharia granda.
37. S. Lorenzo.
38. il Sepolchro d'Antenor.
39. S. Stefano.
40. S. Malgarita.
41. S. Francesco frati.
42. S. Biasio monache.
43. S. Simon et Iuda.
44. S. Sophia parochia.
45. Chiesa di Iesuiti.
46. S. Catharina.
47. S. Antonio, el Santo frati.
48. la Statua et Caual de Gatamelo.
49. L'horto de Simplici.
50. S. Iustina Monaci.
51. Betelame monache.
52. La Misericordia.
53. S. Maria della Gratie.
54. li Capucini.
55. S. Giorgio.
56. S. Daniele.
57. S. Maria da Vanzo.
58. S. Maria del Torresin.
59. Casa de Tito Liuio.
60. S. Michele.
Porta del Portello.
Porta Coda longa
Porta delle Sauonarolla
Porta

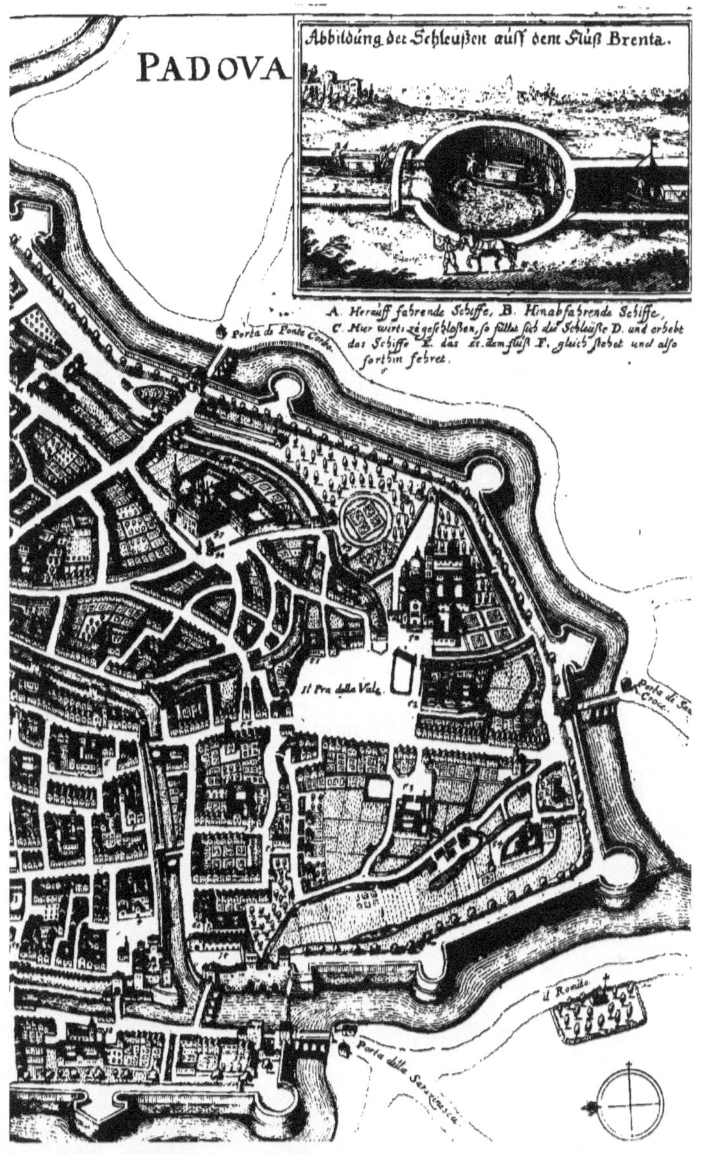
PADOVA
Abbildung der Schleußen auff dem Fluß Brenta.
A. Herauff fahrende Schiffe, B. Hinabfahrende Schiffe,
C. Hier wirt zugeschloßen, so füllet sich die Schleuße D. und erhebt das Schiffe E. das es dem fluß F. gleich stehet und also forthin fehret.
Porta di Ponte Corbo
Il Pra della Vale
Porta di San Croce
il Romito
Porta della Saracinesca

welcher folgender Zeit nach Eroberung der Stadt Troja der flüchtige Antenor mit seinen Gesellen (wann es anders wahr / daß er hieher kommen ist:) auffgenommen worden / welchen man hernach für ihren Erbauer gehalten hat. Vid. Virgilius lib. 1. Æneid. vers. 246. seqq. & Taubmann. ibid in Comment. Conf. Joh. Jac. Hoffmann. Lexicon univers. p. 108. tom. 2. wie dann die Wort über dem Thor / so man Portella nennt / und allda die Schiff / so von Venedig kommen / anlenden / also lauten:

Hanc antiquissimam urbem literarum omnium asylum, cujus agi ũ sterilitatis lumen natura esse voluit, Antenor condidit Anno ante Christum nat. 1118. Senatus autem Venetus his belli propugnaculis ornavit Anno à Christi adventu 1518. (Schradetus lib. 1. monument. Ital. fol. 33. legit fertilitatis sumen. Et pro 1118. alii legunt 1180.)

So wird auff einem Marmorsteinernen Kasten (der unter der Erden gefunden worden / als man zum Findelhaus den Grund hat legen wollen / wie Megiserus schreibet) bey der Kirchen S. Laurentii also gelesen:

Inclytus Antenor post eruta Pergama bello
Transtulit huc Xenetum Dardanidumq; fugas;
Expulit Euganeos, Padavinam condidit urbem,
Quem tegit hic humili marmore cæsa domus.

Vorzeiten / wie man schreibt / sollen auch diese 2. Vers dabey gestanden seyn:

Hic jacet Antenor Padavinæ conditor urbis,
Proditor ipse fuit, hiq; sequuntur eum.

Es entschuldiget gleichwol Leander Albertus, der eben diese Vers auch setzet / den gedachten Antenorem, und sagt / daß er kein Verräther gewesen sey / gleichwie man auch nicht allerdings glauben wolle / daß diese Stadt dem Käiser Maximiliano I. von 39. Paduanern seye verrathen worden; ob es schon das Ansehen / als wolten die letzten Worte sie dessen bezüchtigen / und noch täglich umb 1. Uhr in der Nacht die Uhr in dem Palatio 39. Schläge thut / wie Pflaumerus schreibt. Im Würtenbergischen Reißbuch stehet / wann es zwey Stunden Nacht gewesen / so schlage es 36. und dann über eine kleine Weile noch drey / so die 26. ihres Adels / welche die Stadt verrathen / und die 3. so darein nicht willigen wollen / bedeute. Zvvingerus schreibt in Methodo apodemica lib. 3. cap. 19. daß Marsilius der letzte von Carara deß zu Venedig hingerichteten Francisci Sohn / als er diese Stadt wieder zu erobern im Sinn hatte / gefangen / und Anno 1435. zu Venedig auf dem Platz geköpfft worden / mit 39. seinen geschwornen Gehülffen / deren theils man auch gehenckt habe. Und diese Verrätherey soll durch diese 39. Schläge angedeutet werden. Man gibt sonst auch was für vom Trojanischen höltzernen Pferde / so in der Capalistarum Palast zu sehen; welches aber eine Fabel / und solches bey einem Spiel gebraucht worden ist. Unter deß gedachten Antenoris Grab oder Marmorsteinern Sarck auf 4. Säulen bey besagter St. Lorentz Kirchen aufgericht / hatte sonst ein Schuhflicker seine Werckstadt. Seine Thaten siehet man in des Francisci à Sole Hauß. Es ist auch ein Ort allhie / so man Castellum Antenoris nennet / darinnen vor diesem das Zeughauß gewesen.

Die Stadt ligt nicht weit von 2. Bergen / die sehr fruchtbar seyn / deren einer Gemmula (allda Beatrix Arestina, des Marggrafen von Este Schwester ein stattlich Kloster erbauet hat / darinnen sie auch ruhet / besiehe lib. 3. Chron. Monachi Paduani:) und der andere Venda genannt wird / daselbst die Olivetaner ein schön Kloster haben / welche Berge etliche unrecht Euganeos nennen / wiewol solche nicht weit davon gelegen seyn. Es soll die Stadt Padua heutiges Tages in ihrem Umkreiß 6200. Schritt haben / und vom Meer 18000. Schritt abgelegen seyn. Megiserus lib. 1. paradys. delic. oder in der Beschreibung der Stadt Venedig sagt cap. 23. p. 156. daß der Umbkreiß sieben welscher Meilen habe. Und pag. 172. meldet er / daß diese Stadt heutiges Tages nach ihrer Grösse nicht volckreich sey / und schätze man sie nur auf 45. tausend Seelen. Sie habe sieben Thor an der äussersten neuen Mauren / nemlich Portello, Coda longa, Savanorula, S. Joan. Sarasinesca, S. Croce, und Ponte Corbo: an der innern Mauer aber der alten Stadt / so gar hoch / und gerings herum mit dem Fluß umbgeben / und 3. welscher Meilen im Umfang habe / seynd 14. Thor / und so viel steinerne gewölbte Brücken über den Fluß Brenta, und ohngefehr 5600. Häuser; gebe viel Thürn an solchen Häusern: habe 9. Plätze / darunter Prato della Valle, eine welsche Meile im Umfang habe; und sey die Stadt Anno 1340. gantz und gar mit Kiselstein gepflastert worden. Henznerus schreibt / daß die äussere Mauer 6200. Schritt im Umkreiß und 6. Thor; die innere aber 3000. Schritt: welche hoch und lustig zum spatzieren erbauet / auch mit der Brenta allenthalben umbgeben / 14. Thor und so viel steinerne Brücken habe. Schotus setzet überall sieben Thor / viel steinerne Brücken / und fünff grosse Plätz / und vermeint gemeldter Henznerus, daß auf vier tausend Häuser allhie seyn sollen. Es ist aber zu wissen / daß obwol diese Stadt grösser als Venedig zu seyn scheinet / wenn man auff den Begriff der Mauren sehen wil / so gibt es doch weitsichtige und zum Theil öde Plätze / und viel Gärten darinn / und ist weder an der Zahl noch an der Schönheit der Häuser mit Venedig zu vergleichen. Und ob sie schon tieffe Gräben und in die 20. Pasteyen hat / so bessert man doch wenig da aus / sondern läst die Wäll und anders ziemlich eingehen.

Sie ligt dreyeckicht in der Ebne / und fleust durch die Stadt der Meduacus minor, Bachiglione oder Bacajon: Vorüber aber Brenta, Brentesia, oder Meduacus major, von Mitternacht. Besihe Cluverium am obangezognem Ort.

Diese Stadt ist sonderlich berühmt wegen der Hohen Schul / so Käyser Fridericus II. angeordnet / und Anno 1222. befreyet hatte. Es hat forthin diese Universität zween Rectores, einen der Juristen / welcher drey und zwantzig Nationen unter ihm / und einen der Theologorum, Medicorum und Philosophorum, der sieben Nationen hatte. Die Juristen erwehlten ihren Rectorem den 1. Augusti / die Artisten den 2. hernach. Die Paduaner und Venediger bekommen dieses Amt nicht. Es ward ein Rector alsobald ein Edelmann / Doctor und Ritter von St. Marx. So lange er im Amt / muste er roth-sammete Kleider tragen / und aufs wenigste zwey Diener halten. Aber wegen der allzu grossen Unkosten seynd nun in vielen Jahren hero keine Rectores also solenniter erwehlet worden. Es werden gleichwol die Patent und Testimonia unter zweyer Rectorum Nahmen gedruckt / die aber obgedachte Unkosten nicht tragen dörffen / noch in solchem Ansehen wie die vorigen seynd. Es haben die Nationen zum theil nur Syndicos, so dieselbe vertretten.

Unsere Teutsche Nation hat 2. Consiliarios, nemlich einen von den Juristen/ (darunter Fürsten/ Grafen/ Herren/ vom Adel und andere/ so Politici seynd/ verstanden werden;) und einen von den Medicis und Philosophis/ und haben die Juristen noch darzu einen Syndicum. Darnach seynd zween Procuratores, und 2. Bibliothecarii, auch bey jeder Facultät einen Pedell. Das Amt eines Consiliarii hat vorhin auch viel gekostet; aber jetzt bleibt es darbey/ daß er/ wenn er resigniret/ eine Collation von allerley Confect und Marcipan/ und einen guten Trunck Weins/ (darzu dann der Nation Silber-Geschirr/ welches die Procuratores in Verwahrung haben/ gebraucht wird;) und bißweilen/ wann Geschäffte vorfallen/ und der Syndicus, so wol die Assessores (so gemeiniglich hohe Standes-Personen/ und die vorhin in Aemptern gesessen seynd:) Procuratores und Bibliothecarii zusammen beruffen werden/ auch einen Trunck und etliche Schalen auffsetzen läst. Es werden aber zu solchem Amt Grafen/ Freyherren und vom Adel/ bey den Juristen genommen: Die Fürsten seynd dieser Beschwerde überhaben. Aus den übrigen werden die andere Aemter ersetzt.

Es hält auch die Nation ihre Advocaten zu Padua und Venedig: wie ingleichem auch einen Agenten; damit wenn etwas zu Venedig vorfällt/ derselbe bey dem Advocaten sich anmelden/ und dieser bey dem Hertzog die Sach anbringen könne. Bißweilen muß der Syndicus, und wann viel daran gelegen/ der Consiliarius selbsten nach Venedig reisen/ sonderlich wenn etwas zu Nachtheil der Privilegien vorgehen wil/ oder/ so ein neuer Hertzog erwehlet wird.

Es hat die Nation ihren Fiscum (so die Procuratores zu verwalten/) auch ihre Matriculam, Annales und anders mehr/ so mehrertheils/ samt den Freyheiten/ welche die Nation von dem Hertzog und der Herrschafft Venedig bekommen/ der Syndicus zu verwahren/ der auch die Schreiben/ so wegen der Nation abgehen/ zu verfertigen/ und anders dergleichen zu bestellen hat. Es hat Johannes Limnæus billich einen hohen Danck verdienet/ daß er lib. 8. de jure publico cap. 9. num. 65. & 70. die Privilegia hochgedachter Nation allhie beygesetzet hat.

Diejenigen/ so sich zu Padua einschreiben lassen/ und der besagten Freyheiten und Bibliothec zu geniessen begehren/ verehren etwas in den Fiscum/ sonderlich aber die Herren Consiliarii/ wenn die abtretten/ damit von solchem Geld die Eremitaner-Münch/ wie auch die Advocaten, der Agent zu Venedig/ und der Pedell mögen verehret und auch etwas neues von Büchern erkaufft/ wie ingleichem den armen Teutschen/ und denen/ welchen ihr Geld ausbleibet/ geholffen/ und die jenige/ bey welchen man nichts findet/ begraben werden.

Die hohe Schul/ weil sie so alt und hochberühmt ist/ wird von den Venedigern fleissig unterhalten/ die über die viertzig Professores darbey besolden/ auf welche ihnen/ wie Megiserus pag. 180. schreibet/ bey nahe fünffzehen tausend Flor. jeden zu fünff Pfund gerechnet/ oder wie Grasserus sagt/ zwölff tausend Ducaten jährlich gehen solle.

Es hat der Primarius matutinus Lector in Jure Civili jährlich viertzehen hundert Gülden/ und so viel auch der Vespertinus: der fürnehmste Professor in der Medicin, so Morgens lieset/ eilff hundert und sechzig/ der zu Abend eilff hundert und fünfftzig. Der fürnehmste Philosophus, neun hundert. Der fürnehmste Professor des geistlichen Rechts fünf hundert/ und der fürnehmste Professor Institutionum auch fünf hundert Gülden/ wie abermals Megiserus pag. 181. meldet/ der auch sagt/ daß diese Besoldung auf der Fuhrleute/ und anderer Zölle geschlagen sey/ und daß jährlich der Camerlengo der Stadt Padua die Professores richtig auszahle. Vor die unvermögliche Studenten hat es allhie wie Schorus schreibet/ 9. Collegia, Megiserus setzet zwar 11. aber D. Lansius in Comment. de Acad. p. m. 43. hat auch nur 9. Es gibt sehr gelehrte Professores da/ und ist immer Schad/ daß wegen des übermachten Geschreyes/ Stossen und Klopffen/ so die welsche Scholaren in den Auditoriis verüben/ sie wenig Nutz schaffen können/ sondern vielmals mitten in der Lection/ sonderlich bey den Juristen und Philosophis auffhören müssen. Bey den Medicis gehet es noch etwas besser zu.

Das Collegium, darinn die Professores lesen/ wird al Bò, oder zum Ochsen genannt/ weil vorhin ein Wirthshaus da gestanden/ so ein solches Schild gehabt hat. Ist in die Vierung gebaut/ und hat in der Mitten einen lustigen Hoff/ mit 2. schönen Gängen übereinander umbgeben. Es ist sonst keine andere Wohnung darinn/ denn allein für den Pedell.

Die Medici haben ein schönes Amphitheatrum Anatomicum von Holtz/ und an einem andern Ort/ nemlich zwischen S. Antonii und S. Justinæ Kirchen einen schönen Garten. Die Promotionen geschehen zum theil in des Bischoffs-Hoff/ zum theil in diesem Collegio; sonderlich wann diejenige/ so nicht der Römisch-Catholischen Religion zugethan seynd/ Doctores werden wollen. Besiehe noch mehrers von dieser Universität/ und denen unterschiedlichen Collegien, vor die arme Studenten/ beym Antonio Riccobono in tractatu de Gymnas. Padavino. Die Studenten/ oder wie man es nennet/ die Scholaren/ haben allhie viel Freyheiten/ deren sie auch/ sonderlich wann der erste fället/ wol zu gebrauchen wissen. Es ist derselben Muthwillen sehr groß/ dahero die Gassen des Nachts sehr unsicher seyn/ wie denn ihrer viel Nachts-Zeiten gar elendiglich umb ihr Leben kommen/ und ist nichts seltsames/ wann einer erstochen oder erschossen wird.

Unter andern weltlichen Gebäuen dieser Stadt ist sonderlich zu sehen das Palatium, oder Forum judiciale, oder das schöne/ grosse/ und hohe Rathhaus/ so sie il Palagio della ragione nennen/ in welchem dann fürnemlich der weltberühmte Saal zu besichtigen ist/ der keine einige Mittel-Säule hat/ obwol solcher in der Länge zwey hundert und zwey und siebentzig/ und in der Breite ein und neuntzig Würtembergischen Werckschuh begreifft/ wie denn in dem Würtenbergischen Fürstlichen Reißbuch stehet/ und Megiserus bestätiget/ wiewol sonst die Autores nicht überein stimmen. Obenher ist eine höltzerne gewölbte Decke/ so mit bleyernen Platten bedeckt/ welches zu verwundern/ so stehet solches doch allein auf vier Mauren/ und hat/ wie gemeldt/ keine Säulen/ sondern stehet gantz frey/ und wird mit starcken eisernen Stangen in der Höhe auffgehalten.

Es ligt dieser Saal gegen den 4. Theilen der Welt/ und ist mit sonderer Kunst erbauet/ davon Andreas Schorus in seinem Italiänischen Reißbuch zu lesen.

Die Gemählde/ bey welchen der Alten Kleidungen zu mercken/ repræsentiren die Würckungen der obern Cörper in die untere/ also daß man auff jeden Tag des gantzen Jahres eines haben kan/ und daraus etwas sonderliches/ auch die Wind/ unterschiedlich vermerckt.

Man

Man will/ daß solches Petrus Aponus, oder Aponensis erfunden habe; wiewol andere dafür halten / daß solche Gemählde schon vorihm da gewesen seynd. Man findet in diesem Palatio schöne Antiquitäten; und unter andern ist in der Mauer / so gegen Abend sihet / auff einer Seiten die Begräbnüß des Titi Livii, und nicht weit sein Bildnüß mit dieser Grabschrifft:

Ossa Titi Livii Patavini, unius omnium mortalium judicio digni, cujus prope invicto calamo invicti populi Rom. res gestæ conscriberentur.

Andere setzen auch diese Beyschrifft zu des Livii Bild:

Ossa tuumque caput CIVES, tibi maxime LIVI,
Prompto animo hic omnes composuêre tui.
Tu famam æternam Romæ patriæque dedisti,
Huic oriens, illi fortia facta canes.
At tibi dat patria hæc, &, si major a liceret,
Hoc TOTUS STARES AUREUS IPSE loco.

Seine Gebeine seynd umbs Jahr Christi 1413. in einem bleyernen Kästlein bey S. Justinæ Kirchen gefunden / und hieher gesetzt worden. Besihe gemeldten Schraderum fol. 32. und Megiserum pag. 161. Uber der Thür stehen diese Wort:

Titus Livius Pad. Historicorum Lat. nominis facile princeps, cujus doctrinam & lacteam eloquentiam ætas illa, quæ virtute pariter ac eruditione florebat, adeò admirata est, ut multi Romam non ut urbem rerum pulcherrimam, aut urbis & orbis Dominum Octavianum, sed ut hunc Virum inviserent, audirentque, à Gadibus profecti sint. Hic res omnes, quas pop. Rom. pace belloque gessit, 14. decadibus mira styli facilitate complexus, sibi ac patriæ gloriam peperit sempiternam: wie Schraderus an besagtem Ort liset; wiewol theils diese Wort etwas anders setzen.

Es hat dieser Saal 4. Thür/ über welcher jeder ein Gedächtnüß der 4. berühmtesten Männer / als des besagten Livii, Pauli, Aponi, und Alberti zu sehen. Und hat gemeldter Jul. Paulus Patavinus JC. zun Zeiten Käisers Alexandri Mammeæ floriret. Besihe Valentinum Forsterum in histor. J. C. Rom. lib. 2. cap. 78. Gedachter Petrus Aponus aber / auch von hier bürtig / ist seiner Zeit ein sehr berühmter Medicus und Philosophus gewesen / und Conciliator genannt worden. Er war der Stern-Kunst also erfahren/ daß er in den Argwohn der Zauberey gerathen / und der Ketzerey halber angeklagt / aber ledig gesprochen worden ist; wiewol Cardanus lib. 19. de Subtilitate von ihm schreibet / daß er einen ewigen Ruhm / durch Hülffe der schwartzen Kunst / erlanget habe. Es werden noch viel Fabeln von ihm / sonderlich von seinem Brunnen / erzehlet. Und dann so ist obernannter Albertus auch von Padua, eine vornehme Säul und Glantz der Eremitaner gewesen.

Sonsten sihet man hierinn auch ein Monument vom weissen Marmor / mit der Uberschrifft und Bildnüß des Speroni Speronii, so auch Pflaumerus setzet. Man findet ingleichen in diesem Palast einen Marmor/ und in solchem diese Wort/ wie sie Schraderus setzet; wiewol andere solches anders haben:

Inclyto Alphonso Arragonum Regi, Studiorum Fautori, Reip. Venetæ Fœderato, Antonio Panormita, Poëta, Legato suo, orante, & Matthæo Victurio, hujus Urbis Prætore constantissimè intercedente, ex Historiarum parentis, T. Livii, ossibus, quæ hoc tumulo conduntur, brachium Padavini cives in munus concessere, Anno 1451. 14. Kal. Septembr.

Es seynd von hier / neben den erzehlten auch gewesen C. Valerius Flaccus, Arruntius Stella, und Asconius Pædianus.

Bey der Thür/ da man zu des Podestà, oder des Venedischen Stadthalters Losament gehet / stehet ein runder Stein / auff welchen die / so sich Schulden halber ihrer Güter verzeihen / mit blossem Gesäß / in grosser Versamlung des Volcks / setzen müssen / daran etliche Wort gehauen / welche aber von den Scribenten unterschiedlich gesetzt werden. Megiserus und Grasserus lesen; Lapis repudii cessionisque bonorum: Henznerus; Lapis ignominiæ & cessionis bonorum: die Cöllnische und Pflaumerus, Lapis vituperii cessionisque bonorum; und dann L. Schraderus fol. 31. b. Lapis vituperii & cessionis honorum. Neben gemeldtem Podestà haben die Venediger der Stadt Sicherheit halber/ auch einen Capitaneum allhie/ so auf einem andern Platz/ la Piazza della Signoria genannt/ einen prächtigen Palast hat.

An dem alten Schloß oder Castel / so Franciscus von Carara erbauet/ und darinnen gewohnet hat/ weiset man des Tyrannen Ezzelini Thurn. So seynd etliche Antiquitäten in des gedachten T. Livii sehr altem Hauß/ in S. Johannis Strassen gelegen/ zu sehen/ die obernannter Henznerus pag. 212. auffgezeichnet hat. Von sonderbaren Palästen und Häusern allhie besihe gemeldtes Cöllnisches Reiß-Büchlein/ wie auch Megiserum.

Bey einem Canonico seynd allerhand Bilder und Gemählde zu besichtigen. Es hat auch ein Apotheker / alla Piazza della Paglia, eine Kunst-Kammer. In des Bischoffs Palast seynd sehr viel Bischöff dieser Stadt gemahlet zu sehen.

Von Kirchen ist 1. die Bischöffliche Haupt-Kirche/ von aussen ansehnlich erbauet und groß. Theils schreiben diesen Bau dem Käiser Friderico II. zu; andere aber halten ihn für älter / und sagen/ Henricus IV. und seine Gemahlin Bertha haben ihn auffgerichtet/ und sonderlich die Bertha vermehret / die auch allda ligen solle; wie dann die Schrifft bezeuget:

Præsulis & Cleri præsenti prædia phano
Donavit Regina jacens hoc marmore Bertha,
Henrici Regis Padavi celeberrima Quarti
Conjunx, tam grandi domo memoranda per ævum.

Es ist in diesem Thurn sonderlich das Monument Francisci Zabarellæ, des Cardinals und Bischoffs zu Florentz / zu sehen. Es wird aber dieser weit fürgezogen die Kirch zu S. Antonio, die man ihrer Hoheit und dieses Heiligen halber insgemein al Santo nennet / in welcher S. Antonius von Lisabona, der Confessor, gemeiniglich S. Antonio di Padova genannt/ ruhet. Vid. Aubertus Miræus in Chron. daran die Franciscaner-Münch ein stattliches Kloster haben / da vorhin / wie Henznerus will / der Tempel der Göttin Junonis gestanden / der hernach zu unser Frauen ist genannt worden / hat 5. (Schotus saget 6.) hohe Cuppeln / oder Rundel/ so mit Bley bedeckt; Item/ 2. Thürn/ und ein Marmorsteinern Esterich oder Pavimént. Ist Anno 1307. auffgebauet worden.

In einer Capellen ist dieses H. Mannes Monument vom weissen Marmor zu sehen. Er ist den 13. Junii

Junii Anno 1231. gestorben/ und von dem Pabst Gregorio IX. canonisiret worden. Uber dem Altar / allwo sein Cörper ruhet / seynd 7. metalline Bilder / von rechter Grösse/ so Tisianus Ispetti gemacht hat. Sonsten seynd seine Wunderwerck dabey/ die Tullius Lombardus, Jacobus Sansovinus, und Hieronymus Compagna, vortreffliche Bildhauer/ auch in weissen Marmor vorgestellet haben. Der ährine Leuchter in der Kirchen / so auff das schönste gestochen/ ist des berühmten Andreæ Riccii Briosci Werck. Ferner ist auch da ein gewaltiger Schatz zu sehen / als 10 silberne Heiligen/ 16. köstliche Kelch / 50. Geschirr / viel Leuchter/ Ampeln/ Rauchfässer/ alles von Silber; Item/ 54. Gelübde von Silber / so groß als ein Kind; Item ein Schiff mit seinem Mastbäumen/ Segeln/ rc. und ein Modell von der Stadt Padua, sehr fleissig/ und alles von Silber gemacht. Besihe des gemeldten Schoti Itinerarium; der auch / so wohl als Henznerus, und andere/ von den Epitaphiis, die in dieser Kirchen seyn/ zu lesen ist. Unter andern ligen da Graff Carl von Ortenburg / der Anno 1592. und Eberwinus Wiricius, des Geschlechts der Graffen von Bentheim / Teckelnburg rc. so Anno 95. gestorben: Item/ Jacobus Alvarottus Patavinus J C. Raphael Fulgosus, und Rainerus, des Bartoli Præceptor, dessen Grabschrifft auch Valentinus Forsterus in histor. jur. civil. Rom. lib. 3. p. m. 646. setzet: Item / der von Cortenè aus Engeland / dessen Epitaphium Pflaumerus hat: Item Erasmus Gattamelata, so eines geringen Herkommens von Narnia gewest ist / dessen Grabschrifft also lautet:

Dux bello insignis, Dux & victricibus armis,
Inclytus atque animis Gattamelata fui.
Narnia me genuit media de gente meoque
Imperio Venetum sceptra superba tuli.
Munere me digno & statua decoravit Equestri
Ordo Senatorum, nostraque pura fides.

Vid. Paul. Jovius lib. 2. Elog. fol. 125. seqq. Nath. Chytræus in deliciis pag. 210. & Pflaumerus pag. 83.

Vor der Kirchen haussen hat es einen grossen und weiten Platz / allda des Gattamelatæ statua von Ertz zu sehen / die Donatus Florentinus gemacht hat. Besihe was der von Villamont im 3. Buch cap. 19. seiner Reisen allhie abentheurliches schreibet.

Nach diesen beyden ist sonderlich Sanct. Justinæ Kirch sampt dem Kloster zu sehen / allda obgedachter Tempel Junonis soll gestanden seyn / wie Capugnanus in seinem Reiß-Buch und die Antiquarii wollen. Vid. Livius lib. 10. Andere sagen / daß Jovis Tempel und des Titi Livii Grab vorhin allhie gewesen seynd. Ist der Zeit eine gantz neue Kirch / von Quaterstücken / mit grossen Unkosten und Kunst erbauet: wie auch das Kloster neu ist / und der fürnehmsten eins in gantz Italia seyn soll / so die Benedictiner / (des Ordens / wie die zu S. Georgio zu Venedig / Item / zu S. Benedict zu Mantua, und Neapels seyn /) inne haben / deren Einkommen auff die 80000. Ducaten / wie Megiserus schreibet / oder wie theils / als Schotus, wollen / fast hundert tausend Cronen kommen soll. Ist ein herrlich Gebäu / an dem obgedachten sehr grossen Platz / Pratum Vallis genannt / gelegen / welcher gantz frey stehet / auch mit Gräben theils Orthen umbgeben ist / und eine welsche Meil in sich begreiffet. In der berühmten Kirchen ist der grosse Altar mit 4. gewaltigen Säulen / und schönen Gesimsen künstlich gemacht / auch (ausgenommen die Mittelfüllung /) alles sauber vergüldet. Im Chor hat es ein schön Gestül / von geschnittener Arbeit / aus Nußbäumen Holtz / mit biblischen Historien / aus dem Alten und Neuen Testament / von Ricardo Francese also gezieret / daß dergleichen nicht leicht zu finden. Das Pflaster in der Kirchen ist vom unterschiedlichen Marmor eingelegt. In einer Neben-Capell wird ein Stein gewiesen / so sie Pietra di Granito nennen / dabey stehet:

Quàm lapis hic pretiosus, ubi tot colla piorum,
Martyrii titulo deposuere caput.

Gegen über ist ein rother Stein mit diesem Disticho:

Hac super insigni petra Prosdocimus olim
Obtulit, ô quoties! munera sacra Deo.

Daselbst ist auch ein vergitterter Brunn / in welchem viel Märtyrer sollen seyn gefunden worden. Man weiset da des Evangelisten Lucæ Gebeine / in einem Alabastrinen alten Grabe; Item / drey unschuldige Kindlein; der H. Maximi und Prosdocimi, und der H. Justinæ Padavinæ, (so von S. Prosdocimo den Christlichen Glauben angenommen / und unter dem Käiser Maximiano gemartert worden seyn soll /) Cörper. So seynd auch andere Reliquien der Heiligen / als Matthiæ, Juliani, Arnaldi, der Jungfrauen Felicitas und andere mehr / allda / davon Schotus in seinem Itinerario zu lesen. Und sagt Megiserus, daß D. Jacobus Cavarius 6. Bücher von diesem Kloster geschrieben / so Anno 1606. zu Venedig gedruckt worden seyn. Man gehet etliche Staffeln in einen gewölbten Chor hinunter / allda auff einem Stein stehet:

Justinæ vetus hæc Divæ pretiosa sepulchrum
Claudebant nostris Saxa reperta viris.

4. Bey den Eremitanern / (allda die Juristen-Facultät aus der hochlöblichen Teutschen Nation ihr Begräbniß hat / auch ihren Convent ordinari hält / und einen Consiliarium und Syndicum erwehlet /) ligt Paulus Venetus Eremita; Item / M. Mantua Benavidus, oder / wie er in seinen Singularibus, oder Apophthegmat. Juris genannt wird / Marcus de Mantua Bonavitis, ein vortrefflicher Jurist / so 55. Jahr zu Padua gelehret hat / 92. Jahr alt worden / und Anno 1582. gestorben ist. Gleich darbey ist seines Geschlechts stattliches Palatium, darinn schöne Zimmer und Gärten / und im Hoff der Hercules von Marmor / so Bartholomæus Ammanatus gemacht hat. Auff der andern Seiten ist der Fuscanorum Palatium, l' Arena genannt / in einer Oval-Form / mit einem sehr weiten Hoff erbauet / darinn Henricus III. aus Franckreich logiret hat. Henznerus p. m. 206 seqq. hat die Epitaphia colligirt / so in der Eremitaner Kirch zu lesen seyn. Oben in dem Saal / da die Teutsche / wie gesagt / ihre Versamlung halten / ist ein Gemählde / darinn Christus auff der rechten / Maria die Mutter Gottes auff der lincken Hand ist / und S. Augustinus in der Mitten kniet / mit der Schrifft: Hic pascor à sanguine; hic lactor ab ubere; positus in medio, quo me vertam nescio. Vid. Schraderus in monum. Ital. fol. 22. & Megiserus d. l. pag. 169. seq. Gleich daran ist die Capell S. Christophori, allda Andreas Montegna, von hier bürtig / herrliche Sachen hinterlassen hat.

5. Bey den Servis hat Paulus de Castro sein Begräbniß.

6. In S. Sophiæ Kirchen / so sehr alt / und von obgedachtem S. Prosdocimo erbauet worden seyn solle / haben die Teutsche / so der Medicinischen und Philoso-

phischen

phischen Facultät beygethan seynd / oder die Artisten / ihr Begräbnüß. Henznerus hat einen Außzug aus des Ludovici Cortesii, so hierinnen begraben ligt / Testament / der mit der Music / Pfeiffen / und allerley Freuden hat wollen begraben werden.

7. In der Minoriten Kirch / zu S. Francisco ligen Hieronymus Cagnolus JC. und Christophorus Longolius, welchem letzten P. Bembus dieses Epitaphium gemacht hat:

Te juvenem rapuère Deæ fatalia nentes
Stamina, cum scirent moriturum tempore nullo,
Longoli, tibi si canos seniumque dedissent.

Vid. Schraderus d. lib. 1. fol. 20. b. Item / so ligen da Leonicus Thomeus, welchem Bembus auch ein Epitaphium gemacht / so Pflaumerus setzet; und Franciscus Curtius Ticinensis.

8. In S. Augustini Kirchen haben die Fürsten von Carrara, weyland Herren dieser Stadt / ihr Begräbnüß / darvon Laurentius Schraderus lib. 1. monum. Ital. fol. 14. seq. zu lesen. Und ist daselbst in einem Marmor ein sonderlich Kunststück. Megiserus sagt / daß der Jurist Dinus de Dino; Item / Zachus, König in Cypern / und Marieta, des Königs in Cypern Mutter / auch da begraben ligen.

9. In der Carmeliter Kirch ist eine Tafel / und Histori von einem Graffen / so von den Studenten daselbst vor dem Altar ist umbgebracht worden. Wie es denn nichts selzams / daß man auch so gar die Mönch / wann sie Meß lesen / bißweilen in den Kirchen erschiesset. Vid. d. Villamontius d. l. p. m. 459. Daher vor dem Ave Maria leuten zu Morgends / und nach demselben Abends / gut im Zimmer zu bleiben / und das Hauß und Fenster beschlossener zu halten ist.

Es seynd / über die erzehlte / auch andere Kirchen zu sehen / in welchen bißweilen / sonderlich in den Nonnen-Klöstern stattliche Musica gehöret wird. Vid. d. Schraderus lib. 1. fol. 3. b. Und werden allhie 26. Pfarr-Kirchen / 4. Spitäl / 23. Münchs- und 18. Nonnen-Klöster / und 3. vornehme Bibliothecken / als zu S. Antonio, S. Justina, und S. Joan, ohne die Waisen-Häuser und Läyen-Collegien, gezehlet.

Die Jesuiter ehe sie Anno 1606. von dannen vertrieben worden / hatten auch ein stattliches Collegium allda / die aber jetzt im gantzen Venedischen Stato, wie bey Venedig soll gemeldt werden / sich nirgends auffhalten dürffen; hergegen man die Bücher / so wider sie geschrieben werden / wol verkauffen und lesen mag.

Der Spitäl hat es zu wenig in einer solchen grossen Stadt / daher so viel armseliger preßhaffter Leut elendiglich auff den Gassen / unter den Schwibbögen / (deren es am meisten Orten der Stadt hat /) herum ligen: wiewol man sonst die Italiäner ihrer Freygebigkeit halber gegen die Armen nicht genugsam zu loben weiß.

Das Hauß für die Fündel-Kinder wird Cà di Dio genannt / so / wie Megiserus schreibet / über die 4000. Ducaten Einkommens.

Es ist auch ein Ort da il Monte della Pietà genant / da man den Armen auff Pfand leihet. Die Haupt-Summa sagt gedachter Megiserus, sey 38. tausend Ducaten: was man in diesem Hauß unter 30. Soldi außleihe / davon dörffe man keinen Zinß geben; sonsten aber von 100. nur 5. / und werden von dem Interesse die Officirer dieses Stiffts erhalten. Besihe was Paulus Merula part. 2. Cosmogr. lib. 4. hievon / und von Anstellung dieser Montium Pietatis in Welschland insgemein Bernhard. Scardon. libr. 2. Histor. Padav. class. 5. Joan. Bapt. Lup. de usur. pag. 3. num. 8. Paulus Layman. in Theologia morali lib. 3. tract. 4. cap. 16. num. 11. und Gottlieb Elychnius in einem besondern Tractat de Montibus Pietatis lib. 1. cap. 6. & lib. 2. cap. 8. schreiben. Jo. Ruræmundus im Schlüssel des Reichthumbs meldet darvon cap. 22. pag. 61. seq. also: In Italia seynd in sehr viel Städten / besonders aber zu Luca, Senis, und Florentia, die Montes Pietatis, zu Hülff und Erleuchterung der armen Dürfftigen angestellet und geordnet / dergestalt / daß / wann einem Vatter ein junges Töchterlein geboren wird / so mag er alsobald / ob er wil / eine gewisse Summa Gelds / als hundert Cronen 2c. bey demselben Ærario anlegen / welches zwar keinen Zinß trägt; wann aber die Tochter 18. Jahr alt worden / so gibt man ihr zehenmal so viel / das ist tausend Cronen / damit sie sich ehrlich bestatten möge. Und hindert auch nicht / ob gleich ihr Vatter in der Zeit bonis cedirt / und verdürbe / dann diß Geld gehöret der Tochter / und sonst niemand zu. Stirbt aber die Tochter in der gesetzten Zeit / und hat der Vatter ein ander Töchterlein / das stehet alsdann / nach Zahl der Jahren / an der vorigen Stell: Wo nicht / so bleibet das Geld dem gemeinen Seckel / oder Ærario, für eigen / und darff sich keine vor 18 Jahren verheyrathen / 2c. Besihe aber daselbst sein Gutdüncken hiervon: Item / auch andere beym Lathero de Censu lib. 3. c. 23. p. m. 1048. seqq.

Der Boden umb diese Stadt ist lustig und fruchtbar / daß Constantinus Palæologus zu sagen gepfleget: wann er nicht wüßte / daß von den heiligsten Leuten bestättiget werde / daß das Paradiß in Orient gelegen; so hielte er dafür / daß man solches nirgends / denn allhie finden könte. Cæl. Rhodiginus apud D. Lansium in orat. pro Italia. Es ist die Fruchtbarkeit an Wein / Getraid / Fischen / Vögeln und andern Sachen so groß / daß nicht allein die Innwohner umb geringes Geld stattlich leben / sondern auch den benachbarten Städten / vornemlich aber Venedig ohne ihren Schaden und Abgang / reichlich mittheilen können. Und obwol die Fruchtbarkeit umb Bononia oder Bologna sehr groß / so übertrifft doch solche diese zu Padua; daher das gemeine Sprichwort lautet: Bologna la grassa, ma Padova la passà, è Venetia la guasta. Man lobet das Brodt allhie wegen seiner Weisse für allen andern in Italia, wie Leander sagt.

Diese Stadt hat beständige Freundschafft mit den Römern gehalten / nachmals aber wurde sie vom Attila umbs Jahr Christi 452. zerstöret / wie beym Blondo im Anfang seines Buchs de orig. gest. Venet. und Sabellico Enn. Octav. lib. 1. fol. 483. zu lesen: welches dann mit der Zeit die Longobarder auch gethan / und diese Stadt / wie Paulus Diaconus lib. 4. cap. 24. schreibet / verbrannt und geschleifft haben. Folgends hat sie sich wieder nach und nach / sonderlich unter Carolo Magno; Item / den folgenden Königen in Italia und den Teutschen Käisern erholet / und ihre Freyheit behalten / biß zun Zeiten Käisers Friderici II. Ezzelinus da Romano, so es mit diesem Käiser gehalten / sich derselben mit List impatroniret hat. Dieses Ezzelini oder Actiolini Vor-Eltern Albericus und sein Sohn Ezzelinus, zugenannt Tedesco, seynd mit dem Käiser Ottone III. aus Teutschland in Italiam kommen / und hat diesem Ezzelin oder Hezelin der Käiser daselbst das Castel Onara / neben andern Gütern geschenckt / so 15. welscher Meil von Bassano gelegen; darzu er sich hernach der besagten Stadt Bassano und vieler anderer Orth bemächtiget; auch einen

anschn-

anschnlichen Palast zu Padua erbauet hat/ und im hohen Alter gestorben ist/ verlassende seinen Sohn Ezzelinum Balbum, welcher gehabt hat Ezzelinum Monaco zugenannt/ von deme dieser Ezzelinus, von dem Castell Romano in Piedmont gelegen/ da Romano genannt/ Anno Christi 1194. gebohren worden ist; wie hievon mit mehrerm in seinem Leben / so P. Gerardus Padavinus beschrieben / zu lesen ist. Besihe auch Paulum Jovium lib. 1. Elog. fol. 41. seqq. welcher einsmals zu Verona auff einen Tag 12. tausend Paduaner hat hinrichten lassen.

Als folgends die Paduaner sich von diesem Ezzelino wieder ledig gemacht/ so hat solche Stadt Marsilius di Carrara Anno Christi 1308. an sich gebracht/ dessen Geschlecht aus Bassano herkommen ist. Und haben seine Nachkommen diesen Orth eine gute Zeit innen gehabt/ wiewol ihnen die von Meyland bißweilen zu thun machten.

Der letzte dieses Carrarischen Geschlechts war Franciscus Carrara, welcher auff getroffenen Accordo mit Franc. Gonzaga, der Venediger Obristen sich nach Venedig begeben/ und umb Gnade gebeten/ solche aber nicht erlangen können/ sondern daselbst in der Gefängnüß strangulirt worden ist.

Die Venediger haben hierauff die Stadt Padua ihnen huldigen lassen/ wie hievon bey Venedig soll gedacht werden; und von solcher Zeit/ nemblich von Anno 1402. 5. 6. oder 8. (dann die Scribenten hierinnen ungleich seyn) ist diese Stadt bey den Venedigern biß auffs Jahr 1509. geblieben/ da sie Käiser Maximilianus I. einbekommen/ aber nur zwey Monat/ oder wie theils schreiben/ 40. Tage behalten hat. Vid. Guicciardinus lib. 8. hist. p. m. 220. seqq. Indem sie von den Venedigern wieder erobert/ und hernach von ihnen also bevestiget worden/ daß sie gemeldter Käiser folgends etliche Zeitlang vergebens belagert hat. Lebet also jetzt die Mutter unter dem Gebiet der Tochter.

Es waren die Paduaner/ ehe die Stadt von Attila zerstöhret wurde/ so reich und mächtig/ daß sie öffters mit 100. und 20000. Mann zu Felde gezogen/ und befunden sich in der Stadt 500. Cavalleri.

Den Christlichen Glauben haben die Paduaner angenommen/ als ihnen S. Prosdocimus, von dem oben erwehnt/ geprediget hat.

Wer mehr von Padua zu wissen begehrt/ der lese neben den Italiänischen Scribenten und den angezogenen Autoren, sonderlich aber Bernardino Scardæonio, so ein eigen Buch von ihr geschrieben/ auch deß Th. Zwingeri methodum apodem. libr. 3. allda viel rare Sachen/ so andere nicht haben/ zu finden seynd. Megiserus hat pag. 174. seqq. ein Verzeichnüß des Paduanischen Adels.

Das Ländlein umb diese Stadt hat von ihr den Namen/ dessen Gräntzen seynd von Mittag und gegen Verona die Etsch: von Mitternacht gegen Tarvis, ein kleines Wasser Muso genannt: von Morgen die Venedische Meer-Pfützen/ und von Abend und gegen Vicentz/ das Euganäische Gebürge/ und die Landschafft umb Vicentz: daher dieser Verß in dem gar alten Sigill der Stadt gelesen wird:

Muso, Mons, Athesis, Mare certos dant mihi fines.

Das ist:

Die Etsch/ Muson/ Gebürg und Meer/
Bezircken meine Gräntz umher.

Die Landschafft hat im Umkreiß 180. tausend Schritt/ in welchem Begriff 347. Dörffer gezehlet werden: und gehören unter das Paduanische Gericht/ der Zeit/ diese sieben Städte/ als Montagnano, Castelbaldo, Este, Monselice, Pieve de Sacco, Campo S. Piero, und Citadella, eine schöne Stadt/ 16. Meilen von Padua gelegen: Item/ 6. vornehme Flecken/ die Henznerus und Megiserus nennen; welcher Megiserus auch sagt/ daß die Venediger von der Stadt Padua/ und ihrem Gebiet jährlich ordinari 130. tausend Ducaten Einkommens haben. Von den Inwohnern dieses Ländleins ist diß alte Sprichwort:

Villanos generat tellus Paduana Diablos.

Vid. Zwingerus in Methodo apodem. lib. 3. cap. 17. & Megiserus pag. 182.

Palermo.

Ist eine grosse/ volckreiche/ und gewaltige Königliche Stadt/ schön/ edel und reich/ und das Haupt in Sicilien/ welche sampt der gantzen Insul/ dem König in Spanien gehörig/ allwo der Vice-Ré seine Residentz hat/ wiewol er auch öffters zu Messina sich eine Zeitlang auffhält.

Dieser Ort ist sehr wol erbaut/ ligt am Meer/ und ist rund herum mit Mauren wol verwahrt/ hat einen trefflichen Port oder Meer-Haven/ welcher/ wie auch die Stadt/ weit berühmt ist. Der Palast/ darinnen der Vice-Ré Hoff hält/ ist herrlich erbauet/ hat gewaltige Zimmer und schöne Lust-Gärten. Die Spanier samt den Teutschen Trabanten halten hier Tag und Nacht Wacht.

Es hat dieser Ort auch eine berühmte hohe Schul/ und sind die Inwohner reiche Leut.

Palma Nouva.

Eine gantz neue Stadt und Vestung in foro bey Julii Aquilejæ: so Anno 1593. von den Venedigern zu bauen angefangen/ und Anno 1595. vollendet worden. Ligt zwischen Wayden und Aglar oder Aquileja gantz eben. Zu unterst im Fundament ward ein abgedruckte Müntz/ oder Schau-Groschen/ von sieben Metallen zugerichtet/ unter dem ersten Stein gelegt/ mit einer Uberschrifft/ auff der einen Seiten/ darauff S. Marx mit dem Schwerdt: Anno Domini 1593. Paschale Ciconia Duce Venetiarum: &c. Auf der andern Seiten darauff die Stadt Palma, und darinn ein Creutz darauff diese Wort: In hoc signo tuta, und gerings herum: Fori Julii Italiæ & Christianæ fidei Propugnaculum. Die Stadt ist fein ordentlich und zirckelrund erbauet/ und die Thor/ Pasteyen/ Gassen/ Märckte/ Brunnen/ Häuser und Gärten/ alles fein artlich und gleich außgetheilet: außwendig hat sie neun Pasteyen/ je eine 200. Schritt von der andern/ mit Namen S. Fortunatus, S. Hermocorus, S. Cruce, S. Laurentius, S. Justina, S. Stephanus, S. Maria, S. Clemens, S. Euphemia.

Die Gräben umb die Vestung sind 12. Schritt breit und 12. tieff/ neben den Pasteyen inwendig ein runder Umbgang/ zum Stand im Sturm zugerichtet/ hat nur drey Thor/ aber neun Plätze oder Märckte/ von jedem Bollwerck gehet eine starcke und richtige Gassen/ biß mitten zu dem Centro und Haupt-Platz/ darauff ein starcker und vester Thurn stehet/ aus welchem man in alle neun Gassen/ und auff alle neun Pasteyen oder Bollwerck sehen und streiffen kan/ wie die

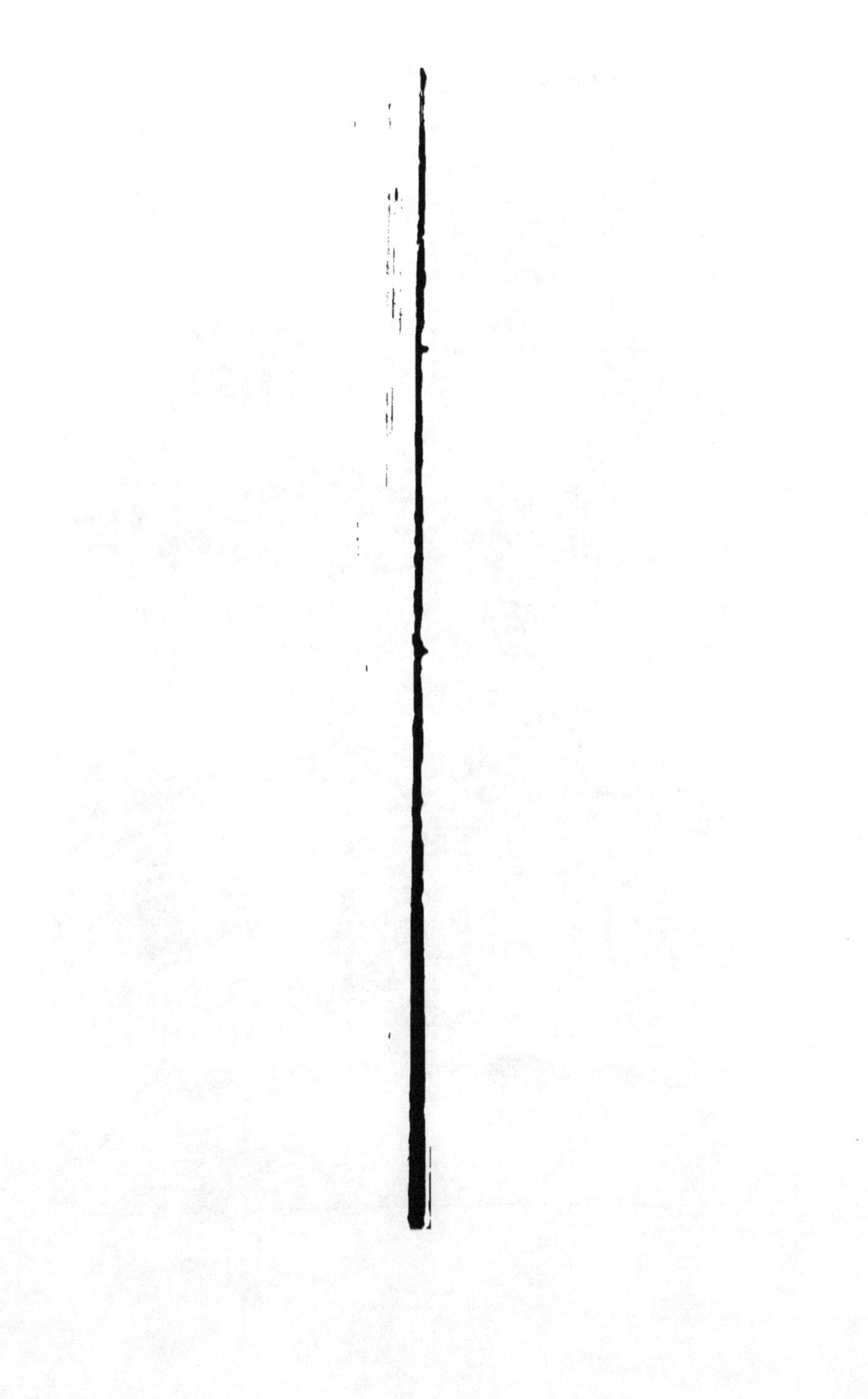

PANO

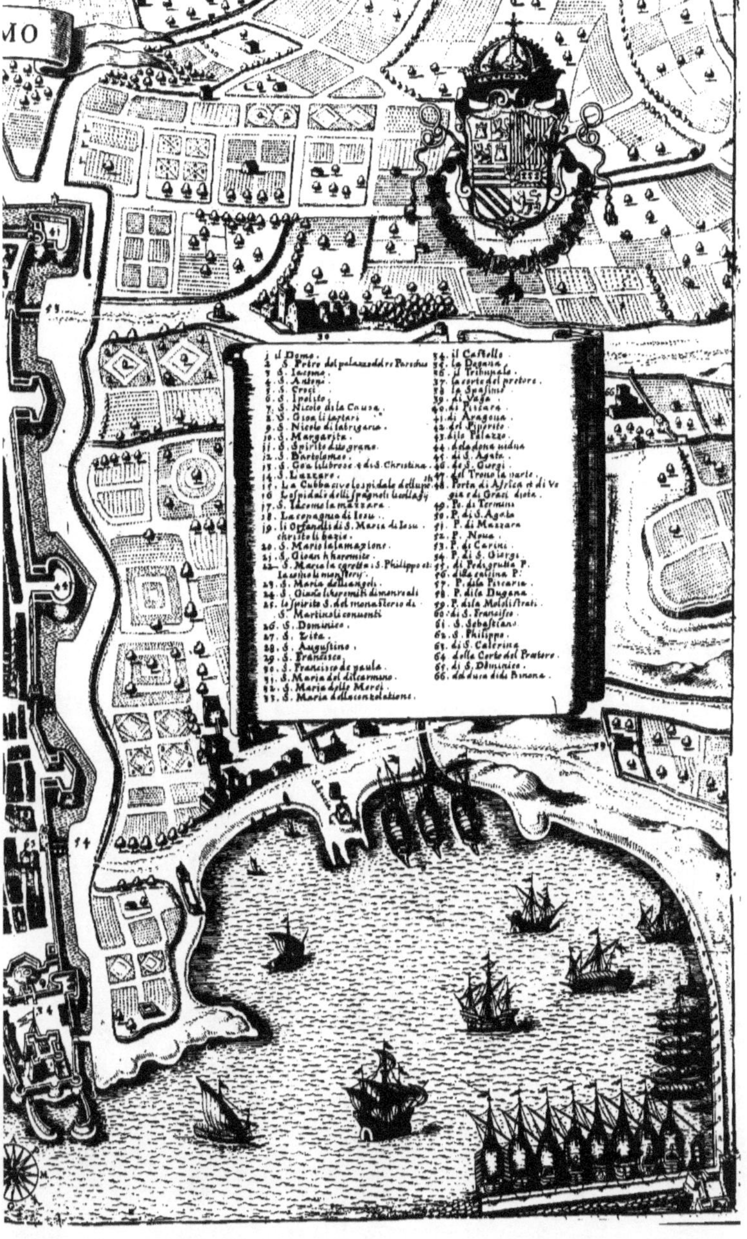
MO
1 il Domo.
2 S. Petro del palazzo del re Parochia
3 S. Iacomo.
4 S. Antoni.
5 S. Croci.
6 S. Ipolito.
7 S. Nicolo di la Causa.
8 S. Gioa li tartari
9 S. Nicolo di latrigaria.
10 S. Margarita.
11 S. Spirito ditto grano.
12 S. Bartolomeo.
13 S. Gioa li libroso e di S. Christina.
14 S. Lazzaro.
15 La Cubba sive lo spidale delli....
16 Lo spidale delli spagnoli
17 S. Iacomo la mazzara.
18 La copagnia di Iesu.
19 li Orfanelli di S. Maria di Iesu christo li bazie.
20 S. Mario la lamazione.
21 S. Gioan li heremite.
22 S. Maria la carella i S. Philippo et la ... li monstery.
23 S. Maria delli angeli.
24 S. Gioan li heremiti di monreali
25 lo Spirito S. del monastero di S. Martino li conuenti
26 S. Dominico.
27 S. Zita.
28 S. Augustino.
29 S. Francisco.
30 S. Francisco de paula.
31 S. Maria del dilcarmino.
32 S. Maria delle Merci.
33 S. Maria della ...
34 il Castello.
35 la Dugana.
36 il Tribunale.
37 la corte del pretore.
38 la Spasimo
39 di Vaga.
40 di Piscara.
41 di Aragona.
42 del Piperito.
43 dilo Palazzo.
44 dela dona uidua
45 di S. Agata.
46 de S. Giorgi.
47 del Trono la parte.
48 Porta di Africa et di Vegia e di Graci ditta.
49 Po. di Termini
50 P. di S. Agata
51 P. di Mazzara
52 P. Noua.
53 P. di Carini.
54 P. di S. Giorgi.
55 di Pedegrutta P.
56 dilla calcina P.
57 P. dila Piscaria.
58 P. dila Dugana.
59 P. dila Molo li Strati.
60 di S. Francisco.
61 S. Sebastiano.
62 S. Philippo.
63 di S. Caterina
64 della Corte del Pretore.
65 di S. Dominico.
66 dal dura dida Binona.

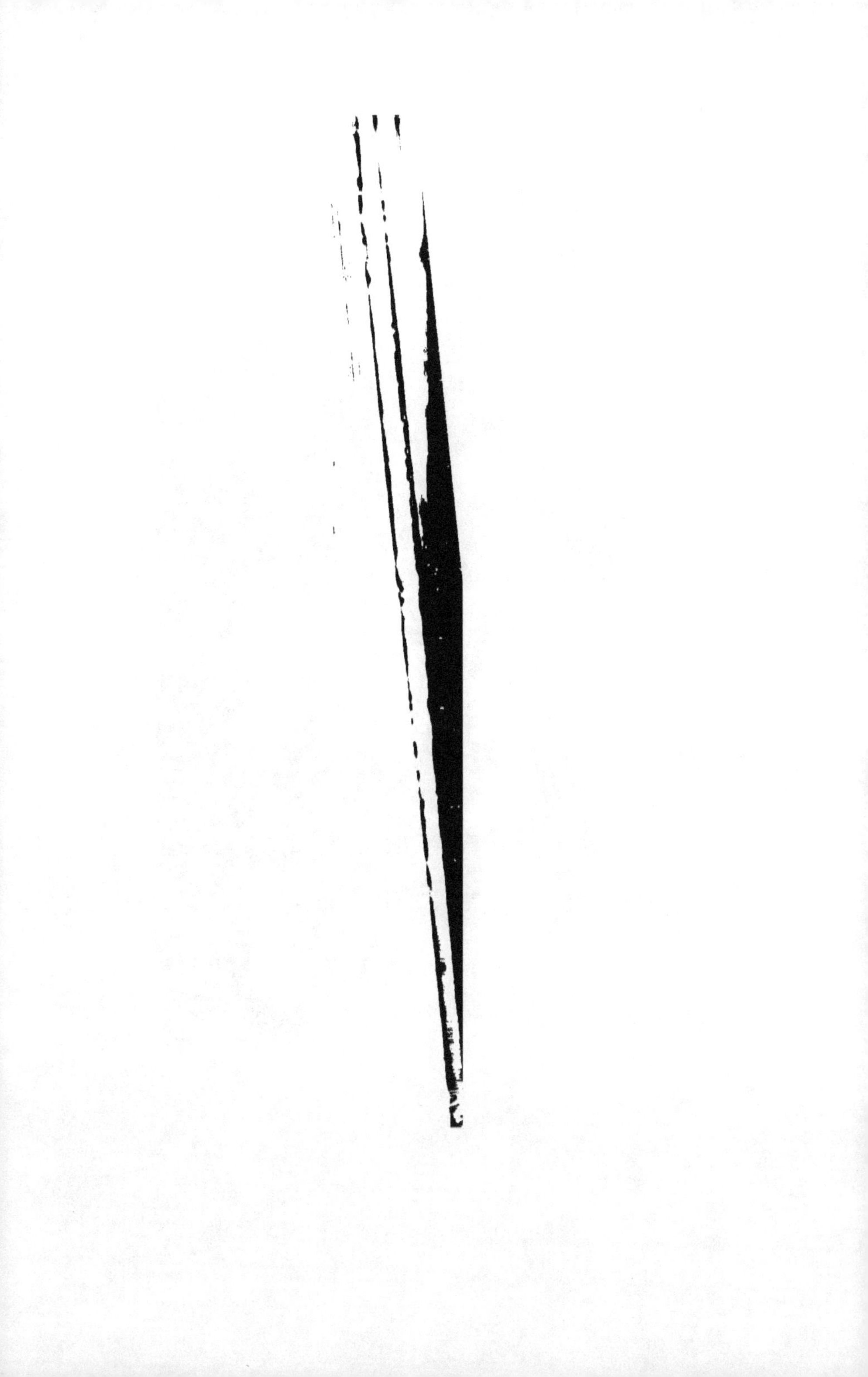

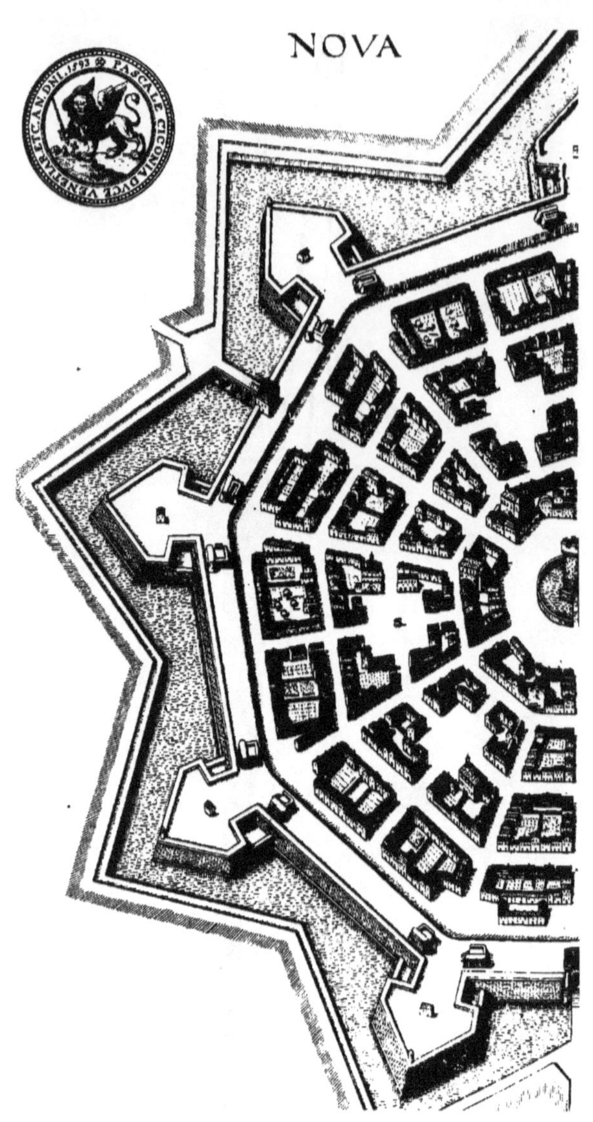
NOVA
PASCALE CICONIA DVCE VENETIAR. ETC. AN. DNI. 1593

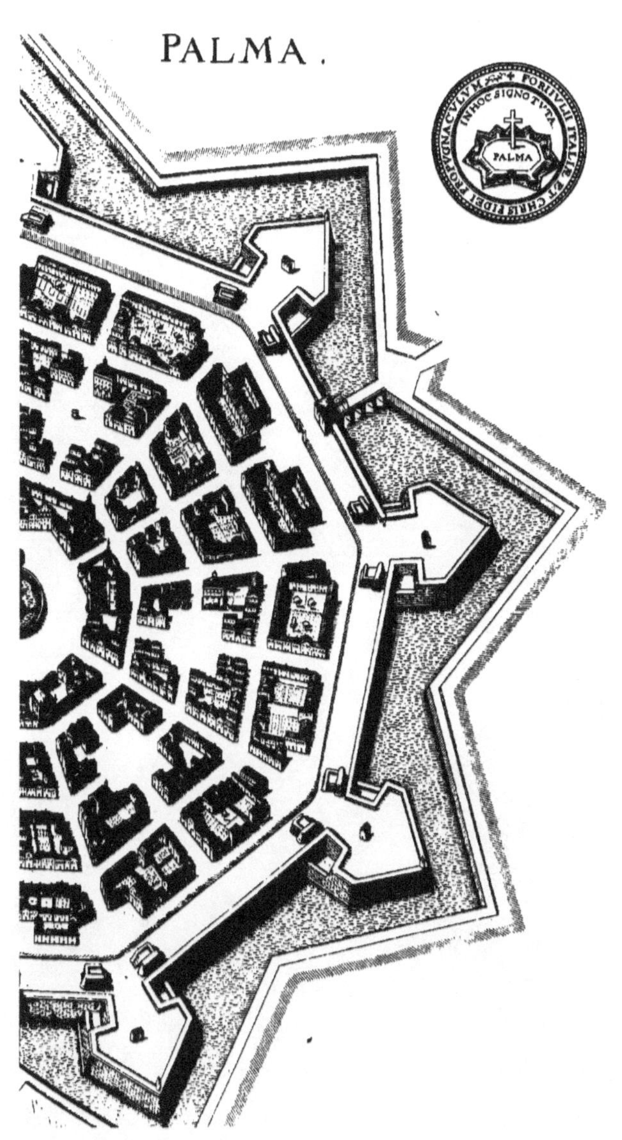
PALMA.
FORIIVLII ITALIAE ET CHRIS FIDEI PROPVGNACVLVM
IN HOC SIGNO TVTA
PALMA

PARMA
Porta noua.
Fiume Lenza
1. il Domo.
2. il Batisterio.
3. S. Giouanni.
4. S. Francesco.
5. S. Paulo.
6. S. Pietro martire.
7. S. Alessandro.
8. la Steccata.
10. il Carmine.
11. S. Chiara.
12. S. Oldersco.
13. S. Saluatore.
14. S. Christophoro.
15. li Cremistrani.
16. S. Maria della gratie.
17. S. Maria Madalena.
18. S. Quintino.
19. S. Sepolcro.
20. S. M. dei Serui
21. S. Catharina.
22. la pace.
23. S. Agostino.
24. S. Dominico.
25. S. Basilio.
26. la Nonciata.
27. Hospitale.
28. Pallazzo della Cita.
29. il Castello.
30. Giardino del Ducca.
31. Palazzo del Ducca.
32. S. Mibele.
Porta S. Michele
67. Piataforma de S. Christofor
68. Rocheta de porta noua.
69. Beloardo de S. Francesco.
70. Belo: del Principe.
71. Piataforma de S. Dominico.
72. Piataf. de S. Croce.
73. Beloardo del Cornochio.
74. Piataforma del Cornachin.
Porta S. Barnaba.

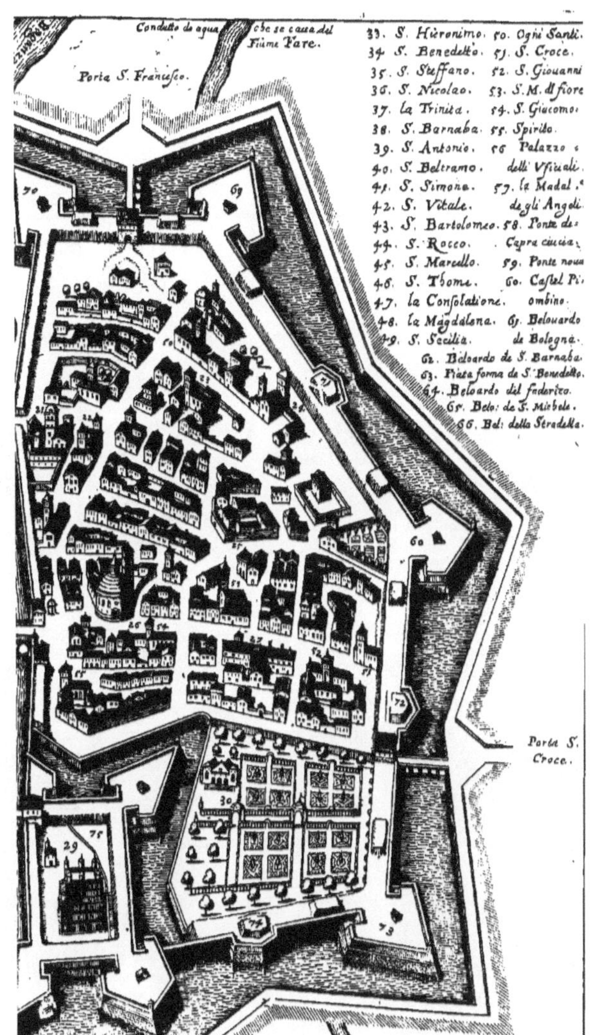

Condutto de aqua
che se caua del Fiume Fare.
Porta S. Francesco.
Porta S. Croce.
33. S. Hieronimo.
34. S. Benedetto.
35. S. Steffano.
36. S. Nicolao.
37. la Trinita.
38. S. Barnaba.
39. S. Antonio.
40. S. Beltramo.
41. S. Simone.
42. S. Vitale.
43. S. Bartolomeo.
44. S. Rocco.
45. S. Marcello.
46. S. Thome.
47. la Consolatione.
48. la Magdalena.
49. S. Secilia.
50. Ogni Santi.
51. S. Croce.
52. S. Giouanni
53. S. M. dl fiore
54. S. Giacomo.
55. Spirito.
56 Palazzo delli Vfficiali.
57. la Madal.ª degli Angeli.
58. Ponte de Capra ciucia.
59. Ponte noua
60. Castel Piombino.
61. Belouardo de Bologna.
62. Beloardo de S. Barnaba.
63. Piata forma de S. Benedetto.
64. Beloardo del federico.
65. Belo: de S. Michele.
66. Bel: della Stradella.

Contrafaytung außweiset. Andere schreiben / daß es ein stattlicher Brunn sey / welcher unrecht vor einen Thurn angesehen werde: Anfangs als sie erbauet wurde / stunde wol etwas dergleichen da / aber jezt nicht mehr.

Die Häuser darinn seynd schön gebauet / und die Gassen weit / die Gräben voll Wassers / 30. Schritt breit und 12. tieff. Sie soll ihres gleichen weit und breit nicht haben / wiewol etliche vermeinen / daß man ihr mit Schwellung des Wassers / so daselbst läufft / zukommen könne. Der ganze Begriff an dieser Stadt ist 600. Schritt.

Solche Vestung soll 2. tausend mal tausend Cronen zu erbauen gestanden seyn / und jährlich ein Tonnen Goldes zu erhalten kosten. Und hat die Stadt aus Friaul 25. tausend Ducaten Einkommens / ausser des Extraordinari.

Parenzo.

Diese Stadt ligt 6. teutscher Meil von der Stadt Pola in Istria, auff einer Halb-Insul / fast ganz und gar mit dem Meer umgeben / ist vest / und hat starcke Friaul jährlich Thürn und Mauren / auch einen guten Meer-Port / und einen Bischoff.

Parma.

Eine grosse / schöne / wolbevestigte und überaus lustige Stadt / der Herzogen von Parma Residenz / ligt in Gallia Italiæ, in einer schönen Ebne / auf der Strassen Æmilia, 5. Meil vom Berg Apennino, darzwischen und der Vorstadt / so gegen Abend ligt / der Fluß Parma rinnt / davon die Stadt den Namen / welcher sie in zwey Theil theilet / und gehet über denselben eine schöne steinerne Brücke. Es gedencken dieser Stadt Cicero, Livius, Strabo, Columella, Plinius, Ptolomæus, Martialis und andere. Sie ist hernach Colonia Julia Augusta Parma genannt worden / welches ein alter Stein bekräfftiget. Wer diese Stadt gebauet / haben die Scribenten ungleich berichtet: Sicardus Cremonensis will / sie sey vom Chrylo Trojano des Pallantis Gefehrten / zur Zeit der Richter in Israel erbauet / und von ihm Chrysopolis, oder eine güldene Stadt genannt worden: Leander Alberti schreibet / sie sey von den Thuscis, welche Völcker dieses Land lange besessen / erbauet worden. Vid. Huffmanni Lexic. Univers. pag. 102. tom. 2. Sie hat 4. Meilen in ihrem Umkreiß / und wie Schotus schreibet / bey 22000. Seelen. Die Gassen seynd gerad und weit / die Mauren umb die Stadt seynd sehr starck / das Land edel und sehr fruchtbar / an Getreid / geschmackten Früchten / herrlichen Wein und andern Sachen.

Auf einer Seiten und nahe an der Stadt hat es eine gewaltige neue Vestung / von Ziegelsteinen auffgemauret / welche mit groben Geschütz und einem wolaußgerüsteten Zeughauß versehen.

In der Stadt hat es gar schöne Gebäu und Pläze / darunter des Herzogs Palast / ein herrlich und schönes Gebäu / wohl werth zu besichtigen / in welchem herrische Zimmer / sonderlich ein grosser Saal / so wohl hundert Schritt lang / und 50. breit / wie ein Theatrum ist / darinnen die Comödien gehalten werden.

Die Lufft ist sehr gut und lieblich / und saget Plinius, daß allda zu seiner Zeit unter den Käisern Vespasianis Leute in Parma gelebt / so 120. auch 130. Jahr alt worden; daher auch viel vornehme Herren und ein grosser Adel sich allda auffhält; auch hat Anno 1599. Herzog Rainucius eine hohe Schul allhie auffgerichtet. Henznerus sagt / daß allhie die Haupt-Kirche / oder der Thum dieser Stadt sehr schön und köstlich erbauet / worinn ein runder Tauffstein / und S. Johannis Kloster / darinn schöne und fürtreffliche Gemählde wohl zu sehen, zu welchen Stücken Schotus die Kirch della Steccata genannt / thut / so von schöner Architectur ist / und in welcher auch schöne Mahlerstück zu sehen / ingleichen einen Brunn von springendem Wasser hat. Schotus lib. 4. monument. Ital. fol. 395. lobet das Benedictiner-Kloster / bey dem auch die Epitaphia dieser Stadt zu lesen.

Bey den Capucinern ligt Alexander Farnesius, Herzog von Parma, der in den Niderländischen Kriegen sich Welt-bekant gemacht / den Lanovius den fürnehmsten Capitain der Christenheit genannt. Vid. Lansius in Orat. pro Italia p. m. 160. und von dem Petrus Matthæus lib. 1. narrat. 4. gesagt hat: Jamais Capitaine n' eust plus de jugement en la conduite d' une Armeé, ny plus de Justice en la discipline militaire. Nullus unquam Capitaneus aut majus judicium in gubernando exercitu; aut majorem justitiam in disciplina militari tenuit. Das ist: Kein Capitan hat jemahls mehr Wiz und Verstand ein Kriegs-Heer zu führen / noch mehrere Justiz in der Disciplin bey den Soldaten / als dieser / gehabt und gehalten. Sein Grabschrifft allhie / bey dem Eingang der Thür / lautet also:

Alexander Farnesius, Belgis devictis, Francisque obsidione levatis, humili hoc loco ejus cadaver reponeretur, mandavit, tert. Nonas Decembr. M. D. XCII. Et ut secum Mariæ Lusitan. Conjug. opt. ossa jungerentur, illius testamentum secutus annuit.

Allhie ist auch eine Glocke von unglaublicher Grösse / welche jederman mit grosser Verwunderung ansihet / von der die Parmisaner eine seltzame Fabel erzehlen; ingleichen der Lust-Garten / worinnen überaus schöne Brunnen / Grotten und Wasserwerck seynd. Besihe C. Ens in deliciis apodem. per Ital. p. 69.

Nicht weit von des Herzogs Palast hat er einen grossen Marstall / darinnen über hundert Reit-Pferde neben noch so viel Gutschen-Pferden und Kleppern zu sehen.

Die Inwohner sind höfflich und freundlich gegen die Frembde / auch geschickt und anschlägig; von denen Scaliger also schreibet:

Inventum mediis præclarum nomen in armis,
Prædita quo sit gens ignea Marte docet.
Ingenium rapidum facili flammatur ab ira,
Sed viget in patulo pectore purus amor.
Magnanimo pretium est non displicuisse pudori,
Hoc satis, officiis cedere turpe putat.

Man macht hierum / wegen der guten Waide / sehr viel Käse / welche in der ganzen Welt bekandt / und vor andern im hohen Werth gehalten werden / und zwar in solcher Grösse / daß mancher wol 6. Spannen in seinem Diametro hat / und zwey Männer einen von den Boden auffzuheben zu thun haben. Man bäcket auch allda schön Brodt. Uberdiß gibt es auch allhier herrliche Wolle / deren Martialis gedencket lib. 14. Epigramm. 155. in diesen Worten:

Velleribus primis Apulia; Parma secundis
Nobilis.

Und wird daher die Stadt nicht unbillich unter die fürnehmste in der Lombardey / sondern auch wegen ihres Reichthums und Uberflusses an allen Sachen unter die edelste des gantzen Welschlandes gerechnet. Cluverius schreibt lib. 1. Antiqu. Ital. cap. 28. daß / ehe die Stadt an die Römer kommen / sie die Boji, ein Gallisches Volck beherrschet. Im Jahr der Stadt Rom 569. ist dahin von Rom eine Colonia geführet worden / wie Livius lib. 39. bezeuget. Als das Römische Reich abgenommen / hat sie sich / wie andere Städte / auch in die Freyheit gesetzt. Eine Weile ist sie unter den teutschen Käisern / eine Weile unter den Päbsten gewesen / wie sie dann dem Pabst wider Käiser Fridericum II. beygestanden / und deßwegen eine langwierige Belägerung erduldet / auch einen gewaltigen Sieg wider den Käiser erlanget hat / wie beym Blondo decad. 2. libr. 7. fol. 295. Sabellico Ennead. 9. libr. 6. fol 752. und andern zu finden ist. Hernach hat sie unterschiedliche Herren / und unter denselben auch die Scaligeros von Verona, die Fürsten zu Meyland und Ferraria, die Könige aus Franckreich und die Römische Kirch gehabt / biß Anno 1545. Pabst Paulus III. seinen Sohn Pet. Ludovic. Farnesium zum Hertzogen von Parma und Piacenz gemacht / welchem / als er Anno 1547. umbgebracht ward / sein Sohn Octavius succediret hat / bey dessen Nachkommen solche biß daher verblieben.

Dieser Hertzog ist wegen Parma und Piazenza, des Pabsts Lehen-Mann / weil ihm / wie gedacht / solche Ort zun Zeiten Käisers Caroli V. vom Pabst zu Lehen gegeben worden / dafür er jährlich / wie Thomas Segethus aus Onuphrio schreibet / der Römischen Kirchen 10. tausend Cronen bezahlen soll. Er wird gleichwol wegen Piazenza, so aus Ursachen / die Joan de Laet beybringet / zum Hertzogthum Meyland gezogen werden will / angefochten; dahero es uff Absterben der Farnesiorum deßwegen zwischen dem Pabst und Spanien Uneinigkeit geben dürffte / wiewol der Hertzog selber in Frantzösischer Bündnüß wider Spanien begriffen / und in Waffen gewesen ist / aber von Franckreich verlassen / sich solcher wieder abgethan hat. Bey besagtem Thoma Segetho stehet / daß der Hertzog von Parma jährlich 200. tausend Cronen; und von dem Fürstenthum di Castro und Rossiglione, so auch geistliche Lehen / und andern Orthen / nahend der Stadt Rom 60. tausend Cronen habe. So besitze er auch im Königreich Neapolis etliche Ort / und habe vom Hertzogthum Meyland 16. tausend Cronen / die König Philippus II. aus Spanien seiner Bastart Schwester Margarethæ, Hertzogs Octavii von Parma Gemahlin / vor diesem geordnet habe; und bekomme er auch über das noch von Spanien zur jährlichen Provision 12000. Cronen / also daß sein Einkommen des Jahrs sich uf die 300. tausend Cronen belauffe / und er keine Schulden habe.

Pavia, Papia, Paphy, Ticinum.

Ist eine Stadt in Gallia Cisalpina oder in der Lombardy / am Wasser Ticino oder Tessin gelegen / über den eine herrliche steinerne / gantz bedeckte Brücke von 260. Schuh gehet / soll zur Zeit des Königs Darii der Meder und Persier von den Gallis Senonensibus erbauet worden seyn. Es gedencken dieses Ticini Tacitus Annal. libr. 3. & histor. libr. 2. und Procopius in Gothicis hin und wieder. Sie ist hernach ein Römisch Municipium, und sonderlich berühmt worden / als die Gothen und Longobarden allhie ihre Residentz hatten. Plinius schreibet lib. 3. cap. 17. daß sie von den Lævis und Maricis sey erbauet worden / so nicht Ligures, sondern Gallier gewesen / Attila hat sie erobert / und hernach auch Odoazer, der Herulen König / der sie außgeplündert / die Mauren nieder gerissen und verbrennet hat. Die Longobarden haben sie hernach mit Gebäuen schön gezieret / wie beym gedachten Paulo Diacono zu lesen. Den Christlichen Glauben hat sie von S. Syro, von Aquileja, angenommen.

Sie ligt gar wohl / und ist ein Schlüssel zur Lombardy / lange hat sie sich an das Reich gehalten / und an desselben Verweser / nemlich die Visconten uñ Hertzogen von Meyland / biß dieselbe diese Stadt ihnen gantz eigen gemacht haben / daher sie jetzt auch dem König in Spanien / als einem Hertzogen zu Meyland gehörig ist.

Von dem herrlich gesunden Wein und andern fürtrefflichen Gaben / des lustigen fruchtbaren Bodens / hierumb / wie auch von allerhand denckwürdigen Sachen kan Bern. Saccus in seiner Historia Ticiensi lib. 5. cap. 4. 5. 6. gelesen werden. Besihe auch was Liuthprandus Ticinensis Ecclesiæ Levita hin und wieder in seinen Historien von dieser Stadt schreibet.

Die Stadt ist ziemlich vest / mit Wällen / Mauren / Gräben und Bollwercken wol versehen / und auf der einen Seiten vom gemeldten Fluß Ticino beschützet; in der Stadt ligt ein ziemblich vestes / und ins gevierdt gebautes / auch mit starcken Thürnen wol versehenes Schloß / woraus die Stadt kan beschützet werden / welches Johan. Galeacius, samt obgedachter Brücken angeleget hat.

Diese Häuser sind nidrig / und nicht auf die Arth / wie in andern welschen Städten; aber die Gassen seynd gerad und breit. Die hohe Thürn / deren da viel / seynd noch von den Longobarden übrig. Unter den Gebäuen seynd die fürnehmste die 2. Collegia oder Palatia für die Studenten / eins vom Pabst Pio V. das andere vom Cardinal Borromæo aufs prächtigste erbauet. Denn es ist allhie eine berühmte hohe Schul / die Carol. IV. der Käiser Anno 1361. wie Schraderus und Henznerus schreiben / angeordnet hat; wiewol andere / und darunter auch Schotus die Stifftung derselben Carolo M. zumessen.

Sonsten seynd allhie zu sehen 1. das Kloster S. Claræ, vom König Parthariro, wie Schraderus, Schotus und Pflaumerus melden / erbauet.

2. D. Mariæ Perticalis Kirchen / oder ad Perticam, oder dalle Pertiche, so die Königin Theodelinda, wie Schraderus, Schotus und Henznerus schreiben; oder die Königin Rodelinda, wie Saccus lib. 9. hist. Ticin. c. 16. und Pflaumerus sie nennen / hat auffrichten lassen.

3. S. Petri in Cœlo aureo; welche Kirch und Kloster König Luitprandus gestifftet / vid. Paulus Diaconus lib. 6. c. 17. Saccus lib. 10. c. 2. & 3. Et Chronic. Bergomens. lib. 6. fol. 69. allda deß H. Augustini Cörper / den gedachter König aus Sardinia hat bringen lassen / in einer besondern Capellen / und in einem schönen marmorsteinem Grabe ruhet. Es ligt auch da Boët. Severinus gar schlecht begraben / dessen Grabschrifft Pflaumerus p. m. 584. setzet: und von ihm insonderheit besagter Saccus zu lesen ist.

4. Die Dominicaner-Kirch / so fast die schönste allhie seyn soll.

5. Im Thum weiset man einen grossen schweren Spieß / den man vor des Orlandi außgibt / welches aber vielgedachter Pflaumerus für eine Fabel hält / der auch von der Statua zu Pferd / so vor dieser Kirchen uf dem

TICINVM
Porta
Noua
TIC

Porta S. Maria ad Iectica
PAVIA.
1. Collegiu Pij Quinti.
2. Colleg. Cardi. Borromæi.
3. Templ. Cathedrale.
4. S. Petri Augustinianoŭ.
5. Turris Boetij.
6. S. Maria ad Perticam.
7. S. Claræ.
8. PP. Dominicanorum.
9. Carmelitarum.
10. Franciscanorum.
11. Arx.
12. PP. Societatis IESV.
13. Palatiu Episcopi.
14. Curia.
15. S. Theodori.
16. S. Primi Ord. Seruitaru.
17. S. Michaelis.
18. S. Felicis mon.
19. Scholæ.
20. S. Laurentio.
Porta S. Iustina.
INVS FLVUIVS

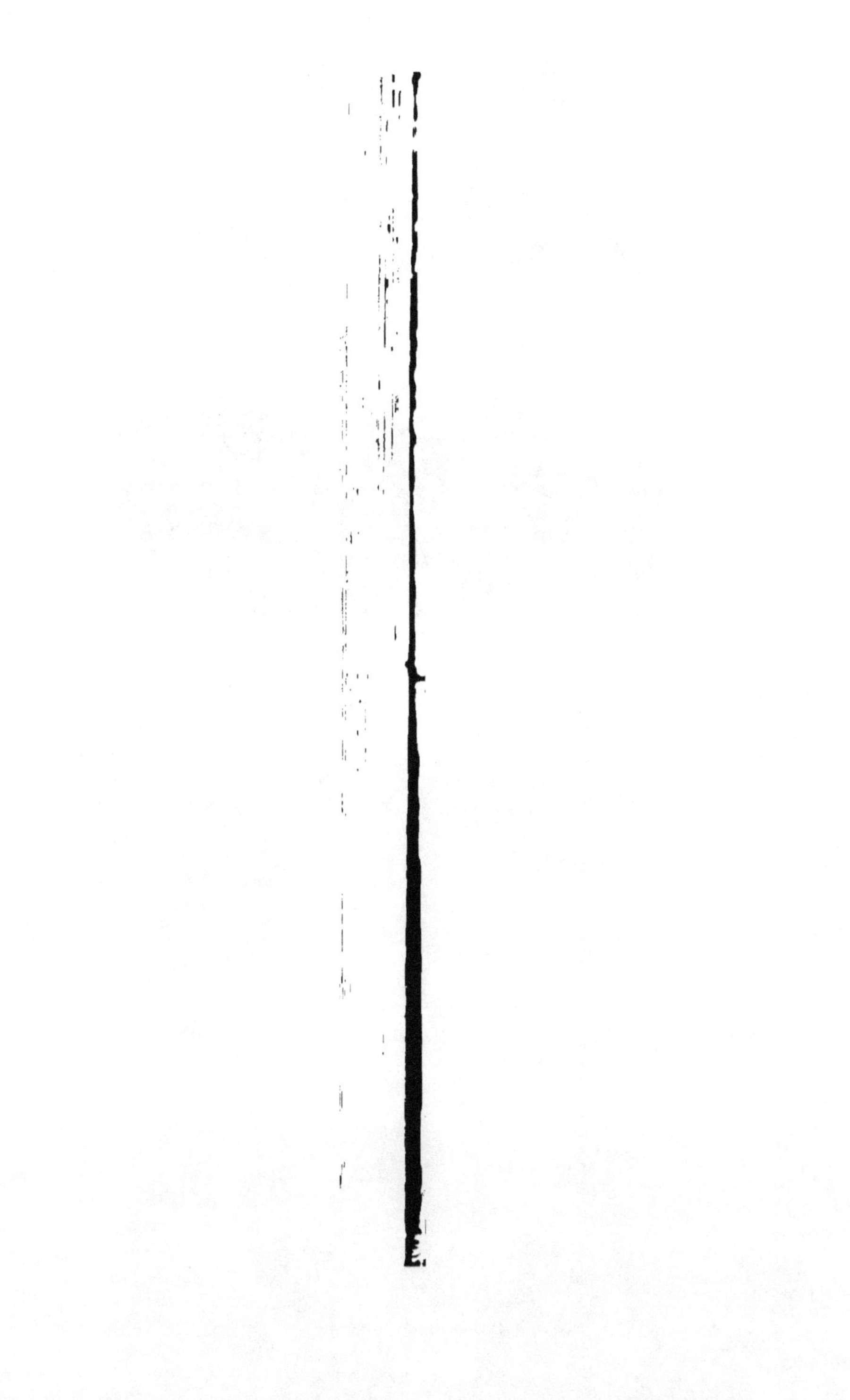

PERV

IA

Platz stehet / von Ertz ist / und Regisole genannt wird / aus gemeldtem Sacco, Item / Jovio und andern pag. 587. seqq. weitläufftig schreibet.

6. In S. Francisci Kirchen wird des Baldi JC. Bildnüß und Monument gesehen / dessen Epitaphium gemeldte Schraderus fol. 356. und der von Pflaumern pag. 590. setzen. Besihe auch Chytræum am 290. und folgenden Blat. Jason aber ruhet zu S. Jacob in der Vorstadt / dessen Grabschrifft unterschiedlich gesetzt wird / wie bey den gesetzten Autorn zu lesen. Es ligt auch allhie bey S. Francisco Franciscus Curtius Senior JC. Item Franciscus Hertzog von Lothringen und Ricardus de la Pole Hertzog von Sufolck in Engeland.

In S. Epiphanii Kirchen hat sein marmorsteinern Grab Andreas Alciatus JC. und im Thum / wie Franciscus Swertius pag. 180. und Schraderus lib. 4. Monum. Italiæ fol. 355. bezeigen / ligt Michael Ziglerus, so Anno 1564. in dem Tesino gebadet und ertruncken ist; in dessen Epitaphio auch diese Verß gelesen werden:

Suevia me genuit, rapuit Ticinus, habet nunc
Urna brevis. Calidis te lave Lector aquis.

Obgemeldter Galeacius hat auch allhier einen grossen Thiergarten / welche 20. welsche Meilen in sich begriffen / und mit einer Mauren umbfangen gewesen / gebauet / und zu einer Hoff-Jagd gemacht. Es ist noch etwas von der Ziegelsteinern Maur zufinden / damit die lustige Wälder eingefast / und die Thier verwahret gewesen. In diesem Barco ist König Franciscus I. aus Franckreich im Jahr 1525. gefangen / und nach Spanien Käiser Carolo V. zugeschickt worden.

Was vor alte Gebäu in der Stadt gewesen / sind fast alle durch Krieg zu grunde gangen / ausgenommen die hohe Schul / die noch anzeigt / wie es so ein herrlich Wesen vorzeiten in dieser Stadt ist gewesen.

Perusia, Perusium, Perugia.

Ist eine alte / vornehme / ziemlich grosse und volckreiche Stadt / in dem Hertzogthum Spoleto, und dem Pabst gehörig / welcher auch allhie einen Legaten hat / der die Stadt regieret / ist vorzeiten sehr berühmt und mächtig / auch eine aus den zwölff Haupt-Städten Etruriæ gewesen / deren Plinius, Livius, Tacitus, Ptolomæus, Strabo, Dio, Diodorus, Appianus und andere gedencken. Besihe von Erbauung dieser Stadt Marium Podianum beym Johann. Jacob. Hoffmann. Lexic. Univers. tom. 2. pag. 128. seqq. Sie ligt auff einem Hügel / so von Wein / Oel und allerley Früchten glückselig ist / und seynd unten herumb feine Thäler / ist wol bevestiget / und mit einem stattlichen und weitem Schloß vom Pabst Julio III. versehen / daraus nicht allein die Stadt beschützet / sondern auch die Bürger im Gehorsam können erhalten werden; wie solches auch die Schrifft / so Laur. Schraderus und Casp. Ens setzen / außweiset. Hat ein trefflich Zeughauß / und darinn eine grosse Anzahl groben Geschützes. Das gröste Stück wiegt 11452. Pfund.

Vorhier ist Baldus der berühmte Jurist bürtig gewesen: und hat Bartholus allhie gelebet / der auch in S. Francisci Kirchen sein stattlich Begräbnüß hat / darbey diese Wort mit grossen Buchstaben stehen: OSSA BARTOLI. Vid. etiam Valent. Forst. lib. 3. histor. Jur. Civ. Rom. cap. 27. Was sonsten von ihme auff einem alten Stein gelesen wird / das hat Schraderus lib. 3. monument. Ital. fol. 272. der auch die Epitaphia, so hin und wieder allhie zu lesen / fleissig auffgezeichnet hat: da dann unter andern bey S. Lorentzen dieses gelesen wird:

Siqua solet proprio gaudere puella decore,
Quid mea sors possit nunc ego sola querar:
Forma dedit multis famam laudemque puellis;
At mihi de falsa suspicione necem:
M. CCCC. LXXX.

Besihe hievon auch Phil. Camerarium cent. 2. medit. histor. cap. 34. Fr. Sweertium in select. Christiani orbis deliciis pag. 121. und Zeilleri Theatrum tragicum histor. pag. 152. Es seynd allhier auch etliche feine Kirchen / darunter die fürnehmste zu S. Petro, so mit marmorsteinern Säulen untersetzt / und die Wände gar schön gemahlet seynd.

Die Haupt-Kirche zu S. Lorentzen ist zwar gar finster; es ist aber daselbst in der Sacristey des H. Lucæ Evangelium auff Rinden mit güldenen Buchstaben geschrieben / wie auch des H. Herculani Bischoffs allhie / so unter Totila umbbracht worden / marmorsteinern Monument / wie gemeldte Schraderus und Casp. Ens schreiben; die auch von zwey ährinen Statuis des Pabsts Leonis X. und Julii III. melden. Henznerus sagt / daß in gedachter Sacristey die Päbste Martinus IV. Innocentius III. und Urbanus IV. ligen / und davor des Pabsts Julii II. Statua von Messing / samt einem steinern Brunn gesehen werden; aber Pflaumerus will / daß solche ährine Statua des gedachten Pabsts Pauli III. sey; der auch sagt / man melde / daß daselbst der H. Jungfrau Mariä Vermählungs-Ring auffbehalten werde; und daß nicht weit von der Kirchen des Pabsts Legat / so die Stadt regieret / seinen Palast habe.

Des H. Augustini und S. Dominici Kirchen seynd auch zu sehen; und hat die letzte eine stattliche Bibliothek / und den höchsten Thurn der Stadt.

Das Academi-Hauß / darinn die Professores der hohen Schul lesen / ligt an einem bequemen Ort / und ist wol gebauet / bey dessen Thor eines Pabsts Statua zu sehen / die Henznerus für steinern und des Pabsts Sixti angesehen; Pflaumerus aber von einer ährinen schreibet. Es gibt allhie Teutsche und Frantzosen / deren Rectores man Priores nennet / die sich einerley Matricul gebrauchen: und findet man sonst nirgends / daß die Teutschen und Frantzosen also miteinander vereiniget wären.

Neben der Jesuiter Collegio gibt es auch sonst drey Collegia, so der studirenden Jugend zum besten angerichtet worden / als da seynd / das Collegium Bartolinum und die Collegia Sapientiæ vetus & novum. Beym gemeldten Schradero und Casp. Ens stehet / daß im alten Collegio viertzig Studenten sieben Jahr lang / einer umb sechzig Cronen unterhalten werden: im Bartolino seynd zwölff / als von Perugia acht / von Genua zwey / und von Luca auch zwey. Es hat allhie hohe und stattliche Gebäu / und seynd die Gassen mit Ziegelsteinen gepflastert. Offtgedachter Henznerus meldet / daß diese Stadt an dem See gelegen / so von ihr Lacus Perusinus genannt werde. Schraderus setzet ihn zwey Meilen von der Stadt: und Pflaumerus in Beschreibung der Stadt Siena sagt / daß er mehr als acht tausend Schritt von hinnen abgelegen / aber gleichwol von dieser Stadt il Lago di Peruga genannt werde / weil keine andere fürnehme

Stadt in der Nähe sey. Besiehe hievon Leandrum in Hetruria Mediterranea, der imgleichen von dieser Stadt / was sie vor Herren gehabt / und außgestanden / biß sie an den Pabst kommen / weitläufftig berichtet.

Pesaro.

Diese Stadt wird Lateinisch Pisaurum genannt / deren Cæsar, Cicero, Catullus, Livius, Mela, Plinius, Plutarchus und andere mehr gedencken. Sie hat den Namen von dem Fluß Foglia, so vom Abend vorbey fliesset / ist ein berühmtes Wasser / und vorzeiten Pisaurus genannt worden. Besihe Aggenum in lib. de controvers. agrorum s. limitum, Vibium sequestr. in Catalogo fluminum, und vielerwehnten Philipp. Cluverium libr. 2. cap. 5. fol. 605. Wird von theils zu Umbria, von den meisten aber zu der Marca Anconitana gerechnet. War vorhin des Hertzogs von Urbin, jetzt ist sie des Pabsts; eine sehr schöne / wolerbaute / volckreiche und veste Stadt / mit gemaurten Bollwercken umbgeben / allda es einen Meer-Haven hat / der aber ziemlich schlecht / mit Sand und Kieß angefüllet / und nicht tieff ist / daher dann auch nur die kleineren Schiff in denselben einfahren mögen; und ist dannoch eine gewaltige Handel-Stadt / dahin aus unterschiedlichen Provintzien zu gewissen Jahres-Zeiten viel Kauffleute kommen / und durch die Esel theils Waaren dahin tragen lassen. Hat schöne Gassen / Kirchen und Klöster; und an einem Eck am Meer-Gestad ein Castell. Es schreibet gleichwol Schikardus, daß dabey nahend ein Berg gelegen sey.

Der Palast der gewesenen Hertzogen von Urbin ist sonderlich zu besichtigen / da unter andern und vielen schönen Zimmern fürnemlich ein Saal / so 200. Schritt lang / und 30. Schritt breit ist; allda eine herrliche Bibliothek zu sehen / in welcher ein Breviarium auf Jungfrau Pergament geschrieben / so von vielen künstlichen Gemählden mit Verwunderung besichtiget / und für 12. tausend Cronen geschätzet wird: Item / ein Buch auff Rinden geschrieben / in Syrischer Sprach / und viel andere Arabische / Türckische / und anderer Sprachen Bücher mehr. Nicht weit davon ist ein Gemach / in welchem viel nach dem Leben gemahlte hohe Personen: Item / Abriß von Städten und Landschafften seynd. Unten beym Eingange dieses Palasts ist eine Kunst-Kammer / in welcher mancherley gar curiöse Sachen / insonderheit Fürstliche Rüstungen und Waffen zu sehen gewesen. Im Hoff dieses Palasts ist eine schöne Statua, von weissen Marmor / deren Schrifft / wie auch eine alte bey dem Thor des Palasts / sowol auch die jenige / so bey dem schönen marmorsteinern Brunnen auff den Marckt zu lesen / Henznerus pag. 261. seq. setzet / der imgleichen des Zeughauses / des Fürstlichen / schönen und grossen Marstalls / und des Fürstlichen / prächtigen Lust-Hauses / Lust- und Thier-Gartens eine Meile Weges ausser der Stadt / il Boggio Imperial genannt / gedencket.

Die Landschafft umb diese Stadt ist über die massen von Korn / Wein und Oelwachs / sonderlich an Feigen / fruchtbar. Die Lufft aber allhie ist sonderlich Sommers-Zeit nicht gut / wie Leander und Pflaumerus erinnern; und werden daher die Innwohner nicht alt / wiewol obgedachter Leander solches auch zum theil dem Uberfluß der Früchten zuschreibet / so sie häufig essen.

Wie diese Stadt an das Malatestisch Geschlecht / von solchem aber an die Hertzoge von Urbin kommen / davon kan man auch beym Leandro Nella Marca Anconitana pag. 292. lesen. Von Fossombrone hieher kömt man zu der Enge der Berge / so sehr hoch und erschrecklich / und ist sonderlich ein Stein-Felsen mit Eisen durchbrochen / so über 100. Schuh in der Länge / 12. in der Höhe / und 12. in der Breite hat / und Furlo oder Forulo genannt wird / welches Werck Käyser T. Vespasianus verrichtet hat. Besihe Leandrum, Item Schraderum aus Blondo.

Peschiera.

Auch sonsten Valezza genannt / ist eine von Natur und Menschen-Hand sehr veste Stadt / gehöre der Herrschafft Venedig / ligt im Veronischen Gebiet / und am Gard-See / oder Lago di Garda, allwo der Fluß Menzo aus dem See kommet / ligt 12. Meilen von Verona, und 16. von Mantua. Es wird allhie / wie Cluverius d. l. 1. Antiq. Ital. cap. 26. bezeiget / ein alter Stein gefunden / auff welchem unter andern diese Wort stehen: Collegio Naviculariorum Ardelicensium; aus welchen / wie auch aus der tabula itineraria erscheinet / daß diese Stadt Peschiera vorzeiten Ardelica und Arielica sey genannt worden; daraus das verkehrte Wort Ariolica, durch Unfleiß des Schreibers in die Tabul kommen / und ist allhie das Schiffer-Collegium gewesen.

Piacenza, Piasenza, Placentia.

Derer beym Polybio, Cæsare, Livio, Paterculo, Plinio, Silio, Tacito, Suetonio, Plutarcho, Appiano, Ptolomæo und andern mehr gedacht wird. Es bezeugen auch etliche Historici, daß sie von den Römern sey erbauet / und 28. Jahr vor Christi Geburt eine Colonia dahin geführet worden. Ligt sonsten in der Gallier Lande / die man sonsten Ananes genannt hat. Besihe Cluverium im 27. Capitel lib. 1. Antiq. Italiæ. Sie hat sonder Zweiffel den Namen von der Lustbarkeit / dieweil nicht allein die Landschafft da herumb anmuthig / lieblich und sehr fruchtbar; sondern auch die Stadt selbst jederzeit mit schönen Gebäuen ist gezieret gewesen. Sie hat 5. Meil in ihrem Umbkreiß / und ist der Fluß Pò, oder Padus, wie Schraderus sagt / ohngefehr eintausend Schritt davon. Die Felder / Aecker und Hügel herumb tragen das beste Obst / Getreid / Oel und Wein in grosser Menge. Das ebene Land ist voller Wiesen und herrlicher Weide / und hat es hierumb / wie an andern Orthen dieser Landschafft allerley Wasserleitungen / daher das Vieh da wohl fortzubringen / so der Stadt einen grossen Nutzen trägt / und werden die Käse / so allhie gemacht / wegen ihrer Güte sehr weit geführt. Und schreibt Leander, daß man bißweilen da Käse mache / deren einer zweyhundert gemeine Pfund wäge. Es gibt hierumb auch Saltzbrunnen und Eisenbergwerck / Wälder und Büsch zum Jagen / daher nicht allein grosse Kauffmanschaffe da getrieben wird / sondern auch ein grosser Adel sich allhie befindet / darunter seynd die vornehme Geschlecht Scotta, Landa, Angusciola und andere mehr / so viel Flecken und Gebiet haben / wie Schotus schreibet.

Es

PIACENZA.
1. Castello.
2. il Domo.
3. S. Sisto.
4. S. Lorenzo.
5. S. M. dl Carme.
6. S. Maria dll. Compag.a
7. S. Steffano.
8. S. Siro.
9. S. Antonio.
10. S. Sauino.
11. S. Thome.
12. S. Giouani.
13. Palaz.o di Madama.
14. Palaz.o dl.a cominita.
15. Piazza del Borgo.
16. Piazza grande.
17. Palaz.o de S. Seuerino.
18. S. Paolo.

Porta di Stra lovante
PO

PISA.
ARNO

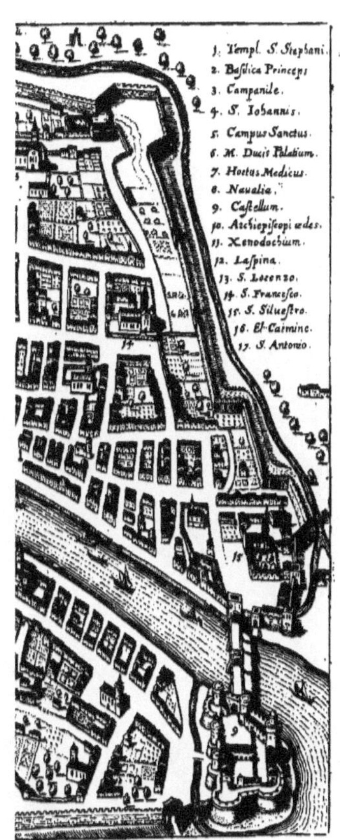
1. Templ. S. Stephani.
2. Basilica Princeps
3. Campanile.
4. S. Iohannis.
5. Campus Sanctus.
6. M. Ducis Palatium.
7. Hortus Medicus.
8. Navalia.
9. Castellum.
10. Archiepiscopi aedes.
11. Xenodochium.
12. La spina.
13. S. Lorenzo.
14. S. Francesco.
15. S. Silvestro.
16. El Carmine.
17. S. Antonio.

Es meldet gleichwol der Herr von Villamont, daß der gröste Theil davon / ob sie sich schon Graffen nennen lassen / nicht 200. Cronen jährlichen Einkommens haben. Gemeldter Schotus sagt / daß sich seiner Zeit auff die 28. tausend Seelen / auch darunter 2000. nur geistliche Personen allhie befunden haben.

Sie soll sonst samt den Gräben 5. Meilen im ihren Umbkreiß haben; und ist auff die jetzige Manier wohl bevestiget / hat auch auff der einen Seiten eine starcke fünffeckigte Vestung / deren halber Theil in, der andere ausserhalb der Stadt stehet. Ist lange frey / hernach unterschiedlichen Herren / sonderlich den Hertzogen von Meyland / den Frantzosen und der Römischen Kirchen unterthan gewesen / wie beym Merula, Corio und andern Italiänischen Historicis zu lesen ist. Jetzt gehöret sie dem Hertzog von Parma. Denn Anno 1545 hat sie Pabst Paulus III. seinem Sohn Petro Ludovico Farnesio gegeben / und ihn zum Hertzog gemacht. Und obwol selbiger hernach von etlichen Placentinischen Edelleuten Anno 1547. umbgebracht worden / und sich die Stadt unter des Käisers Caroli V. Schutz begeben / so ist sie doch wieder an gemeldtes Petri Ludovici Nachkömlinge kommen.

Die Lufft ist gar gesund / daher viel alte Leute diß Orts gefunden werden / und zu des Plinii Zeiten ein Mann / welcher 120. Jahr alt war / so seynd auch auff dem Lande 6. Personen gewesen / deren jede über 110. Jahr alt war / unter allen aber war einer / der das 140. Jahr erreichet hatte.

Man backet auch schönes Brodt / und werden jährlich 4. Messen da gehalten / dahin viel Kauffleute der Wechsel halber zu kommen pflegen.

Von Kirchen ist sonderlich zu sehen 1. die zu S. Augustin, dabey ein herrlich groß und schönes Convent. 2. Santa Maria della Campagna, samt einem ansehnlichen Capital. Die Epitaphia, so hin und wieder in den Kirchen gelesen werden / hat Schraderus lib. 4. fol. 395. seq. Und ist da ein alter / aber herrlicher Brunn / so vom Käiser Augusto den Namen hat. Von hier hat man einen kleinen Spatzier-Weg zu dem lustigen Ort / so Roncalie genannt wird / und beym Pò, oder Pado, in einem gar weiten Felde gelegen ist / allda die teutsche Käiser / wenn sie zur Krönung nach Rom reiseten / still lagen und bißweilen auch daselbst einen Reichs-Tag hielten / wie beym Ottone Frisingensi de gestis Friderici I. Imperat. lib. 2. c. 12. zu lesen. Guntherus beschreibet diesen Ort in Ligurino lib. 2. also:

Est locus Italiæ, modicum sejunctus ab Urbe,
Cui, quia pulchra situ placet, inde Placentia nomen;
Planus & Eridani placido junctissimus amni,
Effundit latos spatioso limite campos.

Hieher nun seynd die Stände / und der Käiserliche teutsche Reichs-Adel in Kriegs-Ordnung gezogen / und haben auf diesem grossen ebnen Feld / allda auf einem hohen Spieß ein Schild auffgehenckt gewesen / sich versamlet / und dann ferner von hinnen mit dem Käiser gegen Rom begeben / und ihre ritterliche Dienste biß an die Tyber-Brück / (darauff viel teutscher Adel in grosser Pomp zu Rittern geschlagen ward) geleistet. Besihe Caspar Lerchen von Dürmstein de ordine Equestri Germanico in fundam. 1. Summar. 59. Ungefehr drey Meilen von Piacenza läufft auch der Fluß Trebia, welcher bey den Römischen Scribenten sehr bekannt / weil Annibal der Carthaginenser Obrist die Römer an demselben geschlagen / nemlich an dem Ort / so Campo morto genannt wird / wie hievon mit mehrerm beym Leandro in descript. Longobardiæ pag. 374. zu lesen.

Pignarolo.

Dieses ist eine starcke / auf einem hohen Berg gelegene Vestung / in Piedmont, die dem Hertzogen von Savoyen zuständig gewesen / welche aber die Frantzosen Anno 1630. durch Accord erobert / und damit den Schlüssel zu dem Delphinat bekommen / welche Stadt und treffliche Vestung auch im folgenden Friedenschluß der Hertzog von Savoyen dem König in Franckreich gegen einem Æquivalent überlassen / allwo der Zeit eine starcke Frantzösische Besatzung ist / und ein wol eingerüstetes / und mit grobem Geschütz wolversehenes Zeughauß hat.

Piombino.

Ligt an dem Toscanischen Meer-Gestad / von dannen noch 10. Meilen in die Insul Elba seynd. Ist eine schöne / volckreiche / und wolerbaute Stadt / und fürtreffliche Vestung / darinnen eine starcke Spannische Besatzung ligt / hat einen guten Meerhafen / welcher / wie auch alle andere / so in Toscana ligen / ausser Livorno, in des Königs in Spanien Gewalt seynd.

Piperno.

Die Lateiner nennen diesen Ort Privernum, nach der alten Stadt Priverno, welche auff 2. Meil von hier umb den Fluß Amasenum, wann man nach Anagnia reiset / gelegen gewesen / allda noch Rudera von sehr grossen Gebäuen gesehen werden. Es gedencken selbiger alten Stadt Virgilius, Livius, und andere. Sie war eine Römische Colonia, so das Römische Bürgerrecht hatte; deren Innwohner Plinius lib. 3. cap. 5. Privernates nennet.

Die neue Stadt ligt 12. Meilen von Terracina, und so viel von Sermoneta, zwischen den Bergen auff einem hohen und felsichten Hügel. Gehöret dem Pabst. Wenn man von hier den Berg herab reiset / kömmt man zum berühmten Kloster Fossa Nuova, und la Badia genannt / allda S. Thomas Aquinas gestorben seyn soll. Blondus in Italia illustrata will / daß allhier das bekannte Forum Appii gestanden sey.

Pisa, Pisæ.

Diese Stadt wird vom Lucano Rutilio, Virgilio, Livio und Cicerone in Plurali Pisæ; bey den Griechischen Autoribus aber / als Strabone, Dionysio Halicarnass. und andern in Singulari, entweder mit einem einfachen oder doppelten S. genannt. Von ihrem Anfang seynd unterschiedliche Meynungen / wie beym Philippo Cluverio zu lesen; welcher lib. 2. Antiq. Ital. c. 2. sagt / daß ihr erster Erbauer viel Jahr vor dem Trojanischen Krieg / die Ligures, ein Cretisches Volck / gewesen seyn / hernach haben solche die Pelasgi besessen. Strabonis Meynung lib. 5. besihe bey Joh. Jac. Hoffmann. Lexic. Univers. tom. 2. pag. 171. Sie ligt bey drittehalb oder drey welsche Meilen vom Meer / zwischen den Flüssen Arno, der durch die Stadt läufft / und Ausere; deß Arni oder l'Arno wird beym Strabone, Plinio, Tacito, Ptolomæo, in Tabula Itineraria, und bey andern gedacht: und fliessen in denselben bey

Pisa vorzeiten besagter Fluß Auser oder Ausar, so ins gemein Serchio genannt wird; aber jetzt fällt solcher 6. tausend Schritt von dem Ostio des Arni in das Meer. Seiner (Auseris) gedencken Plinius, Strabo, Cassiodorus und Gregorius Mag. welcher letzte solchen lib. 3. dialog. 9. Auserem nennet.

Es ist dieses vorzeiten eine mächtige Stadt gewesen / so viel unterschiedliche herrliche Victorien wider die Ligures und Genueser; Item / wider die Carthaginenser / Saracener und Florentiner erhalten / auch die Insul Sidoniam eingenommen / die Stadt Panormum in Sicilia von den Saracenern weggerissen / und andere stattliche Sachen biß auffs Jahr Christi 1281. verrichtet hat / in welchem der Ugolinus, zugenannt Comes Pisanus, diese freye Reichs-Stadt und sein Vatterland unter seine Gewalt gebracht / der doch elendiglich in dem Gefängnüß gestorben ist; deme andere Tyrannen biß auff Johan. Agnellum gefolgt haben / welcher Anno 1364. zum Hertzog gemacht worden / deme Jacobus Appianus succedirt / dessen Sohn Gerardus die Stadt dem Joanni Galeatio, dem ersten Hertzog zu Meyland / verkaufft / der solche seinem Bastart Sohn / Gabrieli Mariæ vermacht hat / von welchem sie die Florentiner Anno Christi 1404. erkaufft haben.

Es wolten aber die Pisaner den Florentinern nicht Gehorsam leisten / daher sie dazu gezwungen worden / und sind in solchem Stande biß auffs Jahr 1494. verblieben; da sie mit Hülff Königs Caroli VIII. aus Franckreich; Item / des Hertzogs von Meyland / der Venediger / und Käisers Maximiliani I. sich nach und nach wieder in die vorige Freyheit zu setzen unterstanden / und mit den Florentinern / so die Stadt vergebens belagert / unterschiedliche Kriege geführet / biß sie sich verlassen sehend / endlich mit gewissen Conditionen den Florentinen ergeben haben / die solche noch biß dato besitzen / wie hievon neben andern Italiänischen Scribenten / sonderlich beym Blondo, Sabellico, Volaterano, Leandro Alberto, und Guicciardino zu lesen.

Anno 1409. ward allhie ein Concilium gehalten / als die Kirche durch Spaltung zertrennet / und Gregorius XII. zu Rom; Benedictus XIII. aber zu Avenion in Franckreich saß / haben die Cardinäle 180. Bischöffe / 300. Aebte / 282. andere Theologi auff diesem Concilio beyde obgenannte Päbste abgesetzt / und Alexandrum V. erwehlet / vid. Hoffmann. l. c. Zuvor Anno 1134. hat Innocentius II. auch hier ein Concilium gehalten / da Anacletus excommunicirt / und andere Sachen wider die Ketzer geordnet worden. Der Ertz-Bischoff dieser Stadt ist Primas in Corsica.

Die hohe Schul hat Käiser Henricus VII. Anno 1309. angestellt.

Der Groß-Hertzog hält sich bißweilen da auff / und haben die Ritter des Ordens von S. Stephano allda ihre Residentz / welchen die Groß-Hertzogen Cosmus und Ferdinandus als Stiffter desselben / einen ansehnlichen Palast / samt einem stattlichen Tempel zu S. Stephan genannt / erbauet haben / in welchem viel schöne Sachen / auch die Fahnen und andere Siegs-Zeichen dieser Ritter / den Türcken (mit welchen sie stets zu streiten /) abgenommen / zu sehen. Sie tragen ein rothes Creutz / und mögen sich / wenn sie wollen / verheyrathen. Und durch solche Mittel und sonderliche Hülff des Groß-Hertzogs Ferdinandi hat sich diese Stadt bey etlichen Jahren gewaltig wiederholet / also daß sie mit der Zeit wider ansehnlich grünen möchte; wie dann obbesagter Fluß Arnus gute Gelegenheit hiezu gibt / auff welchen man nicht allein ins Meer / sondern auch vom Meer hieher schiffen / und alle Victualien bringen kan.

An / und in der Stadt hats auch eine Vestung. Auff dem voraussen gelegenen Platz seynd runde mit Quaterstücken belegte Löcher / dardurch man in sonderbahre Keller / und gar tieff unter den Boden hinunter steigen kan / darinnen das Getraide Sommerszeiten lange kan erhalten werden. Ist sonsten eine grosse Stadt mit altfränckischen Mauren umbgeben / darinnen zwar viel leere Plätze / Felder und Gärten / aber schöne weite Gassen und wohlerbaute Häuser seynd. Sie ligt in einer grossen und sehr lustigen Ebene; da gegen Mitternacht die Berge seynd / von welchen sie von Luca unterschieden wird: und gegen über ist ein hoher Hügel / so von den herumbligenden Feldern über sich steiget / und unten am besagten Lukeser Berg ein warmes Bad / so sonderlich dem Kopff sehr gesund. Die Lufft ist zu Pisa, vornemlich Sommerszeit / nicht zum besten.

Die Haupt-Kirch ist vor etlichen Jahren durchs Feuer verderbt worden / die man aber durch gedachtes Ferdinandi Hülff wieder nach und nach außgebessert hat. Ist ein herrlich groß Gebäu / darinn bey 80. (Schraderus setzet 70.) jegliche von einem Stück gehauene steinerne Säulen / und darunter zwantzig in solcher Grösse seynd / daß mit Mühe zwey Mann eine umbklafftern mögen. Man sagt / daß sie nach der Zerstörung Jerusalem hieher kommen seyen.

Es ist da ein trefflich schöne / und gantz vergüldete Orgel zu sehen; wie dann die Decke dieser Kirchen ingleichen mit gar künstlich von Holtz gearbeiten Vertieffungen gemahlet / und der mehrertheil vergüldet ist. Schraderus sagt / daß der Umbfang dieser Kirchen von fünff hundert und viertzig Schritten sey / habe auch drey (andere sagen sechs) gewaltige Kirchen-Thör von Metall / und mit Historien gezieret. Die Kirche ist von lauter weissen Marmorstein erbauet / und das Tach mit Bley bedeckt. Hat einen herrlichen Tauffstein / deßgleichen in Europa kaum seyn soll; Item / einen schönen Predigstuhl / wie von diesen und andern fürtrefflichen Zierden / wie auch des obgedachten Käisers Henrici Grab / und Epitaphio in dieser Kirchen / besagter Schraderus fol. 89. und Johann Henrich von Pflaumern / in seinem offtangezogenen Mercurio Italico können gelesen werden.

Nahe / aber nicht gar an dieser Kirchen / ist der hangende / oder überhenckte Glocken-Thurn / welcher im Jahr 1117. durch einen teutschen Baumeister von Inßpruck / von lauter weissen Marmorstein / rund und sehr groß / dergestalt erbauet worden / daß er wol über zwölff Schuh auff eine Seiten sich wendet / oder überhängt vor Augen da stehet / als ob er fallen wolte. Hat sieben (Schraderus der ihn beschreibet / sagt acht) Ordnungen der Säulen nach einander hinauff / so viel Thüren / durch welche man herauß / und auff den sechs Gängen herumb spatzieren kan. Und hat jede der sechs Ordnungen dreyssig Säulen / und ist die höchste am engsten; daher zu sehen / daß diß Werck nicht gar außgebauet worden / und der Werckmeister solches habe höher führen / und zuspitzen wollen / wie gemeldter Pflaumer schreibet; welcher / wie auch Herr Joseph Furttenbach / wollen / daß er mit sonderer Geschickligkeit also erbauet worden / wie dann wohlgemeldter Herr Furttenbach solchen gar schön

beschrei-

beschreibet / und in einem Kupffer vor Augen stellet / und biß zur Glocken 292. Staffel setzet / so nicht weniger alles von weissen Marmor gar starck und fleissig gearbeitet. Henznerus ist auch der obern Meynung / hat aber vom Fundament biß zu höchst nur 153. Staffel. Schraderus setzt vom Eingang biß zur andern Säulen Ordnung 54. zur dritten 31. zur vierdten und fünfften 30. zur sechsten 32. zur siebenden 36. und von dannen zu den Glocken / (deren sechs grosse / und zwey kleine) 42. und hat also in einer Summa 225. Staffel. Andere wollen / das Fundament habe sich also gesetzt. Besihe das Würtenbergische Reiß-Buch.

Vor der Kirchen / und auff einer Säul / wird ein Geschirr gesehen / daran vielerley Sachen gegraben / vom welchen man liset / und solches die eingegrabene Wort bezeugen / daß dem Julio Cæsari der Tribut darinn gelegt worden sey.

Gegen der Kirchen über hat es eine Capellen zu S. Johann / darinn die Kinder getaufft werden / da auch acht von Marmor / und von einem stück Stein sehr grosse Säulen / Item eine gar zierliche und künstliche von lauter weissen Marmorstein gearbeitete Cantzel / und ein schöner Chor zu sehen. Und ist diese Capell auch also / wie die vorige Kirch / erbaut / und bedeckt. Gleich dabey ist ein Creutzgang / so gantz übermahlet / und mit alten Historien und Grabschrifften gezieret ist / welches in der Länge und Breite der Arch Noäh gleich seyn soll. Allhie ist unter andern alten künstlichen Gemählden auch ein Esel / so die fürübergehende / wohin sie sich wenden / gerad ansihet / als ob er sich auff allen Seiten wenden thäte. Vid. C. Ens in delic. apodem. pag. 13. In der Mitten hats einen Gottes-Acker / an dessen Seiten viel alte steinerne Gräber stehen / allda die Cörper in vier und zwantzig Stunden verwesen sollen. Schraderus und Pflaumerus sagen / er sey 486. Schuh lang / und 160. breit. Wird il Campo Santo, oder das heilige Feld / oder Acker genannt / weil / als die Pisaner dem Käiser Friderico Barbarossæ, das gelobte Land zu erobern / Hülff geschickt / und er darüber unterwegs ertruncken / sie / wie man sagt / auff ihren Schiffen / aus demselbigen Land Sand geführet / so man daher gestreuet habe. Der vornehme Jurist Philippus Decius ligt allhie begraben.

Bey den Dominicanern ist eine schöne Bibliothek / und künstlich Uhrwerck / wie vielgedachter Schraderus schreibet lib. 1. monum. Ital. fol. 88. b.

Es ist auch überdiß allhie noch zu sehen das Arsenal / darin stätigs Galleren gebauet werden. Es stehen auch da Galleren / so den Türcken abgenommen worden.

In des Groß-Hertzogs Palast werden bey seinem Eingang die Gebein von einem Wallfisch in grosser Menge gewiesen. Heraussen stehet ein marmorsteinerne Statua, dem Groß-Hertzog Ferdinando zu Ehren von den Pisanern auffgericht. Das Studenten-Hauß / so vorhin des berühmten Juristen Bartoli gewesen / ist ein prächtiges Gebäu / und vom eben diesem Ferdinando restaurirt worden; welcher auch den Studiosis Medicinæ schöne Gärten verehret / und ein Hauß (darinn allerley seltzame und wunderliche Sachen zusehen /) darzu verordnet hat / von welchen beyden Caspar Ens in delic. apodem. per Italiam p. m. 14. zu lesen.

Pisignano.

Ist eine Bischoffliche Stadt / in dem Königreich Neapolis und obern Calabria gelegen / sie ist groß und wol erbaut / hat in ihrem Umfang 8. Hügel / und in der Mitte einen Berg / darauff eine starcke Vestung ist. Es sind allhie 15. Pfarr-Kirchen / darunter etliche wol zu sehen seyn. Dieser Ort ligt zwischen Cosenza und Rosano in der Mitte.

Pistoja.

Es ist diß eine alte mit Pasteyen bevestigte Stadt / mittelmässiger Grösse / an dem Apenninischen Gebürg / und in einem gar lustigen ebenen Thal / zwischen den Flüssen Umbrone, und Stella, wie Schraderus sagt / gelegen / darzu eine gar fruchtbare Landschafft / so man il Stato di Pistoia nennet / und dem Groß-Hertzog von Florentz zustehet / gehörig ist. Bey dem Plinio wird diese Etrurische Stadt lib. 3. cap. 5. Pistorium, bey dem Ptolomæo aber Pistoria genannt / daher man sie noch insgemein Pistoja heisset. Vom Plauto werden die Innwohner / in captivis act. 1. Scena 2. vers. 57. & 58. Pistorenses genannt; Salustius de Catilinæ conjuratione pag. m. 62. aber sagt / daß Catilina in agro Pistoriensi überwunden worden sey.

In der Haupt-Kirch / darinn ein silberner Altar / und auff demselben etliche grosse Bilder von Silber / ist ein Monument von weissem Marmor / mit dieser Schrifft: Cyno eximio Juris interpreti, Bartolique Præceptori dignissimo, populus Pistoriensis concivi suo B. M. fecit, wie Henznerus schreibet / wiewol Schraderus lieset / Pistoriensis civitas suo B. M. 1336. Er ligt sonsten zu Bononia, allda er gestorben. Vid. Valent. Forster. in histor. jur. Rom. lib. 3. pag. 643. seq. Ist also dieses ein Ehren-Gedächtnüß / wie man dergleichen auch an andern Orten findet / wann schon die Person nicht da begraben worden ist. Gegen über ist S. Johannis runde Capell.

Sonsten hat es ein vestes Schloß allhie / so von Soldaten bewachet wird. Und ist dieses die erste Stadt in Toscana gewesen / so ihnen die Florentiner / nachdem sie frey worden / unterwürffig gemacht haben. Vide Leonh. Aretinum libr. 6. histor. Florent. fol. 124.

Es seynd auch da am ersten die Factiones der Cancelliorum, und Panciaticorum gehört worden; derentwegen sie dann viel außgestanden / also daß sie dahero noch der Zeit sich nicht wieder erholet hat. Vid. Platina in Gregor. IX. & Lansius in orat. contra Ital. pag. 769. edit. 2. in 4.

Pizigithon.

Ist ein feines im Meyländischen gelegenes Städtlein / hat ein sehr vestes Schloß / welches von Spanischen Soldaten besetzt ist. Allhier ist König Franciscus I. in Franckreich in Anno 1525. gefangen gehalten worden / biß man ihn nach Spanien abgeführt hat.

Poggibonzi.

Ist ein kleines an der Ordinari-Strassen von Florentz nach Siena und Rom gelegenes Städtlein / ist zum theil am Wasser Staggia, zum theil an einem Hügel erbauet; auff dessen Höhe die Florentiner ein vestes Schloß auffgeführet haben / so Poggio Imperiale genannt wird.

Die Mauren umb diese Stadt ligen mehrentheils darnieder / und schreibet Platina in Alexandr. IV. daß die Guelphi das Schloß Bonitium, darinn sich ihre Feinde / die Gibelliner / auffgehalten / erobert und zerstöret haben.

Pola.

Dieses ist eine uralte Stadt in Histerreich / oder Istria, ligt auf einem ziemlich hohen Berg / allwo viel Antiquitäten / und sonderlich ein Amphitheatrum, oder rundes Schauspiel-Hauß / von lauter grossen Quaterstücken / zu sehen / ist noch fast gantz. Die Lufft ist allda sehr ungesund.

Pontevigo.

Ist ein starckes Castell / und gewaltige Vestung / an dem Wasser Ollia, gehöret den Venetianern / unfern Cremona gelegen.

Porto Fino.

Ist ein den Gennesern gehöriges Dorff / und 20. Meilen von dannen gelegen / vom Plinio wird solches lib. 3. cap. 5. fol. 38. Portus Delphini genannt; hat einen von Natur hinder einem Felsen gelegenen / und trefflich gewahrsamen Meer-Haven / so aber nicht gar groß; nahend dabey ligen zwey veste Berg-Schlösser auf der Höhe / so nicht allein die Einfahrt des Meer-Havens beschützen / sondern auch mit dem Geschütz auf das weite Meer reichen können.

Porto Venere.

Ein der Herrschafft Genua zuständiger / und an dem Meer gelegener Marckflecken / ligt 5. Meilen von dem berühmten See-Port und Marckflecken Lerice, hat auff einem dabey gelegenen hohen Felsen eine Begräbnüß / daraus die Einfahrt beschützet / und biß mitten in den Meer-Haven zu Lerice kan gestrichen werden.

Nahend dabey / zur rechten Seiten / hat es einen gantz im Meer / und auff einer Insul ligenden grossen Wacht-Thurn / so sehr starck / und mit Teutschen Soldaten besetzt / auch mit Geschütz wol versehen ist: und vor hinüber auf der lincken Seiten die ansehnliche Vestung Santa Maria della suorte, so 2. Meil von Porto Venere, und am Gestad des Meers gelegen. Diese gewaltige Vestung ist mit teutscher Guardi / und mit grobem Geschütz wol versehen / und ist der Obrist ein Gennesischer Edelmann.

Porto Cesenatico, Cesenadigo, Portum Cœsenaticum.

Ist ein schöner Marcktflecken / so 15. Meil / oder 3. Stund (darfür Schraderus 17. Meilen setzet) von Arimino oder Rimini, und nicht weit vom Meer gelegen / und dem Pabst gehörig / allda es auch einen Canal / oder Porto, hat / der bey 700. Schritten lang / und 40. breit ist / darein die kleine Schiff sich salviren können / wiewol es nicht allewegen ohne Gefahr zugehet. Man sihet / sagt Leander, langs dieses Gestads künstliche Instrumenta, so sie Pantere nennen / die wilde Endten mit den Netzen Winterszeit / und sonderlich wann die Erde mit Schnee bedeckt ist / in grosser Menge zu fahen. Gleich vor aussen fangen die Saltzgruben an / und ist das gantze Land / so weit man sehen kan / mit Meer-Wasser überschwemmet / dergestalt / daß darzwischen / wie ob einem Tham / zu reiten / daselbsten Fallen seyn / daß man das Wasser ab / auch zulauffen lassen kan.

Es seynd da sehr viel grosse gevierte Gruben / deren eine wol 250. Schuh in die Vierung breit / und etwan drey oder vier Schuh tieff in den Boden gemacht / welche Sommerszeit durch darzu bereitete Canäl voll Meer-Wassers angelassen / und dann wieder (daß kein Wasser mehr darein komme /) zugestopfft werden. Diß Wasser wird allein von der Sonnen / ohn einiges Feuer / etwan in 10. 12. oder 14. Tagen / nachdem das Wetter ist / zu gutem Saltz gemacht. Bey jeder solchen Gruben ist ein Mann / welcher alle Tag das Saltz / so an den Orten der Gruben fertig / auff Hauffen schlägt / und ertrucknen läßt. Was erstlich ausgezogen wird / das ist weiß / das ander aber grau / wie im Würtenbergischen Reiß-Buch stehet. Herr Josephus Furtenbach schreibet / daß gemeldte Gruben etwan hundert Schuh in die Vierung groß gegraben werden / und hab jede besondere Fallen. Wann nun der Sommer und der Monat Junius herbey komme / so lasse man die ermeldte Gruben mit Meer-Wasser einlauffen / hernach mit der Fallen also verstellen / daß ferner nichts mehr darzu fliessen möge / die werden also drey Monat / und biß in den Augustum beschlossen gehalten; in währender Zeit aber seye eine solche Hitz da / welche das eingesperrte Wasser gar ertrückene / daß es endlich wie Crystalline Stengel werde / so dann das kräfftigste Saltz seye / das nach Venedig / und viel andere Ort / geführet werde / davon auch der Pabst ein stattliches Einkommen habe. Besihe was Leander Albertus hievon weitläufftig schreibet / der auch sagt / daß der Pabst schon zu seiner Zeit über 60. tausend Cronen des Jahrs davon empfangen.

Prato.

Diesen Orth nennen theils ein Städtlein / theils einen Marckflecken / und wird er unter die vier gröste und schönste in Italia gezehlet / als da seyn: Barletta in Puglia, Fabriano nella Marca, Crema in Lombardia, und dieses Prato in Toscana. Die Autores des Cöllnischen Itinerarii sagen pag. 101. es seye dieses das fürnehmste Castell / oder Flecken / in Toscana, beydes wegen seiner Grösse / und auch seiner schönen Gebäu / und Gassen / und dann seiner Bevestigung halber / so durch Cosmum II. geschehen sey. Ligt an einem Fluß / den theils Bisenzo, theils Stella nennen. Käiser Fridericus II. soll diesen erbauet haben / wie Pand. Collenutius libr. 4. Histor. Neapolitan. pag. 103. a. schreibet. Anno 1512. ist er von den Soldaten des Raimondi Cardonæ, des Königs Ferdinandi von Arragonien und Neapels Obristen / außgeplündert / fast alle Weibs-Personen allda geschändet / und die Bürger gefangen worden / wie Leander meldet.

Puzzuolo, Pozzuolo.

Wird von den Frantzosen auch Poussole; von den Alten aber / und den Lateinern Puteoli genannt / ligt von Neapoli acht welsche Meilen. Die Griechen nannten solche Dicæarchiam, und Dicarchiam, dessen

Worts

Worts sich auch die Lateinische Poeten gebrauchten. Die Innwohner wurden Puteolani genannt. Wer dieses Orts weitläufftige Beschreibung zu haben begehrt / der findet solche bey dem Pighio in seinem Hercule prodicio, Schradero lib. 2. monument. Ital. fol. 254. b. seq. Leandro in Campania felici, Schoto und Henznero, in ihren Reißbüchern; Item Josepho Mormilco dell' antichità della città di Puzzuolo; Ferran. Loffredo Marchione Trevicino de Puteolanis antiquitatibus, Cluverio lib. 4. antiq. Ital. c. 2. und andern mehr; daselbsten nicht allein von dem Ursprung des Namens / sondern auch / was dieser Ort vom Hannibale, den Gothen / Normannen / und andern / außgestanden / zu lesen ist. Es ist dieser Ort (als das Römische Reich im Flor gewesen) jederzeit in grossem Werth und Respect gehalten worden / so wol wegen seiner guten und temperierten Lufft / als auch wegen seiner lustigen und annehmlichen Situation / wie nicht weniger auch wegen Uberfluß köstlicher und gesunder Wassern / und Fruchtbarkeit der Felder / deßwegen in selbiger Refier viel ansehnliche Palatia und andere Lusthäuser von den Edelsten des Landes erbauet worden; betrachtete man das Gestad oder Ufer des Meers / so konte ja nichts schöners / lieblichers / anmuthigers und lustigers gesehen werden; wie schön / reich / herrlich und mächtig dieselbe vorzeiten gewesen / können die Scribenten nicht genug rühmen / und geben dessen die übergebliebene alte Gemäuer und Rudera gnugsame Zeugniß; Es hatte diese Stadt einen sehr gewaltigen Meerhaven / so der berühmteste des gantzen untern Meers gewesen / sonderlich wegen des Getreids / und der Alexandrinischen Waaren / so man hieher aus Egypten geführet hat. Die Stadt war groß und wol bewohnt / die einen grossen Theil des Landes in sich begriffen hatte. Dieser Zeit ist sie gering / und mehrern Theils nur von Fischern bewohnt / welche sich meistens von den Frembden Reisenden nähren / so dahin kommen / die Antiquitäten zu besichtigen; sie ligt auff eines kleinen Hügels Spitzen / neben dem Meer-Gestad / und auf jetzige Manier erbauet. Es ist allhie des Käisers Augusti Tempel noch übrig / so von sehr grossen Marmorsteinen also vest zusammen gemacht / daß vor diesem ihr viel vermeint gehabt / daß er aus einzigen Felsen außgehauen worden sey: neulicher Zeit aber hat er vom Erdbidem und Brunst was Schaden gelitten: wird jetzt zu S. Proculo genannt. Besiehe sein Beschreibung bey besagten Schradero, Henznero, und Mormileo, die auch von den sehr grossen Menschen-Beinern / so daselbst gesehen werden / Meldung thun / und die erste zween des Pomponii Læti Vers hievon setzen. Megiserus sagt / daß man bey S. Francisco noch viel alt Gemäuer / sehr grosse Gewölber / und Schwibbögen von dem Tempel Neptuni sehe. Ausser der Stadt seyn etliche Klöster / und schöne Palläste der Edelleute. Und sihet man da allerhand Antiquitäten / viel Cellen / oder Cammern in einander / le Camerette genannt / und anders mehr / davon besagte Autores, und zwar Henznerus pag. 329. zu lesen. Von den Pfeilern im Meer / deren Seneca epist. 77. gedencket / seynd / wie gemeldter Cluverius und andere bezeugen / noch 13. übrig / so einer übermachten Grösse / und deren Ordnung von der Stadt / da sie gegen dem sommerlichen Niedergang liget / gegen obgedachtem See Lucrino gerichtet ist / so des Meerhavens halber / und zwar mit sonderlichem Nutzen desselben / (wie hievon des Schoti Reißbuch / und andere zu lesen /) gemacht worden. Und gieng darüber durch Schwibbögen eine Mauer / wie eine Brücke / auff welche das Volck / die Schiff zu besichtigen / lauffen konte. Daher Leander, Schraderus, Henznerus, Megiserus, und andere / sich gar groß irren / welche dieses Gebäu und Pfeiler für einen Theil von des Käisers Caligulæ Brück außlegen / da doch Suetonius in Caligula cap. 19. sagt / daß gemeldte Brück durch das Meer von Puteolis auf Bajas; Josephus Antiquit. Judaic. lib. 19. cap. 1. auf Misenum; und Dio, der lib. 59. pag. 650. seq. diese des Caligulæ That am allereignesten beschreibet / auf Baulos sey gerichtet worden; mit welchem Dione auch der Olympiadum Auctor ἀνώνυμος übereinstimmet / der da sagt / daß im dritten Jahr Olympiadis 204. Cajus das Intervallum zwischen Puzzuolo und Baulis mit einer Brücken zusammen gefüget habe; wie solcher Autor vom Cluverio, der dieses insonderheit erinnert / angezogen wird. Das Meer hierumb wird Sinus Puteolanus genannt. Villamont lib. 1. des Voyages, cap. 21. schreibet / daß allhie zu Puzzuolo niemand / bey Straff 6. Cronen / und Verlierung seines Degens / in die Stadt / mit einem Degen an der Seiten gehen dörffe. Johannes Franciscus Lombardus meldet cap. 15. daß die Weiber allda (nach dem Exempel der alten Römischen) keinen Wein trincken; welche aber solchen trincken / die werden für unehrlich und unzüchtig gehalten; da doch sonsten / wie er schreibet / die Weiber an andern Orten umb diese Stadt herumb ins gemein wol trincken können. Es erzehlet Joan. Jacob. Grasserus in seiner Schatzkammer lib. 5. pag. 187. aus Francisco Petrarca, daß umbs Jahr Christi 1340. zu Puzzuolo ein Weib gewesen / Maria genannt / so gantz züchtig gelebt / und wider den Feind zu Feld gezogen / und denselben mehrmalen mit unerhörtem Heldenmuth / und fürtrefflicher Krigs-Erfahrung überwunden und geschlagen hat. Sie war begierig zum Streit / langsam zum Abzug / griff den Feind unverzagt an / wuste allerley Kriegslist / und scharffsinnige Practicken; kunte Hunger / Durst / Hitz / und Kälte / wol erleiden / war sehr wacht- und arbeitsam; lag mehrentheils unter freyem Himmel auf einem Raasen / oder auf ihrem Schilde: war von Leibs-Kräfften so starck / daß sie grosse Stein über sich geworffen / und eine grosse eiserne Stangen erschüttert hat.

Was bey Puzzuolo denckwürdiges zu sehen / hat Herr D. Clemens Weigelus in einem besondern schönen Tractätlein weitläufftig beschrieben / woraus bey Neapoli etliches angezogen.

Radicofani, Radicofano.

Von S. Quirico 13. Meil. Ist ein viereckigt / und mit vielen Bollwercken wolbevestigtes Castell / mit einem starcken und vesten Schloß / welches (Schloß) Desiderius der Longobarden König allhie hat erbauet / so der Groß-Hertzog Cosmus von Florentz hernach mehrers bevestigt hat. Ligt hoch auff einem Berge / an der ordinari Strassen von Florentz auf Rom / zwischen Siena und Viterbo, und gehört dem Groß-Hertzog von Florentz. Unten ist das Dorff / und unter demselben ein grosses Wirthshaus / so der Groß-Hertzog Ferdinandus den Reisenden zum besten hat erbauen lassen / daß man / wann man nicht gern will / in das Dorff nicht darff.

Es scheidet sich allhie des Groß-Hertzogs / und des Pabsts Land / so S. Petri Patrimonium genannt wird / wiewol es auch noch in Etruria, oder Toscana, gelegen / welches Land sich biß an die Tyber erstrecket. Theils wollen / daß solch Patrimonium S. Petri der Käiser Ludovicus I. dem Pabst Paschali I. von Etruria hinweggegeben; Ander aber / daß die Marggräfin Mathildis solches Land dem Pabst Gregorio VII. geschencket habe.

Die Hauptstadt darinn ist Viterbium. Die Strassen seynd biß nach besagtem Radicofani alle mit Quaderstücken / und sonsten grossen Steinen gepflastert / also daß man darauf / wie in einer Stadt / stets zu reisen; und deßwegen des Groß-Herzogs Fürsichtigkeit hoch zu rühmen ist. Aber von hier aus ist der Weg / wegen des lettigen Boden / darinn die Pferde sich ermüden / sehr böß.

Ravenna.

Ist eine uralte und dem Pabst gehörige Stadt in Gallia Togata, jetzt Romagna genannt / von ziemlicher Grösse / aber nicht sonders volckreich / ligt 2. welsche Meilen / oder / wie es theils rechnen / eine halbe Stund von dem Adriatischen Meer / auf einem ebenen Boden / aber mit schlechten Mauren umbgeben. Es gedencken ihrer Cicero hin und wider in seinen Orationibus und Epistolis, Cæsar lib. I. Belli civilis, Mela lib. 2. cap. 4. Tacitus hist. lib. 2. Suetonius in Cæsare, Augusto, & Tiberio, Philostratus in Sophistarum vitis, Appianus civil. bellorum lib. 2. & 3. und viel andere mehr. Die Innwohner werden von den Autoribus Ravennates genannt. Es schreibet Dionys. Halicarnass. lib. I. antiq. Rom. p. 19. daß die Pelasgi / so aus Thessalia, noch vor dem Trojanischen Krieg / gezogen / die längst zerstörte Stadt Spinam 12000. Schritt von Ravenna fundiert; daher kein Zweiffel / daß eben diese Griechen / oder Thessalier auch diese Stadt Ravennam erbauet haben werden.

Sie hat 2. Wasser / so sie umbgeben / vom Abend den Fluß Montone, so vorzeiten corrupt Vitis, und sonder Zweiffel eigentlich Utis beym Plinio lib. 3. cap. 15. ist genannt worden / daher der casus obliquus Utentis kommen ist. Wird allhie ins gemein Aquedotto genannt. Vom Morgen ist der Fluß Bedeso, so des Plinii Bedesus, welcher von seinem obern Lauff Ronco genannt wird. Sidonius theilet lib. I. epist. 8. diese Stadt in civitatem veterem, viam Cæsaris, oder Cæsaream, und Portum novum, oder classem, oder Oppidum classis, davon / wie auch der Ravenner Port / Cluverius lib. I. antiq. Ital. cap. 28. weitläuffig zu lesen ist.

Der alte Port / oder Meerhaven der Stadt war bey dem Außfluß des Bedeso, allda er noch der Zeit Porto di Ravenna genannt wird. Käiser Augustus hat hernach einen neuen Schiffhaven erbauet / die Schiff-Armada in solchen zu stellen / so vorhin ihre Stellung in dem alten Port gehabt hat / welches nicht allererst er / der Augustus, wie Svetonius in Octavio c. 49. will / erfunden; sondern der Cn. Pompejus, wie Cicero solches in orat. pro L. Manilia bezeuget. Und dieser neue Port ward auch Classis portus genannt / und hat noch heutiges Tages seinen alten Nahmen in dem 3000. Schritt von der Stadt Ravenna gegen Rimini gelegenen Kloster / so sant dem prächtigen / und weitberühmten Tempel S. Apollinaris, welchen Leander beschreibet / ins gemein Classe genannt wird. Zwischen Classe nun / und Ravenna, war Cæsarea Jornandis, oder via Cæsaris, daß also wegen so vieler Gebäu man vermeint / daß diese 3. nur eine Stadt wären.

Heutiges Tages hat es allhie einen Port / der aber nicht biß zu der Stadt herfür reichen mag / und in welchen sich allein die kleine Schiff salvieren können. Es hat auch am Meer den Durchschnitt / dardurch das Meerwasser biß nach Cervia in die obbeschriebene Salzgruben läuffet / dessen Eingang dann sehr bevestiget / damit es nicht weiter umb sich reissen möge / wie Herr Fuertenbach schreibet.

Allhie gibt es auch viel altes Gemäuer / bey deme zwar wenig mehr zu mercken; ausser daß bey dem Thor / porta aurea und speciosa genannt / so wol zu sehen / eine Inscription zu lesen / allda nahend auch ein altes Gemäuer ist / so der gemeine Mañ für des Königs Theodorici Palast hält.

So seynd auch die Kirchen / sonderlich die Erz-Bischöffliche zu S. Anastasio, in den Kriegen / und Anno 1512. von den Gaßconiern übel zugerichtet worden. Es ist sonsten diese Kirche ein herrliches Gebäu / mit vielen Marmorsteinernen Säulen / von 4. Zeilen: die Wände sämtlich seynd von Spickel und Haffnerwerck / so mancherley Farben haben / wird für eine der ältesten Kirchen gehalten. Es seynd darinn 11. Erz-Bischöffliche Bildnüssen / auf welcher Haupt allwegen eine Taube sol gesessen seyn / wann sie creirt worden.

Nicht weit davon ist eine andere / so Käisers Honorii und Arcadii Schwester / die Placidia Galla den H. Gervasio und Protasio zu Ehren / gestifftet hat / allda Marmorsteinerne Begräbnüssen beym Eingang zu sehen / so der gemeine Mann vor ihrer Kinder Erzieher; Item / im Mitten der Kirchen 2. köstliche / so man für ihrer 2. Söhne hält. An einem andern Ort aber dieser schönen Kirchen hat sie selbsten ein ansehnlich Monument. Und ist von ihr diese Stadt sonderlich gezieret worden.

In S. Vitalis Kirchen / seyn neben andern Marmorsteinernen Säulen und Sachen / auch beym hohen Altar noch viel herrliche / köstliche und grosse Säulen / in deren einer viel unterschiedliche edle Stein zu sehen / die Schraderus und Pflaumerus beschrieben / so auf 15. tausend Ducaten werth geschäzet / und dergleichen in Italia nicht gefunden wird. Pancirolus schreibet lib. I. rerum memor. deperditarum, sub. tit. de lapidibus pretiosis, p. m. 69. daß in dieser Kirch ein Marmorstein / und in demselben ein Meßpriester / wie er elevirt zu sehen / und habe Pabst Paulus III. daß es natürliche Adern seyen / im Werck befunden.

Weiter ist auch zu besichtigen die Kirchen S. Joannis des Apostels / item S. Andreæ, und S. Mariæ in porticu, so man für die schönste hält / darinn herrliche Säulen seynd: Item / S. Apollinaris, die obgedachter Gothen König Theodoricus, oder Dieterich von Bern / erbauet / und mit Marmorsteinern Säulen / die er von Byzanz hat bringen lassen / und anderm prächtig gezieret / wie er dann in der Zeit / als er allhie Hoff gehalten / viel herrliche Gebäu geführet hat. Es ist bey besagter S. Apollinaris Kirch auch ein sehr prächtiges Kloster der Canonicorum regularium, darinn herrliche Gemählde zu sehen. Schotus, Henznerus und Pflaumerus schreiben / daß Dantes Aldigerius, der berühmte Mann / sein Monument bey dem Plaz di Santa Maria del Porto in einem grossen Kloster habe. In den Monumentis illustrium virorum zu Franckfurt Anno 1585. beym Sigismundo Feyerabend in fol. gedruckt / stehet dasselbe nahend S. Francisci Kirchen: Schraderus sezet solches in diese S. Francisci Kirchen hinein: Und sagt Herr Fuertenbach / daß diese Begräbnuß zu S. Francisco in einer Capellen sey / und hab ihm ein Geistlicher daselbst vermeldet / daß sie dieses vortrefflichen Poeten Gebein in einem Cypressen-

Sarck mit grosser Reverentz aufbehalten. Sein Epitaphium haben besagte Schraderus und Pflaumerus, welcher Schraderus auch fürnemlich von den Kirchen dieser Stadt / und was in denselbigen von Epitaphiis zu finden/zu lesen ist.

Ausser der Stadt ist die Kirch S. Mariæ rotundæ, ein sehr verwunderliches Gebäu/deßgleichen Leander, wie er schreibet / weder in Italia / noch ausserhalb desselben/gesehen/allda besagter Gothen-König Theodoricus sein Begräbnis gehabt / so ihm seine Tochter/ die Königin Amalasuntha, hat machen lassen. Besiehe die Beschreibung bey gedachtem Leandro, item Schradero, Stephano Pighio, und Henznero; welcher letzte auch pag. 256. sagt/daß man sich in diesem Lande/ anstatt der Teller / der Schüsseln gebrauche. Es ist in der Stadt ein altes Castell / so la Rocca genannt wird.

Was diese Stadt sonsten für denckwürdige Zuständ/ und unterschiedliche Regenten / nach Abgang des Römischen Reichs / als an welches sie nach den Senonibus und Bojis kommen / gehabt hat / darvon mag man Desiderium Spretum (der auch von den Antiquitäten / so allhie seyn/ geschrieben/) Joan. Petrum Ferretum, Hier. Rubeum,) alle drey in ihren Ravennatischen Historien) und Leandrum Albertum/in Beschreibung Italiæ lesen. Besiche auch Joh. Jac. Hoffmann. Lex. univers. p. 247. tom. 2.

Als folgends die Ost-Gothen/so/von ihrem König Theodorico an/eine gute Zeit diese Stadt beherscht/ vom Narsete vertrieben worden / so haben die Griechische Käiser von Constantinopel ihre Stadthalter hieher geschickt/die man Exarchos genant hat/deren der erste Longinus umbs Jahr Christi 557. gewesen / und hat solcher Magistrat biß aufs Jahr 732. gewähret / wie hievon und den Städten / so unter solches Exarchat gehört haben / besagte Autores, item Schraderus lib. 3. monument. Italiæ fol. 287. zu lesen seyn.

Hierauf haben sich die Longobarden dieser Stadt bemächtiget/aber solche/samt gemeldtem Exarchat/dem Pabst / auf Befehl Königs Pipini aus Franckreich zugestellt / so hernach vom Käiser Carolo M. wie ihr viel wollen / ist bestättiget worden. Gleichwol so hat sich diese/ wie andere Städte in Italia auch/ folgends in die Freyheit gesetzt/ da sie dann von unterschiedlichen Factionen und Herren viel ausgestanden/ biß auf Bitt der Bürger die Venediger sich ihrer angenommen/ und allda Anno 1439. oder 41. die Herrschafft angetretten haben/ die auch diese Stadt biß aufs Jahr 1509. inne gehabt/ da sie an den Pabst/hernach Anno 1527. wieder an die Venediger kommen / die solche Anno 1530. dem Pabst restituiert haben/ von welcher Zeit an sie bey ihme blieben ist. Anno 1512. ward sie von den Frantzosen ausgeplündert / wie dann 3. Meilen davon/ gegen Forli werts/(allda man noch eine steinerne Säul samt einem Creutz und Schrifft/ die Schraderus lib. 3. fol. 289. setzet / sihet/) die gewaltig harte und blutige Schlacht in selbigem Jahr / zwischen den Frantzosen und Spaniern gehalten worden/ in welcher auf beyden Seiten über die 18. tausend Personen umbkommen seynd/ und haben die Frantzosen/wiewol ihr General/ Gaston di Foix, mit mehr als 18. Capitainen geblieben/ das Feld erhalten / wie hievon Guicciardinus lib. 10. p. m. 288. Leander, und andere/zu lesen.

S. Apollinaris ist allhie/ zu Zeiten des Käisers Vespasiani, der erste Bischoff gewesen / dem viel heilige Leut/und unter denselben auch S. Vitalis gefolgt haben. So seynd auch viel fürnehme Personen von hier bürtig gewesen / wie bey dem besagten Leandro zu finden. Die Lufft allhie ist gesund / wiewol es etwas Pfützen hat.

An Wein ist ein Überfluß / aber hergegen Mangel an Wasser / welches auch Martialis zu seiner Zeit in acht genommen/da er lib. 3. epigr. 56. geschrieben:

> Sit Cisterna mihi, quàm vinea, malo Ravennæ,
> Cùm possim multò vendere pluris aquam.

Und klagt auch hierüber Sidonius lib. 1. epist. 5. & 8. der ingleichem von andern Sachen/ so allhie und ungewöhnlich gewesen/zu lesen ist.

Recanati.

Ist eine schöne/ grosse/ volckreiche und nahrhaffte Stadt/ dem Pabst gehörig/in der Marca d'Ancona/ 5. Meil von Macerata, und so weit von Loreto; ligt gar schön in der Höhe/ auf einem Berge/ist nicht breit/ aber sehr lang und wol erbauet. Hat auff der einen Seiten das Adriatische Meer vor sich ligen/ auf der andern aber sehr grosse und weite Felder/von welchen man eine gute Weil hinauf in die Stadt zu steigen hat.

Es wird grosse Kauffmannschafft allhie getrieben/und gibt jährlich 2. Messen.

Reggio.

Ligt in Via Æmilia 15. Meil von Parma, und so weit von Modena, ist eine grosse / volckreiche und wol bevestigte Stadt / mit lauter aufgemauerten Bollwercken/auf jetzige Manier/ umbgeben/gehöret der Zeit dem Hertzog von Modena.

Die Gassen seyn schön und breit/darinnen prächtige Gebäu zu sehen/sonderlich die schöne Kirch S. Prosperi, des Bischoffs allhie / allda sein Cörper ruhet. Diese Kirch hat grosses Einkommen / und seynd darinnen sehr schöne Gemählde zu sehen. Auf dem Marckt stehet des Königes Brenni Statua, so zun Zeiten des Königes Odoacri / und umb der Gothen nach Italia Ankunfft gelebt / dabey eine weitläuffige Schrifft/ welche Schraderus lib. 4. fol. 399. Nath. Chytræus und Franc. Schwertius beyde letzten in ihren deliciis setzen. Man bäckt allhie gar schön Brodt / wie denn das Land herumb herrlich gut ist.

Leander lobet die Lufft sehr; aber Schotus sagt/ daß sie nicht zum besten sey. Der von Villamont meldet/daß es Morast herum gebe / so der Fluß Crustolo, der an der Mauer herlaufft/ verursache.

Es gibt da einen ziemlichen Adel / darunter die Manfredi, Fogliani, Sessi und sonderlich die Canossi seyn/ die das veste Castell Canossa, allda Henricus IV. der Käiser dem Pabst den Fußfall gethan/ gegen Parma zu gelegen/besitzen. Man macht allhie schöne Arbeit von Bein/ und gar gute Sporen.

Cluverius lib. 1. cap. 28. sagt/ daß diese Stadt/ so auf diesem Gallischen Boden gelegen / anfangs von M. Æmilio Lepido sey erbauet/ und Forum Lepidi genannt worden/ als er Anno 188. vor Christi Geburth/ mit C. Flaminio Nepote, Römischer Burgermeister war/welcher auch diese Straß/auf welcher die Stadt gelegen/so von ihm Æmilia genannt wird / von Placentz biß nach Rimini geführet hat / wie Livius lib. 39. schreibet. Cicero nennets Regium Lepidi lib. 12. epist. famil 5. Wann aber und aus was Ursachen diese Stadt hernach Regium Lepidum genannt worden/ ist gantz ungewiß. Als sie folgender Zeit von den Gothen ruinirt worden / so ist sie fast öde gelegen / biß der

der Longobarder Reich in Italia ein Ende genommen; da sie dann nach und nach wieder erbauet worden ist. Si hat sich eine zeitlang unter den teutschen Käisern in der Freyheit erhalten / biß sie andern / und endlich dem Hause Este oder den Fürsten von Ferrara zu theil worden / wie Leander hievon aus andern historicis gar weitläufftig schreibet.

Uber den Fluß Lenza gehet eine lange von Ziegelstein gemachte Brücke / so 4. Meilen von Parma / wo des Herzogs von Modena Gebiet anfähet / und sich 11. Meil biß nach Reggio erstrecket / wie Schotus und Herr Fuertenbach schreiben.

Reggio, Reghium Julii.

Eine alte / fürnehme Stadt / die vorzeiten sehr berühmt gewesen / in Calabria ulteriore, ist der äusserste Ort Italiæ / ligt ganz am Ende und am Faro di Messina, Vide Rerum publicarum descriptionem ex Heraclide, & Gab. Barriū lib. 3. de antiq. & situ Calabriæ in pr. Item / Reiner. Reineccc. parte seu Monarch. 2. fol. 438. seqq. ac Ubbonem Emmium tom. 1. veter. Græciæ lib. 8. p. 188. seqq. Jetzt ist sie gar gering und übel bewohnt; nachdem solche von den Türcken Anno 1544. Item / Anno 1552. und 1594. so übel zugerichtet worden. Hat gleichwol einen Erzbischoff. Es waren von hier Hipparchus Astronomus und Ibycus der Poet / welcher auf dem Vorgebürg Leucopetra, jetzt Capo dell Armi genannt / (so 12. tausend Schritt von der Stadt ligt / und auf welchem das eine Horn / Spiel / oder Theil / des Bergs Apennini sich endet:) von den Mördern soll erschlagen worden seyn.

S. Remo.

Dis ist eine überaus lustige und nahend dem Meer gelegene Stadt an einem sehr fruchtbaren Ort: es nennet Herr Fuertenbach in Itiner. Ital. p. 48. seqq. diese Gelegenheit das ander gelobte Land. Stunica heist / dem Ansehen nach / diesen Orth S. Romuli oppidum / und sagt p. 133. daß der Bischoff von Albenga, in dessen Dioecesi derselbe gelegen / jährlich zu dem Palmenfest / oder zu Begehung des Palmen-Sonntags / gar viel Palmen-Zweig / nach altem Herkommen / von hinnen gen Rom schicke: Wie dann auch die köstlichste Früchte / so allhier in grosser Menge wachsen / und wie ein Wald da stehen / von dannen nach Genua und auch in Teutschland und andere Ort geführet werden. Gehört den Genuesern.

Rimini, Ariminum.

Eine alte / grosse / bischöffliche Stadt in Umbria, 23. Meilen von Pesaro, wird heutiges Tages zu Romagna gerechnet / theils setzen sie auch in Marca Anconitana. Gehöret der Zeit dem Pabst. Ihrer gedencken Polybius, Cæsar, Cicero und andere. Plutarchus nennet sie im Leben Pompeji pag. 429. eine grosse Stadt in Gallia, und Zosimus lib. 5. histor. fol. 104. eine grosse Stadt Flaminiæ. Ihr Lager ist in einer sehr fruchtbaren Ebne / und hat von Morgen und Abend grosse und weite Getreid-Felder / vom Mittag schöne Gärten / und an Oel und Wein fruchtbare Hügel; von Mitternacht das Adriatische Meer / daran sie stösset / und dahero an allen Sachen / so der Mensch bedarff / einen Uberfluß hat.

Es seynd da schöne / neue und bequeme Gebäu / und rinnt der Fluß Ariminus jetzt Marecchia genannt / (Schraderus nennet ihn Mariela) vorbey / über welchen Käiser Augustus von grossen Marmorsteinen eine Brück erbauet / welcher auch die Strassen Flaminiam, so von hier nach Rom / und Æmiliam, so sich allhie angefangen / und nach Piacensa, und weiter gangen ist / wie auch die Stadt Rimini, und die Vorstadt / dardurch zusammen gebracht hat. Es ist dieselbige noch der Zeit starck und ganz / doran 5. gewaltige Joch oder Pfeiler seynd / deren Länge von 100. und die Breite von 15. Schuhen ist; hat auff beyden Seiten ihre Marmorsteinerne Wänd oder Geländer / die gar schön gearbeitet seynd / und da eine alte Schrifft / die Leander, Henznerus und Pflaumerus setzen / zu lesen ist.

Es dienet dieser Fluß auch für einen Meerhaven / dieweil er nicht ferne von dannen sich ins Meer ergeust / auch in denselben die kleine Schiff vom Meer herein fahren können; deßwegen dann da eine Handlung mit den Venedigern getriebben wird. Es rinnt vor diese Stadt vom Morgen auch der Fluß Ausa / so ohne Zweiffel des Plinii Aprusa ist / dessen er lib. 3. cap. 15. gedencket.

In dieser Stadt sind schöne Gebäu und Palatia, von den Malatestis / als weiland Herren dieser Stadt / meistentheils erbauet / wie auch ein Castell / und gegen dem Meer zu / siehet man sehr grosse Rudera / von einem Ziegelsteinernen alten Theatro. Man findet auch noch Anzeigungen von einem alten Meer-Port / so jetzt mit Sand erfüllet; wie stattlich aber und groß er gewesen / das siehet man aus dem sehr mächtigen Gebäu der Kirchen S. Francisci, welche Sigism. Panduiph. Malatesta erbauet aus den Marmorsteinen dieses alten Meerhavens / welche auch die schönste allhie ist / darinnen 2. Capellen / und in solchen 2. Marmorsteinerne Bilder / deren Angesichter aussehen / als wann sie lebeten. In dieser Kirchen ligen Robertus Valturius, und Themistius Byzantinus, begraben.

Beym Meer siehet man ein Capell / allda S. Antonius von Padua den Fischen soll geprediget haben / als ihn die Ungläubigen verspottet hatten. Cluverius lib. 2. c. 5. fol. 605. sagt / daß auf der andern Seiten der Stadt / da man nach Pesaro reise / der Triumphbogen gesehen werde / so dem Käiser Augusto zu Ehren aufgerichtet / dessen Schrifft Leander und Pflaumerus setzen. Auf dem grossen Platz ist des Pabsts Pauli V. Statua von Metall in mehr den Lebens-Grösse. Was diese Stadt ausgestanden und für unterschiedliche Herren gehabt / biß sie von den Römern an den Pabst kommen / darvon kann man Leandrum und andere Italiänische Scribenten lesen.

Unter dem Käiser Justino hat sie sich den Gothen widersetzt. Anno 359. ist allhier unter Constantio / dem Käiser / ein Concilium gehalten worden / darinnen erstlich das Nicenische bestättiget / hernach hat man durch List Ursatii und Valentis die Väter / so versamlet warē / gezwungen zu unterschreiben der Formul / daß Christus dem Vater nur ὁμοιούσιος sey: ausgenommen 20. die man darzu nicht hat zwingen können. Vid. Athanas. de synod. Hieronymus epist. 83. Sulpitius Severus lib. 2. und andere / so Joh. Jac. Huffmann. Lex. univers. angezogen / tom. 1. p. 177.

Im Rathhause seyn sehr uhralte historische Gemählde und Schrifften von theils dieser Stadt Geschichten zu lesen und zu sehen / die Schraderus fol. 285. und Henznerus pag. 259. setzen / welcher letzte auch / was in S. Francisci Kirchen über dem Thor zu lesen; Item / in der Capell von 8. Marmorsteinern Elephanten / in der heiligen Creutz-Kirchen / und in S. Antonii Capell

auf

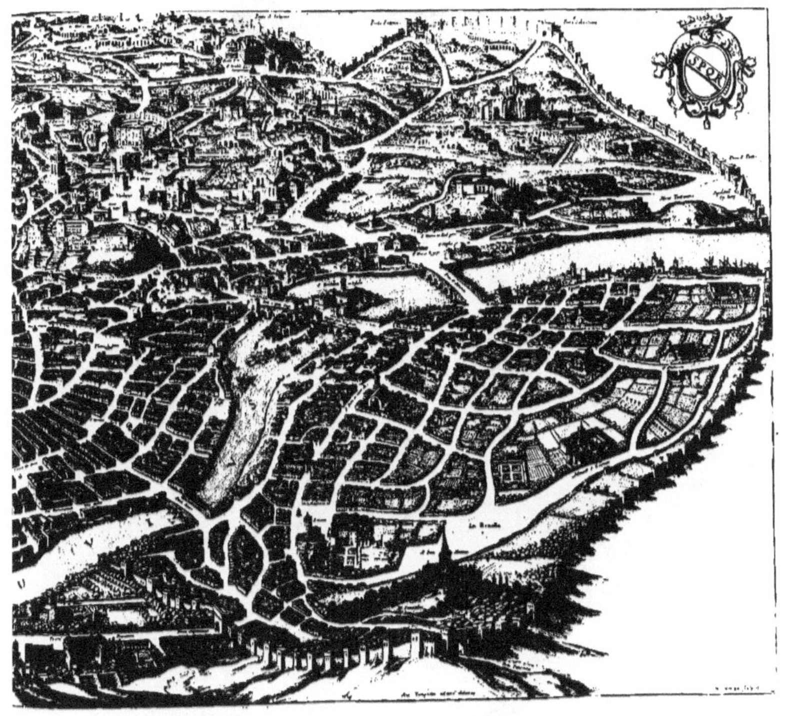
SPQR

auf dem Marckt/und daselbst dabey/zu finden ist/schreibet; woselbst auch ein sehr schöner Brunnen stehet. Vor wenig Jahren hat dieser Orth durch ein erschreckliches Erdbidem grossen Schaden gelitten.

Rom.

Diese Stadt ist der berühmtesten eine / so jemals auf dem gantzen Erdboden gewesen / welche vor Jahren eine gewaltige Herrscherin der gantzen Welt geneñet worden/über dessen Schöne und Grösse sich billich alle Völcker verwundert haben / und ob sie schon durch unterschiedene Tyrannen ziemlich eingeäschert worden/ so ist sie nichts desto weniger noch eine gewaltige Stadt. Von ihrem Ursprung seynd viel unterschiedliche Meinungen. Besihe Joh. Henr. à Pflaumem Mercurium Italicum p.m. 260. und bezeugen Dionysius Halicarnass. lib.1. antiq. Rom. und Plutarchus in vita Romuli, unter andern alten Scribenten/ daß man nie etwas gewisses und gründliches haben können/ von wem und zu welcher Zeit sie sey erbauet worden/ und woher sie diesen Nahmen habe. Deß Plutarchi Wort lauten hievon also:

Magnum Romæ nomen, quod est apud omnes gentes gloriosum, à quo & qua de causa urbs acceperit, non convenit inter Scriptores. Besiehe doch von Erbauung der Stadt Rom Sethum Calvisium cap.10. Isag. Chronol. fol.67. und Casp. Barrerii judicium de origine urbis Romæ in Bibl. Hispan. p.435. Man hält ins gemein davor/ daß sie von Romulo und Remo aufgebauet sey / welches aber einer Fabel ähnlicher als der Warheit / denn man weder vom Vatter dieser Brüder/noch von der Mutter Nahmen/noch von dem/ so sie hinweg zuthun/befohlen/ noch von dem / so sie gefunden und aufgehaben / noch von der Säugammen etwas gewisses finden kan. Vid. Phil. Cluverius lib.3. cap.2. antiq. Ital. fol.819. Conf. Hoffmann Lexic. univers. tom.2. pag.271. So halten es auch die meisten vor ein Gedicht/ was man von des Æneæ Ankunfft in Welschland/und seinem daselbst angerichteten Reich schreibet. Siehe hievon Samuel Bochartum in einem besondern Tractat. Num Æneas unqum fuerit in Italia. Welche Meinung aber gedachter Bochartus nachmals selbsten widerruffen / und was mit Ænea vorgangen / auch wie er in Italien kommen / für eine wahre Historia ausgegeben. Dio Chrysostomus, der ein eigenes Büchlein hievon geschrieben/vermeinet/daß Troja jemals seye eingenommen worden/und wil daß es nur ein Poetisches Gedicht sey. So weiset Strabo lib.13. in descriptione Trojæ aus Homero selbst/ daß Æneas zu Troja blieben / und dem König Priamo succedirt habe. Cluverius beweiset l.c. daß diese Stadt anfangs von den ersten Innwohnern den Siculis sey erbauet/ und Valentia genannt worden/und daß die Scribenten den Evandrum Argivum mit dem Ænea vermischen/ welcher vor Christi Geburth 1513. mit seinen Pelasgis ins Welschland / zu ihren Befreundten den Aboriginibus kommen; und nachdem der Aboriginum König / von dem er aufgenommen worden / gestorben/ bald hernach aller Lateiner König worden ist; welcher/ und seine Aborigines und Pelasgi, so die genannte Siculos vertrieben/und von ihrem Lande/oder dem Latio, sonder zweiffel Latini seyn genannt worden/diese Stadt in ihrer Sprache Valentiam, Ῥώμην oder Romam genannt haben. Vid. Raphaël Volaterranus lib.6. commentar. Urban. Seynd also die Pelasgi mit den Trojanern, die Siculi mit den Rutilis/ (als mit welchen Siculis Evander gekriegt und sie vertreiben hat) vermischt worden. Und glaubt gedachter Cluverius, daß die erste uhralte Römer ihren König Evandrum von dem neuen Wort Roma, Romulum genannt haben. Und dieweil er der Stadt nicht allein diesen neuen Nahmen gegeben / sondern auch die neue Einwohner dahin geführet; so haben die nachkommende fürgegeben/ daß er sie erbauet habe. Auch ist glaublich/ daß der Evander, nach dem er der Lateiner König worden/ seinen Königlichen Sitz aus der Stadt Pallantio, in die Stadt Cureis, so er auch neulich erbauet hatte/versetzet; hernach aber als ihn die Sabini überzogen / daß er den grösten Theil des Landes so zwischen den Flüssen Nare und Aniene gelegen gewesen / verlassen muste/ die Siculos aus dem übrigen Theil ihres Landes / so zwischen dem Fluß Aniene oder de Verone und dem unterm Meer gelegen / vertrieben / ihre vornehmste Stadt Valentiam eingenomen / und dahin seinen Sitz und alle Einwohner der Stadt Cureis oder Curium transferirt; daher zwar die Stadt ihren alten Nahmen/doch in die Griechische Sprach verwandelt/ behalten; die Einwohner aber auch mit dem Nahmen / den sie zuvor zu Curibus gehabt/ nemlich Quirites seyn genannt worden. Und daher ist auch Evander selbst Quirinus geheissen worden; welches Wort man hernach für heilig gehalten. Wer diesem Evandro succedirt habe / davon hat man nichts gewisses. Und bekennet Livius lib.6. selbst die Ungewißheit der alten Sachen.

Es erscheinet aber aus oberzehlten / daß die Stadt Valentia oder Rom viel hundert Jahr vor dem Trojanischen Kriege an diesem Orth / wo sie jetzt stehet/ erbauet gewesen. Besiehe hievon vielbesagten Cluverium, der auch von dem Umkreiß und Grösse der Stadt: Item von den vornehmsten Thoren derselben/ wie auch von den Orten / so schier gleich unter der Stadmauer / ausser der Stadt / vorzeiten gelegen gewesen (alsda waren Campus Martius, oder Tiberinus Campus, Campus Vaticanus, Vaticanus mons oder collis, Prata Quintia, Navalia in Campo Martio, Prata Mutia und andere) zu lesen ist.

Und war der Umbkreiß der Stadt von 50. tausend Schritten / und so wol inn- als ausserhalb sehr bewohnt / wie deñ Lipsius, lib.3. de magnitudine Romæ cap.3. rechnet / daß allda bey die 40. hundert tausend Menschen gewohnet haben. Besiehe von den Antiquitäten / Gebäuen und andern Römischen Sachen/ was er Lipsius unterschiedlich geschrieben; item Dionysium Halicarnussæum, Sextum Rufum und P. Victorem, in den Büchlein / so sie beyde von den unterschiedlichen Regionibus oder Theilen der Stadt (deren 14. waren) gemacht haben; Item/ Volaterranum lib.6. Comment. Urban. Anton. Augustin. in Antiq. Rom. Andream Fulvium in seinem Buch l'antichità di Roma intitulirt / item Georgii Fabricii Romam, Laurentium Schraderum lib.2. monument. Ital. item Boisardum in antiq. Rom. Paul. Merulam lib.4. c.22. Bozium lib.3. de statu Italiæ, imgleichen Inscriptiones totius imperii Rom. antiquas, in corpus absolutissimum redactas, ingenio & cura Jani Gruteri. Diese Stadt nennet Dionysius ein grosses Königes Haus / und eine Mutter aller Städte. Horatius lib.4. Od.3. nennet sie Principem urbium. Rutilius nennet sie Pulcherrimam mundi; Solinus Caput orbis. Von ihr schreibet Propertius lib.3. Eleg. 22.

Omnia Romanæ cedant miracula terræ;
Natura hic posuit quicquid ubiq; fuit.

Mar-

Martialis:

Terrarum Dea gentiumq; Roma,
Cui par est nihil & nihil secundum.

Claudianus:

Qua nihil in terris complectitur altius æther,
Cujus nec spatium visus, nec corda decorem,
Nec laudem vox ulla capit.

Scaliger:

Qui te unam laudans omnes comprenderit, orbem
Non urbem, qui te noverit, ille canet.

Albertus Reimarus in einem absonderlichen Tractätlein berichtet / daß Romulus zu erst nur die 2. Berge Palatinum und Capitolinum in Mauren eingeschlossen; als aber die Sabiner mit den Römern Friede und aus zweyen Städten eine gemacht / habe Rom sehr zugenommen / dieweil sie die Sabiner alle sich dahin zu wohnen begeben / und haben sie den Berg Celium mit darzu gezogen und den einen Theil der Esquilien zu bewohnen angefangen; Als über das zur Zeit Königes Anci Polirotion eine Stadt der Lateiner erobert / und alles Volck daraus nach Rom geführet worden / habe man den Umbkreiß der Mauren erweitert / und dem neuen Volck den Berg Aventinum zu bewohnen gegeben: Servius Tullius habe die Stadt mit Mauren umbgeben / und den Umkreiß derselben so weit hinaus gelegt / daß er ein Theil des Viminalischen und Quirinalischen mit darzu gezogen; und Tarquinius Superbus habe die Mauren / so vorhin von schlechter Materia waren / von grossen viereckigten und herrlichen Steinen erbauet / und obwol Rom / so lange die Regierung der Könige währte / am Umkreiß weiter nicht vermehret; so seynd doch alle umbligende Oerter bewohnet und voll Häuser gewesen. Unter den Käisern ist sie hernach / als sich das Volck vermehret / immer weiter und weiter hinaus gebauet worden / also daß sie zu Vespasiani Zeiten 13. tausend und 200. Schritt in ihrem Umfang gehabt. Unter Arcadio und Honorio ist ein grosses Theil darzu gethan worden / wie aus folgender Umbschrifft / so an der Pforten Ripæ zu sehen / abzunehmen:

Impp. Cæs. DD. NN. invictissimis Principibus, Arcadio & Honorio, Victoribus ac Triumphatoribus semper Augg.

Ob instauratos Urbi æternæ muros portas ac turres, egestis immensis ruderibus, ex suggestione V.C. & inlustris.

Militis & Magistri utriusq; militiæ Stiliconis ad perpetuitatem nominis eorum simulacra constituit.

Curante Fl. Macrobio Longiniano V.C. Præf. Urbis D.N. M.Q. eorum.

Dero Meinung diese ist: Denen regierenden Käisern / unsern hochgebietenden Herrn / den unüberwindlichen Fürsten / und jederzeit großmächtigsten Uberwindern und Triumphierern Arcadio und Honorio, haben wir Raht und Bürgerschafft zu Rom dafür / daß sie unserer immerwährenden Stadt zum besten ihre zerfallene Mauren / Pforten und Thürner wieder bauen / auch die alten darbey vorhandene sehr grosse Steinhauffen hinweg räumen lassen / und solches auf Einrathen des weitberühmten fürtrefflichen Mannes / und beydes über Cavallerey und Fußvolck Feldherren Stiliconis, dafür haben wir ihnen zum ewigen Nahmen und Gedächtnis diese ihre Bildnüssen anhero gesetzet / nach Anordnung des berühmten Mannvesten Fl. Macrobii Longiniani, unsers Herren Stadt-Commendanten / und höchstgedachten Käisers Kriegs-Bedienten. Uber diß hat auch Claudius, Germanicus zubenahmt / die Mauren der Stadt Rom erweitert / wie obangezogener Autor pag. 21. beweiset.

In ihrem Flor soll sie 50. welscher Meil im Umkreiß / und in die 40. mahl hundert tausend Einwohner gehabt haben / und derselben wol 20. tausend / da ein jeder eine absonderliche Armee unterhalten können. Heuniges Tages soll sie nicht über 13. tausend / oder wie Schraderus sagt / kaum 12. tausend Schritt in der Weite haben / und nicht über 300. tausend Seelen darinnen gezehlet werden / darunter doch eine grosse Anzahl frembde sich befinden.

Der Campus Martius so vorhin ausser der Stadt gewesen / ist jetzt die rechte Stadt: wo aber vorhin die Stadt gestanden / da seynd jetzt vast öde Hügel / Aecker / Gärten / Wiesen / verfallene Mauren. Hat zwar weite lange Gassen / daß man etwan eine halbe Stunde und mehrers durch eine gantze gerade Gassen hinein gehen mag / seynd aber nicht völlig mit Häusern erfüllet; die meiste Wohnungen seynd bey der Tyber zu finden / allda auch die Stadt so wol wegen des Flusses / als auch des Castels S. Angelo oder der Engel-Burg am festesten ist. Die Stadt-Mauren seynd wie gedacht / offt verändert worden / und wird dafür gehalten / daß die jetzigen / so noch starck und übrig seyn / nur vor etlich hundert Jahren seyn gemacht worden.

Vor alters hat sie 740. Thürn gehabt / jetzt aber seynd über 360. nicht mehr übrig / wie Schraderus, Schotus und Pflaumerus schreiben. Schraderus zehlet 21. Thor / andere 19. darunter erstlich das Volcks-Thor / welches hiebevor das Flumentanische genennt worden / darum daß es gar nahe am Wasser / zu Latein Flumen, gelegen gewesen. Nach diesem folgt das Pincianische / weiland das Collatinische genant / nach dē Castell Collatia.

Nach der Zeit / da das Marsische Feld in Rom gezogen / und mit Mauren umgeben worden / hat man es das Pincianische genannt / weil es beym Castell eines grossen Rathsherren Pincio genannt / gelegen. 3. Das Salarische / von dem Wege also benennet / auch das Collinische von Hügeln und das Quirinalische genannt / weil man dadurch nach dem Quirinalischen Hügel gangen / Item das Agonische / weil ausser diesem Thor Fecht-Spiele gehalten worden. 4. das Thor / so jetzt S. Agnes heist / ward von den Alten das Viminalische genannt / vom Nahmen des Berges / darauf es gelegen. 5. Das Thor / welches zwischen diesem und S. Laurentii Thor ist / auch stets verschlossen bleibet / mag sonst das Querquetulanische genannt worden seyn / von den Eichen / so etlichen Nymphis consecrirt gewesen / und nahe dabeygestanden. 6. Das Thor S. Laurentii ward weiland nach seinem Berge das Esquilinische genannt. 7. Das Thor S. Johannis, vor diesem das Celimontanische / weil es am äussersten Theil des Berges Celii gelegen. 8. Das Lateinische / hat aus einen Mißverstand diese Nahmen überkommen / welchen es nunmehr behält; sintemal der Weg und nicht das Thor der Lateinische genannt worden. 9 Das Thor S. Sebastiani / ward sonst auch das Capenische genannt / nach Capena der Stadt bey Alba, wie Solinus wil. Andere sagen es sey auch das Camenische genannt worden / von dem Camenen- oder Musen-Wald ausser diesem Thor belegen. 10. Das Thor S. Pauli, weiland Trigemina, das dreyfache benahmet / weil die drey Brüder Horatii da hinaus gezogen / als sie mit den 3. Curiaciis streiten solten. 11. Uber der Tyber findet man das Thor des Ufers / so die alten das Na-

vali-

1. Castell: S. Angeli. 2. Pons Ælius. 3. Ruinæ Pon: Triumphalis.

1 Zwei Marmorsteinerne Pferdt auff dem Berg Quirinalis. 2. S. Maria Rotunda.

1. Arcus Septimii Seueri. 2. Templum Iouis Statoris. 3. Capitolium.

-nalische oder Schiff-Thor geheissen/ weil es nahe beym Ufer und bey den Schiffen gewesen. 12. Das Thor S. Pancratii, ist anfänglich das Aurelische genañt worden/ nach dem Nahmen des Burgermeisters Aurelii, oder/ wie man fürgeben wil/ vom Aurelischen Wege/ welches auch fast glaublicher. 13. Das Septimianische/ anjetzo aber Settignanische geheissen/ hat den Nahmen vom Käiser Septimio, der es reparirt; ist von den Alten das Fontinalische genannt/ darumb daß es den Nymphis der Wasserbrunnen consecrirt gewesen.

Thomas Bocius hat 3000. Kirchen in der Stadt und den Vorstädten; andere aber sagen 300. so vor andern bekandt seynd und besucht werden: darunter dann 7. als S. Petri in Vaticano, S. Pauli in Via Ostiensi, ausser der Stadt/ S. Mariæ majoris in Esquilino, S. Sebastiani, ausser dem Thor Capena, S. Johannis Lateranensis in Celio, S. Crucis in Hierusalem in Celio, und S. Laurentii extra Esquilinam, insonderheit der Walfarthen halber berühmt seyn. Besiehe vorgedachten Schraderum, welcher von den vornehmsten Kirchen nach dem Alphabet gar weitläuffig handelt. Aus den sämtlichen Kirchen zu Rom haben 6. ihre ährine Thor/ als die zu S. Petro, S. Paulo, S. Maria rotunda, S. Adriano. S. Cosmo und Damiano, und die zur H. Agnes/ wiewol auch zu S. Joan Lateran etliche/ aber klein seynd.

Von den Strassen und Gassen allhie können Schraderus und Schotus gelesen werden.

Der steinern Brücken über die Tyber zehlen sie wie auch Henznerus, 6. darunter Ponte Molle oder Mulvius auf 2. Meilen ausser der Stadt gelegen/ Ponte di S. Angelo oder die Engels Brück die vornehmste ist/ so mit gewaltigen/ kunstreichen/ und mehr denn Lebensgrossen Bildern gezieret ist/ alle von weissem Marmor/ welche die Instrumenta/ so bey dem Leiden des Herren Christi gebraucht worden/ repræsentiren. Der Berge und Hügel/ so heutiges Tages in der Ringmauer eingeschlossen/ seynd 11. als Capitolinus oder Tarpejus, Palatinus, Aventinus, Celius, Esquilinus, Viminalis, Quirinalis, oder Monte Caballo, Pincius oder Hortulorum auch S. Trinitatis, Vaticanus, wo jetzt S. Petri Kirch und des Pabsts Residentz/ Janiculus oder Monte d'Oro. Und dann Testaceus, bey der Porta Ostiensi. Der Regionen oder Quartier/ in welche die Stadt eingetheilet/ seynd 14. wie folgende Worte auf einem alten Stein des Capitolii beweisen/ beym Alberto Remano/ in Abbildung alt Rom p. 25.

Imp. Cæsari Divi
Trajani Partici Fil.
Divi Nervæ nepote.
Trajano Hadriano
Aug. Pontif. Maximo
Tribunic. Potest. XX.
Imp. II. Cos. III. P.P.
Magistri vicorum Urbis
Regionum XIV.

Besiehe Schraderum fol. 113. und Henznerum p. 293. Unter die fürnehmste weltliche Gebäu wird das Castell S. Angeli gerechnet/ davon hernach die fürtrefflichste Paläste sind des Pabsts/ der Conservatorum oder deß Magistrats auf dem Capitolio, des Groß-Hertzogs von Florentz/ des Cardinals Cælii, bey dem Thor di Santo Onofrio, des Cardinals Borghesii, der Portiorum della Valle, Cesarini, Salviati, der Lateranensische zu S. Georgio in Damaso, des Cardinals von Carpi, der Columneser/ der Ursiner/ der Farneser/ des Cardinals von Mont-Alto, des Pabsts/ auf dem Berge Quirinali, des Cardinals Capoferrari, S. Marci &c. So haben die Bürger schöne Häuser/ so theils mit alten Monumentis, Marmor und Gemählden/ und theils mit Gärten und Brunnen gezieret: wie denn die Gebäu allhie ins gemein wol und vielleicht besser als die alte angelegt seynd/ sintemal die Römer hierinn gar einen zu grossen Pracht getrieben haben/ welchen theils auch unter die Ursachen ihres Falles setzen. Ob nun wol diese Stadt sonst ein herrlicher Sitz der großmächtigsten Welt-Monarchen/ uñ mit vielen schönen Kirchen/ prächtigen Palästen/ kostbaren Statuis und andern sehens würdigen Antiquitäten gezieret gewesen/ so ist sie doch/ nach dem das Römische Reich in Abnehmen komen/ oft und zwar von den Teutschen/ wie es Cyr. Spangenberg in der Manßfeldischen Chronick nach einander erzehlet/ 22. mal eingenommen/ ausgeplündert und zerstöret worden/ also daß sie dem alten Rom an Herrligkeit und Grösse gar nit zu vergleichẽ/ von dessẽ Ursachẽ Forstnerus ad l. 4. Taciti. p. m. 349. zu lesen. Und hat man von ihr gesagt:

Qui miseranda videt veteris vestigia Romæ,
Ille potest merito dicere, Roma fuit.

Und Paulus Melissus in urbibus Italiæ spricht:

Roma olim, non Roma hodie, sed rudera Romæ,
Et tantum antiqui nominis umbra recens.
Immo haud umbra quidem; in te una sic mortua es (omnis?
Sic ne in te exhausta tota sepulta jaces?
De te alti casus, atq; ima ruina triumphant:
De te Barbaries rapta trophæa gerit.
Nec spes ulla super, fore, ut integra vivaq; surgas:
Ni redeat Ancus, ni redeatq; Numa;
Qui te animent iterum: redeat vel Julius, Orbem
Urbi, urbemq; Orbi, & te tibi restituens.
Hoc mirum tamen, ut sis vasta, ut putre cadaver,
Urbis grande decus marmora muta loqui.

Heutigs Tags ist sie eine Residentz des Römischẽ Pabsts und der Cardinäle/ samt vieler Fürsten/ die Königin der Italiänischen Städte/ eine Versamlung allerley Völcker/ und das Haupt der Römisch-Catholischen Religion. Was in dieser Stadt noch übrig zu sehen/ kan der geneigte Leser aus folgendem vernehmen. Als 1. Das Castell S. Angeli/ an der Brücken gleiches Nahmens/ welches Käiser Ælius Adrianus erbaut hat/ ist sehr vest/ und wird für unüberwindlich gehalten/ auch mit grobem Geschütz vieler Kriegs-Rüstung und einer starcken Besatzung auf das beste versehen. Es hat in der Mitten einen hohen starcken/ runden Thurn/ welcher auf etliche Schritt davon mit andern 4. achteckigten Thürnen/ so etwas niederer umgeben ist/ hat den Nahmen wegen deß Marmorsteinern Bildes/ oder deß Engels mit einem Schwerd in der Hand/ so darauf stehet/ wie Schotus schreibet. Käiser Adrianus hat es ihm zu einem Begräbniß erbauen lassen. Es ist aber von den Päbsten zeithero sehr bevestiget und mit einem neuen Graben/ auch 5. Bollwercken und Basteyen umfangen worden. Schraderus meldet/ daß dieses Castells Verwahrung einem vornehmen Mann befohlen werde/ welcher nach Verfliessung 7. Jahre entweder das Cardinalat/ oder etliche 1000. Gülden zur Verehrung bekomme. Pabst Alexander VI. hat aus dem Päbstlichen Palatio, oder Vaticanis ædibus eine verdeckte hangende Brücke (so man Corridore nennet) dahin geführet/ damit die Päbste hin und her gehen und nicht gesehen werden können. Dieses Castell ward auch Crescentii Schloß genannt/ nach Crescentio einem aufrührischen Hauptmañ desselben Schlosses so Numentanus geheissen/ welcher sich dessen bemächtiget und es eine geraume Zeit iñe gehabt/ biß er sich endlich den Teutschen ergeben/ die es erobert/ und ihn grausamlich in Stücken zerhauen.

Procopius beschreibet es gar wol von Gothischen Kriegen / wenn er sagt: Das Grab des Käisers Adriani ist als ein Monumentum und Vestung / bey einem Steinwurff weit ausser dem Aurelianischen Thore/ dessen erster Umbkreiß viereckicht/ und gantz aus Marmorstein mit sonderbahrem Fleiß erbauet/ und mitten in sothanem vierecketen Umkreyß ist ein rundes grosses Gebäu / über die massen weit / und oben so breit/ daß man von einer Seiten zur andern kaum hinüber werffen kan. Bellisarius bediente sich dieses Monuments an statt einer Vestung / zum Schutz wider die Gothen. Oben darauf waren rings umher aufgerichtet gar grosse Marmor-Bilder / von Männern/ Pferden und Wagen wunderlich ausgearbeitet: derselben aber wurden etliche von den Kriegsleuten gantz herunter gerissen / etliche zubrochen/ und bey Stücken auf den Feind geworffen / daß also die grossen und schönen Wercke samt dem herrlichen Schmuck vorbesagter Grabstätte / die so viel Arbeit gekostet/ innerhalb wenig Stunden zu nichte gemacht und verderbet worden. Besiehe mit mehrern offtgedachten Albert. Reimarum l.c. pag. 213. seqq.

In dieser Burg verwahret man die 3. Millionen Goldes / welche Sixtus V. in den ersten Jahren seines Pabsthums dahin einbrachte / mit der unenderlichen Verordnung / daß dieselben sonst nirgend anders zu dienen solten / als nur allein das heilige Land aus der Türcken Hände wieder zu befreyen: in fürfallenden Kriegen den heiligen Stul / wie auch andere Länder der Christenheit / wann sie der Ketzer oder Ungläubigen Macht und Gewalt über sich befahren müsten/ zu schützen: Drittens da der Kirchen Ansehen und Hoheit durch Hungers-Noth oder Pestilentz angegriffen werden solte: welche Verordnung die Cardinäle mit Eyd und Versprechen unterschrieben. Und wo ausser diesen dreyen Fällen der Pabst mit Bewilligung der Cardinäle etwas davon nehmen/ und vor seinem Tode nicht wieder einliefern würde / solches auff die Erben des abgelebten Pabstes und der Cardinäle/ so es bewilliget / geschoben werden solte.

Von alten Palästen ist zusehen das Capitolium, welches zu unterschiedenen Zeiten unterschiedene Namen überkommen. Dann anfangs wards Saturnium genannt/ nach dem Könige Saturno, der auf diesem Berg gewohnet. Darnach hieß es Tarpejum nach dem Nahmen Tarpejæ der Nonnen Vestæ, welche durch Geitz bewogen umb etlicher güldener Kleinod willen die Vestung dieses Berges mit Verrätherey den Sabinen aufgegeben/ von denen sie hernach mit Schilden und Schätzen überhäuffet und also getödet worden. Zuletzt ists auch Capitolium genennet / nach einem Menschen-Haupt zu Latein Caput, welches allda im Ausgraben bey der Grundfeste des Tempels Jovis gefunden worden.

Vorzeiten war dieser Berg mit Mauren umbgeben / dero Grund Tarquinius Priscus selbst geleget/ welcher auch dieselbe wolte vollzogen haben/ gestalt er in einer Schlacht mit den Sabinern durch ein Gelübde sich verbindlich gemacht / wann ihn nicht der Tod übereilet hätte; darumb hernach Tarquinius Superbus von der Beute so er bey Eroberung Pomeriæ der Stadt der Lateiner gemacht / dieselbe zu Ende gebracht hat: doch aber sie nicht einweyhen können / weil er aus dem Reiche vertrieben worden: und ist solches hernach von M. Horatio Pulvillio zu Wercke gerichtet. Jetztbemeldte Mauren waren aus Quader-Stein / wie klärlich erscheinet / wann man ansiehet die annoch da befindlichen zerbrochenen Rudera, oder übergebliebene Stücke / und die bey unsern Zeiten aus ihrem Fundament gegrabene Steine / welche so wundergroß/ daß nicht ohne Ursach die Alten zur selben Zeit/ wie man schreibet / über die unmässige Grösse der Mauren des Capitolii sich verwundert haben.

Die Thore/ dadurch man herein kam/ waren von Ertz/ und die Tach-Ziegel von vergüldetem Kupffer / davon noch etliche auf dem Tache der Kirchen S. Petri, dahin sie der Pabst Honorius bringen lassen/ gesehen werden. Rings um solche Mauren her waren viel Thürne / welche guten theils vom Blitz darnider geschlagen worden. Und in den Kriegen Marii ward es eingeäschert; Norvvanus und Sylla baueten es wieder auf / und Q. Catulus erweitert es: dessen Gedächtnis noch heutiges an den gemeinen Saltz-Derrern zu finden mit diesen Worten:

Q. Lutatium Q.F.Q. Catulum Coss substructionem & tabularium de suo faciendum curavisse.

Zum andermal ward das Capitolium abgebrandt/ im Kriege des Käisers Vitellii und ließ es Vespasianus wieder bauen. Zum drittenmal wards in die Aschen gelegt im Tode besagten Vespasiani, und hernach vom Domitiano wieder repariret/ welcher zwölf tausend Talent darauf gewandt.

Ob nun wol das Capitolium durch offtern Brand- und Kriegs-Schaden männigfältig zerstöret worden/ so ists doch vom Pabst Gregorio XIII. wieder erbauet worden / und hat Sixtus V. unter dem manigfaltigen Zierrath/ so er daselbst aufgerichtet/ auch das Wasser über zwey und zwantzig Meilen dahin gezogen/ und in dessen einen Fluß geleitet die Wasser Martiæ und Claudiæ, also genannt nach König Anco Martio und Käiser Claudio/ so dieselben zu erst in Rom gebracht/ und damit alle Berge wasserreich gemacht haben.

Diese Wasser theileten sich in zween Brunnen/ in deren einem ein grosses Bild aus rothem Marmorstein mit weissem Zeichen auffgerichtet / welches præsentirt die Stadt Rom / sitzend zwischen zweyen Wasserströmen/ deren einer die Tyger/ der ander die Tyber bedeutet. Zur Abbildung noch eines Flusses sahe man daselbst das berühmte Bild Martorii auffgerichtet/ welches in einen grossen Bach oder Wasserstrom sich ergoß / ehe denn das Gebäu des neuen Pallastes hie ausgeführet ward; von dannen hat mans ins alte Palast dero Herren Conservatoren, unter andere köstliche Antiquitäten versetzt / welches etliche auff den Rhein deuten/ welchen/ nachdem Domitianus ihm unterwürffig gemacht / ließ er ihm ein kupffern Pferd zurichten/ so einen Fuß auf das Bild des Rheins setzte: andere meinen es sey ein Bild Jovis Capitolini, welcher auch Panarius oder Brodtgeber genannt worden.

In alten Zeiten machte man allhie so viel Bilder und Tempel/ daß der gantze Strich damit besetzt/ und kein Raum für absonderliche Häuser übergelassen ward.

Es hat das Römische Volck grosse Auctorität und Gewalt / in Erwehlung aller hohen Amts-Personen und der Obrigkeit/ ihm angemasset / so gar/ daß es auch den Päbsten zum öfftern viel zu schaffen gemacht. Als aber endlich Anno 1389. Bonifacius IX. Pabst worden / hat er solches wieder an sich gebracht / und alles zu grossem Ruhm seines Pabsthums und Geschlechtes Tomacelli zu Neapolis bestellet; und wiewol er noch nicht 25. Jahr

alt war/ließ sichs doch ansehn/ samt in ihm die Jugend ins Alter verwandelt/ und mit allen Tugenden gezieret wäre: Dannenhero er das Capitolium repariret, auch die Verordnung gemacht/ daß ins künfftige das Rathsherren-Amt allein von Frembden und Ausländern bedienet werden solte. Im Palast Illustrissimi Senatoris ist die Wohnung dero Allerdurchlauchtigsten Fürstlichen Gnaden und ihres gantzen Geschlechts/ welcher Gemächer viel alte Gedächtnissen haben von Marmorsteinern Bildern/gemahlten Kriegs-Waffen/ und Auffschrifften gewesener Kriegs-Helden/ auch dero Herren Conservatoren, so das Rathsherren-Amt verwaltet haben. Im selben Palast befinden sich da benebeu zween Richter/Primus und Secundus genannt/ welche im Saal ihre Gericht-Stuben und Wohnungen haben; in sothanem Saal ist aufgerichtet das Bild Gregorii XIII. Pauli III. und eines Rathsherren vom Hause dero Toscanorum, auch oben auf dem Tach des Palastes viele sehr schöne Bilder/samt einem hohen und herrlichen Thurn/ auff dessen Spitzen ein Bild stehet/ so das H. Creutz in den Armen hält: darinn sind 2. grosse Glocken/ welche vermittelst des Hammers ein Geläut von sich geben/ und ist eine zur Audientz, die andere grössere zur Versamlung des Raths und Gericht verordnet.

Auf diesem Platz stehet der kupfferne Cabal samt dem Bildnüß des Käisers M. Aurelii darauf/ vom Platz S. Johannis im Lateran hieher gesetzet/ welches Bild/ wie es von Schönheit gantz rar und wenig Gleichen hat/ also ists bey allen Nationen der gantzen Welt berühmt. Auch sind hie die beyden Caballen aus Marmorstein/samt den Schlaven so sie bezwingen/vom übergebliebenen der Schauburg Pompeji anhero gebracht; deßgleichen die zwey Siegs-Zeichen Marii, und gegen der Pforten dero Herren von Caffarelli über/ die Meil-Säule oben mit einem ähernen Knopffe. Zur lincken ist daselbst der überaus schöne Palast dero Allerdurchläuchtigsten Herren Conservatoren samt dessen Spatzier-Platz. Allda sind 6. Kammern mit grossen Gewölben/ verordnet für die Zünffte mancherley Handthierungen/ als der Schmiede/ der Hauswirthe/ der Herbergirer oder Gastgeber/der Gewürtz-Händeler/ der Schuster; und zur zeit der Audientz sitzen die Hauptleute besagter Handthierungen auf ihren Gericht-Stühlen/ samt bey sich habendem Notario. Und eben so gehets daher in den nächstbelegenen Kammern mancherley anderer Zünffte/als der Schneider/der Becker/ der Fischkäuffer/der Gärtner/der Wollweber/und dergleichen. Doch mögen sie ohne schwere Straffe allda nicht zusammen kommen/ sie seyen dann durch einen Römischen Stadt-Diener gefordert. Auch sind innerhalb des Spatzier-Platzes Gemächer/ darinn man hat die Bedienung des Notarii dero Herren Conservatoren/den Richtstul/ und die Bedienung des Ober-Zöllners/auch den Richtstul des Ober-Apellation-Gerichts. In vorbesagtem Spatzier-Platz stehen inwendig zur Seiten zwey gar schöne Bilder/ dero Käiser Cæsaris und Augusti, und andere geringere/ so wir Kürtze halber vorbey gehen. Im Vorhoff sind nur das fürnehmste zu berühren/ die herrlichen Bilder Käisers Constantini M. Pallantis, und Minervæ; das kupfferne Haupt Käisers Commodi, samt einer kupffernen Hand; das Pferd und der Löwe: Im kleinen Saal ist ein Bild Käisers Adriani, des Bürgermeisters Marii, und der allerheiligsten Jungfrauen/ welches an der Mauren gemahlet mit der Hand Petri Perugini. Im grossen Saal sind gantz sonderbahre Schildereyen des Ritters Gioseppe d'Arpino: Das Bild Sixti V. aus Ertz/ Leonis X. aus Marmorstein/und Urbani VIII. aus Kupffer.

Im Saal dero Durchläuchtigsten Herren Conservatoren, und des geheimen Raths/ da man Audientz gibt/ist zu sehen das Bild M. Antonii Colonnæ, Alexandri Farnesæ, Gio. Francesci Aldobrandini, D. Caroli Barberini, Marii Delphini, D. Virginei Cesarini, und anderer; deßgleichen schöne Gemählde der kunstreichen Meister/unter welchen ist eine Feldschlacht/ die That Mutii Scevolæ, die Brücke Horatii Coclitis, die Gerechtigkeit/und dergleichen.

Im Esse-Saal höchstgedachter Herren Conservatoren, da alles aufs prächtigste gezieret/ ist unter andern eine Wölffine/ mit zweyen dieselbe saugenden Kindlein/ aus Ertz oder Kupffer; ein Knäblein/ so ihm selbst einen Dorn aus dem Fusse zichet/ ein bekleidetes ähern Bild/ Zingara genannt/ auf einem dreyeckigten Fuß/ der Leib und das Haubt Bruti/ sehr schön aus Ertz gemacht; Ein Gemählde vom gestorbenen JESU/ samt einem vom S. Francisco, mit der Hand Pat. Cosmi Capuciner-Ordens verfertiget. In der Vor-Kammer/ so mit mancherley Tapeten behangen/ oben rund und mit allerhand Schildereyen gezieret/ siehet man fürnemlich einen alten Bürgermeister gleichsam lebendig/ den alten Ciceronem in völliger gestalt gantz eigentlich getroffen/ und Herculem aus altem Ertz recht natürlich abgebildet.

Im kleinen Saal vor der Capellen sind unterschiedene Gemähide/ von den Geschichten Hannibalis des Carthaginensers/ auch eine Statua Bacchi aus Kiselstein/ wol getroffen; deßgleichen die Abgötter Pan und Mercurius.

Da gegegen über ward unter Clemente VIII. ein ander Palast angefangen/ so mit diesem Gebäu überein kömt/ und der fürtreffliche Cardinal Aldobrandini legete desselben ersten Stein/ Pabst Innocentius X. aber/ damit er ein rühmlich Gedächtnis bey den Nachkommen hinterlassen möchte/ vollführte seinem Vaterland zum besten/ vom Grund/ auf das Gebäu dieses herrlichen und ausbündigen Palastes/ und brachte es zu der Gestalt/ die man noch heute daran siehet/ und dem andern Palast dagegen über gleichet.

Der Palast dero Herren Conservatoren/ und die Treppe vor dem Brunnen/ sind Wercke Michaelis Angeli, der Vorder-Gibel des Rathsherren-Palasts ist Girolami Raimondi; die Wohnung und der Thurn/ Martini Lungi des ältern/ die erste Treppe/ des Marforius, die Siegs-Zeichen/ und die Caballen/ ein sehr schöner Ornat und Zierrath/ sind ingesamt Wercke Giacomi della Porta.

Von alten Palästen waren sonst auch in Rom bekannt des Käisers Augusti, von ihm auf dem Palatinischen Berge/ woselbst er gebohren/ erbauet/ war an der Ecken des Römischen Marckts/ welches/ ein Theil des grossen Palastes/ mit mancherley Marmorsteinen gezieret/ mit etlichen auf Pfeiler erbauten Spatziergängen/ einer Bücher-Kammer voll allerhand Griechischer und Lateinischer Bücher/ auch mit Bildern und außerlesenen Gemählden versehen. Es waren da 2. grosse und weite Plätze zur lincken und rechten Hand/ welche zum Pferdebereiten/ auch zur Wacht der Soldaten dieneten/ drum dieselben allda etliche Wohnungen hatten. Am selben Orte bauete Augustus einen Tempel Apollinis, auf dessen obersten Spitzen ein Wagen der Sonnen gestanden/ welcher gantz vergüldet gewesen/ und einen wunderbahren Glantz von sich gegeben.

Man erzehlet/ daß daselbst ein Lorber-Baum herfür gesprossen / eben am selbe Tage / an welchem Augustus gebohren worden. Mit den Zweigen sothanes Baumes pflogen die Käiser ihre Häupter zu krönen.

Uber das war mitten auff dem Palatinischen Berge ein Tempel der Treue / vom Numa Pompilio gemacht/ welchen nachdem er für grossem Alter zerfallen/ Augustus wieder erneuern lassen.

Ferner war auch wol zu sehen Neronis Palast/ den er / nachdem die Stadt Rom in Brand gestecket/ angefangen / mit welchen er einnahm den gantzen Raum vom Berge Celio biß aufs äusserste des Esquilinischen Berges/ das ist/von der Kirchen S. Johannis und Pauli, wenn man durch den rechten Weg vom Colisæo herauf gehet / biß an den Ort S. Petri in den Ketten; erstreckte sich also derselbe biß an S. Marien Kirche die grosse/ und biß an Terminum. Ist demnach kein Wunder / daß Martialis davon saget:

Roma domus fiet, Vejos migrate Quirites,
Si non & Vejos occupat ista domus.

Gantz Rom wird nun ein Haus; weg Römer/ ihr mögt gehen
Nach Vejen: wo das Haus auch da nicht kömmt zu stehen.

Und erscheinet die Grösse dieses Palastes fast allein daraus genug / weil im Vorhoff desselben der äherne Colossus Neronis 120. Fuß hoch gestanden/Spatzier-Plätze von 3. Rigen Pfeilern / 1000. Schritt lang/ dazu Bauren-Häuser/ eines vom andern unterschieden / samt Bau-Ländern/ Weingärten/Wiesen und Wäldern/ alles in grosser Menge / auch mit einem Hauffen von allerley zahmen und wilden Vieh besetzt gewesen. Es war solcher Palast gantz mit Golde überzogen / dannenhero es auch das güldene genannt worden: die Kammern und andere Wercke drinnen/ waren von lauter Edelstein und Perlen-Mutter/ die Balcken der Esse-Säle mit Golde eingelegt / die Taffeln dergestalt zu gerichtet / daß man sie herumb drehen konte / um dadurch die Gäste mit lieblichen Wassern und andern aus Blumen / und wolriechenden Kräutern ausgezogenen Spiritibus, zu besprengen. Der fürnehmste Esse-Saal war rund/ und wie der Himmel stets umb die Erde herumb gehet / also gieng derselbe auch Tag und Nacht herum; es waren da warme Bäder/ auch andere Wasser-Bäder vom nächst bey Rom belegenen See-Wasser.

Und ob zwar dieser Palast an Grösse und Fürtreflichkeit alle andere weit übertraff / nichts desto weniger/ als Nero kam/ dasselbe anzunehmen/ rühmet er es nur allein so weit/ daß er sagte: Nun wil ich anfangen als ein ehrlicher Mann zu wohnen.

Innwendig in diesen güldenen Palast hatte Nero einen Tempel des Glücks eingeschlossen/ welcher gantz aus Alabaster gemacht / und von so grosser Klarheit war/ daß / wann schon seine Thüren zu geschlossen/ er dennoch einen Glantz von sich gab / und man so helles Liecht sahe / als wenns recht am Mittage wäre. Besiehe offtgenannten Albertum Reimarum l. c. pag. 109. seqq.

Von neuen Palästen gehet an Herrlichkeit andern vor des Pabsts S. Petri genannt auf dem Vatican/ welcher von Pabst Symmacho aus seinen Grundvesten ausgeführet ward; Nicolaus III. brachte es mit leichter Müh so weit/ daß ers zu einer Wohnung der Päbste bequem machte/ nachgehends ists von den andern folgenden Päbsten sehr vermehret worden; Nicolaus V. hat die Mauren gantz hoch ausgeführet; Sixtus VI. bauete daran die allerschönste Vaticanische Bücher-Stube/ die Capell und das verschlossene Gemach mit allen seinen Neben-Kammern. Innocentius VIII. stifftete das Belvedere (den schönen Prospect) samt dem Palast/ und machte daran etliche sehr anmühtige überdeckte Spatzier-Plätze. Paulus III. ließ in der Capellen das jüngste Gericht mahlen/ durch den treflichen Michaël Angelo Buonarota, den Saal des verschlossenen Gemachs vergülden / und davor eine gar schöne Capelle bauen von demselben Michaël Angelo geschildert/ Wercke/ die wegen ihrer Fürtreflichkeit eines unaussprechlichen Schatzes werth geachtet wer-gen. Noch sind da Kammern vom Raphaël d'Urbino bemahlet/ mit Historien A. Testaments/ den schönsten Sachen der Welt; wie auch etliche Kammern dabey/ von Giulio Romano und andern fürnehmen Schildern mit Gemählden eingerichtet, welche höchstberühmte und merckwürdige Schildereyen viel stattliche Leuthe in Augenschein/ und dero Abriß mit sich hinweg nehmen.

Sixtus V. hat diesen Palast aufs prächtigste mit gewaltigen neuen Gebäuen / herrlichen Statuis, Gemählden und andern Sachen/ ausstaffieret, wie solches beym Pflaumero mit mehrerm zu lesen. Besihe auch Schraderum lib. 2. monument. Ital. fol. 205. seq. Die Stiegen seynd also gebauet/ daß man von unten biß zu oberst sicher reiten kan. Unter den Sälen ist sonderlich der grosse/ den Pabst Gregorius XIII. ausgebauet hat/ seiner Magnificenz und sehr künstlichen Gemählder halben zu sehen. Item/ des Pabsts Sixti V. Capell/ so an Grösse und Schönheit mit einer fürtreflichen Kirchen zu vergleichen/ in welcher auch der Pabst anfangs consecriret wird. Von der Wind-Kammer in diesem Pallast besiehe des Heberers Aegyptische Dienstbarkeit lib. 3. cap. 25. in fine. Und sagt Henznerus in seinem Reißbuch/ daß man ihm in des Pabsts Cabinet herrlich und schön eingebundene Bücher/ und die Historie der Passion auf Pergament von einem octav-Blat in der Grösse; und dann die Königliche Zimmer/ und des Pabsts Schatzkammer/ gewiesen habe/ in welcher/ neben des Pabsts Kleidern/ den Cardinals Hüten/ alten Beuteln/ auch Rhinocero-Horn und Trinckgeschirr daraus: Item ein Einhorn/ unterschiedliche Trinckgeschirr und silberne Schüsseln/ Straussen-Eyer (in welchen die Passion und andere Historien eingegraben) ein Altar von Pfau-Federn/ und anders mehr zu sehen gewesen. Er meldet auch daß sonsten ein sehr köstlicher Kirchen-Ornat von Gold/ Seiden/ Silber/ Perlen und Edelgesteinen über die massen gezieret vorhanden / darunter eines Engelländischen Königes Pallium oder Casiola, so mit durchscheinenden Perlen also beschweret / daß man solche über eine Viertel-Stunde kaum anhaben möge.

Herr Joseph Furtenbach sagt/ daß manches Meßgewand 30. biß in die 80. tausend Cronen koste. Man weiset auch an einem Orth des Pabsts Infulam oder Kron/ welche Neymeyer beschreibet/ und meldet/ daß sie wegen der vielen grossen Stein über 100. tausend Kronen kosten soll. Man zeiget auch 12. Apostel vom Silber: Item sehr viel silberne Leuchter / Bischoffshüte/ Creutz/ Kelche/ und andern Päbstischen Ornat/ samt etlichen Heiligthümern/ Ringen/ und andern Sachen/ die bey ihme pag. 280. und andern zu finden. Es haben auch die Cardinäl ihr sonderbahres Zimmer / da sie mit dem Pabst zusammen kommen.

Von diesem Palatio gehen zwo Gallerien von 450. oder 460. Schritten biß zu des Pabstes Gärten. Fast zwischen diesen Gängen ist überzwerg ein Gebäu/ so besagter Pabst Sixtus V. mit sehr schönen Gemählden hat zieren lassen/ darinnen die Bibliothec, welche von dem Ort Vaticana genennt wird/ stehet/ so ein sehr lustiger/ gar heller/ und wegen der lieblichen Lufft aus den Gärten ein gar annehmlicher Ort ist.

Was gar alte und sehr theure Bücher seynd/ die werden in besondern Kästen oder Armarien verschlossen verwahret/ darunter seynd der Virgilius doppelt auff Pergament/ item der Terentius/ der Apostel Geschicht Griechisch mit güldenen Buchstaben sehr fleissig geschrieben/ eine sehr alte Griechische Bibel auf Pergament/ deß Petrarchæ epigrammata mit seiner Hand/ und andere geschriebene Sachen mehr/ davon besagter Pflaumerus zu lesen. Schotus sagt/ daß mehr als 6000. geschriebene Bücher da seynd/ und werde allein dieses desiderirt/ daß der Pabst einen Catalogum möcht trucken lassen. Herr Fuertenbach meldet/ daß bey 20000. Bücher allhier seyn sollen/ der auch den Saal und Gelegenheit/ wo diese Bücher ligen/ beschreiber. Durch die Heydelbergische/ die der Käiser dem Pabst geschencket/ ist diese Bibliothec, so viel die gedruckte Bücher anlanget/ ziemlich vermehret worden/ also daß biß anhero keine gewesen so diese übertroffen/ ob man gleich vorzeiten so berühmte gefunden hat/ als des Augusti, die Ulpische/ und des Asinii Pollionis, welche alle hernach durch dieser Bibliothec weit grössern Glantz und Schein sind verfinstert worden. Diese schöne Bücher-Stube haben Paulus V. Gregorius XV. und insonderheit Urbanus VIII. gezieret/ welcher überdiß den Grund des neuen Palasts legte/ und brachte ihn auch füglich zum Ende: Clemens VIII. vermehrte dasselbige gewaltig/ und bauete den Clementinischen grossen Saal/ uber dessen Herrlichkeit beydes Einwohner und Fremde sich zum höchsten verwundern müssen/ wann sie darinnen sehen das Vermögen der Kunst/ so weit die Natur sich erstrecket/ die Reinigkeit der Marmorsteine/ die ausbündige Schildereyen vom Cherubino Alberti gemacht/ den Ober- und Unter-Krantz/ von den sehr berühmten Schildern Balthasarino Bolonienfi, und Giovanni Alberti, des Bruders Cherubini verfertiget/ und die See vom Paolo Brillo auffs allergenaueste und eigentlichste abgebildet. Darnach kam Paulus V. auf/ und endigte die völlige Außstaffierung desselbigen/ dahin beyfügend solche Zimmer/ welche nicht allein gar schön/ sondern auch gantz nütz und nöthig waren/ einem solchen Gebäu seinen vollen Schick zu geben/ als da seynd/ die neue Wacht der Teutschen/ das allgemeine Uhrwerck und die sehr schönen Brunnen. Insonderheit den Brunnen auf dem Platz/ vom Innocentio VIII. angeordnet/ und hernach vom Alexandro VI. verbessert/ richtete er dermassen zu/ daß er noch für den allerschönsten in Rom geschätzet wird/ weil desselben Bach/ da das Wasser zu erst einfleust/ auß einem Stein eines Stücks gemacht ist. Urbanus VIII. ohne daß er die Spatziergänge repariret, neue beyseits abgehende Kammern/ über den gemeinen Zugang mit sehr edlen Gemählden/ auch viel andere sehr merckliche Verbesserungen daran gemacht/ hat noch zu letzt dasselbe reichlich versehen mit dem allerschönsten Waffen-Hause Europæ, erfüllet mit allerley Waffen vor viel tausend Soldaten zu Fuß und Pferde zum Schutz und Schirm des Apostolischen Stuls/ und dessen Hoheit/ und weil sein gantzer Begriff gleich unter die Vaticanische Bücher-St..be kommt/ hat man diese Wort dahin gesetzt:

Urbanus VIII. literis arma, arma literis.

Und in Summa/ was man nur grosses und edeles wündschen kan/ ist alles hie vollkömmlich/ sintemal dieses der Orth ist/ welcher erbauet/ erweitert/ und bewohnet worden von dem grösten Hauffen der Römischen Päbste. Im Vorhoff dieses Platzes siehet man den neuen Brunnen/ der wegen seines köstlichen Wassers hoch gehalten wird/ und dahin geleitet ist vom Innocentio X. wie nachfolgende Aufschrifft über denselben gnugsam zuverstehen gibt:

Aquam Vaticani Collis, incerto olim capite de-
errantem, à Beato Damaso inventa
Scaturigine, ad lavacrum novæ generationis
In fontem corrivatam rursus amissam
INNOCENTIUS X. PONT. MAX.
Conquisitam repertamq; ac mire probatam,
Fonti recens extructo restituit, ut in Urbe
aquis Peregrinis affluente, Ædes Vaticanæ
suam hanc haberent, Gemina salubritate
gratius hauriendam, A. D. 1649.
Pont. sui. V.

Nach des Pabsts Palast ist auch wol zu sehen des Groß-Hertzogs von Florentz/ auff dem Berge Trinitatis stehend/ hat viel gewaltige grosse Säl/ mit köstlichen Tapezereyen/ wolgezierten Zimmern/ und andere Raritäten/ daß nicht bald dergleichen zu finden. Insonderhet ist allda zu sehen ein nackend Manes-Bild von weissem Marmor nicht gar Lebens groß/ kniend/ und wetzet ein Messer/ wie auch die Göttin Venus, welche Stück so künstlich/ daß dergleichen in gantz Rom nicht gefunden werden/ von welchem Henznerus pag. 299. zu lesen.

Bey diesem/ wie auch des Pabsts Pallast/ sind schöne Gärten/ so sehens würdig/ und hernach folgen.

Ferner ist der Pallast Barberini, da zu erst der Sitz des Cardinals Carpi, hernach auch des Hertzogen Sforzi waren/ nun aber ist der Platz erweitert/ und hat man noch mehr andere Gärten darauf gemacht. Das edele Gebäu dieses Palastes ist eine Designation und Abriß des Ritters Bernini. Am Vor-Gibel hats zween Columnen oder Pfeiler mit einem Außsicht darober/ welche Pfeiler der Pforten ihre Form und Gestalt geben. Es hat trefliche Schwibbögen und Fenster/ und ist aus Steinfelsen aufs künstlichste ausgearbeitet. Beym Eingange hats einen zweyfachen Spatziergang/ samt einem Brunnen/ und gedoppelter Treppen/ so von der Seiten nach den Sälen und Neben-Kammern führet. Das Vorderste dieses so wunderseltsamen Palastes ist wie eine Schauburg gestalt/ darinnen wohnet der Cardinal Antonius Barberini, des H. Stuls Cämmerling/ welcher die edelsten Gemählde und ausgehauene Bilder/ auch andere anmüthige und liebliche Sachen hat/ womit alles daselbst aufs höchste gezieret ist. Die Gewölber der Säle sind ausbündig vermahlet vom Petro Berrettini, genannt Cortona.

Es ist allda die weitberühmte grosse Bibliothec, des Cardinals Francisci Barberini, mit sonderbaren Büchern in allerhand Wissenschafften/ auch köstlichen Manuscriptis, und eigenhändig von den Auctoren selbst geschriebenen Sachen angefüllet/ dabey ein guter Vorrath alter Müntze/

und anderer Raritäten / mit grossen Unkosten aus allen Theilen der Welt beysammen gebracht ; und damit solches zum gemeinen Nutz dienen möge/ sind Auffseher und Hüter darüber gesetzet. Am forden Gibel des Palastes liget auf der Erden eine zubrochene und mangelhaffte Säule / mit Hieroglyphischen Zeichen von Egypten ausgehauen. Man hält es dafür / daß sie aus dem Amphitheatro Castrensi, oder der Kriegs-Schauburg / darinn die Kriegs Leute sich übeten / gewesen / und anhero vor die grosse Pforte gebracht worden. Die lincke Seite des Palasts ist nach dem Platz der vier Brunnen gerichtet.

Die Beschreibung dieses gantz herrlichen Palastes/ und Auslegung der allda vorhandenen Gemählden / auch deroselben Gemählden aus Ertz oder Kupffer ausbündig gegossenen Abbildungen / von den kunstreichesten und berühmtesten Männern / welche unsere Zeiten in der Bildhauer-Kunst gehabt / verfertiget / ist eine wol angewandte Arbeit des Grafen Girolami Tetii gewesen ; welches als ein sehr vortrefflich Buch wol würdig ist / daß es von frembden und ausländischen gesehen werde. Es führet den Titul ÆDES BARBERINÆ.

Und an der rechten Seiten nach dem neuen Kloster der Capuciner-Münche hats drey über alle massen lange und herrliche Reigen Fenster / samt einem überaus hohen und grossen Wercke einer Pforten in der Mitte daselbst / also daß dis Gebäu in Warheit die höchste Lieblichkeit / und ein Wunderwerck dero Stadt Rom ist ; auch hats die allerschönsten und anmutigsten Gärten. Item haben die Päbste noch einen Sommer-Palast auf dem Monte Cavallo oder Hengst-Berge / da sie wegen der guten und gesunden Lufft heutiges Tages ihr gewöhnliche Residentz haben. Dieses Palatium ligt sehr hoch und zu oberst des besagten Berges / auf welchem man schier die gantze Stadt Rom übersehen kan/ ist herrlich und prächtig/ vom Pabst Paulo V. erbauet/ welches alle andere in Rom übertrifft. Es seynd darbey schöne grosse Gärten / Statuæ, kunstreiche Wasser-Wercke / auch andere schöne Sachen / insonderheit schreibet Herr Fuertenbach / daß allda eine Orgel vom Wasserwerck also getrieben werde / daß sie etliche Stück von ihr selber schlage : ist sonst auch mit Heroischen grossen Zimmern angelegt. Heraussen stehet des Alexandri Magni Bucephalus vom Phidia, und ein anders nach demselben vom Praxytele sehr künstlich nachgemacht. Besiehe davon Reimarum im abgebildeten neuen Rom pag. 428.

Wenn man zur fürnehmsten Pforten da hineinkömmt/ findet man den gar grossen Vorhoff/ inwendig mit einem schönen Spatziergang / so rings herumb auf grossen viereckten Pfeilern stehet/ umbgeben/ auch einen anmühtigen Brunnen darneben.

Die prächtige Capell/ so Pabst Paulus V. zu den Päbstlichen Diensten vom Grund aus erbauet und der Gestalt gezieret / daß sie für eins der allerschönsten Dinge in der gantzen Welt geschätzet wird.

Es ist allda ein vortrefflisches Chor und tausend andere dergleichen hohe Sachen / daß sie kaum zu erzehlen seynd ; der Himmel wie auch die Gewölbe sind von Golde und weitberühmten Gemählden / dermassen reich / daß man kaum dergleichen sonst wird finden können.

Pabst Urbanus VIII. hat den Palast von den Wohnungen abgesondert / und alles ins viereckigte gebracht / also daß er die Erde von einem Orthe wegnehmen / und an vielen andern Orthen wieder aufhäuffen lassen/ auch dasselbe mit dicken Mauren bevestiget.

In diesem Palatio haben auch theils Schweitzer von des Pabstes Leib-Guardi / neben ihrem Hauptmann ihre Wohnungen / die übrigen aber bey S. Peter.

Ferner ist zu besichtigen der Palast des hochedlen Geschlechts der Borghesorum, so in Campo Marzo stehet / und nach sehr hoher Bau-Kunst gemacht ist. Die Grösse desselben ist wunderbar / so gar daß mans viel eher für ein Castell als Palast halten solte.

Diß Gebäu hat vier Vorder-Gibel/ derer drey/ auch drey überaus lustige offne Plätze vor sich haben : der fürnehmste aber darunter ist über die massen schön und groß/ und nach dem Zunahmen des Herrn/ der Platz Borghese genannt. Es stehen allda bey die zwantzig Statuæ an unterschiedenen Orten des Vorhoffs/ welche/ ausser dem daß sie von grosser Würdigkeit seyn / besagten Ort in der That wunderbar machen. Die Cammern darinnen sind mit Käiserlichem Ornat und Zierrath von auffgerichteten Bildern und Quader-Stücken/ so rar und ungewöhnlich / als man zu unsern Zeiten haben mag/ zu samt einem weitberühmten Spatziergang/ auch Brunnen/ Gärten/ Windel-Treppen/ Bramantis/ und tausend anderen Ergetzlichkeiten. Zur rechten daselbst ist auch noch ein Palast von diesem Geschlechte gantz herrlich viereckt erbauet.

Der Palast der Herren Colonnesorum bey der Kirchen der heiligen Apostel / welcher / wie Pancirollus schreibet/ von dem Martino V. so allda gewohnet/ erweitert worden; auch vom Julio II. wieder gebauet/ von Sixto IV. mit gehauenen Bildern/ mancherley Gemählden und Marmorsteinen gezieret ; dabey ist auch ein sehr anmühtiger Garten.

In der Strasse Julia ist der Farnesiorum Palast / so / wie Schotus, Henznerus und Pflaumerus schreiben / sehr prächtig und köstlich erbauet ist/ und in welchem sehr viel alte Statuæ, darüber sich zu verwundern/ auch ein herrliche Bibliothek/ und viel anders mehr zu finden. Dieses Palatium, so unter die schönste/ gröste und weiteste Gebäu/ zu rechnen/ hat Pabst Paulus III. auf Angeben des berühmten Werckmeisters Antonini Sangalli erbauet : welcher auch an einem schönen Orth und Platz gelegen ist.

Hierauf folget des Cardinals Capoferrati Palast/ so vom Schoto und andern der Gemählde und Bilder halben gelobet wird. Vid. Boissardus tom. 3. antiq. Rom. fol. 68.

Der Pallast Cardinals Julii Mazarini, ward erbaut vom Cardinal Scipione Burghese, aufs übergebliebene des zerfallenen warmen Bads Käisers Constantini; ward verkaufft Joh. Angelo Duca Altaems, hernach dem Marggraffen Bentivoglio : welche es beyderseits an Gebäuen vermehret / und mit Gemählden Guidonis Reni und anderer guten Meister gezieret; darbey auch ein lustiger Garte.

Der Oricellariorum oder Ruscellariorum prächtiger Palast ist auch zu sehen / darinnen der Frantzösische Ambassadeur seine Residentz hat / in dessen Hof ein ährin Pferd so auf fünff und zwantzig tausend Pfund wieget.

Schließ-

Schließlich des Cardinals Cæsii Hauß oder Palast / so groß / und mit allerley alten Monumentis erfüllet ist / davon man Boissardum lesen mag. Es beschreibet solchen auch Schotus part. 2. itiner. und sagt / wann schon sonst nichts zu Rom zu sehen wäre / daß doch dieser Palast / wegen der sehr vielen Antiquitäten / herrlichen Statuen, so in sehr grosser Menge allda seyn / und der schönen Bibliothek halber / die Unkosten dahin zu reisen / ertrüge.

In Rom waren sonst auch prächtige Tempel den heydnischen Gößen geweyhet: Als der Tempel Jovis, welchen die Heyden Optimum Maximum nanten / so vom Tarquinio Prisco verheissen / und nachgehends vom Tarquinio Superbo erbauet / dessen Grundfeste allein 40. tausend Pfund Silbers gekostet; und da er mit dem Bau biß ans Tach kommen / konte er ihn nicht vollziehen / noch einweihen / weil er aus dem Reiche vertrieben ward. Es dedicirte denselben der Bürgermeister M. Horatius, gestalt man in folgender Aufschrifft liset:

M. Horatius Consul ex lege Templum Jovis Optimi Maximi dedicavit Anno post Reges exactos.

A Consulibus postea ad Dictatores, quia majus Imperium erat solenne clavi figendi, translatum est.

Dieser Tempel war auff einen hohen Ort gesetzet / wie dann die Heyden den Gebrauch hatten / die Tempel der Götter / (von welchen die Stadt in Schutz genommen ward /) zu bauen an hohe und über alle andere erhabene Oerter / von wannen sie ohne einige Hinderniß den grössesten Theil der Mauren selbiger Stadt übersehen könten.

Der Umkreiß dieses Tempels war der Weite nach / acht Jugera, jedes Jugerum machte 210. Fuß / und strecket sich aus an jeder Seiten 200. Fuß breit. Im forderſten / so gegen Mittag gerichtet / war eine Riege von dreyen Pfeilern / das aber zur Seiten hatte nur einen. Es waren drinnen drey Capellen von gleicher Grösse: Eine zur Rechten / Minervæ zugeeignet; die andere zur Lincken Junoni dedicirет; die mittelste Jovi consecriret / über welcher ein Adler stund. Und muß sich niemand verwundern / daß Tarquinius Priscus, so in den allergeheimsten Religion-Sachen wohl unterwiesen / die drey Gottheiten in diesem Tempel beysammen geordnet / alldieweil sie die Hauß-Götter seynd / durch welcher Hülff und Beystand die Menschen Leib und Leben haben / und der Rede sich gebrauchen. Jupiter war in der Mitte gesetzt / weil er das mittelste des Himmels inne hat; Juno stund zur Lincken / weil sie über die Lufft und Erde zu gebieten; Minerva zur rechten / weil sie den höchsten Theil des Himmels besitzet; An welcher Seiten die Alten jährlich Nägel einschlugen / so ihnen damahls / wegen ihrer schlechten Wissenschafft und Geschicklігkeit / an statt der Jahr-Zahl seyn musten: dieselben schlugen sie ein an der Seiten Minervæ, weil die insonderheit über die Zahl gesetzet. Dieser Tempel Jovis ward von den Römern Optimi, Maximi, des gütigsten und großmächtigsten genannt: des gütigsten zwar / wegen der vermeinten Woltхaten / so von ihm von oben herab kämen; des großmächtigsten aber / wegen der ihm angedichteten grossen Krafft und Macht. Auch nenneten sie ihn den Capitolischen Jovem, wegen des Hauptes / welches (wie gesagt) im Auffgraben des Grundes gefunden. Innerhalb dieses Tempels waren / ausser anderem Schmuck / sehr viele Bilder auffgerichtet / worunter eines aus Golde zehen Fuß hoch / vom Käyser Claudio dahin gesetzet / danechst das Bild des Sieges stund. Auch hatte man da Köpffe auß Schmaragden gemacht / so Pompejus im Triumph gen Rom gebracht. Allda waren die Bücher der Sybillen / am geheimen Orte der Kirchen verwahret / darüber die Herren / Decemviri genannt / die Verwaltung hatten. Allda war der auffgerichtete Vertrag zwischen den Römern und Carthaginensern / in kupfferne Taffeln / welche die Baumeister erhalten / geschrieben. Deßgleichen sahe man da ein wollenes Kleidgen / von einer so fürtrefflich schönen Farbe / daß in Vergleichung mit demselben / das Kleid des Käysers Aureliani wie Asche gefärbet zu seyn scheinete; sothanes Kleidgen war Aureliano vom Persischen Könige zum Geschencke præsentiret. Von diesem Tempel fieng man das Regenwasser durch gewisse Röhren auff / welches allen andern Tempeln des Capitolii zustatten kam. Auch wurden allda besondere Gebethe verrichtet: und die neuerwehleten Bürgermeister opfferten daselbst Jovi, als dem Gott / von welchem alle gute Fürhaben herrühreten. Es brandte dieser Tempel mannigmal / neben vielen H. Oertern auff hiesigem Berge. Nechst demselben war der Tempel der Treue / worin man sahe das Bild eines alten Mannes / welcher eine Leyre in der Hand hatte / und einen Knaben darauff spielen lassen.

Auch war ein Tempel der Göttin Juno geweyhet / den Sept. Severus und M. Aurelius Antoninus, als er verbrandt / restituiret haben / wie die Schrifft daselbst bezeuget / wird jetzt S. Angeli in Piscina genannt.

Uber diß hatten Ceres, Diana, Isis, Sonn und Mond / Venus und Cupido, die Tugend / die Jugend / die Keuschheit / das Mitleyden / das Heil / auch Hercules, Janus, Apollo, Æsculapius, Faunus, Flora, Fortuna, Vulcanus, und andere ihre eigene Tempel / die aber mit der Zeit zerfallen.

Das Pantheon oder den Tempel aller Götter sihet man / was das Gebäu betrifft / annoch gleichsam in seinem allerbesten Zustande / aber aller Bilder und andern Schmucks gänzlich beraubet. Es ward erbauet vom M. Agrippa, dem Jovi Vindicatori zu Ehren / der nennet es Pantheon, weil es neben dem Jovi allen andern Göttern consecriret; oder wie andere wollen / weil es die Gestalt der Welt / nemlich eine Runde hat. Seine Höhe ist 144. Fuß / und die Weite noch eins so viel. Man kam weyland in diesen Tempel / daß man viele Treppen auffstieg / wie noch heute geschicht. Umb dieselben herumb stehen viele Bilder auffgerichtet / so man wegen höhe des Orts kaum warnehmen kan. In sothanem Tempel / wie man sagt / stund ein Bild Herculis auff Erden / welchem die Carthaginenser jährlich eines Menschen Leib auffopfferten: die Ursache / warumb diß Bild auff der Erden stund / war / weil die Bilder Jovis und anderer himmlischen Götter (wie Vitruvius will) an hohe und erhabene Oerter / hergegen aber die Bilder der irrdischen Götter / als der Göttinnen der Erden / und des Meers / an niedrige Oerter auff der Erden gesetzet seyn müssen. Auch sahe man in diesem Tempel ein auffgerichtet Bild Minervæ, aus Avorio vom Fidia gemacht / und ein anders Veneris, welches zum Ohren-Ring hatte die helffte der Perlen / so Cleopatra in einer Mahlzeit hatte eingetruncken / umb dergestalt die Verthunligkeit M. Antonii zu übertreffen; und sagt man / daß allein diß Theil der Perlen auff 250000. tausend Ducaten geschätzet worden. Diß Pantheon ward / da es an einer

Seiten vom Feuer verletzet/ zu erst vom Adriano, hernach vom Antonino den Käisern repariret. Es hatte/ wie man noch heute sihet/ einen sehr schönen Vor-Saal/ vom selben Agrippa erbauet / welcher auff 16. grossen Pfeilern stund / davon heute nur 13. mehr übrig. Die Gittern dieses Saals waren vom vergüldetem Ertz. Der Tempel ist oben mit Bley gedeckt / und hat küpfferne Thüren. Am Vorder-Gibel lieset man diese Wort:

M. AGRIPPA L. F. COSS. TERTIUM FECIT.

Welche bedeuten / daß M. Agrippa Lucii Sohn / zum drittenmahl Bürgermeister/ diesen Vor-Saal erbauet habe. Unter welchen Worten daselbst noch andere mit kleinern Buchstaben vorhanden / anzeigende die Namen dero Käiser/ so das Gebäu / da es wegen Länge der Zeit vergangen/ repariret/ nemlich diese:

Imp. Cæs. L. Septimus Sev. Pius. Pertinax. Arabic. Adiabenicus. Particus. Maximus. Pont. Max. Trib. Pot. XI. Cos. III. P. P. Procos. & Imp. Cæs. M. Aur. Antoninus, pius fœlix, Aug. Trib. Potest. V. Cos. Proc. Pantheum, vetustate corruptum cum omni cultu restituerunt.

Besihe Schraderum fol. 161. und Pflaumerum, welcher diese Kirche gar weitläufftig beschreibet / und andere Autores anführet. Wird heut zu Tage S. Mariæ Rotundæ genannt / ist in die Runde erbauet / und hat keine Säul; in der Mitte des Dachs ist ein rundes Loch / so bey 6. Schritt weit/ dardurch des Tages Liecht hinein fället / und hat sonst kein Fenster. Es regnet zwar auch hinein / aber das Wasser verlaufft gleich in die Dollen / so mitten auff dem Pamivent ist. Man hat biß zum Dach 150. Staffeln / von dannen mitten zum Gewölb / da diese Kirche am höchsten / noch 40. Staffeln seynd. Ist inwendig von allerley Marmor gar schön gezieret / und hat sehr schöne Capellen / auch zwey sehr grosse metallene Kirchen-Thüren.

Folget der Tempel des Friedes/ davon noch alt Gemäuer übrig / welchen Käiser Vespasianus erbauet hat/ wie Josephus lib. 7. de bello Judaico, cap. 24. Plinius lib. 36. cap. 15. und Suetonius in Vespasiano cap. 9. schreiben.

An diesem Orte hatte Augustus dem Friede einen Altar dediciret / dahin bauete/ wie gedacht / Käiser Vespasianus, nachdem er den einheimischen Krieg zu Ende gebracht / den Tempel des Friedes. Wie Herodotus bezeiget / war diß eines der allerbesten Gebäu / so man zu Rom sahe; dasselbe verbrandte gantz in einer Nacht zun Zeiten Käisers Commodi vom Feuer/ so entweder vom Blitz angezündet/ oder durch Erdbeben erwecket / da dann sehr viel Reichthumb und Schätze vernichtet wurden / alldieweil ausser dem grossen Schatz/ welchen Titus, der Sohn Vespasiani aus dem Tempel Salomonis genommen / und in seinem Triumph dahin gebracht / auch ein jedweder / wie Herodotus sagt / an diesem Orte seine Schätze bey einander versamlete/ dannenhero in einer Nacht / darinn das Feuer dieselbe verzehret / viele so vorhin reich gewesen / arm / und also die gantze Stadt in groß Leydwesen gesetzet worden. Man sihet jetzt nicht mehr dann eine Seite davon / und die andere gegen über darnieder ligen / samt dem Gewölbe zwischen beyden / welches auff acht Pfeilern ruhete / davon eine / so noch übrig und auffgerichtet stund / vom Pabst Paulo V. in S. Mariæ Majoris Kirche gebracht worden. Sie ist gemacht mit 24. Hohl-Kehlen oder Streiffen / jedwede ein Palm breit / und ein Unial zwischen den Hohl-Kehlen/ ein viertel Palm breit: ihr gantzer Umbkreiß war 30. Palm. Der gantze Tempel hatte 200. Fuß in der Breite / und fast 300. in der Länge. Auch waren da ausser allen andern so gewaltigen Schätzen/ gantz schöne Bilder von den berühmtesten Bildhauern / so jemals gefunden / verfertiget. Da war das Bild Veneris vom Timate, dem fürtrefflichen Bildhauer ausgearbeitet. Damit aber dieser Käiser hie so viel Raum machte / als ein so grosses Gebäu erforderte/ nahm er den gantzen Orth ein / welchen das Rathhauß Hostilii, das Richthauß Porcii, der Spatziergang Juliæ, und das Hauß Julii Cæsaris vorhin eingenommen. Die Schätze / so vom Brand nicht verzehret / sind hernach von den Gothen weggeführet worden / da dieselben Rom unter ihrem König Alarico ausgeplündert.

Ferner der Tempel der Einigkeit / war wegen des Gelübdes F. Camilli erbauet / und unten werts des Capitolii unter die Paläste der Rathherren gesetzet / nechst dem Bogen Septimii, da man noch heute acht hohe Pfeiler sihet / in dero fördersten diese Wort zu finden:

Senatus Populusque Rom. incendio consumtum restituit.

Zu diesem Tempel giengen viel Treppen / gestalt an der Höhe seiner Pfeiler leichtlich zu ersehen. Hie war das Bild Batti, welcher seine Kinder/ Apollinem und Dianam, anbetet; auch das Bild Æsculapii und seiner Tochter Higiæ, so eine Göttinne der Gesundheit war; deßgleichen die Bilder Martis, Minervæ, Cereris und Mercurii. Am Vorder-Gibel des Spatzierganges vor diesem Tempel stund das Bild des Sieges / welches unter Regierung der Bürgermeister M. Marcelli, Claudii, und Valerii vom Blitz darnider geschlagen. Im selben Tempel wurden zum öfftern Orationes gehalten/ und der gemeine Rath versammlet; woraus erscheinet/ daß es ein geweyheter Tempel gewesen; da sonst gewiß und unlaugbar/ daß nicht alle Tempel geweyhet / sondern nur die alleine / die nach vorher gegangenem Augurio oder Angeben der Vogelschauer erbauet; und in sothanen Tempeln sich zu versammlen/ und von Sachen des gemeinen Besten zu handeln/ ward dem Rathe von der Priesterschafft zugelassen: Dergleichen Tempel aber / darinn man die Sachen des gemeinen Besten tractiret und erörtert/ sind Rathhäuser/ und hinwiederumb die Rathhäuser/ so auf der Götter durch die Augures gethanen Befehl erbauet/ Tempel genannt worden.

Der Tempel Saturni stund weyland auff dem Marckt / da nun die Kirch S. Adriani stehet / und ward wegen gethanen Gelübdes Tulli Hostilii erbauet. Zu der Zeit wurden allererst angeordnet die Spiele / oder vielmehr die Opffer / Saturnalia genannt. Andere wollen / daß dieser Tempel von L. Tarquinio erbauet/ hernach aber von T. Largio Dictatore dediciret / und zu den Saturnalien gewidmet worden. Andere geben für / daß er auff Befehl des Raths gemacht / und dem L. Furio Camillo die Verwaltung darüber gegeben. Viele meynen / er sey von Numatio Planco gestifftet / betriegen sich aber sehr / weil der von Numatio gestifftete Tempel Saturni auf einem Berg bey Gaeta gelegen/ gestalt klärlich abzunehmen aus den Worten / so noch heute im selben Tempel zu lesen / und diese seynd:

L. Numatius L. F. L. N. L. Pron. Planeus Cos. Cens. Imp. iter. VII. Vir. epulon. Triumph. ex Rhætis

ædem

CAMPO VACCHINA.
1. Porticus Faustinæ.
2. S. Cosmi et

ædem Saturni fecit de manubiis, agros divisit in Italia, Beneventi in Gallia colonias deduxit Lugdunum & Rauricam.

Darinn unter andern enthalten / daß L. Numatius &c. den Tempel Saturni von des den Feinden abgenommener Beute erbauen lassen. Es waren zu Rom / wie man lieset / mehr Tempel Saturni, von welchen aber / an was Orten sie gestanden / man keine Gewißheit hat / ausgenommen den Tempel auf dem Capitolio, wie gesagt / und diesen davon wir jetzt reden / darinn der gemeine Schatz in Verwahrung genommen ward / nachdem derselbe aus dem Tempel Saturni auf dem Capitolio, da er zu erst beygelegt gewesen / dahin gebracht. Die Ursach aber / warumb die Alten ihre Schatz-Kammer im Tempel Saturni haben wollen / ist / weil zur Zeit der Regierung dieses Saturni niemals ein Diebstahl begangen worden: Auch hatte man dazumal nichts / daß einem alleine zustund / dannenhero kein Geitz / noch andere Bubenstücke / unter den Menschen im schwange giengen / sondern lauter Gerechtigkeit und Treue. Andere sagen / die Schatz-Kammer sey im Tempel Saturni gewesen / weil derselbe in Italien das Goldschlagen und Müntzen zuerst erfunden. In sothaner Schatz-Kammer verwahret man die confirmirten und publicirten Gesetze; davon Cicero in seinem Gesetz schreibet: Man muß dem öffentlichen Vogelschauer gehorsamen / und von allen berathschlagten und beschlossenen Sachen eine schrifftliche Copey in die Schatz-Kammer bringen. Auch verwahrete man in dieser Schatz-Kammer die Elephantinischen Bücher / darinn 35. Stämme beschrieben stunden; und die Bücher der gemeinen Rechnung / hernach vom Cæsare vernichtet. In diese Schatz-Kammer legte man die Feldzeichen und allen Reichthum / so man mit sich brachte / wann man über ein erobertes Land triumphirte / welches allda in Bücher verzeichnet und behalten ward. Es kamen die neu-erwehlten Sittenmeister anhero / um ihren Eyd abzulegen; und vor kurtzer Zeit begab sichs / daß man nicht weit von diesem Orte im auffgraben eine grosse Summe Geldes fand; welches für keinen schlechten Beweißthumb gehalten ward / daß allda der Schatz-Kasten / aus dem Capitolio dahin gebracht / gewesen.

Der Tempel Antonini und Faustinæ, wie man aus den Ubergebliebenen sihet / war auf dem Römischen Marckt / woselbst noch heute 10. seiner Pfeiler auffgerichtet stehen; und vor etlichen Jahren wurden andere gar grosse darauß gegraben / benebenst etlichen alten Marmorsteinen / und andern Antiquitäten. Im Vorder-Gibel hat er diese Auffschrifft:

D. ANTONINO ET D. FAUSTINÆ
EX S.C.

Da er aber / weiß nicht durch was Unglück / zerfallen / ward von seinen alten Stücken die Kirche S. Laurentii in Miranda erbauet.

Es pflegten die Alten den Käysern insonderheit Kirchen zu dediciren / auch denselben / als von ihnen geheiligten / und in die Zahl der Götter versetzten / nach ihren Namen genannte Priester zuzuordnen / gestalt Antoninus Pius seinem Vatter dem Adriano gethan. Und in Warheit so jemahls einem Kaiser diese Ehre gebühret hat / hat sie gebühret beyden Antoninis P. dem Vatter / samt dem von ihm adoptirten Sohn Philosophus oder der Weltweise genannt / welchen / als den frömmesten unter allen Käisern / nichts denn die Erkäntnüß des Christlichen Glaubens zu ermangeln scheinete. Im übrigen verwundert man sich höchsten / wie doch der Rath sothaner Ehren würdigen können dero Gemahlinnen / die beyden Faustinen, welche sich der Unzucht sehr verdächtig gemacht / also / daß von der Gemahlin Antonini Pii Julius Capitolinus folgender massen schreibet: Sie war im bösen Geschrey / daß sie gar mild und wild wäre. Gleichwol erlangete sie solche himmlische Ehre noch vor Antonino selbst / sintemahl sie im dritten Jahr seiner Regierung starb; sie ward vom Rathe nach heydnischer Manier geehret / als eine heilige Göttinne / welcher man Ehre zu erweisen schuldig / mit Circensischen Spielen / Tempeln / Priestern / auffgerichteten Bildern von Gold / und Silber; und gestattet Antoninus ihr Bildnüß öffentlich in alle Circensische Spiele zu setzen / damit sie allda geehret werden möchte. Die andere Faustina aber / die Gemahlinne Antonini der Weltweise genannt / war in so grossem Verdacht / daß man auch ihren Sohn den Käiser Commodum selbst aus beflecktem Ehebette gebohren zu seyn vermeinet.

Man findet auch noch Anzeigungen vom Tempel Jovis Statoris, welcher am Fuß oder untersten Theil des Palatinischen Berges gelegen / nemlich gar hohe Mauren / und drey Pfeiler / bey S. Mariæ Kirchen / fast mitten auf dem Römischen Marckte auffgerichtet. Es war sothaner Tempel erbauet von Romulo, nachdem derselbe / weil er gesehen / daß die Sabiner durch Verrätherey das Capitolium und Schloß eingenommen / und nunmehro als Uberwinder nach dem Palast daher gezogen / sich zu Jove gewandt / und diese Worte geredet:

Nach deinem / O Gott Jupiter, durch der Vogelschauer Weissagung mir geoffenbahrten Willen / habe ich die ersten Römischen Mauren allhie im Palast angefangen; jetzt aber sehe ich die Vestung durch Verrätherey in der Sabiner Hände gerathen / von dannen auch dieselben gewapnet gegen uns daher ziehen. Nun O Vatter der Götter und Menschen / beschütze doch zum wenigsten diesen Ort für den Feinden / nimb weg / bitte ich sehr / alle Kleinmütigkeit der Römer / und bringe sie wieder auff stehenden Fuß nach dieser so verächt- und schändlichen Flucht: Alsdenn gelobe ich dir dem stehendmachenden Jovi zu Ehren allhie einen Tempel zu bauen / welcher eine ewige Gedächtnüß den Nachkommen seyn soll / wie durch deine in gegenwärtiger Noth uns wiederfahrne Hülffe diese Stadt beschützet und erhalten worden.

Sothanes Gebet ward von Jove erhöret / dergestalt / daß die Römer einmütiglich nicht alleine Stand hielten / sondern auch die Sabiner zurücke biß an den Tempel Vestæ trieben: darum Romulus, seinem Gelübde nach / diesen Tempel erbauet / worinn nachgehends zum öfftern Orationes gehalten / auch der Rath convociret worden. Endlich ist derselbe zur Zeit Neronis samt andern Tempeln verbrandt / und in die Aschen gelegt.

Nach diesem sind mehr Tempel von den Römern dem stehendmachenden Jovi zu Ehren erbauet / aber an den Orten / da sie (wann sie Kriege führeten) mit den Feinden ein Treffen thaten.

Beym Ochsen-Marckt / nechst der Kirchen St. Georgii, sihet man ein grosses Marmel-Gebäu / einem viereckten Spaziergang ähnlich / weils vier Thüren und vier Seiten hat. Dieses will man (der meisten Scribenten Meynung nach) für den Tempel des vierköpffigen Jani halten / und sind dessen daher beredet / weil Janus durch die Zeit abgebildet wird / und dieser Tempel mit seinen vier Thüren die vier Zeiten des

Jahrs bedeutet. Auch sihet man an jedweder Thür zwölff Löcher/ umb die zwölff Monat/ darinn das Jahr getheilet wird/ zu bezeichnen; und sagt man/ daß auch deßwegen der Janus gemahlet worden mit der Zahl 300. in einer/ und 65. in der andern Hand/ welche alle Tage des Jahrs bedeuten; Uber das will man/ daß diesem Gott zwölff Altär wegen der zwölff Monden dediciret gewesen.

Diß Gebäu/ wie man sagt/ stehet annoch auffgerichtet/ aber nicht mit seinem Ornat und Zierath: dann ja gläublich/ daß Bilder und Pfeiler/ so mit der Herrligkeit des Gebäus sich wol gereimet/ drein gewesen. Auff dem schönsten Theil des Marckts stund ein Altar Accæ Laurentiæ, der Säugammen Romuli und Remi, und wurden die ersten Fechtspiele/ so man zu Rom gesehen/ allda angestellet. Und so viel von Heydnischen Tempeln.

Von Christlichen Kirchen seynd in Rom 1. die gewaltige S. Peters Kirch/ im Vatican, von welcher man sagt/ daß sie an Unkosten/ Majestät/ Marmor und Kunst alle Tempel in der gantzen Christenheit übertreffe; und die theils das achte Wunderwerck der Welt nennen. Vid. Carolus Sigonius lib. 3. de occidentali imperio fol. 68. Baronius tomo 3. annalium ad Ann. 324. num. 62. fol. 274. edit. Colon. & M. Attil. Serranus in libro de septem Urbis Ecclesiis. Käiser Constantinus der Grosse hat solche zu erbauen angefangen/ die hernach etliche Päbste mit unsäglichen Unkosten/ sonderlich durch Fleiß Michaelis Angeli Bonorotæ und Jacobi Portæ, so hoch/ wie sie jetzt zu sehen gebracht haben/ daß man sich darüber nicht genugsam verwundern kan.

Anlangend die Herrlichkeit und Fürtreffligkeit dieser neuen Kirchen/ muß ein jedweder/ der sie sihet/ gestehen/ daß noch zu wenig gesagt haben diejenigen/ so sie entweder ein Engels-Werck genennet/ wegen der Schönheit/ oder gewiß gehalten für ein Werck der Riesen wegen der Grösse: sintemahl diß allerprächtigste Gebäu dermassen groß ist/ daß man es mit den sieben berühmten Wundern der Welt gar wol vergleichen kan; auch zuvor niemals weder die Griechen/ Egypter oder Hebräer/ noch auch die allermächtigsten Römer selbst einige ihre Gebäu zur Fürtreffligkeit und Hoheit dieser Kirchen bringen können. Zu dessen Beweißthumb dienen mag/ daß das grosse Pantheon (die Kirche aller Götter) ein Gebäu/ daran die Kunst ihre grösseste Krafft/ und die Römer ihre höchste Macht bewiesen/ nicht mit einem kleinen Stücklein dieses Tempels kan verglichen werden/ sintemal es bey weitem nicht so weit/ so hoch/ so dick ist/ als allein die Leichte über das Mittel-Gewölbe des Vaticans. Obgedachter Bonorota machte an statt der grossen und kleinen Marmorstein/ davon es zu erst war/ dieselbe nach einem neuen Modell von Quaterrsteinen/ bemauerte/ und überzog sie auswendig sehr prächtig/ mit Tiburtinischen Steinen/ inwendig stafficrte ers mit allerhand schönen Zierath. Pabst Paulus V. ließ auff Ordinantz des Carlo Moderno das alte Theil/ so von der Clementinischen Capell biß ans allerförderste sich erstreckte/ Anno 1606. abbrechen/ und fügte von neuem dabey die 6. Capellen/ den Umbgang und den Vörder-Gibel/ samt dem zum segnen abgesondertem Ort. Unter den zweyen Päbsten Urbano VIII. und Innocentio X. wards endlich vollzogen.

Der Anfang (wenn man seinen ersten Ursprung ansehen will) ward ihm geben von S. Anacleto, einem Priester/ hernach Römischen Pabst/ der bauete daselbst aus Ehrerbietung/ gegen die Marter S. Petri, zu erst eine kleine Kirche/ welche hernach vom Käiser Constantino Magno in ein Königlich Gebäu verändert ward/ woran er selbst den Grund/ (in dem er mit eigenen Händen die Erde außgrub/ und zwölff Monden lang/ zur Ehre der zwölff Apostel/ auf seinen Schultern außtrug/) demüthig legen wolte. Aber nach vielen hundert Jahren/ da dasselbe Alters halber einzufallen geneiget/ gab Julius II. dem neuen Gebäu Anno 1507. seinen Anfang/ und legte am 15. Aprilis den ersten Stein/ welches/ nachdem es folgends von den nachkommenden Päbsten immer weiter fortgesetzt ist/ endlich zu einer wunderbahren Grösse gelanget/ wie man jetzt vor Augen siehet. Die äusserliche Schönheit (allerseits von Tiburtinischen Steinen künstlich auffer bauet) ist nirgends mit zu vergleichen; Und der Vorder-Gibel/ wie er in allen seinen Außbreitungen die Vorder-Gibel aller andern Tempel/ davon man biß auff diesen Tag jemals gehöret/ weit übertrifft/ also ist er auch in seinem gantzen Ornat und Zierath recht wunderlich. Daselbst steiget man hinauff/ auf vier lange und weite Treppen von Marmorstein/ an dero Füssen zween Bildnüssen S. Petri und S. Pauli seyn/ so Pius II. durch den hochgeachten Bildhauer Mino del Regno machen lassen; und hat seinen ersten Zugang in ein überaus herrlich Portal mit grossen viereckichten Pfeilern/ darauff das allerwunderbarste und köstlichste Gewölb der gantzen Welt stehet. Hierinn sind sonderlich wunderbar fünff gar grosse Spatzier-Gänge/ jeder auffs prächtigste/ durch die Verzierung von vier sehr edlen wunderseltzamen Pfeilern/ deren drey nebenst zweyen andern geringern an dem Vorhang seyn/ und werden mit grossem ähernen Schranckwerck beschlossen/ so da ist für den allerschönsten Pforten des Tempels/ unter welchen die grösseste von Ertz ist/ ein Kunststück des weitberühmten Florentinischen Bildhauers Pollaivolo.

Oben über diesem Portal ist eine Kammer von gleicher Grösse und Zierde/ welche/ weil darinn der Pabst den allgemeinen Segen über das Volck spricht/ grosse der Päbstlichen Hoheit wol anstehende Fenster hat. An der Seite des Vorder-Gibels sind noch zween grosse Glock-Thürne/ auff gleiche Manier gemacht/ und dabey gesetzet/ nicht so sehr darumb/ daß diß Gebäu desto weiter hinauß gesehen/ als daß es desto stärcker und dauerhaffter gemacht werden möchte; und oben am öbersten Theil endiget sich der Vorder-Gibel mit einer grossen Ebene/ welche das gantze Gebäu umb und umb zur völligen Höhe bringet/ und dienet dazu/ daß die außgehauene steinerne Bilder der zwölff Apostel in Riesen-Grösse darauff stehen/ welche allen andern Schmuck und Zierath desselben weit übertreffen. Wann man in die Kirch hinein kommet/ muß jederman zum höchsten bestürtzet werden/ wegen der über alle massen grossen Gewölbe/ welche/ weil sie von Gold schwer/ mit Blumen und sehr hoch außgeschnittenem Laubwerck zugerichtet/ und allen alten Gewölben/ wie die auch seyn mögen/ an der Grösse es weit zuvor thun/ klärlich aufweisen/ daß die Pracht der allerfürnehmsten und kostbarsten Gebäu/ darüber in vergangenen vielen hundert Jahren jemahln was rühmens gemacht worden/ nur gantz schlecht und gering gewesen.

Die grosse Höle/ der fürnehmste Raum der Kirchen/ ist das allergrösseste Gebäu/ so die menschliche Kühnheit jemahln des Schlags herfür gebracht hat.

Der innerste Theil stellet für Augen ein Paradeiß/ (mit Beyfügung mehrer Zierheiten darinn wunderlich abgebildet/ von der gelehrten Hand des Ritters Gioseppe d'Arpino, zusamt unzählich viel Sternen aus vergüldetem Ertz:) welches einen gewaltigen Glanz hat. Das äusserste ist gedeckt mit Bley/ und mit sehr grossen Ribben aus vergüldetem Ertz/ (gestalt auch die zehen andere geringer Theile dieser Kirchen seynd/) und endiget sich mit einer sehr hohen Leuchte / worauff ein ähern, vergüldeter Knopff stehet/ dermassen groß/ daß er mehr dann 35. Personen füglich in sich fassen und begreiffen kan.

Die Capellen der Kirchen / sonderlich aber die vier grössesten/ (deren jedwede man wol eine Kirche nennen mag/) sind allerdings von sehr reinem Marmorstein / und mancherley andern Steinen / mit sehr außbündigen Kunststücken zugerichtet / mit solchen Pfeilern und Gemählden / so überein kommen mit ihrer/ wie auch der gantzen Kirchen Fürtreffligkeit ; welcher Kirchen Theile in ihrem absonderlichen Schmuck und Zierath vor Augen zu stellen / ich unterlassen will ; weil solches nicht ein in kurtze Summ begreiffliches Werck ist / gleichwie dieses / darinn die Sachen nicht genau und vollkömmlich beschrieben / sondern nur schlechter Dings gezeiget und gewiesen werden. Der köstliche Zierath des Quaterstücks S. Michaelis und der Capellen unser Lieben Frauen ist gemacht von Giovan Battista Calandra.

Dieser Ort / so man auff die Heiligkeit der Kirchen sehen will / muß man nothwendig bestättigen / daß er der Allerheiligste des Römischen Stuhls sey / worinn die theurbarsten Theile des Göttlichen Heiligthums glänzen und scheinen / welche dadurch der höchsten Päbste und anderer frommer Leute Gottseligkeit / mit einer andächtigen Hand versammlet / und zu Ehren der Stadt Rom / und Trost der Römisch-Catholischen Christen allhie zusammen gebracht worden. Es ist allda kein einziger Ort / welcher nicht mit dem Blute der H. Märterer tausend und aber tausendmahl eingeweyhet seyn solte ; Und die Reliquien von so vielen / die an diesem Ort umb Christi willen ihr Leben gelassen haben / wovon eine unzählbare Menge in den Kellern verwahret werden / geben klaren Beweißthum allen Völckern / daß dieser berühmte Hügel dermassen fruchtbar sey von Palmzweigen / daß er weder dem Berg Carmel in Ehr und Herrligkeit / noch dem Libano seine Schönheit einiger massen zu mißgönnen Ursach habe. Und an welchem Ort die Alten ihren weltlichen Triumphs-Weg hatten / daselbst haben nun die Märterer ihren geistlichen Himmels-Triumph / wie die Herrligkeit dieser Kirchen offtgedachter Albertus Reimarus im abgebildetem neuen Rom pag. 13.14. beschreibet.

Der hohe Altar / mitten in der Kirche stehend / ward von Leone Magno das Bette der Heiligen Ruhe genennt / darumb / daß die heiligen Leiber S. Petri und Pauli darinnen ruhen ; und soll diß der Ort seyn / da Petrus mit dem Märtyr-Cräntzlein beerönet worden / und wird gemeiniglich geheissen das Bekäntnüß oder die Marter S. Petri, sintemahl derselbe das Bekäntnüß / so er zuvor von Christo unserm Seligmacher gethan / allda mit seinem Blute soll versigelt haben. Und sollen / wie gedachter Reimarus meldet / auch die barbarischen Völcker in den allergrausamsten Eroberungen der Stadt Rom dieser Kirchen und deren so dahin geflohen / verschonet haben / auch Carolus Magnus, da er zu dieser Haupt-Kirchen eingehen wollen / im Auffsteigen auff jede Treppe derselben niedergekniet / und sie alle geküsset haben / vid. p. 15. l. c.

Diß Gebäu (der Altäre) ist nicht weniger wunderbar / wegen der Materi und trefflichen Wercks / als darumb / daß es das einige in der gantzen Welt ist ; sintemahl gewißlich biß anhero kein Werck aus Ertz von so außbündiger Grösse und Schönheit / auch nicht von den alten Römern selbst / jemahls gemacht worden.

Es ist eine Invention und Werck des Ritters Bernino, des Bildhauers / Baumeisters / und Mahlers / von Florentz sonderlich benamet. Die vier ähernen Pfeiler / welche den Himmel über vorgemeldtem Altar unterstützen / wegen mehr denn hundert und zehen tausend Pfund / weil ihrer zween / da man sie gewogen / mit ihren Köpffen und Füssen schwer befunden worden fünff und fünffzig tausend / acht hundert und sieben und neuntzig Pfund. An den vier Ecken der allergrösten Pfeiler / so diesem Altar ein prächtig Ansehen geben / sind vier Capellen / durch denselben Urbanum VIII. neu gestifftet / zu Ehren der vier allerfürtrefflichsten H. Reliquien, welche in denen von selbigem Pabst neugemachten Heiligthums-Kästlein gantz herrlich verwahret werden. Die vornehmste zur Rechten des Altars / mit dem Bildnüß der H. Veronicæ in Riesen-Grösse von Francisco Mochi gemacht / ist derselben H. Frauen dedicieret und zugeeignet / umb allda zu verwahren das Allerheiligste Schweißtuch / darin Christus unser Seligmacher / da er nach dem Berg Calvariæ, sich selbst auffzuopffern gangen / mit seinem allertheurbarsten Blute sein eigen Bildnüß eindrucken wollen / diese ewigwährende Gedächtnüß seiner unendlichen Liebe gegen das menschliche Geschlecht auff Erden zu hinterlassen. Es wird gemeiniglich genennet das H. Bild / und ist allda diese Auffschrifft:

Salvatoris Imaginem Veronicæ Sudario ex-
ceptam, ut loci majestas de-
center custodiret,
Urbanus VIII. Pont. Max. Conditorium
exstruxit & ornavit
Anno Jubilei M. DC. XXV.

Welches zu erkennen geben will / daß Pabst Urbanus VIII. damit des Seligmachers Bildnüß im Schweißtuch Veronicæ außgetrucket / ein Majestätischer Orth gebührlich verwahren möchte / diese Capell dazu haben erbauen / und herrlich zieren lassen / im Jubel-Jahr 1625.

Nechst daran ist die Capell mit dem Bildnüß S. Helenæ dem H. Creutz dediciret / darinnen das Creutz Christi verwahret wird / welches aus der Kirchen des H. Creutzes zu Jerusalem genommen. Diese Reliquien werden offt und vielmahl im Jahr dem Volck gezeiget / und ist an der Capell nachfolgende Auffschrifft:

Partem Crucis, quam Helena Imperatrix è Cal-
vario in urbem avexit,
Urbanus VIII. Pont. Max. è Sessoriana
Basilica desumtam, additis Ara & Statua,
Hic in Vaticano Conditorio collocavit.

Welche anzeigt / daß Pabst Urbanus VIII. ein Theil des Creutzes / welches die Käiserin Helena vom Berge Calvariæ nach Rom gebracht hatte / aus der Sessorianischen Haupt-Kirchen genommen / ein Altar und

Bild

Bild dabey gefüget / und sie ins Vatican an eine sonderbahre Verwahrstätte gesetzet habe.

Die dritte Capell ist S. Longino zugeeignet mit einem Bildnüß von Lebens-Grösse / umb allda zu verwahren das Eisen des Spiesses / mit welchem die Seite des gecreutzigten Christi durchstochen worden / und ist solches in einem sehr köstlichen Kasten von klarem Crystall geleget. An welcher Capell folgende Auffschrifft:

Longini Lanceam, quam Innocentius VIII.
Pont. Max.
A Bajazeto Turcarum Tyranno
accepit,
Urbanus VIII. Statua adposita & Sacello
substructo, in exornatum Conditorium transtulit.

Die vierdte Capell verwahret das Haupt des H. Apostels Andreæ, welches auff seinen Fest-Tag dem Volck gezeiget wird. Man lieset daran diese Auffschrifft:

S. Andreæ Caput, quod Pius II.
Ex Achaja in Vaticanum adsportandum
curavit,
Urbanus VIII. novis hic ornamentis decoratum, Sacrisque Statuæ ac Sacelli
honoribus coli voluit.

Von den herrlichen Capellen dieser Kirchen / und unterschiedlichen Begräbnüssen der Päbste / den Heiligthümern / vieler Märtyrer und anderer heiligen Leute Cörper / können auch Pflaumerus, Schraderus, Fuertenbach und Neumeyer gelesen werden. Zur rechten ist ein ansehnlich Monument dem Pabst Paulo III. zu Ehren gesetzt / darbey zwey Statuæ, deren das eine ein altes heßliches Weib / so das Alter; und das andere eine sehr schöne nackende Jungfrau / so die Jugend bedeutet / in welches letzte sich vor der Zeit / ehe man etliche Glieder verdeckt / etliche Italiäner vergafft haben sollen / wie Henznerus pag. 279. schreibet / welcher auch von einer Säul / daran sich Christus gelehnet; Item von der schönen Capell / die Gregorius XIII. erbauet hat / und darinn Gregorius Nazianzenus und Gregorius Magnus ruhen / wie auch dem vorgedachtem Haupt S. Andreæ des Apostels; dem Schweißtuch Veronicæ und dem Sper / zu lesen.

Die Anzahl der Reliquien in dieser Kirchen ist / wie Reimarus sagt / unzählich / weil ausser dem grossen Hauffen / so in güldenen und silbernen Kästlein am Orte des Heiligthums verwahret werden / man allda fast keinen Altar findet / der nicht mit eines fürnehmen Heiligen Leichnam versehen sey.

Vorn an im Tempel stehet die H. Pforte / welche alle 25. Jahr / bey Anfang des Jubilæi, von dem Pabst eröffnet wird / da er dann neben andern Ceremonien mit einem güldenen Hammer dreymal in das Thor schlägt / und hernach vollends von denen hierzu bestellten Leuten eröffnet / da raffelt denn alles Volck / das bey hauffen hinein fällt / den Kalck und niederfallend Gemäuer mit Fleiß zusammen / und haltens für ein köstlich Heiligthumb: Den güldenen Hammer damit der Pabst an die zugemauerten Porten geschlagen / schenckt er einem guten Freunde / oder wem er will / der schätzt sich denn glückselig / und hält denselben auch für ein besonder Heiligthum / und theilet denn der Pabst grossen Ablaß und Vergebung der Sünden aus / des Bluts Christi aber / welches allein von Sünden reiniget / wird mittler weile vergessen.

In dieser Kirch sind viele Bischöffliche Versamlungen / und hat der Cardinal / der Ober-Beichtvater allda seinen Beicht-Stuhl / welchen zu besuchen jährlich alle Bischöffe verbunden seynd / zum Zeichen ihrer Unterthänigkeit / gegen den Apostolischen Stuhl. Unter denen in dieser Kirche verhandenen Geschencken sind über alle andere köstlich und fürtrefflich / das Geschenck der Gräffin Machtild, Sixti IV. Pauli III. und Urbani VIII. durch den Ritter Bernino gemacht.

Uber die außerlesenste Schildereyen / und andere edele erhobene Wercke / so von sonderbaren Meistern / jedes auffs beste gemacht sind / ist sonderlich verwunders würdig das außgehauene Bild von der lieben Frauen der Gottesfurcht / ein Werck des Ertz-Künstlers Michael Angelo.

Es berichten etliche / das S. Petri Begräbnüß mitten in dieser Kirchen / wie ein Schifflein formiret / und von lauter Edelgesteinen gemacht sey; man gehe etliche Treplein hinunter / da eine gantz übergüldete Thür / vor einem Gewölblein / in welchem der Sarg stehe; und vor solcher Thür etliche gantz güldene Ampeln hangen so Tag und Nacht brennen.

In Summa umb diß wunderbahre Gebäu / mit aller Pracht und Herrligkeit zu zieren / haben gleichsam einmüthig zusammen gestimmet Pabst Paulus V. Urbanus VIII. und Innocentius X. deren Gedächtnüß inwendig über der Pforten / mit sonderbahren Auffschrifften / anzutreffen.

Die andere Haupt-Kirche in Rom ist S. Johan. im Lateran, auff dem Berge Cebo gelegen; allda die Päbste vorzeiten Hoff und Concilia gehalten / auch in der Kirchen die Käiser gekrönet haben / welche die Mutter aller Kirchen in Rom genennet wird / wie nachfolgende Verß / ausserhalb der Kirchen / oben am Spatziergange davon zu lesen:

Dogmate Papali datur, & simul Imperiali,
Quod sim cunctarum Mater caput Ecclesiarum;
Hinc Salvatoris cœlestia regna datoris
Nomine sanxerunt; cum cuncta peracta fuerunt,
Sic vos ex toto conversi supplice voto,
Nostra quod hæc Ædes tibi Christe sit inclyta sedes.

Diese Kirche wird im Lateran genannt / weil allda ein Palast gestanden / von dem edlen Geschlechte dero Lateranorum, und hat sie Käiser Constantinus Magnus, da er von S. Sylvestro getaufft / erbauet und begabet mit gar grossen Einkommen. Da sie von Ketzern verderbet und zubrochen / reparirte sie Nicolaus IV. Martinus V. ließ sie durch Petrum Pisanum mahlen / und den Grundboden mit Steinen belegen. Eugenius IV. vollzog sie / und Pius IV. gab ihr folgends ihren Schmuck und Zierath / und ließ den Vor-Platz gleich machen. Sie ward eingeweyhet SS. Salvatori, S. Johanni dem Täuffer / und S. Johanni dem Evangelisten. Und wird an den Tagen der Geburt S. Johannis und Enthauptung desselben / auch am Tage S. Johannis des Evangelisten allda grosser Ablaß außgetheilet. Im Jubel-Jahr 1500. hat Alexander IV. unter andern auch diese Kirche repariret. Diß ist auch nach vielgedachten Reimari Meynung die erste Kirche / so mit gewöhnlichen Kirchen-Ceremonien eingeweyhet worden / sintemahl man da einen steinern Altar auffgerichtet / an statt des vorigen / so nur von Holtz gewesen / und wie ein Kaste gestalt / damit man ihn zun Zeiten der Verfolgungen / so zuvor die Kirche gedrucket / geschwind

geschwind hinsetzen und wieder wegnehmen mögen; und stehet derselbe noch biß auff den heutigen Tag unter dem hohen Altar dieses heiligen Tempels / darauff S. Petrus, und folgende heilige Päbste biß an S. Sylvestrum Messe gethan / und ist / wie gesagt / auff die Weise eines höltzernen Kasten gemacht. Auff demselben ist nun niemand erlaubet Messe zu thun / ohn allein dem Römischen Pabst; sondern hinunterwerts ist eine Capelle für die andern Priester / wiewol vor Alters / auff Befehl des Pabsts / darauff Messe gethan die sieben Bischöffe, Cardinäle / dergestalt / daß ein jedweder seinen eigenen Tag in der Wochen gehabt / dannenhero sie vom Cardinal Petro Damiano, Cardinäle der Lateranischen Kirchen genannt werden. Clemens VIII. erneuerte im H. Jahr 1600. das gantze Gewölbe des Creutzes aus dem reinesten Marmelstein / veränderte das Estrich / und übertäffelte die Mauren nur so hoch / daß er das Leben des ersten Stiffters dieser Kirchen daran abmahlen lassen konte.

Man gibt vor / daß der Käiser Constantinus den Gibel von vornen zu mit Silber zieren / und des HErrn Christi Bildnüß auff einem Königlichen Thron von fünff Stuffen erhaben / auffrichten lassen / welches von lauter Silber / und der Salvator hundert und viertzig Pfund schwer gewesen / der auff dem Haupt eine Crone mit güldenen Strahlen gehabt. Dabey haben gestanden die zwölff Apostel auch gantz von Silber / jeder neuntzig Pfund schwer / die ebenmässig Cronen von lautern Golde hatten; Item habe er lassen dabey auffrichten vier silberne Engel / deren jeder hundert und fünff Pfund / auch sieben Altäre mit lauterm Golde überzogen / zweyhundert Pfund Goldes schwer; Neben dieser Kirchen ließ er einen Tauffstein von bunten Marmor auffrichten / der war inwendig silbern / auff dem breiten Rand dieses Tauffsteins stund ein gantz gülden Lämblein / daraus man Wasser goß. Nicht weit von dem Lämblein stund des HErrn Christi Bildnüß gantz von Silber / hundert und siebentzig Pfund schwer / und dabey diese Worte: Ecce Agnus Dei, qui tollit peccata mundi. Es stunden auch sieben Hirten von Silber an diesem Tauffstein / die gossen Wasser zu / deren jeder war achtzig Pfund schwer.

Und obschon dieses herrliche Gebäu mit allen erstgemeldten Zierathen / theils durchs Feuer / theils durch die vielfältige Eroberung übel zugericht und verderbet wordē / so gar / daß auch der Zeit nichts mehr von gemeldten Sachen zu sehen / so ist nichts destoweniger dieses eine gewaltige / herrlich erbaute / und schön gezierte Kirch / welche mit grossen Kosten von unterschiedlichē Päbsten / darunter sonderlich Sixtus V. zu rechnen / wieder erbauet / und zu dieser jetzigen Vollkomenheit gebracht worden.

Allhie werden sehr viel und rare Reliquien gezeiget / als die Häupter S. Petri und Pauli / das Haupt Zachariä; der Kelch / aus welchem S. Johannes der Apostel ohne Schaden getruncken; das Tuch / damit Christus seinen Aposteln die Füß getrücknet; das Rohr / damit Christo die Dorne-Cron auffs Haupt gedruckt / der Purpur-Mantel / damit er angezogen; der Schwam̃ damit er geträncket worden / das Tuch / mit welchem er am Creutz bedeckt gewesen; Item / das jenige / mit welchem sein heiliges Angesicht verhüllet war / als man ihn begraben; der Tisch / darauff er das letzte Abendmahl gehalten / die Lade des Bundes mit dem Stecken Moysis / und der Ruthen Aaronis. Man weiset auch die Säul / auf welcher der Hahn / in der Passion Christi soll gekräet haben; Item / etwas von den Kleidern der H. Jungfrau Mariä / und S. Johannis des Täuffers; auch viel anders mehr / davon der von Pflaumern zu lesen. So ist auch bey dem Haupt-Thor eine marmorsteinerne Tafel / auff welcher die Kriegs-Leute umb die Kleider Christi gespielet haben / Item der Tauffstein / in welchem Käiser Constantinus Magnus soll getaufft worden seyn / wie Baronius tom. 3. annal. in Anno 324. num. 55. und Serranus in dem Buch / so er von den sieben Haupt-Kirchen dieser Stadt geschrieben / wollen. Besihe desselben Beschreibung beym gedachten Pflaumero, der auch von den zweyen Seulen / von Porphyr-Steinen bey dieser Kirchen / und vom Pabst Johanne VIII. zulesen. Es seynd bey dieser Kirchen etliche Capellen / sonderlich zu S. Lorentzen / so man insgemein Sancta Sanctorum, oder die Allerheiligste nennet / so wol zu sehen. Und ist in derselben des HErrn Christi Bildnüß / wie er zwölff Jahr alt gewesen / von welcher der von Villamont in seinem Reiß-Buch schreibet / der einfältige Pöbel sage / daß solches von S. Luca angefangen / und von einem Engel vollendet worden sey. Man trägt solches jährlich in einer Procession herumb. Es ist allhie eine marmorsteinerne Treppe / von 28. Staffeln / auf welcher man zu dem Allerheiligsten hinauff steiget / so von Jerusalem hieher gebracht / die in des Pilati Hauß gestanden seyn soll / über welche der HErr Christus etliche mahl ist auff und ab geführet worden / und solche mit seinem H. Blut besprenget; wie denn etliche Tropffen auff den Staffeln gewiesen werden / welche mit einem Gätterlein vermacht seynd: diese Treppe wird insgemein Scala Sancta genannt / und ist in so grossen Würden / daß niemand über dieselbe gehen darff / sondern auff den Knien mit grosser Andacht und Gebet bestiegen wird / dabey denn täglich eine grosse Menge Volcks gesehen wird / welches mit grossem Gedränge dieselbe besteiget / und dann auff zwey andern Neben-Stiegen wieder herunter gehet. Franciscus Albanus schreibet / daß in der Höhe dieser Scalæ Sanctæ ein klein finster Kirchlein / Sancta Sanctorum genannt sey / so stets beschlossen / darinne S. Johannes der Evangelist biß auff den jüngsten Tag schlaffen soll. Clemens VIII. ließ allhier eine gar schöne Orgel machen / welche vergüldet war / deßgleichen richtet er auff einen Altar / und (wie sie es nennen /) ein Sacraments-Häußlein / von über die massen kostbahren Steinen / und unermeßlicher Würdigkeit / setzet darauff das Abendmahl des HERRN mit den zwölff Aposteln hoch erhaben / aus lauter Silber von sehr grossem Werth.

Erstbemeldter Pabst bevestigte allda den Haupt-Balcken aus vergüldetem Ertz / auff vier Pfeilern / mit ähernen Gittern / welche unter dem Ehren-Bogen Alexandri VI. stunden / und ließ dieselben gleichfals vergülden. Es berichten etliche / daß die Käiser Titus und Vespasianus diese vier Pfeiler / samt andern Raub / aus einem Tempel des Jüdischen Landes gen Rom gebracht / und Constantinus dieselben an vorbesagten Orth gesetzt / sie auch mit Erde und Steinen ausgefüllet / die er von Jerusalem seiner Mutter Helenæ zugesandt / wie in einer Schrifft auf Marmorstein / unter dem Pabstum Nicolai IV. gemacht / allda zu sehen. Andere geben für / daß sie Augustus von den Börder-Spitzen der Schiffe Cleopatræ und anderer Feinde erbauet / Domitianus aber in den Tempel des Capitolinischen Jovis gesetzet habe.

Es ist auch in dieser Kirchen eine herrliche Sacristey mit stattlichem Zierath von Gemählden / Alberti, und anderer / ein schöner Schreitz von Nußbäum-Holtz / darinnen viel Reliquien behalten werden.

Anno 1308. kam in dieser Kirchen ein Feuer aus / und nahm dermassen überhand / daß das gantze Dach der Kirchen / eine Wohnstätte der Thum-Herren / der Spaziergang / dadurch man von der Kirchen nach dem Palast gehet / auch der gantze Palast abbrandten / welcher Brand viel grosse Schätze an güldenen und silbernen Zierath und theuren Kleidern verzehrte / aber Clemens V. ließ sie wieder repariren. Es ruhen in dieser Kirche Martinus V. der Pabst / und Laurentius Valla mit dieser Grabschrifft:

Laurens Valla jacet Romanæ gloria linguæ,
Primus enim docuit quâ decet arte loqui.

Dieser Valla ist Anno 1448. zu Neapolis zum Feuer verdammt / weil man etliche seine Propositiones der Ketzerey beschuldiget / aber von dem Könige Alfonso erbeten / und auff beschehenen Wiederruff daselbst im Prediger-Kloster mit Ruthen / wie andere arme Sünder außgestrichen worden. Vid. Besoldus in hist. Reg. Hierosol. Sicil. & Neapol. Item Silvester II. der Pabst / den man der Zauberey beschuldigen wollen / deßwegen er aber von andern / als von Francisco Julio in Animadvers. ad librum 4. Bellarm. de Pontif. und Johann. Selden Anglo de Diis Syris fol. 109. entschuldiget wird; und sagt Cirus Sponton del Governo di Stato lib. 4. cap. 3. daß er / nachdem er sich von dem Teuffel betrogen befunden / seine Irrthum erkennet / sich bekehret und zu Rom gestorben sey.

Die dritte Haupt-Kirche ist zu S. Paul ausserhalb der Stadt / auf dem Wege / wenn man nach Ostia will / die auch vom Käiser Constantino erbauet worden ist. Besihe Baronium tom. 4. Annal. ad Ann. 386. fol. 568. Sie hat in der Länge 120. und in der Breite 85. Schritt / und 114. marmorsteinerne Säulen; auch ist den Boden von Marmor / allda viel Römische Schrifften zu lesen. Sie ist von Eudosia, des Theodosii Tochter und vielen Päbsten erneuret / und mit grossen Einkommen begabet worden.

In dieser Kirchen sind auch viel Heiligthümer / als da seynd die halben Leiber der H. Apostel Petri und Pauli, fünff Bethlehemitische Kinder / S. Timothei Antiocheni Cörper; die Gebein S. Celsi, Juliani und anderer; der H. Jungfrau Mariä Mutter / der Annä gantzer Arm; das Haupt des Samaritanischen Weibleins / die Kette / damit S. Paulus gebunden worden / und anders mehr. Man weiset da auch eine gar schön gearbeitete Säul / aus dem Tempel Salomonis; Item des Petri Leonis, eines sehr mächtigen Römischen Bürgers Monument. Das erhobene Werck des grossen Schwibbogens in der Haupt-Kirchen S. Pauli ist gar alt / und unter Leone M. Anno 400. gemacht. Vermuthlich hat Placidia dero Käiser Arcadii und Honorii Schwester die Unkosten dieses Wercks tragen helffen / daß man darumb in bemeldtem Schwibbogen diese Verß liset:

Placidiæ pia mens operis decus hoc faciebat,
Suadet Pontificis studio splendere Leonis.

Procopius erzehlet im Gothischen Kriege / daß die Gothen der Kirchen S. Pauli niemahls einigen Schaden zugefüget / sondern selbst den Priestern sicher dahin zu fliehen / Freyheit gegeben / welches auch Paulus Diaconus bezeuget. In der Vaticanischen Bibliotheck wird ein Brieff der Käiser Valentiniani, Arcadii und Honorii verwahret / woraus abzunehmen / daß vermeldte Käiser diese Kirche S. Pauli repariret / nach einem gantz neuen Modell verweitert / damit das grosse Volck / so nach Rom / an solchen heiligen Ort kam / Raum genug darinn haben möchte. Die ähernen Pforten dieser Haupt-Kirchen waren zu Constantinopel gemacht / massen aus dem Griechischen Buchstaben abzunehmen / welche Anno 1070. zu Alexandri II. Zeiten / wie Onufrius schreibet / in selbige Pforten geschnitten.

Es hat dieselben der Römische Bürgermeister Pantaleoni Castelli machen lassen / woran die Burg / das Wappen seines Geschlechts stehet / und er selbst vor einem H. Bilde auff den Knien ligt. Diese Kirche hat vier heilige Pforten unter einem bequemen Spaziergange / davon man bald diese / bald jene im Jubel-Jahr zu öffnen pflegt. Es ist darinnen ein Bild / welches die Steinigung des H. Stephani præsentiret / so von einer Boloniensischen Jungfrau verfertiget / die in dieser Mahl-Kunst sehr berühmt gewesen.

Die vierdte Haupt-Kirch wird genannt Maria major, ligt auff dem Berge Esquilino, ist vom Johanne Patricio erbauet worden / dessen Grab / samt dem Altar von schönen Porphyrsteinen gemacht / hat in ihrer Länge 312. Schuh / und in der Breite 112. Man weiset daselbst ein Stück von der Krippen Christi / Item die Gebein S. Matthiæ des Apostels / und der H. Jungfrau Mariæ Bildnüß / so S. Lucas gemahlet haben solle. Es ligen allhier der H. Hieronymus, Platina und andere vornehme Leute mehr. Der Boden ist schön eingelegt / und sonderlich die sehr prächtige Capell Pii V. des Pabsts / so Sixtus V. erbauen lassen / allda wohl zu besichtigen. Besihe was Schraderus von dieser Kirchen schreibet fol. 159.

Die fünffte Kirche ist zu S. Sebastian, stehet ausserhalb der Stadt in Via Appia, ist schön / groß und herrlich / mit einem Kloster erbauet / besihe davon Pflaumerum und Schraderum. Es ist darunter die Krufft / oder Gottes-Acker / so man S. Calixti Cœmiterium nennet / der viel Nieder-Gänge in der Erden hat; allda vorzeiten die Christen ihren Gottesdienst heimlich verrichtet haben / daselbst auch 174. tausend Märtyrer / und unter denselben neunzehen Römischer Bischöffe Cörper ligen sollen. Es seynd auch da unter der Kirchen S. Stephani des Bischoffs und Märtyrers / wie auch S. Lucinæ und S. Sebastiani Leiber.

Die Sechste Haupt-Kirche zu S. Lorentzen ist auch ausser der Stadt / so schön / und mit 36. Marmorsteineren Säulen gezieret / die Käiser Constantinus Magnus erbauet und reichlich begabet hat; wiewol der Schatz himweg kommen. Es ligen darinnen S. Stephanus, der erste Märtyrer / und S. Laurentius begraben; man weiset auch einen Stein / so in desselben Marter ist gebrauchet worden; und einen Theil vom Rost / auff welchem S. Laurentius gebraten; auch einen Stein / auff welchen er als er gebraten / ist gelegt worden.

Die siebende Kirche ist zum heiligen Creutz / in Jerusalem genannt / so auff dem Berg Cælio gelegen / und unter die sieben Haupt-Kirchen zu Rom gerechnet wird / die Käiser Constantinus M. anfangs erbauet hat / darin / neben etlichen Heiligen / so da begraben ligen / ein Gefäß mit dem H. Blut / so aus Christi Wunden geflossen / zween Dorn von seiner Cron / 3. stücklein von seinem Creutz / und ein Nagel / damit er ans Creutz gehefftet worden / ein theil von dem höltzernen Täfflein / auff welches Pilatus den Titul des Creutzes geschrieben / so Helena mit Gold und edlen Steinen versetzt / in dieser Kirchen hinterleget hat; wie auch einer von den 30. Silberlingen / mit welchen Christus

verkaufft

verkaufft worden. Vid. quæ Pflaumerus de numero clavorum, & de crucis Christi reliquiis scribat, p.m. 312. seqq. Vid. etiam Schraderus fol. 128. b. Und ist gedachter Käiserin Capell/ so sie erbauet hat / neben andern mehr Sachen/ davon Pflaumerus zu lesen / allda wohl zu sehen.

Nebst diesen sieben Haupt-Kirchen sind auch noch andere / so wohl zu besichtigen / als Ara Cœli, im Capitolio, welche die Franciscaner besitzen / so von Gregorio M. erbauet / ligt auf einem hohen Berge/ zu welcher man eine grosse Stiege von 124. Staffeln zu steigen hat. Offtgenannter Reimarus l. c. p. 618. schreibt / daß Augustus, unter dessen Regierung Christus unser Heyland geboren / zuwissen begehret / wer ihm in der Regierung succediren würde/ und demnach das Oraculum zu Delphis fragen lassen / welches da es erst gleichsam stumm und gantz stille geblieben / ob ihm gleich viel Schlacht-Opffer geopffert worden/ habe es doch endlich diese Worte gleichsam mit Unwillen von sich hören lassen:

Me Puer Hebræus, Divos Deus ipse gubernans,
Cedere sede jubet, tristemque redire sub Orcum,
Aris ergò dehinc tacitus discedito nostris.

Das ist:

Der neugebohrne Knab' aus den Hebräer-Stammen/
Der aller Götter Gott/gebeut zur Höllen Flammen
Hinweg zu trollen mich: kein' Antwort mehr mir frey;
Drumb meinen Altar stets stillschweigend geh' vorbey.

Als nun Augustus mit solchem Bescheid wieder gen Rom kommen / und sich erinnert / daß solche Antwort mit dem / so er in den Büchern der Sibyllen gelesen/ zustimmete/ habe er lassen einen Altar bauen / mit dieser Auffschrifft:

ARA PRIMOGENITI DEI.

Das ist:

Der Altar des Erstgebohrnen Sohnes Gottes.

Umb denselben Altar habe man hernach eine Capellen gemacht / welche nicht anders genannt wird / denn Ara Cœli. Uber dem hohen Altar stehet ein Bild der lieben Frauen/welches von dem Luca soll gemahlet seyn; auch ist in dieser Kirchen beygelegt der Stein / auff welchem der Engel im Castell erschienen/ und seine Fußstapffen drein außgedruckt / soll hinterlassen haben. Es stehet darinn ein vergüldet Gewölbe / welches das Römische Volck um glücklichen Succeß des von Pio V. gegen den Türcken geführten Kriegs erbauet. Diese Kirche hat viel Pfeiler / an dero dritten zur Lincken des Einganges diese Wort geschrieben stehen:

A CUBICULO AUGUSTORUM.

Das ist:

Von der Schlaff-Kammer der Augustorum, (genommen.)

Es sind da die Auffschrifften dero Herren von Farnese, des Cardin. Aldobrandini, eine andere Gio. Francesc. Aldobrandini, M. Ant. Colonnæ, D. Card. Barberini, welche zum Nutz und Auffnehmen des Volcks all ihr Thun und Leben gerichtet. In der Kirchen Ara Cœli finden sich auch Grabstäten alter Römischer/Hochadelicher / Geschlechter: deßgleichen eine Grabstäte des Marck-Graffen von Saluzzo, dessen Haupt ein Werck des Bildhauers Gio Battistæ Dosii ist / von dem auch gemacht das Haupt Cari in S. Laurentii Kirchen / in Damaso, auch die Begräbnüß Massæ in S. Peters Kirchen auff dem Montorio. Bey dieser Kirchen stehen zwey Bilder / Käisers Constantini, auffgerichtet. Auffs Capitolium stieg man zu erst von der andern Seiten hinauff/ da der Triumph-Boge Septimii stehet/auf einer Treppen von 100. Stuffen oder Tritt. Es pflegen ihrer viele/ aus Devotion, diese und andere Treppen auf den Knien hinauff zu kriechen; und soll auch Cæsar und Claudius, nach erhaltenen unterschiedlichen Victorien, also hinauff gekrochen seyn/ da sie um ihre Dancksagung dafür abzustatten/ in dem Tempel Jovis Capitolini erschienen/ wie Reimar schreibet pag. 623.

Uber diß ist die Kirche zu unser Frauen genannt berühmt / allda vorhin die arme und gebrechliche Soldaten aus gemeinem Seckel sind gespeiset worden. An diesem Orthe ist / wie Eusebius, Orosius, lib. 6. histor. cap. 20. und andere schreiben / unter der Regierung Käisers Augusti, (etliche sagen in der Christ-Nacht/) Oel aus einem Brunnen gequollen / und sihet man noch eine Klufft/ davon man berichtet / so jemand eine Hand hinein stosse/ daß sie mit einer Feiste/gleichwie mit einer Salben befeuchtet werde: deßwegen man auch diese Verse innerhalb über den Pforten lieset:

Dum tenet emeritus miles, sum magna taberna;
Sed dum Virgo tenet me, major nuncupor & sum:
Tunc oleum fluo, signans magnificam pietatem
Christi nascentis; nunc trado petentibus ipsam.

Diese Kirche soll die allerälteste seyn / so der H. Jungfrauen Mariæ zu Ehren / aus Zulassung Käisers Alexandri, an diesem Ort erbauet worden vom Pabst Calixto I. woselbst er auch gemartert/mit drey andern Personen. Diese Kirch ward Anno 340. von Grund auf erneuret durch S. Julium, der auch schöne Säulen auffrichtete/ welche noch biß auf diesen Tag da stehen / Gregorius I. ließ sie mit mancherley Bildnüssen schön bemahlen; Gregorius IV. satzte Anno 827. ein Bildnüß der lieben Frauen auf den Altar / und zierte das gantz mit silbernen und güldenen Platten / auch mit vielen köstlichen Kleynodien. Petrus Aldobrandinus, der Cardinal/ ließ das Mittel-Gewölbe schön außzieren / davon diese Gedächtnüß-Schrifft zu sehen:

PETRO CARD. ALDOBRANDINO S. R. E.
Cam. Clementis VIII. Pont. Max. Fratris F. qui sua
erga Mariam Genitricem pietate Basilicæ hujus parietes vetustate collabentes restituit,
rectum altius sustulit,
laqueari cælato, aurato exornavit,
Capitulum, & Canonici
Optimo Patr. B. M. F. C.
ANNO CHR. M. DC. XX.

Es ligen darin etliche Hohe Leute/ als Callistus, Quirinus, und der Cardinal Hosius.

Die Kirche Santa Trinità del monte, oder auf dem Berge Pincio gelegen/ an einem sehr lustigen Orth / die Ludovicus XI. in Franckreich erbauet hat / allda des Cardinals Rodolphi Pii Carpensis monument und M. Ant. Mureti Grab / dessen Schrifft Schotus setzet/ zu sehen.

In S. Mariæ del Anima Kirchen sind viel Monumenta der Teutschen / so darinn begraben ligen / und darunter Pabsts Hadriani VI. Printz Carln von Cleve/ Ottonis Truchsesii, des Cardinals und Bischoffs zu Augspurg / Henrici Grafens von Helffenstein /

der Anno 1626. allhier gestorben / Johannis Gropperi, und Marci Fuggers / zusehen / von welchen und andern / Schraderus, Schotus, und Pighius zu lesen seynd.

In Santa Maria del Portico hinter dem Altar ist eine Säul / so bey sieben Spannen ungefährlich hoch / und eine Spann dick / von gelbem durchsichtigen Stein / in die Maur also gesetzt / daß der halbe Theil hinauswarts / und der halbe Theil gegen der Kirchen gewendet ist; die dann / sonderlich wann die Sonn darinn scheinet / ein über die massen schönen Glantz / wie ein gelber Agstein von ihr gibt / wie Herr Fuertenbach schreibet. Villamont sagt / daß solche Säul von Alabastern / und zehn Schuh hoch sey / welche bey Tag und Nacht einen grossen hellen Schein von sich gebe / weil sie gegen einem Glaß gerichtet sey. Henricus Schickardus, Fürstlicher Würtenbergischer Baumeister meldet in dem Würtenbergischen Reiß-Buch / daß / obwoln diese Säul an einem finstern Orth stehe / da gar kein Fenster sey / gebe sie doch einen Schein von sich / wie ein Liecht / und sey er hinter die Kirch kommen / und habe befunden / daß gedachte Säul von einem reinen durchsichtigen Orientalischen Alabaster gemacht / und in die Mauer mit Fleiß also versetzt worden / daß ausserhalb der Kirch der Tag darzu kommen / und ein Schein durch solche Säul in die Kirchen gehen könne.

In der Kirchen zu S. Pietro in Vincolo oder ad Vincula weiset man die Ketten / daran S. Peter gefangen gelegen / so grosse Glaich drey Zoll lang hat / und jedem an den Halß gethan wird. Es sollen da die Cörper der Maccabeer / und ein Stück von S. Andreæ Creutz seyn. So ist des Mosis Statua daselbst zu sehen. Und ligen allhie die Cardinäl Nicolaus de Cusa, und Jacobus Sadoletus, deren Epitaphia Schraderus fol. 172. setzet. Und ist sonderlich das Monument, oder Ehrengrab / so Michaël Angelus Bonarota auffgerichtet hat / zu besichtigen: allda auch in des Klosters Hoff / so darbey ist / ein alter Palmenbaum zu sehen. Besihe die Beschreibung dieser Kirch und Klosters auch beym Herrn Fuertenbach.

Auff dem Berg Quirinali, oder Monte Cavallo, ist zu sehen der Apostel Kirch / darinn der Cardinal Bessarion begraben ligt: dessen Epitaphium Schraderus fol. 122. setzet. Die Heiligthümer dieser Kirchen hat gedachter von Pflaumern / der auch von andern alten Sachen auff diesem Berg schreibet.

Die Kirche Augustini, allwo zuvor die Einsiedler Augustiner-Ordens ein Kloster gehabt / darinnen eine Capelle war / die wegen der da verwahrten vielen Reliquien Sancta Sanctorum genannt wurde; Pabst Martinus V. ließ Anno 1430. den Leichnam S. Monice von Hostien dahin bringen / und hielt dabey eine schöne Rede zu Lob dieser H. Person.

Es wurde daselbst auch eine Gesellschafft von lauter Jungfrauen gemacht / darein von allen Nationen kommen konten / unter der Benennung S. Monice, welche Pabst Eugenius bestätiget. Der Cardinal d' Estouteville bauete diese Kirche / und vollzog dieselbe Anno 1583. zierte sie auch mit dem Bild der lieben Frauen / welches Lucas soll gemahlet haben / und etliche Griechische vom Adel / als Anno 1453. Constantinopel von den Türcken erobert / dahin gebracht. Heutiges Tages hat diese Kirche ohne den Leichnam S. Monice viel andere Reliquien, welche zuvor in Trivonis Kirchen gewesen; auch sind darinne schöne Gemählde / Raphaelis, Andreæ Sansovini, Muziani und andere / und sind darinne begraben Ægydius Colonna und Panuvinus. Im Kloster daselbst ist eine schöne und grosse Bibliothek zusammen gebracht vom Herrn Angelo Roccada Camerino, welcher dieselbe zu ihrer Erhaltung und Vermehrung mit Einkommen reichlich begabt / und stehet dieselbe etliche Tage in der Wochen offen / zum Dienst aller Welt.

Ignatii Kirch ward Anno 1626. angefangen / da der Cardinal Ludovicus Ludovisius ihren ersten Stein legte / Ignatio Lojolæ, dem Stiffter der Jesuiter Gesellschafft zu Ehren / ist noch nicht gäntzlich vollzogen / doch wird sie eine der schönsten und fürtrefflichsten Kirchen zu Rom; allda ligt der Leichnam Luigi Gonzagæ, des erstgebohrnen Sohns des Fürsten von Castilion, welcher in die Jesuiter-Gesellschafft getretten. Item ist daselbst das Grab Pabst Gregorii XV. und obbemeldten Cardinals Ludovisii. Es rühmet von diesem Orden offtgenannter Reimarus pag. 580. daß die Patres desselben nicht allein innerhalb dem Collegio die Wissenschafften öffentlich lehren / sondern darneben auch sich der armen Bürger und Freyherren annehmen / welche sie an alle Fest-Tagen besuchen. Solcher Verordnung nach haben sie die Stadt in zwölff Theile eingetheilet / und in jedem Monat des Jahrs nehmen sie einen Theil davon mit Gottes Wort und den Sacramenten / der Beicht und des Altars zu versorgen / auff sich / also daß sie an jedwedem letzten Sonntage des Monats / in der bequemsten und grössestem Kirchen eines solchen Theils die allgemeine Communion halten. An den Fest- und Sontagen aber / so vor sothaner allgemeinen Communion hergehen / bemühen sie sich mit allem Fleiß das Volck zu unterrichten / auff was Art und Weise man recht beichten / und das Sacrament würdiglich empfahen müsse; und ob zwar solches Werck zu erst nur mit den nechst-belegenen Leuten angefangen / hat doch dasselbe / nach Verlauff der Zeit dermassen zugenommen / daß man nun allda jedesmahl bey die tausend Menschen sich zum Sacrament des Altars begeben sihet / sintemahl nicht allein die Einwohner desselben theils / da in solchem Monat die Communion gehalten wird / sondern auch in der gantzen Stadt / allerhand Standes-Leute sich mit dahin verfügen / und wird manchmal das H. Sacrament von vielen Cardinälen und Prälaten der H. Kirchen bedient / rc. Die Versammlung hat einen schönen Spatzier-Platz / darinnen die Schildereyen von den fürnemsten Tugenden Francisci Xaverii des Apostels der Indianer zusehen.

S. Tecle Kirchen hat Clemens VIII. der Apostolischen Jungfrau / so mit Paulo gelehret / Anno 1600. geweyhet. Allda werden Jungfrauen in allen Tugenden erzogen / deren gemeiniglich wohl 500. allda zu finden. Sie werden in allen den Jungfrauen wohlanstehenden Künsten von 14. Augustiner-Nonnen unterwiesen / und werden jährlich 40. berathen / so von diesem H. Ort ihren Braut-Schatz bekommen. Und damit dieselbigen / so jetzt freyen sollen / von den Bräutigams gesehen werden / läst man sie dreymahl des Jahrs in einer Procession auffgehen.

S. Ceciliæ Kirche im Uber-Tiburischen Theil / allda Anno 1599. die Leiber S. Ceciliæ, Urbani, Valeriani und andere gefunden worden / den Leib Ceciliæ fand man unverletzt / samt ihrem seidenen mit Gold durch und durch gewircktem Rocke / mit blossen Füssen und einen Schleyer umb ihre Haar gewunden: Sie lag mit ihrem Angesichte nach der Erden hingewandt / nicht ohne Zeichen ihres vergossenen Bluts / und der dreyen Hiebe / in ihren Halß / in einem Kasten von Cypressen-Holtz / worüber diese Verß / samt einem Creutz in der Mitten / zu lesen waren:

Hanc fidei Zelo Paschalis primus ab imo
Ecclesiam renovans, cum corpora sancta requirit,
Elevat inventum venerando Martyris almæ
Ceciliæ corpus, hoc illud marmore condens:
Lutius, Urbanus huic Pontifices sociantur,
Vosque Dei testes Tiburti, Valeriane,
Maxime, cum dictis consortia digna tenetis;
Hos colit egregios devote Roma Patronos.

Welche Reliquien vom Pabst Clemente VIII. in eine silberne Kiste geleget worden / wobey gantz Rom zusammen lieff. Der Cardinal Paulus Sfondrato hat die gantze Kirche gar herrlich renoviret, auch mit einem Flor umb den hohen Altar herumb / gantz von Alabaster und außländischen Steinen / dazu mit zwischen gefügten Edelgesteinen gezieret. Man findet daselbst in weissem Marmorstein das Bildnüß dieser H. Jungfrau und Märtyrin / eben wie sie auffgegraben worden. Uber diß hat er die Kirche mit vielen silbern Lampen geschmückt / benebenst einem immerwährenden Einkommen / damit sie fort und fort brennen möchten / wie seine Grabschrifft lautet. Der Margraff von Viliena, des Königs von Spanien Gesandter / hat eine Lampe und ein Weyrauch-Faß / so auf ein grosses geschätzt worden / dahin verehret.

S. Priscæ Kirch hat der Apostel Petrus / als er zum erstenmahl nach Rom kam / gestifftet beym alten Tempel Dianæ, und einen Brunnen Fauni, machte also aus einem Gottlosen einen heiligen Ort durch die H. Tauffe / welche er mit Wasser aus diesem Brunnen geschöpffet / vielen mitheilete / und wird das Faß / so er dazu gebrauchet / annoch in dieser Kirchen verwahret. Hadrianus I. und Calixtus III. reparirten beyde diese Kirche; jener Anno 772. dieser Anno 1455. davon man allda nachfolgende Verse liset:

Prima ubi ab Evandro sacrata est Herculis Ara,
Urbis Romanæ prima superstitio;
Post ubi structa ædes longè celebrata Dianæ,
structaque tot veterum Templa pudenda Deum;
Montis Aventini nunc facta est gloria major,
Unius veri religione DEI.
Præcipuè ob Priscæ, quod cernis, nobile Templum,
Quod priscum meritò par sibi nomen habet.
Nam Petrus id coluit, populus dum sæpe doceret,
Dum faceret magno sacraque sæpe Deo.
Dum quos Faunorum fontes deceperat error,
Hic melius sacrâ purificaret aquâ.
Quod demum, multis sese volventibus annis,
Corruit, haud ulla subveniente manu.
Summus & Antistes Calixtus Tertius ipsum
Extulit, omne ejus restituitque decus.
Cui simul æternæ tribuit dona ampla salutis,
Ipsius ne qua parte careret ope.

Diese H. Prisca ist im 11. Jahr Claudii mit ihrem Vater / der ein Römischer Burgermeister war / von Petro getaufft worden / wie Reimarus schreibet pag. 213. Der Cardinal Benedictus Guistinianus machte wieder den Gibel / führete ihn in besserer Gestalt auf / und erweiterte den davon verhandenen Platz. Auch erneuerte er den Orth da man beichtet / samt der Capellen drunter / darinnen der Altar seyn soll / welchen S. Petrus selbst geweyhet / und darauff die H. Leiber Aquilæ, Priscillæ, und Priscæ gesetzet worden. Ferner machte er die Kirche gantz glänzend / durch ein schönes vergüldetes Gewölbe / und an der einen Seiten fieng er an die Wohnungen derer / welche die Auffsicht darüber haben / und Brüder S. Augustiner-Ordens aus der H. Maria des Volcks seynd / und geschach solches etwan An. 1600. daß also unter den Gedächtnüssen H. Oerter zu Rom / diese die allerwürdigste ist umb am 18. Januarii, als dem Fest-Tage Priscæ, und am Fest der Kirchen / welches am H. Dienstage einfällt / besuchet zu werden. Uber dem hohen Altar ist das Gemählde Passignani, massen der auch in S. Peter gantz herrliche Kunststücke hat.

S. Gregorii Kirche am Ehren-Bogen Constantini, wird also genannt / zum Unterschied dero zweyen andern S. Gregorio dedicirten Kirchen; und wird am Ehren-Bogen Constantini gesagt / dieweil man unter demselben / wann man von der Seiten des Colisei oder vom Marsischen Felde dahin kommt / durchgehet / als habe ihn das Römische Volck zur Ehr und Herrlichkeit des grossen Constantini erbauet / darumb / daß er den Maxentium vertrieben / die Ponte Molle, oder welche Brücke / in die Tyber geworffen / und vieler Ruhe und Wolfarth besagten Volcks Ursach gewesen / gestalt solches die Auffschrifften bezeugen / und die Gemählde an gemeldtem Ehren-Bogen außweisen; welche / wiewol sie von einem Heydnischen Rathe gemacht seynd / lieset man doch darinnen / daß Constantinus die Victorie wider den Tyrannen durch göttlichen Eyffer erlanget. Es sind davon außgehauene Bildnüssen / auch etliche Gemählde / dero Häupter von Laurentio de Medicis nacher Florentz geführet wurden. Marlianus hat angemercket / daß das oberste Theil dieser Burg / samt dem was vom Ehren-Bogen übergeblieben / unter dem Trajano gemacht worden. Bey etlichen Scribenten findet man ihn der Trasorum Ehren-Bogen genannt / und ist der Warheit ähnlich / daß die alten Rath-Häuser / darinnen die Priester gewohnet / hieselbst gewesen. Wo anjetzo diese Kirche ist / da war vormahls das väterliche Hauß S. Gregorii, welcher wegen seiner grossen Gelehrsamkeit / und des vielfältigen der Kirchen GOttes geschafften Nutzens / der Grosse genannt worden.

Der dedicirte diese Kirche dem heiligen Apostel Andreæ, wiewohl sie heute S. Gregorius heisset. Hier ist der eine Arm erstgemeldten H. Gregorii, das eine Bein S. Pantaleonis, und viel andere Reliquien; man siher auch allhier eine schöne S. Gregorio zugeeignete Capelle / so von Caraccioli vermahlet / und auf Anordnung des Cardinals Salviari gemacht worden / welcher ebenmässig die Treppen von der Kirchen repariret / und daselbst einen grossen Platz zur Strassen einrichten lassen.

S. Johannis Kirchen bey der Lateinischen Pforten ward erbauet zur Ehre S. Johannis des Evangelisten auff der Stätte / da derselbe in einen Kessel mit siedendem Oel gesetzt war. Und war zuvor daselbst ein Tempel der Dianæ zugeeignet. Diese Kirche hatte biß Anno 1044. eine Gesellschafft / worunter war ein Ober-Priester / welchen etliche Johannem, etliche Gratianum nennen / der nach der Zeit Pabst worden. Adrianus I. erneuerte sie Anno 772. auch verbesserte sie Alexander Crivilli und Girolamus Albanus, die Cardinäle.

In der vor der Lateinischen Pforten stehenden Capell lieset man in Marmorstein gehauen / daß allda in Verwahrung sey das Faß / darein S. Johannes gesetzt / wie auch etwas vom Oele / so in dem Faß gekochet / deßgleichen vom Haar und Blute / welches zu Anfangs / da er ungesehen hart angetastet worden / ihm aus der Haut gedrungen worden. Wovon daselbst nachfolgende Verß zulesen:

Martyrii palmam tulit hic Athleta Johannes,
Principii Verbum cernere qui meruit.
Verberat hic fuste Proconsul, forcipe tondet,
Quem fervens oleum lædere non valuit.
Conditur hîc oleum, dolium, cruor atque capilli,
Quæ consecravit inclyta Roma tibi.

Diese Kirche stehet auf einem Hügel / Celiolus genannt / zum Unterschied des andern grössern Celius geheissen. Leo X. ordnete sie unter die Ehren-Titul der Cardinäle / und weiland war sie ein Jungfer-Kloster / nun aber ist sie dem Capitel und Thum-Herren zu S. Johannis auf dem Lateran unterworffen.

S. Mariæ Kirchen von Egypten / allda noch Rudera von dem alten Tempel / so der Sonnen und Jovi geweyhet war / wie bezeuget die alte Auffschrifft / so dabey gelesen wird:

Hoc dudum fuerat fanum per tempora prisca,
Constructum Phœbo mortiferoque Jovi,
Quod Stephanus veteri purgavit stercore judex.

Sie ist der H. Jungfrauen zugeeignet / vielleicht wegen des Wunderwercks / so an ihrem Bildnüß soll geschehen seyn.

Als Anno 1590. Sepher Abagaro, des Königs von Armenien Abgesandte / zu Pio IV. gen Rom kam / ward er / als einer aus sothanem Königlichem Stamme entsprossen / vom Pabst freundlich empfangen / welcher auch seinem Volck eine Kirche gab; und wie dieselbe von seinem Successore Pio V. mit im beschlossenen Platz der Jüden begriffen / und entheiliget worden / gab er ihnen diese / reparirte auch dieselbe samt ihrem Wohn-Platz. Nach der Zeit ward sie von ihm unter Gregorio XIII. so viel ihre Nothdurfft erforderte / versorget.

Weil aber die Armenier dem Römischen Stuhl widerspenstig seynd / werden sie nicht ehe allda empfangen / sie haben dann zuvor eine Bekänntnüß des Glaubens vor dem Schutz-Herrn / welcher immerdar ein Cardinal ist / abgeleget; und die Auffsicht / so diese Kirche auf die Seelen hatte / war der nächsten die Griechische Schule genannten Kirchen hinbey gefüget; und man veränderte den Namen der H. Jungfrauen Mariæ in den Namen des Egyptischen Sünders. Inwendig ist daselbst gemahlet die Geschichte des Königes Abagari; und an der lincken Seiten des Eingangs der Kirchen / wird vor Augen gestellet das Grab unsers HERRN Christi / in kleinem kunstreichen Gebäu begriffen.

S. Mariæ Magdalenæ, welche die Patres, Diener der Krancken genannt / inne haben. Dieser Orden hat seinen Ursprung vom Camillo de Lellis, aus der Provintz Abruzzo, des Königreichs Neapolis; welcher zuerst ein Kriegs-Mann / als er aber eine Wunde im rechten Bein empfangen / zu Gott bekehret worden / und sich zum Dienste der Krancken / ins Spital S. Jacobi, der unheilbaren Krancken / zu Rom begeben / hat er diese Versammlung gottseliger und mitleidender Personen angefangen / welche Anno 1586. von Sixto V. bekräfftiget. Sie trugen ein Creutz vom schwartzen Lacken auf ihrem Kleide.

Es haben diese Patres eine sonderbahre Satzung und Gelübde / nicht allein den Krancken in Spitälen auffzuwarten / sondern zugleich in Privat-Häusern den Krancken in ihren letzten / auch zu Pest-Zeiten behülfflich zu seyn; dannenhero sie noch in vielen Städten Patres des seeligen Sterbens genannt werden; den Gesunden dienen sie mit Außtheilung der Sacramente / und thun täglich absonderliche Gebethe für die jenige / so in jedem Theil der Welt in den letzten Zügen ligen.

S. Anastasiæ Kirchen. Es ist diese Kirche gar alt / und unter der Cardinäle Ehren-Titel geordnet / welche allbereits über die 500. Jahr deroselben sich gebraucht haben. Man ehret in dieser Kirchen die Windeln und Haube / welche die heilige Jungfrau umb ihr neugebohrnes Kindlein darein zu wickeln / von ihrem Haupte gezogen / und den Mantel Josephs / womit dasselbe zugedeckt worden. Es hat diese Kirche noch viele andere heilige Reliquien, davon wir aber die Gemeine reden lassen. Sie stehet zu der heiligen Dominæ samt den andern Jungfrauen und Märtyrinnen in der Stadt Terni, und findet man davon weiter nichts. Auch ists eine gantz merckwürdige Gedächtnüß / welche hie S. Hieronymus von sich hinterlassen / da er vom Pabst Damaso, umb in Ubung göttlicher Schrifft ihm seines Diensts gebrauchen zu lassen / gen Rom gefordert / allhie gewohnet / auch seinen in der Messe gewöhnlichen Kelch besagtem Pabste gezeiget. Wir befinden diese Kirch zweymahl wieder gemacht / gestalt etliche Auffschrifften darthun und erweisen: einmahl unter Pabst Innocentio III. Anno 1120. darnach unter Sixto IV. Anno 1471. Ferner / als Anno 1605. Cardinal Bernhardus Rojas, Ertz-Bischoff von Toleto, den Titel davon führete / ließ er sie sehr wieder bessern / da sie sonst fast gar verlassen war. Als Anno 1636. der Vörder-Gibel dieser Kirchen niedergefallen / hat ihn Urbanus VIII. wiedermachen / auch darneben Priester-Wohnungen / worinnen jetzt Thum-Herren seynd / bauen lassen.

Sonst seynd noch mehr andere Kirchen / welche aber alle zu beschreiben dem Leser verdrießlich fallen dürffte; wer mehr hiervon zu wissen begehrt / kan obbenannten Reimarum in abgebildetem neuen Rom besehen.

Die Spitäle sind auch prächtig erbauet / in welchen die Krancke auffgenommen und curirt werden / also daß unter den neuen Gebäuen der Stadt nichts rühmlichers ist. Es seynd aber derselben etliche für allerhand Nation und Menschen angeordnet / als S. Spiritus in Vaticano, S. Salvatoris, auf dem Berge Celio, S. Jacobi de Augusta in valle Martia, S. Mariæ de Consolatione, in Velabro, und S. Antonii in Esquilino; zu welchen Schorus den Spital zu S. Johann. Lateran thut. Das bey der Kirchen zum H. Geist / in Saxia genannt / dessen jährlich Einkommen auff 70000. Cronen sich erstrecken soll / darinnen eine grosse Anzahl krancker und frembder Leute / auch armer Waysen unterhalten werden / und stehen mehr als hundert gar sauber zubereitete Bett in einem schönen und gezierten Saal / allda der Krancken auffs beste gewartet wird / wie Pflaumerus schreibet. In einem andern Reiß-Buch findet man 300. Bettstättlein. Und schreibet Franciscus Albanus in An. P. 126. seqq. daß täglich da über 3000. Personen abgespeiset werden / und der

Spital

Spital alle Tag über 9. tausend Cronen Einkommens habe. : Sixtus IV. hat dieses Gebäu Innocentii III. als er gantz ungestalt worden / Anno 1471. aus dem Grunde wieder auffgebauet / mit solcher Königlichen Herrligkeit / daß es einer grossen Burg gleichet / und unterschiedene Paläste in sich beschloß / mit mancherley Plätzen / deren einer vom andern abgesondert war. In dem einen Palast sind 40. Ammen / säugende die außgelegten Fündel-Kinder / über noch ander zwey tausend / so sie draussen zu säugen / umb gebührenden Lohn bestellen / sintemahl sie beydes echte und unechte Kinder darein nehmen / damit keines aus Mangel der Nothdurfft sterben möge.

Im andern Palast wohnen die nunmehro erwachsenen Knaben / und sind ihrer bey nahe 450. die haben allda Diener und Lehr-Meister / welche sie in der Christlichen Religion unterweisen / auch dazu lesen und schreiben lehren / nebenst dem Anfang dero Künste / wozu sie sich geneiget zu seyn vernehmen lassen; und dieselben läst man sie völlig lernen / wann sie zwölff oder dreyzehen Jahr alt worden / damit sie künfftig ihr Brod gewinnen können.

Am dritten Ort sind 500. Mägdlein unter der Zucht der Nonnen S. Teclæ.

Das vierdte Palast hat die Krancken in einem guten Ort / und weiten Kammern / darinnen gantzer tausend Bette sind / welche zur Sommerzeit alle besezt werden.

Ferner ist da an der einen Seiten ein offener Spaziergang / zum Durchgang vor die Diener / welche den Ort der Krancken gantz rein halten / und zuweilen umb frische Lufft zu schöpffen darunter kommen.

An der andern Seiten sind unterschiedene Kammern vor die jenigen / die unterschiedene Marter und Quaal haben / deßwegen sie unter den andern nicht ligen können / sondern jeglicher seine absonderliche Kammer erfodert. Oben an diesen Kammern siehet man eine von den schönen Apotheken der Stadt Rom / mit allen den Krancken nöthigen Sachen versehen.

Uber diesen abgesonderten Kammern sind noch andere / vor etliche Personen grosses Ansehens / die nichts haben / womit sie sich irgend worinbegeben können / wol zugerichtet.

Weiter hat man so grosse Sorge vor alles / was die Krancken mit sich bringen / daß solches / samt beygefügter schrifftlicher Verzeichnüß desselben / in ein Bündlein zusammen verfasset / und ihr Geld in die Hände des Schatzmeisters gegeben wird / damit alles / wo sie genesen / ihnen treulich wieder eingehändiget / oder / so sie sterben / an ihre Erben gebracht werden möge. Da sind noch zween andere Oerter in diesem grossen Gebäu: der eine ist das Palast des Befehlichhabers über die Orden / und seines Gesindes / welches auf eine Zahl von 90. Personen sich beläufft / wie auch unterschiedener Amptleute und Diener / zur Verpflegung der Krancken bestellet; und gehet er (der Befehlichhaber) auch wol selbst hin / die Krancken zu besuchen.

Der andere ist die Kirche / samt den Wohnungen vor die Geistlichen dieser Orden / und die andern Priester / die da sind zum Beystand der Krancken; und sind ausser denen Beicht-Vättern / welche / so bald sie hinein kommen / nur ihre Beichte hören / andere / die ihnen das Sacrament des Abendmahls / und das H. Oel reichen / mit Empfehlung ihrer Seelen in GOttes Hand.

Allda sind vier Capellanen umb die Messe zu thun / unter welchen die so drunten dienen / in der Mitte des Durchgangs eine gar schöne Capelle haben / samt einer Orgel / welche immerfort von einer Zeit zur andern spielet / zur Erquickung und Freude der Krancken; und die so droben dienen / haben eine andere / in welcher Dienst theurbahre Zierathen und Tapeten gebraucht werden.

Die Kirche dabey ist eine der allerschönsten in Rom / die überaus fein und zierlich gehalten wird / also daß die umb Dienst zu thun / anders woher kommenden Priester / ein sattsames Genügen daran haben / welche auch allda in einem köstlichen Gemach trefflich tractiret werden. Uber das prediget man da in den Tagen der Fasten / imgleichen am Fest-Tage des Advents / und das gantze Jahr durch werden die Gottes-Dienste allda mit Figural-Gesang und Orgelspiel gesungen.

Von den Reliquien S. Trifonis, S. Respicii, und S. Nimfæ, so in dieser Kirchen zu finden waren / hat die Kirche S. Augustini mit S. Trifonis Kirchen vereiniget / worinn dieselben allererst verwahret wurden / auch ihr Theil abgenommen.

Das Gasthauß dieses Orts ist gegründet auf dem alten Triumph-Wege / an dessen Vorder-Gibel hanget der Knoche von einem grossen Wallfische / welcher an den Orten / die sie auf der See haben / gefangen worden.

Der Palast / darinn die Befehlichhaber wohnen / ist groß und schön; und innerhalb der Kirchen sind herrliche Wercke der fürtrefflichsten Mahler.

Darnach seynd auch Hospitäle / so besondern Nationen gehörig / als da seynd S. Maria del Anima, der Teutschen und Niederländer; S. Ludovici, der Frantzosen; S. Jacobi, der Spanier; S. Thomæ, der Engelländer; (welche auch ein eigenes Convent und Collegium da haben / so Santa Trinità de gli Inglesi genannt wird /) S. Petri, der Ungarn; S. Brigidæ, der Schweden; S. Andreæ, deren aus Flandern; S. Joh. Baptistæ, der Florentiner; und ein anders dieses Namens / nahend der Tyber / der Genueser. So seynd auch Häuser da für die Pupillen, Fündel-Kinder etc.

Von den Collegiis und Seminariis zu Rom können Schraderus und Schotus gelesen werden. Gregorius XIII. hat deren 23. angestellet / darunter das Germanicum, Viennense, Pragense, Fuldense, Græzense, Olomucense, Brunspergense, und Claudiopolitanum seynd. Das Collegium Romanum der Jesuiter Gesellschafft hat die Frau Vittoria Tolli, eine Kinds-Tochter / von der Mutter Seiten / Pabsts Pauli IV. zu diesem Stande / darinnen es jezo ist / gebracht. Es hat zu erst Gregorio XIII. angehöret; ist in einem sehr schönen Theil der Stadt Rom belegen / und nach hoher Bau-Kunst gemacht / mit Fenstern und Schwibbögen aus Marmelstein. Inwendig hat man einen grossen weiten Vorhoff / samt einem schönen Spazier-Platz auf gar grossen Pfeilern stehend / und über dem Spazier-Platz ist noch ein ander von gleicher Materi; wenn man dadurch gehet / kommt man in grosse Säle und andere schöne Kammern / dergleichen zu einem so edelen Studio vonnöthen seynd. Es ward solches aufgerichtet zum gemeinen Nutz und Bequemligkeit der Studierenden; und profitiren oder lesen da öffentlich die Patres der Jesuiter Gesellschafft / ausser den Schulen der Lateinischen und Griechischen Sprache / die Humaniora oder freyen Künste / Rhetoricam, Logicam, Physicam, Metaphysicam, Casus Conscientiæ, und Theologiam, mit solchem Zulauff der Studenten / daß man sich verwundern muß; sintemal bemeldte Patres nebenst den Lectionen und Erklärungen besagter Wissenschafften / auch gewöhnlich die Erklärungen dictiren, von der Logica an biß durch alle Wissenschafften hindurch/ die Theologia mit eingeschlossen/ welches dann eine grosse Leichtigkeit im Lernen verursachet. Mit sothanem Collegio ist eine Kirche vereiniget / so der H. Jungfrauen unter dem Namen Annunciatæ dedicirt/ darinn zu Nutz der Studenten/ und sonst jedermänniglich der es begehret / stets Messen von denselben Patribus gethan werden/ in grosser Menge/ insonderheit der Gläubigen/ welche ihnen mit allen Fleiß/ Ehrerbietung/ Devotion, fürnemlich aber mit beichten beywohnen. Der gemeine Raum ist gemahlet vom Zuccari, samt den beyden andern Historien und der S. Franciscus vom Mutiano. Uber das sind auch in besagtem Collegio Versamlungen / darinn allein Jünglinge kommen mögen/ umb sich in Reden / in der Disciplin und Zucht/ und anderer Devotion zu üben/ wovon daselbst ein grosser Zulauff ist. Zu dem gibts da gar bequeme Wohnungen für die Patres, und ein weitberühmte Bibliothec/ und sagt man/ daß diß Collegium eine Baukunst sey Martini Lungi des ältern / dessen auch sind die Paläste dero Altaemps bey Apollinaris, dero von Cesis beym Brunnen / und deroselben im Stadt-Theil Borgo.

Es ist auch das Collegium Germanico-Hungaricum, wo nicht das ansehnlichste/ doch der fürnehmsten eins/ welches Ignatius Lojola, Stiffter der Jesuiter Societät zu Rom befördern wollen/ aus der Ursachen/ weil/ wie Reimarus selbst gestehet / Lutherus mit seiner Lehr in Teutschland der Päbstischen Kirchen grossen Schaden (oder vielmehr Abbruch/) zugefüget/ fieng er an die Jünglinge Teutscher Nation bey einander zuversamlen / damit sie von den Patribus seines Ordens in freyen Künsten und guten Sitten unterwiesen werden / und hernach ihrem Vaterland zu Hülffe wieder heim kommen möchten.

Ferner brachte er nebenst dē Cardinal Joh. Morone, so dazumal Apostolischer Gesandter in Teutschland war / und Pabst Julio III. so viel zuwege / daß er Anno 1552. den Anfang zu dieser Gesellschafft machte/ welche zu der Zeit mit Allmosen des Pabstes und etlicher Cardinäle erhalten ward. Hernach als Julius III. mit Tode abgieng/ begab sichs/ daß wegen theurer Zeit und Kriegs-Geschrey Rom in gar schlechtem Zustande sich befand / und die Teutsche Jugend nicht länger unterhalten konte: Da sandte er (S. Ignatius Lojola) dieselbe an viele Collegia seiner Religion/ und band ihnen hart ein/ Allmosen daselbst zu ihrem Unterhalt zu suchen: und da etliche ihm sagten/ es wäre nicht müglich/ daß diß Werck durch sothanes Mittel wol fortgehen könte/ weissagete er/ daß er mit der Zeit so viel Mittel bekommen würde/ davon er übrig behalten und andern Allmosen wieder reichen könte/ welches auch hernach vollkömmlich also erfolget ist.

Es hat Pabst Gregorius XIII. Anno 1573. nicht allein diese Kirche/ Palast/ und alle Einkommen nach dem Tode der Thumherren zugelassen / sondern auch so viele andere dazu / daß man hundert Teutsche Jünglinge / samt 13. Patribus Societatis Jesu, so die Verwaltung darüber haben/ mit Nahrung und Kleidung/ womit sie überflüssig versehen / gnug unterhalten können / und sie noch viele Allmosen davon den Armen ihrer Nation mittheilen. Und obwol die Thumherren aus dieser Kirchen genommen/ ist doch die Seelsorge dabey geblieben / welche von einem Pfarherren/ so von der Societät seinen Unterhalt hat/ bedienet wird. Auch hat die Kirche wegen Mangel der Thumherren am Gottesdienst keinen Abbruch gelitten/ weil sie durch diese Alumnos oder frey-unterhaltene bedienet wird/ welche ihr an allen Fest-Tagen im Chor mit einer treflichen Music Beystand leisten : woraus noch ein ander grosser Nutz entspringet / welcher ist/ daß ihrer etliche zu den Ceremonien beym Gottesdienst nach Römischer Manier sich gewehnen / und hernach hingehen umb Teutschland (in der Religion) zu verbessern. Heutiges Tages hat man besagte Versamlung mit einem neuen schönen Gebäu vermehret und gezieret / welches Paulus Maruccellus entworffen. Unter der Verwaltung dieser Patrum ist der Kirchen-Zierrath / so viel immer möglich / befördert / und pranget dieselbe mit einem vergüldeten Gewölbe/ und der Flor oder Grund-Boden ist der Gassen gleich erhöhet/ auch sind die Mauren mit Gemählden von der Marter-Geschicht S. Apollinaris, davon sie den einen Arm samt andern Reliquien haben/ gezieret. In dieser Kirchen ist ein groß Kunst-Stück auf dem hohen Altar / wie ein schöner Palast / von lauter Holtz durch einen Teutschen Becken-Knecht mit einem kleinen Messer geschnitzt/ zu sehen.

Das Gebäu der Weißheit ist also genannt/ weil darinn vom Pabst angeordnet gewesen ein Studieren von grosser Wichtigkeit und Nothwendigkeit zu der Stadt besten. Es ist dasselbe belegen am fürnehmsten Orte der der Stadt Rom / und gezieret mit schönen Marmorsteinen/ und einer breiten herrlichen Pforten; die Schwibbögen der Fenster sind ebenmässig von Marmorstein / auch die Mauren an vielen Orten mit gleicher Materi durchgelegt. Darinnen ist ein schöner wolgestalter Spatzier-Platz / welcher einen weiten Vorhoff rings umbgibt/ und dahero grosse Lust und Bequemlichkeit verursachet. Das Gebäu an ihm selbst ist fürtrefflich/ und hat wenig seines Gleichen.

Die Lehre aber / darinn die Jugend allda unterwiesen wird / ist dem gemeinen besten sehr nützlich/ weil da nicht allein die Lateinische und Griechische/ sondern auch die Hebreische und Arabische Sprachen gelesen/ dazu das Studium Juris, Medicinæ, Anatomiæ, in Summa / allerley zum vollkommenen Wolstand der Menschen gehörige Wissenschafften getrieben werden.

Es hat daselbst zu erst M. Fabius Quintilianus eine öffentliche Schul aufgerichtet / darinnen er so wol männlichs als weibliches Geschlechts/ doch in unterschiedene Classen eingetheilet / unterrichtete in der Wolberedenheit und andern Künsten.

Bonifacius VIII. hat Anno 1303. an diesem Orte eine öffentliche Hohe-Schul gestifftet / dabey er den Lehrern und Schülern Freyheit von allen Schatzungen und Beschwerden ertheilet : welcher Schulen auch Eugenius IV. Anno 1432. die Auflagen vom ausländischen Wein verstattet/ so wol zum Salario der Lehrer / als zu Erhaltung und Erweiterung des Gebäues. Hernach da dasselbe im schlechten Zustande sich befand/ wards von Leone X. und Clemente VII. repariret / und ist davon Anno 1513. eine Bulle gemacht/ darinnen alles was seine (Clementis) Antecessores dieser Hohen-Schul zum besten gethan/ confirmirt und bestätiget wird. Uber das verbott er den Lehrern dero Rechten einige Sachen zu verthädigen/ damit sie im offentlichen lesen desto fleissiger sich bezeigen möchten. Auch setzte er zu Schutzherren darüber drey Cardinäl/ welche waren der Dechant / der Ober-Priester / und der Ober-Diac. Aber Anno 1588. ist unter den vielen Versamlungen der Cardinäle/ welche Sixtus V. zu guter Verwaltung des Römischen Stuls angestellet/ eine gewesen / darinn er die Verordnung ge-

macht

macht / daß alle andere Hohe-Schulen / den Statum Ecclesiasticum betreffend / zu dieser ihr Zuflucht nehmen solten / und zwar in allen und jeden Sachen / die sie in Rom zu tractirn und abzuhandeln haben möchten. Auch begabete er diese Hohe-Schule mit 22000. Cronen / umb sie von vielen gemachten Schulden zu befreyen. Man gibt dieser Kirchen auch den Nahmen Leonis, zum Gedächtnis Leonis X. als welchen man vor einen sonderlichen Wolthäter dieser Hohen-Schul hält / und dahero jährlich desselben Leich-Begängniß feyret. Im Jahr 1452. hat Julius III. die Verordnung gemacht / daß niemand / wie zuvor geschehen / ohne vorhergegangenem Examine, zum Doctor gemacht würde / und die Candidati Juris von den Advocatis Consistorialibus, die Candidati Medicinæ, Philosophiæ, und Theologiæ, jedwede von ihrem Collegio zuvor examinirt würden / und Sixtus V. hat Anno 1587. Befehl gethan / daß die Universität hinführo von gemeldtem Advocatis Consistorialibus regieret werden solte.

Unter den 13. vorerwehnten Collegiis deß Pabsts Gregorii XIII. ist das vornehmste all' Giesu, darinn der Jesuiter Præpositus Generalis wohnet / der vor wenig Jahren 24. Secretarios gehalten / und alle Wochen mehr als 300. Cronen ordinaire auf die Post soll spendiret haben; sonsten aber keine Hofhaltung führet / noch Diener hält / auch sich nicht anders als ein ander Jesuiter kleiden und speisen läst.

Uber diß gibt es auch noch viele herrliche Antiquitäten / von Triumphbögen / Amphitheatris, Circis und Theatris / oder Schauhäusern / und Spiel-Plätzen / Statuis, Colossis, Pyramidibus, davon und von alten Heydnischen Kirchen / Palästen und andern alten Sachen mehr / so noch übrig seyn / neben im Anfang angezogenen Autoribus, Pighius in seinem Hercule Prodicio, Grasseri Schatzkammer / Neumeyers Reiß-Beschreibung durch Italien und Spanien / und Pflaumeri Mercurius Italicus zu lesen.

Das Gebäu Mausoleum genannt ist denckwürdig / aus weissen Steinfelsen hoch auffgeführet / mit stets grünenden Bäumen bedecket / 250. Ellen hoch / und am Ufer des Wassers belegen. Auf dessen Spitze ein Bildnüß Augusti aus Kupffer stund / und waren unter dem Gebäu die kleinen Keller mit seiner / auch seiner Freunde und Bluts-Verwandten Aschen. Hinter sothanem Mausoleo war ein Gebüsche von wunderseltsamen Wegen und Gängen / und mitten im Raum des Orts sahe man den Umkreiß seines Grabes / ebenmässig von ihm aus weissen Steinfelsen erbauet / rings umher mit eisern Gittern verwahret / darinn umgepflantzte Pappeln-Bäume wuchsen. Das erste Grab Mausoleum genannt / hatte Artemesia Königinne von Carien / für ihren Ehe-Herren den König Mausoleum aufrichten lassen / nach dessen Muster und Fürbild Augustus sein Grab im Marsischen Felde erbauet. Derselbe setzte dabey einen Spatziergang 1000. Fuß lang / mit wunderschönen Gärten und Gebüsche / davon Svetonius beym Begräbniß Augusti saget: Man setzte seine Reliquien ins Mausoleum, welches Gebäu zwischen dem Flaminischen Wege und der Tyber ist / von Augusto selbst / da er zum sechstenmal Bürgermeister gewesen / zu bauen angeordnet. Dieses Orts thut auch Cassiodorus in seinen Brieffen Meldung: und siehet man heute noch viel übergebliebenes davon / beym Tempel jetzt S. Rochi, welcher vor kurtz verwichenen Jahren von Allmosen erbauet worden. Mehr erwehntes Gebäu ist Circul-Rund / von vierecketen gebrandten Steinen aufgemauret / rings umher wie ein Netze gestalt / davon man täglich viel Marmorsteine unten aus der Erden herauf holen siehet. Man fand allda eine kleine Grabschrifft eines Freygelassenen Augusti, also lautend;

D. M.
ULPIO MARTIALI AUGUSTI LIBERTO
A MARMORIBUS.

und anzeigend / daß man diß gesetzt habe zum Gedächtniß Ulpii Martialis, des freygelassenen Augusti, welcher über die Marmorsteine Verwaltung gehabt. Besiehe hievon Reimarum 218.

Man siehet auch in Rom Constantini Arcum so unter allen fast der vollkommste ist; Item ist noch da fast der halbe Theil von des Vespasiani Amphitheatro, in welchem auf die hundert und 90. tausend Menschen haben sitzen können. Besiehe was hievon / auch Neronis Colosso und andern / Pflaumerus schreibet. M. Aurelii Antonini Säul stehet in Campo Martio, die 161. Schuh hoch seyn soll / da 207. Marmorsteinerne Stuffen hinauf zu steigen / und herumb gemeldtes Käysers Kriegs-Thaten zu sehen seyn: auch ist daselbst ein Schopff mit Säulen / so ein theil von des Antonini Basilica. Auf des Trajani Säul kan man innwendig durch eine Schnecken biß zu oberst / durch 192. Stuffen gehen / es seynd da 44. Fensterlein / und die Höhe ist von unten auf biß zu oberst 140. Schuh / zu höchst stehet S. Petri Bildnuß vergüldet / und um diese Säul hat es einen schönen Platz / daran S. Lauretani Kirchen stehet.

Die runde Schau-Burg Coliseum genannt / stehet annoch heute aufgericht / aber halb zerfallen / ist von Vespasiano mitten in der Stadt erbauet / wie man solches auff seiner Müntz abgebildet siehet / und zwar dergestalt / als Augustus dieselbe zu bauen ihm fürgenommen / hernach ward sie von seinem Sohn Tito eingeweyhet. In solcher grossen Schauburg siehet man noch klärlich in 3. Kreise unterschieden die Sitze der dreyen Orden des Raths und Volcks zu Rom / und war der erste Kreiß zugeordnet den Rathsherren / im mittelsten sassen die Ritter / im dritten stund das Volck und der gemeine Pöbel. Weyhete demnach Titus die runde Schau-Burg ein / bauete auch warme Bäder und stellet einen hohen Fest-Tag an / um das Volck herlich zu begaben; und an einem Tage ließ er 5. tausend wilde Thiere allerhand Arten darinnen præsentiren. Martialis lib. I. epigramm. sagt davon:

Omnis Cæsareo cedat labor Amphitheatro,
Unum pro cunctis fama loquatur opus.

Diese Schau-Burg ward erbauet auf einem Theil des güldenen Palasts Neronis, alsobald beym ersten Eingange desselben / da ein stehendes Wasser verhanden / wie erstgemeldter Martialis davon saget:

Hic ubi conspicui venerabilis Amphitheatri
Erigitur moles, stagna Neronis erant.

Darinn war ein wundergrosser Colossus, das ist / ein ungeheures aufgerichtet Bild / davon hernach der Ort Colosseum, jetzt Coliseum genannt: und hatte sothanes Gebäu eine solche Höhe / daß es fast den Bergen Celio, Palatino, und Exquilino, dazwischen es stund / gleichete. Auswendig wars mit Tiburtinischen Steinen rings umher bemauret / und von runder vollkommener Gestalt / inwendig aber länglich. Plinius schreibt: die runde Schauburg ist mit Tiburtinischen Steinen bemauret / und von solcher Höhe / daß die Augen sie kaum erreichen können. Dazu waren ausserhalb dieses

Orts

Orts/eben wie bey den Renn-Plätzen/ Vor-Wohnungen/allesamt von gleicher Gestalt erbauet/wodurch man umb zuzusehen eingieng und hinauff stieg / also daß die auff-und niedersteigenden einander nicht hinderlich waren.

Auf dem obersten Bogen stunden Marmor-Bilder auffgerichtet/ und beydes inn-und auswendig wars gepflastert/ auch allerhand Figuren und Bildwerck drein gedruckt. In einem sothaner Bogen oder Gewölbe siehet man annoch etliche Wercke von Gips/ auch sind unten bey diesem grossen Gebäu etliche weitreichende Grundfeste/ welche einen Theil der schweren Last tragen helffen. In solcher runden Schau-Burg konten 85. tausend Menschen sitzen und zuschauen/und mittlerweile man die Fest-Tagen feyret/ wars oben mit Schiff-Segeln bedecket. Was man heute davon sihet/ist das übrige des halben Theils; das andere Theil spüret man vernichtet durch Feuer/ Eisen und Muthwillen Barbarischer Völcker; und was davon stehend blieben/ist nicht mehr gantz und vollkommen/ sondern überal löcherich und zerbrochen/ gestalt man vielen alten Gebäuen widerfahren siehet/ aus Neid und unbändiger Grausamkeit bemeldter Völcker / welche dasjenige/so sie nicht verwüsten können/ aus Verachtung gestümmelt und geschändet hinterlassen. Innwendig auf dem Grund-Boden der runden Schau-Burg ward viel Sandes geworffen/ damit die Fechter/ und welche darinn entweder mit einander/ oder mit wilden Thieren ringen solten/einen festen Fuß haben und nicht gleiten: Oder wann sie fielen/desto sänffter zur Erden kommen / und weniger Schaden nehmen möchten; dannenhero in Latein Arena zum öfftern für die runde Schauburg genommen wird.

Viele Personen/so entweder zum Tode verdammt/ oder im Kriege gefangen/ oder um Geld gemietet/oder ihr Großmütigkeit an Tag geben wolten / liessen sich auf vorbesagtem Platz mit Fechten und Kämpffen sehen.

Und hie pflegte man auch hernach/mit gantz herrlichem Apparat, das Leiden unsers HErren Jesu Christi zu repræsentiren und vor Augen zu stellen. Sothane Repræsentation des Leidens unsers Seligmachers pflegte man in vorigen Zeiten anzustellen / und währete solches biß ans Ende des Pabsthums Pauli III. ebenermassen wie die Spiele mit Karten und andere so im Testaccio gehalten wurden / von welcher zeithero man solche Fürstellungen oder Spiele nicht mehr gesehen hat.

Den Triumphbogen Käisers Septimii Severi siehet man noch heutiges Tages am Auffgang des Capitolii, darinn gehauen die weitberühmten Siege zusamt den Siegs-Zeichen und Abbildungen der beydes zu Wasser und zu Land gehaltenen Schlachten / über welche man theils an einer/ theils an der andern Seiten folgende Worte lieset:

Imp. Cæs. Lucio Septimio, M.Fil. Severo pio, pertinaci, Aug. Patri Patriæ Partico Arabico & Pantico, Abdiabenico Pontif. Maximo Tribunic. Potest. XI. Imp. XI. Cos. III. Procos. & Imp. Cæs. M. Aurelio L. Fil. Antonino Aug. Pio felici tribunic. Potest. VI. Cos. procos. PP. optimis fortissimisq; Principibus ob rempublicam restitutam imperiumq; populi Romani propagatum, insignibus virtutibus eorum domi forisq;. S. P. Q. R.

Vorne am Appischen Wege / welcher an einer Seiten vom Berge Celio, an der andern vom Aventin abgeschieden/ siehet man den Triumphbogen Constantini Magni. Es baueten die Römer sothane Triumphbogen mit gantz wunderbahrem Ornat und Zierrath/ denjenigen zu Ehren / welche die Sachen der Römer im Kriege glücklich ausgerichtet/und Triumphwürdige Siegen erhalten. Machten demnach die Römer diesen Triumphbogen / davon wir reden/ dem Käiser Constantino M. zu Ehren / wegen seines bey Ponto Molle oder der sanffte Brücken wider Maxentium erhaltenen Sieges/ und siehet man in demselben viele Triumph-Ornamenta, Siegs-Zeichen/ geflügelte Siege / und was sonst mehr mit diesem Kriege überein kommt / ausgehauen; unter welchen ausgehauenen Bildern etliche von gantz wunderbahrer Kunst / etliche aber nicht sonderlich zu loben seynd. Dannenhero viele sagen / daß die schönen aus dem Ehren-Bogen Käises Trajani dahin gebracht / die andern nach Länge der Zeit dazu gethan worden. Am Vorder-Gibel dieses Bogens lieset man nachfolgende Worte:

Imp. Cæs. Fl. Constantino
Maximo
P. F. Augusto S. P. Q. R.
Quod instinctu Divinitatis, mentis
Magnitudine, cum exercitu suo
Tam de Tyranno quam de
omni ejus
Factione, uno tempore justis
Rempublicam
Ultus
Est armis, arcum triumphis
Insignem dicavit.

Des Käisers Titi Vespasiani Triumphbogen stehet in via sacra, und ist von Marmorstein sehr hübsch gemachet/und mit Gold geschmücket / so sind auch Bilder und Triumphschriften darein gegraben/ und insonderheit siehet man daran gehauen die Gestalt des gülden Leuchters/ Altar und Tisches/ und anderer Geschirr des Tempels Salomonis, auch Fasces der Römischen Obrigkeit/mit dieser Schriffte:

Senatus Populusq; Romanus Divo Tito, Divi Vespasiani Filio.

Item noch eine andere Schrifft also lautend:

S. P. Q. R. Imp. Tito Cæs. Divi Vespasiani Filio, Vespasiano Augusto Pont. Maximo, Trib. Pot. X. Imp. P.P. Principi suo, qui præceptis patriæ consiliisq; & auspiciis gentem Judæorum domuit, & urbem Hierosolymam, omnibus ante se Ducibus, Regibus, Gentibus, aut frustra petitam, aut omnino intentatam delevit. Und wird dieser Arcus triumphalis noch heutiges Tages zu Rom gesehen.

Bey der Kirchen S. Johann im Lateran auf dem Platz ist der herrliche Tauffstein zu sehen/ allda jährlich die Juden welche sich zum Christlichen Glauben bekehren/ getaufft werden; daselbst ist eine Capell/ worein keinem Weibes-Bild zu gehen erlaubet ist/ zum Gedächtnis/ weil ein Weibs-Bild die Ursach des Todes S. Johannnis gewesen.

Auf dem Trajanischen Marckte/ da sonst eine grosse Menge auffgerichteter Bilder zu sehen/ ist auch das Bild Claudiani gewesen / dessen Aufschrifft annoch im Stein einer kleinen Wohnung auff dem Haigst-Berge gefunden wird/und diese ist:

Cl. Claudiani V. C.
Claudio Claudiano. V.C. Tribuno & Notario.

Inter ceteras vigentes artes
prægloriosissimo
Poëtarum licet ad memoriam
sempiternam
Carmina ab eodem scripta
Sufficiant adtamen testimonii gratia
Ob judicii sui fidem DD. NN.
Arcadius & Honorius
Felicissimi
Ac doctissimi Imperatores
Senatu
Petente Statuam in foro
Divi Trajani
Erigi collocarique
jusserunt.

Um vorbesagten Marckt rum war ein bedeckter Spazier-Gang/ mit so hohen Pfeilern gezieret/ daß wer dieselben sahe/ sich verwunderte/ und hätte schliessen können/ es müste solches nicht ein Werck gemeiner Menschen/ sondern der Riesen seyn. Deßgleichen waren da über die massen grosse ausgehauene Manns-Bilder/ welche der Käiser Alexander Severus und andere aus allen Theilen der Welt anhero bringen lassen.

Nicht weit von des Pabsts Cantzelley an einem Eck eines Hauses/ ist des Pasquini Statua, allda man allerley Schmach- und dergleichen Schrifften anzuschlagen pfleget. Hat von einem Schneider/ so Pasquinus hiesse/ und seiner Werckstadt den Ursprung/ darinn allerley leichtfertige Bursch gewesen/ die den Leuten ohne Scheu übel nachgeredt/ daher hievon die Paßquill ihren Nahmen bekommen/ wie von diesem P. Matth. Wehnerus in observ. pract. und Pflaumerus weitläufftig schreiben. Sihe gleichwol/ was D. Christoph. Besoldus in thes. pract. voce Pasquil. von solcher Statua und ihrem Anfang erinnert.

Es hat auch sonderlich Pabst Sixtus V. etliche Obeliscos mit grossen Unkosten lassen wieder aufrichten/ darunter einer/ so vor der S. Peters Kirchen im Vatican/ und des Pabsts Palast daselbst stehet/ so durch den berühmten Baumeister Dominicum Fontanam mit Leib- und Lebens-Gefahr aufgerichtet/ denn ihn der Pabst/ wo er etwas daran zerbrechen würde/ wolte hängen lassen.

Es brauchte dieser berühmte Baumeister zu Aufrichtung dieses Obelisci, neben vielen Seylen und Stricken 46. Hebzeug/ 140. Pferde/ und 600. Menschen. Der Pabst selbst stund von ferne und sahe dem Werck zu: so bald aber der Stein vornen mit den Seylen erhaben wurde/ stund Fontana gantz darunter/ in diesen Gedancken/ wann der Stein schadhafft würde/ und zerbreche/ wäre es ihm ehrlicher/ daß ihn der Stein erschlüge/ als wenn ihn der Pabst hängen liesse. Nun hatte er durch fleissiges Rechnen und Abmessen die Säuler zwar alle in ihrer rechten Länge genommen/ daß er den Stein vermeinte gerade damit aufzusetzen; allein die grosse Hitz der Sonnen/ wie auch die schwere Last des Obelisci hatten die Seyler ausgedehnet/ daß sie zu lang worden/ der Stein also krumb gehangen und man mit dem Hebe-Zeug ferner nicht fortkommen könen: wie damals dem guten Dominico zu Muthe gewesen/ ist leicht zu erachten. Es war auch bey ihm und andern kein Mittel den Stein gar aufzurichten/ biß endlich ein altes Weib (andere sagen es sey ein Nürnberger gewesen) sagte/ man solte die Seyler starck mit Wasser begiessen/ als dieses geschahe/ giengen die Seyler wieder ein/ und erhuben also den Obeliscum/ daß er gerad stunde; so bald er aber stund/ wurden die Seyler geschwind abgehauen/ und das Werck mit grosser Freude des Pabsts und aller Anwesenden glücklich geendet.

Dieser Obeliscus stehet jetzt auf 4. metallenen vergüldeten Löwen/ worauf oben ein güldenes Creutz zu sehen. Besiehe Bernhardum Gamuccium lib. 4. antiq. Rom. Fr. Albertin. de mirabil. Romæ, Limnæum de jure publ. lib. 6. cap. 1. n. 55. Mercatum de Obeliscis. Es seynd unterschiedliche Meinungen von seiner Höhe/ item/ was es vor ein Stein sey. Die Welschen nennen ihn Granito, so eine Arth eines sehr harten Marmorsteines ist. Man hat offt versucht ihn aufzurichten/ ist aber biß aufs Jahr 1585. verblieben. Thuanus meldet/ daß er 956148. Pfund (eins zu 24. Loth gerechnet) gewogen habe. Sckickardus saget/ daß die Höhe von einem Stück sich auf die 81. Würtenbergische Werckschuh erstrecke: seine Dicke unten in die Vierung sey 9. Schuh/ 4 Zoll/ oben 6. Schuh/ 4. Zoll; die Höhe des Postaments darauf er stehe/ 28. Schuh. Wie Reimarus berichtet/ war oben in der Spitzen die Asche Julii Cæsaris, zugeeignet den Käisern Octaviano und Tiberio. An beyden Seiten stunden folgende Worte:

Divo Cæs. Divi Julii F. Augusto T. J. Cæs. Divi Aug. F. August. sacrum.

Sixtus V. hat ins Creutze etwas vom H. Holtz gesetzet/ und dabey grossen Ablaß vermacht. An der einen Seiten stehet:

Sixtus V. Pont. Max. Cruci invictæ Obeliscum Vaticanum ab impura superstitione expiatum, justius & felicius consecravit Anno M. D. LXXXVI. Pont II.

An der andern:

Sixtus V. Pont. Max. Obeliscum Vaticanum Diis gentium impio cultu dicatum, ad Apostolor. limina operoso labore transtulit.

Dergleichen Kegelspitzige Säule stehet auch bey S. Johannis Kirchen in Lateran/ welche Constantinus aus der Stadt Thebe in Egypten gen Alexandriam bringen lassen/ umb sie nach Constantinopel zu führen/ Ammianus Marcellinus wil/ daß sie anfänglich dem König Ramisi dedicirt gewesen/ und dessen Lob in den daran verhandenen Zeichen enthalten. An der einen Seiten stehet:

Fl. Constantinus Maximus Aug. Christianæ fidei Vindex & Assertor, Obeliscum ab Ægyptio Rege impuro voto Soli dedicatum sedibus avulsum suis per Nilum transferri Alexandriam jussit, ut novam Romam ab se tunc conditam eo decoraret monumento.

An der andern Seiten:

Fl. Constantinus Aug. Constantini Aug. F. Obeliscum à Patre loco suo motum, diuq; Alexandriæ jacentem, trecentorum remigum impositum navi, mirandæ vastitatis per mare Tiberimq; magnis molibus Romam convectum in circo maximo ponendum S. P. Q. R. D. D.

Item/ bey S. Mariæ Kirchen der grössern/ bey S. Marien des Volcks/ in den Gärten dero Mediceorum & Matthæorum, davon Reimarus zu lesen/ und die Kircherus in Oedipo Ægyptiaco weitläufftig erkläret.

Allhie wird nicht unfüglich seyn beyzufügen etliche Epitaphia oder Grabschrifften aus dem abgebildeten unterirrdischen Rom Christoph. Baumans. Auf dem Gottes-Acker in Via Appia ist folgendes zu lesen:

Alexan-

Alexander mortuus non est, sed vivit super astra, & corpus in hoc tumulo quiescit, vitam implevit cum Antonino Imp. qui ubi multum beneficii antevenire præviderет, pro gratia odium reddit, genua enim flectens, vero Deo sacrificaturus, ad supplicia ducitur. O tempora infausta, quibus inter sacra & vota ne in cavernis quidem salvari possimus, quid miserius vita, sed quid miserius in morte cum ab amicis & parentibus sepeliri nequeant, tandem in cælo coruscat, parum vixit, qui vixit IV. X. Temp.

Daselbst ist auch nachfolgendes zu finden:

Tempore Adriani Imperatoris Marius Adolescens Dux militum, qui satis vixit, dum vitam pro Christo cum sanguine consumsit, in pace tandem quievit, bene merentes cum lacrymis & metu posuerunt, Id VI.

In S. Mariæ populi ligt einer den eine Katz gebissen/daß er davon sterben müssen/ mit dieser Schrifft:

Hospes disce novum mortis genus, improba felis,
Dum trahitur, digitum mordet & intereo.

In der Vaticanischen Haupt-Kirchen ist zu sehen S. Simonis und Judæ Grab mit folgender Auffschrifft:

Corpora Sanctorum Simonis
Et Judæ Apostolorum sub altari
Antiquissimo in Vaticana Basilica
Eorum nomini dicato
Ad meridiem inter V. & VI.
Columnam ab ingressu mediæ
Navis I. Octobris Anni
Infra scripti intra marmoream
arcam juxta veterem
Traditionem reperta cum ea
Pars Ecclesiæ rueret
Pauli V. Pont. Max. jussu
Evangelista Palatta
Tituli S. Laurentii in Lucina
Cardinalis Cusentinus
Ejusdem Basilicæ Archipresbyter
In novum templum transtulit
Et solemni ritu hac sub ara
Recondidit die XXVII. Decembris
Festo S. Joh. Evangelistæ
Anno M D C V. Pontificatus
Ejusdem S. D. N. Anno primo.

In dem Gottes-Acker an der Tiburtinischen Strassen allwo S. Laurentius soll begraben ligen/ und dahin auch S. Justinus Martyr hernach geleget worden/ lieset man folgendes:

Tam licet officio desit præstantior ara;
Tu tamen es cratis celsior ignibus hae.
Et quamvis mage tu, tamen exstitit ille perustus,
Ussit te cratis; ussit & alma fides;
Quæ fervore pari Justini pectus adussit,
Cujus in hoc sacro membra manent tumulo.

Die Grabschrifft/so Johannes Diaconus Gregorio M. zu Ehren gesetzt/lautet wie folget:

Suscipe terra tuo corpus de corpore sumtum,
Reddere quæ valeas vivificante Deo.
Spiritus astra petit, lethi nil jura valebunt,
Cui vita alterius mors magis ipsa via est.
Pontificis sumi hoc clauduntur membra sepulchro,
Qui innumeris semper vivit ubiq; bonis.
Esuriem dapibus superavit, frigora veste,
Atque animas monitis texit ab hoste sacris.
Implebatq; actu quicquid sermone docebat,
Esset ut exemplum mystica verba loquens.
Anglos ad Christum convertit mente benigna,
Sic fidei acquirens agmina gente nova. (agebas,
Hic labor, hoc Studium, hæc tibi cura, hoc Pastor
Ut Domino offerres plurima lucra gregis.
Hisq; Dei consul factus lætare triumphis,
Nam mercedem operum jam sine fine tenes.

Felix der Vierdte ligt auf dem Vaticanischen Kirchhoffe mit dieser Grabschrifft:

Certa fides justis cœlestia regna patere,
Antistes Felix quæ modo lætus habet.
Prælatus multis, humili pietate superbus,
Promeruit celsum simplicitate locum.
Pauperibus largus, miseris solatia præstans,
Sedis Apostolicæ crescere fecit opes.

Daselbst ligt auch Adrianus I. welchem diese Ehren-Geschrifft ist gemacht worden vom Carolo M.

Hic Pater Ecclesiæ, Romæ decus, inclytus auctor,
Hadrianus requiem Papa beatus habet.
Vir, cui vita Deus, pietas Lex, gloria Christus,
Pater Apostolicus promtus ad omne bonum.
Nobilis ex magna genitus jam gente parentum,
Sed sacris longe nobilior meritis.
Exornare studens devoto pectore Pastor,
Semper ubique suo templa sacrata Deo.
Ecclesias donis populos & dogmate sancto
Imbuit, & cunctis pandit ad astra viam.
Pauperibus largus, nulli pietate secundus,
Et pro plebe sacris pervigil in precibus.
Doctrinis, opibus, muris erexerat arces
Urbs caput orbis honor inclyta Roma tuas.
Mors cui nil nocuit, Christi quæ morte peremta est,
Janua sed vitæ mox melioris erat.
Post patrem lacrymans Carolus hæc carmina scripsi,
Tu mihi dulcis amor: Te modo plango Patrem.
Tu memor esto mei; sequitur te mens mea semper,
Cum Christo teneas regna beata poli.
Te Clerus, populus, magno dilexit amore,
Omnibus unus amor optime Præsul eras.
Nomina jungo simul titulis clarissime nostra;
Hadrianus, Carolus; Rex ego tuq; Pater;
Quisque legas versus devoto pectore supplex,
Amborum mitis, dic, miserere Deus.
Hæc tua nunc teneat requies, charissime membra,
Cum Sanctis anima gaudeat alma Dei.
Ultima quippe tuas donec tuba clamet in aures:
Principe cum Petro surge videre Deum.
Auditurus eris vocem scio Judicis almam;
Intra nunc Domini gaudia magna tui.
Tum memor esto tui nati, pater optime, posco,
Cum patre, dic, natus pergat & iste meus.
O pete regna Pater fœlix cœlestia Christi,
Inde tuum precibus auxiliare gregem.
Dum sol ignicomo rutilus splendescit ab axe,
Laus tua, sancte Pater, semper in orbe manet.

Petrus Leo Anacleti II. Vatter hat nachfolgende Grabschrifft:

Præterit ut ventus princeps seu Rex opulentus,
Et nos ut fumus pulvis & umbra sumus,
Tot tantisq; bonis pollens Petrus ecce Leonis,
Respice quam modico nunc tegitur tumulo.
Vir fuit immensus, quem proles gloria census
Sustulit in vita, non sit ut alter ita.
Legum servator patriæ, decus urbis amator,
Exstruxit celsis turribus astra poli
Omnia præclara mors obtenebravit amara,
Nominis ergo Dei gratia parcat ei
Junius in mundo fulgebat sole secundo,
Separat hunc nobis cum polus atque lapis.

Auf

Auff dem Gottes-Acker Priscillæ an der Salarischen Strassen ligt Pabst Marcellus, dessen Grab Damasus mit diesen Versen ausgezieret:

Veridicus Rector lapsos quia crimina flere
Prædixit miseris, fuit omnibus hostis amarus.
Hinc furor, hinc odium sequitur, discordia, lites,
Seditio, cædes, solvuntur fœdera pacis.
Crimen ob alterius Christum qui in pace negavit.
Finibus expulsus patriæ est feritate tyranni.
Hæc breviter Damasus voluit comperta referre,
Marcelli populus meritum cognoscere posset.

Francisci Xaverii Apostels der Orientalischen Indien Hand ist in dem Farnesischem Tempel / so aus Orient dahin überschicket / welcher die Jungfrau Martha Marchina von Neapolis folgende schöne Verse zu Ehren gemacht:

Quem procul à nostris Neptunus dividit oris,
Ecce, triumphato dextera ab orbe redit.
Et quæ tot Christo populos, tot regna subegit,
Terrarum domina regnet in urbe manus.
Hæc eadem qualis medio apparebit olympo
Dextera, Xaverius cum premet astra pede.

Die H. Jungfrau Agnes ligt auf dem Gottes-Acker ihres Namens / welcher zu Ehren Prudentius diese Grabschrifft abgesungen:

Agnes sepulchrum & Romulea in domo,
Fortis Puellæ martyris inclytæ,
Conspectu in ipso condita turrium,
Servat salutem virgo Quiritium,
Nec non & ipsos protegit advenas,
Puro ac fideli pectore supplices.

Damasus hat seiner Schwester Irenen nachfolgendes Grab-Gedächtnüß gestellet:

Hoc tumulo sacrata Deo nunc membra quiescunt,
Hic soror est Damasi, nomen si quæris, Irenæ.
Voverat hæc sese Christo cum vita maneret,
Virginis ut meritum sanctus pudor ipse probaret.
Bis denas hyemes necdum compleverat ætas
Propositum mentis pietas veneranda puellæ,
Magnificos fructus dederat melioribus annis.
Te germana soror nostri nunc testis amoris (stum
Cum fugeres mundum dederat mihi pignus hone-
Quem sibi cum raperet melior nunc regia cœli,
Non timui mortem, cœlos quod libera adiret;
Sed dolui fateor consortia perdere vitæ.
Nunc veniente Deo nostri reminiscere virgo,
Ut tua per Dominum præstet mihi facula lumen.

In dem Eingange der Kirchen Pudentianæ ruhen 3000. Märtyrer / so unter Käiser Antonino hingerichtet worden / wie nachfolgende Aufschrift klärlich anzeigt:

Hoc est Cœmeterium
Priscillæ,
In quo existunt corpora
Trium millium Martyrum,
Martyrio
Per Antonium Imperatorem
Affectorum, Quos S. Pudentiana
Fecit in hoc suo venerabili
Templo sepeliri,
Et propriis manibus spongia
Colligebat sanguinem
Supradictorum Martyrum,
Et reposuit in puteo,
Qui est ad dexteram hujus
Ecclesiæ in sacello
Sancti Pastoris.

Ausser denen Brunnen / welche schon bey dem Vaticanischen Pallast beschrieben / sind in Rom berühmt 1. Die 3. Brunnen / an dem Ort / wo S. Paulus ist geköpfft worden; und soll sein abgeschlagen Haupt dreymal auf die Erde gesprungen seyn / und allwegen einen Brunnen herfürgequillet haben / wie denn solche noch der Zeit / ein jeder bey 20. Spannen weit vom andern lauffen / welche der Cardinal Aldobrandini Anno 1599. mit ehrem Kirchlein eingefast. Uber diese 3. Brunnen hat vorgedachte Martha von Neapolis nachfolgende Auffschrifft gestellet:

Aurea dum sævus præcidit guttura lictor,
Mortua vox Jesum tergeminata sonat.
Extincto manant vivi de corpore fontes.
Lucrum cui mors, cui vivere Christus erat.
Dum Christo fudit lactis pro sanguine rivos,
Ad superos Paulo lactea facta via est.

Besiehe die Autores, welche von S. Pauli Enthäuptung und diesen Brunnen geschrieben haben / und von Pflaumero angezogen werden.

Folget der Brunnen Felix, stehet in der Gassen Pia genant / den Sixtus V. Anno 1587. mit grossen Unkosten erbauet: Henznerus und Pflaumerus schreiben von 200. und 95. tausend Cronen / welches Wasser über die 20. Meil geführt wird / wie die Aufschrift dabey zu lesen.

Das Wasser Virginis hat den Nahmen von einer Jungfrau / so diesen Brunnen etlichen Soldaten gezeiget / den Agrippa in Rom leiten lassen. Und wird solches Wasser fast 2. Meil ausser Rom durch einen Wasser-Gang in den Lucanischen Strich versamlet / dahin auch das Salonische Wasser geleitet / und zuletzt von Pio IV. Anno 1565. nachdem er die alten Wasser-Röhren Pabsts Nicolai V. repariret, allhie beysammen gebracht worden. Die Aufschrifft desselben ist diese:

NICOLAUS V. PONTIFEX MAX.
Post illustratam insignibus monumentis Urbem,
ductum Aquæ Virginis vetustate collapsum
sua impensa in splendidiorem cultum
restitui, ornariq; mandavit.
Anno Dom. Jesu Christi M. CCCC. LIII.
PONTIFICATUS SUI VII.

Von Gärten ist zu sehen 1. Das Belvedere bey dem Vaticanischen Palast / wird also genannt wegen seines schönen Prospects / allda sehr schöne und alte Bilder / Statuen / als des Laocoontis mit 2. Söhnen / der Veneris, Cleopatræ, der Tyber / des Nili mit seiner Bedeutung / Apollinis, Fortunæ, Vestæ, Pudicitiæ und andere mehr zu sehen / davon Pighius, Schorus und Pflaumerus zu lesen.

Auch sind da herrliche Wasserquellen / Spaziergänge / Garten-Beetlein und mancherley Kräuter / in Summa so lieblich / schön und herrlich / daß dergleichen weder in Rom / noch in der gantzen Welt zu finden.

Es wirfft allda ein Atlas das Wasser so hoch / daß es scheinet / obs höher springen wolle / als man absehen kan: auch ist da ein Monstrum / so mit seinem Geräusch einen solchen Schall verursacht / davon man bald taub wird. Gar anmuthig sind darinnen die Kammern der Orgel und Musarum / welche durch Kraft verborgener Wasser ein liebliche Harmonie machen. Es ist da so grosse Ergetzlichkeit von Kräutern / Wasserspielen / Brunnen und andern / daß auch fremde Potentaten / so aus Europa und andern Orten dahin kommen / gleichsam darob erstarren müssen. Ist unter dem Pabstthum Clementis VIII. durch den Cardinal Aldobrandini aufgeführet / und das letzte Kunststücklein des kunstberühmten Giacomi della Porta,

Der Lustgarten des Durchleuchtigsten Groß-Hertzogs von Florentz ligt auf dem Berge Pincio/ welcher Ort von sonderlicher gesunder Lufft/ und wegen des Prospects sehr lustig/ alldieweil man auf einem Berge/ welcher mit lauter Cypressen-Bäumen besetzt ist/ nicht allein ein groß Theil der Stadt Rom/ sondern auch andere Oerter etliche Meilen davon übersehen kan/ der Garten ist sehr groß/ und hat 2. welscher Meilen im Umfang/ mit vielen Austheilungen/ Spaziergängen und Wäldlein. Es ist ein Palast dabey/ wovon oben gedacht/ so mit alten Bildern herrlich ausgezieret. Auf einem weiten Raum daselbst ist ein wunderbarer Brunnen/ da das Wasser fast hundert Treppen hoch springet.

Es sind da sehr anmüthige rings umher vermachte Pläze/ mit den treflichsten Kräutern/ welche zugleich das Gesicht erfreuen und den Geruch erquicken.

Zur rechten des Eingangs lieset man in einem Marmorstein:

Aditurus. hortos. hospes. in. summo. ut. vides
Colle. hortulum. consitos. si. forte. quid
Audes. Probare. scire. debes. hos. hero
Heriq; unius. esse. apertos. omnibus.

Und zur lincken:

Ingressus. hospes. hosce. quos. ingentibus
Instruxit. hortos. sumptibus. suis. Medices
Fernandus. expleare. visendo. licet.
Atque. his. fruendo. plura. velle. non decet.

Ferner der schöne Meyer-Hof dero Borghesorum vom Cardinal Scipione Borgheso erbauet/ ligt ausser der Stadt/ aber hart an der Mauren/ darinnen zu sehen was seltsames Europa, Asia, und India haben/ dieweil die Præsenten, so von Paulo V. von dem Käiser/ Königen in Franckreich/ Persien und Indien/ so gar von dem Groß-Türcken verehret worden alle gedachter Cardinal/ als des Pabsts Vetter/ bekommen/ und in das lustige Gebäu seines Vetters gesetzt habe. Ligt in einem über die massen weiten und herrlichen Umkreiß/ umher mit grossen Mauren umbgeben/ also daß er einer Stadt ähnlich ist. Die fürnemste Pforte ist prächtig gezieret/ mit überaus edlen Marmorsteinen/ so mit der Fürtrefflichkeit des so grossen Gebäues wol überein kommen.

Wann man da hinein getretten/ siehet man insonderheit die schönsten Gartengänge/ und abgesonderte Pläze/ mit den köstlichsten Kräutern so in gantz Rom seynd/ benebenst gar anmüthigen Brünnen. Es ist darinn nicht nur alles/ was einem schönen und wol bestalten Garten zu haben/ gebühret/ besondern man hat da auch sehr lustige Gebüsche.

Da ist ein Thier-Garten/ da man sich zuweilen zur Lust im Jagen üben mag. Man hat da mancherley Arth Vögel/ als Straussen/ Schwanen/ Pfauen/ und andere anmüthige Thierlein/ welche wir Kürtze halben vorbey gehen. Wann man ferner auf herrliche Palläst/ so mitten darinn belegen/ kommt/ hat man vorher einen gantz weiten Raum/ und rings umher ein Marmorsteinern Stacket/ auch sehr schöne Brunnen/ welche an allen Ecken/ mit überaus vielen Statuis und auffgerichteten Bildern besetzet/ und jedweder auf einem herrlichen Basi oder Fuß erhöhet/ einen rechten Königlichen Zierrath machen. Die Mauren sind auswendig gantz und reichlich mit dem köstlichsten Tünch-Werck so man finden kan/ ausgearbeitet/ und über jedem Schwibbogen sind herrliche Fectoni ausgehauen. Zwischen denselben sind Hölen/ und jede Höle ist mit einer Statua ausgefüllet/ und das gehet immer so fort/ von der Erden biß oben ans Tach hinan. Beym Aufgange des Palastes ist ein sehr schöner Platz/ mit Gestülen/ Bildern/ Kriegs-Bereitschafft und dergleichen Sachen.

Im ersten Saal siehet man die 12. Käiser aus den schönsten Steinfelsen/ und eine grosse Menge aufgerichteter Bilder/ ohne die Pfeiler/ so den Saal umbgeben/ und einen wunderschönen Prospect machen. Auch sind da unzehlich viele Quaderstücke von grosser Würdigkeit/ samt andern Zierrath. Gegen dem Saal über ist ein Spaziergang mit zweyen grossen Tafeln/ aus rothem Marmorstein mit weissen Düpfflein/ auch zweyen Gefässen aus eben dergleichen Marmorstein sehr trefflich ausgearbeitet/ und gar schöne Abbildungen unterschiedener Fürsten/ von kunstreichen Männern gemahlet/ samt edelen Statuis in ihren darzu gemachten Hölen/ und unzählig vielen andern Gemählden/ dero Würdigkeit nicht auszusprechen.

Und in andern Kammern gleicher Höhe sind Orgeln/ Cymbaln und andere rare Musicalische Instrumenten. In der Freude aber sothaner Wollüsten/ wird man gewarnet/ daß man nicht in die Straffe falle/ welche in Marmorstein verzeichnet/ und bey einem herrlichen Schauplatz dieses Meyerhofes gesetzet/ woselbst man nachfolgendes lieset:

VILLÆ
BURGHESIÆ PINCIANÆ
Custos. hæc. edico.
Quisquis. es. si. liber.
Legum. compedes. ne hic. timeas.
Ito. quo. voles. carpito. quæ. voles.
Abito. quando. voles.
Exteris. magis. hæc. parantur.
quam. hero.
In. aureo. seculo. ubi. cuncta. aurea.
Temporum. securitas. fecit.
Bene. morato.
Hospiti. ferreas. leges. Præfigere.
Herus. vetat.
Sit. hic. amico. pro. lege.
Honesta. voluntas.
Verum. si. quis. dolo. malo.
Lubens. sciens.
Aureas. Urbanitatis. leges. fregerit.
Caveat. ne. sibi.
Tesseram. amicitiæ. subiratus. villicus. advorsum. frangat.

Der Matthæorum Lustgarten ist sehr groß/ darinnen etliche Wäldlein/ und in demselben werden allerhand Thier von Hirschen/ Reh/ Hund/ und dergleichen in Lebens-Grösse gefunden/ samt den Jägern und Hirten/ daß mancher darob erschrickt/ und sie für lebendig hält.

Im Lusthauß werden sehr viel künstliche Antiquitäten gefunden.

Es hat auch einen grossen Irrgarten darinnen/ benebenst vielen Grotten und künstlichen Wasserwercken/ so aus den Hecken der Wäldlein entspringen/ daß niemand warnehmen mag. Besiehe davon Pflaumerum in Mercurio Italico. Es soll der Erbauer desselben Cyriacus Matthæus, im Testament verordnet haben/ daß seine Erben jährlich nicht weniger als 6. tausend Cronen auf Unterhaltung und Zierde derselben wenden; wo nicht/ solche dem Pabst überlassen sollen/ der sie besitzen möge.

Es haben die Herren von Borghese, noch andere schöne Meyerhöf und Gärten/ so wegen Kunst/ Zierligkeit und raren Gemählden/ Bildern und anderm Geräth sehens würdig/ und von hohen Potentaten besucht werden.

Der Estensische Garten und Meyerhoff in Tivoli ward erbauet vom Eminentiss. Card. Hippolito d'Este, mit Unkosten beynahe einer Millionen Goldes. Wegen der Kunst/ Brunnen und andere Stücke ist alles gantz wunderbar. Der Palast hat beydes aus- und inwendig grosse auffgerichtete Bilder/ ist wol eingetheilet in Kammern und Säle mit Hauffen/ und hat auffgemachte Bette in gantz herrlich zugerichteten Gemächern/ umb alle grosse Potentaten mit Königlicher Pracht zu empfahen.

Von den Cardinälen/ welche seine Successores gewesen/ ists jederzeit zu besserm Gebrauch gerichtet und erweitert. Er hat einen gar herrlichen Garten/ darinn unter andern Wunderdingen sich findet der Brunn des Einhorns/ ein Gejelt mit 4. Brunnen/ welche sich ergiessen mit Wasser/ wie ein Spiegel: Ein Ballhaus/ die Brunnen Ledæ, Thetis, Æsculapii, Aretusæ, Pandoræ, Pomonæ, und Floræ, ein Gang durch den Garten/ mit unterirrdischen Wassern so oben heraus springen/ die Brunnen des Caballen Pegasi, und des Bacchi/ die Höle Veneris, der grosse Brunn mit den ungeheuren Bildern der Sibyllen/ Æsculapii, und der Nymphen so Wasser von sich geben; die Höle Sibyllæ; die Brunnen Dianæ, Pallantis, und der schöne Brunn welcher Rom abbildet; der Brunn der Vögel/ so vermittelst des Wassers singen; die Brunnen der Drachen/ und der Göttinen Naturæ, welche vom Wasser regieret/ eine Orgel schlägt/ auch die Brunnen Antinoi, mancherley Fischteiche/ die Brunnen Neptuni, Veneris, und Tritonorum, Irrgarten/ Treppen mit ihren Füssen/ auch Treppen so unvermuthelich Wasser von sich geben/ und gar naß machen/ und wer kan alles erzehlen? Bey dem Palast des Cardinals Alexandri Farnese, so oben beschrieben/ ist auch ein prächtiger Garte/ von welchem Reimarus zu lesen p. 784. So ist auch sehens würdig der Lustgarte Bagnaja vom Cardinal Francesci Gambara erbauet und mit Bildern/ Brunnen/ Spatziergängen und dergleichen herrlich ausgezieret.

Der Lustgarten des Fürsten Peretti ligt bey der Kirchen S. Norberti, darinn um den Vorzug wegen der Liebligkeit gleichsam streitet die anmutige Grüne mit den lieblichen Brunnen/ und die herrlichen Wohnungen mit den fürtreflichen Bildern/ und ist eine Königliche Lust und Ergetzlichkeit des Römischen Fürsten.

Vor alters waren in Rom auch zu sehen die warme Bäder Neronis, Aureliani, Diocletiani, Gordiani, Agrippæ, Constantini, Decii, Severi und andere/ wer Lust hat/ kan davon Reimarum in abgebildetem alten Rom à pag. 281. ad pag. 301. lesen.

Von den Römischen Obrigkeiten/ Gerichten/ Geschichten/ Kriegen/ vornehmen Thaten/ kan man lesen Livium, Florum, Tacitum, Dionem und andere Historicos Latinos; Item/ Sextum Ruffum de historia Romanorum, von Römischen Gebräuchen und Ritibus Joh. Rosinum und Thomam Demsterum in dem sehr herrlichen Werck von Römischen Antiquitäten, wie auch Nicol. Gruchium de Comitiis Romanorum; Carolum Sigonium de antiquo Jure Civium Roman. Italiæ, Provinciarum ac Romanæ Jurisprudentiæ Judicus; Wolfgang Lazium, Onufrium Panvinium, Reinerum Reinerrcium histor. Juliæ, it. Respublica Rom. fol. 574. Kirchium de Rom. Magistrat. Andreas Schotus hat ein gantz Capitel von den Autoren, die von der Stadt Rom/ der Römer alten und jetzigen Sachen geschrieben haben/ seinem Reißbuch einverleibet. So haben die neue Cosmographia Münsteri Anno 1628. wieder gedruckt/ lib. 4. cap. 5. seqq. und Grasserus in seiner Teutschen/ Italiänischen Schatzkammer im dritten und vierdten Buch/ von 221. biß auffs 545. Blatt/ von dem Ursprung/ Fortgang/ ansehnlichen Thaten der Römer/ was zu Rom noch zu sehen/ derselben Sachen Auslegung/ den Römischen Käisern/ Päbsten/ und Cardinälen/ eine weitläuffige Beschreibung/ dazu von der Päbste Leben/ neben Platina, und andern/ man insonderheit auch Alphonsum Ciaconium, und Johan. Bapt. Cicarellam, thun kan. Und ist auch gemeldter Schotus in besagtem seinem Reißbuch cap. 10. 11. & 22. warum ihme der Pabst die Füß küssen/ und sich tragen lasse: Item/ von seiner dreyfachen Crone/ und was vor eine Ordnung gehalten werde/ wenn er durch die Stadt Rom wandere/ oder/ wann er Meß lesen lasse/ und selbsten Meß lese/ Item/ wann er einen Cardinal creirte/ dem Jubel-Jahr/ dem Schwerd/ und andern Sachen/ so er zu verehren pfleget/ neben dem Ceremorienbuch/ zu lesen. Besihe auch deß von Villamont Reißbuch lib. 1. cap. 15. & 16. und von des Pabsts Wahl theils der oben angezogenen Autorum/ Item/ Onuphrium Panvinium in addit. ad Platinam in vita Gregor. X. Sleidanum lib. 21. D. Besoldum lib. 2. dissertat. nomicopolit. 2. pag. 179. seq. und des Gotfridi Archontologiam Cosmicam fol. 25. 47. seq. 50.

Von seinem Land aber/ den Einkommen/ Officiren/ Guardi/ und dergleichen/ und von des Datarii Amt/ der die geringe Priesterthum verleihet/ wegen der andern aber dem Pabst die Supplicationes überreichet/ den Thomam Segethum in notis ad comment. de Italiæ Principibus p. 50. und solle das Cancellariat der Römischen Kirchen allein jährlich acht und viertzig tausend Cronen/ Einkommens haben. Und ist von Beschaffenheit des Regiments an dem Päbstischen Hof/ besagte Archontologia fol. 21. seqq. weitläuffig zu lesen.

Von den alten Römischen Geschlechten (deren fünff/ nemlich der Fabriciorum, Torquatorum, Fabiorum, Brutorum und Corneliorum sehr berühmt gewesen) besiche des Freyherren Richardi Strenii Gentium Rom. Stemmata, Eliæ Reusneri Genealogiam Romanam, und endlich warumb diese Stadt so hoch gestiegen/ und in ein solch Abnehmen gerathen/ Förstnerum ad lib. 4. Taciti pag. 337. 349. 373. Vide & Augustinum de Civitate Dei lib. 3. cap. 10. denn alles hie einzubringen viel zu weitläuffig seyn würde.

Diese Stadt hat sonderlich grossen Schaden erlitten in der letzten Eroberung 1572. Dann als Käiser Carolus V. in Italien Krieg führte/ hat sich sein General der Hertzog von Bourbon, als ein tapfferer Fürst nicht gescheuet/ auch diesen Ort anzugreiffen/ und ist mit Gewalt durch die Pforten di S. Spirito (auf der Seiten/ die man il Borgo nennet) in Rom gedrungen. Besiehe davon Paulum Jovium in vita Pompeji Columnæ.

Und sonderlich hat sie unter Sexto Tarquinio, Sexto Nerone viel Unglück ausgestanden/ dahero auch einer vom Pabst Alexandro VI. geschrieben:

Sextus Tarquinius: Sextus Nero: Sextus & iste est:
Semper sub Sextis prodita Roma fuit.

Die Lufft ist allda heutiges Tages ungesund und schwer / daher man in Æde D. Mariæ della Minerva folgende Verse lieset:

Enecat insolitos residentes pessimus aër
Romanus, solitos non bene gratus habet.
Hic tu, quo vivas, lux septima det medicinam,
Absit odor fœtus, sitq; labor levior.
Pelle famem, frigus, fructus, femurq; relinque,
Nec placeat gelido fonte levare sitim.

Welche Reimen Andreas Schotus in seinem Reißbuch cap. 14. erkläret / und benebens wie auch Schraderus fol. 115. einen gantzen Catalogum der besten Wein / die man zu Rom findet / setzet. Die Innwohner an Mann- und Weibs-Personen / sind gemeiniglich lange / starcke / gerade Leut; von deren Sitten andere geschrieben haben / welche solche ihre Schrifften selbsten verantworten mögen. Rom war vorzeiten eine Mutter und Schul aller Tugenden / aber jetzo gehen daselbst / nicht weniger als an anderer hoher Potentaten Höfen / allerhand Sünd und Laster umb. Anton. de Guevara in epist. part. 1. pag. 53. b. ubi plura de Roma. Dieses wil ich allein noch hieher setzen was der offterwehnte Herr von Villamont, Ritter von Jerusalem / und des Königes in Franckreich ordinari-Kammer-Juncker in seinem Reißbuch zu Lyon gedruckt / saget:

Au sur plus, c'est une Cité forr libre, & asseurée pour tous les poltrons, & ou l'on est le bien venu, quand on y porte de l'argent: Car, vivez, hantez les putains, jouëz, blasphemez, & commettes toutes sortes de peschez, personne ne vous en dira rien. Das ist: Uber das ist dis ein gar freye Stadt / da sich alle Schlingel und Schliffel sicher auffhalten mögen: und allda man gar willkomm ist / wann man Geld dahin bringet. Man möge leben / mit Huren umbgehen / spielen Gottslästern / und allerley Sünden begehen; es sey kein Mensch da / der einem deßwegen etwas einrede. Er meldet auch weiter / daß er sich verwundert habe / daß den Hurern und Courtisanen erlaubt sey / güldin und silberne Stück / und andere köstliche Kleider zu tragen. Pabst Sixtus V. habe gleichwol ein scharffes Gebot gemacht / daß kein Hurer zur Gutschen fahren dörffe / damit man den Unterscheid vermercken möge. Er gibt ingleichem diese Lehr / daß ob man wol / wie gesagt / allhie frey seye / und ein jeder / wie er wolle / leben möge; daß man doch von geistlichen und Glaubens-Sachen / und vom Pabst nicht reden solle / damit man nicht in die Inquisition komme / da man dann lang sitzen muß / ehe man / wie einer da hinein kommen / gefragt werde / und habe es besondere Auffmercker / die alles / was geschicht / dem Pabst zu Ohren tragen. Und zwar so ist dieses letzte sonderlich für die Frembde wol zu mercken / die sich hierinn wol fürzusehen haben: dann auch die Cardinäl für keinen / der in die Inquisition kommt / bitten dörffen: wiewol der Zeit nicht mehr so streng / wie vor diesem / da procedirt, auch viel / und fast die fürnehmste Kauffleut / so Wechsel machen / Calvinisch seyn sollen / denen nichts gesagt wird / wann sie nur nicht selbsten Ursach geben.

Was des Pabsts Gebiet anbelanget / so hat er unter sich das Land um Rom / so an den Gräntzen des Königreichs Neapolis anfänget / und einen guten Theil von Hetruria oder Toscana begreifft. Zum andern Umbriam, dessen Legatus oder Stadthalter zu Perugia Hof hält. 3. La Romagna, darzu Ravenna, Ferraria, Imola, Ariminum, Cesena, und andere vornehme Städte gerechnet werden. Und ist auch das Hertzogthum Ferrara sein. 4. La Marca de Ancona. 5. Die Stadt und Herrschafft Bologna. 6. Das Hertzogthum Benevento im Königreich Neapolis. 7. Die Grafschafft Venisly, und die Stadt Avignon in Franckreich. 8. Das Hertzogthum Urbin, dessen Einkommen bey der Stadt Urbin beschrieben wird. So mächtig nun ist der Pabst an Landen / also / daß er von Terracina, und den Gräntzen des Königreichs Neapolis an / biß an die Gräntzen der Venediger zu gebiethen: ohne was er von den Lehenleuten / (darunter der König in Spanien wegen etlicher Königreich / item / der Hertzog von Parma, und andere mehr seynd / jährlichen hat / die ihme auch im Nothfall Hülff schicken müssen / wiewol er selbsten 12. Galeeren hält / und ausser des Hertzogthums Urbin, in seinen andern Ländern / auf die fünfftzig tausend zu Fuß / und sechs tausend zu Pferd / solle auffbringen können.

Franc. Albanus in P. An. p. 25. schreibt / daß er alle Stunden / ohne die accidentia, tausend Cronen Einkommens habe. In vorgedachtem Thesauro stehet / daß des Pabsts jährlich Einkommen / ohne das extraordinari, ungefehr anderthalb Millionen Golds bringe. Und mangelt es ihme nie an Geld / so lang es an der Hand / und der Feder nicht mangelt / wie der Italiäner Sprichwort lautet:

Al Papa non mancano mai denari, quando non manca la mano, & la penna. D. Lans. p. m. 906. und Sixtus IV. beym Botero part. 2. relat. univers. lib. 4. p. 315. gesagt hat. Dann wie Michaël Surianus, ein Venediger Patricius, beym Thuano Tom. 2. lib. 49. histor. fol. 722. seq. spricht / so ist in der gantzen Welt kein reicherer Zoll / als des Pabsts Feder / welche wann er sie schlecht wegs führet / in einem Huy ein grosse und unermäßliche Summa Gelds gebiehret. Und was meinet man / daß er von 130. Ertz-Bisthümern / und 1017. Bisthümern (welche Zahl vor längst gewesen / und heutigs Tags / wegen der Indianischen Bischöffe / noch grösser ist) für Geld samlen könne? d. D. Lans. in Orat. pro Italia p. 907. edit. 3. zun Zeiten Pabsts Pauli IV. seynd allein 144000. Mönchs-Clöster und 288000. Pfarren gewesen. Vid. D. Beloldus in sign. tempor. p. 30. hergegen so geht dem Pabst auch viel auf die obgedachte Galeeren / auf die Guarnisonen / allerley Aempter in seinen Landen / und sonderlich zu Rom / wie er dann ansehnlich Hof hält / und seines Hoffs Magnificenz aller anderer Christlichen Potentaten übertreffen soll. Vid. de Sacerdotum dignidate P. Merulam d. lib. 4. c. 15. Besiehe von den Aemptern und Diensten / so an des Pabsts Hoff seyn / Franc. Sansovinum, del governo, &c. lib. 12. Henzner. Itin. Germ. Ital. &c. p. 302. seq. Paul. Merulam part. 2. Cosm. lib 4. (allda 3072. Personen gesetzt werden) Schrader. lib. 2. monument. Ital. fol. 114. und Schotum in Itin. Ital. und dörffen die Cardinäl / obwol sie in der Würde den Königen verglichen werden / ohne Erläubniß nicht aus der Stadt / deren auf die viertzig auch offtmals mehrer daselbsten seyn / der Ertz-Bischöf und Bischöffe / deren eine grosse Anzahl da ist / zugeschweigen. Es hat auch der Pabst von zwey in drey hundert / oder / wie Neumeyer in seinem Reißbuch schreibet / in die fünff hundert Schweitzer / zu seiner Guardi. Obbemeldter Schraderus sagt fol. 115. daß er gemeiniglich ein oder zwey hundert Reuter / drey hundert Schützen-Soldaten / und zwey oder drey hundert Schweitzer halte.

Es

MARE
TOSCO
O THIRENO
STATO
DI
LVCCA
DVCATO
Elba Isola
Monte Christo
Giglio Isola
Formiche
Mittelländische Meer

GOLFO DI
VENETIA
Ancona
Roma
S. PIETRO
PARTE
DEL
REGNO
DI
NAPOLI

Es spendieren auch die Päbste viel extraordinari, andern zum besten; wenden auch viel auf stattliche Gebäu/ ihnen hiedurch ein ewiges Gedächtniß zu machen/ welches deñ sonderlich Sixtus V. gethan / und sehr viel Gelds an Brünne/ Pyramiden rc. Palästen/ Schif/ Kirchen rc. spendiret / und hierinn seine Vorfahren gewaltig übertroffen / und die Stadt Rom herrlich gezieret / wiewol er im 6. Jahr seines Pabsthums gestorben/ und dannoch über solche Ausgaben/ in so kurzer Zeit/ in das Castell/ oder die Engelburg zu Rom/ 4. oder wie theils wollen 5. Millionen Goldes/ gelegt hat/ wie dann in solchem Castell ein ziemlicher Vorrath auf einen Nothfall ligen solle. Vid. Thesau. polit. Mediol. in relat. de summo Pontif. Item vitæ Pontificum. Scipio Ammiratus lib. 1. disc. in Tacit. 11. p. m. 58. & Joh. Boterus in relat. univers. p. 314. edit. Ferrar. Item D. Belold. de sign. tempor p. m. 31. Endlich so gehet auch den Päbsten ein ziemliches auff die Lehenschafften/ so sie an sich erkauffen. Das übrige bekommen Theils ihre Nepotes, und Befreunde/ so ihnen der Päbste Hoheit und Einkommen wol wissen zu Nutz zu machen.

Ronciglione, Roncilionum.

Ein kleines und dem Pabst gehöriges / doch feines und lustiges Städlein / ligt zwischen Viterbo und Rom an der ordinari Strassen / 8. Meilen von erstgemeldtem Viterbo. Pflaumerus heist es Roncilionis oppidum, so sich in ein enges Thal ausstrecke/ dadurch das Wasser mit seinem Lauff ein grosses Geräusch mache/ allda viel schöne Gebäu zusehen / ohn was für altes Gemäuer von vielen schönen Palatiis und einem Schloß verhanden. Insonderheit ist allda ein sehr schöner Brunnen/ wie Schotus schreibet.

Rosano, Roscianum.

Ist eine ziemlich grosse und Ertzbischöffliche Stadt in dem Königreich Neapoli / und obern Calabria, sie ist vest und ligt 3. Meilen vom Meer/ allda in dem Thum eine Schulter von St. Christophoro gezeiget wird.

Rovigo.

Die Lateiner nennen es Rhodigium, 20. Meilen von Ferrara, wird von alters zu Venetia, jetzt aber noch zu Romagna oder Romandiola Transpadana gerechnet. Ist eine feiner wol- bewohnter und reicher Ort/ den Venedigern gehörig/ so mit dem Lande herum vorhin zum Hertzogthum Ferrara gehöret hat/ welches die Venediger einbekommen/ denen es auch/ als sie Frieden mit Hercule I. von Este gemacht/ mit gewissen Conditionen blieben ist. Und obwol Hertzog Alphonsus von Ferrara solches Anno 1509. eingenommen/ so haben doch die Venediger dasselbe wieder erobert/ und biß daher behalten. Es ist aber gedachtes Land mit Pfützen gleichsam gantz umbgeben/ so die zusammen kommende Wasser verursachen/ daher auch die Innwohner dasselbe Polesino, das ist gleichsam eine Pen-Insul nennen.

Von hinnen ist der gelehrte Mann Ludovicus Cœlius bürtig gewesen / welcher zu S. Francisco mit diesem Epitaphio begraben ligt: Decus & splendor Urbis Rodiginæ hic jacet Ludovicus Cœlius, wie im Cöllnischen Reißbuch und beym Pflaumero stehet: wiewol Henznerus sagt/ daß im Creutzgange dieses Closters unter einer schlechten Begräbniß diese Schrifft gelesen werde: Hic jacet Cœlius, splendorq; Rhodigi: welcher Henzherus auch daselbst dieses Monument hat: Antonius Maria fulgineus Jurisconsultus, qui nunquam quievit, hic quiescit. Vixit Ann. 72. obiit 1570.

Rubiera.

Dieser Ort ligt zwischen Reggio und nahend Modena, in einer schönen und lustigen Ebne/ ist ein schön und wol bevestigtes Städtlein/ rings mit Wasser umbgeben/ hat ein gewaltiges Schloß/ welches unter die besten Vestungen gezehlet wird. Gehöret der Zeit dem Hertzog von Modena.

Salerno.

Ist eine alte / grosse und wol-berühmte Stadt des Königreichs Napoli in Principato citra gelegen/ an dem Gestade des Meers; sie hat vorzeiten nicht am Gestad wie jetzt / sondern auf den Bergen / die über der Stadt seyn/ gestanden.

Es ist allhie ein Ertz-Bisthum/ eine Königliche Audientz oder Hof-Gericht / und eine Hohe-Schul. Von hier waren Julius Pomponius Lætus, aus dem Geschlecht Sanseverin und Barthol. Sylvaticus der Medicus. Es werden jährlich 2. fürnehme Messen oder Jahrmärckte da gehalten / gibt auch schöne Gärten da. In S. Matthæi Kirchen / so ein sehr gewaltig und köstlich Gebäu/ soll der H. Evangelist Matthæus begraben ligen / von deme auch nach der gemeinen Sage für und für Manna fliesset.

Salo.

Ein schönes und lustiges/ doch kleines Städtlein/ am Gard-See im Veronesischen Gebiet gelegen/ das Land da herumb ist gar anmüthig / und sehr fruchtbar an allem/ was dem Menschen zum Leben nöthig. Der See gibt viel herrliche Fisch / und hat an dem Gestad viel Oelbäum / auch unterschiedliche schöne Castell. Nicht weit von hier ligt Prato di Fame, allwo auf einer gewissen Stell der Bischof von Trident/ der Bischoff von Verona, und der Bischoff von Brescia alle 3. einander / und doch ein jeder in seiner Diœcesi stehen/ können die Hände bieten.

il Salto della Cervia.

Dieses ist ein gewaltiger und starcker Paß mit einem vesten Wachthurn / zu dessen lincken ein ungeheures grosses Gebürge / zur rechten aber ein Morast ist/ so biß an das Meer hinunter sich erstrecket/ ligt zwey Meyl von Massa, und gehöret dem Groß-Hertzog von Florentz / dessen Land allhie anfänget. Nahend dabey auf einem hohen Felsen ligt das Schloß Montegnosa, so ein altes/ grosses Berghauß/ und der Herrschafft Luca gehöret.

Saluzo.

Dieses ist die Hauptstadt der Marggraffschafft Saluzo, von welcher sie gleichen Nahmen hat / ligt an dem Fluß Pò, und nicht weit von dessen Ursprung. Ist eine ziemlich grosse und berühmte Stadt/ mit einem schönen Schloß. Anno 1542. ist sie von den Frantzosen eingenommen worden. Hatte vorhin eigene Marggrafen/ so theils von Königen in Macedonia/ andere aber von Aleramo oder Aletano aus Sachsen/ des Käisers Ottonis II. Tochtermann/ herführen / aus welchen der letzte Gabriel genannt/ ums Jahr Christi 1540. umkommen ist/ davon Leander in Beschreibung Italiæ p. 384.

und was es für einen Streit / wegen der Erbschafft und Succession, abgegeben/ beym Guicciardino lib. 19. histor. Joan Serreo in seinem Inventario Galliæ tom. 3. p.m. 666. und andern zu lesen. Und kam solches Land damals an Franckreich; wurde hernach Anno 1601. vom König Henrico IV. dem Hertzog von Savoja für das Land Bressia, und was dem anhängig/ gegeben. Es seynd in dieser Landschafft neben dieser Stadt Salusse die fürnehmste Ort Tronere und Carmagnola; darnach Rafel Doglian, Verzel, Manta, Pagny, und die Abbtey do Staffarda. Vid. Joan de Laët de Princip. Ital. p. 161.

Sarsina.

Ligt zu unterst am Apenninischen Gebürg/ gegen dem Adriatischen Meer/ 6. Meilen von Cesena, ist eine schöne wolerbaute und volckreiche Stadt/ allda gute gesunde Lufft/ und das Land sehr fruchtbar ist an Wein/ Oel und andern Früchten; hat vorhin eigene Herren gehabt / nemlich die Malatesti, gehöret aber der Zeit dem Pabst. Wie mächtig diese Stadt vor Alters müsse gewesen seyn/ ist daher abzunehmen/ daß als die Frantzosen über das Alpen-Gebürg in Italien einfallen wolten / haben die Innwohner dieses Orts den Römern gleich zwantzig tausend gewaffneter Mann in aller Eyl zu Hülff geschickt / den Frantzosen den Einfall zu verwehren. So ist dieser Ort auch nicht weniger berühmt / weilen der fürtreffliche Poet Plautus von dar bürtig gewesen.

Sassuolo.

Ist ein nahrhafftig Städtlein / zehen Meilen von Modena, an dem Fluß Secchia, hat schöne Gebäu/ und ist die Haupt-Kirch zu S. Maria wol zu sehen.

Sarzana, Serazana, Serezana.

Eine feine / ziemlich grosse und bischöffliche Stadt/ vier Meilen von Letice, und acht von Massa. Viel halten sie vor die Stadt Luna, die gleichwol aus ihrem Untergang mag erbauet worden seyn/ Vid. Volaterranus lib. 5. comment. fol. 46. Jac. Lopid. Stunica saget/ daß in der Haupt-Kirchen des H. Basilii des Bischoffs von Luna Cörper verehret werde. Ist mit runden/ und gevierten Bollwercken/ auch einem gefütterten tieffen Graben umbgeben; gehört noch den Genuesern / so allda eine teutsche Besatzung haben. An der einen Seiten der Stadt hat es eine alte Vestung/ mit einem starcken Thurn in der Mitte/ und vier Rundelen; unter dem Thurn sind sehr hohe Gewölber neben tieffen Gefängnüssen. Nahe dabey und auf einem hohen Felsen ausserhalb der Stadt hats noch eine kleine Vestung / Sarzanello, oder Serezanella genannt/ so Castruccius, Herr zu Luca erstlich erbauet / und folgends die Florentiner mit einer Mauer umbgeben/ Perinus Fregosus, Hertzog von Genua aber noch mehr bevestiget hat; die auch noch der Zeit der Herrschafft Genua gehörig. Ist mit sehr dicken und gewaltigen Mauren und mit vielen ansehnlichen groben Geschütz versehen/ auch so wol die Stadt als die Vestung mit einer teutschen Guarnison besetzt.

Savonna.

Dieses ist ein schöner wolgebauter Ort / so in seinem Umbkreiß tausend fünff hundert Schritt hat/ mit einer herrlichen und starcken Vestung / so die Genueser Anno 1616. in einen Felsen von neuem haben erbauen lassen/ hat prächtige Häuser / und einen schönen und berühmten Meerhaven/ deßwegen grosser Handel allhie getrieben wird. Gehört der Herrschaft Genua / von welcher Stadt sie 30. welscher Meilen gelegen.

Scaramanico.

Ist eine feine / volckreiche und wol erbaute Stadt des Königreichs Napolis, in der Provintz Abruzzo, zwischen Sermona und Cassano gelegen / davon nicht weit ein Castell Cantalupo genannt / bey welchem Steinöl oder Petroleum aus der Erden rinnet / so wegen seiner vielfältigen Tugend da aufgesamlet wird.

Scarperia.

Ein kleines doch wol bevestigtes/ und dem Hertzog von Florentz zugehöriges Städtlein/ ligt in dem Apenninischen Gebürg / in einem schönen und sehr fruchtbaren Thal / an der Land-Strassen von Bologna nach Florentz/ 15. Meil von solcher Stadt / und 10. von Fiorenzola. Allhie werden viel Scheeren/ Messer/ und andere dergleichen Waaren gemacht / welche hernach an andere Ort verschickt werden.

Senegaglia, Sinigaglia.

Diese Stadt so auch Senogallia, oder Senagallica genannt wird/ hat von den Gallis Senonibus den Nahmen/ Vid. Cluverius lib. 1. antiq. Italiæ c. 29. daher Silius lib. 15. pag. 389. saget:

Qua Sena relictum
Gallorum à populis traxit per sæcula nomen.

Adde Paulum Diaconum lib 2. histor. Longobard. c. 23. Es seynd aber diese Senones die äusserste aus den Gallis gegen Rom werths in Italia gewesen/ so die Stadt Rom eingenommen/ nachdem sie vom Aronte Clusino zu Rach wegen seines vom Fürsten oder Lucumone der Stadt Clusii geschwächten Weibes beruffen worden/ und die Stadt Clusium zuvor belagert hatten. Die Römer haben hernach diese Senones gantz vertilget / wie beym Polybio lib. 2. Strabone lib. 5. und besagtem Cluverio mit mehrerm zu lesen. Folgends ist von den Römern hieher nach Sinigaglia eine Colonia geführet worden / und mitlerzeit zwischen Gallia Togata und Italia besonders also genannt/ stätig der Fluß Rubico die Gräntze gewesen. Erstbemeldter Cluverius referiret sie zu Umbria, heutiges Tages aber rechnet man diese Stadt gemeiniglich mit zur Marca Anconitana. Es gedencket ihrer Polybius, Livius, Strabo und andere. Der Fluß/ so vom Abend an der Stadt her rinnet/ wird ins gemein Nigola, und in der Tabula Itineraria, Misus genannt: Der Fluß Sena aber oder Seno ist sonder Zweiffel der/ welcher 4. tausend Schritt von der Stadt gegen Abend werths lauffet/ und ins gemein Cesano genannt wird.

Es liget diese Stadt noch auf der Strassen Flaminia, und hat vorhin dem Hertzog von Urbin gehöret: jetzt aber ist sie samt dem gantzen Hertzogthum des Pabsts. Ist eine ziemlich veste/ am Meer oder Golfo di Venetia gelegene Stadt/ nicht groß/ aber mit schönen Häusern und Kirchen erbauet. Es hat dabey ein altes Schloß gegen dem Meer/ mit 4. starcken Rundelen umgeben / und gehet von dem Meer an ein Arm oder schmaler Meerhaven / biß in die Stadt hinein/ daher es ein feine Anlendung hat / und mögen die Barche oder Schif/ mit allerhand Kaufmanschaft allda Port nehmen.

Auff

SENA.
1. Porta Camuliæ.
2. Porta Romana.
3. Palatium Papale.
4. Curia.
5. Sacellum in foro.
6. Columna Lupam ferens.
7. Domus præeminens.
8. Forum.
9. Fons in Foro.
10. Fons Blandis.
11. Castelli reliqua.
12. Columna Frid. Cæs. posita
13. Collegium Sapientiæ.
14. Templum D. Francisci.
15. Dominici.
16. Ædes S. Catharinæ Senens
17. Arx.
18. Templum Cathedralis.
19. Xenodochiū.
20. Templum S. Mariæ Prouencanæ.
Porta Ouilis

Porta laterino.
21. S. Martini Templ.
22. Templ. S. Spiritus.
23. Seruitarum.
24. Augustinianorum.
25. Abbatia ad Arcum.
26. S. Luciæ.
27. S. Marci.
28. Carmelitarum.
29. S. Sebastiani.
30. Palatium Mag. Ducis.
31. S. Petri ad Scalas.
32. Saluatoris.
33. S. Iusti.
34. S. Georgij.
35. S. Hieronymi Iesuatorũ.
36. Ad Sanducaium.
37. Monicæ.
38. S. Claræ.
39. S. Vigilij P.P. Soc. Iesu.
40. S. Cristophori.
41. Palatiũ Ptolomaeorũ.
42. Dogana, ubi telonium.
43. Templ. S. Donati.
44. S. Rochi.
45. S. Petronillæ.
46. S. Andreæ.
47. S. Stephani.
48. S. Mariæ ad Font. Iust
49. S. Mariæ Gratiarum.
50. La Magione.
51. S. Bartholomæi.
52. S. Laurentij.

Auff der andern Seiten hat es eine Ebne/ und sehr fruchtbare Aecker. Von hanssen wird eines von den vornehmsten und wolerbautesten Wirths-Häusern ge-funden / darinn man statelich tractirt; Es hat aber diese Stadt grossen Mangel an süssen Wasser / wie Pflaumerus schreibet / so von andern Orthen dahin muß gebracht werden.

Seravalle.

Eine feine / doch nicht gar grosse Stadt / dem König in Spanien und zu dem Hertzogthum Meyland gehörig / ligt an dem Wasser Scribea, 10. Meil von Tortona, und 12. von Alexandria della paglia. Hat auf einem Berge ein altes/ doch ziemlich vestes Schloß/ welches den Orth zu einem gewaltigen Paß machet / weil allhie das Meyländische und Gennesische Gebiet sich scheidet. Es gibt auch Eisen-Bergwerck und Eisen-Schmiedten allhie/ und werden da gute Klingen und Wehren gemacht / so sehr weit versühret werden. Von Tortona biß hieher hat man schön eben Land / und auff den Seiten lustige Hügel; aber ferner fänget das wilde Gebürge an/ und währet biß nach Genua.

Seravalle.

Ist ein kleines/ dem Pabst gehöriges/ Städtlein/ zwischen Foligno und Tolentino auf halbem Weg / welches in einem sehr engen und tieffen Thal gleichsam begraben ligt. Es ist ein gewaltiger Paß / und hat es allhie eine Mauren / welche von dem einen Berg zum andern gehet / und das gantze Land beschliest / und man allein durch ein Thor passiren kan.

Sestri de Levante.

Eine feine/ wolerbaute und sehr volckreiche Stadt/ der Republic Genua gehörig / von welcher es 30. Meil abligt/ die man doch mit mittelmässigem Winde in einem Tage fahren kan; hat eine feine Anlendung/ wie auch eine ziemliche Vestung. Es wird dieses Sestrium zum Unterschied des Sestri di Ponente, Sestri oder Sestro di Levante genannt. Cluverius sagt/ es sey dieses eben des Plinii und Ptolomæi Tigulia und des Antonini Tegolata: Es seynd aber besser hinein bey zwey tausend Schritt ohngefehr / etliche Rudera, von einer schönen Stadt / und Reliquien eines herrlichen Tempels / so man insgemein Tergosa und Regosa nennt/ so sonder Zweiffel des Plinii Segesta Tiguliorum seyn werde / welches Orts Namen / als er durch Krieg oder ander Unglück zerstöret worden / obgedachtes Tigulia oder Segesta am Meer gelegen / an sich genommen. Dieser Meynung ist auch Pflaumerus. Besihe was von diesem Segesta Leander schreibet.

Setia, Sezza.

Ist eine auff einem Berg gelegene und sehr lustige Stadt/ ein wenig aus der Strassen von Rom nach Terracina und Napoli. Es ist dieser Orth bey den Alten / wegen des köstlichen Weins berühmt gewesen / welchen Käiser Augustus, wie Plinius lib. 14. cap. 6 schreibet/ allen andern fürgezogen / welches auch mehrertheils die folgende Käiser gethan haben. Sie ist eine Römische Colonia gewesen / und ligt an dem Theil der Berg / so neben den Campis Pomptinis, biß zum Fluß Astura sich erstrecken / und siehet zu Ende / oder zu äusserst / hinunter in das Thal / daher sie vom Poeten Martiale lib. 13. epigr. 112. pendula; der Berg aber / darauff sie ligt / von ihme lib. 10. epigr. 47. Clivus Setinus, und vom Juvenale lib. 1. Satyr. 5. v. 34. auch die übrigen Hügel herum Setini montes genannt werden/ auff welchen besagter köstlicher Wein gewachsen ist.

Es seynd aber obgedachte Pomptini Campi, oder Felder/ die jenige / so man weit herumb zu Rechten sihet / welche offt außgetrucknet worden; aber jetzt des Wassers/ und der Pfützen halber nicht zu reisen seynd; daher man sich weit zur lincken Hand zu den Bergen schlagen muß. Besihe von solchen Feldern und Pfützen vorgedachten Cluverium lib. 3. Antiquit. Italiæ cap. 7. allda er auch des Ortelii Irrthumb anzeiget; und ist hievon imgleichem J. H. à Pflaumer. p. m. 415. Mercul. Ital. zulesen.

S. Severino.

Ligt in der Marca di Ancona, etliche Meil von Recanati, und gehört dem Pabst / ist eine schöne und lustige Stadt in der Ebne/ mit anmuthigen und fruchtbaren Hügeln umgeben / war vorzeiten nur ein Castell/ wurde aber hernach vom Pabst Sixto V. zu einer Stadt gemacht.

Es ist auch noch eine andere Stadt / S. Severino genannt/ welche sehr alt/ berühmt/ und Ertz-Bischöfflich/ groß und volckreich ist/ in dem Königreich Neapoli, an den Gräntzen des untern Calabriæ, ligt zwölff Meilen vom Meer / und so weit von Cotrone.

Siena, Sena.

Theils wollen / daß diese Stadt von den Gallis Senonibus erbauet worden; andere aber / daß sie erst zun Zeiten des Pabsts Johannis VIII. andere daß sie später auffkommen. Vid. Cæsar Orlandius de Urbis Senæ ejusque Episcopatus Antiquitate. Die vierdte/ und deren Meynung auch die richtigste/ wollen / daß sie zwar alt/ aber nicht so alt sey / als sie die ersten machen/ und daß die von Sena nicht beweisen können / daß ihrer vor der Zeit des Julii Cæsaris gedacht werde; Vid. Cluverium lib. 2. Antiq. Ital. cap. 3. fol. 569. wie sie dann in Tabula Itineraria zum Unterschied der Stadt Senogalliæ, so sehr alt ist / Sena Julia genannt werde/ dahin sonder Zweiffel aus Befehl des Käisers Augusti, wie an andere Orth mehr in Italia, so hernach den Namen Juliæ hatten / eine Colonia ist gesetzt worden/ daher die Colonia Senensis vom Plinio libr. 3. nat. histor. cap. 5 unter die mediterraneas Hetruriæ Colonias gerechnet wird. Vid. Tacitus libr. 4. histor. pag. 313. Und zwar so rühmen sich die Senenser selbst/ daß sie von den Römern herkommen. Der Umfang der Mauren hat fünff tausend Schritt; sechs Thor seynd offen / und die andere vermacht / und seynd solche Mauren und Thor vorhin starck bevestiget gewesen / aber der Zeit ligt theils zu Boden / theils ist sonst schwach / sonderlich aber haben die Mauren gegen Florentz zu herhalten müssen / da die Stadt vorhin sehr vest gewesen / vornemlich wegen des Castels / welches vor dem Thor von Quatersteinen auffs stärckste erbauet war / und fast noch gantz da stehet / und davon nicht weit / (Schraderus sagt bey dem Pisaner-Thor/) eine steinerne Säul ist / so eine Tafel hat / die dem Käiser Friderico IV. zu Ehren von denen von Siena auffgerichtet worden / dieweil daselbst ihm seine Braut Leonora entgegen kommen ist. Es ligt die Stadt auff einem Berge/ auf welchem sie zum theil ein ebenes Lager hat/ sonst aber himunter in das Thal hänget/ daher fast keine Gassen/ da man nicht auf oder absteigen müsse; ausgenommen die Römer-Gasse/ welche von den Florentinischen biß zum Römer-Thor/ mitten durch die Stadt/ oder auf der Höhe des Berges immerfort stracks zugehet.

Die Stadt wird von dem Thal/ gleichsam als wie mit einem Graben schier umbgeben/ so sonderlich auf beyden Seiten der Florentiner-Porten tieff ist/ und also die Stadt beschützet. Es beschliessen solche Thal andere Hügel/ so Wein tragen/ und mit lustigen Land-Gütern der Bürger besetzet seynd. Ist daher ein schönes Anßsehen/ und wird sie auch wegen solchen Lagers Hohen-Siena genannt. Schraderus sagt/ sie habe gleichsam drey Hörner/ deren das/ so gegen Mittag ligt/ grösser als die gegen Morgen und Abend; der Theil aber der Stadt/ so gegen Mitternacht/ sey eben und klein/ die Thäler/ so darzwischen/ seyen fast von Gärten eingenommen/ und gebe es da schädliche Winde/ habe auch das Land herum das Mittel von der Fruchtbar- und Unfruchtbarkeit/ gebe schöne Gebäu/ und lange gerade Gassen. Pflaumerus hat unter allen diese Stadt am fleissigsten beschrieben/ bey welchem/ wie sie verglichen werden kan/ pag. 175. zu lesen. Sie ist durchaus von Ziegelsteinen gepflastert. Und ob sie wohl/ wie gemeldt/ so hoch liget/ und auff drey Meil Weges und weiter/ keinen Fluß hat/ der dieses Namens würdig wäre; gleichwol so ist sie mit dem besten und klaresten Wasser überflüssig versehen/ welches in den nächsten Hügeln sich sammlet/ und unter der Dominicaner Kloster/ gleichsam wie ein rechter Fluß rinnet. Gibt daher in der Stadt viel Brunnen/ unter welchen der berühmteste ist/ so la Fontana di Brando oder Branda, besser aber Fons blandus genennet wird/ so auf dem grossen und schönen Platz/ oder Marckt stehet/ und/ wie Schraderus schreibet/ von Marmor mit vieler Heiligen Bilder und zwölff Zugängen ist.

Besagter Platz ist wie eine Meer-Muschel formiret/ also daß jederman einen jeden/ so darauff spatzieren gehet/ sehen kan. Wann es regnet/ so gibt sich das Wasser in die Rinnen/ und laufft im Wirbel der Muschel sämtlich von sich selber in eine Gruben. Es stehet dabey ein sehr hoher/ alter/ gevierdter Thurn/ den Schraderus Roccabruna nennet: besihe aber/ was gemeldter Pflaumerus von dem Hauß Roccabruna pag. 170. schreibet. Sonst hat es mehrentheils altvätterische Häuser/ wie einen Krantz umb diesen Platz oder Marckt herum. Es seynd in den Häusern dieser Stadt sonderbare Keller/ so gar tieff unter dem Boden/ und in lauter Felsen gegraben.

Wegen der Hohen-Schul/ die Æneas Sylvius, oder Pabst Pius II. da auffgerichtet hat/ halten sich allhie jederzeit viel Frembde auf/ sonderlich die Teutsche/ die ihre sonderliche Freyheiten/ Consiliarium und andere Vorsteher haben/ wie hievon beym Joann. Limnæo lib. 8. de jure publ. cap. 9. num. 76. & 70. zu lesen: wie man denn auch allhie ziemlich fein tractiret; wiewol es etwas theurer als zu Padua ist.

Unter den ansehnlichen Gebäuen ist sonderlich die Thum-Kirche zu unser Frauen zubesichtigen/ so unter die Schönste und Kostbarste in gantz Europa zu zehlen/ es werde gleich der Werth des Marmors/ mit welchen sie gantz überzogen/ oder die Hoheit des Wercks und der Kunst betrachtet. Sie ligt in der Höhe/ darzu man über steinerne Staffel hoch hinauff zu steigen hat/ so dem Gebäu ein gewaltiges Ansehen macht; sonderlich weil der Vordertheil herrlich gezieret/ und darvor ein weiter und schöner Platz ist. Die Länge des Tempels ist 330. die Breite 183. Schuh/ hat 26. Säulen. Man sihet darinnen aller Päbsten Angesichter von Gyps/ (Schraderus sagt von Marmor;) De Joanne VIII. vid. Itinerarium Coloniense pag. 119. Chytræus in deliciis pag. 276. & Limnæus lib. 2. de jure publico cap. 2. num. 71. Aber die jenige Päbste/ so aus dieser Stadt bürtig gewesen/ haben bey den Thoren ihre völlige Statuas. Es seynd da auch etlicher Käyser Brust-Bilder und Köpffe.

Uber das Paviment oder Pflaster dieser Kirchen kan man sich nicht genug verwundern/ denn es ist von Marmor/ und seynd darinn die Tugenden/ das Alter der Menschen/ Historien aus der Bibel/ die zehn Sibyllen und etliche Philosophi, wie Schraderus schreibet/ schön eingelegt zusehen/ und allerley zu lesen. Es ist solches so schön gemacht/ daß man seines gleichen schwerlich finden wird. Es seynd auch da 21. und zwar herrliche Altäre; die Cantzel ist von Marmor/ daran die Passion gegraben. Hat zwey vortreffliche Orgeln/ die der Liebligkeit halber keiner andern in gantz Welschland etwas bevor geben. Man weiset da S. Johannis des Täuffers Arm/ mit welchem er Christum getaufft haben soll; Item S. Petri Schwerdt/ mit dem er dem Malcho das Ohr abgehauen.

Es wird jährlich allhie/ auf S. Mariä Himmelfarth ein gewaltiges Fest gehalten/ welches/ wie auch diesen Tempel/ und was darinnen zu sehen/ Pflaumerus weitläufftig beschreibet. Besihe auch gedachten Schraderum. Es ist daran die Bibliotheck/ darinne des Pabsts Pii II. Lebens-Lauff gemahlet zu sehen. Was dabey geschrieben stehet/ hat auch Schraderus d.l. 1. fol. 93. b.

Nicht ferne von diesem Thum ist das sehr grosse und reiche Spital/ so stattlich erbauet ist/ und darinn die Krancke sauber und wohl gehalten werden. Man weiset da den Erbauer/ Namens Sororius, dessen Cörper noch gantz zu sehen; Item einen Nagel vom Creutz Christi/ und S. Johann. Chrysostomi Commentaria über die Evangelische Historie/ so er mit eigenen Händen geschrieben; und andere schöne Zierden mehr. Gemeldter Schraderus schreibet/ daß die Mannspersonen besonders an einem absonderlichen Orth seynd/ allda sie bey die 136. die Weiber ohngefehr 133. Bett haben. In dem obern Theil seynd 46. Zimmer für die Priester und andere/ so den Krancken dienen. Es habe verwunderliche Speiß-Kammern und Wein-Keller/ insonderheit aber ein grosses Faß/ Item/ allerley Handwercks-Leute und Taglöhner. Die Anzahl der Krancken und derer/ so ihnen auffwarten/ sey von sieben hundert. Darinnen werden auch die Fündel-Kinder versorgt; die Mägdlein/ wenn sie mannbar/ verheyrathet/ und außgesteuret; die Knaben aber zu den Handwercken gethan. Das Einkommen dieses Spitals soll jährlich auff 80. tausend Ducaten kommen.

Was andere Kirchen dieser Stadt anbelanget/ darunter die zum H. Geist/ S. Martini, der Serviten, Augustiner, S. Francisci und Dominici seynd/ so kan man von ihnen und den Epitaphiis, die darinn gefunden werden/ Schraderum, Pflaumerum, und andere lesen. Bey den Dominicanern haben die Teutsche eine Capell und sehr schönen Altar/ allda auch ihr Begräbnüß/ und Zusammenkunfft ist/ wenn sie von

wichti-

wichtigen Dingen zu handlen haben. Schraderus fol. 95. Fr. Schweertius pag. 221. und Nath. Chytræus pag. 286. schreiben / daß daselbst diese Grabschrifft / so einem Teutschen gemacht worden / gelesen werde:

Vina dedêre neci Germanum, vina sepulchro
Funde, sitim nondum finiit atra dies.

Es ligt in dieser Kirchen der H. Catharinæ von Siena Haupt / der übrige Cörper aber ist zu Rom. Ausser der Stadtmauren / zu S. Bernardino seynd folgende Verß / wie sie Schraderus in offtangezogen Monumentis fol. 97. b. seqq. setzet / in einer Cellen zu lesen:

In mundo spes nulla boni, spes nulla salutis,
Sola salus servire Deo, sunt cætera fraudes.

Item:

Grata domus, genitor, frater, charique sodales,
Et quondam pretiosa mihi terrena, valete.
Sat me lethifera mundus dulcedine lusit,
Sat tenuit me falsus amor, discedo solutus
His laqueis, secura juvat jam claustra subire.
Nudus ab hoc pelago veniens ad littus amœnum
Te, bone Christe, sequor, solus mihi sufficis unus.

Von andern Sachen seynd zu Siena zu sehen 1. das Collegium, so sie la Sapienza oder Sapientiam nennen / welches von Andrea Galerano, einem hiesigen Bürger / seinen Anfang genommen / in welchem etlichen gewissen Personen / ausser der Schlaff-Kammer / Brod / Wein / Fleisch / und Zugemüß dergestalt gereicht werden / daß man auf vier Jahr lang siebenzig Geld-Cronen bezahlet. Wenn ein Fast-Tag ist / so gibt man nur Zugemüß. Und werden da allerhand Nationen / als Welsche / Hispanier / Teutsche / rc. angenommen; wie Schraderus und C. Ens schreiben. In dem Cöllnischen Reiß-Büchlein stehet / daß die gute Kunst in diesem Collegio gelehrt werden; es sey aber kein heßlicherer Orth in Italia, als dieser; darbey der Marstall strackslige / und also der Roßmist solches Collegium ziere.

2. Das Schloß / oder die Vestung der Stadt / so in das gevierdte erbauet / davon die Eck herfür gehen / ist schön / und mit allerhand Kriegs-Nothdurfft wol versehen / so die Stadt im Zaum hält / wiewohl sie der Zeit wenig ansahen kan / daher auch wenig Soldaten in derselben seynd. Die hohen Thürn / deren da sehr viel / und in unterschiedlicher Bürger Häuser gewesen / seynd sehr geringert / und die noch übrig / abgetragen.

3. Das Rath-Hauß / oder il Palazzo della Signoria, darinn die IX. Herren / welche die Herrschafft allda repræsentiren / wohnen. Es ist daselbst ein stattlicher und grosser Globus Geometricus, und ein Zimmer mit Römisch- und Senensischen Historien gezieret / wie Schraderus lib. 1. fol. 92. b. meldet / zu sehen. Daran ist ein hoher Thurn / auf den man / wie abermals Schraderus, und C. Ens schreiben / 218. Staffeln biß zu den Glocken / und hernach noch 50. biß zu oberst zu steigen hat; davon nicht allein in die Stadt / sondern auch auffs Land / und das Gebürg herum / ein schöner Prospect, und unten daran ein sehr schöne Capell / und gegen über / auf einer Porphyr-Säul / ein ährines und vergüldtes Bild ist / wie die Wölffin den Romulum und Remum saugen läst / so in der Dianæ Tempel gestanden seyn solle.

4. Der Piccolomini Palast / so Pabst Pius II. in der Romaner-Gassen / von Quaterstücken / sehr prächtig erbauet hat / dabey auch ein schöner Schwibbogen. Besihe was Pflaumerus von der Cerretaner Hauß / (so vom Erdbiden zerschüttet / aber die Wand wieder an den alten Orth gesetzt / und doch ein Klufft oder Spalt gelassen worden /) Item / von einem Schwibbogen / (so an einem Eck des Marckts ist / keine Säulen hat / und gleichsam in der Lufft hanget /) dem obgemeldten Roccabruna, und andern / pag. 170. seq. schreibet. Man findet auch in einem Reiß-Buch / daß in des Herrn Pali Behausung etliche schöne Sachen zu sehen seyn sollen.

Die Lufft ist allhie rein / und sonderlich Sommers-Zeit gar gut allhie zu leben: aber weil solche gar subtil / so hat man sich vorzusehen / daß man nicht mit blossem Leibe gehe / denn sie einen Menschen gewaltig durchgehet. Es gibt allhie sinnreiche Leute; wie dann Leander und Pflaumerus etliche unterschiedliche und vortreffliche / so von hier bürtig gewesen / erzehlen / darunter auch Æneas Sylvius, Marianus Socinus, Franciscus Patricius und Piccolomineus, wie auch Johan. Columbinus, Alexander III. Pius III. Alexander VII. seynd. Hat auch schöne Weibes-Personen / und seynd die Inwohner insgemein gegen die Frembden sehr freundlich / wird auch das beste Italiänisch allhier geredt.

Den Christlichen Glauben hat da am ersten Ansanus, des Tranquilli Romani Sohn / geprediget / so auch deßwegen sein Leben beym Wasser Arbia, so bey der Stadt vorüber fleust / hat lassen müssen / allda ihm zu Ehren hernach eine Kirch ist erbauet worden. Anno Christi 1423. ist allhie von Martino V. ein Concilium gehalten worden / darauff beschlossen / daß des Wicleffi vor 40. Jahren verstorbenen Beine wieder außgegraben und verbrandt würden. Vid. Hoffmann. Lexic. Univers. t. 2. p. 336.

Diese Stadt hat sich lange Zeit in der Freyheit / doch unter den Teutschen Käisern erhalten / und den Florentinern widersetzt / biß sie endlich Anno 1555. durch Hunger und langwirige Belägerung bezwungen / sich an Spanien und Florentz den 21. Aprilis ergeben / und Anno 1557. im Meyen diese Stadt und deren Gebiet / (ausser Orbitello und Porto d' Hercule) von den Spaniern dem Hertzog Cosmo von Florentz cediret worden ist. Besihe von besagter Belägerung Blasium de Montluc in seinem Commentar. lib. 3. da er auch die Capitulation mit dem Hertzog Cosmo Medicæo am Ende / und wie tapffer sich die Adeliche und andere Weiber allhie gehalten / pag. 444. seqq. setzet / auch die Hungers-Noth pag. 477. und daß er / als Frantzösischer Gubernator allhier / bey die vier tausend / und vier hundert Personen deßwegen aus der Stadt getrieben / davon wol zwey Theil geblieben; wie auch die Teutsche Guarnison / so ihm zu viel gessen / mit List hinaus gebracht / deren die meisten auff dem Wege umbkommen / wie er selbst pag. 463. bekennet / beschreibet / und am 642. Blat saget: Ce sont des loix de la guerre, il faut estre cruel bien souvent, pour venir à bout de son ennemy &c. Diß seynd die Kriegs-Rechte: Man müsse offt Grausamkeit üben / damit man mit seinem Feind an ein Orth komme. Georg. Hieron. Marstaller bekräfftiget solches part. 1. dissert. de divitiis cap. 3. pag. 30. mit folgenden Worten: Senenses obsessi à Florentino Duce Anno Christi 1555. cum Annona deficeret, 4400. homines ad militiam ineptos urbe ejecerunt, qui omnes, exceptis elegan-

elegantioribus fœminis fame perierunt. Von gedachter Zeit an hat sich Siena unter dem Groß-Hertzog befunden / der allhie einen Stadthalter hält / sonsten aber der Stadt noch einen Schein der Freyheit lässet; indem die Signoria oder Herrschafft von neun Bürgern bestehet; welche / ob sie wol fast nichts zu verrichten / doch einen rothen Talar und Hut tragen / und wann sie außgehen / stattlich bekleidet werden / vor welchen die Musici und Stadt-Diener mit zwiefärbigen Mänteln / nemblich grün und blau / hergehen / deren ein jeder ein gar grossen silbern Scepter hat. Man trägt auch vorher zwey seidene Fahnen / und wird auf des Palatii Thurn die grosse Glocke geleutet; solches Amt währet zwey Monat. Daß also an der äusserlichen Herrligkeit und an den Kleidern nichts ist verändert worden.

Diese Stadt träget der Groß-Hertzog vom König in Hispanien zu Lehen / weil sich solche / ehe sie obgedachter Cosmus de Medici in seine Gewalt gebracht / unter den Spanischen Schutz begeben hatte. Und schreibet Antonius Perez, der Spanische Secretarius in seinen Relationibus pag. 40. 41. daß gemeldter Cosmus und seine Söhne Franciscus und Ferdinandus, so einander succediret / ein jeder allwege dem König zehen tausend Ducaten / und also auff dreymal dreyssig tausend geben haben.

Soncino.

Ligt zwischen Milano und Brescia, an der ordinari-Strassen / ist ein schönes und wolerbautes Städtlein / mit einem sehr alten doch vesten Castell / volckreich und wohl bewohnt / hat den Titul eines Marggraffthums / und gehöret zu dem Hertzogthum Meyland. Allhie ist der grausame Tyrann Ezzelius von Padua an einer tödtlichen Wunden / welche er kriend in der Schlacht bey Cassano empfangen / in dem siebentzigsten Jahr seines Alters gestorben / dann er die Wunden aus Desperation nicht hat verbinden / noch sich wollen curiren lassen.

Soriano.

Ist ein feines / in dem Patrimonio S. Petri gelegenes Städtlein / dem Pabst gehörig / ligt auff der Seiten / ausser dem ordinari-Weg / von Florentz nach Rom / zwischen der Stadt Viterbo und Ronciglion, auf einem Berg / hat ein sehr vestes Schloß / welches von des Britoni Soldaten in sechtzig Jahren niemals hat können erobert werden.

Spoleto.

Es gedencken dieses Spoleti Livius, Paterculus, Strabo, Plinius und viel andere mehr. Die Innwohner werden von besagtem Plinio Spoletini genannt. Paulus Diaconus libr. 2. rerum Longobard. cap. 16. lib. 4. cap. 17. 52. & 53. lib. 5. cap. 16. & lib. 6. cap. 55. seq. heisset sie Spoletum, und Spoletanos. Sie ligt zum Theil auf einem Hügel oder Berg / und zum Theil in einer Ebne / im Umbria, gehöret dem Pabst / und ist der Hertzogliche Sitz / des Hertzogthumbs gleiches Namens. Man steigt hart hinauff und gäh herab. Ist sonsten ein gar grosse Stadt / mit alten / aber starcken Mauren umbgeben / auch volckreich / vermöglich und wol erbauet / hat ein sehr vestes und gewaltiges starckes Schloß / wie auch einen stattlichen Wein-Korn- und Oel-Bau / samt andern mehr Früchten / welche das Land in grossem Uberfluß gibt; Es seynd auch allhie etliche schöne Brunnen von gutem Wasser / sonderlich auf dem Marckt; und gehet man in besagtes Schloß / über eine ziegelsteinerne Brücken / von 24. Säulen unterstützet / welches allwegen des Pabstes nahe Befreundten zu verwahren haben / wie Schraderus meldet; der auch die schöne unser Frauen Kirchen am 266. b. Blat / beschreibet; und gibt es auch sonsten feine Kirchen / und viel Thürne da; wie sie dann gar sichtbar liget / ob sie wohl allenthalben von ferne mit dem Berg Apennino umbgeben ist. Und weil sie zu der Römer Zeiten / und auch hernach unter den Longobarden / wegen des hertzoglichen Sitzes allhie / sehr vornehm gewesen / (inmassen dann das Land Umbria nach ihr das Hertzogthumb di Spoleto genannt worden /) so seynd daher noch etliche Antiquitäten / sonderlich ein Amphitheatrum zu sehen / von welchem Pflaumerus zu lesen ist. Von hinnen sind 12. Meilen nach Terni, und 18. nach der schönen Stadt Foligno.

Sorrento, Surrentum.

Ist eine alte wolbekannte Stadt gewesen / deren Ennius, Diodorus, Strabo, Mela, Plinius, Tacitus, Suetonius, Ptolomæus, Dion und andere gedencken / ligt an dem Campanischen Gestade unter dem Joch des Berges Lactarii, soll von den Sirenen den Namen haben / davon Statii Verß beym Joh. Jac. Hoffmann. Lexic. Univers. Tom. 2. pag. 400. zu lesen. Die Hügel bey dieser Stadt seynd des köstlichen Weins halber sehr berühmt gewesen / vid. Strabo libr. 5. Plinius libr. 14. cap. 6. und andere Autores beym jetztgenannten Hoffmann, l. c.

Sybaris.

War vorzeiten eine mächtige Stadt / an dem Fluß dieses Namens / in Calabria gelegen / von den Achivis im Jahr nach Erbauung der Stadt Rom 45. erbauet / hatte unter ihrem Gebiet 25. Städte / und 4. umligende Völcker; hat auch zu einer Zeit 300. tausend Mann wider die Crotoniaten gewaffnet / wie Strabo lib. 6. schreibet. Ist folgends Thurium, Thurii und Thonæ und Copiæ genannt worden; soll wegen ihres Uberflusses und Weichheit / die von den Scribenten hin und wieder gescholten wird / und daß sie Menschen mehr als Gott gefürchtet / zerstöret worden seyn. Vid. Ælianus var. histor. lib. 1. cap. 19. Reiner. Reinecc. histor. Juliæ part. 2. tyrann. 3. und andere Autores beym Johan. Jac. Hoffmann. Lexic. Univers. tom. 2. pag. 401. Heutiges Tages sihet man schier keine Wahrzeichen mehr davon.

Syracusa.

Eine Stadt in Sicilia, ist vorzeiten schön / herrlich / groß / reich / wolerbaut und mächtig gewesen / welche vor und ehe Sicilia den Römern unterwürffig worden / Königl. Gewalt / und die Herrschafft über gantz Sicilien gehabt hat / war mit dreyen Mauren umbgeben / und in vier Städte getheilet / hatte auch 2. gute Meer-Haven / die machten eine Insul / und die Stadt war darinn. Dieser Orth ist auch noch der Zeit berühmt / und in herrlichem Wesen / hat ein trefflich Schloß / darinnen die Tyrannen vorzeiten ihre Schätze gesamlet haben.

haben. Im Jahr 3070. war diese Stadt durch ein Erdbeben so sehr erschüttert / daß viel Gebäu daselbst übern hauffen geworffen wurden / insonderheit fiel eine Kirche unter der Meß darnider / und erschlug gar nahe alle Menschen die darinn waren. Im Anfang des Meyen ist eine grosse Jahrmeß allhie / und kommen trefflich viel frembde Kauff-Leute dahin.

Dieses Syracusa hat jederzeit vortreffliche Regenten gehabt / und sind insonderheit sehr berühmt die beyde Tyrannen / so Dionysius geheissen / und nach einander die Stadt regiert haben. Dionysius der älter als er einsmals sahe / daß Dionysius der jünger / einen grossen Schatz von Silber und Gold bey einander hatte / soll er überlaut geschrien haben; O Sohn / es ist kein königlich Gemüth in dir / weil du so viel güldener Trinckgeschirr und köstlicher Kleynodien bey einander hast / und hast dir keinen Freund damit gemacht. Dionysius, der jüngere / hat nach seinem Vatter regiert / und ist ein grosser Tyrann gewesen / denn er ließ seine Brüder tödten / und alle / da er einen Argwohn auff hatte / als solten sie ihm nach dem Reich stellen / hinrichten. Und weil er von jederman / umb seiner Tyranney willen / gehasset war / lehrete er seine Töchter den Bart scheren / dann er dorffte sich den Bartscherern nicht vertrauen / sie möchten ihm die Kählen abgestochen haben / darumb musten ihm seine Töchter den Bart scheren. Und als seine Töchter groß wurden / und sich verheyrahteten / brandte er ihm den Bart selbst mit glüenden Kohlen ab.

Es war bey ihm ein grosser Schmeichler / Namens Damocles, der schätzet ihn seelig / seines grossen Reichthumbs halben. Darauff fragte ihn König Dionysius, ob er auch gern glückselig zu seyn begehret? Damocles sagte / Ja: Da setzet ihn Dionysius auff einen güldenen Stuhl / bekleidet ihn mit Gold und Purpur / und ließ ihm die allerbeiste Speisen fürtragen / und stellte hübsche Knaben für den Tisch / die ihm dienen musten. Und als Damocles auf dem frölichsten war / und sich sehr glückselig achtet / da ließ ihm Dionysius an einem Pferds-Haar / ein bloß Schwerdt über den Kopff hängen / da erschrack Damocles sehr hart / er sahe stäts das Schwerdt an / und besorget / das Pferd-Haar möchte brechen / und ihm das Schwerdt auff den Kopff fallen. Derwegen vergieng ihm die Lust zu essen und zu trincken / und bath den König / daß er ihn wolt lassen hinweg gehen / er begehrte der Glückseligkeit und Freude nicht mehr. König Dionysius antwortet / ob er wol ein König wäre / und grossen Reichthum hätte / so müste er doch gleichwol alle Tage in gleichem Sorgen Leibs und Lebens stehen / darum soll er ihn nicht mehr mit Schmeichel-Worten für glückselig schätzen. Und zuletzt als dieser Dionysius / umb seiner Tyranney willen / von jederman gestrafft / und auffs äusserste gehasset war / ließ er das Reich fahren / und floh heimlich in Italien / und zuletzt kam er in Griechenland / zu der Stadt Corintho, da gieng er mit zurissenen Kleidern in die Kochs- und Huren-Häuser / und zuletzt ward er der jungen Kinder Schulmeister.

Nach diesem Dionysio hat Syracusa ein Zeitlang guten Fried und Ruh gehabt / biß sie Agathocles mit Behändigkeit eingenommen / und sich zum König darinn gemacht. Dieser Agathocles war eines Töpffers Sohn / dieweil er sich aber im Krieg wol hielte / ward er ein Hauptman / und zuletzt ein König in Sicilia, und hatte seine Residentz in der Stadt Syracusa. Und damit er sich stäts seines geringen Herkommens erinnerte / und auch andere zur Tugend reitzen möchte / ließ er ihm das Essen gemeiniglich in güldenen und auch irrdenen Gefässen fürtragen / daß also zugleich güldene und irrdene Gefässe auff seinen Tisch stunden / zur Anzeigung / daß er aus eines Töpffers Sohn ein König worden wäre.

Tarano.

Ligt in der Provintz Abruzzo, zwischen zwey Flüssen / und zwölff Meilen von dem Adriatischen Meer / oder Golfo di Venetia, ist gantz mit Wasser umbgeben / gehört zu dem Königreich Neapolis. Ist eine schöne / grosse / volckreiche und wolerbaute Stadt / ist ein Hertzogthum / und hat einen Bischoff allda.

Tarentum, Tarentus.

Ist eine alte Ertz-Bischöffliche Stadt / und das Haupt in gantz Apulia, welche Provintz heutigs Tags insgemein Terra di Otranto genannt wird / gehört zu dem Königreich Neapoli, ist vorzeiten eine berühmte und mächtige Stadt gewesen / welche Cluverius weitläufftig beschreibet / sonderlich aber Johannes Juvenis acht Bücher von der Antiquität / Glück und Unglück derselben gemacht hat / so in dem zu Franckfurt getruckten Italia illustrata zufinden. Besihe auch Reiner. Reineccium part. 2. histor. Juliæ, R. 8. fol. 563. seqq. und Ubbonem Emmium Frisium tom. 1. vet. Græciæ lib. 8. pag. 175. Sie hat / wie Capua, und Sybaris, in grossen Wollüsten gelebt; und ist von hier Archytas bürtig gewesen / von dem besagter Juvenis lib. 3. cap. 2. zu lesen. Hat einen Ertz-Bischoff / und wird S. Cathaldus allda verehret / von welchem Bzovius in Annal. ad Annum 1492. num. 57. Alexand. ab Alexandr. libr. 3. cap. 15. und Besoldus de Regibus Siciliæ & Neapol. pag. 1144. seqq. zu lesen.

Der Meerhaven / oder Port / hat dreyssig welscher Meilen im Umbkreiß; ist aber jetzt bey seinem Eingang mit grossen Steinen vermacht / daß man nur mit kleinen Schiffen dahin fahren kan; und ist auch die Stadt selbsten heutigs Tags gar schlecht / wie besagter Ubbo Emmius sie mit mehrerm d. l. pag. 177. beschreibet. Wann man aus solchem Port / in welchen fast zumittelst der Fluß Galæsus, oder Galesus, fället / kommt / so fänget sich der Tarantinische Golfo an / zwischen welchen beyden sie / die Stadt / liget / und ist zu äusserst daran ein Schloß / oder Vestung / rings umb mit Meer-Wasser umbgeben. Vid. Johan. Jacob. Hoffmann. Lexic. Univers. p. 417. tom. 2.

Terani, Terni.

Lateinisch Interamna, und Ternium, deren Innwohner vom Plinio Interamnates Nartes, zum Unterscheid der Interamnatium Lirinatium, genannt werden / welche letzte Stadt Interamna am Fluß Liri, oder Garigliano, so die Gräntze des neuen Latii ist / gelegen gewesen / 7. Meil / wie Schraderus und C. Ens es rechnen: wiewol andere von Narni hieher zwölff Meilen setzen. Dieses Terni ist eine alte / doch feine und wolerbaute Stadt / dem Pabst gehörig / in Umbria oder dem Hertzogthum Spoleto, ligt in der Ebene / zwischen unterschiedlichen Aermen / oder Strömen des Flusses Nera, oder Naris, deren sich die Bürger zu den Gärten / und den Mühlen / gebrauchen / daher auch der Lateinische Nam kommen ist. Sie soll 673. Jahr vor Christi Geburt seyn erbauet worden: hat hernach das

Bürger-

Bürgerrecht zu Rom bekommen. Ist fast allenthalben mit Bergen umbgeben / allein vom Abend stehet sie offen; und ist von Narni hieher mehrertheils schön / fruchtbar / eben Land / allda die Weinstöck / wie in der Lombardi / zwischen den Äcker gesetzt / und an die Bäum auffgebunden; ingleichem gantze Wäldlein mit Oelbäumen gefunden werden: Insonderheit aber werden die grosse Rüben da gelobt. Und meldet Pighius in seinem Hercule prodicio am 275. Blat / daß er Rüben zu Terni gesehen / deren eine mehr als 30. Pfund gewogen habe. Schraderus schreibet lib. 3. monument. Ital. fol. 266. b. von mehr als 40. Pfunden / und sind / nach Aussag der Innwohner so schwer / daß ein Esel derselben kaum sieben tragen könne.

Terracina.

Es gedencken dieses Orths Cæsar, Cicero, Livius, Plinius und andere mehr; und seynd deren Innwohner Terracinenses genannt worden. Ihr alter Nam aber / mit welchem sie von den Volscis als alten Besitzern derselben / ist benennet worden / war Anxur; wie Plinius lib. 3. cap. 5. bezeuget. Vid. Volaterranum libr. 6. fol. 62. Sie ward auch Trachina genannt / welcher / wie auch der jetzige Nam / von der Rauhe des Orts herkommt / auf welchen sie erbauet gewesen / nemlich auf einer felsichten und gähen Spitzen eines weissen Berges / auf deme man noch der Zeit grosse Rudera eines alten Gebäues in die gevierte auffgeführet / siehet / so die meisten vor ein Theatrum halten. Es erscheinet gleichwol aus dem Livio lib. 4. cap. 59. daß ein Theil der Stadt schon vorzeiten unter dem Berge gelegen gewesen / wo die jetzige Stadt gesehen wird. Besihe hievon Cluverium lib. 3. Antiq. Italiæ cap. 7. welcher auch von andern Orthen hierumb handelt.

Es ist diß keine grosse / aber volckreiche Stadt / so auf einem hohen Hügel / oder vielmehr felsichtem Vorgebürge / beym Meer gelegen / auf der ordinari-Strassen via Appia zwischen Rom und Neapoli, und 10. Meilen von Fondi. Das Land gegen dem Meer ist fruchtbar und sehr lustig / und werden hin und wieder schöne Palatia und Lustgärten gesehen. Man findet auch allhie allerhand Rudera und Anzeigungen von Antiquitäten / davon Pighius in Hercule prodicio zu lesen; besihe auch was Villamont p. m. 67. von einem sonderbahren Thurn / der gegen dem Meer stehet; wie auch von dem Wachthurn / den Pabst Gregorius XIII. hat erbauen lassen / und einem alten Colosso auf einem Berge schreibet. Beym C. Ens, Henznero, wie auch beym Pflaumero ist zu sehen / wie an einer glatten / steinern / hohen Wand unterschiedliche Verß eingehauen / da der Buchstaben Grösse allgemach abnimmet / welches aber die / so herunten stehen / nicht wahrnehmen. Von diesem Vorgebürge ziehen sich die Berge einwarts / und umbgeben wie ein Theatrum, die Ebene / so theils mit grünen Bäumen besetzt; theils aber das Meer-Wasser hat. Dieser Orth ist ehemaln eine Römische Colonia gewesen / gehöret der Zeit dem Pabst.

Nicht weit von hier / Pflaumerus sagt 3. Meil / kömt man in das Neapolitanische Gebiet / da bey der Gräntze folgende Wort gelesen werden: Hospes, hic sunt fines regni Neapolitani. Si amicus advenis, pacatè omnia invenies; & malis moribus pulsis bonas leges. Nath. Chytræus in seinen deliciis liset also: Philippo II. Catholico regnante, Peraf. Alcalæ Dux prorege. Hospes, hic sunt fines regni Neapolitani. Si amicus advenetis, pacata invenies omnia; & malis moribus pulsis &c. M. D. LXVIII. Die Cöllnische aber sagen / daß in einem Marmorstein daselbst diese Worte stehen: Hospes, hic limites regni Neapolitani; si amicus advenis, parata omnia invenies, & cum bonis legibus bonos mores.

Tivoli.

Ligt in des Pabsts Landen am Fluß Teverone oder Aniene auf einem hohen Hügel / 16. Meilen von Rom und gehöret dem Pabst. Ist der Alten Tibur, dessen Varro, Virgilius, Ovidius, Livius, Horatius und andere gedencken. Die Innwohner werden Tiburtes und Tiburtini genannt. War vorzeiten sehr berühmt und mächtig / darinne sonderlich des Herculis Tempel beruffen gewesen. Sie ward von den Teutschen ruinirt / und vom Käiser Friderico Barbarossa wieder restaurirt. Besihe von ihr Leandrum und Schraderum.

Es gibt allda ein trefflich Wasserwerck / und hat herrlich gute Lufft. Sonderlich seynd wol zu sehen die kostbare Gärten / die der Cardinal von Ferrara Hippolitus, Atestinus samt einem ansehnlichen Palast auf einem Hügel hat zurichten lassen / so vor diesem unter die schönste in der gantzen Welt gerechnet worden; besagter Palast ist auch mit alten Statuis / Gemählden und Königlichen Haußrath gantz prächtig gezieret gewesen / wie hievon beym Schoto, Villamontio und Henznero zu lesen; daselbst auch von andern Antiquitäten und dem wunderlichen Absall des Flusses Teverone oder Anienis etwas zu finden ist. Heutiges Tages soll so wol der Garten als Palast / bey weitem nicht mehr so ansehnlich seyn / sondern weil man den vorigen Fleiß und Unkosten nicht anwendet / gar sehr ins Abnehmen gerathen. Vid. Itinerar. Colon. pag. 199. Leander Alberti Nella Camp. di Roma p. 148. b. meldet / daß nahend der Strassen die von Tivoli nach Rom gehet / man an etlichen Orthen weisse Steinlein finde / so wie Zucker-Confect / als überzogene Corianderr / Mandel / Aniß / Zimmet / und anders dergleichen außsehen; welche dem rechten Confect so gleich seynd / daß er nicht glaube / daß eine Person gefunden werden solte / so witzig sie auch seye / die / dieser Sach unwissend / dadurch nicht solte betrogen werden; daher diese Steine i Confetti di Tivoli genannt werden.

Tolentinum, Tolentino.

Ist eine alte und dem Pabst gehörige Stadt / an den Gräntzen der Marca di Ancona 10. Meil von Macerata und 35. Meil von Foligno. Die Stadt ist der Zeit nicht groß / war vor Alters eine Römische Colonia und Municipium. Plinius nennet die Innwohner Tollentinates lib. 3. cap. 13. Sie ligt nahend dem Fluß Chiento, den Cluverius Cluentum heisset / lib. 2. Antiq. Ital. cap. 11. auf einem Hügel / und allbereit in Piceno, oder in der Landschafft / so heutigs Tags Marca Anconitana genannt wird.

Allhie ist sonderlich S. Nicolai Kirchen zu sehen. Und ist Franciscus Philelphus, der gelehrte Mann / von hinnen bürtig gewesen. Obbesagter Fluß Chientum rinnet krumm / über welchen es im Thal hin unter viel Brücken hat: welches Thal zwischen hohen Bergen ligt; gegen der Stadt zu aber sich das Gebürg wieder auffthut / und es viel Hügel / so wol erbauet seynd / gibet.

TIVOLI.

A. Templum
B. Lapsus
A

Tortano.

X. oder 12. Meil von Voghiera. Diese Stadt/ so zum Hertzogthum Meiland gehörig/ hat vorzeiten Dertona geheissen/ deren Paterculus, Strabo, Plinius, Ptolomæus, und andere/ gedencken. Ligt in Liguria/wiewol sie zu der Lombardia gerechnet wird. Ist ein feiner/ziemlich grosser/ und wegen des in der Höhe ligenden Castels/ vester Ort/ in welchem der König in Spanien auch eine Guardi seiner Nation ligen hat. Ist vorzeiten berühmt gewesen/wie dann noch Antiquitäten allhie gesehen werden/ nemlich/ Rudera von den Gräbern/neben der Strassen/ so die Alten posthumiam viam genannt haben/die von Genua nach Placentz/ und Verona gienge. Schraderus lib. 4. monum.Ital. p.390. seq.schreibet/ daß der Boden herumb gut und fruchtbar seye/ und daß in der Haupt-Kirchen zu S. Apolonia, der H.Marcianus, der Bischoff und Märtyrer begraben lige/ der auch ein schönes Epitaphium eines Niderländers/Cornelius Gonginius genannt/bey S.Dominico setzet. Vid.Güntherus in Ligurino lib.2.& 3. Ist Anno 1173. auf Käisers Friderici Barbarossæ Befehl zerstöret worden.

Trento, oder Trident.

Dieses ist eine alte/doch schöne und grosse wol erbaute Stadt/ an den Gräntzen der Treviser Marckt in einen Thal an der Etsch/ die Plinius und Strabo in der zehenden Landschaft Italiæ setzē/soll von den Gallis erbauet seyn/ wie Trogus berichtet/ hat den Nahmen entweder von dreyen Bächen/ so von den Bergen hier in die Etsch fallen/ oder von dreyer Bergen Spitzen/ die nicht weit von hier seyn; oder aber von des Neptuni dreyspitzigen Gabel/ denn der soll die Stadt gebauet haben/wie dessen Bild auf einem alten Stein in der Kirchen S. Vigilii bezeugt. Theodoricus der Ostrogothen König hat die Stadt mit Mauren umbgeben/ so von gantzen Quadersteinen aufgeführet ist. Vid. Hoffmann.Lex.univers. tom.2. p.489.

Die Stadt hat schöne und breite gepflasterte Gassen/und ist mit guten Mauren umbgeben/hat auch feine Häuser/ und insonderheit ein schönes und grosses Bischöffliches Palatium, welches zum Schutz der Stadt mit Wällen und Bollwercken umbgeben ist.

Das Land um die Stadt ist klein/ aber sehr lustig und fruchtbar an Wein und guten Baum-Früchten/aber Getreid gibt es sehr wenig. Die Einwohner reden Italiänisch und Teutsch.

Dieses Trident ist auch eine Retirada der in Welschland sich aufhaltenden Teutschen/und ein Flucht-haus oder Freyung der Italiäner/ wann ihnen einiges Unglück begegnet/ daß sie müssen flüchtig werden. Zur Sommerszeit hat/es allhie gute gesunde Lufft/und ist die Sonn in den Hundstagen so schrecklich heiß/ daß es nicht zu erdulden; hingegen des Winters wegen vielen Schnee und Eises ist es so kalt / daß man sich nicht gnug vor der Kälte verwahren kan/ dann die Stadt ist mit so sehr hohen Schneebergen umgeben/ daß deren Höhe biß an die Wolcken zureichen scheinet. Diesen Ort macht sonderlich berühmt das Concilium, so Pabst Paulus III. allhie zusammen beruffen/welches im Jahr 1545. am 7. Januar. angefangen/ ist aber hernach nach Bononien transferirt worden.

Anno 1551. hat es Pabst Julius III. allhier wieder von neuen angefangen.

Anno 1552. hat sie Mauritius, Chur-Fürst von Sachsen verstöret.

Anno 1563. hat es sich unter Pabst Pio IV. geendet: dabey haben sich eingefunden sieben Cardinäle/ drey Patriarchen/ zwey und dreissig Ertz-Bischöffe/ zwey hundert und dreyssig Bischöffe/sieben Aebte/sieben Generäle von Ordens-Leuthen/ hundert sechs und viertzig Theologi, neben Käiser-König-Chur- und Fürstlichen Gesandten. Wie es bey demselbigen zugegangen/ hat Petrus Suavis ausführlich beschrieben. Es hat aber Andreas Dudithius, Bischoff zu Fünf-Kirchen von diesem Concilio in der Epistel an Maximilianum II. recht geschrieben:

Episcopos larvas, non homines, sed simulacra, quæ nervis moverentur alienis, & Dædali statuas, fuisse.

Unter den Kirchen ist sonderlich zu sehen die Bischöffliche und Haupt-Kirch/ zu S. Vigilio, die mit einem stattlichen Dom-Capitel von Adels- und Gelehrten Personen/ die den Bischoff zu erwehlen Macht haben/ versehen ist.

Nach dieser Haupt-Kirche folget die zu St. Peter/ darinnen das unschuldige Kindlein/ Simon genannt/gewiesen wird/ welches allhie im Jahr 1475. den 23. Martii am grünen Donnerstag von den gottlosen Juden erschrecklich gemartert und umbgebracht worden.

In der Kirchen zu S. Maria maggior ist eine gewaltige/ grosse/ von 24. Registern und mit weissem und rothem Marmor gezierte Orgel zu sehen. Dieser Bischoff ist ein Fürst des Römischen Reichs.

Treviso.

Ist eine sehr alte Venedische Stadt und das Haupt der Marca, so von der Stadt gleichen Nahmen hat/ und wird die gantze Provintz la Marca di Treviso genannt. Ist vorzeiten sehr berühmt und mächtig gewesen/ und hat mit den Longobardern lange Krieg geführt/ welche endlich den Ort ihnen unterwürffig gemacht/ und einen Marggräfflichen Sitz allhie angerichtet haben.

Ihr Gebiet erstreckt sich in die Länge von Orient gegen Occident viertzig Meil/ und in die Breite von Mittag gegen Mitternacht fünfzig. Hat vor alters viel Herren gehabt/ biß sie endlich Anno 1388. unter die Herrschafft Venedig kommen ist/ deren sie noch gehörig.

Es sind auch schöne und herrlich erbaute Palatia allhier zu sehen. Das Land da herumb ist sehr gut/ und gibt an allem einen Uberfluß. Dieser Ort ist sehr vest/ und eine der besten Vestungen/ so die Venetianer in Italia haben. Die Fremde und Reisende müssen allhier unter den Thoren ihr Gewehr von sich geben.

Trezzo.

Ein Castell oder vestes Städtlein/ nicht groß/ aber ein feiner und lustiger Ort/ligt im Meyländischen Gebiet/an dem Fluß Adda, über welchen eine künstlich erbaute Brücken ist. Dieses Castell ligt zwischen Bergamo und Meyland.

Tropia.

Ist ein schöne und volckreiche Stadt/in dem Königreich Neapoli, und untern Calabria gelegen/ nicht weit von vom Tyrrhenischen Meer/ ist ein sehr vester Ort/ so hoch auf einem Felsen ligt/ und insonderheit wegen der guten Baumwollinen Tücher berühmt/ welche allhie in grosser Menge gemacht und an andere Oerter verführet werden.

Turino, Taurinum.

Dieses ist die Haupt-Stadt in Piedmont, und des Herzogs von Savoyen Residenz / ligt in einer schönen Ebne / nahend dem Gebürge: ist eine über alle massen schöne / grosse / in das gevierdte wol gebaute Stadt / und eine Zierde des gantzen Piedmonts, hat 4. Thor / und ist wol befestiget; das Land herum ist fruchtbar und gut / daher alles was der Mensch bedörfftig / in einem so wohlfeylen Preiß / als irgends an einem Orth Italiæ zu bekommen; Vid. Leander Alberti, Villamont, lib. 1. Itinerar. cap. 3. Gölnizz. in Itinerar. Belg. Gall. p. m. 670. zur Rechten bey der Stadt ligt auch eine schöne und zierliche Citadell.

Uber diß ist auch allhie eine berühmte hohe Schul / bey welcher Erasmus Roterodamus der H. Schrifft Doctor worden. Auch soll allhie die erste Buch-Truckerey in Italia gewesen seyn.

Unter allen Kirchen / deren an der Zahl bey 20. ohne die Spitäl / ist insonderheit die Ertz-Bischoffliche Haupt-Kirche zu S. Joan Battista genannt / darinn alle Jahr das Schweiß-Tuch / so unser HErr Christus im Grab soll umb gehabt haben / dem Volck mit sonderlichen Ceremonien gewiesen wird. Vorzeiten ist allhie S. Maximus Bischoff gewesen.

Nahend dabey ist der Ertz-Bischöffliche Hoff.

Aus den weltlichen Gebäuen ist insonderheit des Herzogs prächtiger und künstlicher Palast am grossen Platz zu sehen / ligt an einem lustigen und schönen Orth / worinn der Herzog ordinari Hoff hält; die Zimmer seynd mit Gold / Silber / Sammet / und Seiden dermassen gezieret / daß man sich höchlich darüber verwundern muß. Der Herzog hält eine Compagni Schweizer zu seiner Leib-Guardi. Ausser dem sind in der Stadt auch sonst viel schöne und neue Paläst / und unter denselben des Cardinals; sowol auch des Herzogs Marstall zu sehen.

Der Herzog Carolus Emanuel hat vor der Stadt etwan eine welsche Meile / einen schönen Thier-Garten zurichten lassen / der auf 5. oder 6. Meil im Begriff hat / und mit den Wassern Pò, Doira und Seura gantz umgeben / auch voll kleiner Weyer / Brünn / Wäldlein und allerhand Wildpret und Thier; Item Straussen und anderer Vögel: zu dem wachsen allda herrliche Früchte und guter Wein. Sonst ist auch ein schöner Garten vor der Stadt / Millefiori genannt: Item / ein sehr schöne Gegend von Weilern / Lust-Häusern und Gärten umb die gantze Stadt / sonderlich der Berg auf eine viertel Meil davon an dem Pò gelegen. Es gibt auch in der Stadt eine grosse Anzahl Juden / welche dem Herzoge jährlich ein grosses einbringen. Wie Livius lib. 21. c. 39. schreibet / hat Hannibal der Carthaginenser Obrist vorzeiten diese Stadt erobert: folgends ist sie der Longobardischen Herzogen Residenz gewesen. Hernach kam sie an Käiser Carl den Grossen / Item an die Italiänische Könige und Teutsche Käiser; von denselben aber an die Marggraffen von Montferrat, und die Herzoge von Savoya; welche letzte sie biß ins Jahr 1536. behalten; da sie vom Könige Francisco I. in Franckreich eingenommen worden / und bey solcher Cron viel Jahr lang geblieben / biß sie durch Vertrag dem Herzogen von Savoya wieder zukommen ist.

Dieser Herzog soll aus den Italiälischen Landen auf 2. Millionen Goldes Einkommen haben / und unglaublichen Reichthum besitzen / dannenhero er wenig Italiänischen Fürsten an Macht und Vermögen etwas nachgibt. Er kan schier auf die 100. Meilen von Evian an dem Genfer-See biß nach Nice an dem Mittelländischen Meer gehen. Piemont ist der beste Theil Italiæ, und so volckreich / daß man wol sagen könte / es sey nur ein Stadt von 300. Frantzösischen Meilen im Umkreiß / die mit allem / was die Natur am raresten hat / gezieret ist. Auch ist dieser Herzogliche Stamm nach dem Königlichen Hauß in Franckreich / einer der ältesten.

Tusculum.

Es gedencken dieser Stadt Livius, und andere / welcher Inwohner auch Tusculani seynd genannt worden / wie auch die Hügel auf denen sie gestanden / und darauff der Zeit Frascati ligt / über solchem Städtlein an dem Orth gewest / allda noch heutigs Tags grosse Rudera und Gemäuer gesehen werden. Und ist solch Tusculum von den ersten Latinis, das ist / von den Aboriginibus und Pelasgis fast 300. Jahr vor dem Trojanischen Krieg / als die Siculi aus diesen Orten von ihnen verjagt wurden / erbauet worden. War hernach ein Römisch Municipium, und mit Land-Gütern / dahin sich die grosse Römische Herren begaben / herum erbauet / unter welchen das fürnehmste des Ciceronis gewesen / so insgemein Tusculanum Ciceronis genannt wurde / dessen Lager in dem Thal Albana, sonder Zweiffel an dem Ort / wo jetzt das Kloster Santa Maria di grotta ferrata, an dem Fluß Crabra oder la Murana, als an einem sehr lustigen und wasserreichen Ort gewesen. Schraderus schreibet fol. 105. b. daß in diesem Kloster Münch aus Calabria seynd / so nach der Regel des H. Basilii Leben / und nach Griechischem Gebrauch den Gottesdienst verrichten. Im Garten seynd 3. alte Gräber / davon gemeldter Schrader. zu lesen. Pabst Paulus III. hat mit grossen Unkosten einen ansehnlichen Palast zu Frascati erbaut / dahin er sich / sonderlich Sommers-Zeit / begeben hat: weiln allda die Lufft frisch und gesund / und ruhig zu leben ist. Es hat daselbst auch ein sehr künstliches Wasserwerck / dem Cardinal Aldobrandino, wie man in einer geschriebenen Reiß-Verzeichnuß findet / gehörig / und andere schöne Paläst mehr; daher dieser Ort sonderlich sehens werth ist. Und hat man von hier noch 12. Meilen gen Rom.

Vada, Vadi, Vai, Vè.

Ist ein Flecken der Herrschafft Genua gehörig / hat aber einen herrlichen und berühmten Porto, und hat gemeldte Herrschafft Anno 1619. eine gewaltige Vestung allda in einem Felsen von neuen erbauen lassen. Die Spanische Schiff pflegen / mit Bewilligung dieser Herrschafft / die Soldaten / so nach Italien und Teutschland gebraucht werden / daselbst aus Land zu setzen. Cluverius lib. 1. cap. 9. vermeinet / daß des Plinii Portus Vadum Sabatium, oder Vadorum Sabatiorum lib. 3. cap. 5. eben dieses Vadi; Die Stadt Savona aber Vada, oder Vada Sabatia sey. Ligt 5. Meil von Noli und 5. von Savona.

Vado di Nizza.

Ein Flecken / so dem Herzog von Savoya gehörig / allda sich sein Gebiet und das Land Italia anfähet / welche Gräntze der aus dem Gebürge herab ins Meer sich außgiessende Fluß Varus machet / den man / als ein trübes Wasser / gar eigentlich durchs Meer hinein lauffen sihet. Er entspringet aus

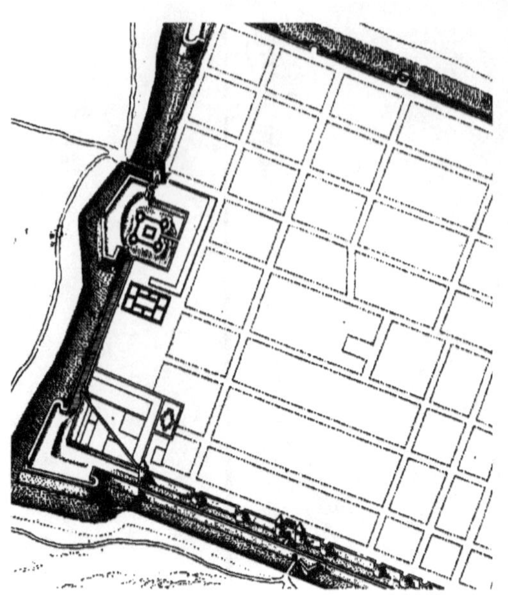

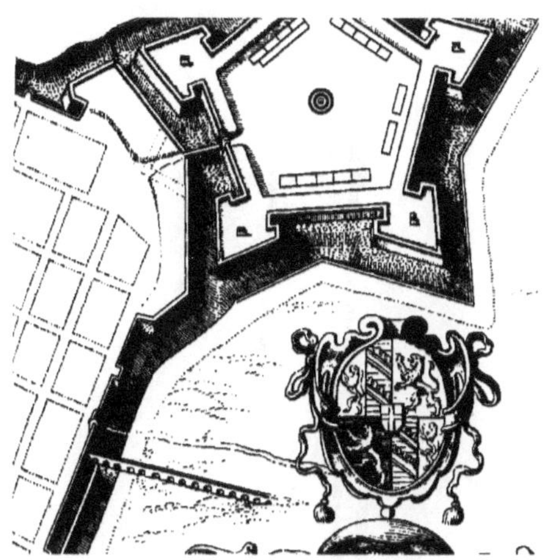

VENETIA.
CANAL DELLA GIVDECA
LA GIVDECA

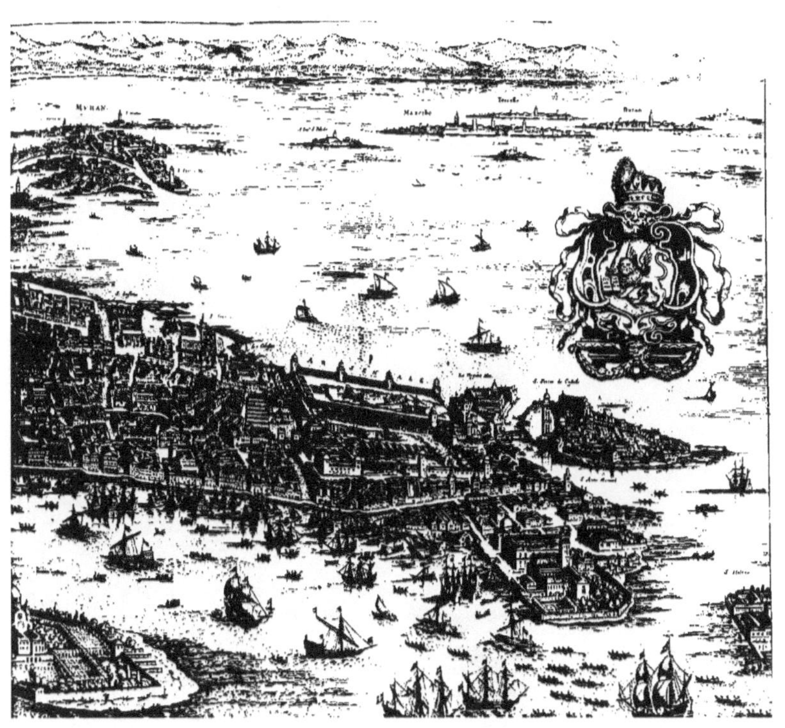
MVRAN

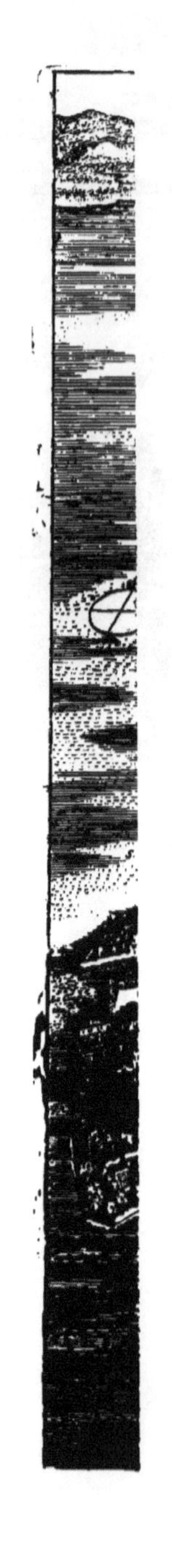

dem Berge Cemeno, und ist den Alten wolbekannt gewesen/ wie beym vielgedachten Cluverio lib. 1. Antiq. Italiæ cap. 2. zu lesen ist. Von hinnen seynd 3. welsche Meil gen Nizza.

Velletri.

Ist eine auf einem Hügel gelegene Stadt / acht Meil von Marino, und zwantzig von Rom / auf der Strassen gegen Neapoli; wird von theils Belitri, Velitri und Belletri, und Lateinisch Velitræ genannt. Ist vorzeiten eine mächtige Stadt der Volscier gewesen / deren Livius, Dionysius, Silius, Suetonius, Dio, und Zonaras gedencken. Es ward folgends eine Römische Colonia dahin geführt; und werden die Innwohner vom Plutarcho Velitrani, vom Suetonio Velitrini, vom Plinio Valerio Maximo, und Livio, Veliterni genannt. Von hier ist des Käisers Augusti Geschlecht nach Rom kommen.

Sie ist noch der Zeit eine ziemlich grosse / wohl bewohnte / und erbaute dem Pabst gehörige Stadt / wiewol von Antiquitäten wenig mehr allda zu sehen.

Das Land herumb ist fruchtbar / und hat man den Wald / der vorhin gar unsicher war / gereiniget / und die Bäume an vielen Orten außgerottet / damit man umb sich sehen kan. Wo die Hügel ihre Endschafft haben / da fangen sehr schöne Felder an: der Wein aber ist heutigs Tags schlecht / und wird gesotten / wie Henznerus in Itiner. Germ. Ital. pag. m. 305. erinnert. Von hinnen kommt man durch den besagten Wald / und darnach über ein lustiges Feld / und sihet gegen dem Meer zur rechten das promontorium, oder Vorgebürg di San Felice, so sonsten Monte Circello, oder Circeo genannt wird.

Venedig.

Dieses ist eine weltberühmte / schöne / grosse und gewaltige Stadt / welche billich eine Zierde der gantzen Christenheit / und ein Wunder der Welt zu nennen; von welcher der berühmte Poet Sannazarius diese Verß gemacht:

> Viderat Adriacis Venetam Neptunus in undis
> Stare urbem, & toto ponere jura mari.
> Nunc mihi Tarpejas quantumvis Juppiter arceis
> Objice, & illa tui mœnia Martis, ait:
> Si Pelago Tybrim præfers, Urbem aspice utramq;
> Illam homines, dices, hanc posuisse Deos.

Es ist deßwegen von der Herrschafft Venedig ansehnlich verehret worden / wie beym Schoto, Grassero und anderen zu lesen. Trajanus Boccalini nennet diese Stadt Asilo de vertuosi, Seggia vera d' una perfetta libertà, antemurale contra i Barbari, focina delle Bibliothece, salle della sapienza humana, gloria della Natione Italiana. Vid. etiam Latherus de censu lib. 1. rit. 1. p. m. 5. Mehrere Lobsprüch derselben hat Nicolaus Reusnerus lib. 2. Italiæ colligirt. Sie ligt / wie Joh. Jac. Grasserus in seiner Italiänischen Schatzkammer redet / im innersten Busen des Hadriatischen Meers / ziemlich weit / nemlich bey einer teutschen Meil von festem Lande abgescheiden / mit einem Damm / und von Natur auffgeworffenen Erdreich / beydes wider der Meer-Wellen / als auch der Feinde Einfallen vom Land / versichert und verwahret. Ist also / wie Hieronymus Megiserus schreibet / ihr Pflaster das Meer / das Dach der Himmel / und die Wände das Ab- und Zulauffen des Wassers / und dahero / ob sie wol weder Mauren noch Thor hat / dennoch unüberwindlich fest.

Der Situs umb Venedig herum ist einem gespannten Armbrust nicht unähnlich: Der Bogen ist das veste Land / so sich eingebogen herumb zeucht; die Sehnen aber das Gestade oder Lido, an welchem etliche offene Oerter / so man Porten nennet / dardurch das Meer täglich seinen An- und Ablauff pflegt zu nehmen / und etliche Flüß in die See-Pfützen sich ergiessen; unter welchen Häven oder Porten die fürnehmste seynd Brundulus, oder Porto Brondolo; Edro, oder Porto di Chioggia; und Meduacus, oder il Porto di Molamocco. Vid Cluver. lib. 1. Antiq. Italiæ cap. 18. Wegen welcher Porten der Stadt von allen Orten / was sie bedarff / füglich zugeführet werden kan. Andere vergleichen sie einer Lauten. Der Umkreyß derselben soll zwey teutsche gemeine Meilen haben. Zu welcher Zeit aber sie also mitten im Wasser erbauet worden / davon seynd unterschiedliche Meynungen.

Etliche setzen den Anfang ins 403. 4. oder 405. Jahr / als Radagassus mit seinen Gothen nach Italia kommen; deme Anno 409. König Alaricus gefolget habe; darauff hernach Anno 421. die Kirch di San Giacomo di Rialto zu erbauen angefangen worden seye. Besihe Sabellicum, die Vorrede über der Hertzogen zu Venedig Lebens-Beschreibung Petri Marcelli, Leandrum, Henznerum, und Megiserum, in Beschreibung dieser Stadt: wie auch Johann Wilhelm Neumeyer von Ramßla / in seinem Ital. und Spanischen Reiß-Buch / und andere mehr.

Theils setzen der Stadt Anfang ins Jahr nach Christi Geburt 452. umb die Zeit / als Attila der Hunnen König / sich nach Welschland gewendet hat. Besihe Carolum Sigonium de Occidentali Imperio lib. 13. fol. 349. der sonsten lib. 10. den Einfall des Königs Alarici in das Land Venetiam ins Jahr Christi 401. setzet / und das Anno 405. gedachter Radagassus, oder Radagasius, gefolgt habe; und darauff Anno 409. obgedachter Alaricus zum andernmahl ins Welschland gezogen seye / Meldung thut. Philipp. Cluverius d. lib. 1. Antiq. Ital. cap. 18. will / daß zwar zu des Attilæ Zeit ihrer viel hieher in diese Insuln geflohen / die aber / nachdem er wieder gegen der Donau umbgekehrt / sich zurück in ihr Heymat begeben; und daß insonderheit dieser Orth angefangen zuzunehmen / und ein Gestalt einer Stadt zubekommen / umbs Jahr Christi 568. als die Longobarden unter ihrem Hertzog Alboino in das Venetianische Land gefallen / da dann / wie vorhin beym Attila geschehen / sich die Leute aus den nechsten Städten hieher begeben haben.

Andere aber wellen / daß diese Insuln / auff welchen Venedig erbauet / gar zeitlich / und auffs wenigste vor dem 421. Jahr nach Christi Geburt allbereit seynd bewohnt gewesen.

Es ist diese Stadt sehr volckreich / allda Anno 1555. auff die 159859. Seelen seynd gezehlet worden / dazu man gleichwol die / so unter sechs Jahren waren / nicht gerechnet hat / wie Crusius Annal. Suev. part. 3. lib. 12. cap. 1. schreibet. Donatus Gianotus hat zu seiner Zeit die Stadt auff die zwantzig tausend Feuerstätte geschätzet / und zwey Männer für eine Feuerstatt gerechnet / also daß dieselbe viertzig tausend streitbare Männer damals gehabt hätte. Anno 1630. hat man darfür gehalten / daß auf 300. tausend Seelen / und auf die 40. tausend seßhaffte Inwohner / und bey die 3000. von Adel da gewesen. Aber es hat sich bald darauff die Zahl gemindert/ indeme sonderlich Anno 1631. die Pest dermassen da grassiret hat/ daß innerhalb eylff Monaten 11456. schwangere und gebährende Frauen/ 29356. andere Weiber / 5034. junge Leuth von 14. biß 24. Jahren alt / 21751. Kinder / 1142. Münche und Pfaffen / 25208. Kauffleuth / Bürger und Handwercker/ 217. Edelleuth: Summa 94164. Personen daran gestorben sey; wie von dannen/ durch glaubwürdige Leut/ geschrieben worden ist. Es gibt unter solchen Innwohnern viel reiche Leuth / und schreibet Tr. Boccalini centur. 2. relat. ex Parnasso 14. pag. 107. daß Vettore Calergi, ein Venetianischer Edelman/ ein einige Tochter hinderlassen/ so hernach Vincentium Grimanum, auch einen von Adel zu Venedig geheurathet/ und ihme auf ein halbe Million Golds zugebracht habe. So ist bey so grosser Menge Volcks gleichwol alles zu bekommen/ was der Mensch bedarff; wiewol fast nichts da wächst; daher auch diese Stadt vom Jasone in l. si Insulam 84. libr. 45. ff. tit. 1. de verbo obligat. fol. 117. b. ein Paradiß des Wollusts genannt wird.

Es ist eine grosse Menge Fisch von allerhand unglaublichen Sorten allda. Und schreibet Sansovinus lib. 1. de Republ. Veneta, daß er mehr als zweyhunderterley Art von allerley Vögeln gesehen / so auf diesen Meer-Pfützen zu finden / und daß in den Metzigen/ oder Fleischbäncken / alle Wochen 500. Ochsen / 250. Kälber geschlachtet worden; der Hüner / Tauben / Gänß/ und dergleichen/ zugeschweigen.

Es gibt sehr viel Canäl durch die Stadt / daher man zu Wasser und Land von einem Hauß zum andern kommen kan. Es geben aber solche Canäl auch bißweilen einen unerträglichen Gestanck von sich; und pflegt die Pest/ wann sie da einmal einreisset/ mächtig zu grassiren / wie obgesetzer Exempel/ der anderen zugeschweigen/ bezeuget. Man wil gleichwol die Lufft für gesund da halten / weiln solche Canäl von des Meers Ab- und Zulauff / und die auffsteigende Dämpff von den vielfältigen Caminen/ so es da hat/ gereiniget werden.

Der Gundolen / oder kleinen Schifflein / deren man sich im hin und wiederfahren gebraucht/ sollen auff die acht/ oder wenn man der Edel- und Schiff-Leut darzu rechnet/ wie Megiserus sagt / über die zehen tausend seyn. Henznerus schreibt von 400. Brücken / so es da habe; andere fast von noch so vielen; Megiserus aber/ wie auch Schotus, und der sehr fleissige Pflaumerus, setzen 450. steinerne Brücken / darunter die fürnemste di Rio alto, oder Rivi alti, so nur einen Bogen hat / und über den grossen Canal/ welcher / wie gemeldter Schotus schreibet/ 130. Schritt / oder wie Megiserus am 21. Blat sagt / drey welsche Meilen lang / und 40. Schritt breit ist/ gehet; daher auch diese künstliche Brücke von Marmor unter die fürnehmste Gebäu in Europa gezehlet wird. Ihre Länge soll von 70. und die Breite von 31. Schritten seyn / darauff 24. Kramläden / auf jeder Seiten mit Bley bedeckt/ zu welchen man durch drey Stiegen kommen kan; deren die Mittlere 66. und jede auf der Seiten 145. Staffel hat / wie gedachter Schotus will.

Es ist die Stadt in 6. Regiones, oder Creiß ausgetheilet / so man Sextier nennet / als Castello, S. Mareo, Carnero, S. Paolo, S. Croce, und Dorsoduro, welche Joh. Jacob. Grasserus, und Hieronym. Megiserus weitläufftig und ordentlich beschreibet / bey welchen man solche Teutsch lesen kan. Und diese sagen/ daß darinnen 70. Pfarr-Kirchen seynd / wiewohl theils nur 67. setzen. Pflaumerus hat 18. Spitäl / sechs vornehme Brüderschafften / oder Confraternitates, 26. Nonnen- und 54. Manns-Klöster. Megiserus meldet von 59. Klöstern insgemein: Schotus setzet dazu 18. Oratoria, und in allen Kirchen 50. heilige Cörper. So gibt es auch da viel ansehnliche Gebäu / wie zum theil aus folgendem wird zu ersehen seyn.

Es ist aber vor allen in Venedig wol zu sehen der grosse Marckt/ oder Platz dieser Stadt / so von der S. Marx Kirchen den Namen / und S. Marx-Platz genannt wird / auff welchem täglich eine grosse Anzahl von allerhand Leuten/ aus unterschiedlichen Ländern der Welt/ gesehen wird / und von deme einer diese folgende Verß gemacht hat:

Si placeat varios hominum cognoscere cultus,
Area longa patet Sancto contermina Marco,
Celsus ubi Adriacas Venetus Leo despicit undas.
Hic circùm gentes cunctis è partibus orbis,
Æthyopas, Turcos, Sclavos, Arabesque, Syrosque,
Inveniesq; Cypri, Cretæ, Macedumque colonos;
Innumerosque alios varia regione profectos,
Sæpe etiam nec visa prius, nec cognita cernes.
Quæ si cuncta velim tenui describere versu,
Hic omnes citius nautas, celeresque phaselos,
Et simul Adriaci pisces numerabo profundi.

Es werden allerley Spiel von den Landfahrern/ Salben-Krämern/ und dergleichen Leuten / da gehalten / auff daß die Leute hierdurch herbeygebracht werden / und ihnen etwas abkauffen. Seynd gleichsam drey Plätz beysammen.

Vornen gegen dem Gestade des Meers sihet man zwey sehr grosse Säulen / von köstlichem frembden Marmor / auf deren einer ein ähriner S. Marcus / in Löwens Gestalt/ so sich gegen Orient kehret; auf der andern S. Theodorus; zwischen welchen beyden die Ubelthäter gerichtet werden. Sie sollen aus Griechenland gebracht / und durch den künstlichen Meister Nicolaum Baraterium, einen Lombarder / auffgerichtet worden seyn; welcher zur Vergeltung begehret haben solle / daß die Würffler frey daselbst spielen möchten / so aber hernach wieder abgeschafft worden ist. Von diesen zwey Säulen seynd biß an den Thurn / da die Uhr stehet / mehr als 500. Schuch / wie Grasserus meldet: Der ander Theil aber des Platzes / gegen der Kirchen S. Geminiani und Menæ, soll fast eben so / oder wenigst 470. Schuh lang seyn: die Breite aber dieser beyden Plätz ist von 120. auff 130. Schuh. Sie wurden Anno 1382. mit gebackenen Steinen gepflastert. Haben auff allen Seiten herrlich / schöne / wolgezierte Paläst / allein gegen dem Meerwarts stehen sie offen.

Gemeldte Marmorsteinerne Kirch zu S. Geminian ist Anno 1557. wieder erneuert worden/ nachdeme daselbsten Anno 532. Narses solche vorhin zuerbauen befohlen hatte.

Hinter S. Marx Kirchen ist das Beth-Hauß S. Theodori, allda heutiges Tags die Inquisition ihre Zusammenkunfft pflegt zu halten / wie abermals Grasserus und Megiserus schreiben; welcher letzte auch sagt/ daß Anno 1580. ein Collegium, oder Seminarium, für die studirende Jugend bey dieser Kirchen angeordnet worden sey.

Vor S. Marx Kirchen/ auf dem besagten Platz/ stehen drey grosse Mastbäum / darauff man an den Fast-Tägen Fahnen stecket/ so/ wie Pflaumerus schreibet/ die drey Königreich Cypern/ Candia/ und Venedig/ bedeuten sollen. So stehet da ein viereckichter Thurn / Campanile

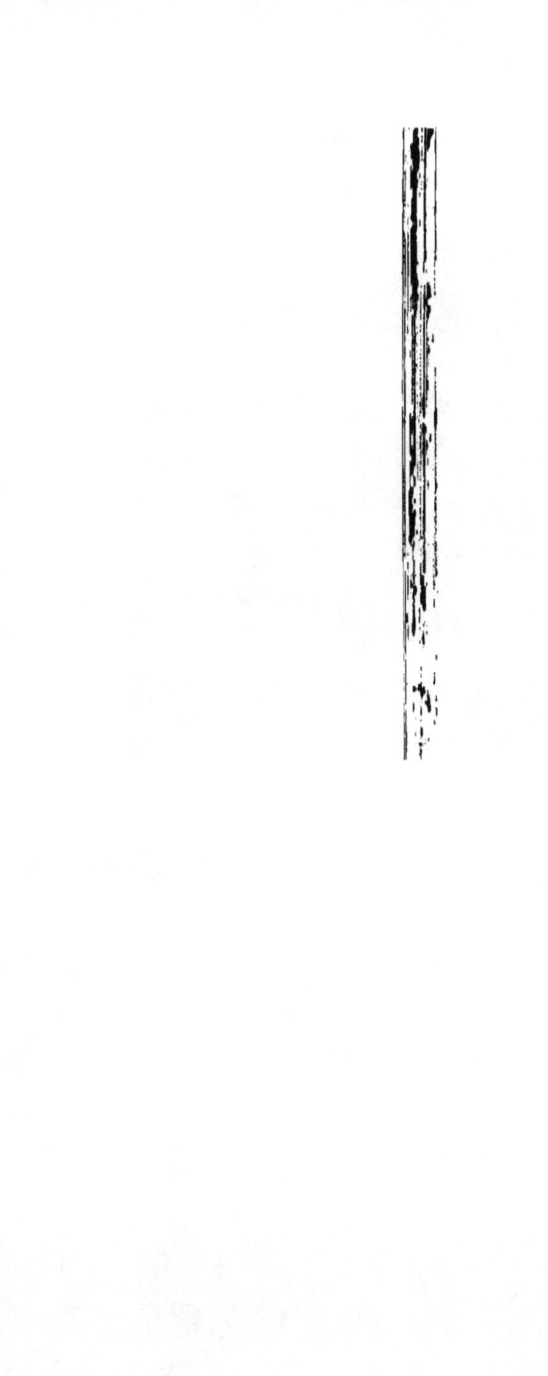

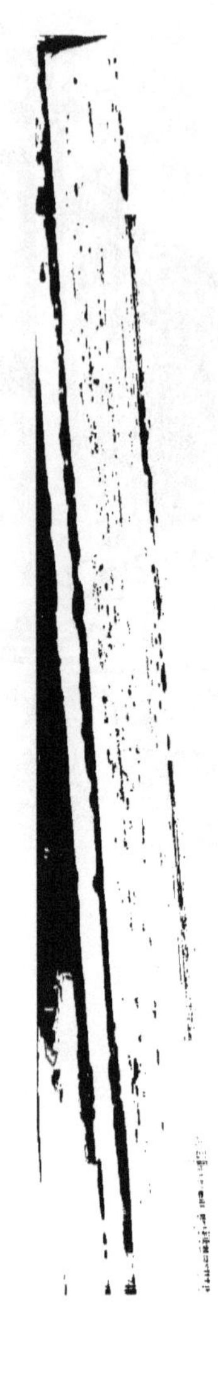

L'Altra Parte della PIAZZA DI S. MARC
T. S. Marco

Venetia

panile di San Marco genannt/ von Quatersteinen/ dessen Fundament fast mehr unter der Erden / als der Thurn vom Boden herauff/ Arbeits hat/ wie Sabellicus lib. 2. de Venet. Urb. situ, in descript. sextæ & ultimæ regionis, bezeuget. Die Spitz ist so hoch / daß die zu Meer herkommende den Glantz vom Gold/ mit welchem sie gezieret/ auf 200. Stadia, oder Rennweg / sehen mögen/ wie abermals Sabellicus schreibet. Und stehet zu höchst eines Engels Bildnüß von Holtz / so sich / dem Wind nach / wendet. Vorgedachte Schraderus und Megiserus melden/ es habe dieser Thurn unten im Umfang 162. Schuh / und 316. Schuh biß zum gemeldten vergüldten Engel/ welcher 16. Schuh hoch sey: wann es schön Wetter/ sehe man diesen Thurn (so mit kupffern vergüldten Ziegeln bedeckt ist /) über hundert welsche Meilen / gar in Istria. Die Staffel seynd von Stein gewölbet / also / daß man in einem Schnecken hinauffgehet/ auch/ wann man will/ hinauff reiten kan; wie dann König Henricus III. aus Franckreich solches gethan hat / und biß zu den Glocken hinauff geritten ist/ wie Megiserus schreibet / der auch sagt / daß das Fundament darzu Anno Christi 888. gelegt worden sey. Man hat von diesem Thurn ein herrliches Außsehen/ also daß man nicht allein die Stadt / so auf vielen Insuln stehet / und ihre vornehmste Gebäu / sondern auch die kleinen Insuln herumb/ (in welchen Kirchen/ Klöster / schöne Gärten / und Gebäu / in etlichen auch Städtlein / und in denselben die Nachkommen deren von Aquileja, Concordia, Altin, und anderer Orth/ so zun Zeiten der Hunnen hieher geflohen seyn;) so wol auch das obgedachte Gestad / oder den Damm / und biß zu dem Gebürg hinauß sehen kan. Es stehen daran der Procuratorn Häuser. Zu unterst am Thurn ist ein schöne Loggia, gleich gegen des Hertzogen Palasts-Porten über/ allda die Procuratorn auf der Guardi stehen/ so offt man grossen Rath hält/ biß die Edelleut wieder herauß gehen. Und stehen da viel künstliche Bilder/ nemlich/ Pallas, Apollo, Mercurius und Pax, welche Jacob. Sansovinus gemacht.

Sonsten stehet auch auf diesem Platz das herrliche Gebäu/ darinn man S. Marx Liberey verwahret. Franciscus Petrarca, und der Cardinal Bessarion, haben ihre Bibliotheken dahin verschafft; welche hernach andere vermehret. An der Thür der Liberey seynd stattliche Säulen von Serpentin / und gesprengtem Marmorstein. Die Uberschrifft hat Megiserus p. 116. Es ist diß Gebäu inwendig allenthalben mit Gemählden gezieret. In dem vordern Saal der Liberey pflegen die Professores der guten Künste/ so von dem Rath hierzu bestellt/ die Latein- und Griechische Autores der Jugend öffentlich fürzulesen/ wie abermals Megiserus schreibet. Heraussen darvor ist das Antiquarium, allda viel schöne, alte Sachen von Metall und Stein; auch Todtengeschirr/ oder Urnæ zusehen. Neben diesem ansehnlichen Palatio stehet die Müntz / oder la Zecca, darinn allerley Geld gemüntzet / und in 40. grossen / mit Eysen überzogenen Kästen auffbehalten wird / und daselbst auch der Gold-Schatz seyn solle. Ist ein ansehnlich gantz steinin/ und mit starcken eysinen Güttern wolverwahrtes Gebäu. Darneben ist der Fischmarckt. Auf der andern Seiten des S. Marx Platzes ist der Thurn / da die Uhr stehet/ welche sehr groß/ und biß auf 24. zeiget. Es seynd viel künstliche Werck daran / mit den vergüldten himmlischen Zeichen / und dem Eingang der Sonnen / und des Monds / in dieselbe. Wann es schlägt / geht ein Engel mit einer Posaunen herauß / deme die drey heilige König folgen/ und sich für dem Bildnüß S. Mariä neigen. Oben auf stehen zwey ährine Bilder/ wie Mohren / und eine grosse Glocke zwischen ihnen / auf welcher die Bilder umb einander die Stund anschlagen. Ist Anno 1496. gemacht worden; wie von diesem allen Megiserus am 117. Blat schreibet. Und gehet man unter dieser Uhr in die Merceria, so enge Gassen hat / aber voller Kauffmanns-Läden ist / in welchen allerley Sachen zufinden seynd.

An der Eck bey S. Marx Kirchen stehet auff obgedachtem Platz ein runder Tisch von rothem Porphyrstein / auff welchen man der Banditen und Meerräuber Köpff zu legen pflegt. Darneben seynd zwey Marmorsteinine gevierdte Säulen/ gleich vor des Hertzogen Wohnung / so einen Galgen bedeuten solle.

Neben S. Marx Kirchen stehet das gewaltige und ansehnliche Palatium des Hertzogs / dessen weitläufftige Beschreibung beym gemeldten Andrea Schotto, im ersten Theil seines Italiänischen Reiß-Buchs/ in der Archontologia Cosmica Gotfridi fol. 482. und beym Megisero cap. 17. zu finden. Darinn ist auch die Rüst- und Kunst-Kammer wohl zu besichtigen / so Armamentarium Palatinum, und l' Arsenale della Signoria, genannt wird/ da allerhand sehr schöne Waffen/ Helm/ Schild/ und dergleichen / so zum theil schön gemahlet / zum theil mit Gold/ Silber und edlen Steinen auffs prächtigste gezieret seynd; darunter auch des Ludovici Ursini, der zu Padua / wie Henznerus schreibet / geköpffet worden; wie auch des Catamelatti, und andere Rüstung und Waffen; Item/ Brustbilder / und Statuæ, und darunter auch Francisci Sfortiæ, und seiner Gemahlin; Item / seltzame Instrumenten und Geschoß; Japponische Kleider und Waffen/ (so Anno 1588. der Herrschafft verehret worden/) und dergleichen seyn.

Man weiset auch eine schöne grosse Latern von Silber und Berg-Crystall gemacht / und soll der Meister derselben von der Herrschafft Venedig/ für sich/ und seine Nachkommen / biß ins dritte Geschlecht / jährlich 2. tausend Ducaten Gnadengeld deßwegen bekommen haben: Item/ des Scanderbegs Degen/ sein/ und der seinigen Rüstung: Attilæ Helm: deß Bragadini, Venedischen Stadthalters in Cypern / (der von den Türcken lebendig geschunden worden/ und seine Haut zu S. Johann und Paul auffbehalten werden solle/) wie auch des Ezzelini Romani, Sebastiani Venerii; des Graff Ernsten von Mannsfeld/ und anderer Bildnüssen: allerley Rüstung vor den Rath / zur Zeit eines Aufflauffs; zu welchem Ende dann viel Büchsen von Monat zu Monaten geladen vorhanden / damit ein Rath / so aus dem Saal sich gleich dahin retiriren kan/ sich derselben alsobalden gebrauchen möge: Item/ ein Kunststück von einem Feuerzeug/ welches/ wann man es treibet/ 400. Lunten/ die man alsobalden gebrauchen kan/ anzündet: Ein eysernes Stück/ so nicht gegossen/ darauf das Absehen ein Ritter/ so auf eine teutsche Meil Wegs reichet; Sechs Stücklein/ deren jedes zehen Schüß thut: Francisci Carraræ, des letzten Herrn zu Padua/ (so nach Venedig gefänglich geführet/ und daselbst Anno 1402. wie Corius, oder An. 1405. wie Aquicola; oder An. 1406. wie Volaterranus wollen/ im Gefängnüß ist strangulirt worden/) Bildnüß und Rüstung; Item ein Halßring/ seine Edelleut damit hinzurichten; seiner Gemahlin Keuschheit Schloß; Sein Armbrust in der Seille einen damit zu erschiessen: seinen Wachtelkorb mit 14 Röhren/ unter dem Schein/ als ob man Wachteln trüge; Item/ ein Schießladen/ so er einen zu einem Präsent geben/ der sich aber/ wann er sie auffgemacht/ selber erschossen hat.

Ferner wird gewiesen ein Schild von vielen Türkissen; Item/ Armbrust/ Degen und Schild/ so den Türcken abgenommen worden: deren von Triest Degen/ die man ihnen abgejagt/ als sie das Venedische Frauenzimer/ von S. Pauls Kirchen/ so am Ende der Stadt Venedig ligt/ hinweg geführet: Degen und Rüstung den Genuesern abgenommen: des Hertzogs Sebastiani Ciani Fahne/ als er Käiser Friderichen dem Ersten/ obgesiget: Etliche Hellebarden/ mit halben Monden/ dem Türcken abgenommen: Ein Feuerspiegel auff eine teutsche Meil Munition damit anzuzünden: Zeug zu einem Rock/ so künstlich geweben/ als wann er gestickt wäre/ samt einem künstlichen eysern Handschuch/ vom König aus Persia verehret/ darbey diese Wort stehen:

Persarum Regis, Marino Grimano, Inclyto Venetiarum Principi, munus, regiæ fidei, amoris, honoris, etiam remotissimorum Principum ad Rempublicam nobilissimum testimonium.

Folgends weiset man des Königs Henrici IV. in Franckreich Rüstung/ so hieher/ nachdem er seine Feinde überwunden/ und sein Königreich zur Ruhe gebracht hatte/ geschickt worden: Zwo Hellebarden/ deren die eine 14. die ander 12. Schüß thut: Einen köstlichen Schreibtisch von raren Sachen und Steinen/ deren etlich zu Aquileja gefunden worden/ der von theils auf 80. von andern auf 90. von theils auf 100. tausend Cronen werth geschätzet wird; Item/ des Groß-Hertzogs aus der Litthau Präsent: Die Obristen/ so bey der Meerschlacht vor Lepanto gewesen: Einen Degen/ den der Pabst Alexander III. dem obgedachten Hertzog Ciano verehret: Item/ ein ander Päbstisches Schwerdt/ so im Jubel-Jahr geschenckt worden: Wie auch des Graffen von Mansfeld Degen: Ein Latern/ darinn über 500. oder/ wie theils sagen/ 800. Jahr/ das Liecht/ in des Antenoris Grab/ ist erhalten worden: Albrecht Dürers Paradieß/ oder Adam und Eva/ von braunem Holtz/ so niemand kennen kan; darbey ein Messer/ so auf 60. tausend Cronen werth geschätzet wird. In Summa/ diß ist ein herrlicher Schatz/ und ist schad/ daß man einem nicht mehr Zeit und Weil lässet/ die vielfältig schöne und künstliche Sachen/ so hierinn seynd/ recht zubesichtigen/ und zubeschreiben.

Die Thür hierzu ist von Cedern aus Libano gemacht/ und mit grossem Unkosten dahin gebracht worden. Es seynd 4. Zimmer/ oder Säal/ mit diesen raren Sachen erfüllet; und gedenckt Herr Joh. Willhelm Neumeyer von Remßla/ in seiner Reise durch Welschland etc. pag. 23. eines eysern Instrumentes/ oder Schloß/ allhie/ (so zwar nicht einem jeden gezeigt werde/) welches ein Venetianer/ als er über Meer geschickt worden/ seinem Weib vorgelegt haben solle. So meldet Herr Fuertenbach in seinem neuen Italiänischen Reiß-Buch am 253. Blat/ von einer Pistolen/ so vier Röhr hat; wann der eins loßgeschossen/ so wende man das Corpus so weit umb/ biß das Zündloch eines andern Rohrs/ zu der Zündpfannen komme/ und also alle vier Rohr abgelassen seynd.

Nach diesen Rüst- und Kunst-Kammern seynd auch zu sehen etliche Säal in diesem des Hertzogs Palast/ deren/ wie Megiserus und Grasserus schreiben/ 16. seynd/ in welchen man Rath und Gericht zuhalten pfleget/ und die alle schön gezieret seynd. Und ist sonderlich der grosse Saal zu besichtigen/ zu welchem man über eine gar breite und schöne Stiegen hinauff gehet. Er ist/ samt der Decke/ trefflich schön und künstlich gemahlet; daselbst auch unter andern Sachen die obgemeldte vermeinte Geschicht vom Käiser Friderico I. zu finden/ welche von unterschiedlichen Mahlern in gewisse Theil eingetheilet worden/ wie hievon obgedachter Franciscus Sansovinus im 8. Buch/ und Hieronymus Bardi Florentinus, in seinem besondern Tractat, den er von den Historien/ so in diesem Saal zusehen gemacht/ und seinem Buch delle cose, notabili della città di Venetia, angehenckt hat/ am 31. und folgenden Blättern/ der Venetianischen Edition de Anno 1587. in 8. zulesen; der auch in einem besondern Büchlein wider Blondum, Sigonium, und andere/ daß sich solche Geschicht warhafftig zu Venedig zugetragen habe/ zu erweisen sich unterstehet. Sihe auch die Inscriptiones, so zu solcher Histori/ oder vielmehr Fabel/ gehören/ beym Schradero in den Monumentis Italiæ fol. 315. seq. Und in diesem Saal wird der grosse Rath/ in welchen auf die 15. oder 1600. von Adel bißweilen zukommen pflegen/ gehalten. Besihe Megiserum, und andere Autores, die von dem Regiment dieser Stadt geschrieben. Es seynd da alle Hertzogen/ (deren Lobspruch gedachter Schraderus setzet/ lib. 3. mon. Ital. fol. 312. b. seqq.) gemahlt zusehen/ die vom Anfang biß daher zu Venedig regiert haben/ da auch die Stell des Hertzogs Marini Falerii, mit einem Fürhang gemahlt gewiesen wird/ welcher/ als ob er sich umb sein Vatterland übel verdient gemacht/ enthauptet worden ist; dabey etliche Italiänische Wort stehen/ die Henznerus in seinem Reißbuch p. 224. setzet. Bey andern findet man diese: Hic est locus Marini Falerii decapitati pro criminibus. 1354. Schraderus aber de Magistrat. & Rep. Venetorum p. 36. der ihn Marinum Faletrum nennet/ liset: temeritatis meæ pœnas lui. Caspar Contarenus nennt ihn auch Marinum Faletrum; Megiserus aber p. 409. Marin Faliers, oder Falierum. Sonsten stehet allda unter andern vom Antonio Venerio, daß er den Rath ermahnet habe/ seinen einigen gefangenen Sohn zum Tod zu verurtheilen; und vom Andrea Vendramino, daß er seines Sohns nicht verschonet habe; daß sie also beyde den Römern Luc. Bruto, Cassio Viscellino, T. Manlio Torquato, und Aulo Fulvio haben nachfolgen wollen/ die auch so streng gegen ihre Kinder gewest seynd. Vid. Valer. Maximus. lib. 5. c. 8. & Theatrum etiam tragicum histor. 12. p. 400. seqq. Gemeldter Henznerus hat auch die Inscription, so dem Hertzog Andreæ Contareno zu Ehren gemacht worden: welcher die Genueser überwunden/ und im Testament verordnet hat/ daß man auf sein Grab keines Hertzogs/ noch seines Geschlechts/ Wappen machen soll; wie dann auch sein Nam auf demselben/ neben der Kirch S. Stephani, nicht gefunden wird. Item/ so gedenckt er eines künstlichen Gemählds/ so auf einer Seiten/ wie ein Esels-Kopff/ auf einer andern aber/ wie ein Spanisch Angesicht aussihet. Es ist dieser grosse Saal viereckicht/ länger/ denn breit/ mit zwo kleinern und zwo grössern Seiten. Ist lang 150. Schuh/ und 74. breit. Der Himmel ist von Holtzwerck gar stattlich mit feinem Ducaten-Gold vergüldet/ und die Historien/ oder Kunststück/ alle auf Leinwad mit Oelfalben gemacht. Auf das H. Himmelfarth-Fest werden in einem andern schönen Saal die Tafeln mit allerhand kalten Speisen und Confect für den Hertzog und die Herrschafft zugerichtet/ schön gezieret und mit vielem Silber versehen/ und wird nach vollendeten Fest allwege da Tafel gehalten. Auff gemeldtem Himmelfarths-Tag pflegt der Hertzog mit der Signoria alle Jahr auff einem sehr schönen Schiff mit grosser Herrligkeit auffs Meer zu fahren/ und solches durch einen Ring/ den er ins Meer wirfft/ der Stadt Venedig zu vermählen.

Dieses Fest soll von dem Venedischen Hertzog/ Sebastiano Ciano herkommen der des Käisers Friderici I. Sohn der den Ottonem zu Meer überwunden und gefangen / welchem der Pabst Alexander III. entgegen kommen/und nachdem er ihn geküßt/ ihm einen güldenen Ring verehret hat / zu einem Unterpfand und Anzeigung/ daß ihm das Meer allewege werde gehorsam seyn; wiewol Forcatulus de Gallorum Imp. & Philos. eine andere Ursach beybringet/daß des Rings Circularform das Meer gar eigentlich repræsentire, als mit welchem der gantze Erdboden umbgeben / der daher nicht weniger / als Venedig/ ein Insul könte genannt werden. Besiehe von solchem Fest / und wie der Hertzog jährlich vier ansehnliche Panquet halten muß/ und dergleichen Solennitäten/ und Processionen/ die der Hertzog / und die Signoria/ jährlich/ zu gewissen Zeiten/ verrichten/und des Hertzogs Herrlichkeit / wann er außgehet/oder fähret/ so 12. mall im Jahr ordinari geschicht / Donatum Gianotum de Republ. Veneta, p.99. der Teutschen Edition, Contarenum de Republ. Venetorum pag. 21. seq. P.Henznerum, und Joh. W. Neumeyern in ihren Reißbüchern / und Hier. Megiserum in Beschreibung dieser Stadt lib.2. cap.6. Es ist obgemeldter Palast/welcher/wie abermals Megiserus p. 124. schreibet/ Anno 1574. gantz mit Kupffer gedeckt/(aber Anno 1577. durchs Feur übel verderbt) worden/ wol ein gewaltig/und Heroisch Gebäu; wann nur solches etwas säuberer gehalten würde. Auswendig daran/ da die Gefängnüssen seyn/ siehet man an einer Marmorsäulen/ so daselbsten unten herumb stehen/ die Staffel der Lieb / oben am Capitel gar artig außgehauen; so das Wahrzeichen zu Venedig seyn soll/ wie gemeldter Joh. Wilhelm Neumeyer erinnert. Es werden in besagte Gefängnüssen auch viel arme Leut / Schulden halber/ gelegt / von welchen die/ so unter 50. Gülden schüldig/zu Ostern ledig gelassen werden: und bezahlt die Herrschafft den halben Theil ihrer Schuld; den übrigen halben Theil aber müssen ihre Gläubiger nachlassen/ wie wiederum gedachter Megiserus d. p.124. meldet.

Uber diß ist in Venedig auch zu sehen das Teutsche Hauß/ il Fontigo di Tedeschi, oder/ wie es in des Schori Reißbuch stehet / il Fondaco dei Todeschi genannt/ so an der Rialtbrücken/ stehet; daran aussen 22. Kramläden/und ein schöne Schiffländ.

Es hat innwendig einen grossen weiten Hoff. Der Umkreiß ist von 512. Schuhen; und sehn daran sehr schöne Gemählde von den berühmten Mahlern Georgio Castello Franco, und Titiano, verfertiget/ zu sehen.

Die Hochteutsche treiben darinn ihre Kaufmannschaft / wie es dann bey die 200. Kammern und Losamenter / auch eine eigne Comunitát/darinn die/so allhie nicht absonderlich zu Hauß sitzen/ mit einander essen/ hat/ und darfür monatlich dem Hertzog/ wie man sagt/ und aus anderer Relation besagter Pflaumerus schreibet / 200. Venedische Gülden geben werden. Man kommt durch Schnecken auf die Gänge/so über einander rings herumb gebauet seyn.

Ferner ist das teutsche Beckenhaus nahend dem Arsenal zu sehen / darinn 44. Backöfen seyn / wie Pflaumerus schreibet/wiewol Megiserus von 50. Meldung thut. Dieses, besagte Beckenhauß wird von lauter teutschen Becken-Knechten versehen / deren jeder Brods genug / und täglichen 18. Schilling oder Soldi/und also schier ein Pfund Gelds hat. Sie haben Handmühlen das Mehl zu beuteln / welches von Treviso dahin gebracht / und daraus ein sehr grosse Summa Biscotten gebacken wird. Man siehet auch da das Zuckerhauß; Item/ den Ort / allda das Wachs geblaicht wird. Wer auch Lust hat die Egyptische Mumien/oder gar alte inbalsamierte Cörper/ die zum theil noch gantz seyn/zubesichtigen/ der findet solche in zwo Kisten/in der Apothecken del Agnus Dei. Sonderlich aber ist das Zeughauß/ oder Arsenale, so von theils Navale, arx navalis und arx Senatus genannt wird / (welches Anno 1569. im Septembri abgebrannt/) zubeschauen/ so mit starcken Mauren/ und 12. (im Cöllnischen Reißbüchlein stehen 18.) bequemen Thürnen / darauf 75. Personen Wacht halten/umbgeben ist/ und zwo in drey welsche Meil / wie Pighius und Grasserus unterschiedlich) / oder 20. Stadia, oder Rennweg/ wie Pflaumerus wollen/ im Begriff/ und nur ein Thor/ und dann eine Einfarth der Schif/ hat/und sich fast einer neuen Stadt vergleichen läßt. Megiserus sagt pag.128. auch von 3. Meilen. Im Wirtenbergisch-Italiänischen Reißbuch stehet / das Hertzog Friderich von Würtenberg darfür gehalten / daß solches / mit aller seiner zugehör/ mehr nicht/ als die Stadt Kirchheim unter Teck/ samt dem Schloß innen habe / da es anders so groß seyn möge. Vorgedachter Megiserus schreibt pag.136. daß alle Stund ein Edelman/ der von der Herrschafft hierzu verordnet / mit 36. wolgerüsten Männern/ in dem Zeughaus herumb gehe/ und die Schildwachaten besuche.

Es ist dieses Arsenal von unterschiedlichen Autorn / in unterschiedlichen Sprachen beschrieben worden: darunter dann seynd Andreas Schotus in Italiänischer; besagte Pighius/ Pflaumerus und Henznerus/ wie auch die Autores des Cöllnischen Italiänischen Reißbüchleins/ Anno 1602. in 12. gedruckt/ in Lateinischer: Hieron. Megiserus, Joh. Jac. Grasserus, Joh. W. Neumeyer von Ramßla / und Josephus Furttenbach / in Teutscher Sprach. Besihe auch Donatum Gianotum de Republica Veneta, gegen dem Ende/ in Ital. und Teutscher Sprach / und Joh. Boterum de ragione di Stato lib.7. in pr. fol. 181. Wiewol sie nicht alle mit einander übereinstimmen/ welches sonder Zweiffel aus ungleicher Relation derjenigen/ so einen herumb führen/ und die offt mit dem grossen Messer aufzuschneiden pflegen / herkommen mag. Erstlich seynd in dem ersten Saal zu besichtigen Rüstungen/Degen/ und Büchsen auf 50. Galeeren. Im andern vor 60000. zu Fuß Rüstungen/ dabey ein grosser Bogen / den man vor diesem/ die Mauren damit zu brechen/gebraucht hat. Item Rüstzeug/ so dem Türcken Anno 1571. abgenommen worden / dabey auch des Bartholomæi Coleonii Bergomensis (von deme Corius in Histor. Mediolan. und Sabellicus rerum Venetar. pag.679. 803. 893. der Baßlerischen edition/ in 8. zu lesen.) Deßgleichen des Venedischen Hertzogs Sebastiani Ciani Rüstungen. Vid. etiam Paul. Jovius lib.3. elog. Viror. bellica virtute illustr. fol. 147. seqq. In diesem Saal werden bißweilen Außländische Potentaten zu Gast gehalten. Auf dem dritten zeiget man Rüstungen/ so den Genuesern abgenommen worden / samt 4. alten Satteln: daselbst auch ein Thurnier-Zeug der Indianer/ neben gar alten Schilden. In dem vierdten seynd alle Zugehör hundert Galeeren / und sechs Galleagen damit auszurüsten. In dem Hof seynd sehr viel grosse und kleine Ancker/ auch bald dabey ein Hütten/ da allerley Instrumenta zu den Schiffen geschmidet / und eine grosse

Meng von Eysen/ und unter andern ein Abriß des Nagels/ so 134. Pfund gewogen/ welcher in dem Meer von den untergangenen Schiffen gefunden worden. Ferner ist ein sehr grosse Hütte / darinn allerley Holtz-Werck zu Schiffen/ Item/ Instrument/ das krumme Holtz gerad zu machen / deßgleichen bald an der Thür auf der lincken Hand/ ein höltzerner Stul/ darauf ein neuer Hertzog zu Venedig / von den Schiffleuten / umb S. Marx Platz herumb getragen / und darbey Geld/ so mit des neuen Hertzogen Namen geprägt/ ausgeworfen wird. Vid. d. Gasp. Contarenus Cardinalis p. m. 27. In einer andern Hütten seyn in grosser Menge allerley Ruder zu Galleeren und Schiffen ; Item/ allerley Holtz zu den Schiffen gehörig.

Der Gießhütten seyn 6. in deren jeder zwantzig Stück/ und also in allem 120. Stück / in gar kurtzer Zeit gegossen worden. Es ist allhie unter andern ein Stückbohrer / oder Kolben/ in acht zu nehmen/ mit welchem die Stück/ so innwendig nicht gleich gerahten/ eben gemacht werden mögen.

Im Hof ist eine grosse Cistern/ von welcher das Wasser in ein ander/ davon weit abgelegene geführet wird.

Daselbst ist auch ein Brunn von frischem/ neben dem Saltzwasser / und gibt man vor/ daß 2. Stück von einem Einhorn darinnen ligen sollen / daher solches Wasser nicht vergifftet werden könne.

Folgends kommt man an die Strick-Hütten/ welche voller Strick oder Seyler. Oben seynd viel Weiber / so darzu spinnen. Diese Hütten/ oder Gang ist/ wie man sagt / 175. Klaffter lang. Andere schreiben von 200. Elen. Es seyn da theils Sail so dick/ als eines Mannes Halß.

Im Waaghauß ist eine Waag/ darauf man 30. tausend Pfund wägen kan/ welche so just/ daß mans bey einem halben Pfund warnehmen mag. Es wird auch daselbst ein Gewicht von 3. Centneren gezeigt / welches ein Holländische Jungfrau/ so mit selbiger Stände Gesandten daselbst gewesen / aufgehoben hat. Bald darbey ist eine verschlossene Kammer voller Metall/ auch heraussen etliche Trächter / damit neue Stück zu probiren. Von dannen kömmt man wieder in ein Hütten/ mit allerley Holtz zu Schiffen gehörig/ angefüllt. In der folgenden seynd auf die 50. groß und kleine Stück / unter welchen eins / so in währendem Panquet / dem König Henrico III. aus Franckreich allhie gehalten / ist gegossen worden. Weiters seynd in einer Hütten auf die 70. grosse Stück / so dem Türcken Anno 1571. seynd abgenommen worden / und unter andern zwey zu 7. und 3. Röhr / oder Lauffen/ deren das letzte diese Schrifft hat:

Cerberus hic vomitat triplici de gutture flammas,
Sulphura, Sal nitrum, fulmina, tela, globos.

Es seynd auch in gedachter Hütten etliche grosse Feur-Mörser ; Item/ ein Stück mit Käiser Ferdinandi I. Namen/ und der Jahrzahl 1533. so der Türck bekommen hatte. Man weiset auch die Salpeter-Küchen.

Ferner seynd in einem andern grossen Saal Kriegs-Rüstung/ Musqueten/ und Degen/ auf 50. Galleeren / und 6. Galeazen/ benebens viel Kästen mit Waffen gefüllet. In diesem Saal ist dem Käiser Ferdinando II. damals Ertz-Hertzogen / ein Panquet gehalten worden. Es ist darinn auch ein grosse Latern von des Türcken abgenommenen Schiffen zu sehen.

Auf einem andern Saal seyn Küriß und Zeug 4000. Reuter auszustaffieren / dabey auch des Bajamonte Tiepoli Helm / so sehr schwer ; Item/ 400. oder 600. Harnisch / wie Henznerus schreibet/ deren jeder keinen rechten Arm hat/ die gemeldter Tiepoli in selbiger Aufruhr seinen Soldaten/ damit sie einander kennen möchten / machen lassen. In einer andern ist ein grosser Mörser/ wie auch ein grosses Stück/ welches unter der Erden in Candia, mit S. Helenæ Müntz/ die zur Zeit des Mangels aus Erden gemacht ward/ solle seyn gefunden worden.

Folgends seynd in einer Kammer etlich Hauffen Kugeln / deren auf 70. oder 75. tausend seyn sollen ; Item / dabey ein Triumph-Fahnen / dem Obristen Sebastiano Venerio zu Ehren aufgericht.

Nach diesem eine grosse Hütte voller Segelbäum deren einer von den grösten 150. Zecchini, oder auf die 300. Thaler / der andern einer auf 100. Zecchini kosten solle. Der Galeeren und anderer Schiff (darunter etliche Türckische/ so Anno 1571. erobert worden) sollen auf die 250. seyn.

Es seynd auch 10. Canal-Hütten / darinn die Schiff fahren / und oben her trucken stehen können.

Deß Hertzogs Schiff/ Thalamegus und Bucentauro genannt/ ist doppelt/ alt und neu : wiewol nunmehr nur das das neue gebraucht wird/ so sehr schön und zierlich gemacht ist/ und 100. tausend Zecchini gekostet haben solle. Fornen stehet die Justitia und Scanderbeg/ Item / diese Schrift : M. Ant. & Auen: Duamnis Frat. Bas. opus. Der Bucentaurus, oder der grosse Centaurus, mag von dem Bild/ so an dem ersten Schiff/ das Anno 1311. gemacht worden/ gemahlet gewesen / wie Pflaumerus davor hält / herkommen seyn. Die Grösse ist / wie ein Galleazen / und gantz vergüldet. Zu jeder Seiten seynd 28. Ruder / an jedem ziehen 6. Mann/ darob ein Boden / auf welchem der Hertzog/ und die vornehmste von der Herrschafft/ mit Scharlachen rothen Sammeten langen Röcken bekleidet/ sitzen. In der Mitten hinunter hats eine Wand / und zu beyden Seiten allweg 2. Zeilen Bänck/ nicht anders / als wie ein Saal.

Es ist auch daselbst eine grosse Galleaze / deren eine auf die 30. tausend Ungarische Ducaten kommen soll / welcher Form und Gelegenheit von dem Josepho Furtenbach pag. 249. beschrieben wird.

In der Segel-Hütten seyn auf 100. Galleeren/ wie man berichtet / Segel/ Item / eine grosse Anzahl Leinwad. Und in diesem Saal ist zur Zeit des abgebranten Hertzogs Palasts Rath gehalten worden.

Es seyn daselbst Weiber/ so die alte und zerbrochene Segel wieder flicken. In Summa/ es ist dieses Arsenale unter allen/ so in der Welt seyn mögen/ das allergröste / und fürnehmste / und für die einige Macht der Venediger zu achten. Man schreibt / und gibt es auch der Augenschein/ daß man allda ein solche Armada ausrüsten könne / die starck genugsam einer jeden Türckischen wie mächtig sie auch seyn möge/ zu wiederstehen.

Von der Anzahl der Arbeiter/ so zu diesem Arsenal gebraucht werden/ schreibt man ungleich. Bartholomæus Latomus, Professor zu Pariß/ meldet in einer Oration, Anno 1541. gehalten/ von 4. tausenden/ das Cöllnische Reißbüchlein von ungefehr zwey tausenden / Megiserus von 1500. Pflaumerus von 400. denen wochentlich mehr/ als 1200. Venedischer Gülden bezahlet werden / des Weins haben sie zwar genug/ aber der mehr als zu viel gewässert sey / wiewol jährlich/ wie man sagt/ auf die tausend Cronen auf solchen spendirt werde/ darfür man den Leuten vielleicht wol einen lautern geben könte.

Besagter Schraderus hat auch 400. Arbeiter/ denen wochentlich 1300. Ducaten geben werden. Andere sagen von einer andern/ und mehrertheils grössern Anzahl der Arbeiter; die aber alle zuvergleichen seyn möchten/ wann man auf die gemeine Regul sehen solte/ so da lautet: daß man die Zeit betrachten müsse/ so werden die Schrifften mit einander übereinkommen. Es mögen zwar nur 400. und darunter auch theils/ so Alters halber zur Arbeit nicht tüchtig/ ordinari unterhalten werden: wann aber etwas fürfällt/ und sonderlich wann ein Noth und Krieg fürhanden/ so muß man ihrer mehr/ umb einen gewissen Taglohn/ darzu nehmen.

Uber diß sind zu Venedig sehr viel schöne prächtige Paläst der Privat-Personen zu sehen/ von welchen insonderheit Sansovinus in seinem gantzen 9. Buch von von dieser Stadt/ Schraderus lib. 3. fol. 291. und Megiserus am 20. Capitel des 1. Buchs/ zu lesen. Und sagt man/ daß deren über die 140. seyn sollen. Die vornehmsten aber seynd folgende:

1. Das Palatium Antonii Barbari, in welchem eine grosse Menge von überaus köstlich gezierten Zimmern/ und künstlichen Gemählden/ samt einem sehr schönen Garten zu sehen.

2. Das Palatium Andreæ Vendronimi, Procuratoris zu S. Marx/ in der Insul Giudeca gelegen/ welches ingleichem über die massen schön/ mit vielen Kunststücken/ Uhrwercken/ und dergleichen/ gezieret ist. Hat auch einen schönen lustigen Garten von frembden Gewächsen/ und seynd da unterschiedliche frembde/ sonderlich grosse Pharaonis-Vögel/ wie auch Stachel-Schwein/ zu sehen.

3. Des Patriarchen von Aquileja, Johannis Grimani, Palast/ nahend S. Maria formosa in der Stadt/ in welchem vor diesem viel Statuæ gewesen/ so in der Herrschaft Venedig Antiquarium auf S. Marx Platz/ transferiret worden seyn sollen/ die man aus Græcia, Italia, und sonderlich von Aquileja dahin gebracht hat. Gleichwol so siehet man noch allhie ein schlaffend Alabastern Bild/ auf tausend Ungarische Ducaten geschätzt; Item/ ein lachend Haupt/ welches das Gelächter verursacht/ Christi Bildnüß von Serpentin Porphyr/ so sehr hart/ und deßwegen gar theur/ und vor ein Kunststück geachtet wird/ einen Abgott von weissem Marmor/ der innwendig hol/ daß man ein Licht darein stecken kan/ ein künstlichen beinern Sessel/ Item/ ein sehr künstlichen von köstlichen Steinen eingelegten Tisch/ so 10. tausend Cronen gekostet hat/ aber jetzt auf 20. tausend geschätzt wird/ Item/ eine von Ebenholtz eingelegte Lauten/ und einen schönen Feur-Spiegel/ nebens 4. Wappen/ als eines Patriarchen/ eines Hertzogen zu Venedig/ eines Cardinals/ und eines Generals/ die alle aus diesem Geschlecht gewest seyn. Die Zimmer/ deren eine grosse Anzahl/ wie auch die Säl/ seynd überaus schön von Tapecereyen/ Spallieren/ Kunststücken/ Pourtraiten vieler Potentaten/ und dergleichen/ gezieret. Und weil dis Palatium fast mitten in der Stadt/ so kan man vom Thurn/ zu welchem man in einem Schnecken hinauf gehet/ und immerzu unterwegs schöne Zimmer antrifft/ vier Theil der Stadt schön besichtigen. Besiehe von diesem Palatio, und der Aquilejenser Abgott/ dem Apolline Beleno, dessen Herodianus, und Julius Capitolinus gedencken/ Pighii Herculem prodicium, am 180. und folgenden Blättern/ Item/ Schotum in seinem Italianischen Reißbuch.

4. In Friderici Oberholtzers/ selbiger Zeit gewesenen Käiserlichen Raths/ und Bergwerckmeisters/ Hauß/ ist ein überaus künstlicher/ von lauter Jaspis eingelegter/ und mit unterschiedlichen Figuren/ als Städt/ Galleeren/ Gundeln/ Wasser/ Bäum/ Menschen/ Thier rc. gezierter Tisch/ der Käisers Rudolphi II. seyn solle/ stehet auf einem silbern Blat/ und künstlichen höltzernen Füssen/ und wird auf 50. tausend Cronen geschätzet.

5. Des Rayneri Zenonis Palast/ welcher viel Ungemach von seinen Feinden erlitten/ und weil er für die Freyheit und Gesätze gestritten/ nach Zara ins Exilium geschickt/ hernach von des damahligen Hertzogs Sohn fast tödlich in des Hertzogen Palatio verwundet worden ist. Und gleichwol so hat ihme das Glück so wol gewolt/ daß er dißmals zu einem Procuratore di S. Marco (welches eine gar hohe Dignität ist) erwehlet worden/ darumb er dann 4. Tag lang ein stattliches Fest gehalten/ allerley Music/ Täntz/ Feuerwerck und dergleichen angestellt/ auch den Armen täglich Brodt austheilen/ und am Auffarts-Tag/ umb 300. Reichsthaler Wein/ aus einẽ hiezu mit Fleiß gemachten Brunnen/ hat rinnen lassen/ daher grosses Frolocken und Glückwünschung vom Volck entstanden ist. Er hat den Teutschen auch einen Trunck geben lassen/ und denselben grosse Ehre erzeigt/ wie er dann ein sonderlicher Liebhaber der Teutschen/ und vor der Zeit Legationsweise am Käiserlichen Hoffe gewest ist. Sein gantz Geschlecht ist ihme zu Ehren in rothen Röcken aufgezogen.

6. Das Palatium Rosini, eines vornehmen Senatoris, da gleich im Eingang viel Antiquitäten/ und vornehme Statuæ, und darunter Samsonis, Antonini Pii, item/ eine Haut von einem Meerpferde/ zu sehen. Oben auff/ im ersten Zimmer/ werden gewiesen zween Menschen-Köpff/ so zu Stein worden/ da gleichwol an dem einen die Hirnschal/ und die Zähn von Bein/ das ander aber von Stein ist. Ferner ist ein groß Stück Rindfleisch aus Candia gebracht/ so auch zu Stein worden/ daran man noch das Blut siehet. Eines Fisches Kien/ so sehr groß/ und zu Stein worden/ wie ingleichem eines andern Fisches/ so zu Agatstein worden: Item Menschen Schienbein und Büffelhorn in Stein verwandelt: allerley Saamenwerck/ Schwäm̃ und dergleichen/ Item ein Baurenteller/ so zu Stein worden/ wie auch ein Teller/ darauf ein Plateisen/ so ingleichem zu Stein worden/ allerley kleine Schnecken von allerhand Farben. Schöne Perlen-Mutter eine auf 500. Cronen gerechnet: Ein Indianischer Degen/ dessen Thon man eine Viertel-Stund hören kan: Mosaische eingelegte Arbeit/ als wanns gemahlet wäre; andere Kunst-Stück/ Item/ Bücher von künstlichen Sachen. Hierauf kommt man in ein Zimmer/ darinn auch allerhand Statuæ, als Priami, Homeri, Cæsaris, Penelopes, Solonis, Alexandri M. Adriani, seyn. Diese alle/ wie auch die folgende/ sollen zu der Zeit/ als sie gelebt/ gemacht worden seyn. Weiter seynd zu sehen köstliche Gemählde von den besten Mahlern/ Item/ stattliche Zimmer/ und in einem des Cardinals Radzivil Bildnüß/ welcher hierinn/ als er aus Poln nach Rom gezogen/ sein Losament gehabt hat/ Item/ schöne Säl/ Tisch/ Crucifix/ von rothen Corallen/ Bett/ und dergleichen. Hernach kommt man in das Antiquarium, alda herrlich alte Statuæ der Käiser zu sehen/ dergleichen so juste/ und also ordentlich nach einander/ auch in Rom nicht sollen gefunden werden. Es stehen bey den Käisern auch des Ciceronis, M. Bruti, und

Scipio-

Scipionis Asiatici, Statuæ, und nahend darbey/ in einem andern Zimmer/ die alte Käiserinnen. Und diese obgenannte Bilder alle seynd von Alabaster/ und Marmor/ so von Rom/ Athen/ und Constantinopel hieher kommen seyn sollen. Uber diß wird auch daselbst gewiesen ein Schreibtisch von Ebenholtz/ Crystall/ und Gold/ so 140. Kästlein hat/ darinn köstliche Sachen seyn/ und stehet auf solchem ein Hündlein von Marmor/ so ein besonders Kunststück/ welches über tausend Cronen und höher/ als andere Kunststück/ geschätzet wird: Item/ ein ander Schreib-Tisch von allerley Steinen eingelegt/ samt einer Bettstadt mit Edelsteinen versetzt/ so auf 4. tausend Ungarische Ducaten geschätzet werden; Item/ ein Tisch von 7. tausend Stücken allerley Müntz/ und dergleichen Medaglie: Ein Crystallin Crucifix/ darinnen die 4. Evangelisten geschnitten: schöne Spiegel/ und anders dergleichen: daß also dieses Palatium wol sehens werth ist. Besihe hievon das Theatrum Europeum Abelini fol. 29. seq. Und hat vielgedachter Megiserus ein eigenes/ nemlich das 20. Capitel des 1. Buchs der Beschreibung dieser Stadt/ von den Gärten/ Bibliotheken/ Kunst- und Rüst-Kammern rc. seinem Werck einverleibt/ daselbst auch/ wie die Häuser allhie gebauet werden/ zu finden ist.

Allhie hat es auch gute Schulen: und wird dieser Stadt von Alters her ein Hohe-Schul zugeschrieben; wiewol solche nicht sonderlich bestellet/ und die Gradus nicht ertheilet werden. Dann Padua zu nahe gelegen ist. Sonsten seynd da sechs Fraternitates/ oder geistliche Versamlungen/ so sie auch Scholus, oder Scuole grandi de' Battuti, oder die grosse Schulen der Geißler nennen/ in welchen sie den Armen viel guts thun; werden auch jährlich 1500. arme Töchter darinnen ausgesteuret/ wie beym gemeldten Megisero cap. 15. und Pflaumero zu lesen. Zu diesen sechs zehlen theils auch die siebende/ nemlich die Passion-Schule/ und seyn über solche grosse Brüderschafften/ die ihre Zunft-Häuser/ oder Herbergen haben/ noch gar viel kleine in unterschiedlichen Kirchen.

Was nun in dieser so hochberühmten Stadt die Kirchen anbelangt/ so ist erstlich wol zu besehen die Kirch S. Marx/ so des Hertzogs Capell genannt wird/ sehr groß und vom köstlichen Marmor erbauet/ deren weitläuffige Beschreibung beym besagten Schoto in dem Itinerario Italiæ, Megisiro cap. 7. paradisi deliciarum, und beym Pflaumero in seinem Mercurio Italico zu finden. Ist Anno 829. zu bauen angefangen/ aber Anno 976. abgebrandt/ und endlich Anno 1071. vollendet worden. Der Boden/ oder das Paviment, ist von unterschiedlichen schönen und theuren Steinen geleget und gemachet/ darinn schöne Gemälde und Emblemata zu sehen/ so unterschiedlich ausgelegt werden/ wie hievon Pighius in seinem Hercule prodicio zu lesen/ aus welchem Paul. Henznerus in seinem Itinerario einen guten Theil seiner Beschreibung scheinet genommen zu haben. Es wird ein Stein von unterschiedlichen Farben/ doch mehrers roth/ gesehen/ so dem Golde verglichen/ und von dem gemeinen Mann sehr hoch gehalten wird: Item/ das Meer/ oder die vor dem hohen Altar auf dem Boden in das vierecket gestrainete-weisse Marmorstein/ so wie Wasser aussehen/ und die Fabel vom Käiser Friderico Barbarossa ist. So seynd an den Wänden herumb auch allerley schöne Tafeln von herrlichen Farben; und in der Höhe die Bildnüssen S. Dominici, und S. Francisci, gegen einander über einer Thür zu sehen/ die/ wie man sagt/ Joachimus der berühmte Abbt/ viel Jahr zuvor/ ehe dieselbe gestorben/ also zu mahlen angeben haben solle; von welches Inventionen ein mehrers allhie zu finden. Die Gewölbte Deck oder Büne/ so schön gemahlet/ halten 36. Säulen von allerhand Marmorsteinen/ und wollen gemeldte Megiserus und Grasserus, daß inn- und ausser dem Chor/ in die 500. grosser und kleiner Säulen/ 5. Gewölb/ 5. Metalline Thor/ und unter denen bey dem grösten 8. köstliche Säulen von Porphyrstein seyen; welche grosse Anzahl bey vielen/ und auch noch dieses darzu/ gefunden wird/ daß die meisten Säulen von Athen/ Corintho/ und aus andern Orten des Griechenlandes/ dahin gebracht worden seyn sollen. Und ist der Vordertheil gegen dem Marckt über dermassen schön gezieret/ daran von Gold und schönen Bildern nichts ist versparet worden. Uber dem mittlern grössern Thor stehen oben vier sehr schöne von Corinthischem Ertz vergüldete grosse Pferd/ dergleichen in der gantzen Welt/ wie Sansovinus lib. 2. Venet. descript. wil/ nicht zu finden seyn sollen. Die Römer haben solche vorzeiten dem Käiser Neroni zu Ehren giessen lassen/ welche folgends nach Canstantinopel/ und von dannen Anno 1205. hieher kommen seynd.

Andere melden/ daß sie in dem Amphitheatro oder Arcu gestanden/ so Titus Vespasianus erbauet/ die hernach Constantinus Magnus nach Constantinopel hab führen lassen/ von dannen sie die Venediger/ als selbige Stadt eingenommen worden/ hieher gebracht/ weil sie dem Käiser Alexio Hülff gethan hatten. Vid. Schraderus lib. 3. monum. Italiæ fol. 290. b. Der gemeine Mann referiret solche auch zu der Fabel vom besagten Käiser Friderico; und hat gar unserer Poeten einer folgende Vers davon gemacht:

Maximus Imperii juraverat Arbiter olim,
Infestus Venetis qui Fridericus erat,
Quod foret è templo stabulum facturus equorum,
Hadriaci caperet mœnia quando Maris:
Acre sed in longos cùm bellum duceret annos,
Nec Venetæ posset frangere gentis opes.
Hos sibi jussit equos in summo culmine poni,
Nominis extarent ut monimenta sui.

Das Tach dieser Kirchen ist in 5. runde Theil/ oder Cuppeln abgetheilet/ und Creutzweiß mit Bley bedeckt/ von welchen Cuppeln kan gesehen werden das Itinerarium Germaniæ c. 15. fol. 337.

In der Kirchen soll S. Marci, des Evangelisten Cörper noch gantz seyn/ dessen Predigstul auch gewiesen wird. Pflaumerus sagt/ daß auch S. Isidorus da lige. Man weiset auch einen Stein/ auf welchen Christus mit dem Creutz sol gefallen seyn/ wiewol bey andern gefunden wird/ daß solcher vom Hertzog Vitali Michële aus Orient gebracht worden/ auf welchem Christus denen von Tyro und Sidon stehend/ soll geprediget haben. Megiserus sagt/ daß in der Capell/ in der man die Kinder taufft/ und darinn ein stattlicher Tauffstein ist/ der Altar von diesem Stein gemacht seyn solle. Item wird gewiesen ein mit Blut besprengter Stein/ aus S. Johannis Gefängnüß/ darinn er enthauptet worden. Die Capell und das Grab Baptistæ Zeni, des Cardinals/ so mit ehrinen Bildern gezieret/ ist wol zusehen. Beym grossen Thor stehet der Meister/ so die Kirchen erbauet hat/ der von Constantinopel gewest/ und deme versprochen worden seyn solle/ ihme zu Ehren eine Statuam aufrichten zu lassen/ weiln er aber einsmals gesaget/ daß er diesen Tempel/ so er gewolt/ wol stattlicher hätte erbauen können/ so ist ihme das Versprechen

chen auch nicht gantz gehalten / sondern nur diese von Marmorstein aufgerichtet worden / so die Hand auf den Mund hält. Das Pflaster bey dem Hauptchor dieser Kirche ist mit allerhand Farb kleinen Steinlein auf das allerfleissigst eingelegt und versetzt. Vid. de hoc lapide Fr. Sansovinum in descript. Venet. Fast in der Mitte in demselben Pflaster ist ein viereckter Ort/ mit Farben unterschieden / allda sich die Geschicht mit vorgemeldtem Käiser Friderico, und dem Pabst Alexandro III. wie er dem Käiser auf den Halß getretten / zugetragen haben solle / die zwar P. Justinianus lib. 2. rerum Venet. fol. 48. und andere / bestättigen ; aber Cæsar Baronius in seinen Annalibus Eccles. tomo 12. in Anno 1177. num. 68. fol. 882. der Mäyntzischen Edition de Anno 1606. viel einen andern Bericht hievon gibt / und auch solches Georgius Remus, der berühmte Nürnbergische Consiliarius, in seiner Anno 1625. zu Nürnberg gedruckten Dissertation, und Christophorus Lehman lib. 5. cap. 56. der Speyrischen Chronick / als ein erdichtetes Ding / mit stattlichen Gründen verwerffen. Besiehe auch Jacob. Spiegelium in Scholiis ad Güntheri Ligurinum lib. 10. fol. 434. und Crusium in seiner Schwäbischen Chronick lib. 11. part. 2. cap. 8. Es ist ausserhalb an der Kirchen ein Porphyrstein / und darinn vier Männlein / davon der gemeine Mann vorgibt / daß solche vier Kauffleute bedeuten / denen S. Marx Schatz gehörig gewesen / darunter allwegen zwey und zwey mit einander tractieret / die andere mit Gifft hinzurichten ; und als sie alle vier also geblieben / habe der Rath zu Venedig den Schatz zu sich genommen. Andere wollen / daß solcher Stein von Acra, als die Saracener selbigen Ort erobert / von den flüchtigen Bürgern hieher sey gebracht worden. Vid. Sansovinus lib. 8. descript. Venet. Hieron. Bardi lib. 1. delle cose notabili p 67. Camerarius cent. 1. meditat. histor. cap. 64. p. 293. & Pflaumerus d. l. Aber wieder in di: Kirch hinein zu kommen / so ist oben in der Höhe ein herrliche Figur / nemlich S. Marx / wie er seine Arm aufhebet / und gen Himmel schauet / zu sehen. Ferner ist im Chor / auf dem hohen Altar / sonderlich die güldene und silberne Tafel oder Platten zubesichtigen / so künstlich mit Figuren gegraben / und mit vielen theuren edlen Steinen / und Perlen / so nicht zuschätzen / gezieret / und auch von Constantinopel hieher kommen ist. Uber solchem Altar ist ein sehr schönes Gewölb / von dem schönsten Marmor / wie ein Creutz formieret / so von vier Marmorsteinern Säulen gehalten wird / darinn die Historien aus dem Alten und Neuen Testament gegraben. Bey dem Sacramenthäußlein / und auch bey solchem hohen Altar stehen vier herrliche Säulen von Alabaster / dardurch man / wie fast durch ein dickes Glaß / sehen kan. Theils / als Schraderus, wollen / daß sie von dem Tempel Salomonis übrig seyn sollen / so aber nicht wol zu glaubar ist.

Den Schatz dieser Kirchen belangend / so ist von solchem Sabellicus in histor. Venet. decad. 3. lib. 6. Leander in Venet. urbis descriptione, Camerarius cent. 1. meditat. histor. cap. 64. Die Würtenberg-Cöllnische / Henzneri, und Pflaumeri Reißbücher / des Grasseri Italiänische Schatzkammer / und Megiseri Beschreibung der Stadt Venedig / oder Paradisus deliciarum im 8. Capitel / zulesen / daselbsten auch von den Heiligthümern / dem Evangelio S. Marci, (so er selbsten geschrieben / und welches Johannes Chrysostomus mit güldenen Buchstaben abgeschrieben :) Item / die Histori von dem Diebstal / so mit diesem Schatz einsmals vorgenommen worden / zu finden. Wird mit 4. eysinen Thüren wol verwahret / und zu gewissen Zeiten / auch auf Vergünstigung / und gegen einer Verehrung / sonsten absonderlich gewiesen. Es seynd bey dieser Kirch 24. Thumherrn oder Canonici, 4. Diaconi, 4. Subdiaconi und andere mehr / wie mals Megiserus pag. 55. aber schreibet.

Uber diß seynd ausserhalb der Stadt nachfolgende Ort zu besichtigen :

Als erstlich : Der fürtreffliche Bau des Klosters S. Georgii Majoris, so auf ein halbe welsche Meil / oder 500. Schritt ungefehr / von S. Marx Platz abgelegen / dariñ die Münch des Ordens S. Benedicti, und S. Justinæ di Padova seyn / die schwartz gekleidet gehen. Sollen ihrer bey 60. 65. bißweilen gar 75. seyn / und ihr Einkommen jährlich auf 30. oder 50. tausend Cronen steigen. Sie essen kein Fleisch / und soll dieses Kloster der schönsten eines in Italia seyn ; wie es dann auch eine trefflich gesunde Lufft / schönen Prospect, und herrliche Gärten da hat / daher sich der Venetianische Adel Sommerszeit allhie erquicket. Die Bibliothek daselbst hat Cosmus Mediceus angestellt / als er da im exilio war. In der Kirchen / so von Marmor / werden die Gebein S. Stephani des ersten Märtyrers aufbehalten / von welchen Henznerus p. 232. zulesen. Es wird auch an einer Marmorsteinern Säul ein Ader gewiesen / so Christum am Creutz repræsentieret ; und besser oben an solcher Säul / soll auch das Bildnüß S. Mariæ seyn / weiln aber solches gar hoch / und subtil / kan man es nicht leichtlich sehen / welches aber beydes ein sonderlich Wunder der Natur ist. Der Chor ist über die massen schön / und von allerhand Biblischen Historien in Holtz. Es seynd auch da schöne Leuchter / so auf Probierstein stehen : wie auch viel herrliche Gemahlte Stück : sonderlich aber wird hoch gehalten die Histori von dem Ehebrecherischen Weib / so Christus nicht verurtheilen wolte ; Item / in dem grossen refectorio die Hochzeit zu Cana in Galilea. Gegen über ist eine andere Insul / auch auf eine halbe Meil von der rechten Stadt / wie Schotus schreibt / gelegen / Judeca, Giudeca, und Zuecca genannt / die wol erbauet ist / und in welcher 8. oder 9. Kirchen seyn sollen.

Allhie ist auch der Capuciner Kirch / oder al Redemtore / so ein schön herrlich Gebäu / zu sehen / welches die Herrschafft aufrichten lassen / als Anno 1576. die Pest aufgehört / daher daselbst über der Thür stehet: Christo Redemt. Civitate gravi pestilentia liberata Senatus ex voto prid. Non. Sept. Anno 1576. Ferner siehet man / zwischen Venedig und Malamocca, das Kloster S. Spiritus, welche Münch alle von Adel / und allein dem Pabst und der Herrschafft Venedig unterworffen / deren auf die viertzig seynd / welcher Einkommen jährlich auf viertzig tausend Cronen sich belauffen soll. Es seynd daselbst herrliche Gemählde des berühmten Mahlers Salviati, wie auch ein schöner grosser Leuchter von Metall / auf einem grossen Probierstein / Item / in der Wand in der Haupt-Kirchen ein Kunststück von backenen Steinen. Von dannen kommt man zu der Stadt Malamocco, so / wie Leander in Beschreibung Italiæ bezeugt / Lateinisch Mathamacum, von theils Methamaucum genannt wird. Soll eine starcke Meil von Venedig ligen / allda vorzeiten der Hertzog von Venedig gewohnt hat. Jetzt ist ein Podestà daselbst.

In einer Kirchen werden diese Wort gelesen : Hic SS. Felicis & Fortunati, ac Jacobi intercisi, capita

capita jacent, nec non multæ aliæ Sanctorum ac Sanctarum reliquiæ in eodem loco repositæ, quo in direptione Aquilejensis civitatis delatæ fuerunt. Allhier kan man gar eigentlich den Damm/ oder Argine, so sie Litto nennen/ besichtigen/ so wol der Venedische Wall und Vormauer kan genannt werden/ allda die Meeres Wellen mit Ungestüm anstossen/ und welcher von der vorsichtigen Natur/ zu Beschützung der Insuln/ und der Stadt da gemacht worden/ und an sieben Orten/ wie Contarenus und Pflaumerus setzen/ offen ist/ damit nicht allein die kleine Schiff herein zu der Stadt fahren/ sondern auch die Meerpfützen oder Canäl/ mit Wasser gefüllt werden können: und der von der Stadt fast in gleicher Weite/ nemlich 5. oder/ wie gemeldter Contarenus sagt/ 6. tausend Schritt/ ligt. Von gedachtem Malamocco rechnet man mehr/ als eine teutsche Meil nacher Lio. Ist ein vornehmer Meerhaven/ dabey 2. Castell/ so ziemlich vest seyn. An das grosse Bollwerck schlägt das Meer/ auf welchem ein grosses Soldatenhauß/ und die Kirch S. Nicolai stehen.

Es seynd auch 2. Brünn daselbsten/ aus welchen die Schiff das süsse Wasser laden/ deren der beste mit dem Meer ab und zunimmt/ welches für ein sonderliches Wunder gehalten wird. Allhie ist auch der Juden Begräbniß.

Was besagte Kirch zu S. Nicolaus anbelangt/ so ist solche schön renoviert und erweitert worden/ allda jedesmals/ nach Vermählung des Meers der Herzog Meß höret; dabey auch ein stattliche Music gehalten wird. Es ligt allda S. Nicolaus/ Bischoff zu Smyrna; Item/ Nicolaus Justinianus, welcher/ als sein Geschlecht der Justinianer/ gantz abgangen/ und in dem Krieg für das Vaterland/ alle umkommen waren/ auf Bitt der Venediger/ und Zulassung des Pabsts/ seinen Münchs-Stand/ in welchem er allhie bey den Benedictinern lebte/ verlassen/ und des Venedischen Herzogs Michaëlis Tochter geheurathet/ und mit ihr etliche Kinder gezeuget/ durch welche dieses sehr alte Geschlecht biß daher ist erhalten worden. Und hat darauf sich wieder in diß Kloster begeben/ und die übrige Zeit daselbsten zugebracht.

Was der Venediger Art betrifft/ so schreibet Thomas Campanella cap. 21. pag. 98. des Tractats von der Spanischen Monarchy/ daß sie zwar eines aufrichtigen/ aber nicht mannlichen Hertzens und Gemüths/ und deßwegen gut zu Erhaltung/ und nicht zu Eroberung eines Landes seynd. Besiehe/ was Bodinus lib. 5. de Republ. c. 5. hievon schreibet. Gegen die frembde seynd sie freundlich/ und ertheilen ihnen gleiches Recht mit den Einheimischen. Wie sie sich mit Bündnüssen in die Zeit zu schicken wissen/ davon lese Christoph. Forstnerum in not. polit. ad lib. 1. C. Taciti p. 45. seq: Von der Verrätherey aber/ so Anno 1618. obhanden wider die Stadt gewesen/ Histoire de derniers troubles arrivez en France; und M. I. Ph. Abelinum in Theatro Europæo fol. 29. Die Weibs-Personen seynd schön/ aber darneben geil und vermessen/ wiewol nicht alle/ sondern deren auch gefunden werden/ so sich der Tugend und Zucht befleissigen/ und deßwegen hoch gelobt werden. Sie gehen auf hohen Zoccoli, damit sie desto grösser scheinen/ davon Salmuth ad Pancirollum part. 1. p. m. 346. tit. Fibula zu lesen.

Im übrigen erkennet die Herrschafft Venedig in weltlichen Sachen niemand für ihren Oberherren. Vid. Arnisæus lib. 1. de jur. Majest. c. 2. n. 4. p. m. 25. seq. Wiewol der Türckische Sultan etwas auf die Insul Corfù prætendirt, wie Lazarus Soranzius, in Ottomanno cap. 56. schreibet: Auch der Autor des Buchs/ Squitinio della libertà Veneta intitulirt, will/ daß die Insuln/ auf welchen Venedig erbauet/ zeitlich/ wie aus Strabonis 5. Buch erscheint/ und aufs wenigste noch vor dem 421. Jahr nach Christi Geburth seynd bewohnt gewesen/ und daß etliche derselben/ sonderlich Rialto, den Paduanern gehört haben/ die auch die erste Consules dahin geschickt/ und solche Possession, saltem animo, biß zu der Zeit/ als Narses nach Venedig kommen/ (so/ wie man darfür halte/ umbs Jahr Christi 564. geschehen seyn solle) behalten haben: daraus dann erscheine/ daß diese Stadt gleich anfangs nicht frey/ sondern samt den Paduanern/ und gantzen Italia/ den Römischen Käisern unterworffen gewest sey: Inmassen Ulpianus lib. 5 ff. tit. 1. l. 9. saget/ daß die Insuln in Italia/ ein Theil von Italia/ und einer jeden Provintz seynd. Haben nun die Käiser Honorius und Valentinianus umb dieselbige Zeit/ und hernach Odoacer der Herulen/ und Theodoricus der Gothen König/ wie bey den Historicis zu finden/ über gantz Italiam geherrschet/ so werden ihnen auch diese Insuln gehört haben; und alß hernach die Gothen gedemüthiget/ und endlich vertilget worden/ so seynd die Venediger wieder unter den Constantinopolitanischen Käisern gewesen/ biß folgends das Käiserthumb in Occident an Carlen den Grossen kommen/ da dann verglichen worden/ wie es mit Venedig gehalten werden solle/ davon Blondus zu lesen/ welcher decad. 2. lib. 1. histor. ab inclin. Rom. Imper. fol. 164. sagt:

Ut Veneta Urbs Italiæ maritima utrumq; reverita Imperatorem propriis uteretur legibus, & sive bello sive pace neutrius partium censeretur.

Und schreibet Aventinus lib. 4. Annal. Bojorum fol. 385. a & b. daß der Herzog samt dem Bischoff von Venedig/ auf den Reichstag zu Dietenhoffen an der Mosel/ unter Metz/ kommen seynd/ und besagtem Käiser Carolo M. und dem Römischen Reich geschworen haben/ wiewol sie es nicht gehalten/ sondern bald auf seiner/ bald auf des Constantinopolitanischen Käisers Seiten gewesen/ ja keinem derselben Glauben hielten/ sondern lieber selbst Herren/ und frey seyn wolten/ biß des Käisers Caroli Sohn/ König Pipinus, sie zu Wasser und Land belägerte/ und daß sie sich ergeben/ und dem Käiser schwören musten/ zwange. Besiehe hievon auch besagten Blondum lib. 2. decad. 2. in pr. Reginonem in Annal. ad. An. 810. und Constantinum Imp. de administr. Imper. c. 37. Als aber dieser Pipinus gestorben/ so hat Käiser Carl zu Aach dem Constantinopolitanischen Käiser Nicephoro Venedig wieder zugestellt/ welches auch die Annales Francorum Fuldenses in Ann. 810. und Aimoinus lib. 4. c. 98. bezeugen/ wiewol besagter Blondus schreibet/ daß solches noch Pipinus selbsten gethan habe. Und nachdem der Venedische Herzog Willarius, oder Obelerius, oder Ubelerius, Ann. 811. umbgesattelt (dann ein Venedischer Edelmann ein Fisch ist/ welcher in diesen Meerpfützen/ und in dem Wasser der Freyheit geboren/ ausser Venedig/ in dem Element der Dienstbarkeit nicht zu leben weiß/ wie Trajanus Boccalini Cent. 1. Ragguagl. 26. redet/) so hat ihn Käiser Carl seinem Herren/ dem Griechischen Käiser zuzuführen befohlen/ wie aus Regione in Anno 811. und Aimoino lib. 4. de gestis Francorum cap. 99. erscheinet. Anno 976. ist der Patriarch Vitalis zum Käiser Ottone II. gezogen/ und hat die Venediger des Todschlags halber an seinem

Vätter/dem Hertzog Petro Candiano, begangen/ angeklaget/ wie Sigonius de Regno Ital. lib. 7. fol. 328. schreibet. Und saget Sabellicus in Enn. 9. lib. 2. fol. 654. de Anno 1560. in fol. daß die Venediger die Freyheit ihres Ports/ und Jahrmarckts vom Käiser Ottone III. bekommen/ welcher ihnen auch den Tribut nachgelassen/ indem sie jährlich dem Käiser ein gülden Tuch/ (so Leander Albertus pretioso pallio d' Orco nennet/) haben geben müssen/ wie abermals Sabellicus decad. 1. rer. Venet. lib. 4. pag. 107. meldet. Was mit dem Käiser Henrico IV. vorgangen/ und was sie ihme/ durch ihre Gesandte/ versprochen/ das findet man bey ihme/ dem Sabellico decad. 1. lib. 6. pag. 157. Vom Käiser Friderico I. haben sie/ wie auch von andern Teutschen Käisern/ stattliche Freyheiten bekommen; wie sie dann auch die Müntz-Gerechtigkeit entweder vom Conrado I. oder Rudolpho I. erlangt haben; wiewol solches theils dem König Berengario zuschreiben.

Obgedachter Autor des Buchs Squitinio sagt/ daß Paulus Petavius, ein Rathsherr im Parlament zu Pariß etliche alte Sachen/ und sonderlich viel Müntzen habe drucken lassen/ so zu den Zeiten des Caroli Magni und Ludovici I. geprägt worden/ darunter eine von Silber/ mit dem Namen Hludovicus Imp. und auf der andern Seiten Venegias; daher dann auch zu muthmassen/ daß die obgedachte Müntz-Gerechtigkeit/ so sie von den folgenden Käisern erlanget/ dahin zu verstehen/ daß sie forthin den Käiserlichen Namen auf den Müntzen haben auslassen dörffen.

Folgends umbs Jahr 1300. haben sie sich/ wie abermals vorgedachter Autor sagt/ für gantz frey ausgeben/ gleichwol nicht sagen dörffen/ daß sie solche Freyheit aus eigenem Recht/ sondern aus Zulassung der Käiser bekommen/ daher sie sich auf eine lange Præscription, oder Verjährung/ gezogen haben/ von welchem Privilegio Albericus de Rosate in l. cunctos populos C. de summa Trinit. bezeuget/ daß er es gesehen habe. Und wegen solcher Käiserlichen Exemption und Præscription, wollen sie nunmehr dem Reich nicht unterworffen seyn: wiewol der Käiser ihnen solche Freyheit/ wie abermals gedachter Autor aus andern meldet/ sonderlich/ wann sie sich undanckbar erzeigten/ wieder nehmen/ und sie zu Unterthanen machen könte. Besihe Joachim. Cluten. in Syll. rer. quotid. thesaur. 12. lit. F. Limnæum de jure publ. lib. 1. cap. 9. num. 68. & Carpzovium in capitulat. Cæsar. cap. 7. num. 21. seq. Und was hergegen Henning. Arnisæus de jure Majestatis lib. 1. cap. 2. num. 4. pag. m. 25. seq. Item/ der Thesaurus Politicus Mediolanensis, in der Relation von Venedig/ und Theodorus Grasvvinckelius Delfensis JC. in seinem Buch/ dessen Titul/ Libertas Veneta, sive Venetorum in se ac suos imperandi jus, assertum contra Anonymum Scrutinii scriptorem, Anno 1634. zu Leyden in 4. gedruckt/ schreibet. Und ist auch Julius Pacius in seinem Tractat de Dominio Maris Hadriatici zu lesen/ in welchem er der Venediger Freyheit/ und daß das Hadriatische Meer denselben unterworffen/ mit mehrerm ausführet. Besiehe auch Francisci de Ingenuis Epistolam de jurisdict. Reipubl. Venetæ in mare Adriaticum, edit. Anno 1619. in 4. Und diese ihre Freyheit haben sie jederzeit zu erhalten ihnen angelegen seyn lassen; wiewol sie Anno 1509. einen harten Stoß gelitten und erfahren/ daß das Sprichwort/ so von vielen Jahren her in Italia gewesen/ daß der Rath zu Venedig das jenige niemals aus handen lassen/ so er einmahl bekommen/ (wie Dominicus Trevisanus, ihr Raths-Freund/ beym Guicciardino lib. 8. Ital. histor. in orat. ad Collegas, pag. m. 203. b. solches referiret/) nicht jederzeit wahr geblieben; in dem der Pabst die Stadt Ravenn und andere Ort in Romandiola; der König in Franckreich alles das/ so vor diesem zum Hertzogthum Meyland gehöret hatte; Item/ der König in Spanien alle die Orth/ so den Venedigern im Königreich Neapolis versetzt worden; wie auch des Hertzogen von Ferrara und Mantua das ihrige wieder erobert haben. Und verlohr Venedig damaln diesen prächtigen Titul/ welcher vorhin gewesen/ daß sie die allerfürnehmste und berühmteste Stadt unter allen Städten; ein Schauplatz der Welt; ein gemeine Handels-Stadt der gantzen Welt; ein Uberwinder- und Beherrscherin so viel/ und so grosser Feinde; ein Königin des Hadriatischen Meers; und des Italiänischen Namens Ehr und Zierde seye. Besihe die klägliche und unterthänige Wort/ deren sich Antonius Justinianus, ihr Ambasciatore, gegen dem Käiser Maximiliano I. in besagtem 1509. Jahr gebraucht hat/ die beym gedachten Francisco Guicciardino lib. 8. histor. pag. m. 211. seqq. dem vortrefflichen und glaubwürdigen Italiänischen Scribenten, gelesen werden; wiewol theils der Venediger/ als Joh. Baptista Leo consider. sopra il Guicciardin. lib. 5. und Paul. Paruta in disc. polit. lib. 2. disc. 3. p. m. 300. seqq. solches zu verneinen sich unterstehen/ die aber obgedachter Autor in dem allegirten Scrutinio, oder Squitinio della libertà Veneta, widerleget/ und die Warheit aus P. Langii Chronico Citiz. ad Ann. 1503. fol. 889. L. Tuberonis lib. 9. Andrea Mocenico de bello Cameracensi lib. 1. pag. 19. b. edit. Venetæ de Anno 1525. auch Egnatii und Bembi Venedischen Historien/ und des Frantzösischen Gesandten Ludovici Heliani Rede/ so er Anno 1510. auf dem Reichstag zu Augspurg gehalten/ zu beweisen sich unterstehet/ und sagt/ daß des gemeldten Guicciardini Historien/ ohne Auslassung bemeldter Rede/ auff die 10. oder 12. mal zu Venedig gedruckt worden: auch die Erben des gedachten Bottschaffters/ oder Gesandten Justiniani, sich nie darwider gelegt haben. Und es wird sonder Zweiffel den frommen Käiser Maximilianum hernach offt gereuet haben/ daß er solche der Venediger Unterthänigkeit/ und was ihme angebothen worden/ nicht angenommen/ und hiedurch seines auffgewandten Kriegs-Unkostens sich wieder erholet hat. Aber der Haß und Widerwillen gegen die Venediger/ (den Andreas Gritti, ihr Rathsverwandter/ beym besagten Guicciardino lib. 7. p. m. 194. b. selber fürmahlet/) war so groß/ daß niemand kein Mitleyden mit ihnen haben wolte. Besihe was Guicciardinus in seinem 8. 11. und 12. Buch von diesem Krieg und der Venediger betrübten Zustand; Item von der entstandenen Brunst daselbst im 12. Buch in Anno 1514. am 330. Blat. schreibet; auch am Ende jetztgemeldtem Buchs berichtet/ daß nach Aussag etlicher Scribenten, so von der Venediger Sachen geschrieben/ sie damals auf den gantzen Krieg 5. Millionen Ducaten spendiert; darunter 500000. gewesen/ so sie von Erkauffung der Aempter bekommen haben; wie dann selbiges mahl die Erkauffung der Aempter ihren Anfang genommen/ von welcher D. Lansius in seiner Consultation orat. contra Galliam pag. m. 267. kan gelesen werden. Ihr Historicus Petrus Justinianus schreibt am Ende des 11. Buchs von den Venedischen Geschichten vom Beschluß dieses Kriegs also: Post innumerabiles terra marique clades, expensaque centies, quinquagies centena aureorum nummûm millia, honestis conditionibus bello finis impositus est:

Sie haben aber das jenige/ was sie auf dem vesten Land gehabt/ und sonderlich vom Käiser Maximiliano eingenommen worden/ mehrentheils wieder erobert/ und des Hutteni Reimen/ so er damals von ihnen gemacht hatte/ außgelescht/ die also gelautet hatten:

Rana procax nuper Venetas egressa paludes,
Ausa est quam tetigit dicere terra mea est:
Quam procul ut vidit specula Jovis ales ab alta,
Convulsam ad luteas ungue retrusit aquas.

Und haben sie solch ihr Land nach vollendetem Krieg biß daher erhalten: wie sie dann vorige ihre Freyheit zubeschützen/ auch in der Streitigkeit/ so sich zwischen ihnen/ und Pabst Paulo V. erhoben/ ihnen haben angelegen seyn lassen; inmassen aus dem/ so sie öffentlich in den Druck gegeben/ und den 6. Maji Anno 1606. haben anschlagen lassen/ zu ersehen ist. Besihe hievon des Meterani Niederländischer Historien 27. Buch in dem 1606. Jahr; in welchem die Jesuiter aus der gantzen Herrschafft der Venediger seynd verjagt worden. Item/ Thuanum im 137. Buch/ und Rodolf. Botereum lib. 13. Commentariorum. Anno 1614. haben die Venediger ein Bündniß mit den Reformirten Schweitzern auf zwölff Jahr lang gemacht.

Es besitzen aber die Venediger in der Lombardy/ und Tarviser-March/ auf dem vesten Land/ (ausserhalb den Städten in der besagten Tarviser-Marck/) als da seynd Rovigo, oder Rhodigium, Castel Franco, Asola, Bassan, Coneda, Seravalle, (so ein sehr schöne wolgebaute und grosse Stadt/ gegen Cadober/ so Anno 1509. von den Käiserlichen erobert worden/) und Tyrol/ am Fluß Mesulo gelegen/ allda herrliche Klingen gemacht werden/ Coniglian, Pordenon, (so vorzeiten Portus Naonis geheissen/ und dem Hauß Oesterreich gehört hat/) Sacile, Matta, Altino, Concordia, (welche aber beyde schlecht bewohnt seynd/) Cividal di Belluno, Feltro, so auf einem hohen Berg/ Oderzo, oder Opitergium, so der Zeit 30. welsche Meilen vom Meer gelegen) diese 7. vornehme Städte/ nemblich/ Padova, Vincenza, Verona, Brescia, Bergamo, Treviso und Crema; darunter viel andere Städt/ Flecken/ Vestungen und Dörffer begriffen seynd; also daß sich solch Gebiet/ wie Hieronym. Megiserus in Beschreibung der Stadt Venedig am 22. Capitel meldet/ in der Länge auf die hundert welscher Meilen erstrecket/ und aus welchem die Herrschafft Venedig dreyssig tausend streitbarer Mann auffbringen kan.

Es haben die Venediger ferner auch die Länder Friaul und Histerreich meistentheils: Item/ das Königreich Cretam, oder Candiam; wie auch die Insuln Corcyram, oder Corfu; Cephaloniam; Cytheram, oder Cerigo, Zazynthum oder Zante, und viel andere Ort und Vestungen in Sclavonien/ Dalmatien rc. als Cherso und Ossero, die Insul Veggia, oder Veglers/ gegen S. Veit am Flaum über gelegen; die Insul Arbe/ nicht weit von Zeng; die Insul Pago, die Stadt Zara, oder Jaderam, und gegen über die Insul Melata, die Stadt Sebenico, und gegen über das Castell S. Nicolà; die Städt Trau, Salona und Spalatro; Item/ Catharo, ein veste Stadt; und die Insuln Liesena, Brazza, Curzola &c. von welchen allen besagter Megiserus am 31. 32. und 33. Capiteln weitläufftig schreibet. Und in diesem der Venediger Gebiet haben sich zu obbesagter Zeit/ nemblich umbs Jahr 1606. auf die 3. tausend mahl tausend Menschen befunden/ wie M. Paulus, Ordinis Servorum, in der Consideration sopra le censure di Papa Paulo V. p. m. 36. b. der Venedischen Edition schreibet/ welcher Tractat hernach von P. Pappo von Tragberg Lateinisch gemacht worden/ daselbst dieses p. 71. zufinden ist. Donatus Gionotti in seinem Buch della Republica di Vinegia sagt/ daß ihr viel bestättigen/ daß der Venediger Einkommen des Jahrs auf die anderthalb Millionen Golds sich belauffe. In dem offtangezogenem Thes. Polit. in relat. de Republ. Venet. werden die Einkommen von den Städten/ Landen/ und allerhand Sachen/ specificiret/ welche sich (ausser etlicher Castell/ Städtlein und Dörffer/ so in frembden Herrschafften gelegen/ und nichts destoweniger den Zoll/ und die Aufflagen/ den Venedigern erstatten/) allein auf 1214450. Cronen belauffen/ darzu gleichwol die extraordinari Einkommen nicht gerechnet seyn. Obgemeldter Megiserus setzet ingleichem cap. 34. die Entraden ordentlich nach einander/ und sagt/ daß solche zu Friedens-Zeiten ordinari über zwey Millionen Golds kommen. Der von Pflaumern meldet auch in seinem Mercurio p. m. 45. daß sich das Einkommen auf 2. Millionen Golds belauffen solle/ ausser des extraordinari, so man nicht gewiß bestimmen könne. Und endlich/ so stehet beym Thoma Segetho, daß das jährliche Einkommen auf 3000000. Gülden geschätzt werde; und gebe allein die Stadt Venedig 800000. Cronen/ oder Scudi. Hergegen ist die Außgab auch nicht gering/ wann man bedenckt/ was auf ihr ordinari Kriegs-Volck/ und 22. Galeen/ so sie ordinariè per Guardia del golfo, oder zu Beschützung des Venedischen Meers/ wie gedachter Megiserus meldet/ halten/ gehet: wie ingleichem/ was sie für Provisioni andern geben; und auf ihre Gesandten/ sonderlich den Bailum zu Constantinopel/ (der den Bassen grosse Geschenck thun muß;) Item auf ihr Arsenale, oder Zeug-Hauß/ (so allein bey die 600000. Gülden jährlich ungefehr kosten solle;) so wol auch auf die Verehrungen/ so den Frembden geschehen/ und dergleichen/ wenden; auch ihrem Hertzog/ den Obrigkeiten/ Beampten und Dienern/ geben/ wie gemeldter Megiserus solches weitläufftig specificiret/ und aus demselben/ daß ihr/ der Herrschafft/ an ihrem ordinari jährlichen Einkommen/ bey so grossen Außgaben/ wenig über bliebe/ sich befindet. Gleichwol/ in Betrachtung der grossen Extraordinari-Entraden, so gibt man für/ und stehet in offtgemeldter Relation/ daß die Herrschafft 15. Millionen Golds in ihrem Schatz habe: wie dann in dem besagten Thesauro gelesen wird/ wann alle Außgaben abgezogen werden/ daß die Herrschafft den halben Theil/ ja auch ein weiters jährlich von dem Einkommen erobern könne. Und haben sie allerhand Mittel/ im Nothfall ein grosse Summa Gelds aufzubringen/ wie hievon/ und den Montibus Venetorum veteri, novo & novissimo, unter andern auch Johan. Ruremundus im Schlüssel des Reichthums cap. 40. p. 152. seqq. zu lesen. Es seynd im übrigen die Venediger zu Wasser mächtiger/ als zu Land: haben Mangel an Volck und Proviant/ so sie von andern Orten vielmals holen lassen müssen.

Die Regierung betreffend/ so war solche erstlich bey den Bürgermeistern/ hernach bey den Zunfftmeistern/ biß sie Anno 697. oder 703. oder 706. (dann die Scribenten hierin nicht einig seynd/) ihren ersten Hertzog erwehlet haben/ welche Hertzogen aber nicht nur von etlichen/ wie jetzt geschicht; sondern von dem gantzen Volck seynd erkieset worden. Und hatten solche die völlige Gewalt/ biß ihnen mit der Zeit/ und wie theils darfür halten/ zwischen dem 1175. und 1205. Jahr/ derselbe umb etwas beschnitten worden/ und das Volck das jenige bekommen/ so dem Hertzog entzogen worden: wie dieses auch aus der geschriebenen Histori von Bajamonte Tiepolo, so obgedachter Autor des Scrutinii anziehet

erschei-

A
F

D
C

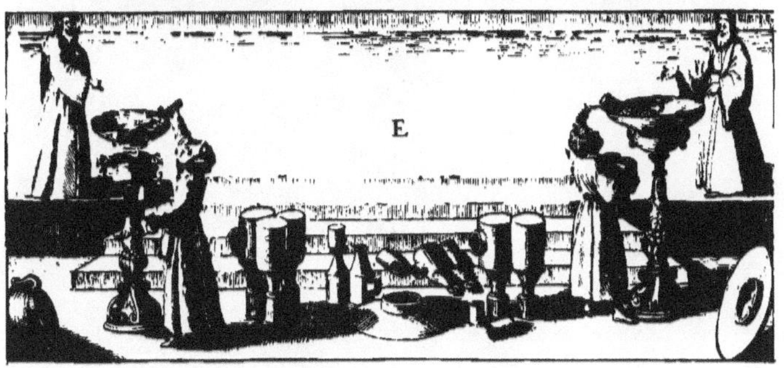
E

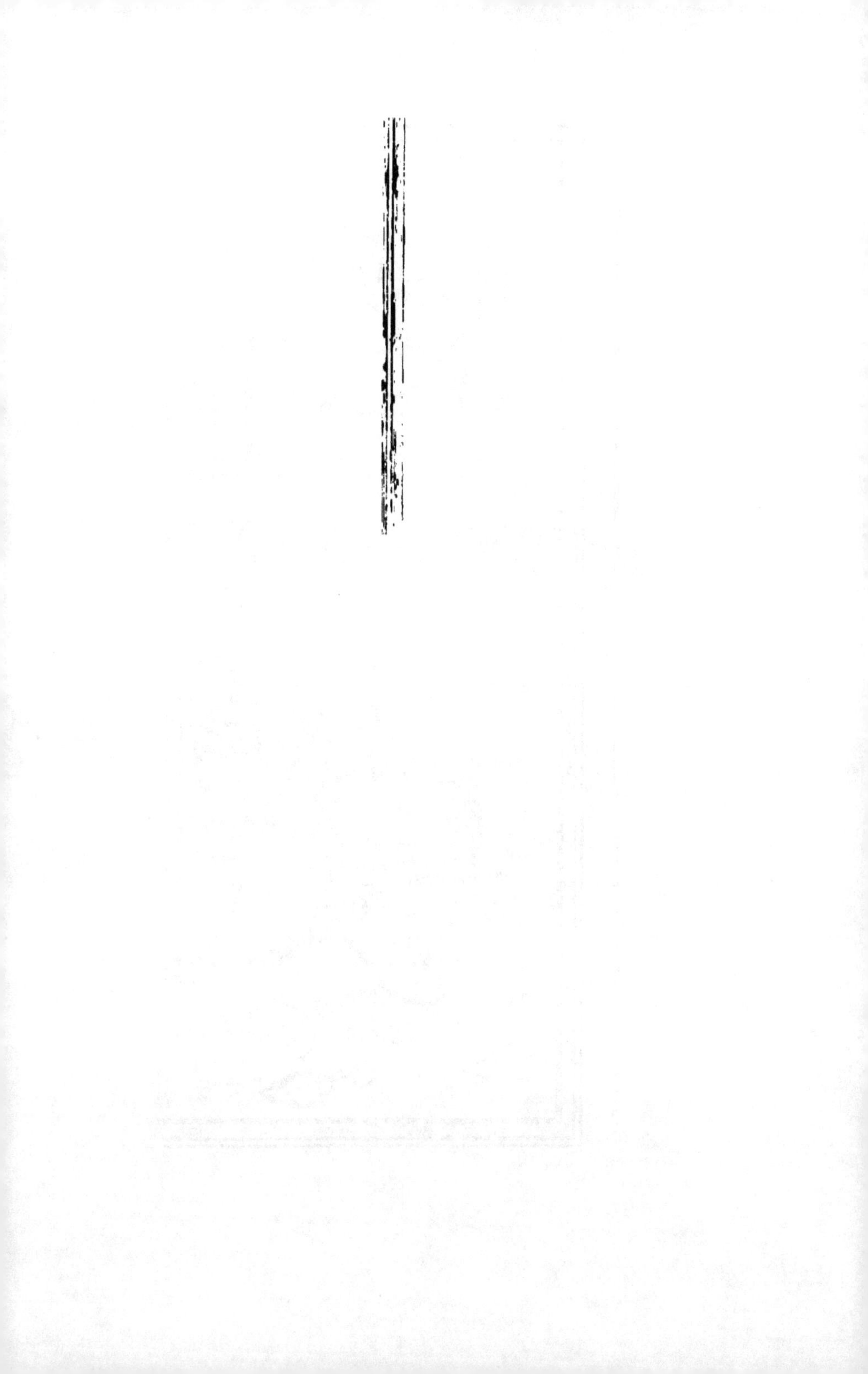

Greciæ
Butintre
pars
P. Sidari
Casali
Porto Timon
P. Guini
Potamos
Corfu
P. de S. Nicolo
Casdachisonti
Pagiopoli
Gardichi
Cassia Lago
Gudia Isola
CORFU
C. Bianco
Formiche
Inf. S. Ma
C. Malio
Drageniere Insule
Testauro
Cerigo Insule pars
C. Spada
C. Poro
Poresta
Cecerigo
Dictamo
Porto Caneo
Grotta
Canea
Saline
Minolo
Occidens.
P. della Carabuse
Apuno petealida
Stomololite
C. Cutri
Terri torium Can eæ
S. Zuan Baptista
Olerno
Madoua
Cornico
Lic a pianu ra
Madara mont.
Pandolicho
P. Cambosa
Traba
Fenice
C. Firmo
C. Flome
Hermico P.
MARE
MARIS MED
Gozo
Parmundo

tentrio. 20 40 54 20 40 55 20 40

Plana

ANDIA

Standia

Falconera

Paximada

Caxucai

Paxima-dochea

Dionisades

Louo

Spellegia

Candia

Carfe

Tempio

Philopoli

Apostolemi

Catapina

Territori um Can-die

S. Antonio

Mirino

S. Carforila

Laberinto

Bonifacio

Chetina

Lasetilo

campo

Dicteo mon

C. Noue

Agento

Grotina

Arcatina

pianura

Antropoli

Sitteia

Sittie Terei torium

Mauro murij

Camara

Certonese

Fonte

Verapola

Omal campo

Tempio de Diana

Garubas

Cortonese

Xacro

C. Xacro

C. Palio

Lulachi

C. S. Sidero

Morena

Bauachia

Spinalonga

Colochita

Cognida

Mirabello

C. de S. Zuane

S. Zuane

S. Nicolo

Gira petra

C. de Girapetra

C. Stroma Crigini

S. Quaranta

Farioni

Christiana

Gaiderones

S. Nicolo

P. Aretino

Longo

Cosina

C. Lion

Guado

NE PARS.

Miliaria
Italica communia.

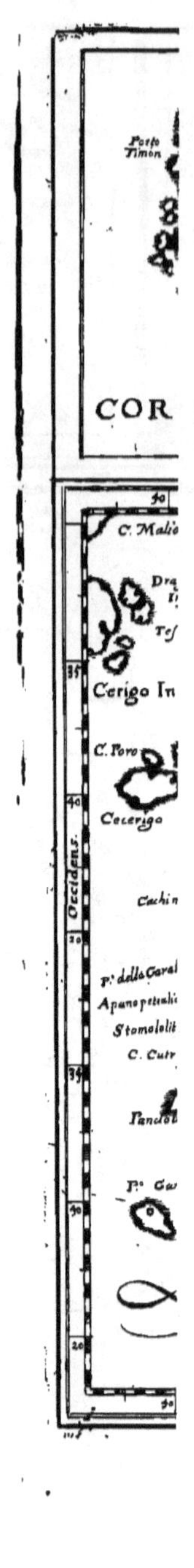
Porto Timon
COR
C. Malio
Cerigo In
C. Poro
Cecerigo
Occidens.
Cachin
Apano petali
Stomololit
C. Cutr
Panco

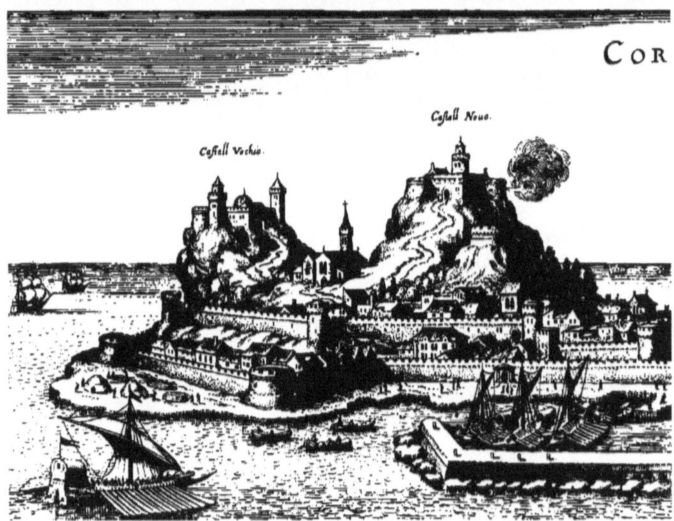
COR
Castell Nouo.
Castell Vechio.

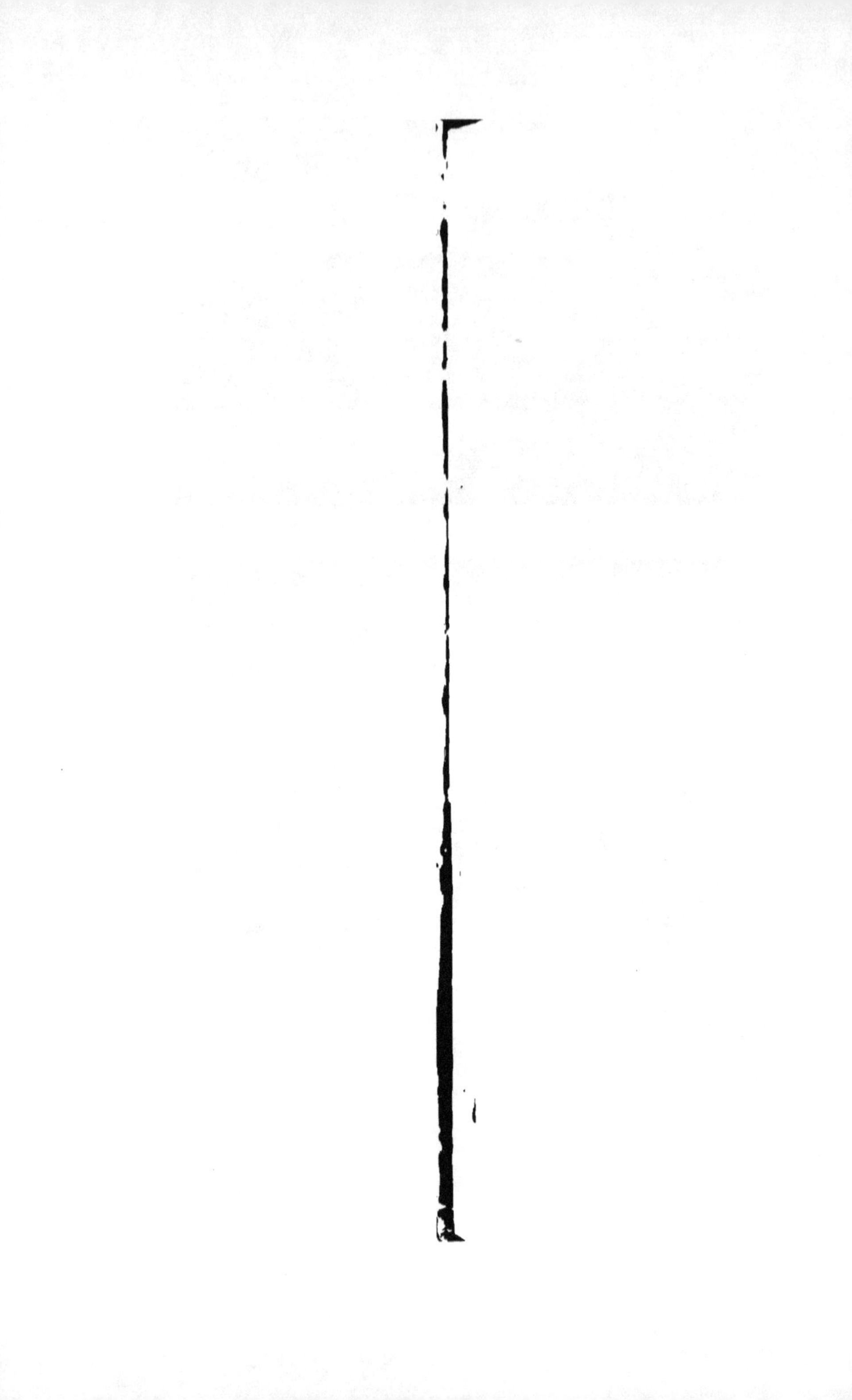

erscheinet; daß solche Conjunction deßwegen entstanden / weil der neue Hertzog Pietro, oder Perazzo Gradenigo, den grossen Rath hat reformiren / oder gar sperren / und die gemeine Bürger davon ausschliessen wollen / so umbs Jahr 1296. oder 97. sich angefangen / und Anno 1310. vollbracht worden. Und obwoln die Historici schreiben / daß gedachter Bajamonte sich zum Herrn zu Venedig habe machen wollen; so sehe man doch / sagt abermals gemelter Autor, aus seines Schwehers / Marci, Querini, Oration, daß / nachdem der Bajamonte, und andere gesehen / daß keine Hoffnung einiger Verbesserung da seye / so lang gemeldter Gradenigus im Regiment verbleibe / daß sie ihnen vorgenommen / ihn zu vertilgen / und einen neuen Hertzog zu erwehlen: Aber es gieng solche Conjuration, wie gemeiniglich bey den Rebellionen wider die Obrigkeit zu geschehen pflegt / sehr übel ab. Besihe M. Anton. Sabellicum histor. rer. Venetar. decad. 2. lib. 1. p. 316. seq. Petrum Justinianum lib. 3. hist. Venetæ; Petrum Marcellum in vitis Principum Venetorum p. 66. und Zeilleri Theatrum Tragicum in der 29. Histori / am 1040. und folgenden Blättern.

Als endlich alles gestillet / so bliebe die Administration ohne einige Widerred bey dem Adel / und wurde allein der für einen Edelman gehalten / so in den Rath gehen durffte / nemlich / die jenige / so bald anfangs für Adeliche Geschlecht seynd gehalten / oder derselben aus unterschiedlichen Ursachen zugethan worden / welches dann noch heutiges Tages also gehalten wird; wiewol man einen Unterschied unter dem alten / mittlern / und neuen Adel machen wil. Vid. de nobilitate Veneriana Caspar à Letch in discurs. de Ordine Equestri Germ. in fundam. 1. n. 61 f. 31. Das übrige Volck wird in zween Hauffen getheilt; und werden theils / als die Kauffleut / und dergleichen / etwas respectirt und Bürger genannt: Andere aber / als die Handwercker / und ihres gleichen / gar gering gehalten. Der Hertzog / so gleichsam einen Monarchen repræsentirt / bleibt sein Lebenlang / und wird nichts ohn ihn von dem Rath gehandelt; so thut er auch nichts ohn den Rath / in welchem er gleich als auf einem Königlichen Stul sitzet. Er trägt Königliches Gewand an / nemlich ein gülden Stück / oder langen Mantel von Scharlach / oder purpurfarben Sammet / und Gold / mit gar weitem Ermeln / und oben her ein Halsröcklein oder Uberschlag / von den edelsten und schneeweissen Hermelin unterfüttert. Auf dem Hut trägt er ein schneeweisse Haub von subtiler Cambrischer Leinwad / neben den Börtlein / so ihm über die Ohren herab auf den Halß hangen / und darüber den überaus köstlichen / mit Gold und Edelgesteinen wolgezierten Hertzog-Hut / so einem Horn gleich formirt ist. De Ducis vestitu vide Contarenum p. m. 20. a. Megiserum lib. 2. c. 4. p. 358. Henzn. p. 229. & Pflaum. p. 46. seq. Er hat jährlich zur Provision 3500. Ducaten / hergegen er sein Hoffgesind / (ausser 25. so die Herrschafft ihme hält /) und jährlich 4. Panquet halten; Item / jedem vom Adel / so dem grossen Rath beywohnet / jährlich ein Präsent schicken muß. Er gehet oder fährt jährlich ordinari 12. mal aus: da dann ihme vor und nach getragen werden 8. seidene Fahnen mit Gold gestickt / deren das eine paar weiß / das ander roth / das dritte blau / und das vierdte purpurfarb / so nach dem Zustand der Läuffte im tragen umgewechselt werden; Item 6. silberne Trompeten / deren jede 30. Marck Silber hält; ein schneeweisse Fackel oder Windliecht; ein vergüldtes Rappier / ein Stuel oder Sessel / ein Küssen oder Polster / und dann zum siebenden ein Sonnenschirm / unter welchem er der Hertzog zugehen pflegt / wie hievon gedachter Megiserus lib. 2. c. 6. in Beschreibung der Stadt Venedig mit mehrem zu lesen ist: bey deme / so wol auch bey andern / die Namen der Hertzogen / wie sie auff einander gefolgt; Item / wie sie erwehlt; was ihr Ansehen / Macht / Gewalt / und dergleichen seyn / und wie sie begraben werden / zu lesen ist. In offtgedachtem Thesauro Politico, zu Meyland Ao. 1600. und 1601. gedruckt / stehē vom Hertzog diese Wort: Il Principe non hà autorità alcuna, perche non può fare cosa senza i Consiglieri, ne può solo aprire una lettera, senza uno de detti Consiglieri: das ist: Es hat der Hertzog keine Gewalt / dann er nichts ohne die Räth / auch nicht ein einiges Schreiben allein / ausser Beyseyn eines der besagten Räthe eröffnen kan. Besihe auch Fridericum de Marselaer de Legato lib. 1. f. 133. Daher schreiben theils / daß er nur in Pompa, oder in dem Pracht und Auffzug / ein Fürst / auf dem Rathhauß / oder Palatio, aber ein Rathsherr seye: der auch ohne Erlaubnüß nicht reisen dörffe. Besihe Herm. Vultejum de feudis lib. 1. c. 4. n. 14. und Nolden. de statu Nobilium c. 8. n. 46. Es beweiset gleichwol Limn. de jure publ. Imper. Rom. Germ. lib. 4. c. 2. n. 18. daß er ein rechter Hertzog sey. Vid. Donatus Gianott. p. 48 Contarenus p. 10. & Megiserus lib. 2. c. 2. In den grossen Rath / so Democratiam repræsentirt / gehen allda die von Adel / so das 25. Jahr ihres Alters erreicht; auch theils durch das Loß / oder wann sie zu beschwerlichē Zeiten Geld hergeben / oder ohne Zinß eine starcke Summa hergeliehen / wann sie schon nur das 20. Jahr haben; deren aller Anzahl sich von 1500. in 600. belaufft. Der Rath der Pregadi, oder Pregati, Preghai oder Rogatorum (deren für sich 120. seynd / aber ausser derselben viel andere Räth und Magistrats-Personen sich darinn versammlen / also daß ihrer über 200.) repræsentiret mit dem Collegio / in welchem neben dem Hertzog / und seinen 6. Räthen / so stets umb ihn seyn / und er / wie gesagt / ohne die meisten derselben nichts thun kan / die 6. Savi grandi, 5. Savi di terra ferma, und 5. Savi di Mare; und die drey Häupter der Viertzigen / (ausser den Savii Straordinarii, als dem Zusatz / so in wichtigen Sachen darzu genommen werden /) sitzen / und in welchem den Gesandten Audientz ertheilet wird / die Aristocratiam; wie hievon und dem Rath di Dieci, und dem Rath / Consiglio de Dieci con la giunta genannt; Item den Procuratorn zu S. Marx (deren jetzt 24. seynd) den Auvocatorn / Providitorn / Censorn / Sapienten / oder Savi, den 40. des Peinlichen Rechtens / (darunter die drey Obriste / Capi di quaranta genannt / mit dem Hertzog und seinen obgedachten 6. Räthen / die Signoria, oder Herrschafft machen /) Item / der Quarantia nova und vechia; den Auditorn, Nachtherrn / Consiglieri da basso; dem Collegio alla Biave, den Signori alla sanità, und andern; Item / der Stimmen Sammlung / und dem Loß. den Gerichtlichen Processen / Gesatzen Ordnungen / und wie die Venediger ihre hohe Sachen in höchstem Geheim halten; Item / den Beamten / und vielen dergleichen: sowol auch / wie sie obbesagte ihre Städte / Länder und die Beherrschung des Hadriatischen Meers bekommen: auch von der Venediger Reichthum / Kleidung / Leibsgestalt / Gang / Studiis, Sitten / Gewonheiten bey Hochzeiten / Kindtauffen / Leichen und sonsten; Item / den edlen Geschlechten zu Venedig / die folgende Autores, als Sabellicus, Blondus, Justinianus, und Bembus, in ihren Venetianischen Historien; Leander Albertus in Italiæ, & hujus Urbis descriptione; Guicciardinus lib. 8. Histor. Ital. Vite de' Prencipi di Vinegia di Pietro Marcello; obgedachter Donatus Gjonatus in seinem Buch / la Republica di Vinegia intitulirt /

(so auch Teutsch Anno 1571. zu Franckfurt in 8. gedruckt worden/) der Cardinal Gaspar Contarenus in seinem schönen Werck de Magistratibus & Republica Venetorum; Franciscus Sansovinus de Republica Veneta; Hieronymus Bardi in seinen zwey Büchern delle cose notabili della città di Venetia; das Buch/ intitulirt/ l'Avocato, nel quale si discorre tutta l' autorità, che hanno i Magistrati di Venetia, con la practica delle cose giudiciali del palazzo, zu Venedig Anno 1586. in 8. gedruckt; Item/ Boterus in seinen Relationibus; der offt angezogene Thesaurus Politicus: Und dann aus den Teutschen/ Münsterus in Cosmogr. lib. 4. cap. 39. seqq. Henricus Kellner in seiner Venedischen Chronick; Joh. Jac. Grasserus in der Italiänischen Schatz-Kammer; Joh. Henricus à Pflaumern in seinem Mercurio Italico; und sonderlich Hieronymus Megiserus in Paradiso deliciarum; oder besonderm Buch/ so er von dieser Stadt in Teutscher Sprach gemacht/ (und solchem ein Venedische Chronick/ was sich daselbst von Anfang her/ biß auffs Jahr 1610. zugetragen/ wie auch die Antiquitäten/ Monumenten/ Epitaphien ꝛc. so da zufinden/ angehenckt hat/) zu lesen seyn. Von der Venediger Lob besihe Julium Belium lib. 1. Hermet. Polit. p. 26.

Die Durchl. Herrschafft und Republic Venedig hat unter andern auch einen mächtigen Feind an dem Türcken/ welcher derselben die schöne Insuln Cypern und Candien mit grosser Macht/ doch nicht ohne tapffern Widerstand/ abgenommen. Und hat den Krieg wegen Candia angefangen der Türckische Sultan Ibrahim, welcher sich in seiner trotzigen Fehde an die gantze Christenheit vernehmen ließ/ daß wegen der grossen Anzahl seiner Galleern und Schiffen/ Sonn/ Mond und Sterne/ wegen vielen Schiessens sich wunderbarer Weise verwandeln/ die Fisch am Meer sich verbergen/ alle Thier auf Erden erschrecken/ die Bäume in Wäldern außgerissen und darnieder geworffen seynd. Und rüstete er sich mit vielen Schiffen und 300. tausend Mann/ und grieff damit Candien/ als eine rechte Vor-Mauer der Christenheit gewaltig an.

Es satzte sich aber die Durchl. Republic in gute Gegenwehr/ bewarb sich bey Zeit umb Succurs bey andern Christlichen Potentaten/ besetzten ihre Vestungen mit guter Mannschafft/ und ließ durch den König in Polen die Cosacken einen Zwischenstreit daselbst machen/ und verlohren die Türcken vor dem Schloß St. Theodoro 5. tausend Mann/ welches sie aber/ weil darinnen alle Munition abgegangen war/ eroberten. Hernach beschlossen sie die Vestung Canea, und wurden/ als die Türckische Kriegs-Flotte im Porte zu Canea ansetzte/ darüber in 17. Türckische Galleen in Grund geschossen/ auch hatten die in den Ravelin della Canea mit stetigen canoniren 32. Galleen/ und die grosse Gallere/ Sultana genannt/ gantz verderbt; und seynd in währender Belägerung/ so bey 54. Tage gewähret/ dem Türcken bey 40. tausend Mann durch die Pest und Schwerdt verlohren gangen/ doch endlich musten sich die Belägerten/ nachdem sie sieben Stürme und zwey Breschen außgestanden/ weil auch der mehrertheil Soldaten/ umbkommen/ und die übrigen fast alle beschädiget worden/ ergeben; und seynd mit fliegenden Fahnen/ brennenden Lunten/ und klingendem Spiel außgezogen/ und biß an den Port zu Suda begleitet worden. Bey dem Abzuge sagte der Türckische Bassa zu dem Venedischen Proveditor im Canea: Er hätte seiner Pflicht ein Genüge geleistet/ und mit seiner Tapfferkeit seinem Herrn den Türckischen Käiser nicht weniger geschwächt. Nach diesem rückten sie vor Suda, so der vornehmste Haven in der Insul Candia.

Der Türckische Käiser schickte den Seinigen vielmahl mächtigen und starcken Succurs; Deßgleichen thaten auch die Venediger/ welche sich auch bemüheten/ auf alle ersinnliche Weise dem ankommenden Succurs vorzubauen/ und wo müglich/ Abbruch zuthun/ da sie denn zum öfftern der Türcken Galleen/ entweder mit Gewalt eroberten/ oder zu Grunde schossen/ oder zwungen/ daß sie sich selbst in die Lufft sprengen musten. Sie unterliessen auch nicht Canea wieder zu erobern/ Suda wohl zu provianttiren/ und alles was zum Kriege nöthig/ herbey zuschaffen.

In Dalmatien gabs dazumal auch viel zu thun/ daselbst die Türcken mit 12. tausend Mann unter dem Bassa von Bosnien, die Vestung Novigrad ohne sonderbahren Widerstand eroberten.

Vor Suda hatte der Feind einen Sturm verlohren/ darein die Venediger mehr Volck und Kleider brachten/ es lagen darinn 10. tausend Mann/ und wehrten sich daselbst tapffer. Der Bassa von Bosnien hatte Sebenico belägert/ daselbst ihme in einem Außfall bey drey tausend nidergemacht worden/ und wurde er wegen dieser unglücklichen Belägerung abgesetzt. In Dalmatien eroberten die Venetianer Novigrad wieder/ schleifften den Ort/ hieben die Türckische Besatzung nider/ und machten auf 1000. Sclaven. Vor Sebenico wurden die Türcken geschlagen/ und eroberten die Venediger noch etliche Plätze.

Die Türcken belagerten abermahls Sebenico, und umfiengen dasselbe mit einem Heer von 30. tausend; dahingen war der Ort mit 7. tausend Mann wohl besetzt/ und weil die Belagerten Entsatz bekamen/ musten die Türcken mit Verlust 6. tausend Mann die Belägerung auffheben. Dieses geschah im Jahr 1647. In Dalmatien eroberte der Venedische Ober-Befehlhaber Foscolo die berühmte Vestung Clissa. Vor der Vestung Candia stürmeten die Türcken mit grosser Gewalt/ nachdem sie neu Geld/ frisch Volck und Munition bekommen/ bemächtigten auch sich vor derselben einer Schantz/ Jesus Maria genannt/ wurden aber wieder darauß getrieben; doch liessen sie nicht ab/ sondern satzten mit 20. tausend Mann wieder an/ darüber aber 8. hundert verlohren giengen.

Zu Constantinopel wurde/ wegen schlechten Außgang dieses Kriegs/ der Groß-Sultan/ nebst dreyssig seiner Kebs-Weiber erwürget/ und sein ältister Sohn zum Käiser außgeruffen.

Anno 51. eroberten die Venediger 11. grosse Schiff von den Türcken/ und eine Maone; Fünff andere sprengten sich selbst in die Lufft/ damit das Geld und anders/ so sie führten/ dem Feind nicht zu theil würden; auch schlugen die Morlacken dem Bassa von Bosnia bey 5000. Mann/ und verfolgten den Rest biß in das Gebürge. In dem Archipelago bemächtigte sich der Venedische Befehlhaber Toscolo, der Insul Samos, erhub aus derselben auf drey Millionen Ducaten/ Item/ die Insul Szio/ worüber die Türcken sehr erbittert wurden.

Anno 1655. hatten die Venediger abermals Glück zur See/ und eroberten von dem Erb-Feind 16. Schiff/ 6. Galleen/ und 2. Maonen/ bekamen auch bey 4000. gefangen. Nachdem nun der Krieg in Candia auf 24. Jahr gewähret/ und auf beyden Seiten viel Blut gekostet/ die Republic viel Unkosten aufgewendet/ und die Türcken nicht ablassen wolten/ auch keinen Frieden eingehen/

gehen/ biß die Venediger Candia verlassen/und sonsten auch kein Succurs mehr zu hoffen war / muste man endlich umb der Alten auch kleinen Kinder zu schonen/einen Accord eingehen / und also diesem Bluthunde diese mächtige Insul überlassen. Doch hat der Groß-Vezier selbst nach Eroberung der Stadt Candia gestanden/daß vor diesem Orth hundert und 60. tausend Mann / ohne die Officirer verlohren worden. Auf Seiten der Christen seynd auch viel tapffere Helden umbkommen/ welche ihr Leben vor das Vatterland auffgeopffert/ darunter etliche Fürstliche / Gräffliche und vornehme Adeliche Personen/ worunter der Graff von Waldeck / so 1400. Mann/ Lüneburgische Völcker/ der Herrschafft Venedig zugeführet / welcher in der Stadt Candia von einer vergiffteten Granat-Kugel getroffen/ seinen heroischen Geist mit jedermans Betrübnüß auffgab / denn er sein tapfferes Gemüth genugsam erwiesen.

Weil nun jeztbenannte Stadt Candia von den Türckischen Pomben gantz verderbet / daß es einem Aschenhauffen ähnlicher als einer Vestung gesehen / denn der Feind der Stadt mit Minen sehr nahe kommen/ daß die meisten Aussenwercke verheeret/ und die Belägerten sich mit Palisaten und Wollsäcken verschantzen müsten / die Mauren auch gantz durchbrochen waren / und der Feind noch sehr mächtig; als wird die Durchl. Republic niemand verdencken / daß sie es nicht auf das äusserste kommen lassen / denn sonst der Feind nach seinem Grimm alle würde niedergemacht haben / sondern vielmehr dahin bedacht gewesen/ wie sie einen reputierlichen Frieden erhalten möchte; wie sie denn die meisten Stück und Munition / item 15. Tage auszuziehen / und alle köstliche Sachen mit sich zu nehmen/ Erlaubnüß bekommen. So solten auch die Vestung Suda, Spina longa und Carabusa, jede mit 5. Meilen Bezircks der Republic verbleiben / auch solte sie alle in Dalmatien eroberte Pläze behalten / und keinen Heller Kriegs-Unkosten dem Türcken bezahlen.

Anno 1684. Nachdem die gantze Türckische Armade/ so in 200000. Mann bestanden/ von der Christlichen Macht / unter dero heldenmüthigen Anführern/ von der Belägerung der Käiserlichen Residentz-Stadt/ Wien in Oesterreich/ auff- und mit grossem Verlust in die schändliche Flucht geschlagen worden ; schickte der König von Pohlen / Johann. III. welcher sich vornemlich bey diesem Treffen / heroisch und sieghafft erwiesen/ seinen Cammer-Secretarium, Mons. Talenti, mit der unter andern reichen Beuthen / eroberten Türckischen Haupt-Fahne/ nach Rom / selbige dem Pabst zu præsentiren. Gemeldter Secretarius aber/ nahm seinen Weg/ auf Befehl seines Königs/ über Venedig/ daselbst er auch/ bald nach erhaltener der Christen Victorie, angelanget/ und noch selbigen Tags dem Hertzoge/ die an den Pabst destinirte Türckische Haupt-Standarte gezeiget.

Nach diesem nahm der Königl. Polnische Secretarius bey dem Hertzog und der Republic seinen Abschied/ und wurde mit einer güldenen Kette beschencket. Von der Zeit an / dieses so herrlichen / wider den Erb-Feind erhaltenen Siegs / hat die Durchlaucht. Signorie von Venedig/ auf des Pabsts Interposition und versprochene grosse Subsidien/ mehr Beliebung zu der Tripel-Allianz, wider den Türcken getragen/ und sich endlich Anno 1684. den 19 Jan. erkläret / dieselbe mit dem Römischen Käiser und König von Pohlen anzutreten.

Mitler Zeit giengen zwischen denen muthigen Venetianern und Türcken schon harte Rencontren und Scharmützel zu Wasser und Lande/ sonderlich in Dalmatien vor ; dann daselbst hatten sich die Morlacken zu denen Venetianern geschlagen/ von welchen sie Schutz und Hülffe hatten; indem sie mit 7. biß 8000. Mann von Venedig aus verstärcket wurden ; dahero sie starck in das Türckische Gebiet streifften / viel Gefangene / und grosse Beuthe hinweg trieben / das Land verwüsteten / und also der Ottomannischen Pforte gewaltigen Schaden thäten.

Diesem Unheil nun abzuhelffen/ schickte der Groß-Sultan einen Chiaus dahin / denen Morlacken / einen General-Perdon anzukündigen / und noch dabey grosse Verheissungen zu thun / wenn sie wiederumb in vorigen Gehorsam tretten / und die Feindthätigkeiten unterlassen würden ; Alleine die vorsichtige Signorie hatte bey denen Morlacken schon vorgebauet/ und dieselben in ihrer Parthey erhalten / bey welcher sie auch bißhero beständig geblieben/ und dem Erbfeind grossen Abbruch gethan/ ja es haben sich nach der hand viel geflüchtete Türcken selbst zu ihnen geschlagen/ und ihre eigene Muselmänner berauben helffen / weiln sie wol sahen/ daß sie bey diesem Krieg die Türcken mehr Stösse als Beuthe bekommen würden.

Uber diß haben die Venetianer / vermittels guten Vorschubes und Handleitung / die so genannten Mainotten auch zum Auffstand wider den Erb-Feind gebracht / so daß ihrer an 20000. die Waffen ergriffen / und dem Groß-Sultan nicht geringen Kummer / seinem unchristlichen Reich aber / mercklichen Schaden und Gefährligkeit veranlasset haben. Indessen schickte die Republic schon im April 1684. 6. Galleeren / und 4 Galleazen wider den Feind in See ; und lieffe Nachricht ein/ daß die Venetianer kurtz vorhero 3. Türckische Schiffe rencontriret/ eines davon in Grund geschossen/ und die zwey nebst vielen gefangenen Türcken und andern Beuthen/ auch erledigten Christen/ erobert hätten/ biß endlich die Venedische Haupt-Flotte/ unter dem tapffern General-Capitain/ Morosini, auf einen wichtigen Anschlag und Entreprise auslieff/ und auch Victorieuse Progressen hatte; welches folgender massen/ laut der Relation/ dat. 7. Aug. 1684. zugangen ist.

Sambstags den 15. Jul. begiengen ihre Excellentz Herr General-Capitain / Morosini, mit dem meisten Theil der Edelleute / von der Armada eine General-Communion in der Kirchen St. Francisci zu Corfu. Des folgenden Tags wurde Seine Excell. vom Herrn General Brancaccio di Malta besuchet / mit welchem er sich auf eine Ebene begab / die gantze Milice in Augenschein zu nehmen.

Zum ersten war allda eine Battaglion, von 600. Maltheßischen Fußgängern ; die erste Reihe derselben waren hundert Ritter / in Roth gekleidet/ mit weissen Creutzen/ diesen folgte eine Battaglion gleich der jenigen/ von unsers lieben HErrn Brüderschafft/ nach welcher das Venetianische Kriegs-Volck in Schlacht-Ordnung gestellet war. Als er nun dieses Volck besichtigt/ nahm der Herr General Brancaccio di Malta Abschied / und begabe sich Seine Excellentz in die Galleere/ und bliebe darauff im Haven zu Corfu.

Den 19. Jul. frühe seegelte sie vom bemeldten See-Haven ab/ und kame Mittags bey der Stadt S. Nicolai an ; als nun das Volck ans Land gestiegen / hielte man stille/ da sagten die Schildwachten / daß sie einiger Türcken gewahr worden / wie auch etliche Musqueten-Schüsse gehöret hätten.

Den 20. fuhren sie allda wider ab / und nahmen den Cours auf S. Maura zu ; und kamen umb Mittag von Corfu zwey Jagt-Schiffe/ nebst einer Galliotte/ des berühmten See-Räubers Manetta, welche geschwinde von dem General-Capitain abgefertigt wurde/ umb Posto und einige Nachricht zu fassen / auch des Feindes Land zu bestreiffen; Nicht lange hernach kam eine von des Herrn General-Proviant-Meisters Jelucka an / so einen Griechischen Mönchen auffhatte / welcher erst acht Tage in der Türcken Sclaverey war; der berichtet / daß die Türcken in grosser Confusion wären. Indessen hatte die Flotte guten Wind / und gelangte dieselbe völlig etwa einen Schuß weit von S. Maura an / allda sie die gantze Nacht gestanden.

Den 21. gieng die gantze Armada in den Haven vor Damata; daselbst stiege obgedachter Capitain / Manetta mit 150. Mann ans Land/ und giengen allda auf ein des Commandanten Lust-Hauß zu/ sich dessen bemächtigen; als er es nun öde und leer befande / logirte er sich mit denen Seinigen allda ein. Hierauff stiegen widerumb zwey Drittheil der Militz / so unter dem Commando Herrn Generals Stralsoldo waren / samt des Pabsts und Malthesischen Völckern aus; die ersten wurden geführet von dem Obristen Cletti; und die andern von dem Herrn von Sancat, welche denselbigen gantzen Tag nichts anders thäten / als sich daselbst zu verschantzen / auch alle Gelegenheit und den Situm des Orths zu recognosciren.

Den 31. gieng die gantze Armade aus dem Haven auf die Vestung zu / dieselbe zu beschiessen. Das Gefechte aber währete bey 5. Stunden lang/ nach welchem sich die Unserigen/ nach der Seite gegen Auffgang zurückzogen / und wurffen continuirlich Bomben ein/ welche bey denen Türcken grosses Schrecken verursachten. Eine unter denselben traff einen Türcken auf der Mauer / und warff ihn auf 20. Schritt hinaus. Indessen continuirten die Unserigen gegen die Türcken mit starcken Mußqueten-Schüssen / und bliebe von denen Christen nur ein einiger / wurden auch wenig beschädiget. In der Nacht wurde auff Verordnung des Herrn General Grafen von Stralsoldo / in der Vorstadt ein Feuer angezündet / umb denen Türcken eine Diversion zu machen / denen Unserigen aber dadurch Gelegenheit zu geben / an denen Batterien/ so wir aufzuwerffen hatten/ fleissig zu arbeiten.

Den 25. machten die Unserigen eine Batterie/ von 2. Feuer-Mörsern/ auf der Seiten gegen Morgen/ aus welchem sie mit Bomben die Vestung unnachlässig ängsteten. Des folgenden Tags brachte man 6. Canonen / auf der Seite gegen Abend ans Land; so wurde auch nahends gegen Morgen/ auf der Seite eine Batterie gemacht/ welche mit zwey Stücken besezt/ ein ziemliches Loch durch die Maur eröffnete.

Den 28. legte man alles Volck in die Vorstadt/ und und verschantzte sich allda; und wurden auf der Abend Seiten noch zwey Stücke gepflantzet.

Den 29. gieng der Herr Capitain von Golfo/ Namens Benedict. Sanudo, mit seiner Squadron Galleeren aus/ die Vestung mit groben Geschütz recht scharff zu beschiessen / richtete auch was aus; indessen wurde auf der Morgen-Seiten eine Oeffnung von 12. Schritten in die Mauer gemacht. Es fielen 30. Türcken heraus / die Unserigen gegen Abend anzugreiffen / wurden aber / weiln sie verkundschafft/ abgetrieben.

Den 30. verfertigte man auf der Abend- und Morgen-Seiten noch zwey Batterien / und erweiterte mit dem Geschütz den 31. Jul. die Bresse dermassen / daß man leicht hätte durch die Maur dringen können / wofern der Graben/ der voll Wasser gewesen/ solches nicht verhindert hätte/ dennoch wurden auf Befehl des Hn. Generals / die Sturm-Leitern auf allem Vorfall zur Hand gebracht/ und kame nächtlicher Weile Nachricht ein/ daß dreyhundert Türcken in Prevesa eingangen wären.

Die Türcken hatten indessen die Bresse mit Woll-Säcken verstopffet und ausgefüllet/ welches aber von denen Venetianern/ mit Canoniren / alles wieder zernichtet wurde / auch Tag und Nacht mit Bomben einwerffen anhielten / wodurch etliche Häuser in Brand gerathen / mit nicht geringen Schrecken und Confusion der Türcken.

Den 2. August. funden die Christen die Oeffnung auffs neue gefüllet/ und stiegen in dem Graben aus; daselbst commandirte Herr Johan. Gentile, Commendant von einer Battaglion Capers.

Mittler Zeit nahm seine Excell. die Höhe des Feld-Lagers wol in Obacht / und erwehlte zum Proveditorn, auf Seiten gegen Auffgang / den Herrn Lorentz Venier/ und auf Seiten gegen Abend/ Herrn Hieronymus Michach. Dieselbe Nacht fülleten die Unserigen den Graben aus/ und lieffen Sturm; wurden aber von denen Türcken mit Verlust 50. Mann zurück getrieben; dessen ungeachtet / machten die Christen den 6. dit. Anstalt / die künfftige Nacht wiederumb einen scharffen Sturm zu thun; Des Abends schrieb der General einen Brieff an die Belägerten / dieses Inhalts: Daß er sie nochmals aus zwar ungewöhnlicher / und von ihnen unverdienter Gütigkeit zur Ubergabe ermahne / wiewohln sie weit grössere Straffe verdienet hätten / und daß er sie in Kurtzen auffs äusserste bezwingen könte / indem er sich bereits schon eine ziemliche weite Pforte zum Eingang in die Vestung gemachet. Solten derowegen seine Güte/ weiln es noch Zeit wäre / nicht mißbrauchen; dann widrigen Falls keines solte verschonet werden/ wer der auch seyn möchte.

Mit diesem Brieff gieng der Herr Obrist-Lieutenant/ Magnanimi, in die Vestung / und kam umb zwey Uhr in der Nacht wieder zurück; Montags/ den 7. August. præsentirten sich drey der vornehmsten Türcken aus der Vestung / vor dem Herrn General-Capitain/ und erbothen sich / im Namen aller Belägerten / mit ihme zu tractiren; worauff des folgenden Tages die Capitulation erfolgete / mit der Condition, daß alle die Türcken / in Zeit eines Tages / aus der Vestung abziehen / und was ein jeder in seinen Kleidern tragen könte / mit sich nehmen solte; welches auch erfolget ist. Darauff sie dann mit zweyen Galleeren / biß an einen benahmten Orth convoyiret, und hernach an das Land gesezet wurden / und mochten sie hingehen / wo sie das Glück hinführete; die siegenden Christen seynd dagegen in die Vestung eingezogen.

Diese Belägerung hat 17. Tage gewähret/ in welcher Zeit 300. Türcken geblieben; unser seits aber 400. nebsts vielen allen Officirern von Consideration, jedoch ist kein Venetianischer Edelman umbkommen. Man hat in der Vestung gefunden / 80. grosse Stück von Metall/ unter welchen 20. das Zeichen S. Marci hatten/ und 20. Feur-Mörser; Eine grosse Quantität Zweiback / Reiß und viel Munition / wie auch andere Victualien; aus gemeldter Vestung zogen / Vermöge des Accords/ 600. Türcken mit Sack und Pack/ Mußqueten und Lunten nacher Prevesa, gleichsam in eine andere Mäuß-Fall oder Fang-Garn/ worinnen sich 3000. Türcken auffhielten / welche kurtz zuvor daselbst angelanget / S. Maura zu entsetzen; weil sie aber gesehen / daß ihre gantze Armade zerstreuet / haben sie auch die Flucht genommen.

Durch

Durch obgemeldte Eroberung seynd 300. Calabrische Christen erlediget worden / und die Häuser der noch inwohnenden Christen / als Unterthanen / auf Ordre des Herrn Capitain-Generals / vor der Ausplünderung beschützet und befreyet. Nachdem nun die Venetianer die Vestung einbekommen / giengen sie von Stund an in eine Türckische Moschee / welche zuvorhero / Christlichem Brauch nach / geweyhet / darinnen in Gegenwart des General-Capitains das Te Deum laudamus gesungen ward.

Nach solcher Eroberung kam m. Octobr. eine C..tecchi.. oder Schiff / von der Venedischen Flotte zu Venedig an / welches berichtet / daß die Waffen der Durchl. Herrschafft / die Vestung Prevesa, nachdem sie die Türckische Armee bey Dragomestro geschlagen / erobert hätten / so auf folgende Weise zugangen.

Den 20. Octobr. umb 5. Uhr des Nachts / avancirte die Venetianische Armade an das Gestad von Prevesa, und umb 9. Uhr ließ der General-Capitain den Corsar Manuta, mit 24. so wol Raub-Schiffen / als Feluquen und andern armirten Schiffen / in Golfo gehen / und unter die Stücke passiren / da sie dann 18. Stück Geschütz / und die Mußqueten loß brenneten / und 200. Mußquetirer an bestimmten Ort / Vades genannt / aussetzten / umb welche Zeit die Armee zu Lande / sich auch an einem andern Ort postirte.

Des folgenden Tages stund die gantze Armada am Ufer vor Prevesa, im Gesicht der Türcken / welche in offenem Felde hielten / umb denen Christen das Länden zu verwehren ; da denn seine Excellentz alle kleine Schiffe und Kahne / mit Soldaten ausfüllete / und einige Anlendung thun liesse. Hierauf bemeisterten sich die Unserigen der Vorstadt / des gantzen Lagers / und eines wolgelegenen Orts / Mechmets-Hügel genannt / von dessen Spitze man die Vestung mit Mußqueten beschiessen konte.

Den 21. zu Nachts verfertigten die Venetianer ihre Batterien / und pflantzeten das Geschütz und Feuer-Mörser darauf ; worauf des folgenden Tages alsobald das grausame Canoniren angienge / wodurch sonderlich mit Bomben-werffen / denen Belägerten grosser Schaden zugefüget / und der Türcken viel erleget wurden ; den 23. thaten die Unserigen abermahls viel Canon-Schüsse in die Vestung.

Des andern Tages besahe der General-Capitain das gantze Lager / alle Batterien / Geschütze und Aprochen / und gab Ordre / folgende Nacht die Minirer an den Thurn vor der Vestung anzuhängen. Die Minirer säumeten indessen bey ihrer Arbeit nicht / befanden aber / daß die Maur am besagten Thurn sehr dick und starck wäre ; jedoch zerbrach man die Steine durch gewisse Instrumenta, worauf die Türcken den 29. dito eine weisse Fahne aussteckten / mit denen Unserigen zu capituliren / welchem dann zu folge / die Türckische Guarnison in 600. starck / 30. mit Gewehren / die andern aber ohne Gewehr / ausgezogen / 1200. Griechische Einwohner aber in der Vestung zurück geblieben seynd.

In bemeldter Vestung haben die Unserigen 46. Stück Geschütz / darunter 18. grosse Metallene / deren eines 50. Pf. schiesset / bekommen ; ingleichen eine grosse Menge Mußqueten / 500. Centner Pulver / viel Stück- und Mußqueten-Kugeln / Proviant / wie auch eine grosse Quantität Victualien / und alle Güter so von St. Maura durch die abziehende Besatzung dahin gebracht worden. So bleibet auch durch Eroberung dieser Vestung / die Republic von Venedig / eine Beherrscherin / von selbigem gantzen Golfo und Meer-Busen / mit allen darauf ligenden Orten.

Das darauf erfolgte 1685. Jahr seynd sie nicht weniger glücklich gewesen / sonderlich in dem Peloponneso oder Morea ; nachdem sie zu diesem Feldzuge / viel Völcker aus Teutschland in Dienst genommen / und mit grossem Unkosten dahin überbringen lassen. Als selbige zu Venedig angelanget / und gemustert worden / hat die Herrschafft wegen ihrer wolgethanen Probe / im exerciren / jedem gemeinen Soldaten eine Gold-Crone / denen Officirern aber / ihrem Stande nach / güldene Ketten / und Metallien verehren lassen ; wodurch dieselben desto mehr angereitzet worden / der Herrschafft Venedig ihre Dienste wider den Türcken zu leisten.

Nachdem sich nun die Venetianische Flotte mit stattlichem Volck versehen / wie denn schon vorhero dieselbe an 12000. Mann / ohne die Griechen und andere Auxiliar-Völcker / parat hatte ; ist dieselbe in See gelauffen / und nachdem sie die Türckische Armade bey der Insul Szio geschlagen / hat sie ihren Cours nach Morea genommen / und daselbst die veste Stadt Corona belägert / auch dieselbe endlich nach scharffen Canoniren und bestürmen / m. August. mit stürmender Hand erobert ; welches also zugangen.

Als die Venetianer Bresse geschossen / und den Sturm angelauffen / haben sie alsobald eine Pastey überstiegen / und darauf Posto gefasset ; wie nun die Türcken in der Vestung solches gesehen / seynd sie bald bestürtzt worden / und haben weisse Fahnen ausgestecket ; wie nun hierauf die Unserigen mit Stürmen inne gehalten / und den General von S. Pol, nach dem General-Capitain geschickt / hierüber Ordre zu holen / seynd die treulosen Türcken alsobald anders Sinnes worden / haben den Stillstand gebrochen / das Geschütz wider die auf der Pastey sich befindliche Christen gerichtet und loßgezündet / daß deren viel erleget worden / worunter etliche von denen Teutschen und Maltheser gewesen. Wodurch die Christen verbittert / ungesäumt wieder zu denen Waffen gegriffen / auf die Türcken loßgangen / und den Orth mit stürmender Hand erobert / darinnen alles / ohne Ansehn der Person / niedergemacht / so daß an 4000. Türcken jämmerlich umbkommen ; wiewol diese Eroberung denen Venetianern auch bey 1000. Soldaten gekostet ; Zeitwährender Belägerung kamen 10000. Türcken anmarchiret / den Ort zu entsetzen / wurden aber von denen Christen / mit Verlust / wiederumb zurück geschlagen.

Die Unserigen haben in dieser eroberten Stadt Coron, auf drey Millionen Beute / an Gold / Silber und andern Gütern bekommen / auch über 300. Christen-Sclaven erlediget ; der Venedische Ingenieur, Bassignani, hat durch Minen viel bey Eroberung dieses Orths gethan ; derowegen er auch von der Herrschafft Venedig mit einer güldnen Ketten beschencket / und ihme noch überdiß zu Belohnung seiner Dienste / 600. Ducaten / jährliche Pension versprochen worden ; so sollen auch die andern Officirer / welche sich tapffer gehalten / nach ihrem Stande beschencket seyn worden.

Nachdem nun der Venedische General-Capitain Morosini, die Vestung Coron erobert / hat er die Armee vor Modon gerückt / solche von neuem bevestiget / und die ruinirten Wercke repariren / mit Besatzung und ander Nothdurfft wol versehen lassen ; worauf er sich vorgenommen / denen so genannten Mainotten / welche bißhero unter Venetianischer Devotion, wider den Erbfeind seind gestanden / einen Dienst zu erweisen / und die drey Fortressen / welche von denen Türcken / nach dem Candianischen Kriege / auff ihren Grund und Boden / und dieselben desto besser in Zaum zu halten / auffgebauet worden / hinweg zu nehmen / und die Mainotten solcher Fessel zu entledigen. Es seynd aber besagte drey Fortressen / namentlich diese: 1. Cernate, 2. Chielafa, 3. Passara.

Deme zu Folge / wurde der erste Ort angegriffen / und die Mainotten vorauß commandiret / den Anfang dieser Belägerung zu machen / und die erste Attaque darauff zu thun; Mitlerweiln hat sich die Venetianische Armade bey Coron / am 1. Septembr. Anno 1685. moviret / und den folgenden Tag bey Chities angelanget / so 4. Meilen von Cernate gelegen: worauff denn Conferenz gehalten / und nachdem von denen Mainotten Nachricht / wegen des Orths Beschaffenheit einkommen / ist die Armee näher gerücket / und der Orth ungesaumt auffgefodert worden / mit Bedrohung / demselben / woferne die Besatzung sich halsstarrig bezeigen würde / wie die Vestung Coron zu tractiren.

Nach diesem hat man den Platz zum andernmahl auffgefodert / worauff sich den 4. Septembr. Morgens / 4. von denen vornehmsten Mainotten / sampt ihrem Bischoff / eingefunden / welche gewiß berichtet / daß die Türcken in Cernate die Belägerung nicht aushalten könten / wie denn auch ein Türck aus der Vestung in das Lager kommen / und dem General-Capitain freywillig gestanden / daß sie sich an demselben gerne ergeben wolten; wo sie nur nicht befürchten müsten / daß ihnen der Capitain Bassa die Köpffe herab schlagen liesse.

Indem nun mittler Zeit die Venetianer umb die Gegend Calamata ans Land getreten / kam obbesagter Türck den 6. Septembr. mit Briefen von dem Capitain Bassa, an den Gorizogli Aga, zu Cernata, des Inhalts und harten Befehls / daß er sich ehe in stücken solte zerhauen lassen / ehe daß er die Vestung übergäbe / weiln er nicht lange säumen wolte / ihn zu entsetzen. Die Venetianer aber hielten den Türcken mit seinen Brieffen zurücke; Dahero als die Belägerten sahen / daß er zu lange mit der Antwort aussen bliebe / haben sie sich entschlossen / den Orth zu übergeben; Worauff der Aga oder Befehlhaber des Orts / nebst andern drey Türcken capituliret / und zu mehrer Versicherung des Aga von Cirfala Sohn / als er wieder nach der Vestung gangen / zum Geisel denen Venetianern im Lager hinterlassen; da denn der General-Capitain / denen Türcken / ohne weitern Anstand / mit Sack und Pack abzuziehen bewilliget hat.

In dieser mehrgedachten Fortresse haben die Venetianer sechs und viertzig äherne / und zehen eyserne Stück Geschütze / wie auch an zwey hundert Tonnen Pulver; an Proviant aber einen schlechten Vorrath gefunden; worauff man sechs Compagnien zur Besatzung hinein geleget. Nach diesem ist der Herr General Degenfeld aus commandiret worden / das Türckische Lager / welches sich unter dem Capitain Bassa, mit acht tausend Mann zu Fuß / und zwey tausend zu Pferde / unweit Calamata gesetzet und verschantzet / zu recognosciren; und hatte sich derselbe so vortheilhafftig postiret / daß ihme die Vestung im Rücken / das Gebürge zur Rechten; zur lincken Hand aber viel Hügel / Wald und Gräben beschützten. Worauff der General Degenfeld gute Anordnung gemachet / die Völcker in Schlacht-Ordnung gestellet / und der rechte Flügel / denen Hannoverischen / unter ihrem Printzen / der Lincke aber / denen Chur-Sächsischen anvertrauet worden.

Den 13. gegen Abend liessen sich bey sechtzig Türcken zu Pferde sehen / welche auf einige Trouppen der Christlichen Reuterey / so von uns gangen / ansetzen wollen; musten aber mit Hinterlassung sieben Todter / da hingegen von den Christen nur ein einiger verwundet / bald wieder zurück fliehen; und ließ sich bey diesem Scharmützel der Marchese di Corbonne sonderlich sehen / indem er mit einem vornehmen Türcken alleine chargirte / auch so glücklich fochte / daß er denselben erlegte / seiner Waffen und des Pferdes beraubete / welche er vor sich zur Beut / und Siegs-Zeichen behielte; die 200. Zechinen aber / so er noch über diß bey ihm funde / unter seine Soldaten austheilete.

Den 14. mit anbrechendem Tage / als der General Degenfeld einige Posten nach dem offenen Felde avanciren liesse / fielen über 2. tausend Türcken gantz hefftig und hitzig auff den lincken Flügel oder Chur-Sächsisch. loß / vermeinend dieselben alsobald zu repoussiren und sich durch zuschlagen; wie denn auch ein Theil des Türckischen Fuß-Volcks ebener massen auf die Hannoverischen ansatzte. Alleine die Barbaren wurden gar anders bewillkommet / als sie vermeinet; massen die Chur-Sächsische die Reuterey tapffer zurück schluge; worauff sich auch das Fuß-Volck retiriren / und denen Hannoverischen den Platz lassen muste. Dessen ungeachtet / setzte die feindliche Reuterey noch einmahl an / wurde aber von denen Chur-Sächsischen / wie das erstemahl / empfangen und zurück geschlagen; Worauff die gantze Türckische Armee sich auff die Flucht begabe / nachdem sie zuvor das Lager in Brand gesteckt / und viel so todte als verwundete zurück gelassen hatte.

Als nun die Türcken in Calamata gesehen / daß der Capitain Bassa mit seinem Heer geschlagen / haben sie ihre beste Sachen in Sicherheit gebracht / Feuer in das Pulver gelegt / und den Ort freywillig verlassen / welchen hernach die Venetianer mit vier Teutschen Compagnien besetzet / und darinnen noch zwölff äherne Canonen / samt etlichen eysernen gefunden.

Zu Venedig wurde in Gegenwart des Hertzogs / und des sämptlichen Senats / von wegen erhaltenen Victorien / in der Hertzoglichen Kirchen zu S. Marx das Te Deum laudamus gesungen.

Mittler Zeit hat die Venetianische Armada sich vor die Fortresse porto Vitulo gelagert / und hingegen die vorige / nemlich Calamata, gäntzlich rasiret, und die Vorstadt in die Aschen gelegt. Als nun hierauff der Capitain-General mit etlichen Galleeren nach dem See-Haven Vitulo, anderthalbe Meile von Calamata gelegen / abgesegelt / und Mine gemachet / die dabey gelegene Vestung Chielafa anzugreiffen / hat sich dieselbe des Ernsts nicht erwartet / bald nach derer Ankunfft den Venetianern ergeben.

Nach diesem hat der Herr Capitain-General eine Squadron von der Armee / unter dem Major Stefanini commandiret / die Vestung Bassava zu recognosciren; als nun die Türcken in Bassava die Christen anmarchiren gesehen / seynd von der Besatzung alsobald zwey hundert / und mehr daraus geflohen / eine solche Bestürtzung war unter diesen barbaren Bluthunden. Jetzgemeldte Vestung war mit aller Noth-

durfft

NA.

durffte versehen; dessen ungeachtet hat sie sich doch zu keiner Gegenwehr wider die Christliche Armee gestellet / sondern gleich denen andern ohne Schwerdschlag mit Accord ergeben / und ist darauff mit Italiänischen Völckern besetzt worden.

Solcher gestalt ist nun die Eroberung der gantzen Landschafft und Insul Maina abgelauffen / und die Einwohner aus denen Türckischen Banden gerissen / worüber sie hertzlich erfreuet / und der Signorie Venedig umb so viel mehr Pflicht-dienstlich worden seyn; massen dann über 12000. solcher Mainotten unter denen Innwohnern gezehlet worden / welche streitbar und die Waffen vor jetzgemeldter Republiq führen können.

Solcher gestalt hat die Durchläuchtigte Herrschafft von Venedig seithero dieses Türcken-Kriegs / allem Ansehen nach / den besten Vortheil und Gewinst davon getragen; wann man erweget / daß dieselbe in zwey verschiedenen Campagnen fast so viel Königreiche nemlich Epiro und Morea erobert und conquestieret / hingegen aber von Land und Leuten von dem Türckischen Bluthund keine solche Verwüstung und Einäscherung / wie die andern hohen Alirten erlitten / weniger was Importantes dabey an Land und Leuten verlohren / sondern vielmehr gewonnen und dero Herrschafft umb ein grosses erweitert / auch zugleich / durch deren eroberten Golfo von Prevesa ihre Commercien und Schiffarth / welche sonst von denen Türckischen Corsaren dieser Orthen sehr infestirt worden / in sichern Stand gesetzet hat.

Indessen ist nicht zu zweiffeln / die Waffen dieser Durchläuchtigen und klugen Republiq werden künfftig ihre glückliche Progressen wider den Türcken ferner fortsetzen / und den Ruhm ihrer Victoriösen Tapfferkeit verewigen.

Venosa, Venusium.

Ist eine feine doch alte Stadt / in dem Königreich Neapolis, an den Gräntzen der Apulier / Lucaner / und Hirpiner gelegen gewesen. Plinius und Ptolemæus rechnen solche zu Apulia / wiewol Ptolemæus sich irret / daß er sie zu Apulia Peucetia zehlet. Sie ist berühmt wegen des Poeten Horatii, welcher von hier bürtig gewesen; ligt 15. Meilen von Canosa.

Vercelli, Vercellæ.

Diese Stadt gehöret samt dem Ländlein / so il Vercellese genannt wird / dem Hertzog von Savoya / von dessen Residentz-Stadt Turin sie dreyssig welscher Meilen ligt / und auch so weit von Meyland.

Dieser Ort ist einer ziemlichen Grösse / schön und wolerbaut / am Fluß Sesia, Senza oder Siccia, so beym Plinio Sessites, und Ennodio Sessis genannt wird / gelegen. Hat ein fein Schloß und eine schöne Abbtey zu S. Andreæ, in welcher Kirch auf dem grossen Altar ein schöner grosser Porphyrstein / so fünff Schuh in der Dicke / und acht in der Länge hat. Es seynd auch die Sitze im Chor sehr schön / von allerhand Farben Holtz zusammen getragen / die schöne Historien vorbilden. Gibt jährlich zwey stattliche Messen allhier.

Diese Stadt ist vorzeiten der Libicorum, so auch Libici und Lebecii genannt worden / und hierumb gewohnet haben / Hauptstadt gewesen; wie hievon beym Leandro in descriptione Italiæ und Cluverio libro 1. cap. 23. zu lesen. Gehörte vorhin zum Hertzogthum Meyland; aber im Jahr eintausend vier hundert neun und zwantzig / ist sie von Philippo, Hertzogen zu Meyland / dem Hertzogen Amadeo von Savoya / der seine Tochter Mariam zur Gemahlin hatte / gegeben worden / wie Leander schreibet: Franciscus Guicciard. aber meldet / daß es geschehen / auf daß er den von Savoya von den Venedigern und Florentinern / mit denen der von Meyland zu thun hatte / abwendig machte; von welcher Zeit an diese Stadt und Ländlein bey Savoya blieben ist. Hat gleichwol in den folgenden Kriegen viel ausgestanden; denn im Jahr ein tausend sechs hundert und sieben zehen / ward sie von den Spaniern erobert / und das folgende Jahr dem Hertzogen restituiret. Im Jahr ein tausend sechs hundert acht und dreyssig wieder von den Spaniern belagert / und mit Accord eingenommen / aber doch dem Hertzogen wieder zugestellet. Allhier ist Eusebius Bischoff gewesen / so von Juliano Apostat. nach Thebas relegirt worden / wie Rufinus lib. 1. cap. 28. berichtet.

Im Jahr ein tausend und fünffzig ist vom Leone IX. ein Conciliabulum wider Berengarium allhie gehalten worden / er ist aber nicht erschienen. Vid. Hoffmanni Lexicon Universale tom. 2. pag. 533. das Land herumb ist sehr fruchtbar / so einen Überfluß der besten Früchte / sonderlich an Muscateller-Träublein hat / die so groß als die Zwetschen wachsen / wie Villamontius schreibet.

Verona.

Eine grosse / lustige und sehr veste Stadt / den Venetianern gehörig / ligt zwantzig Meilen von der Stadt Mantua. Diese Stadt soll anfangs von den Hetruriern seyn erbauet / und von Vera, einem edelen Geschlecht daselbst / Verona genannt: folgends aber / als die Galli Cenomani solche Tuscier daselbst vertrieben / von ihnen den Galliern / wieder erneuert und erweitert worden seynd. Besihe H. Braun im 3. seines Stadtbuchs; wiewol Henznerus diesen Namen anderswo herführet / wie in seinem Itinerario zu lesen: und nicht allein Justinus des Pompeji Trogi Epitomator gegen dem Ende des 20. Buchs / sondern auch Livius im 5. Buch diese Stadt den Gallis zuschreiben: Plinius aber lib. 3. c. 19. attribuirt sie den Rhætis und Euganeis, daher Cluverius trachtet l. 1. c. 16. daß anfangs von den gemeldten Rhætis und Euganeis sey erbauet / hernach aber von den Gallis Cenomanis, so von Brescia hieher kommen / eingenommen und vermehret worden / welches auch der benachbarten Stadt Mantuæ wiederfahren ist. Vid. Johannes Chrysostomus Zanglius in Italia Illustrata de Cenomanorum origine. Und daher nennet Catullus carm. 68. die Stadt Prixiam eine Mutter der Stadt Veronæ. Strabo lib. 5. fol. 147. heisset sie eine grosse Stadt / dahin Cnejus Pompejus Strabo, des Pompei M. Vatter / eine Römische Coloniam geführet / wie in dem Panegyrico Constantino dem Käiser zu Ehren gemacht / zu lesen. Tacitus lib. 3. histor. nennet sie eine starcke Coloniam; und Petrus Bertius in descriptione Agri Veron. daß sie in dem

D Triumph-

Triumph-Bogen allhie/ Colonia Augusta Verona nova Galleniana genannt werde. Man schreibet daß Carolus V. unter die drey Städte / so ihme aus denen / die er gesehen / am schönsten zusehn bedunckt/ dieses Verona gezehlet habe: Vid. D. Lansius in orat. pro Ital. pag. 858. in 8. Wie sie dann auch sehr schön ist / und ihr Nam quasi Vera una ausgeleget wird; und einer von ihr schreibet:

> Verona qui te viderit,
> Et non amârit protinus
> Amore perditissimo,
> Is credo se ipsum non amat,
> Caretque amandi sensibus,
> Et odit omnes gratias.

Sie hat fünff schöne Thor / und ist ihr Umbkreiß von sieben tausend Schritten / so bey sieben Welscher Meilen machen / wiewohl Megiserus nur sechs hat. Es wurden damaln / kurtz vor dem Sterben / auf die siebentzig tausend Einwohner allhie gezehlet. Sie ligt an einem sehr lustigen und weinreichen Gebürg / und auf einem fruchtbaren Boden. Der Fluß Athesis, oder die Etsch / so sie l'Adice nennen / rinnt fast mitten dadurch: wiewol er vorzeiten nur daran her-flosse. Daher Silius saget lib. 8. v. 82.

> Tum Verona Athesi circumflua,

Sie ist von Natur / und Menschen-Hand / vest gemacht / hat starcke Mauren / tieffe gräben / und ziemliche Wäll; Item drey Castell / deren eins / nemlich / il Castel Vecchio, in der Ebne / das Wasser zu verwahren; zwey aber auf dem Berg / S. Petri und S. Felicis genannt / und ist sonderlich dieses letzte das vornehmste / und eine gute Vestung. Vide Veronæ brevem descriptionem apud Nicolaum Machiavellum lib. 5. histor. Florent. p. m. 370. Es wird ein grosser Handel allhie getrieben / und ist diese Stadt deßwegen von den Venetianern sonderlich privilegirt.

Allda sind von Kirchen zu besichtigen / Erstlich / die Bischöffliche oder il Domo; darinnen es ein schön Chor / item einen schönen Altar hat / allda auch des berühmten Mahlers Titiani Kunststück zu sehen. Und ligt im besagten Chor Pabst Lucius III. so allhie gestorben. Zweytens / die Sanct Georgen-Kirch / in welcher im Chor der Altar mit der Historie von Sancto Georgio; die rechte Seiten aber / wann man hineingehet / mit der Historie von den fünff Brodten / so Christus auszutheilen befohlen; und die Länge mit der Histori vom Manna in der Wüsten gezieret ist: deren die erste Paulinus, die ander Felix, die dritte Paulus Farrinatus, gemahlet haben / so alle drey von hier bürtig / und weit berühmte Mahler gewesen seynd. Drittens / S. Anastasiæ, in welcher des Jani Fregosi von Genua, so ein tapfferer Kriegsmann gewesen / Begräbnuß / samt seinem Bildnuß zu Pferd / gar künstlich von Marmor gehauen / gesehen wird. Vor dieser Kirchen haben die Dominicaner ihr Kloster. Vierdtens / S. Stephani, in welcher eine sehr schöne Capellen / in der viel Reliquien seyn sollen. Fünfftens das Closter der Jesuatorum / so ein sonderlicher Orden / von Joanne Columbino Senense, der im Jahr ein tausend drey hundert sieben und sechzig gestorben / gestifftet / von welchem Sabellicus Enneadis 9. lib. 9. in pr. Aubertus Miræus in Chron. ad hunc annum, und Camerarius Cent. 2. med. hist. cap. 18 pag. 72. können gelesen werden. Man kan aus dieses Klosters Garten die Stadt mehrertheils übersehen / auch den Augenschein einnehmen / wo das Theatrum unter obgedachtem Castel di S. Petro gestanden / von welchem das Frauenzimmer dem Schiffstreit / oder exercitiis navalibus, so die Veroneser jährlich zu gewissen Zeiten auf der Etsch gehalten / hat zusehen können. Besiehe von diesem Theatro Torell. Saraynam lib. 2. fol. 9. seiner Historien. Neben diesen erzehlten seynd noch viel andere Kirchen allhie: Item eine halbe kleine teutsche Meile von der Stadt ist die sehr schöne Kirche / welche der Heiligen Jungfrauen Mariæ zu Ehren erbauet worden / so wegen der Wunderwerck / die sich allda begeben sollen / berühmt ist.

Es seynd auch sonst Teutsche Mönch im Kloster S. Zenonis gewesen / welches Pipinus Käysers Caroli Magni Vatter / mit zwölff tausend Gülden jährlichen Einkommens gestifftet hat; die aber Anno 30. im Sterben biß auf einen allda abgangen / und / ohnangesehen von Augspurg und andern Orten sich andere dahin begeben / sie doch nicht eingelassen; sondern das Kloster mit weltlichen München besetzt worden.

Uberdiß ist zu besehen das gewaltige Amphitheatrum, deßgleichen in gantz Italia nicht seyn soll; und deßwegen auch diese Stadt sonderlich berühmt. Ist noch mehrertheils gantz / und werden die zerfallene Gänge und Sitz fleissig reparirt. Hat eine Oval-Rundung / und in der Mitte ein ablangen runden Hoff / dem Gebäu in der Form gleich / welcher dieser Zeit auf zwey hundert und fünfftzig Schuh lang / und hundert und fünfftzig breit; umb welchen herumb die Staffeln / und wie mans nennen mag / die gehauene Bänck von Marmor / uber einander gebauet seynd. Heberer in seiner Egyptischen Dienstbarkeit lib. 3. cap. 28. pag. 503. sagt: es sey dis herrlich Gebäu länglicht / jedoch in die Runde gebauet / wie ein Ey in der Form / und habe der ebene Platz mitten inn / darauf die Spiel gehalten werden / seiner Schritt hundert in die Länge / und rings herumb seyn über einander zwey und viertzig Sitz / welche von dem untersten biß in die Höhe sich erweitern. Besihe / was gemelter Torellus Sarayna Veronensis in seinen Büchern / die er vom Ursprung / und dem Alter dieser Stadt gemacht; Item / Justus Lipsius in seinem Werck de Amphitheatris; Pighius in seinem Hercule prodicio; Paul Henznerus; die Cöllnische; und Herr Josephus Furttenbach / in ihren Reißbüchern / hievon schreiben. Es hat grosse Quaderstück und gewaltige Gewölber; und erscheinet aus den überbliebenen / und von dessen Zerstörer Totila gelassenen vier Schwibbögen / wie schön und hoch dieses Werck müsse gewest seyn / so von vielerley Form / oder Werck / nemlich Dorico, Jonico, Corinthio, und Composito, ist ausgeführet worden / deren Ordnung jede / wie zu erachten / zwey und siebentzig Aussenthür / oder Arcus, und so viel Säulen / Corinthius aber hundert vier und viertzig / oder hundert vier und sechtzig grosse Statuas, mit welchen dieses Werck / zwischen den Bögen und Säulen geziert gewesen / gehabt hat. Innwendig seynd unterschiedliche Gäng und Staf-

seyn / also zugerichtet / daß das Volck einander im Auß- und Eingehen nicht hat irren können; wie dann von theils 6. Bogen im innern Gebäu gezehlet werden / deren immerzu einer höher dann der ander auffgeführt / über welche man durch 44. Thür auff die obbesagte 42. Ordnungen der Staffeln hinaus kommen / darob von 20. auf die 23. tausend / oder / wie es theils rechnen / 23184. Personen haben sitzen / und den Schauspielen zusehen können. Und wird noch jährlich in der Faßnacht von den Veronesern dieses Amphitheatrum / so sie l' Arena nennen / zum Thurnieren / und andern Rittersplelen gebraucht. Wer diesen herrlichen Bau auffgeführet habe / ist zweiffelhafftig. Vorgedachter Sarayna lib. 2. fol. 13. b. understehet sich zu beweisen / daß auff Angeben des Käysers Augusti, so wol diß Amphitheatrum, als auch das obgedachte Theatrum, sey erbauet worden. Leander und Maginus schreiben / daß solches der Bürgermeister Flaminius, auff seinen eigenen Unkosten fünffhundert und drey Jahr / nach Erbauung der Stadt Rom / auffgeführet habe / wie aus einer Schrifft zu sehen / die zu Luca in S. Fidriani Kirch gefunden worden sey.

Der Platz / darauff diß Amphitheatrum stehet / wird la Piazza de' bestiami, oder Forum boarium, das ist / der Rindermarckt genannt / davon nicht weit die Reit-Bahn / mit einem schönen zu solchem Exercitio erbauten Hauß.

Gegen über ist die Academia, in welcher wochentlich die Academici, daß ist / die Herren und von Adel / auch andere vornehme gelehrte / geist- und weltliche Personen / am Mittwoch zusammen kommen / und eine herrliche Musicam Vocalem und Instrumentalem halten; wie sie dann mit allerley Instrumenten / und Musicalischen Büchern genugsam gerüstet seyn.

Im Hoff voraussen seynd allerley Römische Antiquitäten und Stein zu sehen: Und ist gleich dabey der doppelte hohe Triumph-Bogen / durch welchen man fährt / wann man auf Mantua reisen will.

Auff dem obgedachten Herren-Platz ist des berühmten Medici, Hieronymi Fracastorii statua zu sehen. Vid. Henr. Salmuth in not. ad Pancirol. nov. repert. tit. 1. p. m. 89.

Unfern davon ist der Kauffleuth-Platz / darauff ein schöner Brunnen stehet.

Der Ort / Campus Martius genannt / ist in der Stadt / und ein schöner grosser Platz / auf welchem allerley Ritterspiel können gehalten werden.

Aus den Brüggen ist die al Castell Vecchio, wegen ihrer Antiquität / und Schönheit der Schwibbögen / die vornehmste.

Man siehet auch des Graffen Jacobi di Giusti Garten / in welchem ein schöner wohlerbauter Palast / mit einem herrlichen Saal / und wohlgeordneten Zimmern. Der Eingang des Gartens ist zu beyden Seiten mit sehr grossen / und wol neunzig Schuh hohen Cypressen-Bäumen besetzt. Es seynd allerley Antiquitäten und Bilder / und darunter des Plinii, samt neuen schönen Bildern / sonderlich der Veneris, Bacchi, und Cereris, zu sehen. So seynd auch da / wegen der Garten-Gewächs / etliche grosse Teutschen Oefen. Oben an einem Berg hats eine Grotta / in welcher ein eisern Gütter / so wol 3. Schuh hoch / darhinder auch ein so grosser Spiegel / in welchem der gantze Gart perspectivischer Weise gesehen wird. Allhie hat es auch eine solche Gelegenheit / wie zu Mantua / da ihr zween mit einander reden können / daß es die darzwischen stehende Persohnen nicht vernehmen mögen. Und kan man auf der Höhe des Gartens fast die gantze Stadt übersehen.

Es haben zween Apotheker allhie zwo Kunst-Kammern / deren die eine von schönen Gemälden; die andere aber von natürlichen Sachen angefüllet ist. Von Verona ist Catullus der Poet bürtig gewesen / wie solches Plinius lib. 36. cap. 6. bezeugt / und Martialis sagt lib. 14. epigramm. 195.

> Tantum magna suo debet Verona Catullo,
> Quantum parva suo Mantua Virgilio.

Und Ovidius lib. 3. amorum Eleg. 14.

> Mantua Virgilio gaudet, Verona Catullo.

Gleichwol so wollen etliche aus des Catulli carm. 29. schliessen / daß die Peninsul Sirmio sein Vatterland gewesen / mit welchen es aber Cluverius nicht halten will. Es wollen theils auch / daß Plinius, der von den natürlichen Sachen geschrieben / von hinnen gewesen sey: wie dann auf den Herren-Platz / neben dem Rathhauß / oder Palazzo; oben auf dem Dach / die Marmorsteinerne Statuæ des Cornelii Nepotis, Æmilii Macri, Vitruvii, und des gedachten Historici Plinii, unter freyem Himmel stehen / mit der Anzeigung / daß sie alle von hier gewest seyn. Es war auch von Verona Petrus Martyr, des Prediger Ordens / so zu Meyland begraben ligt; dessen Hauß / darinnen er gebohren worden / in St. Stephans Gassen gewiesen wird. So ist von hier gewesen Isotta Nogarola, ein vortreffliches gelehrtes Weib / und viel andere vornehme Leut mehr / von welchen Leander weitläufftig zu lesen.

Von dem Veronesischen Gebiet / so zum Theil einen schönen fruchtbaren / zum Theil steinichten Boden hat / können Leander in Beschreibung des Welschlands / Maginus und Bertius in ihrer Geographi / und Schottus in seinem Italiänischen Reiß-Buch lib. 1. Paradisi cap. 25. p. 199. gelesen werden. Megiserus sagt / daß solches Gebiet in der Länge 65. und in der Breit 40. Meilen habe / darinn viel Städt und Dörffer / insonderheit aber die zwo Vestungen Lignano an der Etsch / und Peschera am Gard-See: Item der Berg Baldus, nicht weit von Verona gelegen / so sehr hoch / lustig / und wegen der vielfältigen Sorten der Kräuter und Simplicien berühmt seye / dahin die Kräutler aus vielen Landen kommen: Und habe die Herrschafft Venedig von diesem Gebiet und der Stadt Verona / jährlich 90000. Cronen Einkommens.

Sonderlich ist berühmt das grosse / weite und steinigte Feld um Verona herum / auf welchem Sabinus Julianus, so das Reich angefallen / vom Käiser Carino überwunden und umgebracht; Item / der Herulen und Turcilingen König Odoacker / (welcher das Welschland eingenommen /) vom Theodorico, der Ost-Gothen König / nach einer grossen Schlacht / die 3. Tag gewähret hat / erlegt worden; auch Berengarius II. so der Longobarden Reich in Italia wieder auffrichten wollen / von Rudolpho, dem König aus Burgund / geschlagen / und von seinem Königreich verjagt: Item / Arnoldus, Hertzog aus Bäyern / mit seinem Kriegs-Heer von Hugone Arelatensi überwunden worden ist. Vid. Liuthprandum lib. 2. c. 10. seqq. & de Arnoldo lib. 3. c. 14. Es sollen auch sonsten viel Schlachten da geschehen seyn. Daß aber Blondus in Ital. Illustr. Marchia Tarvisina fol. 375. seqq. schreibet / C. Marius habe die Cimbros und Teutones daselbst in der letzten Schlacht außgetilget; das ist noch ungewiß / weiln die Autores hierinn sehr wider einander lauffen / wie Pighius im Anfang der Beschreibung dieser Stadt beweiset.

Diese Stadt hat unter der Römer Regierung in grossen Ehren geschwebt; wie dann in gantz Italia Gallica nirgends so viel alte Sachen / als allhie gefunden werden / von welchen Torellus Saragna lib. 5. de origine, amplitud. & antiquitate Urbis Veronæ. und Andreas Schottus in seinem Reiß-Buch zu lesen. Nach Abnehmen der Römischen Macht ist sie von Attila, der Hunnen König / zerstöret und verbrannt / folgendes aber wieder erbauet worden / allda sich der Gothen König Dietericus viel auffgehalten / und daher Dietrich von Bern ist genennt worden; wie dann die Teutsche diese Stadt Bern zu nennen pflegen.

Hernach haben die Longobarder diese Stadt eingenommen / und ist ihr erster König Alboinus, auf Anstifftung seiner Gemahlin Rosimondæ, allda umbgebracht worden / weiln er sie auß ihres erschlagenen Vatters Hirnschalen zutrincken gezwungen / wie hievon beym Paulo Diacono lib. 2. de gestis Longobar. cap. 28. und Blondo lib. 8. decad. 1. fol. 203. zu lesen. Ist also Verona unter den Longobarden / biß auf König Desiderium gewesen / der vom Käyser Carolo M. gefangen worden; von welcher Zeit an sie den Königen in Italia, und den Käisern / unterthan verblieben / biß sie / bey Regierung Käisers Ottonis I. frey worden / und gleichwol die Teutsche Käiser für ihre Herrn erkannt / und ein gewisses Geld geben hat. Wider Käiser Friderichen den Ersten hielte sie es mit den Meyländern.

Hernach hat sich derselben Ezzelinus da Romano, der bekannte Tyrann / impatronirt / welcher erstlich / als ein Capitain wider die Monticulos, und die Graffen von St. Bonifacio, so sich umb das Regiment daselbst schlugen / beruffen worden / und hernach / als er dieselbe 33. Jahr wol geplagt hatte / im Jahr Christi 1259. zu Cassano verwundt / und zu Soncino gestorben: an dessen Statt von der Obrigkeit und dem Volck daselbst / Mastinus dalla Scala, auß einem alten Geschlecht von Verona / zum Podestà, erwehlet worden ist / dessen Vorfahren / wie Leander schreibet / bey zweyhundert Jahren da gewohnet haben. Seine beyde Enckel / Alboinus und Can Franciscus, zugenannt Magnus, seynd folgends von dem Käiser Henrico Anno 1310. mit Verona belehnet worden. Es kamen auch Reggio, Monselice, Este, Montagnana, Padova, Trevigi, Vicenza, Brescia, Parma, Luca, und andere Ort / in der Scaligerorum Gewalt; wiewohl sie darnach solche zum Theil / sonderlich Padova, Brescia, Trevigi, Luca und Parma, wieder verlohren; die Stadt Veronam aber regierten sie lange Zeit / biß sie in des Johannis Galeatii, Hertzogen zu Meyland / Hände gerathen / der sie 18. Jahr beherrschet hat. Aber Anno 1404. kam sie wieder unter die Scaliger, nemlich auf Guilielmum, welchen sein Vetter / Franciscus von Carrara, Herr zu Padua, freundlich zu Verona besucht / und ihme Gifft beygebracht / darvon er gemachsam hingerichtet worden; dessen Söhne Brunonum und Antonium, die Scaligeros, der Jacominus von Carrara zu sich auf Padua geladen / und im alten Castell daselbst gefangen genommen; von dannen sie auf Monselice gelangt / und daselbst im Castell gestorben seyn. Und hat hierauff besagter Franciscus Veronam bekommen; deßwegen dann die Venediger Anno 1409. den Marggraffen von Mantua wider die von Carrara geschickt / und ihnen Veronam entzogen; welche Stadt sie auch hundert Jahr / (wiewol sie Anno 1438. von des Hertzogen von Meyland Volck eingenommen / aber nur vier Tag behalten worden /) besessen / biß sie Anno 1509. dem Käiser Maximiliano I. zu Theil worden; aber Anno 1517. wieder an die Venediger kommen / von welchen sie auch biß daher beherrscht worden.

Es ist allhie / gleich beym Wirthshauß al Cavaletto, ein mit eisern Gittern eingefastes Gebäu / darinn drey von roth und weissen Marmor gar künstlich gehauene Begräbnüssen / so bey zehn Schuh von dem Boden / auf offner Gassen / erhaben / in welchem drey dieses Geschlechts von der Leyter / oder Scala, so vorzeiten / wie gemeldt / diese Stadt regiert haben / ruhen. Besihe / was von ihnen besagter Torellus Sarayna in seinen Historien lib. 4. fol. 42. seq. schreibet. Vid. etiam Paulus Schallichius de Lixa, in geneal. Scaliger. Aventinus lib. 8. Annalium fol. 412. sagt / daß die vertriebene Scaligeri, bey Regierung Käisers Sigismundi, in Bäyern geflohen / allda sie seiner Zeit noch gewohnet: wie dann noch Anno 1585. Hanß Warmund von Bern / und sein Sohn Hanß Dieterich / in Bäyern gelebt haben. Wigul. Hund im zweyten Theil seines Bäyerischen Stammen-Buchs fol. 47. Vier Gebrüder ligen zu Regenspurg begraben: Der fünffte / Namens Nicodemus / sey Bischoff zu Freysingen gewesen / welcher seine Schwester Beatricem / Graff Wilhelmen von Oettingen verheurathet habe. Und dann so schreibet Paulus Jovius im Leben Canis Scaligeri, lib. 1. Elogiorum fol. 64. daß die Scaligeri auß Vindelicia ihren Ursprung gehabt / und wollen sie theils von den Graffen zu Burckhausen / und Schall in Bäyern / und Oesterreich herführen / so aber ungewiß ist.

Via Reggia.

Ist ein Dorff / an dem Meer gelegen / und der Stadt Luca gehörig / hat einen kleinen Meer-Haven / mit einem starcken Wacht-Thurn / und eine feine Anländung zu den kleinen Schiffen / dardurch auch die Stadt Luca auf dem Meer ihre Zufuhr hat. Und gleich vor Via Reggia hinfürwarts scheidet sich das Luckesische Gebiet abermaln / und ereigen sich die Florentinische Grängen / auf welchen / und zwar ebenem Lande / man biß nach Pisa 17. Meil Wegs zu reisen hat.

Vicenza.

Eine schöne und ziemlich grosse Stadt / in dem Venetianischen / welcher Herrschafft sie auch gehörig / 18. Meil von Padua. Es gedencken ihrer Strabo, Plinius, Tacitus, Ælianus, Ptolomæus und die Tabulæ Itinerariæ. Diese Stadt ligt an den zwey Wassern Medoaco minore oder Bacchiglione, und Rerone. Besihe Cluverium lib. 1. Antiquit. Ital. cap. 18. wie auch G. Brunium in dem vierdten seines

Stätt-

Stätte-Buchs. Ptolom. nennet sie Vicenta, Plinius Vicetia, Tacitus Vincentia, von welchen Namen Galassius der Vicentinische Poet folgende Verß setzet:

Hîc quondam Galli, victricia bella gerentes;
In veteri vico mœnia parva locant.
Quo se reciperent si belli adversa fuisset
Fortuna, & Latio territa terga darent.
Hinc rem Romanam Latiumque lacessere tentant,
Seu mare, seu terris bella gerenda forent.
Hæc quoque Romanas ad mœnia vertere prædas,
Hic quoque pro meritis præmia digna viris.
Post victos hostes libertatemque receptam,
Hinc Vincentinis nomina dicta viris:
Hinc data sunt terræ præclara hæc nomina nostræ,
Hinc Vincentini nomina clara tenent,
Nec Senonas credas dixisse hæc nomina nostros,
Antea Vicanos fama vetusta canit.

Diese Stadt soll von den Gallis seyn erbauet worden; wiewol Leander mit etlichen der Alten/ vermeint/ sie sey von den Tuscanis erbauet/ und von den Galliern restaurirt oder erweitert worden. Sie hat acht Thor. Und ist bey dem jenigen/ da man hinein fährt/ und la porta di Monte genannt wird/ ein schöner Bogen/ wie auch ein schöne lange Stiegen/ alles von Marmor zu sehen; über welche man zimlich hoch auf den Berg zur Kirchen und Kloster/ Maria rotunda genannt/ hinauff gehet/ allda der heiligen Jungfrauen Mariæ Bildnuß von Alexandro Mogantia, dem berühmten Meister gemacht/ viel Wunderwerck thun soll.

Es wird dieser Arcus, oder Bogen/ sampt der Stiegen/ an Schönheit und Unkosten/ andern vornehmen Sachen in Italia verglichen/ dabey neben andern/ auch dieses gelesen:

Hospes. si. properas. paulum. sistito. Urbis. collium. fluminum. agrorum. alpium. aspectu. laborem. lenito. Abi. perge. pius. Dei. Matrem. Virginem. salutato. stratæ. viæ. commodum. piis. precibus. rependito.

Die Ordens-Leuth seynd Laici, so alles gemein haben/ und ein solches Leben/ wie vorzeiten die Altväter in den Einödinen Egypti gehabt haben/ führen sollen. Und soll der Zeit dergleichen Exempel in Italia nicht zufinden seyn.

Der Umbkreiß dieser Stadt ist jetzt vier Meilen/ wiewol Megiserus libr. 2. paradisi cap. 24. pag. 187. von 5. Meilen sagt. Die Form wird einem Scorpion verglichen. Es werden da/ und in den Vorstädten/ ungefehr 40. tausend Seelen; Item/ 57. Kirchen/ und darunter 14. oder 15. Pfarren/ 17. Manns- und 12. Nonnen-Klöster; Item 9. oder 11. Spitäl/ ohne die Brüderschafften/ gezehlet.

Man sihet/ nahend dem Thum/ unser Frauen Bethauß; wie von diesem allem Schottus schreibet/ der auch von dem Regiment der Stadt/ dem Collegio Jureconsultorum, Medicorum, und Notariorum, zu lesen ist.

Von Kirchen seynd allhier zusehen 1. der Thum/ so ein schöner Bau; darinn die H. Märtyrer Carpophorus und Leontius ligen. Es hat auch der Bischoff allda ein schönes Palatium.

2. Das Prediger- oder Dominicaner-Kloster/ di Santa Corona genannt/ in welcher Kirch ein Dorn von der Cron Christi gewiesen wird/ welchen S. Ludovicus/ König in Franckreich/ Anno 1559. oder 60. dem Bischoff von Vicenz/ Bartholomæo Bregancio Vicentino, verehret hat. In dieser Kirch wird auch des Eliæ Lackners von Wien Epitaphium gesehen/ der sich im Wirths-Hauß allhie zu Tode gefallen hat.

Von andern Sachen seynd zu sehen das Prætorium oder Rathhauß/ so mit Bley bedeckt/ und mit Schwibbögen/ schönen Stiegen/ Bildern/ gemahlten Stücken/ und einem schönen Zimmer gezieret/ und ist sonderlich der Saal wol zu sehen/ der keine Säul und Balcken hat. Henricus Schickardus, der Fürstlich Würtenbergische Baumeister/ schreibet in der Fürstlich Würtenbergischen Reise durch Italien/ daß er über 250. Schuh lang/ und auf die 80. Schuh breit seye/ welchs auch Megiserus bestättiget. Es hat dieses Prætorium einen schönen Thurn.

Der Marckt ist mit schönen Häusern/ und einer grossen marmorsteinern Säul gezieret. Es ist auch da das Pfandhauß/ oder il Monte di Pietà, daselbst/ wie zu Padua, und andern Orten in Italia, man den armen Leuten/ gegen Pfand/ und zwar allhie/ wie gemeldter Schottus schreibet/ ohne Gewinst/ mit Geld darleihen hilfft.

Es seynd auch feine Palacia allhie zu sehen/ und unter denselben deß Graffen von Valmaran, in welchem Käisers Caroli V. Tochter/ und Käisers Maximiliani II. Gemahlin/ eingekehret hat: welcher Graff auch an der Stadt einen schönen Garten/ darinn ein Gang bey vierhundert Schritten lang/ und acht breit ist/ allda etlich hundert trefflich schöne Pomerantzen und Limonen-Bäum stehen/ die aber Winters-Zeit bedeckt und zugemacht werden.

Es hat auch hierinn einen schönen Irrgarten/ da die Häg von lauter gar zarten zierlichen Bux/ bey fünff Schuh hoch/ und anderthalb Schuh dick in einander gewachsen. Das übrige Theil des Gartens ist mit Blumenwerck gar wol gezieret/ und mit Wasser versehen/ da dann ein grosses Rad das Wasser also treibet/ daß man alle Garten-Sachen besprengen kan.

Weiter ist auch zu schauen das Theatrum in der Stadt/ in welchem die Comœdien gehalten werden/ so zwar nur von Holtz/ aber trefflich schön/ nach Perspectivischer Art gebauet/ und erhebt; darinn fünff tausend/ oder wie theils schreiben/ 5400. Personen/ ungehindert eines des andern/ den Comœdien zusehen können. Unter andern werden da diese Wort gelesen:

Olympicorum Academia theatrum hoc à fundamentis erexit Anno 1584. Andrea Palladio Architecto.

Im grossen Saal heraussen seynd dieser Academicorum, (wie sie sich hin und wieder in den welschen fürnehmen Städten heissen/) Wappen und Zeichen/ so sie Impresenennen. Uber den drey Thoren stehet diese Schrifft:

Olympicis excitamento. Civibus oblectamento. Patriæ Ornamento.

Der fürnehmste unter ihnen war besagter Graff von

Valmarana. Es werden hierinn die Cardinäl und Fürsten excipirt / denen zu Ehren von den Academicis Comoedien / und Orationes gehalten werden ; daselbsten auch die Moscowiter und Jappenenser stattlich seynd empfangen worden. Von dem Ursprung dergleichen Academien / oder Gesellschafften / hat man nichts / als daß es das Ansehen / nachdem die Studia in Italia wieder zu grünen anfiengen / daß solche unter Cosimo Medice zu Florentz erstlich ihren Anfang genommen / und daß folgends auch andere Städt / aus Eyffer bewegt / der Florentiner Ehr und Lob nicht allein zu vergleichen / sondern auch zu übertreffen / ihnen hoch angelegen seyn lassen ; welche an statt / daß unsere Teutsche sich in tantzen / spielen / ꝛc. üben / die Zeit mit allerley Exercitien / sonderlich mit der Vocal- und Instrumental-Music, Orationen und Comoedien halten / zubringen ; darzu sich dann die fürnehmste Innwohner in den Städten gebrauchen lassen / deren jeder sein gewisses Geld herschiesset. Und haben diese Academici ihre gewisse Namen ; wie dann die hiesige zu Vicentz Olympici genannt werden. Besiehe hievon Grasserum in seinem Reiß-Buch am 162. Blat ; wie auch seine Beschreibung der Städte Siena und Bologna.

Ausser dem Thor ist der Ort / den man Campum Martium nennet / zu sehen / auf welchem allerley Ritterspiel und Kurtzweil / auch die Jahrmärckt gehalten werden.

Das Land herumb ist sehr lustig / und herrlich gut / allda guter Wein / und sehr viel Maulbeerbäum wachsen / davon die Seiden-Würm erhalten werden / deßwegen dann grosse Gewerbschafft allda getrieben wird. Besihe von den Palästen und lustigen Orten umb die Stadt besagten Andream Schottum, allda er auch das Gebiet herumb weitläufftig beschreibet. Und sagt vielgedachter Megiserus pag. 191. daß man die Innwohner dieses Vicentinischen Landes auf die 130. tausend Seelen schätze / wie dann der Städte / Flecken und Dörffer 222. und darunter Marostica, eine trefflich lustige Stadt : Item / Longio, oder Leonicum (auch eine feine Stadt / aus welcher Nicolaus Leonicenus bürtig gewesen /) wie auch die Stadt Colonia 5. Meilen von Vicenza gelegen seye. So hab es auch 14. groß und kleine Wasserflüß : Item warme Bäder / und Silber Bergwerck.

Diese Stadt ist eine Zeitlang unter den Römern und den Käisern gewesen. Attila soll sie hernach zerstöret haben / und deßwegen viel Bürger / und unter denselben auch die Grimani, und Gradenici, von dannen in die Venedische Insuln geflohen seyn. Hernach hat sie von den Gothen / Longobarden / den Berengariis, dem Käiser Friderico II. (von welchem Godefridus St. Pantaleonis Monachus in Anno 1236. zu lesen /) vom Ezzelino Romano, den Paduanern / Veronesern / und Meyländern / viel außgestanden / daher sie sich Anno 1404. freywillig an die Venediger ergeben hat. Anno 1509. kam sie an Käiser Maximilian den Ersten / von welcher Zeit an sie viel erlitten / und bißweilen von den Spanisch- und Käiserischen eingenommen worden / aber Anno 1516. oder 17. mit Brescia und Verona, wieder in der Venediger Gewalt kommen ist / in welchem Stand sie biß daher geblieben.

Es seynd viel vornehme Leuth aus dieser Stadt gewesen / als S. Fortunatus und Felix die Martyrer; wie auch Leontius und Carpophorus ; Item A. Cecinna, Käisers Vitellii Obrister Capitain / der Grammaticus Palæmon ; Gallus der Poet / zun Zeiten Käisers Augusti ; und der berühmte Baumeister Palladius, und andere mehr / davon besagter Leander zu lesen.

Den Christlichen Glauben soll diese Stadt noch bey lebszeiten S. Petri / des Apostels / von Prosdocimo, dem Paduanischen Bischoff angenommen haben. Sie ist nicht vest / als die unten am Berg Berico gelegen / so unter die Euganeische gezehlt wird. Die Herrschafft von Venedig hat jährlich von Vicenza 80000. Ducaten Einkommens / uber alle Unkosten.

Viglebia.

Ein kleines / doch aber schönes und neues Städtlein / zwantzig Meil von Meyland / und zu selbigem Hertzogthum gehörig / hat einen herrlichen und prächtigen Palast / von Ludovico Sforzza Hertzog zu Meyland erbauet.

Villa Franca.

Ligt 2. welsche Meilen von der Stadt Nizza, ob zwar dieses schon nur ein Flecken / so hat es doch einen weit in das Land hinein reichenden Port / samt einer Vestung zu Beschützung des Meer-Havens / allwo der Hertzog von Savoya gemeiniglich seine Galleern hat. Besihe hievon Leandrum Albertum in Beschreibung Welschlands.

Vintimiglia.

Ligt 10. welsche Meil von Monaco. Die Alten / als Varro, Strabo, Plinius, Tacitus, Ptolomæus, und die Römische Itineraria, nennen diesen Ort Albium Intemelium ; darauß hernach Albintemelium, Albintemilium, Albintimilium, Bintimilium, Vintimilium, Vintimilio, und endlich Vintimiglia ist gemacht worden. Ligt am Fluß Rutuba, so jetzt Rotta genannt wird / dessen Lucanus lib. 2. gedencket ; wie auch am Meer / auf einem hohen Berg. Ist eine ziemlich grosse und Bischöffliche Stadt / der Herrschafft Genua gehörig / und ihr letzter Ort gegen Nidergang : wie dann die Gegend herumb Riviera di Genova di Ponente genannt wird.

In der Bischöfflichen Kirchen allhie wird der H. Catharinæ Kinbacken ; item St. Blasii Kinbacken / und St. Nicolai Finger gewiesen / wie in des Stunicæ Reiß-Büchlein geschrieben stehet.

Auf der einen Seiten gegen dem Flecken Mentone, zwischen hier und Monaco auff halbem Weg gelegen / so von theils ein Städtlein genennet wird / und nach Monaco gehörig / ist ein feine Vestung / so mit Teutschen und Welschen Soldaten besetzt / und die Genuesische Gräntz gegen Monaco ist.

Man sihet allhie bey Vintimiglia, item / zu Albenga und Noli, etliche kleine Insuln / oder vielmehr Felsen / bey dem Ligustischen / oder Genuesischen Meer-Gestade : aus welchen die / so jetzt insgemein l' Isola d' Arbenga genannt wird / vorzeiten berühmt gewesen / und Insula Gallinaria geheissen hat / dessen Namens Ursprung Varro lib. 3. de re rustica cap. 9. giebet. Es gedencket dieser auch Sozomenus in seiner Kirchen-Histori lib. 3. cap. 13. wie ingleichem Colu-

mella

mella lib.8. cap.2. und Sulpicius Severus in vita B.Martini cap.2. pag. 250.

Viterbo.

Ist eine ziemlich grosse und alte Stadt dem Pabst gehörig / und das Haupt des Patrimonii S. Petri, ligt acht Meilen von Monte Fiascone, in einer gar schönen und lustigen Ebne / ist vorzeiten Fanum Voltumnæ genannt worden / welches Orts Livius lib. 4. gedencket / allda die Etrurier ihre Zusammenkunfften angestellet haben. Besiehe hievon Cluverium lib. 2. cap. 3. fol 563. allda er des Joh. Annii (so von hier bürtig gewesen / und viel erdichtete Sachen hat ausgehen lassen / und zu den Zeiten Pabsts Alexandri VI. zu Rom gestorben ist /) Fabelwerck widerlegt / und des Longobardischen Königs Desiderii Edict, so allhie auf dem Rathhauß gelesen wird / und welches auch Schraderus seinen monumentis italiæ einverleibet hat / für ein falsch erdichtes Ding hält.

Diese besagte Stadt hat von hinden her einen hohen Berg / so vorzeiten Ciminus ist genannt worden / jetzt aber von der Stadt seinen Nahmen hat. Das Land daherumb ist fruchtbar und Wasserreich / wie dann in ihrem Gebiet eilff Flüß gezehlet werden / welche einen Uberfluß an guten und wohlgeschmackten Fischen geben; das Land bringt Getraid / Wein / Oel / und andere Früchte / wiewol der Wein muß gesotten werden / wann man ihn eine Zeitlang behalten will / wie dann solches an mehr Orten in Welschland geschicht.

Es gibt auch hierumb herrliche warme und gesunde Bäder / wie Leander und Schotus schreiben / und ist sonderlich das zu Bolicano wegen seiner wunderlichen Krafft und Tugend sehr berühmt.

In der Stadt hat es viel schöne Brunnen / und ist der vornehmste vor dem Schloß / welcher über aus vortrefflich und wasserreich / und wol zubesichtigen ist. In der Haupt-Kirchen ligen in schönen Gräbern die Päbste Johannes XXI. und Alexander IV. bey den Franciscanern Hadrianus V. und bey den Dominicanern Clemens IV. Was sonsten in den Kirchen / und anderswo allhie zu lesen / das kan man bey Schradero finden.

Voghera, Voghiera.

Ligt zehen Meil von Tortona / und zwölff von Pavia, in dem Meyländischen Hertzogthum / ist ein schönes und lustiges Städtlein / so beym Plinio, Ptolomæo und in alten Reiß-Verzeichnüssen / wie Cluverius lib. 1. antiq. Ital. cap. 10. bezeuget / Iria genannt wird. Der Fluß Staffa, vorzeiten Iria, rinnt da fürüber. Was Pflaumerus über die Unbilligkeit der Zöllner / und der Auffwärter / so bey den Thoren Wacht halten / klaget / das kan in Beschreibung dieses Orts gelesen werden.

Volterra, Volaterra.

Ist eine sehr alte / herrliche Stadt / deren Cicero, Livius, Dionysius, Halicarnasseus, Strabo, Plinius, und andere gedencken / und ehemalen eine aus den zwölff fürnehmsten Städten in Etruria gewesen / hernach aber eine Römische Colonia, wie Jul. Frontinus in lib. de Coloniis bezeuget / worden: sie ist hundert Jahr vor der Zerstörung Troja und fünff hundert vor der Erbauung der Stadt Rom fundirt worden. Sie ligt auf einem hohen Berge / dahin auf drey Meilen von der Ebne an zugehen / ist mit schönen Mauren umgeben / welche mehrentheils von Quaterstein von sechs Schuh lang so schön zusammen gemacht / daß sich sehr zuverwundern / und schön zu sehen ist. Man geht / wie Schotus sagt / durch fünff Thor in die Stadt / vor welchem jedem ein schöner Brunn von klarem Wasser / und in der Stadt zwey grosse mit schönen Bildern von Marmor gezierte / zu sehen ist. Gehöret der Zeit dem Groß-Hertzog von Florentz / und ligt zwantzig Meil von Pisa, und so weit von Luca, in einer schönen und fruchtbaren Gegend. Besihe derselben weitläufftige Beschreibung beym Leandro. Von hier waren der Poet Persius, und der Pabst Linus, bürtig / deren Gedächtnüs noch allhie / wie Schraderus lib. 1. monument. Ital. fol. 92. schreibet / zu finden; der auch den Fluß / so vorbey rinnet / Cæcinam nennet.

Urbino.

Diese Stadt ist das Haupt dieses Hertzogthums / so von ihr den Nahmen führet / und vorhin eigene Fürsten gehabt habt / jetzt aber dem Pabst gehörig. Ist eine schöne und ziemlich grosse Stadt / welche gar ungleich auf einem hohen Berg / von der West-Seiten der Strassen Flaminia, auf halbem Weg / zwischen den Flüssen [illegible] und Pisauro, oder Metaro und Foglia ligt. Es gedencken ihrer Tacitus, Procopius, und P. Diaconus. Die Innwohner werden vom Plinio lib. 3. cap. 14. Urbinates genannt. Ist zu der Römer Zeiten ein sehr vornehmer Ort und Municipium gewesen / wie solches die fast [illegible] Schrifften / so allhie gefunden werden / bezeugen. Diese besagte Stadt ist sehr lustig / gesund und ansehnlich erbauet / deren Boden gut / fruchtbar / und voll herrlicher Früchte. Hatte vorhin ein sehr vestes Schloß ausser der Stadt / so der Hertzog Guido Ubaldus, guten Willen / und Nachbarschafft dardurch zu erhalten / hat abbrechen lassen: hergegen ist ein neues in der Stadt / mehr zur Zierde / und prächtiger Wohnung / als zu einer Veste / vom Hertzog Friderico erbauet worden / so bey dem Bischofs-Hoff / und S. Dominici Kirch / also zugericht ist / daß man zu Pferde auf die Thürn und gar zum Tach selber kommen kan. Vid. Schraderus fol. 281. b. C. Ens p. 59.

Es hat darinnen 363. weite und prächtige Zimmer. Seine gröste Zierde war die Bibliothec / da viel guter und rarer Bücher / deren theils noch nie gedruckt worden / und köstlich von Gold / Silber / und andern Dingen gezieret / und herrlich eingebunden gewesen / wie hievon Guicciardinus lib. 15. p. 386. b. edit. Tarvis. de Ann. 1604. und über denselben Thom. Porcacchi in seinen Notis, und Leander Albertus zu lesen. Cæsar Borgia, Pabsts Alexandri des VI. Sohn / hat solche beraubt / und gar die Bücher von dannen hinweg geführt / die aber Pabst Julius II. hernach restituirt hat; welche folgender Zeit theils mit güldenen Stücken / theils in Sammet / und sonsten statt-

sten stattlich eingebundener zusehen gewest seynd/ ob sie aber noch allhie verhanden/ oder nach Absterben des letzten Hertzogen / entweder nach Rom / oder gen Florentz geführet worden / das kan man nicht wissen. Die schöne Vers und Lob von dieser Bibliotheck haben Nathan Chytræus pag. 177. und Schraderus fol. 283. Es hatte der Hertzog zwey Studierstüblein oder Cabinet / so mit schönem Mahlwerck / Contrafaiten und Lobsprüchen / sonderlich das obere / gezieret gewesen / und ist bey diesem eine Capelle. In den Stadt-Kirchen ist nichts sonderlich zusehen / ausser etlicher Epitaphien, die gemelder Schraderus colligirt hat.

Der Thesaurus Politicus sagt / daß dieses Land sieben Städte und über dreyssig Castell habe; und daß seine Länge sey bey die sechtzig / und die Breite ohngefehr fünff und dreissig welsche Meilen: das Einkommen belauffe sich hundert tausend Cronen/ und daß man aus solchem Stato mehr als zwölff tausend Soldaten nehmen könne. Thomas Segethus de Princip. Italiæ hat sechs Städte/ mehr als zweymal hundert tausend Cronen jährlich Einkommens / und daß er aus seinen Städten auf zwantzig tausend zu Fuß aufbringen könne; auch daß/nach vieler Meinung/der letzte Hertzog Guidus Ubaldus in seiner vesten Stadt San Leo einen Schatz von zwey tausend mahl tausend Cronen gehabt habe. Mercurius Gallicus tom. 10. ad Ann. 1624. hat bey dreymal hundert tausend Cronen jährlichen Einkommens / zehen Bischthümer / zwey Meer-Porten und sieben oder achte veste Schlösser.

Register.

Register.

a bedeutet die erste Columne jedwederer Seiten / b die andere.

A.

ABano 1. a
Abrone ein altes Städtlein. ibid.
Abruzzo citra & ultra. 68. a
Academia Ciceronis. 72. a
Academia zu Padua und deren Beschaffenheit. 78. a
Academiæ Rectores zu Padua wie viel. 77. b
Dero Habit und Ornat. ibid.
Accursii Grabmahl zu Bononien. 9. b
Acquapendente ligt in dem Patrimonio Petri. 4. a
Woher die Stadt so genennet werde. ibid.
Adriani monumenta. 98. a
Ælii Sejani Vater-stadt. 10. b
Aempter wenn sie angefangen verkaufft zuwerden. 145. b
Æoli Residenz. 18. b
Agnano eine See. 71. a
Aigvebelle ligt an dem Fluß Isara. 1. b. Deren Einwohner sind sehr arm. ibid. Haben Kröpffe. ibid.
Alaricus der Gothen König wo er gestorben. 17. b
Albenga. 2. a. Wird auch Arbenga genennt. ibid.
Alberici Rosatæ Geburts-Stadt. 7. a
Wo er gestorben. ibid.
Alcoli in Abruzzo. 5. a
Alessandria della Paglia. 2. a Von wem sie erbauet. ibid. Wehret sich wider Käiser Friederichen den ersten. ibid.
Aloe in den Gärten zu Genua. 36. a
Altar von Helffenbein. 15. b. Altar und dessen Schönheit zu Ancina. 3. b. Auf dem Altar zu Benevento werden die Leiber der drey Knaben/ so vom Nebucadnezar in Brenn-Ofen geworffen worden/gezeiget. 7. a
Altar zu Meyland kostet 28000. fl. 57. a
Altar von Silber. 89. b. Von Pfauen-Federn zu Rom. 100. b
Altar des Friedens. 104. a
Altar in der Kirchen S. Petri zu Rom. 107. b
Altäre im Lateran. 109. a
Alturnum jetzt Capua genannt 13. b
Amalesontha der Gothen König wo er umgebracht worden. 10. b
Amalfi 2. a. Daselbst zu erst des Schiff Compasses Gebrauch erfunden worden. ibid.
Amatrice. 2. b
Ambrosii Calepini Vatterland. 7. a
Amphitheatrum das gewaltigste in Italien. 354. b
Amyclæ duplices. 31. a
Anaxilus soll Messinam erbauet haben. 53. b
Ancona. 2. Von wem sie erbauet. 3. b
Andreæ des Apostels Leichnam zu Amalfi gibt Oel. 2. b.
Andreæ Alciati Grab zu Paphy. 85. a
Antenor soll Padua erbauet haben. 77. a. Dessen Grabstätte. ibid.
Antonius von Padua prediget den Fischen. 94. b
Antonius zu Ferrara begraben. 28. b
Apollinis statua. 20. a. Dessen Tempel. 7. a
Aponi (Petri) Denckmahl zu Padua. 79. a
Aponus fons. 1. a
Apostel von Silber gegossen zu Ferrara. 29. b. Zu Lauretto 45. a. Zu Rom. 100. b
Apulia Daunia. 68. b
l'Aqua della Madonna wird für Artzney gehalten. 1. a
Aquæ ductus wurden bey den Römern weit gestrecket. 4. b. 15. b. Zu Genua. 33. a
Aquila. 4. b. Von Friderico II. erweitert. ibid.
Ara primogeniti DEI. 111. a
Arcadeni Barbarossæ Kriegsleute überfallen die Stadt Fondi. 31. a
Arcadius und Honorius erweitern Rom. 96. a Dero Bildnuß am Thore daselbst. ibid.
Aretini (Leonhardi) Monumentum. 27. b
Arezzo vor dem Trojanischen Krieg erbauet. 4. b
Ariano. 4. b
Arm S. Matthæi und Gregorii wird zu Genua den Leuten als ein Heiligthum gezeuget. 37. b. Wie auch zu Rom 113. b
Arno ein der Stadt Florenz bißweilen schädlicher Fluß. 26. a
Arquardo ist Francisci Petrarchæ Begräbnuß-Stadt. 4. b
Arsenal zu Venedig. 140
Artischocken der Menge in Ischia. 40. b
Aschen von S. Johanne Baptista soll dem Seestürme steuren. 34. b
Aschenberg wo er gelegen. 72. a. Und wie er entstanden. ibid.
Ascoli Nella Marca. 5. a
Asi mons. 5. b
Asinella ein hoher Thurn. 8. a
Assisi 5. a
Aste. 5. b. Geräth dann und wann in andere Hände. ibid.
Ateste. 22. a
Atri. 5. b
Avernus ein ungeheurer Fluß. 21. b. Ob dessen Wasser vergifftet. ib. Ob Christus daselbst von den Todten auferstanden. ib.
Aversa sonst Adversa genannt. 5. b
Avesa fließt durch Bologna. 8. a.
Aufidus der Fluß fällt 3. Meilen von Barleta ins Meer. 6. b
Augustini Cörper zu Paphy. 84. b
Avillane. 6. a

P Bacca-

B.

Baccano 6.a
Bäder Ciceronis. 73.a. Auf der Insul Ischia 40.a. Zu Neapolis 73.a
Bagni d'Abano. 1.a
Bajæ wo sie gewesen. 73.a
Balbi fähet an einen neuen Palast zu bauen. 36.a
Baldi Geburts-Stadt. 85.a
Bari. 6.b
Barleta in der Provinz Apulia. 6.a
Barnabas soll den Christlichen Glauben zu Meyland geprediget haben. 59.a
Bartoli Begräbnüß ib.
Basilicata. 67.b
Bassano. 6.a
Belcastro. 68.a
Bellarmini Geburts-Stadt. 61.a
Bellonæ statua. 20.a
Benedicti Bischoffs Cörper ruhet zu Albenga. 2.a
S. Benedictus und seine Schwester Scholastica zu Bonavento begraben. 7.a
Benevento sonst Maleventum genennt. 6.b. Von wem sie erbauet. ib. Von Totila zerstöret. ib.
Beraldus aus Sachsen der erste Graff in Morienna und Stiffter des Fürstlichen Savoischen Stammens. 1.
Bergamo. 7.a Geräth in viele Hände. ib.
Bergamum ein Cretisches Wort was es bedeutet. 7.a
Bergamasco ist fruchtbar. 7.a
Bessarion hält zwanzig Orationes zu Florenz. 30.a
Bibliotheca Vaticana. 101.a. Zu Cæsena. 16.a Zu Florenz. 28.a. Des Prediger-Klosters zu Aste. 5.b. Zu Neapoli. 64.a. Vor dem zu Urbino. 159.b
Biesenkatze zu Florenz. 29.a
Bild des HErren Christi wie er zwölff Jahr alt gewesen. 109.b
Bild so auf einer Seiten wie ein Esels-Kopff/ auf der andern wie ein Spanisch Angesicht aussiehet. 138.b
Blut Christi wird zu Mantua gezeiget. 52.a. Zu Rom 110.b
Boccataggia. 7.b.
Boccatii Vatterland. 15.b
Bologna oder Bononia. 7.b. Ist groß. ib.
Bollena. 10.b
Bona Herzogin zu Meyland umgibt die Stadt Cleve mit einer Mauer. 17.b
Borgo di S. Sepulchro. 11.a
il Borgo ein Stadt in der Insul Melita. 48.a. Deren Wagen. ib.
Borgo di San Denino. 11.a
Brandizzo, vor Alters Brundusium. 11.a
Brenta ein fischreich Wasser bey Bassano. 6.a
Brescia von wem sie erbauet. 11.b. Wenn sie den Christlichen Glauben angenommen. 11.b. Erduldet viele Wiederwärtigkeit. ib. Steuret des Jahrs 145. tausend Ducaten. 12.a
Brisigella. 12.a
Brittorno gehöret dem Pabst. 120.b. Deren Einwohner meist Soldaten. ib.
Brunnen zu Florenz übertrifft an Schönheit alle in Italia. 30.a
Brunnen fliest mit bluten. 38.b
Brunn zu Malta bey den Zeiten Pauli entsprungen. 47.b
Brunnen zu Neapoli. 63.b
Brunnen welche bey der Enthauptung Pauli entsprungen. 121.b
Brunnen den Augen dienlich. 72.a
Brunnen der ab- und zunimmt. 144.a
Brunn 253. Klafftern tieff. 76.a
Brunnen zu Venedig soll wie man sagt nicht vergifftet werden können / weil darinnen zwey Stück Einhorn ligen. 140.a
Brutii haben vorzeiten zu S. Eufemia gesessen. 22.b
Bucentauro das Schiff des Herzogs zu Venedig. 140.b
Bucephali statua zu Rom. 102.a
Bücher der Sibylle dem Tarquinio angebotten. 21
Busco di Baccano. 6.a
Bussento ein Fluß in Italien macht schwartze Haar. 17.b

C.

Caball von Kupffer zu Rom. 99.a
Cæcubus ein Berg bey der Stadt Fondi. 31.a
Cælii (Ludovici) Vatter-Stadt. 125.a
Cælius Calcagninus und Cornæus zu Ferrara begraben. 24.b
Cæsena ist in viele Herrschafften gerathen. 16.a. Dero Bürger tapffere Leute. ib.
Calabria citra. 67.b. ulterior. 68.a
Calamata wird rasiret. 152
Calepini Begräbnüß. 5.b. Geburts-Stadt. ib.
Camerino ist den Römern Treu. 13.a
Campagna Flegra wird also genennet wegen des vielen allda befindlichen Schwefels. 71.b
Campani die Einwohner Capuæ. 13.b
Campi Pomplini wo sie gelegen. 127.b
Campus Martius. 96.a.b
Candia wird eingenommen. 149.a.b
Canea wehret sich gegen die Türcken. 148.a
Cannis oder Canna eine Stadt woselbsten die Römer von den Carthaginensern geschlagen worden. 13.a
Canosa sonst Canusium genannt. 13.a
Capitolium hat unterschiedliche Namen. 98. Wer es erbauet. ib. Ist offtmals eingeäschert worden. 98.b
Capralola eine schöne Stadt. 13.a
Capranica. 14.a
Capua die Hauptstadt in Campanien. 13.b
Capuaner werden gestrafft. 13.b
Caramanico. 68.a
Caravaggia ein wolgebaut Castell. 14.a
Cardinäle der Lateranischen Kirchen. 109.a
Carolus Magnus nimmt Ravennam ein. 15.a. restaurirt Florenz. 26.a
Caroli M. Schwerdt zu Florenz. 29.b
Carolus Herzog von Bourbon ligt zu Cajetta begraben. 12.a. Dessen Grabschrifft. ib.
Carpi gehört dem Herzog von Modena. 14.a
Casale conspirirt wider Käiser Henricum. 14.a
Casalinus ein Fluß bey Capua. 13.b
S. Casciani dem Herzog von Florenz zuständig. 14.b
Casilinum. 13.b
Castanien wachsen häuffig zu Borgo. 11.a
Castell zu Brescia wohl verwahret. 11.a

Castell Durante. 14. b. Franco in via Æmilia. ib.
Castello amore di Statio. 14. b. novo. 15. a
Castiglione ist voller Banditen. 15. a
Castoris statua. 20. a. 54. a
Castra wird von den Türcken ausgeplündert. 15. a
Catanzaro. 15. a
Catharina Bononiensis wird zu Bononien in der Kirchen gezeiget / von welcher man sagt / es wachsen ihr noch heutiges Tages die Nägel an Händen und Füssen. 9. b
Catholica. 15. b
Cava. 15. a
Cavi. ib.
Celano. 15. b
Cenomani wer solche gewesen. 153. b
Cento wird von Plinio Merula genannt. 2. a
Cernata gehet mit Accord über. 152. a
Certaldo des Boccatii Vatterland. 15. b
Certosa. ib
Cervia ein gesunder Ort. ib. Woher derselben Einwohner bleiche Angesichter haben. ib.
Chieri und dessen denckwürdiges Weiber-Monumentum. 16. a
Chioza eine schöne Stadt / woselbst die Genueser überwunden worden. 16. b
Chivas. ib.
Chona Thomæ von Aquino Vatterland. 16. b
S. Christianæ Begräbnüß. 10. b
Christophori Columbi Vatterland. 38. b
Ciceronis Academia. 72. a Bäder. 73. a Dessen Bildnüß zu Rom. 99. b. Tusculanum wo es gestanden. 31. b
Ciculi. 16. b
Cincelte woher sie den Namen bekommen. ib.
Cività Castellana. ib.
Cività de Chieti. 17. a. Daselbst eine Königliche Audienz und Hoffgerichte. ib.
S. Claræ Begräbnüß. 5. b. Geburts-Stadt. ib.
Slaudii de la Sengle Hertz- und Eingeweide wo es begraben. 49. a
Claudius Cæsar kreucht die Treppe des Capitolii hinan. 111. b
Clemens VIII. wendet auf das Castell zu Ferrara zwey Millionen. 24. a. Dessen aufgerichte statua. ib.
Cleve hat den Namen von Clave. 17. b
Collegia zu Rom. 115. b
Collegium al Pò zu Padua. 78. b
Coliseum zu Rom. 117.
Como. 17. a
Concilium auf welchem Henricus V. in Bann gethan worden. 14. a
Concilium unter Pabst Eugenio IV. 25. a, 30. a. Zu Trident. 133. a. Zu Siena. 129. b
Concilia zu Meyland. 59. a. Zu Rimini. 94. b Zu Pisa 88. a
Consenza ist die Hauptstadt in Calabria. 17. b
Constantinus M. beförderet mit eigenhändiger Arbeit 12. Monat lang S. Petri Kirchbau zu Rom. 106. b
Contado di Molise. 68. b
Cornelii Nepotis statua zu Venedig. 155. b
Cornetto. 18. b
Corona wird erobert. 151. b
Cörper verwesen in 24. Stunden zu Pisa. 89. a
Cörper der H. drey Könige. 56. b
Costazza ist berühmt wegen seiner wunderlichen Höle. 17. b
Crathis ein Fluß macht gelbes Haar. 17. b
Crema. 18. b.
Cremona. 19. a
Croton und dero alte Einwohner sind von der Ringe-Kunst berühmt worden. 19. a
Crotonienses tragen auf dem Olympischen Spielen den Preis darvon. ib.
Crucifix so S. Nicodemus soll geschnitzt haben. 46. a
Crucifix zu Neapoli was es zum Thoma gesagt. 64. a
Cubalo ein wunderbahre Höle. 18. b
Cumæ ist zur Römer Zeit wolgebauet gewesen. 19. b
Cyriaci Kirche zu Ancona und dessen Heiligthum. 3. a
Cypressen-Wald. 15. a. 30. b

D.

DAmocles des Dionysii Schmeichler. 131. a
Dantes Adelgerii Grabmahl zu Ravenna. 92. b
Degen dessen Thon man auf eine Viertel-Stunde hören kan. 141. b
Degen anzuhengen ein sonderlicher Brauch. 31. a
Desenzo ein lustig und fruchtbarer Ort. 22. a
Diomedes erbauet Benevento. 6. b
Dionysius ist argwöhnisch. 131. a. Wird endlich ein Schulmeister. ib.
Dominicaner-Münch vergibt mit Giffte dem Henrico VII. 30. a
S. Dominici Gebeine zu Bononia. 8. b. Dessen Zelle und Kloster daselbst. 9. a
Donatus wo er Bischoff gewesen. 4. b. Wird von Valentiniano gemartert. 4. b
Dornen-Crone Christi wird zu Rom gezeiget. 109. a
Drachenberg. 43. a
Dubin, Dubino und was sich daselbst begeben. 22. a

E.

EBano. 1. a
Eichenbaum so dicke / daß dessen Stamm fünff der allergrösten Männer nicht umfangen mögen. 12. b
Enfleu re de gorge wo sie herkommen. 1. b
Equus Tuticus eine Stadt. 4. b
Erasmus von Roterdam wo er Doctor worden. 134. a
Erdbeben zu Nicastro. 22. b. Zu Ferrara. 25. a. Im Königreich Neaples. 72. a
Erde wider den Gifft. 49. b
Esdræ manuscripta. 9. a
Este von Friderico II. ruiniert. 22. a
Etsch ein Fluß durchfleußt die Stadt Verona. 354. a
Evander soll Rom erbauet haben. 59. a. b
Evangelium Johannis Manuscript. zu Florenz. 29. a
Evangelium Marci Manuscript. zu Venedig. 143. a
S. Eufemia eine berühmte Stadt. 22. a
Exarchi zu Ravenna. 93. a

F.

FAbriano ist wegen des guten Papiers berühmt. 23.a
Faenza ist so groß als Hall in Sachsen. ib.
Fæsula, Fæsulæ des Adels von Florenz Lusthäuser 23.b. Wird von den Florentinern ruinirt. 23.b
Fano oder Fanum fortunæ. 23.b
Farnesius (Petri. Lud.) wird umgebracht. 87.a
Farnesii Lob. 83.b
Faustina wird von einer Göttin geehrt. 105.b
Felsina ist die Hauptstadt in Hetruria. 7.b
Ferrara soll jährlich 400000. Gold-Kronen Einkommens haben. 23.b. Woher sie so genennet sey. 24.a
Feuerzeug so künstlich zubereitet. 137.b
Fiascone. 25.a
Finale. 25.a. Wird von den Spaniern eingenommen. ib.
Fiorenzula. 25.b
Fischen wird mit der Glocke zu Tische geläutet. 25.a
Fische lassen sich nicht ehe fangen/man rede dann Griechisch. 45.a. Den Fischen prediget Antonius von Padua. 94.b
Fledermäuse in der Höle bey Costozza. 18.a
Florenz ist die Hauptstadt in Toscana. 26.a
Wird durch ein grosses Sterbē öde gemacht. 26.a
Flüsse so schwartze und gelbe Haar machen. 17.b
Fluß Aufidus. 6.b
Fœnum Græcum wächst in grosser Menge.
Foggia ein nahrhaffter Ort. 31.a
Foligno. ib.
Fondi wird von Fabricio gelobt. 31.a
Fontana muß mit Gefahr seines Lebens zu Rom einen Obeliscum aufrichten. 119.a
Forli oder Forum Livii ist fruchtbar an allerhand Gewächsen. 31.b
Il Fonte Urbano. 14.b
Forum Lepidi jetzt Ravenna. 93.b
Forum Gallorum. 14.b
Fossambrone. 31.b
Franciscus I. König in Franckreich wo er gefangen 85.a. Wird bey Certosa geschlagen. 16.b
Franciscus wo er begraben. 5.b
Frascatum ob es Tusculum der Alten sey. 31.b
Fremde werden in der Noth erkennet. 34.b
Fricento wird der Zeiten Æculanum genannt. 32.a
Fridericus II. erbauet das Schloß zu Cæsena. 16.a
Friderici II. Säule zu Barleta. 6.b.
Fuligno. 5.b

G.

GAleatius der erste Hertzog zu Meyland. 15.b. 58.a dessen statua zu Certosa. ib.
Galeatius Hertzog zu Meyland gibt seiner Tochter Valentiniæ die Stadt Aste zum Heurathgut. 5.b
Galliopoli wird vor unüberwindlich gehalten. 32.
Garten des Horatii di Negro. 36.b. und andere mehr zu Genua. 36. Zu Rom 121
Garten-Inscription zu Florenz denckwürdig. 23.a
Gassen zu Genua sind enge. 33.a
Gavi. ib.
Gaurus oder Monte Barbaro wo er ligt. 72.a
Gebäude der Weisheit zu Rom. 116.b
Gefangene werden ledig gelassen. 139.a
Gefängnüß zu Neapoli. 63.b 64.a
Gemählde Christi / der Mariæ und des Augustini Mutter zu Padua. 80.b
Genua woher sie den Namen bekommen. 32.a
Wenn sie erbauet ist nicht leicht zu finden. ib.
Führet den Titul einer stoltzen Stadt. 32.b
Deren schöne Kirchen werden erzehlet. 37.seq.
Wird von den Saracenen erbärmlich zugerichtet. 38.b. Nimmt viel Städte ein. 39.
Wird von der Pest geängstet. 39.b
Genueser haben ein böses Lob. 33.a. Ergeben sich Ludwig dem XI. in Franckreich. 39.a. Welcher sie dem Teuffel schencket. ib.
Germano. 39.b
Gesätze der Römer wegen des Flusses Rubicone. 16.a
Gesund-Brunn zu Abano. 1. Auf der Insul Ischia. 40.a. Zu Mantua. 52.b
Giminiano trägt herrlichen Wein. 39.b
Girasi ligt an dem Fluß Gierazzo. 39.b
Glocke vor die unfruchtbaren Weiber zu Mantua. 52.a
Glocken werden geläutet wenn der Hertzog zu Genua aus seinem Pallast gehet. 35.b Wer der Glocken Brauch/ und das Läuten zu erst in der Christenheit erfunden. 75.b
Glücks-Tempel aus Alabaster. 100.a
Goito. 39.b
Golfo di Veneria. 2.b
Grabschrifft Balthasaris Cochlearis Bischoffs zu Malta. 48.b
Grabschrifft eines Hundes. 10.b. Eines verliebten Soldaten. 57.a. Eines der sich im Muscateller-Wein zu Tode gesoffen. 25.b. Noch unterschiedliche Grabschrifften. 120.seq.
Grabschrifft Petrarchæ. 5.a. Einer keuschen Jungfrau. 7.b. Des Piscarii 65.a. Der Gemahlin Johannis Joviani Pontani. 65.b
Grabschrifft den Feinden aufgerichtet. 56.a
Gregorii XIII. statua von Ertz zu Bononien. 10.a
Gregorii M. Geschlechte. 68.a
Grüne Kräuter sprossen aus einer siedenheissen Quelle. 1.b

H.

HAdria. 57.b
Hammer damit der Pabst an des Tempels Pforten dreymahl schlägt. 108.a
Handschuh von Eisen wird der Republic Venedig von Persianer zum Präsent geschickt. 138.a
Häuser können nicht veste stehen. 30.a
Heisse Brunnen tragen grüne Kräuter. 1.a
Henricus II. König in Sardinien gefangen. 9.a
Henricus V. wird auf dem Concilio in Bann gethan. 14.a
Herculis Bild / dessen Opffer und Stand zu Rom. 103.b
Herculis Hertzogs von Ferrara statua. 24.b
Herodiadis Schüssel darauff sie Johannis des Täuffers Kopff getragen wird zu Genua gezeiget. 37.b
Hertz des Großmeisters Claudii de la Sengle wo es begraben. 49.a

Hertzogs

Herzogs von Venedig Kleidung. 149.a Thut alles mit bewußt des Raths. ib.

Hieronymi Zung zu Brundusio. 11.a

Hirtius und Pansa erhalten den Sieg wider Antonium. 14.b

Hispello. 5.b

Hoffgerichte zu Civitá de Chieti. 17.a

Hohe-Schul zu Mantua. 51.a Zu Padua. 77.b Zu Paphy 84.b. Zu Bologna. 8.b Welche Von Käiser Theodosio fundiret wird. 8.b

Hohe-Schul zu Ferrar wird dem Käiser Friderico II. zugeschrieben. 24.b

Höle bey Costozza. 17.b

Höle bey dem See Averno. 20.a.b. Und dero wahrsagerische Einwohner. 21.a

Höle in der Insul Malta wo Paulus geprediget. 47.b

Home bedeutet etlichen Völckern so viel als eine Wohnung. 7.a. Wird von den Teutschen mit dem Wort Hayn ausgesprochen. 7.a

Horatii Vaterland. 153.a

Hortensii Landgut wo es gelegen. 73.b

Hostie schwitzet Blut. 10.b

Hund Roldano auf dessen Unterhalt jährlich 500. Cronen gewendet werden. 36.a

Hunde-Loch eine Höle bey Lucullano. 47.a

Hunger-Wiesen zu Brescia. 12.a

Huren dörffen zu Rom nicht in Kutschen fahren. 124.a

I.

Jacobi rechte Hand ist als ein Heiligthum zu Genua zusehen. 37.b

Jacobi de Marchia Cörper ist noch unverwesen und wachsen ihm noch täglich die Nägel und das Haar. 65.b

Jahrzahl wird durch gewisse Nägel bedeutet. 103.a

Jani statua und deren Beyschrifft zu Bononien. 10.a Dessen Tempel. 106.a

Januarii Haupt und Blut zu Neapolis. 64.a soll den erzürnten Vesuvium stillen. 75.a

Jesuatorum Orden wann er entstanden. 154.a

Imola sonst forum Cornelii genannt. 39.b

Invado. 40.a

Johannis Decollati Bruderschafft zu Meyland und deren den verurtheilten erzeigte Dienste. 57.b

Johannis Evangelium, das er mit eigener Hand geschrieben wird zu Florentz gezeiget. 29.a

Johannis des Täuffers Asche wird zu Genua in der Kirche auffgehoben 37.b. Soll dem ungestümen Meer steuren. ib. & 34.b

Johanniter-Orden wo er herstamme. 49.b

Josephi Historien-Bücher mit Longobardischen Buchstaben auff Rinde geschrieben zu Meyland. 57.a

Jovis Tempel von wem derselbe erbauet. 103.a. Wie groß er gewesen. ib.

Ischia und dero Freyheiten. 40.b. Wird vom Feuer und Erdbeben geängstiget. 40.b

Isidis Tempel zu Bononien. 9.a

Italia togata. 2.b

Itri. 40.b

Juden zu Ancona müssen gelbe Flecken auf den Hüten tragen. 3.b

Juden martern einen Knaben/dessen Leib zu Marostica auffgehoben. 53.a

Julii Cæsaris Tribut-Geschirr. 89.a

Jungfrau Antonia ersticht sich selbst/ als sie Käiser Friederich nothzüchtigen wolte. 7.a

Justinopel. 40.b

Juvenalis thut der Stadt Ancona meldung. 2.b

Juvenazo sonst Apuglia genannt. 41.a

K.

Käse werden zu Aste vor andern wol zubereitet. 5.b Zu Placentia. 86.b

Kalck und Steine von der Mauer des Tempels wird zu Rom vor ein sonderbar Heiligthum gehalten. 18.a

Kapelle Sacellum Baracanum genennet / wird vom Feur in die Lufft gesprenget / setzt sich aber auf eben vorigen Ort wiederumb nieder. 10.b

Keller zu Bononien darinnen 500. Fuder Weins ligen können. 9.b

Keuschheit ist lieber als das Leben. 7.b

Kette wormit Petrus und Paulus sind gebunden worden wird zu Rom gezeiget. 110.a. 112.a

Kirche zu Albenga darinn S. Verani Cörper verehret wird. 2.a

Kirche zu S. Angelo in lauter Holtz und Felsen erbauet. 4.a

Kirche zu Bari wird von 100. Priestern bedienet. 6.b

Kirche S. Johannis im Lateran von wem sie erbauet. 108.b. Wird darinnen Ablaß ausgetheilet. ib.

Kirche / darinnen S. Johannes der Evangelist biß auf den Jüngsten Tag schlaffen soll. 109.b Hundert und zehen Kirchen in der Stadt Aquila. 4.b, 179. zu Bononia. 8.b. 3000. zu Rom. 97.a

Kirche S. Petri zu Rom ist herrlich und unvergleichlich. 106.a

Kirchen zu Florentz vor andern schön gezieret. 27. seq. zu Genua. 38. seqq.

Kleid / so dermassen voll Perlen besetzt / daß man es kaum eine Viertelstunde am Leibe tragen kan. 100.b

Kloster zu Bononia woselbst 120. Münche gespeiset werden. 9.a

Knopff auff dem Thurn zu Florentz darinnen wol zehen Personen sich beherbergen können. 27.a

Krancke werden zu Rom wol gewartet. 115.a

Krantz von Silber / und ein Stück von dem Kreutz Christi zu Genua zusehen. 37.b

Kräuter wachsen in sieden heissen Brunnen. 1.a

Krebse zu Boccataggia sind sehr groß. 7.b

Krieg entspinnet sich mit den Türcken und Venetianern. 149.b

Krippen Christ wird zu Rom gewiesen. 110.b

Kröpff kommen von Schnee-Wasser her. 1.b

L.

Lacus Farinus. 15.b

Lacus Varanus ein grosser See in der Landschafft Apulia Dauniai 68.b

Lade des Bundes wird zu Rom gezeigt. 109.a

Lagryme Christi ein herrlicher Wein wächst um Neapolis. 73.b
Lametus ein Fluß in Italien. 22.b
Lampe von von Gold 35. Pfund schwer in den Tempel zu Laureto verehret. 45.a
Lamporeggio. 41.a
Lanzinno hat jährlich 2. berühmte Marckte. 41.a
Laterne von Silber und Crystall gemacht. 137.b
Was deren Meister zu Lohn bekommen. ib.
Laterne / darinnen über 500. Jahr das Liecht in des Antenors Grab erhalten worden. 138.a
Lavinium von wem sie erbauet. 41.a
Laurentii Haubt wird zu Genua gezeiget. 37.b und ein Stück vom Roost darauf er gebraten worden. ib. Wie nicht weniger zu Rom. 110.b
Laurentum der Lateinischen Könige Residenz 41.a
Leiber der drey Knaben die Nebucadnezar hat lassen in Brennofen werffen / werden auf dem Altar zu Benevento gezeiget. 7.a
St. Leo. 41.a
Leonicenus zu Florenz begraben. 24.b
Lepante wird rasiret. 50.a
Lerize hat einen schönen Meerhafen. 41.a. Wird eingenommen. ib.
Lezze 41.b
Lignano. 41.b
Limone. ib.
Literno ist Scipionis Africani Vatterland. 42.b
Livia trunck den Italiänischen Wein von Justinopel gerne. 4.a
Livii Arm zu Neapolis zu sehen. 65.b. Dessen Begräbnuß und Bildnuß zu Padua. 79.a
Haus. 79.b
Livorno eine treffliche Handels-Stadt. 24.a Hat viel gefangene Sclaven. ib.
Lizza fusina. 42.a
Loana. 43.a
Locri. 43.a
Locus crematus in Italia. 40.b
Lodi hat viel Ungemach von Kriegen ausstehen müssen. 43.b
Lombardus wo er gebohren / und wenn er gestorben. 76.a
Longobarder werden geschlagen. 61.a
Lorbeerbaum wächst an demselben Tage / da Augustus gebohren. 100.a. Wächst aus dem Grabe Virgilii. 70.b
S. Lorenzo. 43.b
S. Loreto ist berühmt wegen seiner Wallfahrt. 43.b Von Sixto V. mit starcken Mauren verwahrt. 44.a. Dessen wunderbahrer Tempel. ib.
Luca mit guten Zeughäusern versehen. 45.b. Kan 30000. Mann ins Feld stellen. ib.
Lucæ des Evangelisten Gebeine zu Padua. 80.a
Dessen Evangelium auf Rinden mit Gülden Buchstaben geschrieben zu Perusio. 85.b
Luceria. 46.b
Lucrinus ein See wird durch ein Erdbeben gänzlich ausgefüllet und weggenommen. 72.b
Lucullanum. 46.b. Woselbst Tiberius umkommen. ibid.
Ludovici Sfortiæ Liebe gegen seine Gemahlin. 57.a
Ludwig der zwölffte erzeigt den Genuesern Gnade. 39.a

M.

Macerata ist das Haupt des Landes Piceni. 47.a
Mago Hannibals Bruder nimt Genua ein. 32.b
Magnetstein ein halbe Elen lang. 29.b
Majure. 2.b
Malta oder Melita. 47.a. Woselbst Paulus geprediget. ibid.
Malta die Stadt mitten in der so benahmten Insul. 48.a. Altar daselbst. ib. Die ersten Innwohner derselben. 49.a. Die jetzigen Innwohner tapfferer Leute. 49.b
Malteser-Ritter von wem sie herstammen. 49.b.
Wehren sich redlich gegen die Türcken. 50.a. deren Ober-Haupt. ib.
Manfredonia. 52.b
Manna fließt von S. Matthæi Cörper. 125.b
Manthia. 50.b
Mantua von wem sie erbauet. 50.a. seqq.
S. Marcus Säule zu Venedig. 136.b
S. Maria della Sourte. 52.b
Mariæ der Gebährerin Christi Vermählungs-Ring wird zu Perusio gezeiget. 85.b
Mariæ vermeinte Geburts-Stadt. 44.a. Das Haus worinnen der Engel Gabriel die Geburt Messiæ verkündiget soll aus dem Morgenlande durch die Engel nach Laureto getragen seyn. ib.
Marignano. 53.a
Marino. 53.a
Marinus Valerius Herzog zu Venedig wird enthauptet. 138.b
Marmirolanum. 53.a
S. Martin. 53.b
S. Martino. 53.a. Ist niemals bezwungen worden. ib.
Martyris (Petri) Begräbnis. 65.b
Marx-Platz zu Venedig. 136.b
Massa des Fürsten von Massa Residenz. 53.b
Matera. ib.
Matthæi Arm wird zu Genua hochgehalten. 37.b.
Dessen Begräbnis. 125.b
Mauerbrecher des Herzogs von Sachsen wird gefunden zu Neapoli. 62.b
S. Maura wird beschossen. 150. Gehet mit Accord über. ib.
Mausoleum zu Rom. 117.a
Maximus in der Stadt Furcionio gemartert / zu Aquila begraben. 4.b
Medicæus (Alexander) wird der Stadt Florenz vorgesetzet und heurathet des Käisers Caroli V. uneheliche Tochter. 26.a. Wird von seinem Vetter umgebracht. ib.
Medicinalisch Wasser in Ischia. 40.a
Meerhaven bey Ancona. 2.b. Von Kaiser Trajano erbauet. 3.a Ist mit einer Inscription bezeichnet. ib.
Meer-Laterne zu Genua. 33.b. In selbigem Meerhaven hat sich etwas trauriges zugetragen. 34.a.b
Meerwasser wird durch die Sonnen-Hitze zum Salz zubereitet. 90.b
Mergillina Sannazarii. 70.b
Merula der Fluß ergießt sich bey Albenga ins Meer. 2.a

Merulæ

Meruiæ (Georgii) Geburts-Stadt. 2.a. Wenn er gestorben. ib.
Messina gehöret dem König in Spanien 53.b. Wird durch Auffruhr erregt. 54.b
Meyland wie es zuvor geheissen. 54.b. Von wem diese Stadt erbauet. ib. Ist viertzig mahl belagert/zwey und zwantzig mahl erobert und verwüstet worden. ib. Dero Kirchen. 55.b. 56.a. Die darinnen befindlichen Grabschrifften und Raritäten. 57. Warumb das Meyländische Wappen eine Schlange führe. 58.a. Der Meyländischen Herrschafft gefährliche Fata. 58.b
Minturnæ. 59.b. Woselbst sich Marius vor dem Sylla geflohen. 59.b
Minurè. 2.b
Mirandula und dessen grosse Einkünffte. 60.a
Mirandulæ Epitaphium. 28.b
Misenum. 72.b
Modena oder Mutina. 60.a
Mœsia ein Wald bey Baccano. 6.a
Mola. 60 b
Monaco. ib.
Monselice wird von dem Tyrannen Ezzelino entlediget. 61.a
Montagnano des Barthol. Montagnano Vatterland. 61.a
Mont Alcino. 61.a
Monte de la Virgine. 7.a. 67.b. oder Mons Cybele. ib.
il Monte della Pietà. 81.a
Monte Pulciano des Bellarmini Vatterland. ib.
Monumentum an dem Hause Pauli Jovii zu Como. 17.a
Morosini ein tapfferer General der Venetianer wider den Türcken. 149.b. Dessen heilsame Anschläge. ib.
Mortara woher es den Nahmen bekommen. 61.a
Mosis Schlange zu Meyland. 56.b
Mucia. 61.a
Mücken plagen die Landschafft Apulien. 6.b
Mumien zu Venedig zu sehen. 119.b
Münche zu Bonavento haben jährlich 50000. Ducaten Einkommens. 7.a. Ein Münch welcher aus der Beichte geschwätzet muß Hungers sterben. 8.a
Murali ist ein lustiger Ort. 61.a
Müssiggang ist bey denen Neapolitanern sehr gemein. 62.a
Myrten-Baum mercklicher Grösse. 42.b

N.

Nagel-Spitze wird zu Golde. 29.b
Nagel vom Creutz Christi wird gezeiget zu Meyland. 56. Zu Rom. 110.b
Nägel so in dem Tempel Jovis geschlagen/ müssen an statt der Zahlen dienen. 103.a
Nägel an Händen und Füssen wachsen annoch dem Todten-Cörper Catharinæ Bononiensis. 9.b
Narni vorzeiten Nequinum genannt. 61.b
Narsetis Gesandten überwinden 47. Schiffe der Gothen. 3.b
Neapolis Hauptstadt in Campania. 62.a
Bekömmt den ersten Nahmen von einer Königs-Tochter. ib. Die Innwohner derselbe gehen gerne müssig/ 62.a. Gehöret dem Könige in Spanien. 62.a. Ihr grosser Umfang. ib. Von der Bürger Sitten ein nachdenckliches Sprichwort. 66.a. hierselbst ist zweymahl Frühling. 66.b
Neptuni statua. 20.a
Neronis köstlicher Colossus 100.a. Dessen Pallast. ib.
Nerve ein immerwährend Sommerland. 75.a
Nicastro wird durch Erdbeben beunruhiget. 75.a
S. Nicolai Haupt ligt zu Bari begraben. 6.b
Niza oder Nizzæa schlägt der Türcken Stürme ab. 75.a
Nocera. 75.b
Nola wird von Silio gelobet. ib.
Noli hat sonderliche Freyheiten. 76.a
Norvvanus und Sylla bauen das eingeäscherte Capitolium wieder auf. 98.a
Novara Petri Lombardi Vaterstadt. 76.a
Numestrum wird von Erdbeben beschädiget. 22.b

O.

Obeliscus zu Rom mit Lebens-gefahr aufgerichtet. 119.a
Oel quillt aus einem Brunnen. 111.b. Fliesset auch aus S. Nicolai Leichnam. 6.b
Oelbäume zu Bollena tragen in dem Jahr darinnen sie gesetzt worden. 11.a
Oneglia. 76.a
Oraculi Delphici Responsum dem Augusto ertheilet. 111.a
Orbilii des Grammatici Vatterland. 6.b. Wenn er gelebet. ib.
Orden des H. Stephani hat zu Pisa seine Residentz. 88.a. Dessen Urheber. ib.
Orobii Galli vorzeiten zu Bergamo gewohnet. 7.a
Ortona ist berühmt wegen des Apostels Thomæ Leichnam. 76.a
Ortranto wird von Türcken eingenommen. 76.b
Orvieto bey dem Fluß Pelia gelegen. 76.a
Orzi Nouvo. 76.b
Osimo sonst Auximum genannt. ib.
Ostia. 76.b

P.

Pabsts Einkommen ist sehr groß. 124.b
Pacuvii des Mahler und Poeten Vatterland. 11.a
Padua woher sie den Namen empfangen. 76.b. Uberschrifft über dem Thor daselbst. 77.a. Dero Grösse. 77.b. Ein irdisch Paradeis 81.b
Palatia zu Genua in grosser Menge. 36. seqq.
Palermo hat eine berühmte Hohe-Schule. 82.b
Pallast Principe d'Oria. 35.b. Des Hertzogs von Genua. 35.a. Woselbst viele Rüstung und Munition. 35.b
Palma Nouva wie sie fundieret worden. 82.b
Pantheon zu Rom von wem sie erbauet. 103.b
Paphy soll von dem Perser-Könige erbauet seyn. 84.a
Papier wird gut gemacht zu Fabriano. 23 a
Parenzo. 83.a
Parma ist auch bey den Alten berühmt gewesen. 83.a Deren Innwohner sehr alte Leute. ib.
Parmosan-Käse. 83.b
Parthenope wird jetzt Neapoli genennet. 62.a

Pasquini statua. 119. a
Patavini fontes. 1. a
Patres des seeligen Sterbens. 114.a
Pauli Wunder-Predigt zu Melita. 49.a
Pauli III. Pallast zu Frascati. 32.a
Pauli V. statua von Metall zu Rimini. 94.b
Pauli Jovii Vatterland. 17.a. Begräbnüß. ib. 28.a
Paulinus Bischoff zu Nola erfindet den Gebrauch der Glocken in der Christenheit. 75.b
Pausilypus oder Lustigmacher ein Berg bey Neapoli. 69.b
Peccata Germanorum ein Collegium zu Bologna. 8.b
Penacus ein See. 22.a
Perle Cleopatræ. 103.b
Perusium Baldi des Juristen Vatter-Stadt. 85.a
Pesaro bey den alten Scribenten Pisaurum. 86.a
Pescara fluvius. 4.b
Peschiera ist vorzeiten Ardelium genennet worden. 86.b
Pestilenzialische Kranckheiten plagen Genua. 39.b Meyland. 59.b. Venedig. 136.a
Petrarcha wenn und wo er gestorben. 4.b. Dessen Grab wird als ein Heiligthum besucht. ib. Dessen Grabschrifft und Wohnung. 5.a Bibliothec: ib.
S. Petri Kirche zu Rom. 106.b
Petri Begräbniß. 108.b. Gefässe darmit er das Wasser zur Tauffe geschöpffet. 113.a
Petreolum rinnet aus den Steinen. 68.a
Petrus stifftet die Kirche S. Priscæ. 113.a
Pharus bey Neapoli. 63.b
Piacenza oder Placentina von Römern erbauet. 86.b
Picena sonst Ancona genannt. 2.b
Pignarola gehet durch Accord an die Franzosen über. 87.b
Piltii Palatium. 28.b
Piola der See nimmt ab und zu. 52.a
Piombino. 87.b
Piperno. ib.
Pisæ wenn sie erbauet. 87.b. Deren wunderliche fata. 88.a
Pisagnano. 89.b
Piscarii Grabschrifft. 68.a
Pistoia hat einen silbernen Altar. 89.b
Pizigithon ib.
Pizzofalcone ein hoher Berg bey Neapoli. 63.b
Placentiner erbauen Alessandria della Paglia 2.a
Plinianus fons. 17.a
Plinii Landgut Tusci genannt soll zu Borgo di S. Sepulchro gestanden haben. 11.a
C. Plinii statua. 17.a
Plinius II. Wo er gewesen. 17.a
Plurs ein Flecken in Italia wird von einem Berge-Gang überdecket. 17.b
Pò Fluvius fließt bey Casale. 14.a
Podalirii Tempel wo er vorzeiten gestanden. 68.b
Poggibonzi 89.b.
Pola. 90.a
Pontevigo. 90.a
Porto fino. 90.a Venere. ib. Cesenatico. ib.
Portus Ericus. 4.a
Portus Trajani. 16.a
Präsent so gefährlich. 137.b
Prato wird ausgeplündert. 90.b
Pratolino des Groß-Herzogs zu Florenz Lusthauß. 30.b
Prevesa wird erobert von den Venetianern 151.a
Priapi statua 20.a
Procession der Geistlichkeit soll wider das Toben des Meers helffen. 35.a
Professores zu Pologna wie viel. 8.b. Zu Padua. 78.a
Pucimum. 41.a
Puzzuolo hat bey den Griechen einen andern Namen. 90.b. 91.a. Deren Einwohner Puteolani genennet werden. 91.a Hier darff niemand mit dem Degen an der Seiten gehen. 91.b
Pythagoræ Schule. 19.b

Q.

Quirites wie sie sonst genennet worden. 95.b

R.

Radicofani von Desiderio erbauet. 91.b
Raimus der Normannen Oberster erbauet die Stadt Aversa. 6.a
Raritäten in dem Antiquario zu Mantua. 51.b
Ravenna wird jezt Romagna genennet. 92.a. Wie sie vorzeiten regieret worden. ib. Wer allda der erste Bischoff gewesen. ib.
Recanati. 93.b
Reggio von wem sie erbauet. 93.b
Reichthum des Andreæ d'Oria. 33. seqq.
Reliquien und Heiligthümer zu Genua. 37.b. 38.b Zu Neapoli 64. 65. Zu Padua. 79.a. Rom. 99.b. Im Lateran. 109.a. 112.a Zu Venedig. 137.b
S. Remo zeugt herrliche Früchte. 94.a
Republiq zu Venedig wie sie bestellet. 149.b
Richardus König aus Engelland zu Lucca begraben. 45.b
Riesen-Saal zu Mantua. 51.a.b
Rimini bey dem Fluß Marecchia gelegen. 94.a. Leidet grossen Schaden. 55.a
Ritterschule zu Bologna. 8.a
Rohr/mit welchem Christus geschlagen worden/ wird zu Rom im Lateran gezeiget. 109.a
Rom der berühmtesten eine des ganzen Erdkreises. 95.a. seq. Von deren Urheber sind die Scribenten nicht eins. ib. Vor dem Trojanischen Kriege erbauet. 95.a. Dero Lob bey den Autoribus. 96.a. Wird erweitert. ib. Soll in ihrem Flor sehr groß und reich von Bürgern gewesen seyn. 96.b. Hat 300. Kirchen. 97.a Eintheilung der Stadt. 97.a. Wird zwey und zwanzig mal eingenommen. 97.b. Ist jezt eine Schule aller Laster. 124.a. Wer daselbst einmahl in die inquisition geräth / kommt langsam wieder davon. 124.a
Romania woher es den Namen bekommen. 15.a
Romuli und Remi Historia scheinet einer Fabel ähnlich 95.a. Dessen Gebot wider die Sabiner. 105.b
Ronciglione. 125.a
Rosano, Roscianum. ib.
Rosen und andere Blumen wachsen zu Nerve um Weyhnachten. 75.a

Rovigo oder Rhodigium Ludovici Cælii Vatterland. 125.a
Rubicone ein Fluß / und die von demselben gemachte Gesätze. 16.a
Rubiera. 125.b
Rüben zu Terni sind so groß / daß sie dreyssig Pfund wägen. 132.a
Rüst-Kammer zu Venedig. 137.138.

S.

SAal zu Padua ist wunderswürdig. 78.b
Salerno wegen seiner Hohen-Schule berühmt. 125.b
Salo. 125.b
il Salto della Cervia. 125.b
Salustii Vatterland. 68.a
Saluzo wird von den Franzosen eingenommen. ib.
Saltz-Gruben zu Porto Cesenatico. 90.b. Und die Art Saltz zu machen. ib.
Sannazarii Mergillina. 70.b. Dessen Begräbnis 71.a. Carmen von der Stadt Venedig. 135.a
Sarsina. 126.a
Sassuolo. ib.
Sarzana. ib.
Sauerbrunnen bey Literno. 42.b
Savoischer Stamm von wem er entsprossen. 1.b
Savonna. 126.a
Scala Sancta von Jerusalem nach Rom gebracht. 106.b
Scaliger lobt die Einwohner zu Parma. 83.b
Scaramanico. 126.b
Scarperia. ib.
Schlangen sollen in der Insul Melite nicht lebend bleiben / wegen Pauli Wunderzeichen. 47.b
Schlange Mosis zu Meyland. 56.b
Schiff-Compasses Gebrauch wo er erfunden. 2.b
Schiffstreit jährlich zu Verona gehalten. 154.b
Schloß der Frauen Keuschheit zu verwahren. 138.a
Schule des Virgilii. 72.a
Schüssel worinnen Christus das Osterlam gessen wird zu Genua gewiesen / wie auch diejenige worinnen Herodias Johannis Haupt getragen. 37.a. 38.a
Schüssel woraus Maria dem Kinde Jesu zu essen gegeben / wird gezeiget zu Laureto. 95.b
Schwerdt Caroli M. 29.b
Scipio will nicht zu Rom begraben seyn. 42.b
Scipionis Africani Vatterland. 42.b
Scipionis und Hannibalis Säulen zu Messina. 54.a
Scyllæum eine Stadt in Calabria. 68.a
Sebastiani des Märtyrers Haupt wird zu Genua aufbehalten. 37.b
See auf 30. Meilen im Umfang. 4.b
Seiden-Weber und Sammet-Würcker zu Genua sehr viel. 32.b
Seide von Bassano ist sehr gut. 6.a
Selene. 41.b
Senegaglia woher sie den Nahmen bekommen. 126.b
Senglea, sonst L'isola di S. Michaele. 48.b
Seravalle. 127.a
Servilius Consul restaurirt Genuam. 32.b
Sestri de Levante. 127.a
Setia. ib.
S. Severino. 127.b
Sibyllæ Höle. 20.a. Wenn Sibylla geweissaget. 21.a Deren Bücher werden allein Tarquinio angebotten. ib. Und nun zu Rom verwahret. 103.b
Siegel der Stadt Alessandria della Paglia. 2.a
Siena. 127.b
Silberlinge wovor Christus verkaufft worden / werden zu Rom gezeiget. 110.b
Singekunst ist eine Artzney wider das Gifft der Spinnen Tarantulæ. 6.b
Sinnreiche Leute zu Bassano. 6.a
Smirna von den Malteser-Rittern eingenommen. 50.a
Soncino. 130.a
Soractes ein Berg bey der Tyber. 25.b
Soriano. 130.a
Sorrento. ib.b
Spanier nehmen Finale in Italien ein. 25.b
Spieß womit Christo die Seite eröffnet worden / wird zu Rom verwahret 108.a
Spital zu Valetta darinnen täglich auf die Armen 30000. Scudi aufgewendet werden. 48.a.
Spital zu Rom. 115.a.b
Spoleto. 130.a
Sprichwort von den Meyländern. 54.b
Statua einem Feinde zu Ehren aufgerichtet. 62.b
Statuen und Antiquitäten der Cumaner. 20.a
Stein darauf die versessenen Schuldner sich ihrer Güter verzeihen. 79.b
Steine auf die Feuer-Röhre werden zu Brescia gemacht. 11.b
Strachæ Begräbnüß. 3.a
Stücke und dessen wunderliche Aufschrifft zu Neapoli. 62.b. werden von Käiser Carolo V. den Sachsen abgenommen. ib.
Sudatorium des H. Germani. 71.a
Sybaris. 130.b
Syracusa wird durch Erdbeben verwüstet. 131.a
Syracusaner bauen Ancona. 2.b

T.

TAlincotii des berühmten Medici Ehren-Gedächtnüs stehet zu Bologna. 8.b
Tarano. 131.b
Tarantula die giffige Spinne wächst in Apulia. 6.b
Wie dero Stich geheilet werde. ib.
Tarentum ist wollüstig. 131.b
Tarquinius will der Sibyllen angebottene Bücher nicht kauffen. 21.a.b
Taube hat auf der Ertz-Bischöffe Haupt gesessen wenn sie creiret worden. 92.b
Tempel Apollinis auf dem Berge Casino. 7.a
Tempel der Juno wird Heilig gehalten. 49.b
sind viel Tempel zu Rom. 103. Werden den Käisern dedicirt. 105.a
Tempel der Einigkeit. 105.a. Jovis. 103. Saturni 105.a. Worinnen der Römer Schatzkammer und warum. 105.a
Tempel aus dem Morgenlande von den Engeln nach Loreto getragen. 44.a
Terani, Terni. 131.b
Terracina sonst Anxus. 132.a
Terra di Bari. 6.a. de Otranto. 68.a
Thal 24. Meilen lang und breit. 4.b
Theatrum zu Mantua. 51.b
Thier-Garten zu Castell Durante ist drey Meilen groß. 14.b

S. Thomæ des Apostels Leichnam zu Ortona. 76.a
Thomæ von Aquino Vatterland. 16.b
Thurn zu Cremona wird unter die Wunder der Welt gezehlet. 19.a
Thurn zu Bologna ist hoch. 7.b. Dessen Urheber erwirbt alle seine Reichthumb mit einem einzigen Esel. 8.a. Hangender Thurn. 8.a
Tiberius wo er umbkommen. 46.b
Tifernum. 68.a
Tisch von Achat mit andern guten Steinen eingelegt im Palast Princip. d'Oria zu sehen. 36.a
Tische von rarer Schönheit in dem Palast zu Venedig. 141.a.b
Tivoli sonst Tibur, 132.b. Confect zu Tivoli. ib.
Tolentinum. 132.b
Tortano. 133.a. Wird zerstöret. ib.
Töpffer zu Faenza die besten in Italien. 23.a
Trento oder Trident woher sie den Namen bekommen. 133.a
Treviso. 133.b
Trezzo. ib.
Tripergolæ ein Städtlein in Neapolis wird von den Bergen überschüttet. 72.a
Triumphbogen Constantini M. 118.b
Troja ob es jemahls eingenommen. 92.a
Tronto Fluvius. 2.b
Tropia eine volckreiche Stadt. 133.b
Türcken plündern wider ihre Zusage Castro. 15.a Wollen Maltam einnehmen. 50.a. Ziehen wider Candiam. 148.a.seq.
Turino, Taurinum des Hertzogs von Savoyen Residentz. 134.a. Woselbst Erasmus Doctor worden.
Tusci das Landgut Plinii des Jüngern soll zu Borgo di Sepulchro gestanden haben. 11.a
Tusci sollen Mantua erbauet haben. 50.
Tusculanum Ciceronis wo es gewesen. 31.b. 134.b

V.

VAda, Vadi. 134.b
Vado di Nizza. ib.
Valetta in Melita wird heutiges Tages vor unüberwindlich gehalten. 48.a
Vallæ Begräbnüß. 110.a
Varus ein Fluß läufft in seinem eigenen Strome durchs Meer hin. 134.b
Vätter sind streng gegen ihre Kinder. 138.b
Vaticana Bibliotheca. 101.a.b
Ubelthäter werden zu Ferrara vor dem Gefängnüß geachtet. 24.b
Uberschriffe an einer Marmorsteinern Säule zu St. Johann bey Neapolis. 65.b
Velletri. 135.a
Venedig ein Wunder der Welt. 135.a.seq. Dero Lobsprüche. ib. Ursprung. 135.b. Rüst- und Kunst-Kammer. 137. 138. Wahrzeichen. 139.a. Venedig erkennet keinen Obern. 144.a. Geräth in Abnehmen. 145.b. Dero Herrschafft jetzige Macht. 146.a.b. Victorisirt gewaltig wider den Türcken. 153.a
Venedisch Glaß das beste. 61.b
Veneris Litus. 73.a
Venusium des Horatii Vaterland. 67.b
S. Verani Bischofs Cörper wird zu Albenga verehret. 2.
Vermächtnuß Sixti V. Pabsts zu Rom. 98.a
Vermählung des Hertzogs von Venedig mit dem Meer. 138.b
Verona Herrlichkeiten Beschreibung. 153.& seq. Des Poeten Catulli Vatterland. 155. Dero Verräther der Stadt Padua wie wunderlich sie annoch von der Glocken angemercket worden. 77.a
Vercelli oder Vercellæ, wem es vor dem gehöret / und wie es an Savoyen kommen. 153.a.b. Allda wird ein Conciliabulum wider Berengarium gehalten. ib.
Vesuvius von denen Poeten Vesbius genennt. 73.b. Wenn und wie starck er gebrennt. ib.
Via Consularis. 6.a. Appia wo sie gewesen. 6.b. Æmilia. 7.b.11.a. Aurelia.11.a. Claudia.11.a Reggia. 156.b. Posthumia. 133 a
Vicenza von wem sie erbauet. 157.a
Viglebia. 158.b
Villa Franca. 158.b
Villa nova. 5.b. Domitiana. 73.a
il Vino Asprino. 6.a
Vinti mighia. 158.b
Virgilius wird vor einen Schwartzkünstler gehalten. 70.a. Dessen Grabstätte und Grabschrifft. 70.b. Schule. 72.a. Bildnus und Säule zu Mantua. 51.a
Viterbium. 92.a
Viterbo des Patrimonii S. Petri Haupt. 159.a
Ungewitter in dem Meerhaven zu Genua. 34.b
Unschuldiger Bethlehemitischen Kinder Cörper werden zu Padua und Neapoli gezeigt. 80.a 64.b.
Unzüchtige Bilder in der Kirchen Neapolis 64.a
Voghera hält scharffe Inquisition wider die Reisenden. 159.a
Volterra. ib.a.b
Volturnus ein Fluß bey Capua. 13.b
Urbino zusamt dessen Hertzogthum. 159.b Des letzt verstorbenen Hertzogs verlassener Schatz. 160.b
Urbanus III. zu Ferrara in der Haupt-Kirchen begraben. 24.b

W.

WAllfarth nach dem Tempel zu Laureto. 44.a
Warm Bad Bagni d'Abano. 1.a
Warme Bäder zu Neapolis. 73.a
Warme Quellen nach dem Tode Ciceronis bey Puteolano entspringen / so den Augen nützlich. 72.a
Warte gegen Ancona über. 4.a
Wasser wider den Kopffschmertzen. 42.b. Stinckend schwartz Wasser zu Fricento. 32.a
Wasser ist zu Ferrara seltzam. 24.a. Zu Ravenna 93.b. Heilsames Wasser entspringt in einer Kirche in Apulia. 86.b
Wasserkrüge von Cana werden zu Brundusio den Leuten gezeiget. 11.a
Wechsel-Rechnung werden zu Genua sehr getrieben. 32.b
Weiber gehen oben an zu Genua. 33.a. Ein Weib ziehet in Krieg. 91.b. Weiber werden gescholten. 16.a

Wein

Wein auf sehr hohen Bergen bey Aigvebella. 1.b
Ist den Weibern zu Puozzolo verbotten 91.b
Wunderlicher Wein-Koster. 25.b
Wind gehet kalt und warm aus einem Berge. 18.a
Windeln und Haube der Mariæ darein sie das Jesus-Kind gewickelt/werden zu Rom in Ehren gehalten. 114.b
Wolfeile Zehrung in Meyland und das daher entstandene Sprichwort. 59.a
Wunder der Natur an einer Marmor-Säule zu Venedig. 143.b
Wüten des Meers soll mit Johannis Asche gestillet werden. 37.a

X.

XAverii des Orientalischen Indiens Apostels Hand wird zu Rom mit einer Ehrenschrifft gezeiget. 121.a

Z.

Zahn des grossen Christophori zu Genua. 37.b
Zanclam jetzt Messina genannt. 53.b. Woher sie den Namen bekommen. ib.
Zuchthauß zu Neapoli. 63.a
Zunahme etlicher Städte in Italien. 26.a
Zunge des Hieronymi wird zu Brundusio aufbehalten. 11.a

ENDE.

E N D

Anhang

Das ist/

Kurtze und Außführliche Beschreibung

derer im

Königreich Morea

befindenden vornehmsten

Städte und Plätze:

Darinn derer Alterthum/ erlittene schwere Kriege/ was auch biß dato an einen und andern Orten merckwürdiges zubesehen/ alles auff das kürtzeste dem Curiosen Leser gantz deutlich beschrieben und vorgestellet.

Kurtzer Anhang der vornehmsten Plätze in Morea und angräntzenden Oerter.

Abia.

Igt in der Provintz Messenien an dem Meer / 20. Stadien von dem Walde Cherio, welches anfangs Ira geheissen / und von vielen unter die ruhm-begierigen Städte gerechnet wird / welche sich um die Ehre den Homerum in ihren Mauren gezeugt zu haben / hefftig gezancket. Man sagt / es habe sich Abia Hylli Herculis Sohnes Seugamme nach Ira begeben / allda sich häußlich niedergelassen / und den Tempel Herculis erbauet / von welcher nachgehends die Stadt den Namen soll empfangen haben: Ist heutiges Tages unter dem Namen Calamata berühmt / davon drunten mit mehrern.

Achaia.

Ist eine Provintz zwischen Elea, Sicyonien und dem Meer gelegen / ward vor alters Aigialia genennet / von αἰγιαλὸς, welches ein Ufer bedeutet / weil nemlich diese Landschafft meistentheils am Meer gelegen. Selinus hatte das Regiment über die Aigialeser, nach dessen Tode selbiges dem Jovi in die Hände kommen / welcher eine Stadt erbauet / und sie Helice genennet / welche aber von den Einwohnern nach seinem Namen Jonien ist benamet worden. Die Achæer sind vorzeite in grosser æstim gewesen / auch von den Römern / als Bundesgenossen / in grossem Werth gehalten worden / welchen sie beygesprungen / und die Macedonier von Corinth wegjagen helffen. Die Landschafft gräntzet mit dem Fluß Larisso, so von einem Tempel / welchen Larissæus erbauet / den Namen bekommen / an die Provintz Elideman.

Acro-Corintho.

Ist das veste Schloß / das vormahls durch manchen Triumph seinen Ruhm durch die Welt geschicket und über der Stadt Corintho lag / zu einer tapffern Wehre und starcker Schutzmauer der Einwohner: hat aber von dem blutdürstigen Marte manch trübe Donnerwolcke über sich nehmen müssen / daß man dessen Andencken und hinterbliebenen Rest gegen vorige Schönheit gerechnet / kaum unter dem Staube lesen kan. Von dessen Lage und Monumenten wir drunten bey Entwerffung der Stadt Corinthen selbst Meldung zu thun wollen.

Ægina.

Diese Insul / so von dem Ufer der Stadt Athen 18. Meilen / von Porto Leone 25. von Mor 11. von Colun 21. entlegen ist / hat den Namen von Ægina, Æsopi Tochter / Æaci Mutter. Heisset auch sonst Ænona, Myrmidonia, insgemein bey den Schiffleuten Engia, hat 30. Meilen im Umfange / und ist reich von vielen Rebhünern / welche sich hier häuffig vermehren. In dieser Insul ist noch zu sehen der Tempel / welchen Pausanias der Veneri gewiedmet: und noch einer auff einem sehr lustigen Hügel / welcher dem Æaco heilig gewesen. In diesem Bezirck ligt auch eine Stadt mit eben den Namen / welchen die Insul führet / die der treffliche Medicus Paulus, der Anno 420. unter dem Käiser Honorio und Theodosio dem Jüngern grosse Reisen gethan / und neben des Galeni Schrifften / noch andere Bücher / der Welt zu Nutze / ausgehen lassen / und diese seine Geburts-Stadt sehr berühmt gemacht / welche doch jetzo ziemlich abgenommen.

Ægira.

Ist eine beruffene Stadt an dem Lepantischen Meer gegen Mitternacht gelegen / in der Landschafft Achaia, welche jetzo Nilocalno genennet wird. Woher diese Stadt ihren Namen bekommen / scheinet einer Fabel nicht unähnlich zu seyn; nemlich man sagt / es haben die Sicyonier diesen Ort belägert; und weil die Innwohner verspüret / daß sie sich zu wehren nicht länger künten bastant seyn / hätten sie alle Böcke / die sie auffbringen können / zusammen führen / ihnen Fackeln auff die Hörner binden / anzünden / und also nach der Stadt treiben lassen / darüber die Sicyonier stutzig worden / und gemeinet die Stadt bekäme Entsatz / und die Belägerung schleunigst auffgehoben. Und um dieser Ursachen willen ist die Stadt Ægira von αἴξ, αἰγὸς, welches eine Geiß bedeutet / genennet worden. Ist fast eine Historie / dergleichen von Hannibal erzehlet wird / der den Ochsen ein Bund Stroh auff die Hörner gebunden / und seinen Feinden dadurch ein merckliches Schrecken eingejaget.

Arcadia.

Arcadia die Provintz ligt mitten im Königreich Morea. Ist rauh / kalt und gebürgig. Es gibt allhier schöne Pferde / wie nicht weniger grosse Esel / welche allen Ungeschickten den Namen eines Arcadischen Esels hinterlassen. Ihr erster Regent ist gewesen Pelasgus, von welchem man ausgiebet / er habe zuerst Hütten und Häuser erfunden / darunter man sich vor Kälte und Frost verwahren könte. Die Stadt Arcadia sonst Cyparissa geheissen / ligt von Biante gegen Abend in die 50. Meilen. Ist eine sehr veste und wohlgelegene Handel-Stadt / hat einen herrlichen und schönen See-Hafen / und gibt dem daran ligenden Meerbusen den Namen Golfo di Arcadia.

Argos.

Eine sehr berühmte Stadt zusamt ihrer Provintz Argia, bey dem Fluß Planissa gelegen / welcher von den Lateinern den Namen Inucum bekommen / 5. Meilen von Napoli di Romania, 60. Meilen von Sparta, 36. von Corintho; wird gegen Niedergang von dem Berg di Cronia bedecket; gegen Mitternacht hat sie den Berg Cleone, und gegen Mittag das verfallene Myceenæ. Argos soll sonsten dreyerley seyn / das eine Argos Amphilochium, das andere Argos Pelasgicum, das dritte aber von welchem hier gesagt wird / ist sonst Foronia von Foroneo, Hippobote vom Uberfluß der Pferde / Jasia von dem Namen eines tapffern Capitains / und denn auch Appia genennet werden. War ehemals ein sehr herrlicher Ort / welcher sich fast allen Städten in Griechenland vorzuziehen nit gescheuet: Ist aber jetzo schier nichts als der blosse Namen überblieben. Guidonio Enchino hat diese Stadt / sampt der gantzen Provintz seiner Tochter Mariæ, als sie mit Petro, des Friderici Cornari Sohn Anno 1383. vermählet worden / zum Heyrath-Gut mit gegeben / welche / nachdem sie nachmals zur Witben worden / und sich ohne Leibes-Erben befunden / auch wohl gemercket / daß sie der Hinterlist der Griechischen Fürsten / und der Macht der Ottomannischen Pforten nicht gewachsen / ihr Fürstenthum 1388. an die Republic Venedig verkauffet / davon die Schrifft des Rafaelli de Caresini, des Groß-Cantzlers von Venedig / in der Fortsetzung der Chronic Hertzogs Andreæ Dandalo zulesen. Anno 1463. ist sie von Mahomet II. wider alle eingegangene Verträge belägert und endlich eingenommen worden. Hieselbst waren sonst zu sehen die Bilder des Cleobis und Bitonis, wie sie ihre alte Mutter auff einen Wagen zu der Juno Tempel gezogen / in Marmor gehauen: vor welches sie diese Wolthat sollen genossen haben / daß sie im Schlaff die Seele ausgeblasen / nach den Versen:

> Sic factum : in somnis animam efflavere jacentes :
> Non poterant majus DI dare nempe bonum.

Auff dem Schlosse soll Agamemnonis Wohnung und des Menelai Residenz noch zufinden seyn / wie nicht weniger auch 25t. und unter denen viel Römische Monumenta. Der Telesillæ statua war allhier nicht in geringem Ansehen / als welche die Stadt männlich beschützet / und wider die einbrechende Lacedemonier vertheidiget. Nach dieser Stadt wolten weiland die Griechen Achivi genennet seyn / und erscheinet also daher / wie hoch sie geachtet gewesen; hat sich nunmehr des Türckischen Jochs befreyet / und ist 1686. den 6. Aug. währender Belägerung der Stadt Napoli di Romania wieder an die Preißwürdige Republic gerathen. Denn die Türcken hatten selbige / aus Mangel frischen Wassers / mit Hinterlassung etlicher Türckischen Sachen abbandoniren müssen.

Argostoli.

Ein Ort / von dem die Venetianische Republic viel Vortheil und gute Dienste empfangen; so den Namen von Argonautis, welche allda angelendet / herführet. Ist ein See-Haven der Insul Cefalonien. Die Venetianische Galeeren und General Proveditoren / wo sie etliches dieser Lande vornehmen wolten / fliegen allhier aus / ungeachtet die Gegend mit keinem Castel den Port zu verwahren / versehen ist; daher denn auch alle Schiffe / ohne einige Hinderniß einlauffen. Am äussersten Winckel dieses Havens gucket gleichsam das Andencken der alten Stadt Crane oder Craneæ aus den Steinhauffen herfür / allda sich weiland die Corinthier niedergelassen. Ingleichen werden auff dem Berge Caleg genennt / welches nicht weit von dannen / etliche Rudera grosser Schwibbogen und Gewölbe angetroffen / daher die Leute in die Gedancken gerathen / es habe allhier Argostoli sein Arsenal gehabt.

Aroa, suche Patrasso.

Arso, oder Narso.

Diß ist eine treffliche Vestung und wohlgesetzte Stadt / auff der Insul Cefalonia erbauet / und von denen Venetianern Anno 1595. herrlich auffgeführet / um die Innwohner der Insul gegen die feindlichen Einfälle zu verwahren. Sie ligt auff einem hohen Berge / und wird von vielen rauhen Klippen umschlossen. Sonsten hat der Baumeister angewandter Fleiß und gute Hand keine Kunst und Mühe gesparet / und an festen Aussenwercken nichts ermangeln lassen. Von dieser Vestung reichet unten ein Strich von der Erden / gleich einem Damme / so ungefehr 19. oder 20. Schritte seyn mag / gegen die Insul / und hänget sie zusammen; darüber auch der Weg nach der Vestung gehet. Dies. Stadt hat in ihrem Inbegriff 60. öffentliche und gemeine / un̄ 20. Privat-Häuser. Unten an dem Fuß deß Berges ist ein kleiner Haven / der kaum drey Galeeren einnehmen kan / und auch allgemach sich dem Untergange nahet / weil die bey einbrechendem ungestümen Wetter von Bergen herabschiessende Platzregen / Sand und Steine / demselben grossen Schaden verursachen / dem man doch nicht abhelffen kan.

Athen.

Athen kan seinen Geburts-Tag von denen uhrältesten Griechen herführen / als welche in der gantzen Welt berühmt gewesen. Ist der Haupt-Ort in Attica, nicht weit von Golfo di Engia. Cecrops hat dieselbe erbauet / von welchem sie auch den Namen Cecropia erhalten; von dem Theseo aber ist sie zu höherer Vollkommenheit gebracht worden. Eigendlich hat die Citadella Cecropia geheissen / welcher Name verwechselt / und hernach an dessen Stelle Acropolis auffkommen ist. Diese hat sich auff einen Felsen gesetzet / der rings umher unzugänglich ist. Woher diese Stadt den Namen Athen bekommen / können sich die Gelehrten noch nicht vertragen. Ein Theil saget / er sey von Attea des Cranai Tochter herkommen. Die meisten aber geben für / sie sey nach der Minerva, welche die Griechen Ἀθήνη genennet / benamset werden / und bekräfftigen solches mit nachfolgender Fabel; Es hatte Neptunus und Minerva untereinander gestritten / welches von ihnen beyden der Stadt den Namen auffleGen solte / endlich aber sich dahin beredet / daß jeder unter ihnen etwas neues erdencken / und ans Liecht bringen solte. Wer nun das nützlichste und der Erden zuträglichste angeben würde / von dem solte die Stadt genennet werden / und hierüber wären gewisse Richter bestellet worden: Neptunus sagt man / habe ein Pferd Minerva aber einen Oelbaum vorgestellet. Die Stimmen giengen herum / was den meisten Nutzen schaffte? da dem Neptunus eine Stimme weni-

ger

ger bekommen als Minerva, welcher nachmals auch die gesuchte Ehre der Benennung überlassen worden. Der Umkreiß dieser Stadt belaufft sich in die tausend und zweyhundert Schritte. Unten am Hügel findet man noch einige Spur-Zeichen einer hohen Mauer / so vorzeiten auch das Schloß von unten her umgeben und bevestiget. Sie hat unter sich eine Vorstadt von mehr als zwey tausend Häusern / und ein groß schön Land / welches von Negroponte zehn Stunden weit abgelegen ist. Sechs Italiänische Meilen davon ist ein schöner Haven / und hierum noch viel Gemäuer zuiehen / welches so ist von dem Meer biß an die Stadt gegangen / so von Themistocle erbauet / vom Sylla aber zerstöret worden. Es finden sich allhier noch herrliche Antiquitäten / unter denen der Tempel des Sieges / so nach Jonischer Bau-Ordnung auffgeführet ist / von denen Türcken aber zur Magazin gebrauchet worden In der letzten 1687. geschehenen Belägerung hat alles grossen Schaden gelitten. Ingleichem stund hierselbst der Minerven Tempel / nach Dorischer Art gebauet / worinnen seithero der Mahometische Gottesdienst verrichtet worden: welcher nunmehr meistens in die Lufft gesprenget ist. Unweit der Stadt stehet noch ein Heiligthum / und zwischen der Mauer findet man das Stadium Demosthenis, das Arsenal Lycurgi, und noch sehr grosse Pfeiler / welche die Grösse der Stadt etwas abschatten können. Sonsten melden auch die Geschicht-Schreiber von einem Altar welcher allhier gestanden / und mit dieser Umschrifft bezeichnet gewesen.

ΘΕΟΙΣ ΑΣΙΑΣ ΚΑΙ ΕΥΡΩΠΗΣ ΚΑΙ ΛΙΒΙΗΣ ΘΕΩΙ ΑΓΝΩΣΤΩΙ ΚΑΙ ΞΕΝΩΙ.

Das ist:

Den Göttern in Asien / Europa / und Lybyen; dem unbekannten fremden Gott.

Welchen Altar man vor denjenigen ausgibt / den der heilige Apostel Paulus daselbst angetroffen / dessen Lucas in der Apostel-Geschicht gedencket. Ingleichen siher man im besagten Athen den Tempel Theseus, den Grund vom Areopago und dergleichen mehr: Man duldet in diesen Mauren der Minervæ die Juden ungerne; sintemal sich die Griechen mit ihnen durchaus nicht vertragen können / und ist dannenhero das Sprüchwort entstanden: Gott behüte uns vor den Juden zu Thessalonich / für den Griechen zu Athen, und für den Türcken zu Negroponte. Vor Alters kunte Athen vor eine Mutter aller Künste und Wissenschafft passiren / und mit dem Titul einer Schul voll Weißheit / Tapfferkeit und Tugend sich fast an den Himmel heben. Minervam ehrte man daselbst als eine Schutz-Göttin / in deren Tempel sich Vestales Virgines auffhielten / und bey dem / ihrer Meynung nach / vom Himmel gefallenem Bilde ein stetes Feuer halten musten. Das Bild Minervens war in Gestalt einer schönen Jungfrau gemacht: Ihr Kleid reichte biß an die Füsse / und der Kopff war mit einem Helm und Feder-Busche gezieret: die Brust mit einen Harnisch verwahret: die rechte Hand hielt einen Spieß / und die Lincke das Schild / darauff der abscheulichen Medusen Kopff in seinen Schlangen-Haaren sich sehen ließ. Zu den Füssen war ein Drache und Nacht-Eule. Daher Demosthenes gesagt: Es nehme ihn wunder / daß diese Göttin an drey so schändlichen Bestien / nemlich einem Drachen / einer Nacht-Eule / und dem gemeinen Pö-bel zu Athen ein Vergnügen haben könte. Das Regiment war Vorzeiten über alle massen wohl eingerichtet / und mit so herrlichen Gesetzen versehen / als eine Stadt in der gantzen Welt. Die Stadt ist vielen Veränderungen unterworffen gewesen. Im Jahr der Welt 2469. soll sie erbauet seyn. Nach langer Zeit ward sie den Macedoniern / hernach den Römern unterthan. Nachgehends ist sie von Bajazeth bezwungen worden / endlich unter die Venetianische Bottmässigkeit gerathen. Anno 1455. hat sie Mahomet II. belägert / und endlich / weil sie nicht kunte entsetzet werden / einbekommen / von welcher Zeit sie unter dem Türckischen Joch geblieben / biß auff das Heil-Jahr unsers HErrn JEsu Christi 1687. da sie aus den Handen der Unglaubigen gerissen worden. Den 27. Septembr. besagten Jahrs lieff die Christliche Armada in Porto Lione vor Athen, welcher 6. Italiänischer Meilen von der Stadt gelegen / und mehr denn hundert Schiffe fassen kan. Als die Außländung geschehen / haben sich die vornehmsten Griechen den 22. dito dem Herrn General-Capitain Morosini zum Gehorsam dargestellet / mit grosser Freudenbezeugung / daß sie sich deß Türckischen Jochs entledigen dürfften / und gesagt / daß die Türcken sich allbereit in das Schloß retiriret / deren etwa fünff biß sechshundert / und hätten einige Griechische Männer sampt andern Handwercks-Leuten bey sich / deren in der Noth sich zugebrauchen. Indessen sind 150. Soldaten durch die Stadt zur Salvegarde vertheilet worden / damit der Griechen Häuser nicht ausgeplündert werden möchten / weil dieses lauter Bürgers-Leute / und grossen Vortheil geben konten. Zugleicher Zeit hat der General-Capitain ein freundlich Schreiben um Ubergabe der Vestung an die Türcken geschickt / aber abschlägige Antwort bekommen / mit der Resolution, sich biß auff den letzten Bluts-Tropffen zu wehren: dannenhero sie auch etliche Schüsse auff die Unsrige gethan / als sie sich genähert / aber ohne Schaden. Selbigen Tag hat man Faschinen zumachen / das Geschütz zulösen / und an der Batterie zu arbeiten angefangen / darüber ein Serg. Magg. neben einigen Soldaten geblieben. In der Vestung ist diese gantze Nacht Feuer gehalten worden. Den 23. führte man die Stücken und Mörser auff / Abends am 24. wurden die Batterien fertig. Den 25. mit anbrechendem Tage hat man das Castell zubeschiessen angehoben / denie um den halben Tag die Defension benommen / und der Anfang zu Bombardiren gemacht wurde / womit man den folgenden continuirte / da denen Unsrigen von des Feindes Batterien auch Schaden geschehen. Den 26. Abends / schier eine halbe Stunde in die Nacht / ist eine Bombe von dem Grafen S. Felice in eine Magazin, da Pulver und andere Munition inne gewesen / geworffen worden / wodurch das Feuer angangen / und also der schöne Tempel der Minervæ ruiniret worden; so daß man itzo die grossen Marmor-Säulen im Grauß und in der Asche sehen muß / deren übrigen Stück und Reliquien noch anzeigen / wie herrlich der Bau gelassen. Alle Leute / so dahinein geflüchtet / wohl auff die siebenhundert / sind mit umkommen. Den 27. hat man angefangen Breche zuschiessen / weil aber alles felsicht gewesen / war es vergebens. Des Abends haben sich die Minirer an die Mauren gehencket / aber zu keiner Mine gelangen können. Den 28. lieff Zeitung ein / der Seraskier näherte sich mit zwey tausend Reutern und einigem Fuß-Volck / dem Platz

Succurs zuleisten / worgegen aber der Graf Königsmarck befohlen / dem Feind im Feld zubegegnen. Er selbst hat die Cavallerie und Sclavonier angeführet. Da der Feind solches gesehen / hat er sich alsbald schändlicher Weise auff die Flucht gemacht. Hierauff hat man mit canoniren und bombardiren wider die Vestung fortgefahren. Die Belagerten / die nun wol mercketen / was sie sich zum Serastier zugetrösten hatten / der sich so bald auffs Lauffen begeben / steckten bald eine weisse Fahne aus. Da solches dem Herrn General-Capitain hinterbracht worden / hat er Verordnung gethan / die Tractaten folgenden Morgen anzutretten / massen auch solches den 29. geschehen / und von dem Commendanten fünff vornehme Türcken herauß geschickt worden; da man dann beschlossen / daß innerhalb fünff Tagen die Türcken mit den Ihrigen außziehen / und was sie könten / mit sich nehmen / die Sclaven aber Gewehr und Pferde zurück lassen solten / da man sie vor ihr Geld nach Smirna bringen wolte / mit beygefügter austrücklicher Bedingung / daß / wo sie sich aus Wasser- oder Munition-Mangel ergeben müssen / die Puncta nicht gehalten werden / sondern sie der Discretion gewärtig seyn müsten. Einer von diesen fünffen gieng mit der Capitulation zurücke; die übrigen aber blieben zur Geissel. Nachdem nun die Sache ihre Richtigkeit erhalten / hat man die Schiffe zugerichtet / und sind auff drey tausend Seelen ausgezogen / wovon etliche hundert nicht mit abfahren wollen / sondern sich erkläret Christen zuwerden. Also ist auch diese Volckreiche Vestung und Handels-Stadt wieder an die Durchlauchtigste Republic gelanget. Auff dem Schloß haben sie zwantzig Canonen mit anderer Munition und Proviant bekommen.

Belvedere, suche Elis.

Calamata.

Ligt nebst der lincken Seite am Gestade des Flusses Spirnazza, in der Provintz Belvedere, hat vor Alters Abia geheissen / unter welchem Namen auch allbereit droben etwas ist gedacht worden. Plinius nennet sie Calama. War sonst ein offner und Volckreicher Ort / welcher / ob ihm gleich keine Mauren zu seiner Beschützung wider die Feindliche Einfälle verliehen; so kan er doch unter guter Auffsicht deß in der Höhe auffgebauten Castells sich der zustossenden Anfälle ziemlich erwehren: wie es denn über diß mit einer guter Besatzung / aber leider der Unglaubigen / besetzt gewesen. Anno 1659. hatten die Mainotten Griechischer Seite / eine tapffere Resolution gefasset / die schweren Fesseln des Türckischen Jochs vom Halse zu werffen. Solchen ihren Vorsatz liessen sie an den Herrn General Morosini, welcher sich damals dieser Enden auffhielt / gelangen / und gaben darbey ihre Devotion und Ergebenheit gegen die Venetianische Republic sattsam zuerkennen. Diese gute Zuneigung wurde nicht übel auffgenommen: Und damit die Republic erwiese / wie sie den Mainotten zuhelffen gesonnen / wurde der Cavallier Gremoville mit tapfferer Mannschafft / diesen Ort nachtrücklich zu attaquiren / ohne Verzug commandiret. Die Sache gieng wohl vonstatten. Gremoville zog aus / um einen Helden-mässigen Versuch auff diese Vestung zuthun. Die Türcken waren auch nicht feyrig / den Belagerten zu Hülffe zukommen / wie sie dann beym Anzug der Venetianer / auch zum Succurs anmarchiret kamen / aber zu ihrem Unglück. Denn Georgius Cornaro gieng ihnen von der Christlichen Armee über den Hals / griff sie tapffer an / und brachte sie in eine grosse Confusion. Und als die Flüchtigen in der Stadt Hülffe und Rettung suchen wolten / drung sich Cornaro mit den Seinen zugleich in Calamata mit ein. Welches nachdem es die erschrockene Besatzung gesehen / sind sie dermassen vollends in Bestürtzung gerathen / daß sie sich alsbald auff der andern Seite nach der Flucht umsahen; und ist also dieser Ort / ehe man noch die Schwerdter darum recht gewetzet / den Venetianern überlassen worden / welche den darinnen angetroffenen Proviant meist zu sich genommen / den Uberrest angezündet / ein grosses Stück Landes daherum verheeret / und so mit reicher Beute abgezogen. Nach diesem haben die Muselmänner ihr alt Nest wieder gesucht / auffs neue gebauet / und biß Anno 1685. besessen / in welchem Jahr es von denen Venetianischen Siegs-Waffen folgender Gestalt bezwungen worden. Der tapffere Held Morosini hatte nunmehr die Vestung Xarnata zum Gehorsam der Republic gebracht / und schloß als ein kluger und verständiger General / man würde weiter nichts füglich versuchen können / es wäre denn der Capitain Bassa auffgesucht / und seinem Mahomet zugeschickt. Es hatte aber derselbe sich mit einem Corpo von 2000. Pferden und 8000. zu Fuß unter Calamata eingesetzet / und war allerdings dahin bemühet / die Mainotten von der Treu / welche sie den Venetianern zugeschworen / abwendig zumachen. Dieses zu hintertreiben / hielte der Capitain-General Kriegs-Rath / zu welchem auch der Capitain Extraordinario über die Schiffe / Alessandro Molino, der kurtz vorher / um die Schiffe seiner Esquadre mit einem und andern zuversorgen / angeländet / mit gezogen wurde. Hierinnen hat man nun beschlossen / vor allen Dingen die Feindliche Armee zu rencontriren und zum Treffen zuzwingen. Derhalben ließ der Capitain-General die gantze Miliz etwas besser hinein in den Port Aginse, vor Alters Leuctron geheissen / an das Land gehen; erkundigte sich aber vorher des Landes Gelegenheit und der Feinde Macht. Dieser hatte sich an einen sehr vortheilhafften Ort gesetzet / auff einen Hügel: In dem Rücken war Calamata, zur Rechten bedeckten ihn die Berge / und zur Lincken war ihm das Gebüsche zuträglich: von vorne aber halffen die kleinen Hügel und Büsche / so viel sie konten. An der Seiten / wo er meinte / daß die Venetianer zu Lande steigen würden / hatte er hin und wider 3000. Mann ausgestellet. Die Gegend aber / wo die Venetianer außtreten wolten / war voller Gebürge und Hügel / daran ein stück Feld etwa eine halbe Meile lang / welches doch abhängig und sehr uneben war. Endlich kamen sie nicht ferne von dem Ufer an einen starcken Bach / welcher die andern an Grösse weit übertraff. Hier wurden nun die Völcker ausgeladen unter der Direction Hn Alcenago, Sergante Maggiore, welcher die Regimenter also instruirte / daß / wenn sie auff dem Lande Posto gefasset / immer weiter einrücken / und an dem Bach fortan marchiren solten. Die Türcken aber / welche mit einigen Fuß-Völckern einen erhabenenen Ort über ihrer lincken Hand besetzt hielten / zogen sich mit der meisten Cavallerie und übrigen Infanterie auff das Ebene / gegen das Meer herab / und legten sich an der Seiten dieses Flusses, die weitere Annäherung der Venetianer mit Pulver

und

und Bley zuverhindern; womit ihnen vom Gegentheil auch tapffer auffgewartet wurde. Weil nun hier der Anschlag nicht wol von statten gehen wolte / ließ Alcenago die Trouppen auf die Seite der Strassen/ so nach Xarnata gehet/ sich wieder zurück ziehen. Alda hatten sie ein ebenes Feld/ gegen einem Hügel über/ so von einem hohen Berg/ biß an besagte Strassen hinab langte/ und waren allhier von dem Anfall der Barbaren ziemlich sicher. Daselbst wolten sie so lange anhalten/ biß fernere Ordre vom Capitain-General kommen würde. Von demselben nun wurde Baron Degenfeld/ welcher sich allbereit zur Rückreise nach Venedig rüstete/ vermocht/ noch eine Zeitlang zuverharren/ und das Vorhabende befördern zuhelffen. Dieser behertzte Held/ der sich niemals vor seinem Feind gescheuet / damit er auch noch izo der Armee eine Probe seiner unerschrockenen Tapfferkeit und Kriegs-Erfahrenheit hinterlassen möchte / nahm die General-Direction über die Miliz auff sich / von welcher er auch mit grossen Frolocken und Freuden-Bezeugungen empfangen ward. Darauf änderte er den 12. Septembr. das Lager/ und ließ die Trouppen an dem berührten Flüsse wieder anmarchiren / mit außtrücklichem Befehl/ daß/ alle Confusion zuvermelden / keine einzelne Partheyen ohne seine Verwilligung / sich an den Feind machen solten. Widrigen falls / wo es geschehen würde / solten sie ohn allen Succurs gelassen werden. Und so ward die Sache beordert / die richtige Schlacht-Ordnung ins Feld gestellet. Den rechten Flügel führten Seine Hoch-Fürstl. Durchl. Hertzog von Braunschweig: das Corpo der Battaglia der Caval. Alcenago, und den lincken Flügel Rudolph von Schönfeld / Obrister der Sächsischen Trouppen. Der Capitain-General inzwischen / damit er den Feind noch mehr erschrecken möchte / commandirte den Capitain von dem Golfo Sanado mit seiner Esquadre hinter den Wald / daselbst solte er sich mit Flaggen und Seegeln zeigen/ gleich als wenn er jetzt die Regimenter aussetzen wolte/ um die feindliche Macht hierdurch zu distrahiren. Er der General selbst ließ immer wacker an dem Ufer von seinen Schiffen loßfeuren/ damit denen Türckischen Reutern eine Hinderniß zuverursachen / damit sie sich nicht zubald mit der Infanterie conjungiren könten. Den folgenden Tag wurde Relation eingebracht / der Bassa wäre von Napoli di Romania aus mit sechshundert Pferden verstärcket worden. Nachmittage ließ der Herr Baron Degenfeld den Herrn von Magnan, Obrist-Wachtmeister von dem Corbonischen Dragoner-Regiment mit zwey Trouppen / jede von fünff und zwantzig Pferden über den Bach setzen / auff des Capitain-Bassa Beginnen genauere Acht zuhaben. Da giengen nun die Scharmützel an/ erstlich unter wenigen / biß der Herr von Magnan einige Trouppen unter dem Herrn Obristen Marchese di Gorbon, der nur darzukommen/ stehen liesse / und mit der einen auff die Türckische Parthey ansetzte. Die Türcken verstärckten sich immer mehr und mehr / daher stellte sich Gorbon, als ob er fliehen muste / welchen die Feinde eifrigst verfolgten. Da er aber seinen hinterlassenen Troupen näher kam/ wendete er sich geschwind / setzte mit gesampter Hand in die Feinde/ welche in Confusion geriethen / und mit Hinterlassung etlicher Todten das Hasen-Panier über Halß über Kopff auffwarffen. Der zum Treffen bestimmte Tag war nunmehr angebrochen / und der Preißwürdige Degenfeld ritte die Battaglia durch / frischte die Soldaten auff / als tapffere Männer Stand zuhalten / und sich vor dem furiösen Geschrey der Feinde nicht zu entsetzen. Er führte ihnen zu Gemüthe / wie etwa der Macedonier seinen Völckern / was vor Ehre sie davon tragen würden / wenn nun die Welt erfahren müste / daß von ihnen ein Capitain-Bassa der Türcken aus dem Felde geschlagen wäre: zu dem gelte es ja die Religion und sie fechten vor / das redliche Vatterland. Und wenn auch gleich der Himmel ihr Ende über sie beschlossen hätte / wo könten sie in einer bessern Occasion fallen / als in eben dieser. Dadurch wurden die Gemüther der Soldaten dermassen auffgefrischet / daß sie sich willigst erklärtet / biß auff den letzten Bluts-Tropffen zu fechten / das Spiel gieng nun an / und der Bassa / der seiner Reuterey nicht ein geringes zutrauete / hieß seine Cavallerie mit grosser Furie anfallen; welche mit ihrem ungestümen Geschrey auf die Sächsischen Trouppen / welche den lincken Flügel machten/ traffen. Allein der Oberste Schönfeld über diese Sachsen machte ihnen des Rauchs und Feuers so viel / und hieß ihnen die Kugeln dergestalt um die Ohren sausen / daß sie sich nach der Flucht umsahen / und zertrennet über den Bach / woher sie kommen / durchgehen musten. Währender Zeit kam die Infanterie angestochen: allein sie fand Schuh vor ihre Füsse; massen der General immer auff sie tapffer loß avancirte. Der etwas langsame March des Obersten Marons hatte durch eine hierdurch verursachte Lücke den Feinden Raum gelassen zwischen der einen und andern Battaglion mit fünff hundert Pferden einzubrechen / doch zu ihren grossen Schaden; denn die Sclavonier gaben ihnen das Bley und Eisen dergestalt zukosten / daß sie entweder erligen oder durchgehen musten. Eben diß begegnete der feindlichen Infanterie, welche sich an der unsern lincken Flügel angehencket / allwo der Durchläuchtigste Hertzog von Braunschweig sein Helden-Gemüthe also sehen lassen; daß er nicht nur als eine Vormauer der Seinen den feindlichen Anfall redlich auffhielt; sondern die Feinde auch in Confusion brachte / daß sie flüchtig werden musten. Also wurden die Barbaren von allen Seiten von GOTT und seinen Christen betränget / daß sie schier nicht wusten / wo sie sich retten solten. Mittler weile kamen die Mainotten über das Gebürge immer je näher und näher / und liessen sich / nach ihrer guten Tapfferkeit äusserst angelegen seyn / dem Feind in den Rücken und in die Seiten einzufallen / und also in den Sand zulegen. Der Capitain-Bassa hatte zwar seine flüchtige Reuter in etwas wieder gesammlet / und satzte abermal auff den lincken Flügel an: Allein die Sachsen / die sich aus angebohrner Freymüthigkeit nicht lange auff dem Maule spielen lassen / bewillkommeten ihn auff vorige Weise / und schlugen ihn Heldenmässig wieder aus dem Felde.

Als nun die Türckische Infanterie wahrgenommen / daß das Spiel schlimm abgelauffen / und alle ihre Zuflucht aus war / rissen sie endlich mit vollem Hauffen sich davon / und suchten durch verborgene Gänge und Hölen ihr Leben zu salviren; die Cavallerie aber rennete durch das flache Feld / dem Gebüsche zu / und überließ also den Christlichen Waffen den Sieges-Platz / und zugleich den unsterblichen Ruhm / daß sie einen so wohl bewaffneten und mächtigen Feind / der doch alle Vortheil zu seinem Behuff inne hätte / mit GOTT aus dem Felde geräumet / und herrlich überwunden. Der

Baron Degenfeld / als er denen Flüchtigen nachgesetzt / hieß aus sonderbarer Klugheit auff dem Berge / wo zuvor der Türcken Lager gestanden / stille halten / und zusehen / ob etwan der Capitain Bassa ein Stratagema brauchen / und sie ins Netz locken wolte. Als er aber ihre gäntzliche Flucht vernommen / commandirte er die Sclavonier und Mainotten auff die Stadt Calamata loß / daß sie auff der Belagerten Beginnen ein wachsames Auge hätten. Diese aber / als sie dem Bassa in der Flucht gesehen / packten ein / was sie fortbringen konten / steckten die Munition meistens in Brand / und verliessen die Vestung / wohin sechs Stunden vor Nachts vier Compagnien Teutsche Völcker einzogen / und die Basteyen besetzten. Hier sahe man augenscheinlich / wie GOtt die Feinde mit Blindheit geschlagen / indem sie einen solchen Ort verlassen / da sie sich wohl gegen eine Armee von zwantzig tausend starck eine zeitlang halten können. Man hat allhier 6. metallene Stücke und etliche eiserne angetroffen / darunter ein theil vernagelt war.

Castello Tornese vid. Tornese.

Caminza.

Läst sich sehen auff dem Wege von Charienza nach Patrasso ; ist bey denen Scribenten unter dem Namen Olenus oder Olenum bekannt / drey Meilen von dem Golfo di Patrasso gelegen. Diese Stadt schreibet ihren Ursprung dem Oleno, des Vulcani Sohn / zu / und ist einsmals eine Bischoffliche Stadt / unter das Ertz-Bistum Patrasso gehörig / gewesen ; hat aber jetzo kaum das Ansehen eines kleinen Dörffleins. Die Poeten haben viel Fabulirens davon / weil sie vorgeben / es sey allhier Jupiter von einer Ziege der Amalthea des Cretischen Königs Tochter / welche Olenia geheissen / aufferzogen worden / daher nachgehends das Horn des Uberflusses kommen.

Cefalonia.

Hat vor zeiten Kephalene geheissen / ist eine Insul auff dem Jonischen Meer. Man sagt Ulysses sey allhier Regent gewesen / von dannen ihm auch viel Einwohner nach Troja in die Belägerung nachgezogen. Etliche geben vor / sie habe ihren Namen bekommen von Cephalo Mercurii Sohn : andere aber meynen / sie sey von den Griechen also benennet gewesen / weil sie vor das Haupt aller Insuln / die sich in diesem Meer befunden / bestehen können. Sie ist nach mitternächtiger Breite / zwischen den 37. und 38. Grad gelegen. Nach des Porcacchi Meynung hat sie hundert und sechtzig Meilen im Umbfang / ihre Figur ist dreyeckigt. Der gegen Mitternacht am weitesten hervorragende Winckel ist Capo Guiscardo. Sie ist auch mit unterschiedlichen bequemen Orten versehen / in welchen sich die Galeen raumlich verbergen können / reich von allerhand Früchten / absonderlich Rosinen / davon die Engelländer jährlich Ladung nehmen / auch die Republic nicht geringe Einkünfft hebet. Die Stadt / welche mit der Insul gleichen Namen führet / ist mit einem Bistum gezieret / und gehöret hieher auch die Kirche der Insul Zante ; welches Bistum der Marchese Rizzardo de Tocchis, so Fürst in Achajen und Herr der Insul gewesen / im zwölfften Seculo gestifftet / und selbiges mit herrlichen Gütern / sowol in Cefalonien als Zante, versehen. Strabo will / Cajus Antonius, des Marci Antonii Vetter sey in diese Insul geschicket worden. Anno 1224. Ist Cefalonia nach Virdizzotti Bericht / von ihrem damaligen rechtmässigen Herrn und Besitzer Gajo der Republic Venedig / um bloß seine Ergebenheit und sonderbare Zuneigung gegen dieselbe zubeweisen / freywillig geschencket worden : wiewol andere melden / es sey Anno 1214. geschehen. Anno 1479. hat eine Türckische Armade sich der Insul bemächtiget. Anno 1499. ist sie unter dem Spanischen Capitain Gonsalvo, und der Venetianer General Pesaro mit grosser Tapfferkeit wieder eingenommen / und die Türcken darinn nidergehauen / und die übrigen außgejaget worden : wohin sich nachgehends viel Leute zur Wohnung begeben.

Cerigo.

Ist eine Insul in dem Archipelago gegen dem Niedergang / sonsten Cytherea genennt / von dem Cythero Phœnicis Sohn. Aristoteles benahmet sie Porphyrusam, von dem Porphier-Steine / den man in grosser Menge hierum findet. Sie ligt dem Laconischen Golfo gerade gegen über / und nicht mehr als 5. Meilen von Morea, von Candia aber 40. Meilen entfernet. Es finden sich rings herum viel Klippen / wie nicht weniger auch viel Haven / dabeneben auch viel Wildpret. Unterschiedene Klöster sind allhier auffgebauet / welche die Jeromonachi Calogori inne haben. Eines ist vor andern merckwürdig / welches in Felsen eingehauen / und durch Instrumenten mit vieler Müh und Arbeit ausgehöhlet worden ; wohin die Ordens-Leute / ungeachtet der Weg dahin auch sehr gefährlich / zu gewissen Jahrs-Zeiten alle Nacht hinauff steigen / und ihr Gelübde nach ihrer Andacht daselbst verrichten / denn man hält davor / es habe Johannes allhier seine Offenbahrung gehabt.

In dieser Insul ist eine Stadt / welche eben gleichen Namen trägt / und auf einem Felsen erhaben liget / von welchem sie über alle massen durchgehends verwahret und befestiget wird / und gleich als von einem Wall auf Seiten des Meers alle Schutzwehr geniesset. Diese Insul soll / wie etliche wollen / der Veneris Geburts-Stadt seyn. Andere aber sagen / daß die Göttin nur allhier ihre Hoffstatt auffgeschlagen / nachdem sie von den Wellen zu Lande getrieben worden / welche man hierselbst mit grosser Ehrerbietung auffgenommen / und mit einem Tempel gegen Morgen gelegen / beehret. In diesem Venus-Hause war ihr Bildnüß auffgerichtet in gestalt einer schönen und wol-proportionirten Jungfrau / in deren rechten Hand eine Muschel von einer Meer-Schnecke zusehen : wie der geneigte Leser diese Venus Abbereiten überall bey den Tichtern und Mahlern finden kan. Allhier soll auch Paris, Priami des Trojanischen Königs Sohn / mit der schönen Helenen des Handels eins worden seyn / welche hernach von ihm weggeführet zuwerden verwilliget : wodurch denn das Feuer des Trojanischen Krieges entstanden. Diese Insul ist sechtzig Meilen groß / und hat vormals den Spartanern gute Dienste geleistet.

Chiarenza.

Diese Stadt wird bey denen alten Cyllene genennet / und vor des Mercurii, des Götter-Bothens und Kauffleute-Patrons Vatter-Stadt ausgegeben: daher er auch überall von denen Poeten den Namen

Cylle-

Cylenia proles empfangen. Bey einigen heisset sie heutiges Tages Andravida. Sie ligt auf einem erhabenem Orte/ an der rechten Seiten des Flusses Igliaco, so von dem Ptolomæo Penæus benamset ist/ und gräntzt an Achaiam, nebst dem Gestade des Meer-Busens di Patrasso. Dieses war die Haupt-Stadt deß unter ebenmässiger Benennung berühmt gewesenen Hertzogthums/ und in der Welt sehr bekannt/ unter die rechtmässige Botmässigkeit derer Venetianer gehörig. Allein/ ob gleich Charienza sich vormahls in überaus herrlichen und trefflichen Stande befunden/ und seinen Namen daher mit rechte besessen; so spüret man doch heut zu Tage einen mercklichen Abfall der Trefflichkeit/ auch so gar/ daß man von voriger Pracht nichts als etliche Gräben und ruinen übrig sihet. Der allhiesige See-Haven wurde sonst wegen grosser und wichtiger Handelschafft starck besuchet/ ist aber itzo mit vielem Sande/ an statt köstlicher Waaren/ angefüllet.

Chielafa.

Ein considerabler Ort und Haupt-Stadt des Arms di Maina, gelegen auff einem jähen Felsen/ 2. teutscher Meilen von Meer/ deren Umfang tausend Schritte hält/ mit unterschiedlichen Thürnen wohl verwahret/ worauff gute Geschütz anzutreffen. Nunmehro hat sie/ GOtt sey Danck/ die Ottomanischen Ketten abgeworffen/ und Anno 1685. unter das sanffte Regiment der Preißwürdigen Venetianer kommen. Die behertzten Mainotten, nachdem sie die übeln fata des Türckischen Bassa gesehen/ hatten ihnen vorgenommen/ dieser Vestung näher zu tretten/ und solches allbereit an den Capitain-General gelangen lassen. Dieser ließ ihm das Anerbieten wolgefallen/ und schickte deßwegen den Herrn Carolo Pisani mit 2. Schiffen dahin/ um die Mainotten noch mehr zu animiren/ und zu dem Vorhaben alle nachdrückliche Hülffe zuversprechen. Man forderte hierauff die Vestung zur Ubergabe/mit Zusage/ denen/ die sich ergeben würden/ alle Gnade zuerzeigen. Der Commendant resolvirte sich bald auff Condition, und ist bey Ankunfft des General-Capitains der Accord geschlossen worden/ daß man die drinnen befindlichen Gefangenen Mainotten frey machen/ und die Belägerten mit Sack und Pack ausziehen lassen wolte. Darauff den 24. August. auff 1000 Personen/ darunter 300. Soldaten waren/ besagter massen ausgezogen sind/ welche auff ihr eigenes Begehren von dem Pisano auff Schiffen nach der Insul Cervi sind gebracht worden. Die Vestung war bey der Ubergabe mit 58. metallenen Stücken versehen. Anno 1686. bey Anfang des Frühlings finge die Türcken solcher Verlust an zu schmertzen; unterstunden sich daher unter ihren 4. Bassen mit 11000. Mann/ als 10000. zu Fuß und 2000. zu Pferde mit vielen Schantzgräbern die Vestung wieder anzufallen: Machten auch nachgehends in 10. Tagen eine ziemliche Breche. Aber der tapffere Morosini hatte diß Unternehmen gehöret: kam ihnen deßhalben mit gerüsteter Mannschafft aus Corfu über den Halß/ da sie sich alsbald/ mit Hinterlassung 6. Stücken und vieler Todten/ nach der Flucht umsehen.

Corfu.

Kan unter wenig Insuln/ die auff dem Jonischen Meer der Durchl. Republic zugehören/ wol vor allen den Vorzug behalten. Diese Insul hat vor Alters unterschiedliche Namen gehabt. Von Homero wird sie Scheria, von Climaco Drepanum, welches bey denen Griechen eine Sichel bedeutet/ genennet. Die Poeten haben ihr auch nicht wenig Titul zugelegt/ und bald Phæacia, von Phæaco, bald Macria von Macride des Dionysii Säugamme; item: Cassiopea, Argos, Ceraunia, Effiso, sonderlich auch Corcyra von der Tochter Asopi, welche Neptunus geraubet/ und hieher gebracht/ benahmet. Vor zeiten sollen Riesen nun diese Gegend gewohnet haben. Ihre Länge erstrecket sich nach des Plinii Rechnung auff 94. nach anderer Meynung aber auff 97. Meilen: Allein er scheinet etwas zuweit gespannet: zwantzig Meilen hat sie in der Breite. Wie obgemeldet führet sie die Form einer Sichel/ davon die Tichter zu vielen Fabuln Anlaß genommen/ wie sie denn vorgeben/ Ceres habe bey dem Vulcano Ansuchung gethan/ er möchte ihr doch eine Sichel verfertigen/ sie wolte solche denen Titanibus verehren. Nachdem er nun ihr darinnen zu willen gewesen/ habe sie dieselbe in das innerste der Insul verstecket/ sey aber durch steten Anlauff des Wassers endlich verrostet und gantz verzehret worden: dennoch habe hernach man die Spur in der Erde funden/ und die gantze Insul sich nach Gestalt der Sichel eingerichtet. Und dieses möchte noch endlich hingehen/ wenn sie nicht etwas gröber angestochen kämen: denn einer unter denen/ die sich des fabulirens nicht schämen/ gibt vor; Saturnus, als er dem Cœlo seinem Vatter/ vermittelst einer Sichel/ dasjenige entnommen/ was sonst die Männer an dem Weiblichen Geschlecht unterscheidet/ habe die Testiculos sampt der Sichel ins Meer geworffen/ aus jenen wären die zween Berge entstanden/ auff welchen nachgehender Zeit die herrlichen Vestungen in Corfu erbauet worden: das Land aber hätte/ damit das Andencken dieser That nimmermehr untergehen könte/ die Gestalt einer Sichel an sich genommen.

Die Insul wird in viel Vogteyen abgetheilet. Die erste gegen Morgen/ wird von etlichen Leschimio, und Leucimne genennt; die andere/ so gegen Westen stehet/ heist Laghiro oder Argiru, die dritte Mezzo, die vierdte Loros oder Oros. Findet man an einem Orte gute und gesunde Lufft/ so trifft man selbige hier an; und wachsen dabenebst in hiesigen Gärten viel Citronen und Pomerantzen: daher nicht zu verwundern/ wie die Poeten auff die Gedancken kommen/ daß sie hieher des Alcinoi Garten gesetzet. Leschimio hat eine sonderbahr berühmte Quelle/ welche viel Mühlen treibt/ und sich endlich ins Meer ergiesset/ dabey fünff und zwantzig Dörffer/ die sehr Volckreich. Laghiro wirfft jährlich sehr viel Getraidig und Unterhalt vor die Menschen ab/ und hat zwantzig Dorffschafften/ darinnen wohl achte tausend Innwohner zufinden. Mezzo erstrecket sich auff die sechtzig Meilen/ und Loros kan acht tausend Seelen/ aus fünff und zwantzig Dörffer und Flecken/ auffbringen.

Diese Insul soll vor Zeiten/ als die Perser wider Griechenland gestritten/ dreyssig Galleeren in der See gehalten/ und zu Schiff tapffere Helden gezeuget haben. Die Weiber sind in vieler künstlicher Stück-Arbeit erfahren gewesen. Zu besserer Defension der Insul hat man die allhier befindliche Vestung unter gleichem Namen in fast unüberwindlichen Stand gesetzet; wie sie denn Anno 1537. gegen den Erbfeind Christlichen Namens sich tapffer gewehret.

Corintho.

Ist die vornehmste und berühmteste Stadt / nicht nur in der Provintz Corinthia, sondern auch im gantzen Morea, von Athen 50. Meilen / von Argos 25. von Patrasso 80. entlegen / zwischen zweyen / nemlich dem Jonischen und Egarischen Meer: daher sie auch von dem Horatio Bimaris genennet wird. Sonst wurde sie Ephyre benamet. Nachdem sie aber aus ihren Aschen-Hauffen durch Corinthum wieder auffgerichtet worden / hat sie zu dessen Ehre auch seinen Namen behalten. Denen Türcken heisset sie Germen, wird von dem Plutarcho sehr gerühmet / und hat von dem Cicerone den Namen der schönsten Stadt erhalten. Man saget sie habe keine Mauren / weil sie von dem L. Mummio A. M. 3908. nach dem die Stadt der Römer Gesandten schimpfflich gehalten / eingerissen worden / doch aber dienen unterschiedene Thürne zu ihrer Beschützung / absonderlich das feste darbey gelegene Schloß / so voller Besatzung ist. Nachdem sie in der Unglaubigen Hände gerathen / hat man den Dienst des Mahumets in zweyen Moscheen verrichtet; Sonsten sind auch daselbst noch eine Griechische Kirche / da der Corinthische Bischoff wohnet / und ein Tempel in Felsen gehauen / so dem Paulo gewiedmet. Die Stadt ist sonst sehr angenehm und lustig / sowol wegen vieler Citronen-Gärten / als auch wegen der Kauffmanschafft. Vorzeiten war allda zusehen das herrliche Theatrum, die Renne-Bahn / welche von weissen Marmor zubereitet / der Tempel des Glückes und Apollinis, der Brunnen Glauce, die statua Palloris, in Gestalt eines erschrecklichen Weibes / der Tempel Necessitatis, und Veneris, in welchen letzteren sonst über 1000. Huren zu öffentlicher Unzucht sollen gehalten worden seyn. Auff dem Marckte stund der Dianen statua. Allhier hat sich Paulus 18. Monat auffgehalten / und denen Heyden die Lehre von Christo geprediget / welche hernach durch unterschiedliche Bischöffe fortgepflantzet worden / welche aber meistens nichts als das Mord-Beil und Verfolgung zu Lohn davon getragen: wie dann hier selbst viel H. Männer als Cyprianus, Dionysius, Aneras, Paulus Crescens und Sosthenes auff Befehl des Käisers Decii von Jasone dem Griechischen Landpfleger gemartert worden. Ober der Stadt ligt das feste Schloß Acro-Corinthus, worzu man durch einen engen Weg auffsteigen muß / wo drey Moscheen, nebst etlichen Griechischen Kirchen / zufinden. In des S. Nicolai Kirchen werden allerhand Manuscripta auff Pergament geschrieben gezeigt / absonderlich des H. Chrysostomi Liturgia. An hiesigem Berge quillet auch der beschriene Pferde-Brunn Pyrene, worinnen sich die Tichter einen Rausch trincken / wann sie ihren Poetischen Pegasum besteigen wollen. So berühmt Corinthus vormals gewesen / so sehr ist sie unter der Feinde Gewalt verderbet worden / und ist von ihren Antiquitäten schier nichts mehr übrig / als 12. grosse Säulen / deren Umbkreiß 18. Schuh hält / wovon man muthmasset / sie seyen von der Dianen Tempel. Sie hat dem Amurath II. zweymal zum Schauplatz Türckischer Grausamkeit dienen müssen / welcher aus List zu den schönen Weibern 1426. davor gerückt. Um dieses Revier will man auch des Melicertæ Grab zeigen / welchem zu Ehren die Isthmischen Spiele engestellet worden; wie nicht weniger das Grabmal Homeri. Nunmehr stehet Stadt und Vestung wieder unter Christlicher Herrschafft: denn Anno 1686. als der Seraskier wegen der unter Patrasso erlittenen Niederlage / mit der übrigen Mannschafft eilend nach Corinth geflohen / viele Häuser in Brand gesteckt / seine Bagage nach Theben gesandt / damit er zur Flucht so viel geschickter wäre / ist nachgehends die Venetianische Schiff-Armade auff Corintho zugelauffen. Als darauff der General Königsmarck zu Lande mit der Cavallerie sich dem Ort genähert / haben sie gesehen / daß der Vogel diß Nest verlassen / und noch Feuer darinnen wäre. Und nachdem man weiter gerucket / kamen die Vornehmsten des Orts / demüthigten sich vor dem General / und erzehlten ihm allen Verlauff / auch wo der Mehemet Bassa jetzo stünde. Nachdem man die Vorstadt von Corintho inne gehabt / ist der Obriste Bornetto mit 2. Compagnien in die Vestung geschickt worden / wo er noch viel Häuser unversehrt angetroffen / mit einigen Stücken Geschütz und Munition. Der Mehemet aber war indessen nach Romelia und von dar nach Theben geflohen. Immittelst ist Order gegeben worden / daß alles wohl versehen / und die Stadt Corintho wieder gebauet / auch deren 150. Dörffern / selbigen Gebiets / welche die Tauffe begehret / bey einem solennen Actu gewillfahret werden solte.

Coron.

Eine herrliche Vestung / von Modon zu Lande auff zehen / zu Wasser aber nebst der lincken Seiten von Capo Gallo ungefehr 20. Meilen gelegen / deren ehemals Strabo und Plinius mit gleichmässiger Benennung gedacht. Als man den Grund zu dieser Stadt gelegt / soll eine küpfferne Krähe / die bey denen Griechen Coronis heisset / gefunden worden seyn / daher man dem Ort zu guten Glück Coronis genennet. Andre sagen / sie habe den Namen von Epimelide, dem Haupt und Anführer / dieser Colonie, der sie Coroneam benamet / weil er mit den Seinigen von Corone, so in Bœotien ligt / sich hieher begeben. Ist ein Bischöfflicher Ansitz-Platz dem Ertz-Bisthum di Patrasso unterwürffig gewesen: hat ein Castell, so an dem höchsten Orte stehet / aus welchem nicht nur die Stadt / sondern auch das Land vertheidiget werden kan / und ist von den Fruchtbaresten eine in gantz Morea. Diese Vestung hat mit der hinfallenden Zeit vielen Herren dienen müssen. Nach bewährter Scribenten Rechnung ist sie von den Despotischen Fürsten von Morea der Venetianischen Republic überlassen worden. Andere meynen / sie sey Anno 1204. bey Zertheilung des Griechischen Käiserthums an das Venetianische Regiment gerathen. Um selbige Zeit ist sie auch von den Seeräubern überfallen und übermannet worden. Allein Leo Veteranus, das Haupt der Räuber-Gesellschafft ist kurtz hernach ertappet / und durch Henckers Hand umgebracht worden / daß er die Freude seines erhaltenen Siegs mit einen blutigen und schimpfflichen Ende beschliessen müssen. Und also ist Venedig wieder zu den Seinigen kommen.

Anno 1498. ist Bajazeth II. der Türckische Käiser wider Corone gezogen / und den Platz mit Accord erhalten. Doch wolte das Glück den Einwohnern wieder favorisiren / als Anno 1533. Käiser Carl V. dem Solymanno entgegen gangen: allein die Freude ihrer erhaltenen Glückseligkeit währte nicht lange / weil sie von neuem in kurtzer Zeit wieder in das Türckische Joch gefallen; biß sie Anno 1686. von solcher Last durch die siegenden Waffen der Venetianer befreyet worden. Der tapffere Held Francisco Morosini hatte bey währenden Kriege allerwege dahin getrachtet / wie er sich

dieser

PARTE DEL GOLFO DI CORON et MESSENIACUS SINUS Ptol.
A. die Festung B. die grosse Marchea der Stadt, S. Sophia kirch. C. die Mine, welche gesprungen, und di

Die Stadt und Vestung CORON,
wie dieselbe durch die Venetianische
Waffen beschossen und erobert worden
Anno 1685

dieser Vestung bemächtigen könte: dahero er auch im besagten Jahre d. 15. Jan. Befehl ertheilet/ sich dem hiesigen Gestade mit vollen Flaggen zunähern. Und als das Volck ausgesetzet war/ ließ er alsbald die Belägerung vor die Hand nehmen. Die beherzten Trouppen bestunden in 11000. und mehr wehrhaften Soldaten: die Trencheen wurden geöffnet/ die Circumvallations-linie verfertiget/ die Approchen biß an die Mauern gerucket: die hohen Batterien aufgeworffen/ und von dannen die Basteyen mit Bomben und Granaten begrüsset. Der glückliche Fortgang hatte ihnen allbereit Hoffnung gemacht sich des Orts bald zu bemächtigen/ als sich der Calil Bassa, Vezier in Morea/ sich von der Land-Seiten præsentirte/ und sich nicht weit von denen unsrigen in einem vortheilhafften Orte verschantzete. Daher die Venetianer Anlaß bekommen/ sich etliche Tage mit ihnen tapffer abzuwegen. Endlich wurde von der Christlichen Seite dahin geschlossen/ das feindliche Lager mit Heldenmuthe anzufallen/ welches auch den 7. August. bey erst anbrechendem Tage mit Gewalt geschehen: da die sieghaffte Waffen der Republic über die Trencheen des Lagers auf die Türcken hinein getrungen/ und nach einigem Widerstande sie getrennet und in die Flucht geschlagen: wobey viel Türcken und der Bassa ins Graß beissen müssen. Was lauffen konte/ das rettete sich mit der Flucht/ die übrigen blieben auf dem Platze: und die Haupt-Fahne mit dem Roß-Schweiff/ das Zeichen der höchsten Gewalt/ so der General bey der Armée hat/ geriehte auch in der unsrigen Hände: wie auch noch über diß 17. Fahnen/ 6. Metallene Stücke/ Gezelte/ viel Baggage und Lebens-Mittel. Dessen aber ungeachtet wehrte sich die Besatzung in Coron noch immerzu: biß endlich der Capitain General den 11. August. eine Mine von 250. Fäßlein Pulver springen ließ/ welche solche gute Würkung that/ daß die Mauer ein grosses Loch bekommen/ worauff die Christen mit Gewalt angelauffen. Die Barbarn wurden daher gezwungen eine weisse Fahne auszustecken/ und Accord zu begehren. Indem man aber nach getroffenem Stillstand mit ihnen sich in Unterredung und Handlung einlassen wolte/ liessen sie unverhofft aus grosser Treulosigkeit zwey Carterschen und ein Stück mit Hagel geladen/ auf die Christen loß gehen/ davon viel erleget und verwundet sind. Hierüber wurden diese so erbittert und erhizt/ daß sie mit grossem Nachdruck einen starken Anfall und Sturm thaten/ und in demselbigen alle übrigen Hindernüsse überstiegen/ mit gantzer Macht in die Stadt hinein drungen/ und in gerechter Rache alles was ihnen von denen Barbarn in die Hände kam/ nieder machten. Also haben sie sich dieses Platzes rühmlich bemeistert/ und zu Bezeugung ihres Eyfers vor die Christliche Religion, alsobald ein Creutz/ als ein Triumpf- und Sieges-Zeichen auf dem Markte aufrichten lassen. In der Vestung hat man gefunden 128. Stück Geschützes/ darunter 66. aus Ertz gegossen/ einen grossen Vorrath von Kriegs-Nohtwendigkeiten und Lebensmitteln. Die Eroberung dieses wichtigen Platzes wäre noch erfreulicher gewesen/ wenn der Tod des Commentators La Tour, General-Feld-Marschalls der Malthesischen Hülffs-Völcker/ welcher/ als er mit unglaublicher Tapfferkeit den seinen vorgegangen/ das Leben eingebüsset/ und der todte Leichnam des Edlen Herrn Francisci Ravagnini, so als ein Freywilliger mit gegangen/ die Frölig keit in etwas verbittert hatten: welcher leztere in seinen lezten Zügen inständig angehalten/ daß er ja an keinem andern Orte als zu Coron begraben werden möchte.

Culuri.

Ist eine Insul/ die sonst von denen Schiffleuten Santa Brusia genennet wird/ und ehemals unter den Nahmen Cychria, Sciras, Pityussa, Ophis, und der Drachen-Insul bekant gewesen/ weil ein erschröcklicher Drache/ den hernach Cychreus oder Cenchreus währender seiner Regierung umgebracht/ sich daselbst aufgehalten. Wiewol etliche meinen/ diese schädliche Schlange sey niemand als Cenchreus selbst gewesen/ der nachgehends von Euriloche verjagt worden. Bey dieser Insul hat Xerxes mit seiner Schiff-Flotte den Kürtzern ziehen müssen/ woselbst auch Telamon vormals seine Hoffstatt gehabt.

Es ligt auch allhier eine kleine Stadt/ so gleichfals Culuri heisset/ von etwa 200. Häusern; und findet sich unfern davon ein schöner Hafen/ als in der Welt je angetroffen werden mag. Die Grösse der Insul belaufft sich auf die 35. Meilen/ und der Inwohner sollen nicht über tausend seyn.

Curzolari

Sind die Insuln/ welche sonst von Strabone und Plinio Echinades, und von andern Echinæ genant/ und in dem Golffo di Patrasso angetroffen werden. Die Grösten heissen Same und Dulichia, und sind ungefehr eine Meilweges von dem Lande entfernet. Gegen Morgen ligen sie 35. Meilen von Lepante: gegen Mittag sehen sie auf fünf und viertzig Meilen nach der Insul Santa Maura, und ligen dem Canal Guiscardo, von welchem sie 60. Meilen entfernet sind/ gerad entgegen: seynd von der glorwürdigen Action, in welcher die Christen Anno 1571. d. 7. Oct. die Türckische Flotte/ unter Anführung u. Commando des Joan d' Austria, Käisers Caroli V. natürlichen Sohnes/ biß aufs Haupt geschlagen und zu Grunde gerichtet/ in der Welt bekant worden/

Cyllene suche Chiarenza.

Cyparissia suche Arcadia.

Cytherea suche Cerigo.

Dardanelli di Lepanto

Sind zween feste und wohlverwahrte Meer-Schlösser/ und auf den Klippen erbauete Vestungen/ welche an dem Golfo di Lepanto zu dessen Bewahrung einander gegen über ligen/ beyde auf zweyen Vorgebürgen/ von welchen dieses so auf der Halb-Insul Morea stehet Rhiuno, insgemein Capo Rione, das andere aber gegen über Antirhium genennet wird/ von dem gemeinen Manne Capo Antirio. Sind beyde viereckigt/ mit dicken dauerhafften Mauern umgeben/ und mit guten Batterien Seewarts versehen. Diese Schlösser haben sonst alles dasjenige/ was zu einer guten Vestung gehöret/ nur daß der Boden etwas sandigt/ und daher denen Minen-Gräbern nicht widerstehen mag. Man kan hieselbst nicht/ als ein paar Meilen von denen Dardanellen anländen/ und wer etwas näher will/ der muß sich kleinere Nachen und Fahrzeuges bedienen. Gegen Abend haben sie das Cefalonische Meer/ und die Curzolarischen Insuln; gegen Mittag Patrasso und gegen Mitternacht das Lepantische Meer. Die Waaren so durch diesen Golfo passiren/ als Leder/ Oel und Toback müssen den Zoll all' Emin, mit 3. pro cento abtragen/ welches jährlich eine grosse Summa machet. Zuvor waren sie in der Türcken Hände/ itzo aber von den 25. Aug. 1687. unter den Schutzflügeln der Venetianischen Republic.

Eleusis

Gräntzet an das Megarensische Gebiet/ worinnen die alten Griechen ein besonderes Fest / Eleusinia Sacra genannt/ gefeyert/ welches vor das vornehmste unter allen ist gehalten worden/ daß auch niemand von den Ausländern/ Hercules selber nicht/ ehe er das Atheniſche Bürgerrecht erlanget / darzu gelassen werden dürffte. Diejenigen welche die Ehre hatten/ solchem närrischen Wesen mit beyzuwohnen / musten ein ewiges Stillschweigen schwören ; daher Alcibiades, als man ihn beschuldiget / er hätte diesen Eyd gebrochen/ und die Sacra gemein gemacht/ aus der Stadt verwiesen worden. Die Stadt ist weyland von denen Atheniensern beherschet worden / in deren Revier viele des Königs Pandions Grabstätte gesuchet. Ist von dem Triptolemo zu Ehren des Eleusini seines Vatters erbauet. Dieser Triptolemus hat zuerst von der Ceres Früchte und Getreydig zusäen gelernet / dahero er auch zu ihrem Dienst das obgedachte Fest angestellet: wiewol etliche anders davor halten und sagen / diese Sacra seyen von dem Eumolpo erdacht worden. Ob der alte Poët Plautus hieher auf diese Sacra sein Absehen hat/ wenn er sagt: Cererine has facturi Nuptias? habt ihr nichts zu trincken darbey? lasse ich andere urtheilen.

Elis jetzt Belvedere oder Elea

Ist eine berühmte Stadt in Peloponneso, nicht weit von Olympia, von welcher das umligende Land und gantze Insul seinen Namen bekommen: war vor Zeiten berühmt wegen des allhier befindlichen Tempels des Plutonis, welcher von den Inwohnern mit sonderer devotion verehret worden/ weil er sie so kräftig wider die mächtige Hand des Herculis beschützet. Diese Stadt wird von dem Flusse Alpheo benetzet / welcher billich Antæus heissen solte/ weil er sich so offtmal unter die Erde verschleichet / und sodann nach langem Raum mit grosser Wut wieder ausbricht. Dieser Fluß soll die Krafft haben / das wilde Feuer zuvertreiben / und wird durch 140. Flüsse und starke Bäche vermehret. Die Poeten fabuliren vielerley davon/ und geben vor/ Alpheus sey ein Jäger gewesen/ in die Arethusam verliebet/ welche aus liebe zur Keuschheit und zu der Diana auf ihr Gebet in einen Brunn verwandelt worden: nachdem diß geschehen / sey Alpheus vor unmässiger Liebe/ welche doch sonsten feurig ist / auch in Wasser zerschmoltzen/ und durch heimliche Erdgänge der Arethuse, sich mit ihr zuvermischen/ nachgegangen/ davon der Dichter Verse also lauten:

Egressus Pisâ Alpheus, pelagusque pererrans,
Frondiferam ad fontes Arethusæ dirigit undam,
Dona ferens sponsæ flores, cineresque sacratos,
Sub gelidis calefactus aquis mare permeat amnis
Advena, nec fluctu confunditur hospite fluctus,
Nec lymphæ dulces latice incestantur amaro.
Quo non tendis amor? didicit te, sæve, magistro
Longum urinator fluvius natitare sub æquor.

Hier ist auch das Vaterland des berühmten und tapffern Helden Aristomenis, der mit seiner Klugheit/ mit nicht eben allzuvieler Mannschafft/ seine Lands-Leute von der Gewaltthätigkeit der Lacedæmonier errettet/ und die jungen Leute zum Kriege geschickt zumachen drey Gymnasia oder Fechtschulen aufgerichtet. Auf dem Berge Olympo zur rechten Hand war die Stadt Olympia, welche sich von denen berühmten und in der gantzen Welt bekanten Spielen in denen Zeit-Büchern einen unsterblichen Namen erwecket. Auf diesem Berge stund der Tempel Saturni. Besagte Spiele hat Hercules dem Jovi zu Ehren angestellet im Jahr 2836. welche 240. Jahr hernach von Iphito wieder erneuert worden. Diese Kampff-Exercitia wurden bey den Griechen Pentathlon, bey den Lateinern Quinquertium genennet / da man sich in Fechten/ Lauffen/ Springen/ Werffen und Ringen üben/ und zukünfftiger Gefahr vorbereiten muste/ und alle 5. Jahr einmal gehalten/ nach welchen man so fort auch selbsten die Jahrzahl eingerichtet. Der Uberwinder bekam einen Oelkrantz ; welche Ehre vor die gröste in gantz Griechenland gehalten/ und ein solcher Siegesheld von seinen Lands-Leuten mit grosser Pracht eingeholet ward. In dem obbemeldten Götzen-Hause stund des Jovis Olympii Bildnüß / von dem Phidia künstlich ausgearbeitet/ 60. Schuh hoch/ und darneben an den Wänden unzehlich viel Sinnbilder/ Statuæ, Schilde und Wapen/ welche bey grosser Versamlung daselbsten die Griechen und andere Nationen aufgehenget hatten. Die Provintz Elis/ welche mit der Stadt einen Namen hat / ist sonst die allerfruchtbarste in gantz Morea. Hierselbst soll die rare und köstliche materie byssus wachsen/ wovon die Leinwand auch bey denen Alten schon in grossem Werth gewesen. Leinen Gezeug und Hänffen Tuch findet man da in grosser Menge/ wie auch sehr viel köstlicher Pferde. Absonderlich ist zugedenken / daß die Inwohner dieser Landschaft ihr grosses Gewerbe von denen Seiden-Würmen/ welche Sere genennet werden / und zweymal so groß als ein Käfer / sonsten in allen einer Spinnen gleich seyn / mit sondern Nutzen nehmen. Dieses Thierlein wird mit grossem Fleiß unterhalten/ und ihme zu Winters- und Sommers Zeit bequeme Wohnung gebauet. Was selbiges würcket ist ein subtiler Faden/ so man zwischen den Füssen herfür kommen siehet. Die Leute erhalten diesen Wurm 4. Jahr lebendig / geben ihm Heydel zufressen/ welches seine gewöhnliche Speise ist/ das fünfte Jahr / weil sie wissen / daß er sein Leben nicht viel höher bringen werde / geben sie ihm grünes Rohr oder Schilff/ als die beste Speise so es fressen mag/ davon es sich so erfüllet/ daß es endlich zerberstet. Sodann findet man in seinem Leibe viel Gespinste und Faden/ daraus hernach Seide gemacht wird. Mahomet II. hat diese Provintz vor ungefehr 300. Jahren sich unterwürffig gemacht / welcher nach Eroberung Achajæ auch den Sebel über Elidem gezucket.

Eretria

Eine trefliche Stadt in der Insul Negroponte, ein Bischofflicher Sitz/ von den Alten Rocho genannt: ist vor zeiten eine Pflantz-Stadt der Athenienser gewesen/ welche an dem Ufer des Euripi auch noch vor dem Trojanischen Kriege ihre Mauern/ und solches Haupt in die Höhe gerichtet/ und sich auf ihre Mannschaft nicht wenig verlassen/ wie sie denn sechs hundert wohlmundierte Reuter und 60. Heer-Wagen in das Feld stellen können / auch die Herrschafft über verschiedene Insuln behaupten können. Man sagt / sie soll ihren Namen bekommen haben von Eretrio Phaethontis Sohne/ welcher aus der Zahl der Titanum gewesen.

Euripus

Ist ein enger Ort im Meer welches das Ægeische genennet wird/ in welchem kaum eine Galeere unter der darüber geschlagenen Brücken durch passiren kan. Sonsten hat er Sinus Euloicus, von dem alten Namen der Insul / oder auch der Haupt-Stadt Chalcidieidicus geheissen. Die Italiäner benamen ihn Streltò di Negroponte. Seine Länge belauffe sich etwa in die 60. Meilen / und heget hin und wieder kleine Busen oder Golfen. Es hat sich die Vorwelt jederzeit über sein Ab- und Zunehmen / und wunderliche Art der Ebb und Fluth verwundert / und den Kopff unterschiedene mal drüber zerbrochen : Und diß macht auch den Gelehrten vieles Nachdencken. Man gibt vor / eben solche Beschaffenheit und unergründliche Veränderung des Euripi habe den Aristotelem dahin getrieben / daß er endlich sich selbst in denen Wellen dieses Meers ersäuffet / mit denen herausgestossenen Worten : Ἐπειδὴ Ἀριστοτέλης οὐχ εἷλε τὸν Εὔριπον, Εὔριπος εἱλέτω τὸν Ἀριστοτέλην. Oder / weil Aristoteles nicht fassen kan / wie es mit der Ebb und Fluth des Euripi zugehet / so mag nun Euripus den Aristoteles fassen und verschlingen ; wie ein alter Griechischer Interpres über den Nazianzenum berichtet / weiß aber nicht aus welchem Grunde : massen man aus dem Diogene Laërtiensi beweisen will / er der Philosophus habe Gifft getruncken / und dadurch sein Leben einbüssen müssen. Ja die Autores haben schier von dem Tode des Aristotelis so unterschiedene Meynungen / als von dem Euripo selbsten. Etliche sagen / er solle des Tages 6. mal ab- und zuflieffen / darunter Antiphilus Byzantinus, wie der gelehrte Vossius berichtet / den Trouppführet. Plinius sagt lib. 2. c. 79. es geschehe sieben mahl ; Pomponius Mela hingegen sagt noch sieben darzu / und spricht : Mare rapidum & alterno cursu septies die & septies nocte, fluctibus invicem versis, adeò immodicè fluens, ut vento etiam ac plenis velis navigia frustretur. Das ist : Das ungestüme und stürmische Meer fliesset sowol des Tages sieben mal / als des Nachts sieben mal Wechsels-Weise ab- und zu / und zwar mit solcher Wuth / daß die Schiffe dahero nicht geringen Schaden leiden. Welcher Meynung auch Seneca beyzustimmen scheinet in Hercule Oet. mit nachfolgenden Versen:

> Euripus undas flectit instabilis vagas,
> Septemque cursus flectit & totidem refert,
> Dum lapsa Titan mergat Oceano juga.

Wiewol es das Ansehen bey vielen gewinnet / als wenn er nur von sieben malen rede. Livius aber im 28. Buch meynet / er werde gleich einem Winde bald hieher bald dorthin getrieben. Gyllius, welcher die Sache bey den anligenden Völckern und Leuten genauer untersuchet / spricht / der Ab- und Zulauff geschehe des Tages viermal. Wer des Jesuiten Balbini Meynung hierüber sehen will / und wie er den Lauff abgemessen / der wird es beym P. Corndio finden / welcher angemercket / daß er nicht alle Tage im Mont gleiche Ebbe und Fluth habe ; sondern 18. oder 19. Tage lauffe er richtig / die andern aber unrichtig. Innerhalb 24. Stunden / wenn des Euripi Lauff unrichtig / werde nach Balbini Observation, die Ebb 11. 12. 13. auch vierzehenmal gespüret / und eben auch so offt die Fluth. Wenn aber der Fluß in denen angeregten 18. oder 19. Tagen seine Richtigkeit behält / so vergleicht er sich mit der offenbahren See / oder mit dem Venetianischen Golfo, so in 24. oder 25. Stunden nur zweymal ab- und so offt zulauffe ; Jt komt auch alsdenn die Fluth alle dieselbe Tage / wie sonst auff dem Meer später / und dauret so lange / als die Ebbe / nemlich 6. Stunden. Und solches bleibet in seiner Gewonheit / sowol Winters- als Sommers-Zeit / es sey der Himmel hell oder trübe. In unrichtigen Tagen aber währet die Fluth etwa eine halbe / die Ebbe aber 3. viertel Stunden. Sonst will der Euripus in seiner Natur vor dem Meer doch etwas besonders haben / indem er nicht wie dieses auf 80. sondern kaum biß auf 2. Schuh hoch auffschwillet ; ingleichen daß er seine Flute zeiget / wenn das Wasser gegen die Insuln des Archipelagi, da das Meer am grösten ist ; und hingegen die Ebbe sehen läst / wenn das Wasser gegen Sicilien und in den Canal / dadurch man nach Thessalonien hinlaufft / hinabfähret.

Gomenizze.

Ist ein remarquabler Hafen / welcher ebener massen nebst andern vielen besiegten Plätzen der Venetianische Republic unterwürffig und zinsbar werden. Es ligt aber derselbe / wie Laurenbergius schreibet / in der Provintz Thesprotia, so heutiges Tages Valentia genennet wird / und ein Theil von Epiro ist / an dem Ufer des Canals von Corfu, eben wo Calima zwischen Baffia und Margariti sich ins Meer stürtzet. Seine Raumligkeit ist so groß / daß er auch eine ansehnliche Flotte auffnehmen kan. Seine Breite erstrecket sich in die 3. Meilen / von Morgen gegen Abend gerechnet / die Länge aber von Mittag gegen Mitternacht / möchte etwa 3 ½. Meilen austragen. Die Mündung des Eingangs hat 750. Schritte ; Auff der Abend-seiten / an welcher die Klippe della Madone zweyhundert Schritte davon ligt / wird dieser Hafen von der Vestung Gomenizze trefflich / und auf das beste beschützet / welche von denen Türcken 1685. auff einer Höhe / wo vormals ein altes Schloß gelegen / auffgerichtet / auch in eben dem Jahr den 12. und 13. Novembr. neben noch 11. andern / so die Türcken aus Furcht verlassen / auff Befehl des Herrn Capitain-Generals Morolini in Brand gesteckt worden.

Gortyna.

Diese Stadt hat vor Zeiten in Arcadien gelegen / unfern dem Fluß Baphago gelegen / davon der Virgil. in seiner VI. Ecl. der Gortinischen Ställe gedencket / weil gesagt wird / es habe ehemals die Sonne ihr Vieh und Schäffereyen allhier gehabt. Etwas von diesem Ort fliesset der Fluß Lasius, bey welchem Jupiter nach seiner Geburt ist gefunden worden / deßwegen er auch Gortynus von etlichen genennet wird. Dieser Fluß führt das kälteste Wasser / so im gantzen Peloponneso kan gefunden werden.

Heraclea.

Vor alter Zeit eine berühmte Stadt / auch sonst Perinthus genennet / wie der Poet Mantuanus wil :

> - - - quæ magna Perinthus
> Ante fuit, priscam mutavit Heraclea nomen.

Hierinnen soll ein Amphitheatrum gewesen seyn / welches nur unter die Wunderwerck der Welt gerechnet worden. Ligt nicht weit von dem Schloß Goniados, allwo der Nymphen-Brunnen ist / von dem man sagt / daß er die Gicht und alle Glieder-Kranckheit heile.

Isthmus.

Dasjenige Erdband / vermittelst dessen sich Achaja und Morea verbinden / wird Isthmus genennet / der insgemein Gola della Morea, der Halß oder die Kehle Morea : welcher das Venedische Meer / so nunmehr in den Golfo di Patrasso und Lepanto herab fliesset / von dem Golfo d' Engia scheidet / und in seiner Breite fünff oder auff das höchste 6. Meilen hält: daher es auch heutiges Tages Examiglia heisset. Hiervon ist das Sprichwort bekant: Isthmum fodere, vergebene Arbeit thun. Denn es haben hin und wieder hohe Häupter / auch unter den Römern selbsten / um bessern Nutzen in Handel und Kauffmanschafft zu stifften / sich dahin bemühet / diß Erdband zu durchgraben / aber mit vergebenen Kosten und Arbeit. Plinius erzehlet deren eine grosse Rolle / darinnen Demetrius, Cæsar, Dictator, Domitius Nero die Oberstelle haben: und vielleicht ist Vespasianus und Titus auch hieherzusetzen / weil man in denen Historien von der jämmerlichen Zerstörung der Stadt Jerusalem liset / daß zu dieser Arbeit so viel tausend gefangene Juden wären verschickt / und auff dem Isthmo zur Arbeit angetrieben worden. Herodotus sagt / die Cnidier haben sich auch einsmals unterstanden / diß Werck zu heben / und die beyden Meer / mit auffgeraumten Isthmo zusammen zulassen; allein wenn sie gegraben / so wären ihnen die Steine ins Gesicht gesprungen / und sie dadurch davon abgehalten worden: Als man hierauff das Oraculum Delphicum gefraget / habe es geantwortet.

Ἰσθμὸν δὲ μὴ πυργῶτε, μὴτ' ὀρύσσετε,
Ζεὺς γάρ κ' ἔθηκε νῆσον, εἴ κ' ἐβούλετο.

Das ist: Umgebet weder den Isthmum mit Mauren / noch durchgrabet denselben; denn wenn Jupiter anders gewolt / hätte er leicht eine Insul daraus machen können. Des Pausaniæ Urtheil von dieser unnützen Arbeit ist nicht zuverachten: χαλεπὸν ἀνθρώπῳ τὰ θεῖα βιάσασθαι. Es wird den Menschen schwer fallen / solche wichtige Geschöpffe der Götter nach ihren Willen zu zwingen. Dion berichtet / daß als Nero sich der Sachen unterfangen / sey aus der Erden Blut hervor gequellen / schreckliche Gespenster gesehen / und greuliches Geheule gehöret worden. Besihe hiervon mit mehrern des Cœlii Rhodigini lect. antiq. lib. 21. c. 19. Der Griechische Käiser Emanuel hat im Jahr 1413. hieher eine Mauer gesetzt / der Feinde Einfall besser abzuhalten: allein sie ist mit der Jahre Lauff / und von dem Amurath II. Anno 1424. zugrunde gangen: und obgleich die Venetianer / nachdem sie dieses Land einbekommen / dieselbige Anno 1463. wieder etwas gebauet / so sihet man doch anitzo davon nichts / als Rudera und altes Gemäuer. Allhier sind auch die Begräbniß-Spiele Isthmia gehalten worden / zu Ehren des verstorbenen Melicertæ oder Palæmonis, daher auch Isthmus von Poeten Lachrymabilis zubenamet wird. Wiewol Plutarchus des Melicertæ Gedächtniß-Spiele / von denen Isthmischen unterscheiden will. Besagte Spiele wurden alle 5. Jahr einmal gehalten / und waren in solchem Ansehen / daß man auch die Jahrzahl und alle Briefe darnach einrichtete. Wer davon weitere Nachricht verlanget / der besehe des Erasmi Schmidii Commentarium über Pindari Oden. Unter denen merck- und wunder-würdigen Dingen / so man allhier auff dem Isthmo antreffen können / ist das herrliche Theatrum / und die Renne-Bahn oder Lauff-Platz / so aus weissen Marmor bestund / nicht das geringste gewesen. In dem Tempel daselbst waren die Statuen derjenigen Helden / so in denen Isthmischen Spielen den Sieg davon getragen / auffgerichtet. Ingleichen vier Pferde / so gantz vergüldet / biß auff den Huff / welche aus Helffenbein / und dem Attischen Herodi gewiedmet gewesen.

Laconia.

Ist ein sehr grosses und fruchtbares Land / rings umher mit Hügeln und Gebürg umgeben: wurde vor Zeiten Lacedæmon genennt. Es ligt gegen Mittag und Morgen der gantzen Insul / und hat einen Meerbusen / welchen unter allen / so an selbiger Seite von Morea umarmet worden / der gröste ist; insgemein Golfo di Colochina. Der erste König / so allhier regieret / soll Lelex gewesen seyn / der um des Cecropis und Erichthonii Zeiten gelebet: dessen Sohn Miletes der erste / und Polycaon der ander gebohrne. Miletes empfienge nach Absterben seines Vatters das Regiment / nach dessen Tod Eurotas sein Sohn an die Stelle getretten: Von Eurota, weil er keine männlichen Erben verlassen / gerieth das Reich auf den Lacedæmonen der Semeles, und wie man sagte / des Jovis Sohn / welcher sich hernach mit des Eurotæ hinterlassen Tochter vermählet / und das Land nach seinem Namen genennet / zu den Lebzeiten des Patriarchen Jacobs / und auch die Stadt Spartam, heutiges Tages Misitram erbauet. Es haben die Lacedæmonier weyland auf die hundert Städte in ihrer Provintz gezehlet / deßwegen sie auch Hecatompolis genennet worden. Die Inwohner waren behertzte Männer / flohen die Wollüste / welche so den Geist als den Leib weibisch und unartig machen. Ihre Lust war / dem Feind im Felde zubegegnen: daher sie auch den Martem in der Stadt Sparta verehreten / und ihn mit Ketten / damit er ihnen ja nicht entlauffen möchte / wie etwa die Tyrier, bey Belagerung von Alexandro, dem Herculi gethan / angefesselt hatten. Vor des Lycurgi Zeiten lebten die Lacedæmonier in der grösten Barbarey / und waren kaum unter sich selbsten / geschweige bey andern / recht bekannt: daher sie auch ihm ihrer Hoheit und Herrlichkeit halben viel zu dancken; welcher ihr / Policey und Gesetze dermassen löblich auffgerichtet / daß sich auch noch die heutige Welt nicht genug darüber verwundern kan.

Was sonsten die Lacedæmonier in Kriegen wider den Xerxem ausgerichtet / wie häßlich sie ihn bey Thermopilis geputzet / ist aus vielen Historien-Büchern bekannt. Ihr Haupt Lacedæmon oder Sparta wird heutiges Tages Misitra genennet / davon bald ein mehrers.

Lescada suche Santa Maura.

Lepanto.

Ligt in der Provintz Livadia am Ufer / unweit von dem Munde des Golfo. Wird von denen Lateinern Naupactus oder Naupactum genennet / insgemein Epactus. Denen Türcken heist es Einebachri, und hat sich um einen kleinen Berg herum gelagert / auff dessen Spitze die Vestung ligt / die mit einer vierfachen Mauer dem Feinde die Stirn bieten kan. Nicht ferne vonhinnen ist Anno 1571. den Feinden Christlichen Nemens eine Schlacht geliefert worden / woselbst die Muselmänner biß auff das Haupt erleget worden / welche Schlacht von denen Historicis prælium Naupactinum benahmet / und von dem Thuano und Leunclavio beschrieben wird. Der Hafen so allhier angräntzet / hat in seinem Bezirck auff die fünff hundert Schuh / und kan / weil der Eingang desselbigen kaum fünffzig Schuh weit ist / mit einer Kette verschlossen werden. Man hat allda bey dem blinden Heydenthum dem Neptuno, Veneri, Dianæ und Æsculapio göttliche Ehre erwiesen / welchem letzten zu Ehren Phalisius aus einem Gelübde/wegen der Augen-Kranckheit/ mit grossen Kosten einen Altar auffgerichtet. Ausser der Stadt ereignet sich eine lustige Gegend/ woselbst die Innwohner ihre Gemüths-Ergezligkeit neben unterschiedenen Silber-hellen Bächlein/ und einem mit vielen Ahorn-Bäumen besetzten Orte mit sonderm Vergnügen suchen. Die Landschafft in diesem Bezirck ist mehrentheils mit herrlichen Weingärten/ in denen die besten Griechischen Wein gezeuget werden/ besetzet. Anno 1408. ist diese Vestung vom Käiser Emanuel denen Venetianern überlassen worden. Anno 1475 hat eine Armee von 30. tausend Türcken sich an dero Mauren gewagt/ aber nach vier monatlicher Belägerung ihren ersten Weg mit Schimpff suchen müssen. Nach welcher Zeit sie vergnüglich unter den Schutz-Flügeln der Venetianischen Republic in allem Wohlwesen zugenommen/ biß endlich Bajazeth II. mit einer Armada von 150000. Mann zu Wasser und zu Lande sich derselben bemeistert. Nun aber ist sie Anno 1687. d. 25. August. denen Hochmögenden Venetianern durch einen von Gott verliehen glücklichen Sieg wieder anheim gefallen.

Maina.

Das Castro di Maina, wie es die Griechen nennen/ oder/ nach der Türcken Benamung Turcotogli Olimionas, ist eine Vestung bey Capo Mutapan, an dem Ort/ wo der Uberrest des alten Cersapoli gelegen/ erbauet gewesen/ die Völcker im Zaum zu halten/ welche itzo Braccio di Maina, eine längst der Mittägigen Küste des Reichs Morea sich verbreitende Provintz bewohnen. Als aber Anno 1570. Querini Capitain von Golfo mit 24 Galeeren von Candia abgesegelt/ zu Corfu angeländet/ und des Baues der Vestung di Maina benachrichtiget worden/ hat er sich bemühet/ das Werck möglichst zu hintertreiben. Welches auch mit gutem Glück wohl gerathen: denn er nicht nur in selbigen Hafen zu seinem Vortheil und Sicherheit eingelauffen/ sondern auch mit der Mainotten Beystand/ nach einem harten Gefecht/ den Ort erobert/ den Proviant und Munition heraus genommen/ und endlich das Nest in Grund reissen lassen.

Malvasia.

Sonsten Monembesia, von dem Ptolomæo Epidaurus Limera, itzo aber Napoli di Malvasia genennt/ ist berühmt wegen des herrlichen Weins so allda wächst/ und dem von Candia nichts nachgibt. Diese Stadt ist auf einen vortheilhafften und erhabenen Ort im Meer gegründet. Zwar der Grund und Boden ist meistens eine dürre Steinklippe: dennoch hat die gütige Natur allhier einige süsse Reben in den Felsen eingesencket/ und sonst die Vestung mit einem Hügel versehen/ welcher so viel Getreydig gibt/ daß davon die Besatzung sich wohl erhalten kan. Der Eingang und Paß zu der Vestung ist mit einer dreyfachen Mauer wol verwahret: daneben auch eine in Ring-Mauren verschlossene Vorstadt ligt. Vorzeiten hat man allhier dem Æsculapio seinen Hahn in seinem Tempel geopffert/ welches Opffer diesen Ort nicht wenig berühmt gemacht. Allein sowohl der Æsculap als diß sein Götzen-Hauß ligt itzo in der Aschen. Diese Stadt ist Anno 1204. dem Griechischen Käiser Balduin Cortenaico unterthan gewesen/ nach dessen Versterbung sie an Michaël Palæologum gerathen/ welcher den Grafen Wilhelm/ dem sie von Balduin Lehnsweise verliehen worden/ vertrieben. Dieser Graf begab sich nach Venedig/ und verehrte diese Vestung/ die ihm von Palæologo mit Unrecht abgenommen war/ an die Republic, welche hernach auch dieselbe erobert/ und biß Anno 1537. behauptet. Als aber Solymann von seinem Thracischen Rauber-Thron mit Mord und Blutvergiessen loßbrach/ hat er zwar der Belobten Republic grossen Schaden gethan/ aber der Vestung noch nicht Meister werden mögen/ biß er solche endlich 1538. mit Accord erhalten. Anno 1653. hat die Republic wieder vorgenommen/ davor zurücken/ weiß aber nicht wie die Sache ins stecken gerathen. Nunmehr aber ist ihr Erlösungs-Tag erschienen.

Mantinea.

Diese Stadt ist itzt Mundi genannt/ so ein sehr vester Ort in Arcadien wider die Lacedæmonier gewesen/ ist nunmehr ein Castell mit fünff Vorstädten. Anno 1464. hat der Türck sich desselben bemächtiget/ seine Macht durch die gantze Provintz ausgebreitet/ und alles ausgeplündert. Durch das Castell allhier gehet der Fluß Ofi. Um diese Gegend haben die Griechen untereinander einen harten Stand und blutige Schlacht gehalten/ darüber auch der Thebaner Feldherr Epaminondas sein Leben eingebüsset. Davon nachzulesen Xenophon VII. rer. Græc. Diodor. 15, 85. seqq. Polyb. lib. 9. Pausan. in Bœoticis.

Megalopolis.

Ist die Hauptstadt in der Provintz Arcadia, heut zu Tage Leondari benahmet. War ehemals ein schöner Ort/ welchen die Arcadier mit Beyhülff der Thebaner auffs beste fortificiret/ und darauff wider die Lacedämonier sich tapffer gewehret haben. Man sagt/ es sey Polybii Vatterland gewesen; gerechnet an Laconia, und läst den Fluß Alpheum mitten durch ihre Mauren hinfliessen. Diese Stadt hat ringsherum eine veste Mauer: dannenhero sie auch ehemals von den Venetianern unter dem Feldherrn Malaresta vergeblich belägert worden: biß es nun mit bessern Glück gerathen.

Megara.

Diese Stadt der Provintz Megaris, worinnen sie die Oberstelle behaupten kan/ ligt von Corinth und Athen in gleicher Weite nach des Hoffmanni Rechnung auf 25. Meilen; ist auf der Höhe eines Berges angelegt/ und etwa mit 400. Wohnhäusern besetzet/ welche meistentheils von gebrantẽ Steinen aufgebauet/ und oben mit dichtem Glaßwerck von einer gewissen hierzu bereiteten Erde bedecket sind. Ob sie den Namen mit sampt ihrer anligenden Landschafft von Megaro, dem Sohn des Neptuni, der dem Niso wider den Minoem zu Hülffe kommen/ und in der Stadt Megara begraben ligt/ oder von Megares, dem Sohn des Apollinis bekommen/ mögen andere urtheilen. Die Innwohner sind itzo meistentheils Griechen/ welche über ihrer Gerechtigkeit eiferig halten; weyland hat diese Gegend zusamt der angräntzenden Stadt Eleusis, den Atheniensern zugehöret; und darff sich wohl der Ehre rühmen/ daß sie die berühmten Leute Euclidem, Stilponem und Theognidem in ihren Mauren gezeuget. Gewiß wenn der scharffe Zahn der Zeit nicht an alles sich gewaget/ was je die Sonne beschienen/ würden wir noch manchen herrlichen Bau / womit Megara vormals geprangct / finden können / absonderlich den Tempel / worinnen die Statuen der zwölff Götter / sampt denen Bildnüssen der Regenten / welche des Praxitelis Kunst-hand künstlich gehauen; wie nicht weniger die Metalline Ehren-Säule der Dianen / welche von den Megarensern hochgehalten und verehret wurde: weil sie ihr die Erlösung von des Mardonii Kriegs-Heer zugeschrieben / welcher einen Berg vor des Feindes Lager bey Nacht angesehen / denselben hefftig bestürmet / und sich dermassen ermüdet / daß er nachgehends von denen Megarensern biß auffs Haupt geschlagen worden. Die Megarenser haben der Nach-Welt Anlaß zu etlichen Sprüchwörtern gegeben / daß man itzo ein übermässiges Lachen ein Megarensisches Gelächter / und falsche Thränen Megarensische Thränen nennet. Heutiges Tages ist die Stadt zu einem Dorff gediehen / unter dem Namen Megra.

Messenia.

Wird genennet die Provintz / worinnen der wohlbekannte Golfo di Coron, oder / der Coronische Meerbusen gelegen: an welche gegen Abend das Jonische Meer anfliesset. Gegen Mitternacht gräntzet sie an Arcadien, und gegen Auffgang an Laconien. Ihre Haupt-Stadt ist Messenia, von andern Mataggia oder Nysis benahmet / welche von dem Epaminonda aus ihren Steinhauffen wieder auffgerichtet seyn soll / wie Strabo meldet; oder wie andere sagen / von der Gemahlin Polycaonis, welche Messena geheissen. Mitten durch die Stadt erhebt sich der Fluß Neda, welcher seine Wellen von den Lyceischen durch Arcadien treibt / und wieder zurück gegen Messenien weltzet / biß er endlich ins Meer fällt.

Misitra.

Also wird genennet der berühmte Ort / vormahls Lacedæmon oder Sparta geheissen / deren Einwohner viele Kriege / sowol wider die Athenienser / als der Perser Könige geführet / wie davon alle Historien-Bücher voll sind / also daß ihr Ruhm schier die gantze Welt erfüllet. Ost und Westen wissen noch von dem Gesetz-Geber dieser Stadt Lycurgo: Ist aber nunmehr durch die verzehrende Zeit mercklich in Abnehmen gerathen / daß / da sie vor 48. Stadia groß gewesen / itzo kaum einem Flecken ähnlich. Sie hat zwar einige Mauren / welche aber an die Babylonischen nicht reichen / sondern in sehr schlechtem Zustande sind: Ist grosser Hitze unterworffen / sowol / weil sie gegen Mittag ligt / als auch weil die heissen Sonnen-Strahlen an den darneben ligenden Bergen sich zurücke schlagen / und den Einwohnern grosse Beschwerung verursachen. Etliche sagen / sie sey von Sparto Königs Amidæ Sohn erbauet worden; andere von Cecrope: übertrifft an Alterthum Rom / Carthago und Alexandria, und kan ihre Jahre biß an die Zeiten des Patriarchen Jacobs hinan rechnen.

Modon.

Als das Griechische Heer Trojam einzuäschern sich zusammen gezogen / hat man diese Stadt Moton und Petasus genennet / die den Namen von Motone, einer Tochter Portaonis, oder von einer so genannten Klippe empfangen. Bey den Türcken heist sie Mutone. Ist gelegen in der fruchtbaren Landschafft Belvedere 10. Meilen von Coron, 120. Meilen von Napoli di Romania; 72. Meilen von Capo Matapan, und unten her mit einem sichern und bequemen Haven versorget. Die Kunst ist allhier der Natur zu Hülff getretten / und diesen Ort so bevestiget / als keinen seines gleichen. In vorigen Zeiten ward Modon, als eine Vormaur des Landes / von den Feinden öffters angesprenget. Die von Napoli haben sie weyland / durch Hülffe der Spartaner / einbekommen; ist aber nachgehends von denen Illyriern / verrätherischer Weise / verderbet / zerstöret und die Innwohner / ohne Unterscheid des Geschlechts / sämmtlich umgebracht worden / deren Elend hernach sich Trojanus zu Hertzen gehen lassen / und sie mit vielen Freyheiten begabt. Anno 1124. ist sie an die Venetianische Republic gelanget / und von dem Hertzog Domenico Mechaele eingenommen; folgendes Jahr aber dem Griechischen Käiser eingeräumet worden. Bey der Vertheilung des Constantinopolitanischen Reichs Anno 1108. fiel sie auffs neue dem S. Marco anheim. Im Jahr 1208. nahm der Seeräuber / Heinrich Fischer / oder wie ihn andere nennen Leone Vetrano dieselben ein: nachdem er aber unter des Henckers Hand seinen Lohn empfangen / kam sie abermal an die Venetianer. Anno 1499. rückte Bajazeth II. mit 150000. Mann davor / welcher ob er gleich anfangs gute Schläge empfangen / dennoch sich derselben bemeistert. Denn die Innwohner wolten vor allzugrosser Freude über den guten Progressen aus der Haut fahren: und indem sie mit aller ersinnlichen Lust ihren erhaltenen Succurs und Hülffs-Völcker annehmen wolten / haben sich die Türcken mit grosser Furie über die Mauren hineingewagt / und den Platz behauptet. Nunmehr ist sie der Grausamkeit des Türckischen Stuhls entfreyet / und denen sieghafften Waffen der Venetianer abermal zutheil worden / davon / wenn es dir / geliebter Leser / nicht beschwerlich / wir den Verlauff der Sache kurtz anhängen wollen / wie er aus dem Journal zusammen gezogen. Ao. 1686. im Monat Junio gieng der Venetianische Capitain-General Morosini mit seinen Völckern vor diß Modon: die Armee nahm ihren Stand zwischen zweyen Bergen / und ward den 14. hujus die Circumvallations-Linie um das Lager gezogen: den 15. drauff wurden 8. Feuer-Mörsel debarquirt / und die Nacht über die darzu gehörigen Kessel verfertiget. Den 16. fieng man an die Bomben auff die Stadt loß zuwerffen / wiewol der gröste Theil derselben über die Stadt in die See gefallen. Gegen Mittag ließ der Capitain-General die Vestung aufffordern. Diejenigen / welchen dieses Werck anvertrauet / giengen mit ihren weissen Fahnen auff die Contrescarpe des Grabens loß: und als sie sich was näher machten / wurden sie von den Feinden angeruffen / was ihr Begehr wäre. Diese antworteten: Man möchte jemand heraus zu ihnen senden / dem sie einen Brieff an den Bassa geben / und ein und anders der Vestung halber mit ihnen reden könten. Hierauff kam einer heraus der das Schreiben empfieng / und zugleich auch den mündlichen Bericht an den Bassa; er möchte erwegen / wie es denen zu Novarino gangen / wie der Seraskier geschlagen / und sie sich zu demselben nichts zugetrösten hätten. Würden sie die Vestung / wie Navarino / übergeben / solte ihnen der Accord / gleich jenen / gehalten werden: wolten sie es aber zur Breche kommen lassen / so wäre es um sie geschehen. Der Türck antwortete: sie solten sich gedulden / er wolte es dem Bassa hinterbringen. Kurtz darauff kam der Bassa selbst auf die Obermauer / neigte sich ein wenig gegen die Aufforderer / und

sagte;

sagte: er hätte dem Capitain-General schrifftlich geantwortet/ sie solten nur denselben seinetwegen grüssen/ und sagen/ er wisse den Zustand seiner Armee gar wohl/ verwundere sich dennoch / daß er den Platz aufffordern lassen / da er doch noch keine Ursach darzu hätte. Sonsten wäre er gewiß / daß er einmal sterben müste/ und könte er keine generösere Gelegenheit darzu finden / als wenn er sein Leben vor seinen Käiser und Mahomet auffopfferte. Die Unsrigen giengen mit der Antwort und Brieffe an den Capitain-General zurücke/ und hinterbrachten ihre Außrichtung.

Hierauff wurde mit Bombenwerffen und canoniren immer weiter fortgefahren / auch an einen Ort die Stadt in Brand gesteckt/ und hat der General-Major/nebst Monſ. de la Bar Alcenago und drey Ingeneur die Vestung auf Ordre des Feld-Marschalls an der See-Seiten recognosciret/und befunden daß nicht allein daselbsten/wegen der dünnen Mauren/mit denen Galleern und Galeazzen leicht Breche gemacht werden könte.

Den 17. hat man mit Bomben und Steinwerffen continuiret / welche zimlichen effect gethan / und auch die 8. Stücke zur Batterie debarquiret worden. Man liesse nicht nach die Belägerten etliche Tage mit Feuer zu bedrängen/ davon hier und dar die Häuser in Brand gerathen. Die Stadt wurde zum andernmal auffgefordert : aber die Antwort drauff war; man hätte Türckischer Seite keine Ursache an die Ubergab zugedencken: die Belagerer solten nur den Graben und die Mauren ansehen / und glauben daß sie starck genug drinnen lägen/ auch satsame Lebens-Mittel hätten. Derjenige aber / so diese Antwort von dem Bassa überbracht / versicherte die von unsrer Seiten / daß er gegen Erlegung ein paar 1000. Zechini dem Capitain-General die Vestung in die Hände spielen/ und den Bassa zur Ubergabe bereden wolte ; sie solten sich noch ein wenig gedulden/er wolte zurück gehen/ und bey dem Bassa zur Auffgabe einen Versuch thun. Uber eine halbe Stunde kam er wieder/ und meldete / der Bassa wäre resolviret/ sich zu geben ; allein weil es heute zuspäte / begehrte er Stillstand biß Morgen / da er den Accord richtig machen wolte.

Hierauff wurde ein Stillstand gemacht biß auff folgenden Morgen/und stellten sich die Türcken/ als ob sie zur Handlung willig wären / so aber nur geschehen / damit sie Zeit bekämen sich ungehindert zuverbauen / und den Stillstand zuverlängern. Die Venetianer wolten dem Wesen also nicht länger zusehen / beängstigten die Belagerten weiter mit Bomben/Stücken und Steinen unabläßlich von 21. biß auff den 26. Jun. da man denn abermal an die Vestung sandte/ und schrifftlich begehrte/wenn die Belagerte Gefangene oder Uberläuffer von den Venetianern hätten/solten sie dieselbe gegen andere gefange Türcken auswechseln: sie antworteten aber durch den Chiaus von den Janitscharen/sie hätten keine Gefangene/ aber wol Uberläuffer/ welche sie als sich selbsten in acht nehmen wolten. Hierauff wurde an der Galerie/in dem Graben/eiferig gearbeitet / um mit miniren die Breche zubefördern/ weil die Stücke nicht gar sonderlichen effect hatten / unterdessen feyerten doch Bomben/ Steine und Carcassen nicht.

Den 27. Nachmittag steckten die Türcken unversehens eine weisse Fahne auff dem Wercke aus / und begehrten zu accordiren / sandten auch einen Aga heraus mit einem alten Türcken/welche vor den General-Capitain geführt worden / dem sie sagten / daß sie bereit wären/ die Vestung zu übergeben / wenn sie mit allen dem Ihrigen in einen andern Ort köñten sicher abgeführet werden ; welches der General abschlug / sonderlich weil sie 20. Tage Zeit/ ihre Sachen in Ordnung zubringen begehrten : doch ward endlich der Accord folgender Gestalt geschlossen / daß sie mit dem / was sie tragen könten/ ausziehen / das Gewehr und alles übrige zurück lassen/ und ihre Sachen innerhalb 5. Tagen in Ordnung bringen solten / sodann wolte man sie mit nöthigen Schiffen versehen/ und nach Terna überführen lassen. Indessen aber solte des folgenden Tages / war der 28. das Wasser-Castell denen Belagerern eingeräumet worden. Als nun die Zeit annahete/ da die Belagerten ausziehen musten/ machten sich 1200. wehrhaffte Mann aus der Vestung weg/ neben 3000. Innwohnern / die Griechen aber/ welche noch 1500. starck / wurden in ihren Wohnungen gelassen. Die Venetianer zogen den 10. Julii in die Stadt / allwo sie allerhand Munition, absonderlich 90. grobe metallene Stück Geschützes/und 50. Eiserne funden. Die Approchen wurden eingerissen / die Brechen repariret/ auch die Stadt mit Proviant/Munition und allem zur Genüge versehen/ und der Obriste Volace mit 6. Compagnien hinein geleget.

Mycene.

Ist der Ort / von wannen Paris die Helenam entführet / und erkennet Perseum vor seinen Baumeister/ welcher diese Stadt an dem Ort soll erbauet haben / wo ihm der Degen-Knopff / der bey ihnen Mykhe geheissen/ einfallen/ wiewol Pausanias darwider redet/ und berichtet/ sie sey von denen Argivis hernach ruiniret worden. Hierselbst haben Agamemnon regieret und Pelops gewohnet : Von jenem hat sie den Namen/ daß sie genennet wird von dem Virgilio Agamemnoniæ Mycenæ ; von diesem aber heisset sie bey dem Ovidio Pelopeiades Mycenæ. Unfern davon fliesset der Fluß Inacus, welcher / wegen der grossen Streit-Händel zwischen dem Jovi und der Junoni, auch wegen des in der Sache ergangenen übelen Urtheils/ wie die Poeten melden/ vertrocknet seyn soll. Der darbey ligende Berg ist Eubœa, davon das angrentzende Marckflecken seinen Namen bekommen. Etliche Stadien zur rechten Hand findet man an dem Fluß Cephysus das erschrecklich Haupt der Medusen mit denen Schlangen-Haaren in Felsen eingehauen / in welcher Gegend man auch sonsten der Eubææ herrlichen Tempel sehen können.

Napoli di Romania.

Ward vor Zeiten Apubatmi, das ist / das Außsteigen aus den Schiffen genennet worden. Dem Ptolomæo heisset sie Nauplia, weil Nauplius ein Sohn des Neptuni dero Urheber soll gewesen seyn ; denen Griechen aber Anaplia. Ligt in dem innersten Winckel des Neapolitanischen See-Busens / welcher insgemein Golfo di Napoli , oder Sinus Agolicus benamet wird / 55. Meilen von Athen , 60. von Misitra, 36. von Corintho, auff einer kleinen Höhe des Vorgebürges / so sich in zwey Theil ausbreitet ; der eine so sich in das Meer hinaus strecket / machet vor die Seefahrenden einen sichern Haven : der andere aber / so gegen das Land hinsihet / machet den einzigen Weg zur Stadt etwas unbequem. Oben auf dem Berge ligt die Citadelle, die benebst der Stadt wohlbevestiget. Der See-Haven / der im Eingange/ und hernach sich immer weiter und weiter ausbreitet / wird durch ein festes Schloß wol verwahret. Es war weyland Napli di Romania eine Bischöffliche Stadt / unter den Ertz-Bischoff zu Corintho gehörig ; ist von denen Venetianern Anno 1205. eingenommen/ aber bald hernach unter andere Hände gerathen und von dem Könige Giovanissa bemeistert worden. Nachgehends im 13. Seculo hat Mari d' Ergano diesen Platz an die Venetianisch Republic verehret/ unter deren Beherrschung sie 100. Jahr gestanden.

Anno 1474. hat Mahomet II. einen Anfall drauff gewagt/ ist aber schimpfflich und mit Verlust abgewiesen worden.

Anno 1537. hat Solyman II. unter Anführung des Casit Sangiaco in Morea dieselbe abermals belagert / aber schlechte Ehre eingelegt; biß sie endlich 1538. durch Friedens-Tractaten an die Ottomannische Pforte übergangen/ itzo GOtt Lob Anno 1687. wieder unter der Republic Bottmässigkeit kommen/ wovon den Verlauff etwas hier zuentwerffen / wir uns nicht entgegen seyn lassen.

Nachdem der tapffere Held Morosini mit der sieghafften Armee die Vestung Modon erobert / hat er sich bald resolviret vor Napoli zurücken ; wie er denn auch den 30. Julii in dem Golfo Napoli di Romania zu Liagia, 6. Meilen von besagter Vestung angelendet. Als dieses die von Napoli vermercket / haben sie starck aus Stücken zuschiessen angefangen/ um ihrer Armee/ welche dazumal bey Corintho, 5. Meilen von dar stunde / ein Zeichen zugeben. Aber es war viel zu spat denen Venetianern das Außsteigen zuverwehren/ denn der Herr General ließ alsbald 8000. Mann zu Fuß/ und 700. zu Pferde debarquiren / welche sich selbige Nacht am Ufer gelagert.

Den 31. Julii sind sie etwas näher an die Stadt gerücket / und die Nacht allda unter schönen Oelbäumen campiret.

Den 1. August. marchirten sie vollends biß in das ausgesteckte Lager / so unfern dem Berg Palamide, welcher einen Büchsen-Schuß weit von der Stadt ligt / beschrieben war. Selbigen Tag ist auch ein Ammunition-Thurn in der Stadt auffgeflohen.

Den 2. Augusti ist der Herr General-Major Ohr mit 1000. Braunschweigischen / und ungefehr 200. Pferden / die Fouragirer zubedecken / commandiret worden / und haben sich selbe unter dem berühmten Schlosse Argos in einem Dorffe gesetzet/ allwo sie das Türckische Lager sehen können : Auff ihrer Rückkunfft aber / seynd ihnen einige Türcken zu Pferde nachgesetzet / im Meynung die Fouragirer / so übel / und mehrentheils nur mit Eseln beritten waren / zu incommodiren / sind aber ohne Verrichtung wieder zurück gewichen : Unterdessen versuchten selbigen Tag die Belagerten einen Außfall / und griffen die Venetianischen Vorwachten und Sclavonier mit grosser furie an / wie denn auch der Italiänische General-Major Lauri blessiret worden / und etliche Gemeine geblieben.

Den 3. Augusti streifften etliche Wolberittene von der feindlichen Armee ziemlich nahe bey dem Christlichen Lager herum / und caputirten viel von selbigen Maroden, welche sich zuweit in das Wein-Gebürge gewaget / bekamen auch einen Adjutanten / 4. Frantzösische Voluntairs / und 8. Dragoner von Corbon gefangen.

Den 4. hujus hat man auff dem Berg / (welcher mit seinem Fuß dicht an die Stadt-Mauren reichet / und die Stadt mit dem Castell dermassen überhöhet / daß kein Mensch auff der Gassen seyn mögen / den man nicht sehen / und mit Doppelhaken / oder gar mit Mußqueten treffen konte /) eine Batterie von drey Stücken / zwey Mörsel und vier Doppelhaken angelegt ; so wurde auch an einer andern Batterie von acht halben Carthaunen auff der Ebne ein Anfang gemacht / auch dichte darbey ein Kessel zu acht Feur-Mörsern verfertiget.

Nachdem nun alle Anstalt zu einer ernstlichen Belagerung gemacht worden / ließ der Herr General Morosini den Ort erstlich mit Gütigkeit auffordern; der Commendant mit vier seinen Brüdern gaben trotzige Antwort / daß sie von keiner Ubergabe wüßten / sondern wolten sich auff das äusserste defendiren / und begaben sich hierauff mit 3000. Mann und denen Mobilien in die innere Vestung.

Den 5. fieng man hier nechst an von der Palamidischen Batterie auff die Stadt zu canoniren / und Bomben einzuwerffen / welchem denn die grosse Batterie und Mörser gefolget. Diesen Nachmittag bekame die Armee Ordre die Bagage an einen unweit der grossen Batterie mit Mauren versehnen Garten zubringen / welches denn auch den 6. darauff geschahe. Und weil seit dem die Armade sich auffs Land begeben / die Türcken durch verschiedene Unruh und Behelligung denen unsriger Seiten viele Ungelegenheit gemacht / als ist nach gehaltenem Kriegs-Rath resolviret worden / den Feind im Felde anzugreiffen / worauff auch gleich den 7. eine Stunde vor Tage / ungefehr 6000. Mann weilen der Rest / so lauter Italiäner unter dem Ripere Obrister-Wachtmeister gewesen / in 2000. starck das Lager und Baagage zuverwahren / und die Außfälle / so aus der Stadt geschehen möchten / zuverhindern / zurück geblieben / aus dem Venetianischen Lager gerückt / und auff des Feindes seines loßgiengen. Zwey Stund nach der Sonnen Auffgang bekamen sie die Türckische Armee / welche sich unter Argos in voller Battaglie gesetzet / zusehen / und marchirten beyde Armeen gegeneinander. Um 10. Uhr kamen sie auff einen Canonen-Schuß zusammen / und weilen einige vornehme Türcken vornen anritten / unsere Armee zu recognosciren / thaten die Unsrigen aus ihren Stücken einige Schüsse auff die Barbaren / dergestalt / daß einer vom Pferde fiel ; worauff des Feindes völlige Armee in fünff Trouppen geordnet / auff die Venetianische zutrang. Zwey davon schwenckten sich und suchten derselben Rechten / die übrigen zwey deren lincken Flügel in die Flanquen zukommen. Das Corpus, so etwas starck / blieb ihnen in der Fronte stehen. Nachdem nun der Herr Feld-Marschall des Feindes Intention vermercket / ließ er die Völcker in Ordnung stellen ; der Feind aber gieng unterdessen mit seinen zwey Trouppen in vollem Courrier unsern lincken Flügel vorbey / und hielt eine Salve von der Unserigen Mußqueten und Canonen aus ; und vermeinte man erstlich / diese wolten auff Napoli di Romania zu / um das Christliche Lager zuplündern / und den Ort zuentsetzen. Aber bald wurde man gewahr / daß sie den Unsrigen hinter den Rücken zukommen vorgenommen : weßwegen die zwey hintersten Glieder sich rechts um kehrten / und also Fronte auff allen Seiten machten : welches den Feind dermassen verwirrete / daß er nicht wuste wie er dran war. Zuletzt zogen die von dem unsrigen lincken Flügel sich zu den Ihrigen / so unsern rechten Flügel attaquirt hatten / und suchten mit aller Gewalt diesen rechten Flügel über einen Hauffen zuwerffen.

Nun hatte es in Warheit das Ansehen einer grossen Confusion, und schiene als wann die Unsern gar erligen solten ; denn die Armee der Barbaren bestund in lauter außerlesener Reuterey / die Unsre hergegen in lauter Fuß-Volck / ohne Piquen und Schweins-Federn. Uber das war eine grosse Ebene / da weder

Graben

Graben noch Hecken zufinden war / daß sie also sehr unbequem postiret / an keine Retirade gedencken konten / weil sie über eine gute Teutsche Meil auff ebenem Lande immer zu passiren gehabt. Der Feldmarschall Graf von Königsmarck ließ hierauff die Cerbonische Dragoner von dem lincken Flügel auff den Rechten kommen / um selbigen zuverstärcken.

Die Sclavonier / so auff dem rechten Flügel stunden / und sich gegen dem Feind mit der Fronte gewendet hatten / thaten unterdessen solche Salven auff die Türcken / daß ihnen unmüglich war einzudringen. Auch ließ der Herr Feld-Marschall eine Batallion Sachsen sich schwencken / und von hinten Fronte machen. Also stunden sie in guter positur, und wünschten nur 1000. Pferde zuhaben / so solte der Handel noch gut worden seyn. Weil demnach dem Feinde alle Hoffnung eines guten Erfolgs benommen / zog er sich allgemach wieder zurück gegen ein Dorff / und hielt wiederum etwas stille / um seine Todte und blessirte / auch zwey kleine Stücke / so er daselbsten gehabt / unterdessen voraus zubringen. Man ließ ihm aber nicht lange Zeit; sondern nachdem die Squadronen und Battalions wiederum in ihre positur gerückt / seynd sie wieder mit voller fronte und guter Ordnung auff ihn zu marchiret. Sie retirirten sich aber wiederum allgemach / und stellten sich biß zum zweyten und dritten mahl in Battalie, als wenn sie noch mehr Lust zufechten hätten. Weil die Unsern aber in ihrem ordinar Zug immer auff die Türcken loßgangen / so retirirten sie sich endlich völlig / und sahe man / daß ihre langsame Retirade ihnen darzu gedienet / um ihre Bagage und Zelten aus dem Lager wegzubringen: doch konte es so bald nicht geschehen / daß sie nicht denen Unsrigen einen guten Theil Ammunition, den sie in die Stadt zubringen gedacht / mit ihrem Lager hätten hinterlassen müssen. Es seynd von beyden Seiten in dieser Action nicht eben allzuviel Mannschafft geblieben. Von den Venetianischen sind einige Officiers blessirt / und ein Major todt geschossen worden. Diese Nacht blieben die Unsrigen unweit Argos in einem Dorff stehen.

Den 8. Augusti war man beschäfftiget / die im Lager gefundene Ammunition und andere Sachen auff etliche Galeeren / so in den Haven gerückt waren / zubringen. Unterdessen giengen sie mit einigen Volonteurs nach mehr gedachtem Schloß Argos, welches die Türcken / wie allbereit droben gemeldet / verlassen hatten. Des Abends aber ist die Armee wieder von hier auff Napoli nach ihrem Lager marchirt / woselbst sie um Mitternacht ankommen / und ihre alte Hütten bezogen. Unterdessen hat man in Abwesenheit dieser Völcker / die Stadt mit canoniren und bombardiren dergestalt geängstet / daß mehr als der dritte Theil der Häuser darinnen durchs Feuer verderben. So hatte auch der Herr Capitain-General ihnen die Niederlage ihres Entsatzes durch den Obristen Magnanimi und Ingenieur vorstellen lassen / und sie zur Ubergabe vermahnet: worauff der Commendant geantwortet / daß GOtt sie wegen des Kriegs / den sie vor der Zeit mit den Christen angefangen / zwar itzo abermal straffte: nichts destoweniger wüste er sich seiner Gebühr gegen den grossen Herrn zuerinnern / hoffte nicht minder / daß GOtt / der gerecht / auch würde barmhertzig seyn / und sich endlich durch ihr stetes Anruffen versöhnen lassen. Wäre deßwegen entschlossen / nebst seiner Besatzung sich biß auff den letzten Mann zuwehren / und verlangte keinen Accord. Es kam auch ein Griech und ein Türck aus der Stadt / durch den Haven zu den Unsern übergeschwommen / welche das Elend / so durch den Brand verursachet worden / nicht gnug beschreiben konten; berichteten auch zugleich / daß etliche Tage vorhero ein anderer Commendant mit 100. wackern Türcken / von der Armee durch den Haven in die Stadt übergeschifft worden / welche sich auffs äusserste zu wehren ihnen vorgesetzt hätten.

Den 10. hat man continuiret die Stadt zubeschiessen / und lieff darneben Kundschafft ein / es liesse sich der Feind mit Partheyen nahe an dem Christlichen Lager sehen / und hätte unterschiedliche der Unsern niedergesäbelt. Die Mörser brachten inzwischen die Stadt dermassen in Brand / daß kein Hauß mehr davon befreyet war. Diese Nacht haben die Türcken einige Stücke auffs Ober-Castell gebracht / im Meynung eine von den Batterien der Belagerer zuverderben / allein es schlug ihnen fehl.

Den 11. gieng der Herr Feld-Marschall mit dem General-Major Ohr / neben einigen andern vornehmen Officirern / auff den Berg Palamida, zu denen Batterien / um von dar die Sadt zu recognosciren / und wurde daselbst der ermeldte General-Major mit einer Musqueten-Kugel in den rechten Backen geschossen / daß man die Kugel hinten im Nacken hat ausschneiden müssen. Und obschon dieser Schuß gefährlich war / so ist er doch darvon wieder curiret worden. Diesen Tag kam auch die Palamidische Batterie zur Vollkommenheit / von welcher man das obere Castell beschiessen wolte. Und worden die Feinde durch stetigs feuren dermassen beunruhiget / daß sich keiner weder auff den Wercken / noch auff den Strassen zuletzt fast durffte sehen lassen.

Den 12. wurde Anstalt gemacht / eine neue Batterie von 4. halben Carthaunen näher an die Stadt zu legen / auch eine grosse Menge Fachinen und Sand-Säcke zu Verfertigung der Approchen herbey gebracht.

Den 13. Abends haben die Malteser und Popeliner die Trencheen geöffnet / und ungefehr fünff hundert Schritte von der Stadt / und mit der Arbeit in die hundert Schritte näher gegen dieselbe angerücket.

Den 14. löseten die Mayländer ab und den 15. die Sachsen / auch wurde diesen / wie vorigen Tag / starck canonirt / und aus den Keßlen / wie auch aus darzu erbauten Schiffen / Palanders genannt / wacker bombardiret

Den 16. ist Kundschafft eingelauffen / daß 500. detachirte unter einem Bassa bey Argos wieder angelanget / die Ordre haben sollen / die Venetianische fouragirende Dragoner und Marode auffzusuchen / wie denn täglich einige von denselben im Stich blieben. Der Seraskier aber / um mehrern Succeurs von zwey tausend Mann zuerwarten / blieb mit dem Rest bey Corintho stehen. Indessen hatten die meisten daherum wohnende Griechen / mit ihren Familien sich zu der Christlichen Armee retiriret / und wurde ihnen ein sonderliches Lager angewiesen. Die übrigen / so weiter im platten Lande waren / haben Deputirte zum Seraskier gesandt / von ihme zuvernehmen / wie sie sich bey itzigen Zustande zuverhalten hatten? worauff er ihnen geantwortet / sie solten sowol Türcken als Christen wohl empfangen / und sich an den obsiegenden Theil halten. Denselben Abend hat der Herr Rauh-Graf die Braunschweigische Trouppen in die Trencheen geführet / und biß auff einen guten Pistolen-Schuß weit vom Graben angerückt: hatten bey die 30. todten und blessirte / und ist auch ein Maltheser Cavallier von einer Stück-Kugel geblieben / indem er aus einer Approchen gehen wollen.

Den 17. hat man von der kleinen Batterie zum erstenmal zuschiessen angefangen. Weilen aber die Unserigen schon ziemlich nahe an dem Graben stunden / allwo der Boden hoch war / da hingegen die Batterie etwas tieff lag / schossen sie mit dem ersten Schuß drey von ihren eigenen Leuten todt: dahero ihnen ferners zu canoniren verbotten worden. Diesen Tag löseten die Italiäner ab / und hat auch am selbigen der Seraskier eine Parthey zu Pferde / welche von Soria, oder aus dem weyland gelobten Land kommen waren / nebenst zweyhundert andern / so aus denen Türckischen Galeeren genommen worden / zu der Armee gestossen.

Den 19. dito ist er mit selbigen biß auff eine halbe Meile unter dem Berg Palamida gerücket / und ließ bereits in die zweyhundert Zelten daselbsten auffschlagen. Diesen Tag kamen auch die Maltheser und Popelliner in die Approchen, avancirten die Trencheen mit Verlust vieler Leute / biß an den Graben / giengen rechts und lincker Hand langs der gefütterten Mauer dem Graben parallel, und bedeckten sich mit Sand-Säcken / welche man bequemlich auff gedachte Mauer legen konte. Diesen Abend hat sich die völlige Türckische Armee wieder sehen lassen / ohnweit derselben Stelle / allwo sie neulich getroffen / im Angesicht der Stadt / um die Belagerten zu encouragiren / und zur Gegenwehr auffzumuntern.

Den 20. liesse sich der Feind mit etwas Cavallerie vor dem Venetianischen Lager sehen / also / daß man ins Gewehr getretten / in Meynung / sie würden einen Angriff thun; worauff die aus der Stadt mit ohngefehr 70. Mann einen sehr behertzten Ausfall gewagt / so gar / daß ihrer 5. mit blossen Sebeln in die Approchen der Unserigen gesprungen: Aber zu ihrem Unglück kamen sie auff die Cavalliers von Maltha / welche sie alle nidergemacht. Als solches die andern gesehen / haben sie sich mit vielen blessirten und todten / so sie mit sich geschleppt / wieder retiriret. Christlicher Seiten wurden etliche blessirt / und einem Maltheser-Cavallier von einer Stück-Kugel der Kopff abgerissen. Diesen Abend löseten die Mayländer ab / zogen sich lincker Hand gegen das Thor hinauff / und fingen an zu sappiren / hatten 11. todte und blessirte. Es starb auch diesen Tag im Lager der Obriste von des Rauh-Grafens Regiment. Theils Griechische Familien kamen aus der Stadt in das Christliche Lager / und suchten der Türcken Grausamkeit zu entgehen. Auch hatte auff Beredung einiger Griechen der Aga nebens 40. Soldaten / welche im Schloß Hermi gewesen / sich dem Admiral neben 6. Canonen und vieler Provision ergeben.

Den 21. giengen die Sachsen in die Trencheen, und continuirten die Arbeit an den Sappen lincker Hand / zogen sich auch weiter an das Thor hinauff / wobey ein Obrister / Hauptman / und Fähndrich blessiret wurden / auch 8. gemeine todt blieben.

Den 22. haben die Braunschweigischen abgelöset / und setzten die Sappe wieder fort / verlohren 15. Mann / und hatten 16. blessirte.

Den 23. kam die Reihe an die Venetianer / diese hatten das Unglück / daß ihr General-Major der Ritter Alcenago, ein sehr besonderer und tapfferer Cavallier todt geschossen wurde / welchen jederman bedauerte. Die Belagerten defendirten sich nun in Angesicht des Seraskiers mit höchstem Ernst.

Den 24. haben die Florentiner die Trencheen besetzet / und sind mit der Sappe völlig durch die Mauer kommen / haben auch rechter und lincker Hand im Graben / langs der Futter-Mauer / ein Logiament verfertiget. Die hitzigen Fieber und andere Kranckheiten rissen inzwischen mehr ein / und sturben sehr viel wackere Leute daran / daß also die Trouppen der Belagerer von Tag zu Tage mercklich abnahmen: zudem war die Hitze auch so unerträglich / daß fast niemand in dem Lager bleiben konte. Es haben auch die Türcken ihr Lager etwas näher geschlagen / und durffte sich niemand von denen Unserigen auff 200. Schritte vor das Trenchement hinaus wagen / wenn er den Kopff behalten wolte. Sonsten lieffen auch von unsern Leuten täglich einige zu den Feinden über / so doch meistentheils Frantzosen waren. Nachdem nun der Succurs dem Feinde zukommen / schätzte man sie völlig auff 8000. Mann; da hergegen bey der Christlichen Armee kaum 4000. Dienste thun konten / daß es also gar ein übles Ansehen hatte. Man solte einen so haupt-vesten Ort / worinnen 2000. Besatzungs-Völcker in Angesicht eines mächtigen Feindes mit so wenig immer mehr und mehr abnehmender Mannschafft erobern / welchen unsern üblen Zustand die Türcken von den Uberläuffern leicht erfahren konten. Diesen Abend hatten die Maltheser abgelöset / und wurde ein Anfang gemacht / die Gallerie / oder den bedeckten Gang in dem Graben überzubringen / kamen auch damit biß an die Helffte des Grabens / wobey aber ihr Major und etliche Gemeine todt blieben.

Den 25. kamen etliche hundert Janitscharen / und suchten sich einer gewissen Höhe / so nicht ferne von dem Lager der unsern war / zubemächtigen: Aber die Sclavonier / welche darauff Wache hielten / begegneten ihnen dermassen / daß sie wiederum abzogen: die Mayländer löseten ab / und continuirten die Arbeit in dem Graben / welche denn von denen Sachsen vollendet / und den 27. die Gallerie mit Verlust viertzig todter und blessirter hinüber an die Mauer gebracht wurde.

Den 28. haben die Braunschweigische abgelöset / die Gallerie oben mit Sand-Säcken bedecket / und darbey etliche 30. todte und blessirte bekommen.

Den 29. bey Auffgang der Sonnen ist die gantze Türckische Armee mit voller fronte auff das Christliche Lager anmarschiret kommen / und über einen hohen Berg mit ihrer gantzen Infanterie in 3000. bestehend / herunter gestiegen. Ein Theil ihrer Cavallerie hatten die Pferde aneinander gekuppelt / und solten das Trenchement überwältigen. Der Berg wo die andern herunter kommen / war ziemlich hoch / jähe und voller Felsen. Nichts destoweniger kamen sie sehr tapffer an / unweit Ihro Durchl. Printz Maximilianus Quartier. Diesen wurden eine Bataillon Maltheser / zwey Bataillons Sächsische / eine Bataillon Venetianer und die Sclavonier entgegen gesetzt. Die Linien oder das Trenchement des Lagers war schlecht versehen / und stunden nur zwey Mann hoch; der Feind wolte doch auff dieser Seite nicht ansetzen: von hinten aber gab es unter einem continuirlichen loßbrennen der Canonen und Musqueten ein zweystündiges scharffes Gefecht ab / welches dermassen gleich auffgieng / und auff der unsern Seiten so übel aussahe / daß / wenn es nicht bald sich geändert / man die Braunschweigische

Trouppen aus den Approchen hätte zu Hülffe ruffen / und die Belägerung auffheben müssen / weil man gantz kein Volck in Reserve hatte / und waren schon vorher die 3500. Mann Soldaten und Marinari, womit der Herr General-Capitain die Armee verstärcket / von den Schiffen genommen worden; da denn sothanige Retirade vor die Unsern sehr gefährlich würde gewesen seyn. Es haben aber die Türcken / als sie einen so extraordinari-Widerstand antraffen / denselben Weg / so sie gekommen / wieder zurück gekehret / mit Hinderlassung 400. Todten; da mancher Türck sich so müde gefochten / daß er die Klippen nicht wieder hinauff steigen konte / und daher vollends herhalten müssen. Der Feind wurde biß auff eine halbe Stunde verfolget: worauff er in höchster Eil sein Lager abgebrochen / und sich nach Corintho gezogen. In dieser Action haben die Unsern ungefehr dreyhundert Todte und Verwundte bekommen. Von Officirern waren nur einige Haupt-Leute geblieben: dem General Königsmarck ist das Pferd unter dem Leibe erschossen worden. Printz Maximilian von Hanover ist gleich Anfangs vom Pferde abgestiegen / und hat seine Bataillon selbst zu Fusse angeführet. Des Seraskiers Diener / welcher selbigen Tag zu den Unsern übergelauffen kam / versicherte daß ihre Armee in 2000. Mann geschwächt worden / und daß diejenigen / so nicht todt / einer hieher der andere dorthin gelauffen. Wie nun der Feind geschlagen / und die Unsrigen in denen Approchen das Vivat zuruffen anfiengen / wurffen die darinnen auff einmal eine solche Quantität Stein und Bomben heraus / als sie niemals gethan / denen aber alsobald mit einer General-Salve von Canonen / Bomben und Steinwerffen geantwortet wurd: worauff sie auch plötzlich stille worden / also daß sie keinen Schuß mehr gethan / noch sich iemand blicken lassen; kamen doch in einer Stunde / steckten eine weisse Fahne aus / und begehrten zu capituliren.

Nachdem sind die Türcken hauffenweise auff die Mauren gelauffen / und mit den Unsern von ein und andern geredet; und haben nicht lang hernach 3. von denen ihrigen mit einem Brieff an den Capitain-General gesandt / welche durch die Gallerie in die Approchen eingelassen worden / wo sie bey dem Herrn Feld-Marschall Königsmarck folgenden Vortrag gethan: daß / nachdem sie nun etliche Jahr gesehen / wie GOtt sie straffete / so hätten sie doch bißhero / sich als ehrliche Leute / in des Groß-Herrn Dienste verhalten; weil sie aber nicht mehr in dem Stande wären / solch einer Gewalt zuwiderstehen / so wären sie endlich entschlossen / den Platz abzutretten / und verlangten nicht mehr als 10. Tage ihre Sachen heraus zubringen / und mit ihren Weib und Kindern / Knechten und Sclaven auff zweyen bey der Stadt ligenden / und ihnen zugehörenden Galleeren sich nacher Troja zu retiriren. Worauff diese Türcken an den Capitain-General gewiesen worden. Man führte sie so fort zu dem Capitain-General / allwo sie seiner Excellentz zu Füssen fielen / und mit grosser Submission sagten / daß die gantze Welt und GOtt wider sie wäre. Nach einigen Bitten wurde die Capitulation geschlossen / und versprachen sie die Vestung mit allen groben Geschützen / Munition und Proviant, und allem was darinnen sich befindet / nebens den zweyen Galleeren / Gefangenen und Juden alles getreulich an die Republic zu übergeben / auch noch selbigen Tag das Wasser-Castell denen Venetianern einzuräumen; Hingegen war ihnen verwilliget innerhalb 10. Tagen mit ihrer Baggage auszuziehen / ihrer biß 10000. Seelen auff 12. Schiffen des Herrn Extraordinari-Capitains Veniers / und einer ihrer Galleeren einzuschiffen / und nach Tenedos und Troja überführen zulassen: Die Griechen sind der Republic Unterthanen / und die Juden / deren sie 3000. gefangen / dero Sclaven worden. Worauff ermeldte 3. Türcken wieder mit der Feluque nach der Vestung gesandt / und hergegen Geisseln heraus geschickt worden / welche man auff die Galeazza Novagier logiret hat.

Den 30. dito haben die Venetianer das Wasser-Castell in Besitz genommen / dahin der Capitain-General mit der Gallee / nebst denen Generalen von Maltha und andern gangen seyn / und die Guarnison eingeführet haben / allwo man 17. metallene und 7. eiserne Stücke / einen Feurmörser / so 100. Pfund wirfft / viel Pulver / Kugeln und andere Kriegs-Nothwendigkeiten gefunden. In der Haupt-Vestung aber hat man 86. Stück Geschützes / neben vielen Vorrath / angetroffen.

Bey währender dieser Belägerung haben die Kranckheiten dergestalt zugenommen / daß fast nicht ein einiger Mensch davon befreyet blieben. Mancher tapfferer Kriegs-Held und Officirer ist von der Seuche hingerissen worden / worunter der junge Graf Königsmarck / Obrister von einem Regiment zu Pferd in Franckreich / ein Graf von Ahlefeld aus Dennemarck / der Sächsische Brigadier Schönfeld / der Obriste Touppavier von den Sachsen / sampt unterschiedlichen Volunteurs mehr. Von denen Sächsischen sind 40. Officirer / von den Lüneburgischen aber über 80. an Kranckheiten gestorben. Und also ist dieser importante Ort dem S. Marco zugefallen.

Alt-Navarino oder Zonchio.

Diese Stadt war vorzeiten sehr berühmt / von dem Ptolomæo Pylus, von dem Stephano Cryphasium benamt / in der Landschafft Belvedere gelegen / wovon man sagt / sie sey des Nestoris Vatterland gewesen: wiewol es drey Oerter unter eben den Namen gibt / welche sich alle diese Ehre zuschreiben wollen. Homerus saget von dem Nestore, er habe 9. Städte gehabt / unter welchen Pylus das Haupt / und daher mit dem Titul Enneapolis prangen können. Das Gebäue dieses Orts strecket an einem auffsteigenden Berg seine Stirn nach den Wolcken / und ist sowol von menschlicher Arbeit / als von der Natur trefflich verwahret: hat zween Vestungen so gegen dem Meer hinligen / allwo auch ein See-Haven zufinden / wiewol andere von zweyen sagen / so von den Türcken Anno 1572. erst sind gegraben und gebauet worden / woselbsten sich auff 2000. Seegel einlogiren können.

Im Jahr 1498. thaten die Türcken einen hefftigen Anfall auff diese Vestung: Nachdem man ihnen aber die Spitze geboten / sind sie wieder umgekehret / in Hoffnung bald mit besserm Glück wieder zukommen: wie es denn auch geschehen / also daß alles den Muselmännern anheim gefallen. Die Venetianer suchten zwar ihr Verlohrnes bald wieder / mit Hülffe deß Demetrii von Modon: Allein die Freude hat nicht lang gedauret: sondern die Innwohner haben bald wiederum der Unglaubigen Joch fühlen müssen / biß Anno 1686. der tapffere Morosini denen Hunden den Raub wieder abgejagt.

Anno 1686. den 2. Junii sendete der Capitain-General

neral Morosini mit denen Päbstlichen / Maltheser und Florentinern bey Alt-Navarino an/ mit dem gäntzlichen Entschluß/ den Platz anzugreiffen. Zwar schien die Sache so gar leicht nicht zu seyn; inmassen die Bestung auff ihrer guten Lage noch darzu von lang geübten Kriegs-Leuten bewahret wurde. Dennoch aber wurde die Besatzung über der unvermutheten Ankunfft einer so gewaltigen Flotte von 60. Schiffen/ ohne die Galeeren/Galeazen/ und dem kleinen Fahrzeuge nicht wenig erschrecket; absonderlich da man bey der Aufforderung ihnen zuerkennen gab / daß sie sich keines Succurses zugetrösten hätten / und dabenebest bedrohete / daß/ wo sie sich widersetzen / und es auffs äusserste kommen lassen wolten / man alles niderhauen und verheeren würde. Daher machte ihnen die Furcht Gedancken zum Accord: vermöge dessen sie denn hernach mit Sack und Pack 100. Innwohner / und mehr als 200. Besatzungs-Völcker ausgezogen / da sie denn 40. Stücke von unterschiedlicher Gattung / neben 7. Feur-Mörsern 2000. Messingen Röhren / 200. Musqueten / 30. Doppelhaken und 60. Pferden / (welche dem Marquis de Corbon gegeben worden/ um seine Dragoner beritten zumachen/) neben einer Quantität Kugeln/ Pulver/ und andern Gewehr / welches ehemals im Brauch gewesen/ hinterlassen.

Neu-Navarino.

Dieser Ort ist wegen des felsichten Bodens / darauff er sich gelagert/ sehr veste/ und überdiß mit 6. regularen Bollwercken / und mit einer Retirade wol versehen / unweit von dem Vorgebürge Coryphasio, und dem Alten Navarino. Wird von dem Ptolomæo Abatinos, wie auch Nelea genennet; ist Anno 1498. unter der Regierung Bajazeth II. durch Nachlässigkeit seiner Beschützer in der Türcken Hand gerathen / und unversehens übertumpelt worden / daß sich kaum die Bürger und Besatzung durch die Flucht salviren können.

Von der Zeit an aber/ da die Türcken Constantinopel einbekommen / nehmlich Anno 1204. da die Venetianer dem Balduin zum Scepter behülfflich gewesen/ biß auf diesen Türckischen Anfall / ist diese Vestung unter der Republic Botmässigkeit gestanden. Und obgleich der Marggraff von Monferato einsten aus Feindseligkeit sie weggenommen / hat man ihm doch nicht lang daselbst die Oberhand gelassen; sondern bald hernach wieder ausgejaget.

Am Meer beym Eingange des Hafens hat sie hohe und nidrige Batterien zum Schutz des Hafens / welcher eine gantze Armade einzunehmen genug ist. Die Maur wird einen Schritt / die Retirade aber dreye breit geschätzet. Man findet auch hierselbst zweene herrliche Aquæductus, deren einer über eilff Italiänische Meilen durch viel Klippen und Berge gehet / doch so krumm und wunderlich/ daß das Wasser allzeit Wagerecht fliessen kan. Ist im Jahr 1686. wieder unter die Schutzflügel der Durchleucht. Republic kommen. Denn als im besagten Jahr durch die Gütigkeit GOttes über seine Christen und unverdrossene Müh der Soldaten/ Alt-Navarino aus der Macht Ottomannischer Dienstbarkeit heraus gerissen / ist man unter dem Commando Herrn Grafen Königsmarck auf Neu-Navarino angerücket. Allein man hat wol befunden / daß man den von Natur wol befestigten Ort wegen des harten Felsens / mit keiner formalen Belägerung umringen / noch Lauff-Graben auffwerfen könte / auch sonst kein Baum in dieser Gegend zu gutem Vortheil dienen wolte / woher etwan Fachinen und andere Nothwendigkeiten hergenommen werden mögen.

Dessen aber ungeachtet/ war die tapffermüthige Armee fertig mit dem Feinde eins zu wagen/ und der Stadt auf den Halß zutreten: Theilte sich dannenhero/ und legte ein Theil gegen die Vestung/ den andern gegen die Stadt. Zur Nachtzeit kamen 11. Galleeren mit einigen Galliotten und kleinern Fahrzeuge in den Hafen ein; dem sich auch Herr Cornaro General-Proveditor über die drey Insuln mit seinen Galleeren zugesellet. Darauff machte man den Anfang den Ort aus 18. Mörsern mit Dampff und Feur zubegrüssen. Der Seraskier von Morea konte den Erfolg leicht ermessen/ und aus so probablen Sätzen / welche allbereit vorhergegangen / und aus dem behertzten Beginnen der Venetianischen Armee/ einen richtigen Schluß machen: dannenhero wolte er noch einige Hindernüß zulegen / etwas näher kommen: welches auch geschehen/ da er sich / nachdem die Dörffer bey Alt-Navarino herum ausgeplündert / zwey Stunden von Neu-Navarino nidergelassen / und seine Fahnen ausgestecket. Die ausgeschickte Kundschaffer brachten ein / der Feind sey ohngefehr 6. biß 7000. Mann starck / und berichteten zugleich / daß man ihm sehr schwerlich beykommen könte / weil ihm der von vielen Felsen besetzte Weg ein besonderes Vortheil an die Hand gebe. Wolte man ihn in seinem Lager angreiffen / so würde er es mit wenig Trouppen besetzen / und mit denen andern von hinten um den Berg herum die Hannoverischen Regimenter / welche daselbst stunden / mit dem Säbel in der Hand willkommen heissen / auch wol gar die 18. auffgeführte Mörser und 2. Canonen in ihre Gewalt und Klauen bekommen. Es wurden hierüber von dem Feld-Marschall Graf Königsmarck alle hohe Häupter zusammen geruffen/ und Kriegs-Rath gehalten: allein man konte diesen Abend nichts schliessen/ weil ein jedweder nach seiner angewiesenen Post wiederum eilte / aus Besorgnüß angefallen zu werden/ weil sie die Stadt Quartier-Weise umringet hatten. Bey folgendem Tage hat mit anbrechender Morgenröthe der Feld-Marschall es dahin resolviret / und nach seiner sonderlichen Prudenz vor gut angesehen / 2000. Mann vor der Stadt zulassen / um ein wachsames Auge auf dero Anstalt zuhaben: die übrigen solten der feindlichen Armee das weisse in Augen zeigen / und ihn in seinem Lager beunruhigen/ doch also/ daß die 100. Sclavonier und 600. Griechen / so zuletzt von Coron zu der Armee gestossen/ oben auff dem Berge/ allwo vermuthlich der Feind durchpassiren würde / neben denen Sächsischen und Lüneburgischen anmarchiren solten. Nachdem sie aber daselbst einen guten Paß gefunden und besatzt / haben sich die Sclavonier wieder herunter zu dem Feld-Marschall begeben / und auff die Dragoner marchiret. Sobald der Feld-Marschall des Feindes ausgesetzter Wachten oben auf dem Berge ansichtig worden / hat er den Sergeant Major de Bataille, Marquis de Corbon commandiret / solche abzutreiben / und daselbst mit den Seinen stehen zubleiben / damit die Infanterie, welche über drey Stunden noch zurück war / auch hernach/ und auff den Berg geführet werden könte. Corbon fand allhier Gelegenheit ein herrliches Probstück seiner Tapfferkeit zuleisten / welches er so rühmlich abgeleget / daß er nicht nur die Wachten abgetrieben/ sondern auch die Flüchtigen gar biß ans Lager verfolget hat.

Der Feind wolte bey dieser Gelegenheit auch nicht schlaffen / sondern gieng ihm dergestalt unter die Augen / daß sich allbereit 2. Squadronen Dragoner gewendet / welche aber durch den Großmüthigen Zuspruch des Printzen de Turenne, der allzeit in Avantguarda mit gewesen / encouragirt / den Beschnittenen wieder als die Löwen entgegen gangen / und den Feind glücklich zurück geschlagen. Die Muselmänner / so hierüber nicht in geringen Schrecken gerathen / wurden hierauff durch Verzweiffelung zur äusersten Gegenwehr angetrieben : fielen derohalben mit neuer furie auff den Corbon an / musten aber zweymal den Kürtzern ziehen / welcher sich mit seiner Milanesischen Dragonern so lange an dem Revelin defendiret / biß die Sclavonier eben zu rechter Zeit ankommen und Posto gefasset. Inzwischen haben die Dragoner einen bequemen Weg durch die Ravine, allwo ihnen die vornehmsten Türcken entgegen kommen / gefunden ; die Türcken meinten zwar / ihnen das Leben und den Rückweg abzuschneiden : allein der Marquis de Corbon, nebst seinen Leuten begegnete ihnen dergestalt mit den Pistolen / daß gleich der Mechmet Bassa / nebst vielen andern / die Erde küssen muste. Der Streit nahm immer zu / und der Sieg war annoch ungewiß / weil man in drey Stunden nicht wissen kunte / welche streitende Parthey das Feld behalten würde / biß die von dem Capitain-General abgefertigte und verstärckte Trouppen mit einigen Feldstücken angelanget / deren Wirckung / nechst GOtt / so kräfftig war / daß sich der Sieg alsbald auff der Christen Seite gewendet. Der Seraskier zwar / welcher mit an der Spitze war / fochte tapffer und wol / doch kunte er dem Unglück nicht entrinnen. Einer von den Milanesischen Dragonern setzte ihm die Flinte auf die Brust ; der Schuß aber versagte : doch wurde er endlich blessiret / an welcher wurde er nachmals auch gestorben. Dannenhero ist denen Türcken / weil auch der Mechmet Bassa allbereit zu seinen Vättern gangen / der Muth ziemlich entfallen / und haben sie sich etwas zurück gezogen. Die Dragoner avancirten immer weiter / biß sie den Feind / noch bevor ehe die Infanterie recht darzu gekommen / auff die Flucht gebracht. Der Türcken sind bey dieser merckwürdigen Occasion 800. auf dem Platz geblieben / auff die 400. verwundet / in 200. gefangen worden : die Christen aber haben wenig eingebüsset. Die Beute bestund zum wenigsten in 300. Gezelten / einer grossen Anzahl Pferde / 4. Stück Geschützes / und anderm mehr. Der Baron Eschen hat des Seraskiers Gezelt vor den Feld-Marschall in Besitz genommen / darinnen er einen schönen Schatz von allerhand raren Sachen angetroffen. Weil er aber Lust bekam / dem Feld-Marschall zufolgen / hat er eine Dragoner Wache hin ein gelegt / welche es aber nachgehends alles Preiß gemacht. Nachdem sind die Völcker selbige Nacht wieder in ihr Lager gangen. Die Gefangenen meldeten / der Seraskier hätte noch 3000. Mann erwartet / womit er sich hinter der Unsern Lager auff dem Berge setzen / und immer ein Quartier nach dem andern mit Stücken und Bomben auffheben wollen : welches er auch / wenn man ihm Zeit und Raum gegönnet / füglich hätte zu werck richten können / allermassen er schon 150. Camel nach Modon geschickt / die Stücke und gehörige Munition von dannen zu holen.

Den 15. Junii, nach glücklich erhaltenem Sieg / hat der Feld-Marschall die Stadt / so der ihren Unglück von der Höhe mit zugesehen / aufffordern / und ihres Seraskiers Zustand ihr zuwissen thun lassen. Sie baten endlich 10. Tage frist / die Sachen an den Seraskier zu überschicken. Allein Graf Königsmarck gab ihnen zur Antwort ; wenn sie Venetianische Guarnison in das Schloß nehmen / und sich in die Stadt retiriren wolten / könten sie dieselbe haben. Im widrigen aber möchten sie zwey Hostagen heraus schicken / da die Belagerer ein gleiches thun wolten / um zu tractiren / wie lange Zeit ihnen auszuziehen und ihre Sachen heraus zubringen / verstattet werden könte. Wolten sie aber trotzen und warten / biß er die Carthaunen lösen / die Mauren ruiniren / und sich den Weg also bahnen müste / dürfften sie hernach auff keinen Accord warten / er möchte begehret werden auff was Weise er immer wolle. Hierauff kamen 6. der Vornehmsten von denen Belagerten / und hielten um 4. Tage frist an ihre Sachen einzupacken. Der Feld-Marschall verfügte sich zu dem Morosini, die Sache mit ihm zu conferiren ; da denn geschlossen worden / daß man noch diesen Abend accordiren solte / welches auch also ergangen.

Den Tag darauff war der 16. ist des Feindes gäntzliche Ammunition in die Lufft geflogen / welchen Knall ein erschreckliches Geheule der Weiber und Kinder begleitet. Ist vielleicht daher geschehen / weil der Bassa / aus Verzweifflung / sich mit 150. Seelen in die Lufft gesprenget.

Den 17. dieses nahm die Ottomannische Besatzung ihren Abzug 1200. zu Fuß / und 200. zu Pferd / wie auch 3500. Türckische Innwohner. Die Besatzung hat wollen nach Lepanto geführet seyn ; allein es ist ihnen von dem General-Capitain abgeschlagen worden / mit der ausführlichen Nachricht ; Er wolle denen von Lepanto schon zu gewisser Zeit zusprechen. Und also ist die Vestung an die Venetianer übergangen / worinnen hundert Stück Geschütz und viel Proviant gefunden worden.

Negroponte.

Bey alle denen / welche in genauerer Erwegung und Beschreibung der Insuln und Eyländer des Archipelagi und umligender Gräntzen bemühet gewesen / hat die Insul Negroponte die Oberstelle behalten / gelegen zwischen dem Attischen Vorgebürge Punio, und dem Land Thessalien. Von denen Türcken wird sie Egribos benennet / welcher Titul ob er mit demjenigen übereinkömt / dessen Ælianus gedencket de Anim. 12. 36. der sie αἰγίβοτον benahmet / mögen andere urtheilen. Bey den Lateinern heisset sie Eubœa, entweder von einer beherzten Matrone des Asopi Tochter / oder von einer andern Weibs-Person / welche in eine Kuh soll seyn verwandelt worden / und durch ihr Blöcken denen Poeten zu diesem Namen Anlaß gegeben haben. Vormals ist sie auch unter der Benahmung Macris, Abantis, Chalcis und Asopis, Oche und Ellopia bekannt gewesen. Sie wird vermittelst des unbeständigen Euripi von Bœotien abgesondert / mit dem sie sonst / wie viele erhärten wollen / verknüpfft war / und vielleicht durch Uberschwemmung der Fluthen / oder durch ein Erdbeben erschüttert und abgerissen worden. Ihre Länge erstreckt sich ohngefehr auff 130. Meilen / die Breite auf 30. der gantze Umfang

auff

auff 300. Sie wird mit zweyen Vorgebürgen umgeben / deren das eine Capo Lithar, von dem Ptolomæo und Strabone Cenoeum Promontorium genennet / nahe bey der Küste Artemisia gelegen / allwo die Griechen sich mit ihrer Flotte / als sie dem Xerxi in die Haare gangen / auffgehalten.

Das andere Capo dell Oro, so gegen Morgen hin nach dem Archipelago stehet / wird bey dem Ptolomæo Caphareum, von andern Chymium, Capo Figera, Cathareus und Zoraz genennet / ein gefährlicher und furchtsamer Ort / woselbst auch Nauplius der König in Eubea den Tod seines Sohns Palamedis, welcher von dem Ulysse hinterlistiger Weise umbracht worden / gerochen. Nemlich / als die Griechen von Zerstörung Trojæ wiederkommen / setzte er auff den Gipffel des Berges Fackeln und Liechter / damit es das Ansehen gewinnen möchte / als wäre hier ein über alle massen sicherer Hafen: die Griechen wolten sich dessen zu Nutz machen / und trieben die Schiffe dahin. Allein es zerstiessen die meisten an den Klippen ihre Schiffe / und musten jämmerlich zu Grunde gehen. Dahero auch hernach das Vorgebürge von dem Virgilio, Ovidio, Seneca Tragico, Statio und andern Poeten angemercket / und wegen dieser Niederlage erörtert worden.

Die Haupt-Stadt dieser Insul ist Negropont, sonst das mächtige Chalcis, und wird mit einer Brück an das feste Land Achajæ angehefftet. Vorhin war sie lange Zeit unter der Venetianischen Bottmässigkeit / welchen sie von Rabanio Carcerio ihren Fürsten zukommen: Allein Anno 1470. gerieth sie unter die Klauen Mahomets II. welcher ihr übel mitgefahren. Sie ligt auff einer Fläche am Ufer des Euripi, deren Mauren / ungefehr 2. Meilen in Umkreiß haben: hat in ihren Vorstädten fast mehr Einwohner als in der Stadt selbst: ist über diß mit zwey Moscheen bebauet / wobeneben auch die Jesuiten ihre Schule auffgerichtet. Die gemeldte Brück über den Euripum bestehet aus fünff kleinen Schwib-Bogen / die nicht mehr als dreyssig Schritt in der Länge halten; auff welcher man zu einem Thurn geleitet wird / welchen die Venetianer mitten in dem Canal erbauet / woselbst noch das Bildnüß S. Marci eingehauen zusehen ist. Nebst dem Stadt-Thor äussert sich noch ein Thurn / bey welchem noch eine andere Brücke / in die Länge von zwantzig Schritten / zufinden / die man auffziehen kan / um den Galleeren den Eintritt zugestatten. Die vornehmsten Städte / deren sich diese Insul rühmet / sind nebst Negropont, Carysto, Eretria, Oreo, Porthmus.

Carysto ist eine Bischöffliche Stadt / noch in gutem Stande / welche weyland Chironia geheissen; in deren Revier sich ein Berg in die Höhe thürmet / aus welchem der schönste Marmor gegraben wird. Nicht weniger findet sich in dieser Gegend der Stein Amianthus, der sich in dünne Fäden / wie Flachs / ausziehen läst / davon man eine Leinwand bereitet / so durchs Feur rein gemacht und gewaschen wird. Diese Insul gibt auch sonst viel Baumwolle / viel warme Bäder / zween denckwürdige Flüsse / Fimileas und Cereus, deren der eine schwartze / der andere weisse Woll bey denen Schaaffen / so daraus trincken / verursachen soll. Die grimmige Belägerung und Grausamkeit des Türckischen Hundes / als diese Insul mit ihrer Haupt-Stadt eingenommen / kan bey andern Historien-Schreibern hin und wieder gelesen werden.

Oreo.

Ist sonsten eine von den vornehmsten Städten in der Insul Negroponte oder Eubæa gewesen / 50. Meilen von Chalcide oder der Stadt Negropont. Dem Ptolomæo heist sie Horæus. Pausanius meldet / sie sey auch Istiæa benamet worden / wovor Thucydides Hestiæam saget. Andere wollen sie unter dem Namen Talentia bekannt machen / und Stephanus spricht / zu seiner Zeit habe man sie Oroyum genennet: hat heutiges Tages von ihrem Ansehen viel verlohren / und gleichet kaum einem kleinen Flecken.

Oleno.

Wird von dem Plinio Olenus oder Olenum genennet / in Achaia gelegen / zwischen Patras und Cyllenen, vom Oleno, des Vulcani Sohn Oleno, erbauet und bewohnet / heutiges Tags Comigriza, wie etliche davor halten / oder Chaminza: jedoch gemeiniglich Oleno: ist noch kaum ein geringes Dorff / dessen schon allbereit droben unter Caminza gedacht.

Olympia.

War eine berühmte Stadt / nach vieler Meynung / auff dem Berge Olympo, oder wie andere wollen / zwischen dem Ossa und Olympo, nicht weit von Elis und Pisa, in der Provintz Belvedere gelegen / berühmt nicht nur von der herrlichen Handelschafft / so allda getrieben worden; sondern auch wegen der da gehaltenen Spiele. Heutiges Tages soll sie / wie Castaldus wil / Langanico genennt werden.

Passava.

Diese Stadt ligt in der Provintz di Maina, an der Seiten des Golfo di Colochina auff einer Höhe / die an einer Seiten nicht allzuwohl verwahret ist. Als die Türcken mit Accord Chielafa verlassen musten / geriethen dieser Stadt Innwohner nicht in geringe Furcht / welche ihnen auch Flügel machte: Nur bemüheten sie sich ihrer Stücke mit zu salviren. Aber der Capitain-General / als er diß in Erfahrung bracht / schickte ihnen fünff hundert Fuß-Knechte / unter der Anführung Gregorowick / über den Halß / welcher sie vollends ausgejagt / und ihnen die Stücke genommen. Denn die Türcken / als sie die Siegs-Pannier der Venetianer fliegen sahen / lieffen davon / und liessen die Vestung leer.

Patrasso oder Aroa.

Patrasso die Vestung gibt heut zu Tag der Insul Morea nicht geringes Ansehen; und thut es fast andern Städten / wo nicht zuvor / dennoch gleich: Ist vor alten Zeit unter vielerley Namen denen Denck-Büchern eingeschrieben worden. Die Türcken nennen sie Badra oder Balaburra, ligt auff einem erhabenen Berg bey Capo Rio, ungefehr siebentzig Schritte von dem Meer / das mit Patrasso einen Namen hat. Seinem mercklichen Wolthäter dem Patro der Preugens Sohn zu Ehren / welcher sie aus unterschiedlichen Ruinen wieder ergäntzet / führet es den itzigen Namen. Diese Stadt hat sich unter Römischer Herrschafft in grosses Auffnehmen gebracht / und durch die Kauffmanschafft und glückliche Schiffahrten wohl auffgeholffen. Allhier pflegte Augustus seine Schiffe in eine sichere und vergnügliche Aufurth einzuweisen.

An dem höchsten Ort der Stadt stehet eine Vestung/ und läst sich aus unterschiedlichen Steinhauffen und Reliquien grosser Gebäude abnehmen / daß dieser Ort vor Zeiten die Mauren biß an das Meer gestrecket.

Gleichwie sonst bey den Römern das Land voll Abgötterey gewesen: also ist auch dieser Platz nicht davon befreyet blieben: denn allhier stund der Altar der Dianæ Latriæ. Nicht weniger wurde auch ein gewisser Wald vor ein groß Heiligthum gehalten / zusamt dem Tempel der Dianæ Triclariæ, worinnen der Göttin jährlich ein schöner Jüngling und wolgebildete Jungfrau geopffert / und dadurch die Fehler und Verbrechen Melampi und Cemetonis ausgesühnet worden / welche in der Dianen Tempel / wider der Eltern Willen sich zur Heurath versprochen / und mit ihrer Unzucht das Heiligthum entweihet hatten / daher sie auch endlich selbst zum Opffer dienen müssen. Diesen Greuel hat der von Paulo / oder wie andere sagen/ von Andrea zum Christlichen Glauben bekehrte / Euripillus abgeschaffet. Es soll auch allda / wie man muthmaßlich vorgiebet / der Tempel Cybele und Atis gewesen seyen / wo heutiges Tages die Kirche / St. Andreas Schul genannt / stehet.

Die Lufft ist allhier nicht gar zu gesund / weil die Gegend mit hohen Schnee-Gebürge und vielen Sümpffen erfüllet ist. Sonsten wird denen Reisenden zu Patrasso ein seltzamer Stein gezeiget / dessen übele Geruch man auff 3. biß 4. Schritte empfinden kan. Man gibt vor / es habe auff selbigem der Richter gesessen / welcher den H. Apostel Andream / dem allhier drey biß vier Kirchen gewiedmet seyn / verurtheilet.

Die hieselbstigen Gärtten sind wegen der herrlichen Citronen-Gewächse vor andern in der gantzen Welt berühmt / welche mit denen Pomerantzen und Granaten in gleicher Reihe wachsen. An Cedern hat es auch keinen Mangel / daraus der Ceder-Safft gemacht wird. Ein Cypressen-Baum ist auch allda zu sehen / der vielleicht der Gröste in der Welt ist / dessen Stamm achtzehen Werck-Schuh in die Runde begreifft / und seine Zweige in die zwantzig Schuh weit von sich / massen es von der Art Cypressen ist / die ihre Aeste wie der Sevenbaum ausstösset. Eumelius ist der erste gewesen / der diesen Ort wohnbar gemacht / welcher nachdem er von den Galatern zerstöret nachmals von Nerone wieder gebauet worden.

Anno 1463. ist diese Stadt an den Türckischen Käiser Mahomet kommen / und Thamasus der mit seinem Bruder Demetrio von der Palæologer Geschlechte die Insul inne hatten / hat sich von dannen nach Rom salviren müssen / wohin er das Haupt Andreæ mit genommen / deme man zu Rom eine Capelle von Marmor auffgebauet / Demetrius aber wurde verjagt und ins Elend gewiesen. Die Venetianer zwar bemüheten sich nachmals eiferig die Türcken aus diesem Neste zuvertreiben: allein es war damals noch nicht Zeit die Insul mit der Stadt Patrasso aus ihren Händen zureissen. Anno 1533. als Carolus V. mit Solymanno einen schweren Krieg geführet / hat er diese Vestung erobert / und die Besatzung ohne einige Hindernüß abziehen lassen. Allein folgendes Jahr kam der Türck wieder / und verdunckelte durch seinen Mond die kaum auffgefangene Morgenröthe der Patrassischen Gräntzen / biß nunmehr im Jahr 1687. die Finsternüß vergangen / und dieser treffliche Platz in der Durchl. Republic von Venedig sanfftes Regiment gerathen.

Den 23. Julii besagten Jahrs hatte der tapffere Held Graf Königsmarck den Schluß gefasset / sich der Stadt Patras oder Patrasso zunähern / und eine formale Belägerung vorzunehmen: Weil es sich aber von der See her nicht wol wollen thun lassen / hat seine Excellentz um die 22. Stunden in voller Schlacht-Ordnung / zwar durch einen langen / jedoch wegen eines Berges sehr bequemen Weg den March angetretten / da man folgendes Tages zu Mittage sich beym Feind eingefunden / und unterm Seraskier 10000. zu Fuß / und 4000. zu Pferde angetroffen / daher man sich gleich zum Treffen geschickt. Als man sich kaum eingerichtet / hat der Feind den lincken Flügel angegriffen / welcher aus Dragonern bestanden / dabey aber die Sclavonier die Avantgarde gehabt / die sich denn so tapffer erwiesen / daß der Feind / zumal da der rechte Flügel continuirlich auf ihn Feuer gegeben / bald das Hasen-Panier auswerffen müssen. Dieser hat aus denen drey alten Hannoverischen Regimentern bestanden / welche so hertzhafft gefochten / daß / da der Feind biß auf unsere Frießländische Cavallerie mit blossen Säbeln eingebrochen / sie selbigen gezwungen in gröster Confusion zuweichen / und das Feld voller Todten / neben den Zelten / Baraken / acht Feld-Stücken / ihren Standarten und Roß-Schweiffen / als des Seraskiers vornehmstes Zeichen / hinter sich zulassen / welcher indessen bey solchem Zustand einige Munition in Brand gesteckt.

Als die Besatzung in Patras solches gesehen / ist sie aus Furcht auch davon geflohen / und hat den Platz mit aller Munition und Geschütz ledig verlassen: worauff einige der Unserigen hinein gezogen / und die Standarten von S. Marco gepflantzet.

Den 25. bey guter Zeit hat der Capitain General die Segel heben lassen / und ist in dem Golfo von Lepanto eingelauffen / da er befunden / daß auch das Castell auff der Seite von Romelia verlassen gewesen / allwo der Mustapha Bassa mit 7000. Mann zum Succurs gestanden / welcher aber ebenfals den grösten Theil seiner Zelte / viel Bagage und 6. Canonen / neben der Stadt Lepanto und dem Castell / woselbst die Türcken erst ein Stück von der Fortification gesprenget / zu guter Beute hinterlassen. Und sind also in so kurtzer Zeit nicht nur der Seraskier aus dem Feld geschlagen / sondern auch zween veste Städte / und die Dardanellen / die man sonst vor unüberwindlich geschätzet / erobert / und dabey viel Munition gewonnen worden.

Pettala.

Porto di Pettala ist ein Hafen in Acarnanien, so heutiges Tages Carnania heisset / an der Epirischen Küste im Golfo di Patrasso, zwischen Santa Maura und Lepanto gelegen / der sich gegen die Insuln Curzolari hinstrecket.

Porto Lione.

Porto Lione hat den Namen von einem in Marmor gehauenen Löwen / so zehen Schuh hoch / und an dem Ufer des Anfurts auffgerichtet ist / die heutigen Griechen nennen denselben Porto Draco, Cicero aber und andere Piriæum, ligt an dem Mitternächtigen Gestade des Golfo d' Engia. Der Eingang dieses Ports ist dermassen enge / daß kaum zween Schiffe neben einander dadurch lauffen können. Kan sonsten eine grosse Anzahl Seegel beherbergen. Nach des Plinii

Bericht/hat er einsten auf einmal 1000. kleine Schiffe/ und nach des Strabonis Anmerckung 400. eingenommen. Unserer Schiffe/ weil sie die alten an Grösse weit übertreffen/ solten über 40. nicht daselbst Raum finden. Diesen Ansurth hat Themistocles zu der alten Griechen Zeiten durch eine Mauer verwahret/ und an die Stadt geheftet. Es sind einige Sagen/Piræus sey deßwegen Triplex genennet worden/ weil er drey Hafen/ nemlich den Piræum selbst/ Phalerum und Munychiam in sich gehalten: allein es sind drey unterschiedene/ und ziemlich von einander entlegene Porte gewesen. Wer weitere Nachricht verlangt/ kan sich bey dem gelehrten Meursio in seinem Tractat, den er von diesem Port geschrieben/ Raths erholen.

Porthmos.

Ist eine Stadt in Eubœa oder Negroponte, deren Plinius im dritten Buch gedencket: auch Portimo, oder Portmo genannt/ unfern von Eretria.

Pisa.

Diese Stadt ligt jenseit des Flusses Alphei, gegen das Meer/ ist vor diesem sehr berühmt und herrlich gewesen/ hat auch ihren Namen/ biß auff diese Zeit/erhalten. Ihr Urheber soll seyn Pisus, ein Enenckel des Æoli, welcher zugleich Pisas in Toscana erbauet: wiewol andere einen Sohn des Apharei, andere Pisam, des Endymions Tochter/ vor den Stiffter angeben. Allhier ist Milo der Tyrann/ nachdem er die Innwohner erbärmlich geplaget/ und ihnen greulich mitgespielet/ in das Meer gestürzt worden.

Policastro.

Ligt auff dem Erdbande Isthmo, ist an die Stette des berühmten Tempels der Juno auffgebauet/ wobeneben ein Castell sich angesetzt/ welches Stimenio genennet wird.

Prevesa.

Dieses Namens rühmet sich sowol ein berühmter Meerbusen/ als eine darbey gelegene Stadt. Jener wird von dem Ptolomæo Arta, vom Plinio Ambracius genennet: ist zu aller Bequemlichkeit sehr wohl zubereitet/ und wird von dannen jährlich eine unbeschreibliche Menge von Korn/ Wein und Oel abgeführet.

Diese Stadt ligt bey dem Eingang und Mündung dieses Golfo, etwa einen Musqueten-Schuß weit von dem Vorgebürg/ oder Capo Vigalo, welches man weyland Promontorium Actium geheissen. Ptolomæus gibt ihr den Titul Nicopolis, andere aber Gallipolis. Ihr erster Anherr und Stiffter ist Augustus gewesen/ der allda in dem berühmten Actianischen See-Treffen Cleopatram, und Marcum Antonium überwunden/ im Jahr nach Erbauung der Stadt Rom 723. vor Christi Geburt 19. Im Jahr der Welt/ wie einige rechnen/ 3934. und zwar den 2. Septembr. Welcher Tag billich von diesem Käiser vor den Geburts-Tag seiner Monarchie zu halten war. Die Vestung hat eine sehr starcke und wolgesetzten Maur/ so 11. Schuh breit/ und von den härtesten Steinen auffgeführet ist. In der Mitten hat sich ein Thurn gelagert/ welcher eine grosse Mannschafft beherbergen kan.

Anno 1539. hat Marco Grimani, Patriarch von Aquilegia, und der Päbstlichen Galeen General/ neben dem Andrea Doria dieses Prevesa aus der Türcken Klauen zu erretten/ ihnen vorgenommen: aber mit schlechtem Erfolg. Denn da es nun an dem war/ daß der Platz übergehen solte/ brachen die Türcken mit starcker Anzahl von Lepanto auff/ fielen die Christen an/ brachten sie in Confusion, und endlich in die Flucht. Mit glücklichern Successen, Gott sey Lob/ ist ein gleiches 1684. den 29. Sept. auf diß Prevesa, unter dem tapffern Morosini versucht worden. Und ob sich gleich die Türcken anfangs etwas trotzig anstellten/ fiel ihnen doch der Muth bald/ daß sie sich bey schlechtem Accord ergeben/ und dem General Stralsoldo, der die Belägerung dirigiret/ vielen Proviant, Ammunition, Gewehr und Fohnen überlassen. Die Venetianische Republic hat hernach zu mehrer Versicherung unweit von der Stadt einen starcken Thurn befestigen/ und mit einer Stern-Schantz zu verwahren anbefohlen.

Prodano.

Ist eine kleine und geringe Insul/ oder besser zu sagen eine hervorragende Klippe. Plinius nennet dieselbe sonsten Plote, andere Proude oder Prote; ligt unweit von Morea, mit welcher sie einen Canal von 17. oder 18. Schuhen/ woselbst die Schiffe sicher seyn können/ formiret/ und zu guter Bequemlichkeit an die Hand gibet.

Salonicchi.

Salonicchi, oder wie sie sonst genennet worden/ Thessalonich, ligt in dem innersten Busen des Golfo di Salonicchi, der sich in die hundert und viertzig Meilen in die Länge erstrecket. Sie hat gegen Abend den grossen Fluß Vardar zum Nachbar/ der zwischen seinem mit anmuthigen hohen Bäumen gezierten Ufer/ hindurch rinnet/ und in seiner Breite/ die sich fast eine Meile ausdehnet/ eine grosse Menge Fische beschließt. Die Mauren sind nach alter Manier fest und wol auffgeführet/ und rings herum mit viertzig Thürnen befestiget. Der Stadt gantzer Umfang soll 6. Meilen in sich begreiffen. Drey starcke Mauren sind daneben auffgebauet/ die Stadt zu verwahren: Die eine Vestung stehet an dem Ort/ wo man ans Land zu setzen pflege. Die andern zwey ligen gerade dem Meer über/ an den äussersten Ecken der Mauer. Auff der Seiten so gegen das Land hinsihet/ stehet noch eine herrliche Vestung/ welche dem Constantinopolitanischen Schloß/ zum sieben Thürnen genannt/ ähnlich ist. Allhie hat der Apostel Paulus mit grossen Mühen und gesegneten Progressen das Evangelium geprediget: und hernach/ nachdem er in eigner Person nicht zum andern mal dahin ziehen konte/ ihnen den Timotheum zugesandt/ der sie vollends in der einmal erkanten Warheit stärcken und bekräfftigen solte. Als der wieder zum Paulo zurück kommen/ hat der Apostel im Jahr Christi 52. zweene Episteln an die Thessalonicher geschrieben. Anno Christi 995. ist Thessalonich von den Saracenen eingenommen/ hernach an die Palæologos gerathen/ von welchen die Venetianer dieselbe Anno 1413. erhalten denen Anno 1432. Amurathes II. dieses Kleinod wieder abgenommen/ welches sich gleichsam täglich nach seiner Erlösung umsihet.

Santa Maura.

Santa Maura, eine tapffere und veste Stadt/ mitten auff dem Jonischen Meer/ ligt zwischen der Insul Lefcada und dem festen Land/ woran sie sich/ vermittelst kleiner

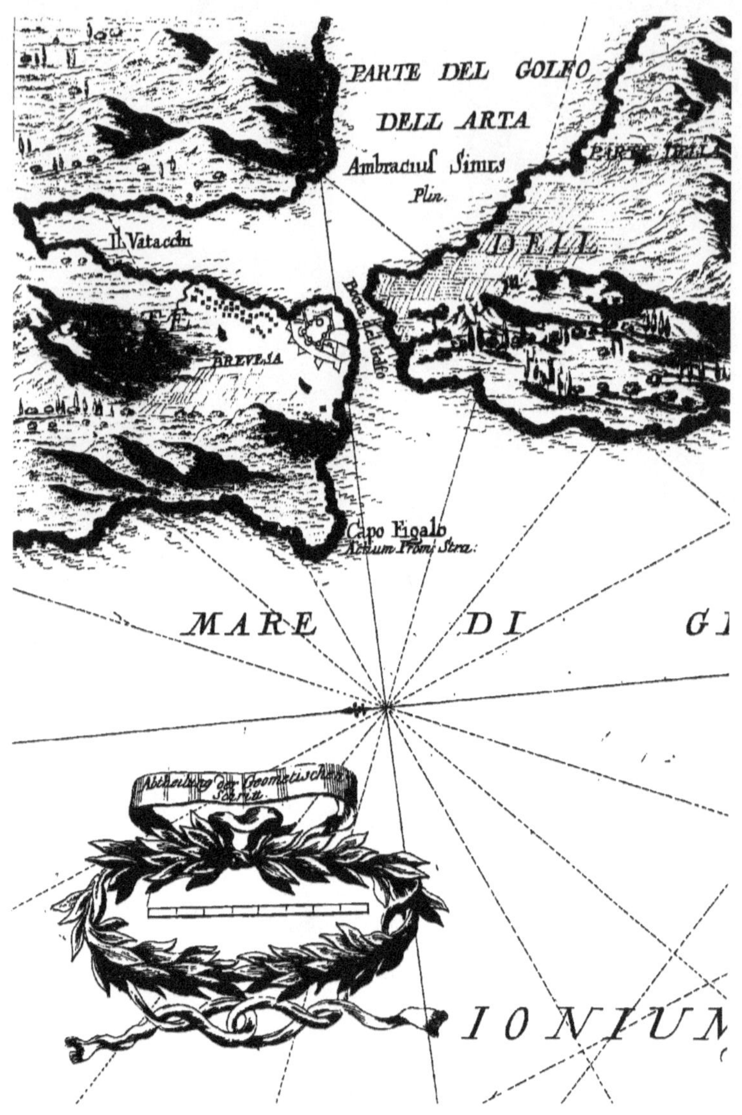
PARTE DEL GOLFO
DELL ARTA
Ambraciuſ Sinus
Plin.
Il Vatacchi
PREVESA
Bocca del Golfo
Capo Figalo
Actium Prom: Stra:
MARE
DI

Die Stadt PREVESA und die Vestung
S. MAURA
Porto
di
Demata
Fontana
PARTE DEL
Placca Naturale
E C I A detto
GRAN STAGNO
S. Maura
Molo
Pallisaden von 370 Schritt
Waßerleitung von 360 Bogen
PARTE DELL ISOLA
DI
LEUCADA
P E L A G U S
Strab: et Plin.

kleiner Brücken anhänget. Der Insul aber verbunden sich ihre Mauren durch die herrlichen/ und von harten Steinen auffgeführte Aquæductus, oder Wasserleitung: welche fast auf eine Meile Wegs lang mit dreyhundert und sechzig Schwibbögen prächtig abgebauet sind / und statt der Brücken dienen können. Gegen Morgen hat sie einen sandigten Erdstreich / welcher weit in das Meer hinein langet / und dadurch den Porto di Demata bequemlich formiret. Ihr hohe Mauren sind in irregularer, fünffeckichter Figur / und haben an ihren Ecken fünff starcke Thürne / so die Seiten bestreichen können/ ligt 19. Meilen von Prevesa und 6. Meilen von dem Porto di Demata.

Dieser Ort hat vielfältige Ankünffte gehabt/ und viel Kriegs-Unruh ausgestanden: doch sich allezeit herzhafft und männlich gewehret: Allein gleich wie auff der Erden nichts beständig; also konte auch S. Maura durch sothane heldenmässige Tapfferkeit nicht allezeit die Oberhande behalten. Denn Anno 1479. hat sie den Türcken sich unterwerffen müssen/ und ist den Griechischen Fürsten entzogen worden.

Anno 1501. hat der tapffere General Pesaro Santa Maura angefallen / und dem Türcken selbige wieder entreissen wollen; welches er auch mit solcher Klugheit und Nachdruck ins Werck gerichtet / daß man in kurtzer Zeit daselbst die Fahnen des S. Marco fliegen sehen konte. Zuletzt aber wurden die Feindseligkeiten von beyden Seiten auffgehoben / und durch den Friedens-Schluß dem Bajazeth die Vestung wieder eingeraumet.

Nach diesem hat die treffliche Stadt denen schlimmen und rauberischen Bestien / denen Corsaren zum Raubnest dienen müssen/ welche durch viele Rauberey zur See grossen Schaden gethan; so daß man sich endlich resolviret das Nest der Unglücks-Vogel anzufallen. Diß zubefördern ist der kluge und verständige General Morolini Anno 1684. mit den Auxiliar-Schiffen 80. Seegel starck von Corfu nach Levante ausgelauffen / und von dannen sich den 20. Julii gerade gegen S. Maura zugewendet. Des folgenden Tags lieffen die leichten Schiffe in den Hafen Demata ein: die Helden setzten ihre Völcker aus/ fasseten Posto, und fingen an sich zu verschantzen. Nach Mittage wurde die Vestung auffgefordert / und darbey gesagt / weil der Groß-Türck seithero dem Staat von Venedig solche grosse Feindseligkeiten erwiesen/ so wären sie genöthiget das zu rächen / und wolten also hier an S. Maura, wo sie sich nicht gebe/ den Anfang machen. Der Türckische Commendant antwortete: Es wäre weder rühmlich noch löblich andere in ihrer Ruh zu verstören/ zumal wo man keine wichtige Ursache hätte. Die Vestung sey des Groß-Sultans / und noch mit tapfferer Mannschafft und Proviant wohl versehen; sie wolten fechten biß auff den letzten Bluts-Tropffen.

Darauff wurde mit Eröffnung der Approchen fortgefahren / auch den 23. und 24. von denen Schiffen Feur auff die Belagerten eingeworffen/ welches wegen des Windes nicht wohl wolte von statten gehen. Man fieng nunmehr an auff Seiten des Landes mit vielen Bomben die Vestung zu beängstigen / welche grossen Schrecken drinnen verursachten: die Canonen folgten nach/ und ward alles/ beydes zu Wasser und zu Land/ dermassen eiferig getrieben/ daß den 31 Julii schon eine solche Breche geschossen war/ darauff ein Sturm/ wenn die Wasser-Graben nicht verhinderlich gewesen/ hätte vorgenommen werden können. Die Türcken bemüheten sich mit Woll-Säcken und Matratzen das Loch bey der Nacht wieder zuverstopffen; wurde aber alles folgenden Tag mit Geschütze wieder abgeworffen/ und dann mit denen Approchen immer weiter avanciret/ biß man endlich damit den 5. Augusti an den Graben gelanget.

Den 6. wurde nochmals durch abermalige Auffforderung versucht / ob man die Belagerten zur Ubergabe bereden möchte / da sie denn endlich zu capituliren angefangen / und den 8. diesen Ort mit nachfolgendem Accord auffgegeben / daß sie ungehindert ausziehen / aber alles was sie nicht auff den Rücken mit fortbringen könten/ im Stich lassen solten. Welches auch also ergangen: worauff die Venetianer den Platz bezogen / und wo er schadhafft gemacht worden / wieder ausgebessert haben.

Sapienza.

Heist die Insul in dem Meer di Sapienza gelegen/ sonst Sphagia oder Sphageria, und Stragia benahmet / und hat dem Meer / welches sowol dero Ufer/ als das mittägige Gestade an Morea benetzet/ den Namen gegeben. Ihre Lage ist gerade der Stadt Modon gegen über/ und übertrifft an Grösse die andern / so sich ebener massen in diß Meer gelagert/ nemlich Carbera und Venetico.

Sicyonia.

Ligt in der Landschafft Sicyonia, 3. Stunden von Corintho, auf einem hohen Berg/ wird heutiges Tags Vasilica genennet. Eine volckreiche Stadt / welche schon zu Abrahams Zeiten soll erbauet gewesen / hernach aber durch ein Erdbeben mercklich verderbet worden seyn. Den Namen Sicyonien hat es bekommen von dem ersten Könige der Landschafft Sicyonien Sicyone aus Attica.

Le Strifale.

Unter diesen Namen sind zwey Insuln bekannt / welche von den Schiffleuten Stamfane, sonsten aber von denen Scribenten Strophades, Strivali, Stromphides und Calydnes genennet werden. Sie sind sehr niedrig/ also daß sie fast an der Flache des Wassers gleich ligen / haben ihren Hafen fünfftzig Meilen von Zante entfernet. Ihr gantzer Umfang erstrecket sich kaum auf etliche Meilen: dennoch aber gibt es hieselbst über alle massen fruchtbare Wein-Gärten / so den herrlichsten Wein tragen: ingleichem eine ziemliche Anzahl der schönsten und klàresten Brunnen. Die Innwohner dieser Insul sind Griechische Ordens-Leute/ die ihr Kloster nach Art einer Vestung eingerichtet/ mit Canonen versehen / daß sie sich vor den Feinden wehren können. Die Poeten haben diese Insuln vor das Vatterland und Wohnstatt der Harpyen angegeben.

Sparta, suche Misitra.

Teacchi.

Ist eine Insul in dem Jonischen Meer/ von denen Griechen Thiachi, von denen Türcken Phiachi, von Plinio und Strabone Ithaca, insgemein Val di Compare genennet. Siehet ihrer Lage nach gegen Cefalonien hin / von welcher sie durch den Guiscardo einen tieffen Canal unterschieden und abgesondert wird. Ihr Land ist mit vielen krummen Ufern eingebogen/ und begreifft 40. Meilen in Umkreiß. Die Seefahrenden können allhier in unterschiedlichē wolgelegenen Hafen gute Bequemlichkeit finden. Diese Insul ist für den Sitz und Wohnplatz der keuschen Penelope, und für deß Ulyssis deß verschreiten Soldaten Vatterland gehaltē worden: und werden noch einige Rudera, als überbliebene Zeichen der Residentz des Ithacensers / von den Cefaloniern in grossem Werth gehalten und gezeiget. Itziger Zeit sollen sich nur etliche Flecken und Dörffer allda befinden / darunter Vathi, Annoi, Oxoi vor die Fürnehmsten bestehen. Man wil auch sagen / es sey um diese Gegend ein Berg / Neritos genannt / woselbst sich keine Hasen auffhalten.

Teganusa.

Teganusa ist eine von denen Insuln in dem Meer di Sapienza, weyland Canreria, itzo Curbera oder Tuschella genennt / nicht weit von der Insul di Sapienza, mit welcher sie doch an der Grösse im geringsten nicht kan verglichen werden.

Thessalonien suche Salonichi.

Tornese.

Castello Tornese, hat sonst Chelonates geheissen / nach demselbigen Namen / welchen auch die beyden daselbst befindlichen Vorgebürge führen / wo dieses Castell gelegen / nemlich in dem Hertzogthum Chiarenza, an den Grentzen von Belvedere. Die Türcken nennen es Clemuzi. Hat seinen Sitz auf einem hohen Berg / drey Meilen von dem See-Gestade. Zuvor war es unter dem Regiment der Ottomannischen Porte / itzo aber ist es an die Venetianer kommen. Denn nachdem 1687. als die siegreiche Waffen von S. Marco Corinth eingenommen und besetzt / hat seine Excellentz der tapffere Morosini etliche Galeotten ausgesendet / diß Castell Tornelo auffzufordern / welches sich so bald ergeben / woselbst der Edle Giorgio Foscarini zum Commendanten hinterlassen / und eine Moschea zu einer Kirche eingeweyhet worden.

Venetico.

Venetico eine Insul in dem Meer di Sapienza, ligt gerade vor dem Capo Gallo. Ihr Bezirck ist dermassen geringe / und eingezogen / daß sie eht den Namen einer Klippe als Insul verdienen möchte.

Volo.

Diese Vestung wird in dem innersten Winckel / des insgemein also genannten Golfo de Volo, in demjenigen Stück von der Thessalonischen Provintz / so mit Magnesia einer kleinen Landschafft in Macedonien zusammen stösset. Ist ein stattlicher Ort / der sonsten bey den Lateinern den Namen Pegesia gehabt. Ligt wenig Schritte von dem Meer ab / und ist mit einem sehr bequemen / sichern und weiten Hafen versehen. Hieher hatten die Türcken in vorigen Jahren / zu besserer Fortsetzung des obhandenen Kriegs / nebst andern Kriegs-Zubehörungen / auch einen grossen Vorrath von Zweyback an Mehl angeschaffet: Morosini, als Provveditor der Venetianischen Flotte / brachte diß in Erfahrung / dahero hat er Anno 1655. die Resolution gefasset / bemeldeten Platz / ohne Aufschub / anzufallen / und in Grund zuschiessen / um nicht allein dem Feind einen so bequemen und vortheilhafften Ort; sondern auch den trefflichen Vorrath aus den Klauen zureissen. Die Sache wurde geschlossen / die Ordre ausgetheilet / und der Lauff dahin eingerichtet. Die Innwohner sahen die Armade kommen / hörten die Stücke knallen / und wussten nit wo ihnen so unvermuthlich diß Unglück über den Halß fiele. Indessen als sie erstaunend stunden und sich nach gutem Rath umsahen / hatten sich die Venetianer genähert / der Obriste Briton mit einer hinlänglichen Mannschafft zu Lande getretten / und den Angriff an einer Seiten / mit einer Petarde, auff der andern aber mit angeworffenen Leitern werckstellig gemacht. Die Belagerten thaten nicht den geringsten Widerstand / sondern sahen sich nach der Flucht um / und überliessen denen Venetianern alles. Der Bassa zwar hatte sich in einen Winckel der Vestung retiriret / aber sich bald anders besonnen / und Versengeld geben / daß also die Helden von S. Marco nicht nur die Stadt / welche nachgehends in Brandt gesteckt / und gäntzlich demoliret worden / überkommen / sondern über zwey Millionen Zweyback / und andere Ammunition, ingleichen 27. Stück Geschützes erhalten / und zu Schiff gebracht.

Zante.

Es hat die Insul Zante von ersten Jahren ihrer Erbauung her ihren Ruhm erhalten / und den Glantz ihrer Herrlichkeit weit ausgebreitet. Sie ligt in dem Jonischen Meer / ist dem Ansehn nach nicht allzugroß / und vormal unter dem Namen Zacynthus belobt gewesen. Ihren Urheber nennen die Historici Zacynthum des Dardani Sohn: wiewol etliche sagen / sie habe von der blauen Hiacynth den Namen erhalten: mag wol seyn / daß etwa solch Gewächse zuerst auff dieser Insul erfunden worden. Etliche heissen sie gar Gerusalemme, oder Jerusalem / und gründen ihre Meynung auf die Historia des Roberti Giscardi, Hertzogs in Appulien, welcher / als er das heilige Grab zubesehen / ihme vorgenommen / durch eine Offenbahrung verständiget worden / er solte zu Jerusalem sterben.

Nachdem er nun unterwegens in dieser Insul ausgestiegen / und daselbst mit einer hefftigen Kranckheit überfallen worden / hat er gefraget wie die Insul hiesse? die Antwort folgte: Sie hiesse Gerusalemme. Darauff er ihm bald die Rechnung gemacht / diß würde der Ort seines Abschieds seyn / seine Sachen gerichtet / und bald darauff den Geist auffgeben.

Gegen Morgen stehet sie auff 80. Meilen nach der Insul Morea: gegen Abend grüsset sie die Insul Cefalonia auff 12. Meilen: gegen Mittag befindet sich die Barbarie in Africa, wohin hundert und funffzig Meilen gerechnet werden: Gegen Mitternacht hat sie eine Weite gegen das Castell Tornese von 16 Meilen. Die gantze Insul wird in drey Theil getheilet: In Montagna, Pedimonte und Pianora.

Anno 1350. soll sie / wie etliche melden / mit andern Insuln von dem Fürsten von Taranto an die Venetianer verkaufft worden seyn.

Anno 1637. hat der Edle Herr Angelo Barbarigo, durch grossen Fleiß und Arbeit / das viele Gewässer / so sich allda jährlich sammlet / ableiten lassen / daß also die gantze Gegend fruchtbar und lustig worden / welche zwölff Meilen in der Länge / und funffzehen in der Breite hält.

Ein einiger Fluß / Camura genannt / ist auff der gantzen Insul / dessen Wasser / weil es sich allzubalden mit dem Meer vermischet / sehr gesaltzen ist. Die Vestung Zante ist in diesem Bezirck die Hauptstadt /

darin-

darinnen sich manche Künstler und Kauffleute enthalten/ unter welcher nicht weit vom Meer eine sehr schöne und vollkommlich gute Quelle / die jederzeit mit süssem Wasser versehen / zufinden. Gegen die Sud-Westische Seite ist die Insul jäh und felsigt: aber gegen Mittag mit fruchtbaren Bäumen besetzt. Wie sie denn im übrigen den Ruhm der Fruchtbarkeit/ wegen der Rosinen / starcken Weins und des herrlichsten Oels wohl behaupten kan.

Die heilige Veronica soll diesen Platz zum Christlichen Glauben gebracht haben. Die Inwohner sind meistentheils Griechen / die nach Griechischem Gebrauch und Gewonheit leben ; und werden gar wenig daselbst angetroffen / die Soldaten ausgenommen / so der Lateinischen oder Römischen Kirchen zugethan waren. Dabey halten sich auch auff die 1000. Juden auff / welche hier drey Synagogen haben / und durch ihre Handelschaffe viel Reichthum erwerben.

Die Republic Venedig pflegt hieher einen von Adel / mit dem Titul eines Proveditors , und zwey andere / als Räthe / abzuordnen / welche alle drey nicht länger in diesem Amte bleiben / als zwey Jahr. Sonst haben die Innwohner noch einen besondern Rath / aus welchem sie hinwiederum/ doch nicht ohne Vorbewust der Regierung/ etliche Männer wehlen / so auf die Lebens-Mittel / Zölle / und dergleichen mehr bestellet werden. In ihrem eigenen Gericht führen sie ihre bürgerliche Streit- und Gerichts-Händel aus / biß auf eine gewisse Summa / da man alsdann an den Proveditor appelliret.

In dieser Insul hat auch ein Bischoff seinen Sitz/ genannt der Bischoff von Zante , oder wie ihn die Venetianer nennen / der Bischoff von Cefalonien, und sind in diesem Ehren-Amt und Bisthum viel berühmte Leute gesessen / weil sich das Einkommen derselben sehr hoch belauffen. Die Münche und Ordens-Leute deren es hierum viel giebt / führen ein strenges Leben mit vielen Fasten / über die ausgesetzte Jährliche vier grosse Fasten / davon die allerstrengste vor Ostern hergehet / und gantzer sieben Wochen währet ; die andere fängt an acht Tage nach Pfingsten / und gehet am heiligen Abend vor Petri und Pauli wieder zu Ende ; die dritte vom 1. August. biß auff den 15. dito, der Marien zu Ehren ; die vierdte vom 15. Novemb. biß auff den 25. Decemb. vieler andern zugeschweigen. Dieses gantze Land ist mit dem Regiment der Republic sehr wol zufrieden / weilen es von selbiger wider allen feindlichen Anfall der Türcken beschützet / und bey der Ubung Griechischer Religion gelassen wird.

Zarnata

Hat auff einer Höhe sich wohl gelagert / und ist als ein Kunstwerck der Natur überall trefflich von der allgütigen Zeuge-Mutter verwahret / so daß es auch vor unüberwindlich gehalten wird. Anno 1685. als der Bassa die traurige Post wegen Eroberung der Vestung Coron vernommen / retirirte er seine Schiffe in den Hafen Napoli di Romania , und nahm darauff den Kern der Soldaten aus den Schiffen / um einen Versuch zu Lande zuthun / und die bey Coron zerstreueten Völcker wieder zusammlen/ und vor allen Dingen die Mainotten zubesänfftigen. Inzwischen gelangte der Venetianische General in dem Hafen zu Citres an / und ließ bald darnach Zarnata aufffordern ; wodurch die Belagerten nicht wenig geschrecket worden / welche nun freylich wohl sahen / daß es um ihren Succurs gethan wäre. Doch ließ er sich zur Antwort sagen / sie dependirten von dem Capitain-Bassa / zu dem sie / wann es zugelassen werden wolte / einen Bothen abzufertigen / und ihn des schlechten Zustandes zuberichten / vorhätten. Der Bothe wurde abgesendet / brachte auch Briefe aus dem Türckischen Lager zurück / welche man in dem Venetianischen Lager auffbrach / und daraus sahe / wie der Türckische Bassa die Belagerten zur Hertzhafftigkeit auffmunterte / daß sie sich biß auff den letzten Blutstropffen wehren solte / er sey allbereit im Anzuge / sie mit zehen tausend Mann zu secundiren. Es ward aber nicht vor rathsam gehalten / diesen Brief in die Stadt zulassen.

Unterdessen aber that man den Belagerten zuwissen ; der Bassa würde sich itzt ihrer wenig annehmen / weil er selbst an allen Orten verstrickt läge.

Weil nun die in der Stadt das viele Volck der Venetianer sahen / haben sie sich zur Ubergabe entschlossen / und sind heraus ins Lager zucapituliren kommen ; auch hierauff bald ausgezogen / fast in den Augen des Capitain-Bassa / welcher etwa fünff Meilen davon mit einem ziemlichen Heer / zu Roß und Fuß gehalten. Die Siegende Armee hat allhier viel Stück und Munition angetroffen

Register/

Oder

Kurtze Anweisung derer in diesem Anhang vorkommenden merckwürdigsten Sachen: Worbey die Ziffer das Blat/ a. die erste/ und b. die zweyte Spalte bedeutet.

A.

Abia. 1.a
zanckt sich mit andern um des Homeri Geburts-Ehre 16
Ægina Insul. 3.b
ist reich an Rebhünern ib.
Ægira hat einen fabelhafften Ursprung ihres Namens. 5.b
Æsculapius wird als ein Gott verehret. 14.b
Achäer bey den Römern in grossen Ehren gewesen. 3.a
Achaia Provintz. 3.a
Achivi wornach sie genennt worden. 4.a
Acrocorintho Schloß und herrliche Vestung. 3.a
Agamemnon wo er seine Residentz gehabt. 4.a
Alcibiades wird vertrieben/ und warum? 12.a
Alphæus ein Fluß/ davon viel fabulirens. 12.a
Amianthus seltsamer Stein gut vor die Leinweber. 24.a
Amphitheatrum welches das vornehmste. 13.b
Andreas der Apostel wird verurtheilet. 25.a
dessen Haupt ist nach Rom gebracht worden. ib.
Arcadia berühmt wegen der Pferd und Esel. 3.b
Areopagus zu Athen. 5.a
Argos Stadt und Provintz. 4.8
hat sich dem Türcken tapffer widersetzt. ib.
Argostoli. 4.a
Aristotelis Tod wird ungleich beurtheilt. 13.a
Athen weltberühmte Stadt. 4.b
dero Namens Ursprung. ib.
wird von den Christen wieder erobert. 5.b.seq.
hat noch herrliche Antiquitäten. ib.
Augusti versicherte Schiffländе. 2(.a
Monarchie Geburts-Tag wegen eines vortrefflichen See-Treffens. 26.a

B.

Belvedere und was daselbst zusehen/ wird unter dem Tit. Elis gesuchet. 12.a
Bitonis und Eleotis Bilder worzu sie aufgestellet. 4.a
Böcke müssen sich zur Kriegs-List brauchen lassen. 3.a.b

C.

Calamata Vestung und wie sie durch Christliche Waffen erobert worden. 6.a.b.seqq.
Caminza hat den Poeten viel fabulirens verursachet. 8.a
Capo Mutapan. 15.a
Litharo. 24.a
dell Oro. ib.
gereicht den Griechen zu einer hochschädlichen Hinterlist. ib.
Cefalonia Insul zusamt einer Stadt. 8.a.b
Cerigo hat seltsame Raritäten. 8.b
Chiarenza vor diesem berühmt. 8.b.9.a
Chielafa hochselsig. 9.a
Corfu Insul mit dero Merckwürdigkeiten. 9.a
ist wie eine Sichel gestaltet. ib.
Corintho herrliche Stadt und Vestung. 10.a.b
Coron woher es den Namen. 10.b
dessen Eroberung. ib. & 11.a
Culuri Insul. 11.b
Curzolari gewisse Insuln/ ehmals der Türckischen Flotte höchst-verderblich. 11.b
Cybele Tempel. 25.a
Cypressen-Baum der gröste in der Welt wo er anzutreffen gewesen. 25.a

D.

Dardanelli di Lepanto Klippen-Vestungen. 11.b
werden von den Christen eingenommen. 25.b
Dianæ Altar und vielfältige Verehrung. 25.a
dargebrachte Opffer. ib.

E.

Eleusis von dem daselbst gehaltenem Fest berühmt. 12.a
Elis gibt den Scribenten Anlaß von ihr zuschreiben. ib.a
Epaminondas wo er sein Leben eingebüsset. 15.a
Eretria starck und Volckreich. 12.b
Esel grosse wo sie gefunden worden/ und das daher entstandene Sprichwort. 3.b
Euripillus Götzen-Greueln Feind. 25.a
Euripus führt seltsame Fluth-Abwechselungen. 12.b 13.a.b

F.

Fasten die stärckste wo sie gehalten. 29.a
Flüsse von wunderlichen Eigenschafften. 24.a

G.

Gerusaleme Insul da sich etwas sonderliches begeben. 28.b
Gomenizze köstlicher Haven. 13.b
Gortyna. 13.b

H.

Hahn wird dem Æsculapio geopffert. 15.b
Hannibal gebraucht sich einer Kriegs-List mit Ochsen. 3.b
Harpyen Vatterland. 27.b
Hecatompolis was es begreiffe. 14.b
Heraclea. 13.b
Homerus bey vielen beliebt. 3.a
dessen Grabmahl. 10.a

I.

Jeromonachi Calogori. 8.b
Inocus Fluß muß vertrucknen. 17.b
Isthmische Spiele wem zu Ehren angestellt. 10.a
wo gehalten. 14.a
Isthmus weltberühmtes Erd-Band. 13.b
davon wundersame Sachen zulesen. ib.

K.

Kloster in einem Felsen gehauen. 8.b

Knopff

Knopff vom Degen gibt einer Stadt zufälliger den Namen. 17. b
Kriges-List vorgenommen durch Böcke. 3. a. b
Ochsen. ib.

L.

Lacedæmonier beherzte Leute. 14. b
haben nach abgelegter Barbarey ihre Hoheit und Herrligkeit dem Lycurgo zudancken. ib.
des Xerxis Geissel. ib.
Laconia sonst Lacedæmon. 14. b
Lasius Fluß führet überauß kaltes Wasser. 13. b
Leo Veteranus ein Seeräuber nimt ein blutiges Ende. 10. b. 16. b
Lepanto wegen der Türcken unweit davon ehmals erlittenen harten Niderlage bekannt. 14. b
Lycurgus Lacedämonischer Gesezgeber. 14. b

M.

Maina ein vormaliges festes Nest. 15. b
Mainotten. 15. a entschütten sich des Türckische Jochs. 6. a. b
helffen tapffer mit drauff schlagen. 7. b
thun sonsten gute Vorschläge. 9. b
Malvasie berühmt wegen herrlichen Weins. 15. a
Manunea Arcadische Vestung. 15. b
Mardonii Kriegs-Heer sihet einen Berg vor des Feindes Läger an. 16. a
S. Maura gewesenes Raub-Nest wird den Christen zu Theil. 27. a
Medusen Haupts schreckliche Abbildung. 17. b
Megalopolis. 15. b
Megara hat gelehrte Leute erzielet. 15. b
Megarensisches Gelächter / wie zuverstehen. 16. a
Melicertæ Grabmahl. 10. a
Mercurius Vatterland. 8. b
Messenia. 16. a
Milo ein Tyrann bekomt seinen Lohn. 26. a
Minerva gibt Athen den Namen. 4. a. b
deroselben Abbildung. 5. a
Tempel wird in die Lufft gesprengt. ib.
Misitra an Alterthum merckwürdig. 16. a
Modon wird durch die Christliche Waffen bezwungen. 17. a. b
Mycene zeigt allerhand Raritäten. 17. b

N.

Napoli di Romania, dero Eroberung weitläufftig beschrieben. 17. b. seqq.
Negroponte Stadt und Insul / und deren Vorgebürge. 24. a
Novarino, Altes / rühmet sich des Nestors Vatterland zuseyn. 21. b
dessen Eroberung. 22. a
Neues / hat treffliche Wercker / wird erobert. ib. b
Nymphen-Brunn wider die Gicht und Glieder-Kranckheit. 13. b

O.

Oleno itzt ein geringes Dorff. 24. b
Olympia ehmals von den Spielen berühmt. 24. b
Olympische Spiele. 12. a. b
Oreo eine von den Negropontischen Haupt-Städten. 24. b

P.

Paris accordirt mit der schönen Helenen. 8. b
entführt sie von einem gewissen Ort. 17. b
Paslava. 24. b
Patrasso steigt von einē kleinen Anfang hoch hinauf. 24. b
dessen Merckwürdigkeiten und Besiegung. 25. a. b. seqq.
Paulus Apostel trifft einen Altar zu Athen an. 5. a
hält sich 18. Wochen zu Corintho auf. 10. b
hat gesegnete Verrichtung zu Thessalonich. 26. b
Paulus Medicus unter wem er florirt / und was er geschrieben. 3. b
Pelasgus soll zuerst Hütten und Häuser erfunden haben. 3. b
Penelope Wohn-Platz. 27. b
Pettala ein Acarnanischer Hafen. 25. b
Pisa von des Æoli Enenckel erbauet. 26. a
Policastro auf dem Isthmischen Erdband. 26. a
Polybii Vatterland. 15. b
Porthmos Negropontische Stadt. 26. a
Porto Lione enger Hafen Triplex genennt. 26. a
Prevesa zu allen Sachen bequemlich 26. a
wird von Christlichen Waffen besieget. ib.
Prodano kleiner aber bequemer Hafen. 26. b
Pyrene Pferd-Brunn der Poeten. 10. a

R.

Rebē in Felsen eingesenckt geben einē köstlichē Wein. 15. a

S.

Salonichi sonst Thessalonich mit starcken Mauren versehen. 26. b
Sapienza in dem Meer gelegene Insul. 27 b
Saturnus Tempel. 12. b
Seele haben einige im Schlaff ausgeblasen. 4. a
Seiden-Würme von ungewöhnlicher Gestalt. 12. b
Sichel ertheilt der Insul Corfu den Namen. 9 b
Sicyonia soll schon zu Abrahams Zeiten seyn erbauet gewesen. 27. b
Stein gibt einen üblen Geruch von sich / u. warum? 25. a
Strifale ein Name zwoer Insulen. 27. b

T.

Teacchi Jonische Meer-Insul. 27. b
Teganusa Insul. 28. a
Telesillæ Ehren-Säule. 4. 8
Thamasus salvirt sich mit des Ap. Andreæ Haupt. 25. a
Tornese Castell. 28. a
Triptolemus unterrichtet die Ceres Felder und Gärte zubauen. 12. a

V.

Venetico schlechte Insul. 28. a
Venus Geburts-Stadt / welche. 8. b
dero Bildnüß. ib.
Tempel. 10. a
S. Veronica soll Zante zum Christlichen Glauben gebracht haben. 29. a
Ulyssis Vatterland. 27. b
Unzucht im Heydnischen Tempel geschehen wird scharff außgesöhnet. 25. a
Volo stattliche Vestung. 28. a
muß sich den Christen unterwerffen. ib.

Z.

Zante in dem Jonischen Meer gelegene Insul. 28. b
ist sonst Gerusalemme genennet worden. ib.
hat einen einzigen Fluß. ib.
ist vielen Regierungs-Veränderungen unterworffen gewesen. 29. a
wird starck von den Juden bewohnt. ib.
hegt strenge Ordens-Leute. ib.
Zarnata der Natur Kunst-Werck. 29. b
läst bey anstürmenden Christlichen Waffen das Hertz sincken. ib.

E N D E.

Maßgeblicher Bericht/

Wo jegliches deren bey dieser Topographia befindlichen Kupffer-Abbildungen / behöriger Orten einzurichten.

	pag.
Italia Antiqua.	pag. 1
Italia Nova.	ibid.
Nova & accurata Ducatus Venet. Mediolan. Genu. Mant. & finitimorum Princi-pat. &c.	ibid.
Ancona.	2
Bologna.	7
Campo Vaccin.	105
Candia.	148
Capitul. Rom.	98
Caſtell. S. Angel. Rom.	97
Caſtell. Mediolan.	55
Conſeſſus Senet. Venet.	147
Corfu.	146
Ferraria	23
Florentia.	26
Forum Vulcani.	71
Gallipoli.	32
Genua.	33
Lauretum.	43
Lerice.	41
Luca.	45
Mantua.	50
- - ejus Ducatus Delineat.	ibid.
Mediolan.	55
Meſſina.	53
Mola.	60
Neapolis cum Regno di Napol.	62
Oſtia.	76
Padova.	76
Palermo.	82
Palma Nova.	ibid.
Parma.	83
Pavia.	84
Peruſia.	85
Piacenza.	86
Piazza D. S. Marco in Venet.	136
Piſa.	87
Roma.	95
Scylla & Charybdis.	68
Sena.	117
Sicilia.	53
Sinus Puteol.	69
Stato della Chieſa.	124
Tivoli.	132
Turino.	134
Valetta.	47
Venetia.	135
Verona.	153
Veſuvius.	73

Im Anhang.

	pag.
Coron.	10
S. Maura.	26
Negroponte.	24
Preveſa.	26

www.ingramcontent.com/pod-product-compliance
Lightning Source LLC
Chambersburg PA
CBHW030553300426
44111CB00009B/962

* 9 7 8 3 3 3 7 2 0 2 7 1 2 *